HEGEL

in Berichten seiner Zeitgenossen

Herausgegeben

von

GÜNTHER NICOLIN

FELIX MEINER VERLAG
HAMBURG

PHILOSOPHISCHE BIBLIOTHEK BAND 245

© Felix Meiner, Hamburg 1970
Library of Congress Catalog Card Number 77-126047
Alle Rechte, auch die des auszugsweisen Nachdrucks, der
photomechanischen Wiedergabe und der Übersetzung, vorbehalten
ISBN 3 7873 0239 5
Schrift: Cornelia-Antiqua
Herstellung: Hamburger Druckereigesellschaft
Kurt Weltzien KG., Hamburg
Printed in Germany

INHALT

VORWORT

Die hier vorgelegte Sammlung von zeitgenössischen Berichten über Hegel geht in ihren Anfängen zurück auf Johannes Hoffmeister. In der Vorbemerkung zu seiner Ausgabe der *Briefe von und an Hegel* kündigte er an, der 4. Band werde „eine umfangreiche Sammlung der Zeugnisse von Hegels Zeitgenossen, Freunden, Bekannten, Schülern, Kollegen und Gegnern über Hegel als Menschen, als Denker und Hochschullehrer" bringen. Hoffmeister ist kurz nach der Drucklegung des 3. Briefwechsel-Bandes im Jahre 1955 gestorben. In dem 1960 von Rolf Flechsig herausgegebenen 4. Band mußte auf die Hereinnahme der zeitgenössischen Zeugnisse verzichtet werden; einmal konnte das bereits gesammelte Material damals noch keineswegs als veröffentlichungsreif gelten, zum anderen war ein großer Teil der zu durchforschenden Literatur noch nicht bearbeitet.

Wenn jetzt die Berichte der Zeitgenossen über Hegel veröffentlicht werden, so nehmen wir den äußeren Anlaß des Jubiläumsjahres 1970 auf, um das inzwischen sehr stark angewachsene Material der Hegelforschung verfügbar zu machen. Der Umfang dieses Bandes beweist, in welch reichem Maße die Quellen fließen. Dabei ist sich der Herausgeber bewußt, daß noch durchaus nicht alle Fundstellen, die in Frage kommen, erschlossen sind. Das gilt vor allem für ungedrucktes Material, das bisher nur wenig berücksichtigt werden konnte. Was an handschriftlichen Stücken in diesen Band eingebracht ist, beruht mehr oder weniger auf zufälligen Funden oder — das sei hier betont — auf schon von Hoffmeister angefertigten Abschriften aus einschlägigen Manuskripten. Dabei ist als wichtige Tatsache festzuhalten, daß — ähnlich wie beim Hegelschen Briefwechsel — manche dieser Abschriften für uns heute Originalwert besitzen, weil die Originalhandschriften durch Kriegseinwirkung verschollen sind. —

Hegels Biographie gliedert sich für den Betrachter von selbst nach den Orten, an denen er eine Zeitlang gelebt und gewirkt hat: Stuttgart, Tübingen, Bern, Frankfurt, Jena, Bamberg, Nürnberg, Heidelberg, Berlin. Diese Stationen

wurden auch für die Einteilung unseres Bandes zugrunde
gelegt. Die so entstehenden Kapitel sind — mit Ausnahme
der Jugendperiode, für die relativ wenig Material vorliegt —
weiter nach Jahren unterteilt. Im einzelnen sind die Berichte so angeordnet, daß sie inhaltlich dem chronologischen
Fortgang von Hegels Leben folgen. Manche Berichte er-
strecken sich über längere Zeiträume. Diese sind entweder
zerlegt und verschiedenen Jahren zugeteilt worden (vgl. z.B.
Nr 1 und 12), oder sie wurden als selbständige, mehrere
Jahre übergreifende Einheiten eingefügt (z.B. 1822—30 der
Bericht Hothos, Nr 395; 1826—31 Berichte im Zusammenhang mit den *Jahrbüchern für wissenschaftliche Kritik*,
Nr 486—489). — Der Inhalt mancher Stücke erlaubt nur
eine ungefähre zeitliche Fixierung. Soweit wenigstens die
Zuordnung zu einem bestimmten Jahr möglich ist, erscheinen sie am Schluß dieses Jahres, nach den genauer datierten
Berichten. Mitteilungen, die nur einem bestimmten Lebens-
abschnitt zugeordnet werden können, stehen am Ende dieses Abschnittes unter der Überschrift: „Nicht näher datier-
bar".

Entstehungsdaten werden am Anfang einzelner Berichts-
texte ausgeworfen, wenn von ihnen her deren Inhalt zeit-
lich bestimmt wird. Das ist vornehmlich bei Briefen und
Tagebuchnotizen der Fall. Sonst sind die datierenden Hin-
weise in den Texten selbst enthalten oder von uns in ecki-
gen Klammern eingefügt.

Um eine gleichmäßige Lesbarkeit der Berichte zu erreichen, wurde die Rechtschreibung weitgehend normalisiert.

Die Anmerkungen enthalten neben den bibliographischen
Angaben vielfach auch knapp gefaßte biographische Notizen.
Dies schien geboten vor allem für die Personen, mit denen
Hegel persönlich zusammengekommen ist, und für die Verfasser von Berichten. Die biographische Anmerkung findet
sich jeweils beim ersten Auftauchen einer solchen Person,
das mit Hilfe des Personenregisters leicht aufzufinden ist.
Bei sonstigen Anmerkungen zum Text haben wir uns auf
das Notwendigste beschränkt.

Im Bewußtsein der Unvollständigkeit des Materials bin
ich für jeden Hinweis auf Unentdecktes dankbar. Schon jetzt

kann ich sagen, daß mir von vielen Seiten bei meiner Arbeit freundlichste Hilfe zuteil geworden ist. Allen Bibliotheken und Archiven gilt mein Dank; die Universitätsbibliothek Bonn und das Hegel-Archiv (früher Bonn, jetzt Ruhr-Universität Bochum) seien für alle genannt. Einen besonderen Dank spreche ich meinem Vetter Prof. Dr. Friedhelm Nicolin für seine stete Hilfsbereitschaft und vielfältige Unterstützung aus.

Thomasberg, im Mai 1970

Günther Nicolin

EINLEITUNG

Dieser Band bietet eine Vergegenwärtigung Georg Wilhelm Friedrich Hegels in einer Form, wie sie bisher für ihn noch nicht geleistet worden ist. Die Mitlebenden des Philosophen sollen über ihn zu Wort kommen; Mitlebende d. h. seine Familienangehörigen und Verwandten, seine Freunde und Bekannten, die häufig seine Schüler waren, und alle die, welche einfachhin seine Zeitgenossen waren und ihm entweder als objektive Betrachter oder auch als Kritiker und Gegner gegenüberstanden.

Es ist wohl unbestreitbar, daß mit der Sammlung dieser Stimmen ein wichtiger Beitrag zur Erhellung der Biographie Hegels geboten wird. Als die neue Ausgabe des Hegelschen Briefwechsels, herausgegeben von Johannes Hoffmeister, erschien, wurde sie allenthalben von der Kritik als wesentlich für die Erkenntnis des Menschen Hegel begrüßt. Theodor Haering z. B. schrieb: „Auf diese Weise ergibt sich nicht nur ein in dieser authentischen Form bisher in solcher Vollständigkeit nicht erreichtes Bildnis des Menschen Hegel selbst, sondern, vermöge der vielseitigen sachlichen und persönlichen Beziehungen Hegels, wie man wohl sagen darf, ein äußerst lebendiger Ausschnitt der ganzen Goethezeit überhaupt. Was das erstere betrifft, so bedeutet dies ja gerade bei Hegel, mehr als bei vielen anderen Großen, eine besonders notwendige Ergänzung seiner Druckschriften, da Hegel in letzteren ja bekanntlich ... mehr als wohl irgendein anderer Großer ... alles Persönliche und ‚jeden Zeugen menschlicher Bedürftigkeit ausgeschlossen‘ hat; so daß sie meist fertig, wie Minerva aus dem Haupte des Zeus, aus seinem Geiste entsprungen scheinen. Erst der Briefwechsel bietet hierfür den notwendigen persönlichen und zeitgeschichtlichen Hintergrund ... "[1]. Der von Haering aufgezeigten Notwendigkeit tragen die in diesem Band zusammengetragenen zeitgenössischen Berichte noch einmal und auf neue Weise Rechnung.

---

[1] *Theodor Haering: Briefe von und an Hegel.* In: *Zeitschrift für philosophische Forschung.* Bd 8 (1954). 479.

Karl Rosenkranz, Verfasser der ersten und bis heute noch nicht ersetzten Hegelbiographie[2], schreibt nach der Fertigstellung seines Buches in einem Brief an Varnhagen v. Ense (2. 4. 1844), daß er „ein Leben ohne Schicksale und Taten zu beschreiben gehabt habe"[3]. In der Tat bietet Hegels Leben wenig Dramatisches; es ist das fast durchschnittliche Leben eines Bürgers, freilich, wie Hermann Glockner sagt, eines „Bürgers des Geistes". „Sein Menschtum enttäuscht ... sämtliche Erwartungen, die man an das persönliche Auftreten eines Philosophen zu knüpfen pflegt."[4]

Es mag in dieser Tatsache mitbegründet sein, daß *nach* Rosenkranz die Impulse fehlten, die eine biographische Hegelforschung entschieden hätten vorantreiben können. Ob Rudolf Haym, Kuno Fischer, Hermann Glockner oder Gustav Emil Müller, um nur einige der bekannten Hegelmonographien zu nennen, sie alle begnügen sich damit, die wesentlichen Stationen von Hegels Leben darzustellen oder die „Grundhaltung seiner Persönlichkeit" zu skizzieren. Letzteres ist aus ihrer Sicht „viel wichtiger als alle Details"[5]. Indessen sind in den letzten Jahrzehnten mancherlei Detailforschungen als Spezialveröffentlichungen erschienen. Man vergleiche hierzu etwa die von Georg Lasson herausgegebene Zeitschrift *Hegel-Archiv* (1912 ff.) sowie seine *Beiträge zur Hegel-Forschung* (1909/10), den wichtigen Anhang in der 2. Auflage von K. Fischers Hegelwerk aus der Feder von Lasson und Hugo Falkenheim; ferner die umfangreichen Anmerkungen Hoffmeisters in seiner Briefwechselausgabe und neuerdings die Beiträge verschiedener Autoren in den *Hegel-Studien* (1961 ff.). — Hier ist noch in vielfältiger Weise

---

[2] *Karl Rosenkranz: Georg Wilhelm Friedrich Hegels Leben.* Berlin 1844. — Ein photomechanischer Nachdruck erschien: Darmstadt 1963.

[3] *Der Briefwechsel zwischen Karl Rosenkranz und Varnhagen v. Ense.* Hrsg. von A. Warda. Königsberg 1926. 113 f.

[4] *Hermann Glockner: Hegel.* Bd 1. 4. verb. Aufl. (Endgültige Fassung.) Stuttgart-Bad Cannstatt 1964. 258.

[5] Ebd. 263.

weiter zu arbeiten; als ein Beitrag dazu versteht sich der vorliegende Band. Ziel all dieser Bemühungen muß es sein, einer neuen Hegelbiographie vorzuarbeiten.

Inwieweit bieten die zeitgenössischen Berichte, die von der kurzen, bloß feststellenden Tagebucheintragung bis zur großen Charakteristik reichen, Material für die Biographie Hegels?

Zunächst wird eine beträchtliche Zahl von Personen ins Blickfeld gerückt, deren Beziehung zu Hegel bisher nicht beachtet worden ist. Das liegt einmal daran, daß in den Lebenszeugnissen der bekannteren Zeitgenossen der Bezug auf Hegel fast nirgendwo besondere Akzente trägt, zum anderen daran, daß viele biographische Veröffentlichungen von Mitlebenden Hegels heute nicht mehr bekannt und oft selbst dem bewußt Nachforschenden nur noch sehr schwer auffindbar sind. Es ist immer wieder verblüffend, an welch unscheinbaren oder unvermuteten Stellen plötzlich wertvolles Material auftaucht (vgl. z. B. in diesem Band: Atterbom, Oehlenschläger, v. Kobbe, Holtei, Jung etc.).

Neben den bisher im Horizont von Hegels Leben nicht wahrgenommenen Personen gewinnen manche andere, die etwa in seinem Briefwechsel mehr oder weniger am Rande erscheinen, jetzt insofern Transparenz, als ihr Verhältnis zu Hegel deutlicher wird. Denken wir nur an den Jenaer Professor Fernow, den Dichter Jean Paul, die Musiker Zelter und Klein, den Dresdener Professor Karl August Förster oder aus der Verwandtschaft Hegels an seine Schwiegermutter Susanne v. Tucher. Von diesen Personen oder im Zusammenhang mit ihnen erfahren wir bisher Unbekanntes oder Unbeachtetes aus Hegels Leben. Immer wieder fügen sich Einzelnachrichten derart zusammen, daß das Beziehungsgeflecht, in dem Hegel gelebt hat, insgesamt sehr viel deutlicher wird. — Überrascht es nicht, wie sehr die beiden Großen von Weimar — Schiller und Goethe — sich bemüht haben, dem recht unbeweglichen und schwerverständlichen Jenaer Privatdozenten Hegel zu einer klareren Diktion zu verhelfen, indem sie Fernow dazu auserkoren, mit Hegel philosophische Gespräche zu führen (vgl. Nr 79 ff.). — Aus

Hegels späterer Jenaer Zeit überliefert uns der dänische
Romantiker Adam Oehlenschläger in seinen Erinnerungen
einige hübsche Episoden. Es entstehen Genrebilder, in denen Hegel als liebenswerter Mensch und humorvoller „Dialektiker" in Erscheinung tritt (Nr 95). Aber wir erfahren
nicht nur von Gesellschaften und unbeschwerten Landpar-
tien, sondern auch von „ernsten Gegenständen", die Hegel
und Oehlenschläger miteinander diskutierten. So war z. B.
Goethes *Götz von Berlichingen* ein Gesprächsgegenstand der
beiden, wie wir durch Hebbel erfahren (Nr 96). — In den
Briefen von Hegels Schwiegermutter an ihre Tochter Marie
hören wir von der Beliebtheit, der sich Hegel auch noch
lange nach seinem Weggang von Nürnberg bei seinen ehemaligen Schülern und Bekannten erfreute. Diese Schilderungen ergänzen die meist etwas schulmeisterlichen Erinnerungen ehemaliger Schüler wie Lochner, Zimmermann und
Wirth in menschlicher Hinsicht. — Die Berichte von Heinrich Voß oder die Tagebucheintragungen Sulpiz Boisserées
korrigieren in sehr deutlicher Weise die Darstellung Cousins
(Nr 234), der Hegel in Heidelberg bloß als den in seine
Studien vertieften Denker fern jeden geselligen Verkehrs
darstellt. Cousin gibt hier ein charakteristisches Beispiel für
eine stilisierte Betrachtungsweise, wie wir sie häufiger finden können: Hegel, der weltabgewandte Gelehrte. Man
kann mit einigem Recht sagen: stellt man sich Hegel vor,
die bunte Vielfalt des Lebens offen und interessiert aufnehmend, so ist die Realität besser getroffen. — Aus der
Autobiographie des Dichters Heinrich Stieglitz, der ein begeisterter Hegelschüler war, gewinnen wir lebendigen Aufschluß über Hegel in seinen letzten Lebensmonaten (Nr 678).
Stieglitz erzählt von des Philosophen Lebensweise im
„Schlößchen am Kreuzberg"; ein alter Hospitalwärter als
Gesprächspartner Hegels wird lebendig, Hegels distanzier-
tes Verhältnis zu den Vertretern seiner Schule findet hier
eine weitere Bestätigung, und schließlich taucht der Plan
einer „Herausgabe der vornehmsten Werke, namentlich der
‚Geschichte der Philosophie' und der ‚Philosophie der Geschichte'" auf. Daß Stieglitz bei letzterem keineswegs Wahrheit mit Dichtung vermischt, beweisen die beiden in der

Korrespondenz abgedruckten Briefgedichte von Stieglitz und Hegel[6]; bei Rosenkranz[7] wie übrigens auch bei G. E. Müller[8] erhalten die Gedichte eine völlig falsche Deutung, von Hoffmeister werden sie mit keinerlei Kommentar versehen.

Diese wenigen Beispiele mögen als Hinweis darauf genügen, wie viel farbiger das Bild Hegels gestaltet werden kann.

Doch nicht nur in bezug auf Hegels Lebensgeschichte, sondern auch im Blick auf die Anfänge seiner Wirkungsgeschichte bieten die zeitgenössischen Berichte vielfältiges Material. Insbesondere sein Wirken als akademischer Lehrer, der seine Philosophie verständlich zu machen suchte, wird beleuchtet. — Stimmt es, daß Hegel der „von der Krone protegierte Jugendverführer" war, wie Wolfgang Menzel ihn einmal bezeichnet hat?[9] Sicherlich trifft zu, daß Hegels philosophische Spekulation für manchen seiner Studenten, der der „Anstrengung des Begriffs" nicht gewachsen war, zu einer Sackgasse wurde, und sicherlich trifft ebenso zu, daß manche Studenten Hegels in eine spekulative Begeisterung geraten sind, ohne philosophische Substanz zu gewinnen; aber dagegen stehen Zeugnisse, die von der ernsten und entscheidenden Wirkung Hegels beredtes Zeugnis ablegen. Karl Gutzkow spricht von dem „Damaskuswunder", das sich stündlich für ihn in Hegels Vorlesungen wiederholte (Nr 654), oder Ludwig Feuerbach bezeichnet Hegel als den, in dem er „zum Selbst- und Weltbewußtsein" gekommen sei (Nr 446). Bei beiden — Gutzkow und Feuerbach — ist zu betonen, daß sie nie Hegelanhänger im eigentlichen Sinne gewesen sind.

Zwei Beispiele seien hier für mögliche andere angeführt, die uns die verschiedenartige Wirkung Hegels auf seine

---

[6] *Briefe von und an Hegel.* Bd 3. 345 ff.

[7] *Rosenkranz: Hegels Leben.* 420.

[8] *Gustav Emil Müller: Hegel.* Denkgeschichte eines Lebendigen. Bern 1959. 384 f.

[9] *Wolfgang Menzel: Geschichte der letzten vierzig Jahre (1816 bis 1856).* Bd 1. 3. verb. Aufl. Stuttgart 1865. 369.

studierenden Zuhörer deutlich machen: Heinrich Stieglitz und Richard Rothe. — In dem ersten seiner von uns aufgenommenen Briefe schreibt Stieglitz an seine Braut: „Laß mich jetzt noch schweigen von den Tiefen, die mir Hegel ... durch seine Vorlesungen täglich aufschließt; ich sage Dir einmal mehr davon, wenn erst Resultate im ganzen vor mir liegen . . .“ (Nr 403). Dem folgen noch zahllose Äußerungen in derselben vagen Form.[10] Zu „Resultaten im ganzen“ kommt es nicht. Stieglitz verehrt Hegel und bewundert seine Philosophie; er spricht von ihren „Tiefen“, von dem tiefen Denker, von dem tiefen Geist, vom „philosophischen Tiefblick“ — er spricht schließlich, um das Wortfeld zu vervollständigen, von seiner persönlichen Vertiefung in diese Philosophie. Im letzten aber geht es bei ihm nicht um das Verständnis philosophischer Gedankengänge, sondern um die Bereicherung der eigenen schöpferischen Kraft. „So recht im Innersten gefaßt, gibt er [Hegel] auch dem Schöpferdrange reiche Nahrung“ (Nr 434). Es ist bezeichnend, daß die „Geschichte der Philosophie“ und die „Philosophie der Geschichte“ für Stieglitz die wichtigsten Vorlesungen sind. In ihnen gewinnt er Material für seine Dichtungen, die sich sehr stark im Kulturgeschichtlichen bewegen, wenn sie nicht gerade ein Lobpreis auf Hegel sind. — Einigermaßen überraschen muß die Tatsache, daß Stieglitz von Hegel zu einer Rezension seiner Logik aufgefordert wurde (Nr 491). Es ist schwer zu sagen, wie Hegel auf diesen Gedanken verfallen konnte. Von einer ausgeführten Rezension wissen wir nichts. Betrachtet man den geistigen Habitus von Stieglitz, wird man vermuten können, daß er sie nie geschrieben hat. Insgesamt verwundert es, daß Hegel den schwärmerischen Jüngling so hoch eingeschätzt hat. Ob der Philosoph die dichterischen Qualitäten von Stieglitz höher bewertete, als sie es in Wirklichkeit verdienten, oder ob es ihm schmeichelte, seine Philosophie häufig in lyrischen Ergüssen anverwandelt zu sehen? Im ganzen ergibt sich bei Stieglitz das Bild einer schwärmerisch überschwenglichen Aufnahme der

---

[10] In unseren Band ist nur eine kleine Auswahl dieser Äußerungen aufgenommen worden.

Hegelschen Philosophie ohne eigentliches Verständnis. Er steht damit keineswegs allein, denken wir nur an Friedrich Förster z. B., der zum Herausgeberkreis der *Werke Hegels* (1832 ff.) gehörte (Nr 604, 724, 762).

Anders bei Richard Rothe, dem späteren evangelischen Theologen. In den Briefen an seinen Vater läßt er immer wieder erkennen, wie sehr es ihm um das Begreifen der philosophischen Gedankengänge Hegels geht. Nach anfänglichen Schwierigkeiten, die u. a. auch durch Hegels Vortragsweise bedingt waren, gewinnt er alsbald so viel Sicherheit des Verständnisses, daß er nicht nur seinem Vater auf dessen Fragen Hegelsche Gedanken etwa aus der Rechtsphilosophie referieren kann (Nr 312, 318), sondern es setzt auch schon die Auseinandersetzung mit der Hegelschen Philosophie ein. Als angehendem Theologen muß es ihn vorab interessieren, welche Stelle der Religion in der Philosophie, namentlich der Hegelschen, eingeräumt wird. Daß Hegel die Religion „als eine freilich notwendige Stufe und Entwicklung des sich selbst begreifenden Geistes, in welchem dieser aber noch nicht zum Begriffe seiner selbst gelangt ist" (Nr 293), versteht, kann Rothe verständlicherweise nicht akzeptieren. Welche Überzeugung er in dieser Frage hat, ist für unseren Zusammenhang nicht von näherem Belang; eins aber ist höchst aufschlußreich: Trotz der für ihn unbefriedigenden Einordnung der Religion in das System lehnt er keineswegs die Hegelsche Philosophie ab; vielmehr betont er die Notwendigkeit des Studiums dieser Philosophie gerade für den Theologen. Von der Universalität des Hegelschen Systems durchaus beeindruckt, geht er den Weg der sachlichen Auseinandersetzung und findet zu eigenen Vorstellungen. In seinem Hauptwerk, der *Theologischen Ethik*, kann er nicht verleugnen, einmal Hörer Hegels gewesen zu sein.

Ein letztes: Wenn wir, wie es Zeitgenossen Hegels getan haben, den Philosophen als einen „Brennpunkt", als „eine Zentralisation für alle wissenschaftlichen Interessen", als einen „Focus, in dem [eine Zeit lang] alle Radien zusammenliefen" (Nr 757), verstehen, dann können wir den vor-

liegenden Band mit einigem Recht als einen Beitrag zur Er-
forschung der Geistesgeschichte zu Beginn des 19. Jahrhunderts betrachten. Hegel ist unzweifelhaft in den Jahren
zwischen 1818 und 1831 eine der tragenden Persönlichkeiten im geistigen Leben nicht nur Preußens, sondern
Deutschlands gewesen. Das kann nicht bedeuten, daß er
den Zeitgeist schlechthin verkörpert habe — „der Zeitgeist
dieser Jahre erschließt sich erst aus der Zusammenschau
aller ... Geister und der vielen anderen hinter und neben
ihnen sowie aus der Summe aller der von ihnen vertretenen
neuen Ideen"[11] — aber es ist doch nicht zu übersehen, wie
sehr Meinungen und Vorstellungen Hegels allgemeine Aufmerksamkeit und vielfältige Aufnahme — im Positiven wie
im Negativen — fanden. „Auch außerhalb der Schule wogen
die Ansichten Hegels wie Urteilssprüche und galten als
höchste Wahrheiten in allen Richtungen des Wissens und
des Lebens", so der Pole Józef Kremer (Nr 558). Goethe
bezeichnet Hegel in einem Brief an Varnhagen v. Ense
(5. 1. 1832) als „den hochbegabten bedeutenden Reihenführer", was nichts anderes bedeutet als ein Anerkennen
der geistigen Führungskraft Hegels. Und für sich selbst ge-
steht Goethe ein: „Das Fundament seiner Lehre lag außer
meinem Gesichtskreise, wo aber sein Tun an mich heranreichte oder auch wohl in meine Bestrebungen eingriff, habe
ich immer davon wahren geistigen Vorteil gehabt." (Nr 754.)
Derselbe Varnhagen v. Ense, an den Goethe diese Worte
richtete, konnte noch 1844 schreiben: „Unter den geistigen
Kämpfen des Tages ist keiner, in welchem der Name Hegel
nicht mit aufträte, keiner, der die um diesen Namen geführten an Wichtigkeit überböte" (Nr 761).

---

[11] *Hans-Joachim Schoeps: Was ist und was will die Geistesgeschichte.* Über Theorie und Praxis der Zeitgeistforschung. Göttingen 1959. 57.

STUTTGART

1770 - 1788

1. Christiane Hegel an Marie Hegel

Als Knabe von 3 Jahren wurde er in die Deutsche und im
5. Jahr in die Lateinische Schule geschickt, in welchem Alter
er schon die erste Deklination und die dahin gehörigen
lateinischen Wörter kannte, die ihn unsere sel. Mutter
lehrte, die für die damalige Zeit eine Frau von Bildung war
und darum vielen Einfluß auf sein erstes Lernen hatte. In
allen Klassen erhielt er jedes Jahr einen Preis, da er immer
unter den 5 Ersten war; und vom 10ten Jahr an bis ins 18te
war er der Erste in seiner Abteilung im Gymnasium. Im
Alter von 8 Jahren schenkte ihm sein Lehrer Löffler[1], der
viele Vorliebe für ihn hatte und Vieles zu seiner späteren
Ausbildung beitrug, Shakespeares von Eschenburg übersetzte dramatische Werke[2], mit dem Beisatz: Du verstehst
sie jetzt noch nicht, aber Du wirst sie bald verstehen lernen;
also dieser Lehrer bemerkte schon die Tiefe, die in dem
Knaben steckte, und wohl erinnere ich mich noch, daß die
lustigen Weiber von Windsor ihn zuerst ansprachen. Frühe
schon hielt ihm der Vater Privatlehrer, was im Conversationslexikon bemerkt ist[3], dort befindet sichs auch ganz
richtig über seine Studien in Tübingen. Im Alter von 10 Jahren schickte ihn der Vater zu dem noch lebenden Obristen
Duttenhofer[4], um bei diesem Geometrie zu lernen, der mit
mehreren andern jungen Leuten ihn auch mit hinaus zum
Feldmessen nahm, und nebenbei auch etwas Astronomie
den jungen Leuten beibrachte.

Im Konfirmations-Unterricht war der Beichtvater, nachher
Prälat Griesinger[5], außerordentlich wohl mit seinen Kenntnissen in der Religion zufrieden. Im Jahr 1783 herrschte
Gallenruhr und Gallenfieber in Stuttgart, welches letzte
auch unsern Vater, unsere Mutter, Hegel und mich befiel,
von den 3 Ersten wußte man nicht, welches zuerst sterben
würde; unsere gute Mutter wurde das Opfer; Hegel war so
krank, daß er schon die Bräune hatte und jedermann an

seinem Aufkommen zweifelte; er genas, bekam aber nachher hinterm Ohr ein großes, bösartiges Geschwür so, daß er sich einer schmerzhaften Operation unterwerfen mußte[6]. Ich vergaß zu sagen, daß er im 6ten Jahr die Blattern auf das Bösartigste hatte, daß selbst der Arzt ihn verloren glaubte, und er mehrere Tage blind gewesen sei. . . . Physik war seine Lieblingswissenschaft auf dem obern Gymnasium, Prof. Hopf[7] und Prälat Abel[8] protegierten ihn schon frühe. Ersterer war sein Lehrer auf'm Gymnasium, der letzte, zwar Prof. an der Akademie in Stuttgart, kannte ihn schon frühe, war zu seiner Zeit Prof. in Tübingen.

2. Notizzettel Christiane Hegels

Alle 3 [Geschwister wurden von den Eltern] sozusagen verzärtelt. Er als Erstgeborener und weil [er] gut lernte.
3 Klassen:
1. Löffler
2. Löffler
3. Göriz Onkel[1]. Erster
4.
5. 2 Jahr, sollte in die niedern Seminarien
6. 2 Jahr Cless[2], sollte 2ter werden.
7. 2 Jahr Hopf. Freude an Physik.
      Fehlte alle körperliche Gewandtheit, muß verträglich gewesen sein, denn er hatte immer viele Kameraden, liebt Springen, aber beim Tanzmeister ganz linkisch.

2 a. Friedrich Theodor Vischer

Gelegentlich sei hier erwähnt, daß ich jene [meine Mutter][1] öfters von Hegels Unbeholfenheit erzählen hörte, die sie in einer gemeinschaftlichen Tanzstunde einst zu fühlen hatte.

3. Eduard Zeller

Ich schließe ... die gegenwärtige Übersicht, indem ich derselben noch einige kleine Beiträge zu Hegels Biographie beifüge.

Der eine davon ist die Notiz, die mir ein Alters- und Studiengenosse des Philosophen aus seiner Gymnasialzeit ..., der verstorbene Pfarrer Faber[1] von Oberstenfeld vor Jahren mitgeteilt hat, daß Hegel in der Zeit, während der er die obern Klassen des Stuttgarter Gymnasiums besuchte, beim Bad in Gaisburg[2] einmal in große Lebensgefahr geraten, und nur mit Mühe von ihm und noch einem Kameraden gerettet worden sei.

4. Schwäbische Chronik

1. 10. 1788

(Öffentliche Reden im Gymnasium am Ende des Schuljahrs.) Stuttgart, den 25. Sept. In dem Gymnasio allhier ist heute bei dem Beschluß des Studienlaufs der gewöhnliche Actus Oratorius in Gegenwart des Herzogl. Konsistoriums und weiterer zahlreichen Versammlung beiderlei Geschlechts unter dem Vorsitz des Professors Theologiae & Eloquentiae Haug gehalten worden. Dieser hat darzu mit einem lat. Programm[1], einen Bogen stark in 4. eingeladen, und darinnen Turciam Sacram abgehandelt: Fünfe seiner Zuhörer aber, die nun auf die Universität gehen, Märklin[2], Autenrieth[3], Faber, Braun[4], Hegel, redeten nach vorgehender vollständigen Musik, teils deutsch, teils lateinisch von der Geschichte, den Sitten, der Handlung, der politischen, militärischen und wissenschaftlichen Verfassung des Türkischen Reichs, wo der letztere im Namen seiner Mitbrüder von dem Gymnasio Abschied nahm, den Obern für die Beförderung, den Lehrern für ihren Unterricht, dem Auditorio aber für seine Gegenwart und Aufmerksamkeit dankte[5], und sofort der feierliche Aktus abermal mit Musik beschlossen wurde.

TÜBINGEN

5. *David Friedrich Strauß*

In derselben Schule [Stuttgarter Gymnasium] wurde damals
Hegel gebildet, mit welchem zugleich Märklin hernach auch
in das Stift zu Tübingen aufgenommen wurde. Noch bis in
seine letzten Lebensjahre pflegte sich der berühmt gewordene Philosoph bei Württembergern, die ihn in Berlin besuchten, mit Anhänglichkeit nach seinem Altersgenossen
Märklin zu erkundigen, mit dem er die dortigen Bildungs-
anstalten durchlaufen, und der noch in Tübingen an Kenntnissen und Tüchtigkeit mit ihm gewetteifert hatte. Hier
hatten sich beide Jünglinge, wie alle bessern Köpfe in jener
Zeit, mit besonderem Eifer auf die Kantische Philosophie
geworfen, und so wenig Märklin, seinem damaligen Studiengenossen gleich, berufen war, dieselbe wissenschaftlich
weiterzubilden, so drückte sie ihm doch für das ganze fer-
nere Leben jenes Gepräge auf, das uns an ihren echten
Zöglingen so hell und kräftig anspricht. Sittlich streng, aber
dogmatisch liberal; unerschrocken im Kampfe für Freiheit
und Recht, doch innerhalb fest bestimmter Grenzen; ebenso
sehr gegen transzendentes Schwärmen ihrer eigenen Vernunft auf der Hut, als gegen die Zumutung der Autorität,
unverständliche Glaubenssätze anzuerkennen: so war das
Geschlecht jener Männer . . .

6. *Hölderlin an seine Mutter*

[Frühjahr 1790]

Daß ich in der Lokation[1] um die zwei Stuttgarter, Hegel
und Märklin hinuntergekommen bin, schmerzt mich eben
auch ein wenig.

7. *Hölderlin an seine Schwester*

[Mitte November 1790]

Heute haben wir großen Markttag[1]. Ich werde, statt mich von dem Getümmel hinüber und herüberschieben zu lassen, einen Spaziergang mit Hegel, der auf meiner Stube ist, auf die Wurmlinger Kapelle[2] machen, wo die berühmte schöne Aussicht ist.

Wie mirs auf meiner Stube gefalle? Herrlich, liebe Rike. . . . Das Zimmer ist eins der besten, liegt gegen Morgen, ist sehr geräumig, und schon auf dem zwoten Stockwerk[3]. Sieben von meiner Promotion sind drauf. Ich darf nicht erst sagen, daß das angenehmer ist, als 6 andere Unbekannte. Und die wenigen andern sind auch brave Leute, darunter Breier[4] und Schelling[5].

8. *Ch. P. F. Leutwein an Th. E. F. Ch. Pressel*

Ihr Schreiben vom 14 hujus habe ich, aber etwas spät, erhalten, und beeile mich nun, Ihrer Erwartung, soweit es mir möglich ist, zu entsprechen.

Allerdings stand Hegel vier Jahre lang während seines Aufenthalts im Stifte mit mir auf so vertrautem Fuße, wie mit keinem andern. Ich war eine Promotion[1] vor ihm. Von seinem fünften akademischen Jahre [1792/93] kann ich folglich nichts mehr sagen. Nur noch einmal kamen wir während desselben zusammen; aber nicht in Tübingen, sondern in seinem elterlichen Hause zu Stuttgart. In Tübingen nun verging fast kein Tag, an dem wir nicht miteinander entweder auf dem Spaziergange oder auf dem Zimmer konversierten. Übrigens hatte ich nicht seine — sondern er meine Bekanntschaft gesucht. Ein ganzes Jahr lang, Winters wie Sommers, hatten wir es miteinander ausgemacht, der flüchtigen Zeit, Studierens halber, die Flügel zu binden; d. i. lange vor Tagesanbruch aufzustehen und alternando einer den andern zur bestimmten Stunde zu wecken. Wer nun das Wecken verschlief oder vergaß, mußte dem andern seine Tagsportion Klosterwein zur Strafe abgeben. Dies wurde auch pünktlich gehalten.

Das Neue, was Sie von mir erwarten, betrifft natürlich teils seine moralische teils intellektuelle Seite.

In Ansehung des ersten muß ich und kann aber auch kurz sein. Weder ich, noch soviel ich weiß, andere, haben damals je eine Schlechtigkeit von irgendeiner Art, von ihm bemerkt. Er war (und mit Recht) bei allen wohl gelitten. Eine gewisse Jovialität machte ihn auch zum angenehmen Gesellschafter.

Eines aber darf nicht vergessen werden, daß er sich nämlich etwas genialisch betrug; was mit den Klosterstatuten nicht immer im Einklang stand; überhaupt, daß seine Moralität besser gewesen sein mag als seine Legalität; was seinen nachmaligen Umschwung zur Folge hatte. Es ist auch hier, wie oft der Fall, daß, wenn man das vor der Welt Glänzende bis zu seinem Ursprung verfolgt, die Bewunderung ziemlich abgekühlt wird. —

Hegel war unter fünf Gymnasiasten, welche erst zu Tübingen unter die Renzische[2] Promotion geschoben wurden, nach der Stuttgarter Lokation der erste[3]. Der zweite nach ihm war ebenfalls ein Stuttgarter, Märklin, (gegenwärtig Prälat in Heilbronn), mit welchem ich damals ebenfalls ganz gut bekannt war; und der seine Bekanntschaft mit mir nachmals noch lange fortsetzte. — Aber bald wurde Hegel in der Lokation, entweder von den Repetenten, oder (was wahrscheinlicher ist) von dem Inspektorat, unter Märklin hinabgesetzt; wozu Rücksichten auf den damaligen Stadtspezial D. Märklin, jenes Onkel, (den nachmaligen Probst in Denkendorf), wahrscheinlich auch beitrugen. Aber Hegels genialisches Betragen hatte hierzu wenigstens den Vorwand gegeben; und von Seiten seines akademischen Fleißes und des regelmäßigen Besuchs der Collegien, hatte er sich gerade auch nicht empfohlen. Es war an ihm etwas Desultorisches, was ich ihm zuweilen frei ins Gesicht sagte. Er hatte auch nicht verschmäht, zuweilen freundschaftlichen Gelagen anzuwohnen, wobei dem Bacchus geopfert wurde. — So wurde denn der reguläre Märklin in der Promotion der dritte und Hegel der vierte.

Dieses ließ eine bleibende Wunde in seinem Herzen zurück; was niemand besser weiß als ich, so sehr Hegel es auch
vor der Welt verbarg; und war ganz gewiß der geheime
Ressort der Veränderung, welche nach durchlebten akademischen Jahren mit ihm vorging, denn vorher war ihm seines
Vaters Entgegenstreben im Wege gestanden. — Philosophische Ansichten waren es gewiß noch nicht. Wäre er der
dritte in der Promotion geworden, so würde gewiß Berlin
ihn nicht gesehen — noch er dem deutschen Vaterlande und
dem Conversationslexikon [4] von dem Absolutisten Hegel
und von Strauß etwas zu reden und zu schreiben gegeben
haben. Wenigstens strebte sein Antagonist Märklin, dieser
Erz-Metaphysiker und Kantianer, zu einer Zeit, wo Hegel
an Kant und Metaphysik noch wenig Geschmack fand, nach
gar keinem Umschwang.

Ich weiß zwar nicht, ob und inwiefern Hegels letztes
akademisches Jahr, das ihn mir entzog, ihn verändert habe,
(woran ich aber billig zweifle).

Allein während der vier Jahre unserer Familiarität war
Metaphysik Hegels Sache nicht sonderlich. Sein Held war
Jean Jacques Rousseau, in dessen Emil, Contrat social, Con-
fessions; und andere, bei denen ähnliche Sentiments herrschen, und worin man sich gewisser [all]gemeiner Ver-
standesregulierungen, oder, wie H. sagte, Fesseln entledigte.
Er hatte eine besondere Freude am Buch Hiob wegen der
ungeregelten Natursprache, die er darin antraf. Überhaupt
schien er mir zuweilen etwas exzentrisch. Auf seine nachmaligen Ansichten geriet er erst im Auslande; denn in
Tübingen war ihm nicht einmal Vater Kant recht bekannt.
Und ich, der ich mich damals in Kantische Literatur sehr
stark einließ, und deswegen mit Schelling, Breyer, Flatt,
Hauf, Märklin, Duttenhofer, Rep. Diez, (diesem Kantischen
enragé) Hauber [5] etc. häufig konversierte, konnte mit
meinen Unterhaltungen über Kant, Reinhold, Fichte, (der
auch schon gleichzeitig mit Schellings im Stifte zu Tübingen
geschriebenem selbstsetzenden Ich, hervorgetreten war), bei
Hegel wenig Anklang finden. Dieser war Eklektiker, und
schweifte noch im Reiche des Wissens cavalieremente
herum.

Diese wenigen Notizen sind es, was ich ihnen über Hegel mir Bekanntes mitzuteilen weiß.

9. *Albert Schwegler*

Hegel soll, solange er im Stift war, viel bei Nacht gearbeitet haben ... Ein Compromotionale Hegels hat mir erzählt, Hegel habe während seiner Stiftjahre vorzugsweise Aristoteles studiert in einer alten wurmstichigen Basler Ausgabe [1], der einzigen damals lesbaren, Schelling die Gnostiker, besonders das ophitische und valentinianische System. Es ist überraschend, wie die vorwiegend dialektische Richtung des einen, die mehr gnostisierende des andern schon in den Studien der Jünglinge so bezeichnend vorgebildet ist. ... Gegenwärtig [1839] kursieren im Stift nur noch wenige Erinnerungen an Hegel. Nicht einmal über die Stube, die er bewohnte, sind sichere und übereinstimmende Nachrichten vorhanden, nur das weiß man, daß er, durch Schelling veranlaßt, auf dessen Stube sich für einige Zeit übersiedelte. Schelling war fast der einzige, der den wenig Beachteten tiefer erkannte und an sich zog. ... Hegels wissenschaftlichen Bildungsgang anlangend, habe derselbe, besonders am Anfange seines Stiftslaufes, wenig gearbeitet, für die Theologie gar nichts getan, höchstens seinen Kant gelesen, die meiste Zeit aber mit Tarockspiel zugebracht. ... Hegel ..., in seiner Promotion anfangs der Dritte, wurde später, zum Teil wegen seiner ungeordneten Studienweise und seines unregelmäßigen Collegienbesuches, zum Vierten gemacht, und an seine Stelle avancierte der jetzige württembergische Prälat Märklin. Diese Herabsetzung habe in Hegel eine bleibende Wunde zurückgelassen. Er suchte sie zu verbergen, wurde verschlossen und fing an, mit ungeheurer Kraftanstrengung zu arbeiten. Er übernachtete ganze Wochen auf dem Sofa, und dieser eiserne Fleiß ist's, der ihn groß gemacht.

Noch fragte ich den Alten [Leutwein], wie Hegel während seiner Stiftsjahre zu den politischen Ereignissen, die

damals die Welt erfüllten, sich verhalten habe. Da erzählte
er mir, daß Hegel der begeistertste Redner der Freiheit und
Gleichheit gewesen sei und daß er, wie damals alle jungen
Köpfe, für die Ideen der Revolution geschwärmt habe. . . .
Eines Morgens, erzählte der Greis weiter, an einem Sonntag,
es war ein schöner klarer Frühlingsmorgen, seien Hegel und
Schelling mit noch einigen Freunden auf eine Wiese unweit
Tübingen gezogen und hätten dort einen Freiheitsbaum
aufgerichtet.

10. K. F. A. Schelling

Ein anderes Ereignis des ersten Jahrs, bei welchem ebenfalls
der Herzog Karl[1] eine Rolle spielte, war dieses. Die französische Revolution hatte ihren Wellenschlag nach Deutschland, wenigstens in die Gemüter der deutschen Jugend fort-
gepflanzt. Auch die Studenten Tübingens waren ergriffen.
Die Begeisterung war groß, doch währte sie nur so lange,
als man in dieser Revolution eine heilsame Katastrophe er-
blickte; als aber die Schandtaten bekannt wurden, mit denen
sie sich befleckte, verstummte der zustimmende Jubel
schnell. Was die Äußerungen dieses Enthusiasmus betrifft,
so konnte ich nun zwar von Freiheitsbäumen, die am Ufer
des Neckar aufgerichtet worden seien und an deren Aufrich-
tung sich vorzüglich Hegel und Schelling in schwärmerischer
Freundschaft beteiligt haben sollen, nichts erfahren, obgleich ich mich bei unterrichteten Zeitgenossen erkundigte;
wohl aber wurden freisinnige Reden gehalten, Freiheits-
lieder gedichtet, aus dem Französischen übersetzt, gesungen,
deklamiert. Besonders kam das Marseiller Lied hoch zu
Ehren.

Mit Hegel war Schelling auch erst auf der Universität bekannt geworden. Doch bezog sich ihre Freundschaft mehr
auf ihre wissenschaftliche Denkweise als aufs Gesellige, dem
Hegel anderwärts nachging. Hegel war allen Nachrichten
nach in Tübingen zwar nicht hervorragend durch tiefere Ge-

lehrsamkeit in irgendeinem Zweig des Wissens, aber da er
in der Residenz aufgewachsen war, so hatte er ohne Zweifel
durch ausgebildeteren Weltverstand (etwas Gestandenes
hatte er ohnedies in seinem Wesen), ebenso durch vielseiti-
gere Kenntnis in der neueren Literatur, besonders der auf-
klärerischen, überhaupt durch einen gescheiten Eklektizismus, den er sich angeeignet hatte, einen Vorsprung vor
denen, die wie Schelling und die meisten Stipendiaten aus
der Stille und Unschuld der Klosterschulen hergekommen
waren, und galt bei allen, die ihn näher kannten, für einen
der verständigsten, aufgewecktesten und leistungsfähigsten
Köpfe nicht nur im Stift, sondern überhaupt. Als solchen
wenigstens würdigt ihn Schelling durchaus in seinen Briefen,
wie hinwiederum Hegel auf den jüngeren Freund mit der
größten Anerkennung, sowohl seines Geistes als seines Gemüts, hinblickt. Vielleicht war es aber nur eins, das sie beide
in Tübingen näherbrachte und ein starkes, dauerndes Ver-
bindungsmittel zwischen ihnen wurde, nämlich Kant.

11. *Karl Rosenkranz*

Mit Hölderlin, Fink[1], Renz und anderen Freunden las und
durchsprach Hegel, sicheren Nachrichten zufolge, Platon
(noch sind einige seiner damaligen Übersetzungsversuche
aus Platon vorhanden), Kant, Jacobis Woldemar und Allwill,
die Briefe über Spinoza[2] und Hippels Lebensläufe in aufsteigender Linie[3].

12. *Christiane Hegel an Marie Hegel*

Während seiner Studienjahre hatte er lange das Tertian-
Fieber und brachte deswegen einige Monate im väterlichen
Hause zu, da er sich dann an den guten Tagen mit Lesen
der griechischen Tragödien, seiner Lieblingslektüre, und mit
Botanik beschäftigte, soviel ich weiß, besuchte er auch die

Anatomie in Tübingen. . . . Prälat Abel . . . Storr[1] und Flatt[2]
waren damals die berühmtesten [Tübinger Professoren],
Schnurrer[3] auch berühmt, aber mit diesem stand er nie gut,
oder dieser mit Hegel, wie Du willst . . .

13. Christoph Theodor Schwab

Nach einer andern Seite zog ihn [Hölderlin] der jetzt mächtig in ihm erwachende philosophische Drang seines Geistes,
Hegel stand ihm als Compromotional nahe . . . Hegel ließ
damals seine zukünftige Bedeutung weniger ahnen als
Schelling . . . Hegel machte kein Aufsehen; in den ersteren
Jahren des Studiums war er eifrig mit Philosophie beschäftigt, er „pritschte", wie seine Freunde erzählten, den Kant;
die Theologie zog ihn minder an, er ließ sich in den sogenannten locis, die damals eine Art Disputatorium über die
Hauptartikel der Dogmatik bildeten[1], nicht in Erörterungen
und Streitigkeiten ein und mochte die angesehene Glaubens-
lehre Storrs nicht leiden, dagegen blieb er im Leben nicht
zurück, er galt für einen eifrigen feinen Tarockspieler, liebte
die Gesellschaft und war in Betreff derselben nichts weniger
als wählerisch. Mit Hölderlin verband ihn nicht allein das
philosophische Streben, sondern auch seine Bekanntschaft
mit den Griechen und namentlich mit der sophokleischen
Tragödie.

Was die politische Stimmung betrifft, so wurde das Interesse
für die französische Revolution im Seminar besonders lebendig erhalten durch die an dieser Stiftung teilhabenden
Mömpelgarder; Hegel galt für einen derben Jakobiner, und
auch Hölderlin war dieser Richtung zugetan, die umso mehr
Eingang fand, je stärker man die Beschränkung einer freie-
ren Entwicklung in den Schranken jenes Institutes fühlte . . .

14. Johann Eduard Erdmann

... wenn wir auch auf die Nachricht, daß beide [Schelling und Hegel] sich an der Errichtung eines Freiheitsbaumes beteiligt haben sollen, nicht viel mehr Gewicht legen, als auf die Erzählung eines Coätaneus, daß Hegels Lieblingswort in jener Zeit „Kopf ab" gewesen sei, so steht doch fest, daß es gerade die politische Stimmung war, die den gravitätischen Magister mit dem eben auf die Universität kommenden munteren Genie [Schelling] enge verband.

15. Notizzettel Christiane Hegels

... war lustiger, aber nicht ausschweifender Student, liebte den Tanz, war gern im Umgang mit Frauenzimmern, gab hier und da Vorzug, erregte aber nie Hoffnungen für die Zukunft, wollte als Magister noch die Rechte studieren, war eng mit Schelling, der einige Jahre jünger. Kanzelvortrag schlecht, leise, stockend.

16. Gustav Binder

Den alten Fink in Söhnstetten, der mit zwei ledigen Schwestern zurückgezogen lebte, suchte ich auf, weil ich von ihm als einem Jugendfreunde Hegels allerlei über diesen zu erfahren hoffte. Prof. Rosenkranz hatte mich brieflich gefragt, ob ich ihm nicht durch Fink Auskunft verschaffen könnte über eine gewisse Dame (la belle Augustine!), welche auf mehreren Blättern von Hegels Stammbuch als seine Herzenskönigin gepriesen wurde. Pf. Fink wußte sie auch sofort zu nennen; sie hatte später einen aus dem Stift ausgetretenen und zum Jus übergegangenen Kandidaten K[rippendorf] geheiratet, der seinerzeit als Präsident des badischen Hofgerichts in Mannheim gestorben ist. Eine der alten Schwe-

stern Finks erzählte mit Lachen, Hegel, der mit ihrem
Bruder manchmal in ihr elterliches Haus zu Königsbronn in
die Vakanz kam, sei sehr küsselustig gewesen. Briefe von
Hegel, welche Pf. Fink unter seinen Papieren zu suchen und
mir zu schicken versprach, habe ich nicht erhalten.

17. Karl Rosenkranz

Eine besondere Aufmerksamkeit, wenn auch mit großer
Schüchternheit, widmete Hegel 1791 der Tochter eines verstorbenen Tübinger Professors der Theologie Hegelmeier.
Sie hieß Auguste und wohnte mit ihrer Mutter im Hause
eines Bäckers, der . . . zugleich einen Weinschank hatte. Sie
war sehr schön. Ihr Mund insbesondere soll bezaubernd gewesen sein. Eine gewisse Koketterie, das schmeichelsüße Bewußtsein, Herzen erobern zu können, trug nur zur Erhöhung
ihrer Reize bei. Sie hatte jeden Abend das Geschäft, in den
Keller zu gehen, wobei, nach Einrichtung des Hauses, der
Weg sie durch des Bäckers Trinkstube führte. Daher versammelten sich hier ihre Anbeter, auch Hegel, und suchten
ihr hier den Hof zu machen. Einst brachten sie es sogar dazu, ihr einen Ball zu geben. Der Universitätsstallmeister
hatte drei Töchter, denen man auch fleißig die Aufwartung
machte. Der Vater gab sein Gartenhaus her, wo sich ein
ganz artiger Tanzboden befand und wo nun Auguste die
gefeierte Königin war.

18. Eduard Zeller

Derselbe [Faber] erzählte mir auch, wie er Hegel einmal im
Stift, da dieser in einem wenig erbaulichen Zustand nach
Hause kam, den Nachforschungen der Seminarpolizei ent-
zogen habe.

19. Zwei Anekdoten

Hegel fiel dadurch auf, daß er oft zu später Stunde nicht
ganz nüchtern ins Stift zurückkam, wodurch der Stuben-
älteste so verzweifelt war, daß er ihm einmal zurief:
„O Hegel, Du saufschst Dir g'wiß noch Dein ganz bißle
Verstand vollends ab!"

Hegel [wurde] in ziemlich angeheitertem Zustand „ob
serum ad portam", d. h. wegen verspäteter Rückkehr ins
Stift, angehalten. „Hegel, Du saufscht di no zum Tod!",
habe der Torhüter gesagt, worauf Hegel entgegnete, er habe
sich nur „ein wenig erfrischt".

20. Karl Klüpfel

Neue erbitterte Fehde finden wir in den Jahren 1792 und
1793. Unter den Streitlustigen scheint unter anderen der
Philosoph Hegel sich hervorgetan zu haben: er erklärte einmal einem Stadtburschen, es solle sich abends keiner von
ihnen auf dem Markt blicken lassen, wenn er nicht Gefahr
laufen wolle, totgeschlagen zu werden. Die Zeitereignisse
hatten, wie es scheint, auch die Studenten, und besonders
die Stiftler mit einem kriegerischen Geist angesteckt; es
finden sich nicht leicht in einer anderen Periode so viele
Händel, Schlägereien, Verwundungen.

Übergang nach Bern

21. *Friedrich v. Sinner an K. F. v. Steiger*

[Bern, Juli 1793]

Une petite absence, pendant laquelle, la lettre, que j'aurois l'honneur de vous communiquer, arriva, m'empêcha, d'avoir l'honneur de vous écrire plutôt. Je crois Monsieur qu'il sera de mieux de vous envoyer ici inclus la lettre de mon correspondent en réponse de la commission que vous m'avez confiée. Il paroit que la conduite de Mr. Schwindrazheim[1] en effet est telle qu'elle ne peut être recommendée. Mon ami Hauff offre en place un jeune duquel il fait très fort les élloges, et je crois avec raison, car après le caractere connu de Mr. Hauff, il ne proponroit assurement pas quelqu'un, duquel il ne peut pas croire, qu'il fut en état, tant par son caractere, ses moeurs et ses connoissances de remplir une place, qui demande des qualités qui sont rarement reunies. Si vous étes toujours dans les mêmes intantions Monsieur, et que vous désiriez entrer en negotiation avec Mr. Hegel, je me chargerois d'envoyer vos propositions que vous auriez la bonté de mettre par écrit à Mr. Hauff qui les remettroit à Mr. Hegel, ou bien si vous preferez entrer directement en negotiation avec le sus dit Mr. Hegel son adresse seoroit An Hrn. Magister Hegel in Stipendio in Tübingen.

Je desirerois bien ardament Monsieur que la confience avec la quelle vous m'avez honorée fut justifie par une heureu suite, et que vous trouviez un homme qui put en tout remplir le but que vous proposez, dans une éducation à laquelle vous paraissez vouloir donner plus de soin que cela n'en étoit l'usage jusqu'ici et dont la suite ne peut être que le contentement de voir vos enfants heureux.

Si vous pouviez croire que je puisse vous être necessaire dans la suite de cette affaire Monsieur, je vous prie de disposer entierement de moi . . .

22. *Hauff an F. v. Sinner*

Tübingen, 10. 7. 1793

Welch eine angenehme Pflicht für mich, Ihnen oder einem Ihrer Freunde einen kleinen Dienst leisten zu können, der mich wieder in Ihr Gedächtnis zurückbringt. Haben Sie vielmal Dank für das mir geschenkte Zutrauen . . .

Zuerst Ihr Verlangen zu erfüllen, melde ich Ihnen, daß Schwindrazheim nach allen Rücksichten nicht der Mann ist, einen Jüngling zu leiten, da er auf der hohen Schule ein leichtsinniges Leben führte und an seiner Bildung nicht arbeitete. . . .

Sie scheinen von mir den Vorschlag eines andern Jünglings zu erwarten. Ein großes Vertrauen auf meine Kräfte, dem ich aber mit aller Schüchternheit Genüge leiste. Gern wollte ich meine eigene Person empfehlen, um vielleicht des Vergnügens Ihres Umgangs genießen zu können, allein ich fühlte mich nicht tüchtig, und meine Lage verbeut es. Einen jungen Mann kenne ich hier in dem theologischen Stift unter den ersten seiner Abteilung, den Sie vielleicht auch kennen, Magister Hegel aus Stuttgart, er ist ein Mann von sehr viel Kopf, Kenntnissen und guten Sitten. Wenn Ihnen vielleicht diese Wahl anstünde, so würde Herr v. Steiger mit ihm in Unterhandlung treten. Haben Sie die Güte, mir von dem Verlauf des nähern zu schreiben, verdanke ich doch diesem Umstand das Vergnügen, noch einen Brief von Ihnen zu lesen.

23. *J. Brodhag an v. Rütte*

Stuttgart, 28. 7. 1793

Auß dero Hochschätzbares vom 24 disses, ersehe das der Herr M: Schwindratzheim von mehrere Freunde die Ihme kannten, das Nemmliche schlechte Lob geben als Ich demeselben gegeben habe, . . .

Was den Herrn Magister Hegel betrefent, wovon Sie auch gerne von seiner gelehrsamkeit u. geschicklichkeit u. son-

stiger guther auführung wissen möchten, so habe ich nicht er
Mangelt gleich den andern Tag nach dero Beehrtes schreiben zu einigen Herrn der Oberstin gelehrten alhier Ihnen
meine Aufwartung zu machen, um mich dessen H. M:Hegel
genau zu erkundigen und da nun obgedachte geistlich gelehrte Herrn von Zeit zu Zeit sowohl von der ohneversitet
in Tübingen als auch von denen Niedren Clöster von denen
Herren Professores Nachricht bekommen, wie es eines jeden
Menschen seine auführung gelehrsamkeit u. geschicklichkeit
sich verhalt, so darf ich u. kann Sie versichern, daß Sie dem
H. M:Hegel das Beste zeugnis gegeben, daß er ein rechtschaffener Mensch seye, u. sehr guth vor Junge Herren als
Hofmeister Tauge, wann nun also der H. v. Steiger den
Jungen Herrn M: Hegel als Hofmeister gerne haben möchte,
so wäre es nothwendig daß H. v. Steiger einen Brief an das
Herzogliche Consistorium alhier zu schicken möchte u. um
den gedachten H. M: Hegel bitten, daß mann Ihme als Hofmeister abgehen lassen, den Brief wann Sie sonsten keine
andere gelegenheit wissen, so belieben Sie mir Ihme einzu-
schließen welchen ich auch sogleich an seine Behörde besorgen werde; finden Ew Wohlgebohrn mich ferner im Stande
Ihnen gefälliges zu erweisen, so erwartte dero gütigen Befehl. Meinen Sohn Recommentier ferner in dero Liebe und
wohlgewogenheit. Ich und die Meinigen empfehlen sich gehorsamst u. Haben die Ehre mit vieler Hochachtung alstets
zu verharren.

Dero
gantz gehorsammster Diener
Johannes Brodhag.
Gastgeber zum goldenen Ochsen

PS. obgedachter H.M. Hegel ist eines recht
schaffenen Mannes Sohn alhier. Der sein H.
Vatter ist bey der Herzogl. Regierung an-
gestelt als ein angesener Mann.

24. J. Brodhag an v. Rütte

Stuttgart, 25. 8. 1793

Dero Hochschätzbares Schreiben vom 14. diss. habe wohler-
halten, auch die beiden Einlagen an Hrn. Schwindratzheim
u. Hrn. M: Hegel sogleich besorget, den an Hrn. M: Hegel
habe selbsten überbracht, den ich aber nicht angetroffen,
sondern auf etliche Tage verreist gewesen. Nun kame gestern Hr. Mag. Hegel zu mir u. übergabe mir inliegenden
Brief an Sie. Ich fragte Ihme, ob er sich resolvirt habe
die Hofmeister Stelle bey dem Herrn von Staiger anzunehmen. Seine Antwort war aber daß er vor vierzehen
Tagen noch keine gewisse Antwort geben könne. Wir waren
nun aber über eine Stunde lang bey einander, da vermerkte
ich nach u. nach an Hrn. M: Hegel, daß Ihme das gemachte
offert jährlich 15 Louisd'or Salarium nicht ganz angenehm,
weil Ihme sehr wohl bekannt seye, daß in der Schweitz alles
sehr theuer und besonders Kleidungsstück, und seye gewohnt jederzeit sich in allen Theilen honett zu zeigen. Das
kann u. darf ich Ihnen aber versichern, daß Hr. M: Hegel
ein rechtschaffener Mensch ist, der nicht nur Lebensart u.
Geschicklichkeiten, sondern auch viele gelehrsamkeiten
haben solle, der gewiß vor junge Leuthe als Hofmeister
viele qualiteten hat, wo nicht ein Jeder solche Gaben besitzt.
Hr. M: Hegel sagte mir auch, daß dis Frühjahr auch ein Hr.
Magister von hier ohnweit Genef [1] als Hofmeister hineinge-
kommen, welcher jährlich 25 Louisd'or Salarium habe, u.
auch noch einige Nebenvorteile habe, dieselben werden ver-
muthlich aus seinem Schreiben selbst vernehmen, was er gesonnen u. resolvirt ist. Finden u. glauben Ew. Hochwohlg.
mich ferner im Standt Ihnen gefällig zu seyn, so erwartte
dero güttigen Befehlen.

25. Ch. F. v. Schnurrer an J. E. H. Scholl

Tübingen, 10. 9. 1793

Hr. M. Hegel wird nun dieses Spätjahr examiniert [1], und
mithin in die Freiheit versetzt werden, eine auswärtige

Stelle anzunehmen. Etwas Behutsamkeit wird nicht schaden.
Ich zweifle sehr, ob er inzwischen gelernt hat, diejenigen
Aufopferungen sich guduldig gefallen zu lassen, die immer
mit einer Privatlehrersstelle, wenigstens anfangs, verknüpft
zu sein pflegen. Er ist beinahe diesen ganzen Sommer, unter
dem Vorwande einer Kur, aus dem Stipendium abwesend,
und sein langer Aufenthalt zuhaus, wo er selbst vielleicht
mehr gilt als der Vater, möchte keine eigentliche Vorbereitung auf das nicht eben zwanglose Leben eines Hofmeisters
sein.

Sie sehen, ich rede offenherzig, weil ich es Ihnen schuldig
zu sein glaube. Dabei bin ich versichert, daß Sie niemals
einen mir unangenehmen Gebrauch werden davon machen
können.

26. G. F. Stäudlin an Schiller

Stuttgart, 20. 9. 1793

Von seinem Freunde Magister Hegel hörte er [Hölderlin],
daß Sie gegenwärtig eine solche Stelle in der Gegend von
Jena zu vergeben hätten.[1] Da nun Hegel ohnehin bereits als
Hofmeister nach Bern engagiert ist und nunmehr allen andern Absichten auf immer entsagt hat, so bittet Sie H. mit
mir recht dringend um Ihr gütiges und viel wirkendes Vorwort bei jener Hofmeisterstelle.

BERN

1793 - 1796

27. *Franz Karl Hiemer an Philipp Hiemer*

Calw, 29. 3. 1794

Schreibst Du nie an Hölderlin oder Mögling[1]? Sage mir, was sie machen und wie sie sich befinden; auch von Hegel erfahr ich keine Silbe.

28. *Hölderlin an Johann Gottfried Ebel*

Nürtingen, 2. 9. 1795

Sollten Sie einen Erzieher für die andere Familie wünschen, so würd' ich Ihnen einen jungen Gelehrten, der sich jetzt in der Schweiz aufhält und der beinahe mein Ideal sein könnte in diesem Verhältnisse, so wie ich mir ihn darin denke, vorschlagen. Ich vermute, daß er zu haben wäre.

29. *Hölderlin an seine Mutter*

Frankfurt, 20. 11. 1796

Freuen wird Sie die Nachricht, daß einer meiner schätzbarsten Universitätsfreunde, M. Hegel aus Stuttgart, durch meine Vermittlung wahrscheinlich zu Anfang des nächsten Jahrs als Hofmeister hierher in eine der glücklichsten hiesigen Familien[1] kommen wird.

30. *Notizzettel Christiane Hegels*

Herbst 1793 Schweiz, über 3 Jahre; kam in sich gekehrt zurück, nur im traulichen Zirkel fidel.
Anfang 1797 nach Frankfurt.

31. *Nanette Endel*

. . .

Wie freut das mich, die Ihn einst gekannt
Die Freundin er — den ich Freund genannt;
Verlebt hab ich, mit Dir und Ihm, manch' schöne Stunden
Wir haben uns, der Freude Kränze viel gewunden.

. . .

Recht ist's, daß ich den Kranz Ihm wand,
Ich, die einst aus Seiner Hand
Gern geröst'e Mandeln nahm,
Sie aß' wie ein Lamm so zahm.

Die Patschhandele Ihn machen ließ
Mit dem Taler indem Handele
Auf dem Markt Ihn gehen hieß.

Die Soeur jaqueline
Ihm aufgeführt,
Mit Bruder Francois
Sie absoliert.[1]

Mich auszulachen,
Beredet er mich
Die Rollen selbst zu machen,
Er und ich.

Doch als es kam ans Ende,
Ich aufbekam die Buß,
Da streckt ich beide Hände,
Zu wehren ab den Kuß.

Die jeden Morgen
Ihm die Sorgen
Für seine Krawatte nahm
Und für die Ehre dann
Die Lehre vom hl. Alexis[2] vernahm.

Für Agnes v. Liliens[3] Geschick
Wie hat er unser Herz gerührt,
Es war, als gält es eignes Glück,
Doch arg hat er uns angeführt.

In des 96er Jahres letzter Stunde
Las er daraus uns vor.
Wir ließen Schlaf und Traum,
Wagten zu atmen kaum,
Aug und Ohr hing an seinem Munde.

Doch wer spricht unsern Schrecken aus,
Als einmals er in stolzer Ruh
Macht das Wunderblättchen zu,
Das Jahr — ist, und das Heft ist aus —

Ihn zu necken, reizt Du mich,
Doch er wehrt sich ritterlich,
Unsre Unart weist er ab,
Indem er diese Lehr uns gab.

Hat das, was Ihr gehört
Vergnügen Euch gewährt,
So dankt mir, daß ich Euch nicht gesagt,
Das Werk sei noch nicht aus gemacht.[4]

FRANKFURT

32. *Hölderlin an Johann Gottfried Ebel*

Frankfurt, 10. 1. 1797

Auch sonst werden Sie ganz sich wiederfinden in unserem Zirkel. Hegel ist, seit ich den Brief anfing, hierhergekommen. Sie werden ihn gewiß liebgewinnen.

... Hegel war mit Gogel von hier in ein Verhältnis getreten, eh' Ihr letzter Brief ankam. Ich suche aber einen anderen, der Ihnen konvenieren könnte.

33. *Hölderlin an Ch. L. Neuffer*

Frankfurt, 16. 2. 1797

Hegels Umgang ist sehr wohltätig für mich. Ich liebe die ruhigen Verstandesmenschen, weil man sich so gut bei ihnen orientieren kann, wenn man nicht recht weiß, in welchem Falle man mit sich und der Welt begriffen ist.

34. *Christoph Theodor Schwab*

Bald darauf, im Frühlinge [1797], kam Hölderlins geliebter Halbbruder[1], den der Dichter ... auf einen Besuch nach Frankfurt eingeladen hatte. Hölderlin führte ihn gleich zu dem Landsmanne Hegel, dieser empfing den Bruder seines Freundes mit großer Herzlichkeit, aber bald war der neue Ankömmling vergessen, als die beiden Kollegen über einer philosophischen Frage in heftige Diskussion gerieten.

35. *Ch. L. Neuffer an Hölderlin*

Stuttgart, 18. 4. 1797

. . . Grüß mir Hegel und wenn Dein Bruder noch bei Dir ist, auch ihn.

36. *Henry Gontard an Hölderlin*

Frankfurt, 27. 9. 1798

Ich halte es fast nicht aus, daß Du fort bist. Ich war heute bei Herrn Hegel, dieser sagte, Du hättest es schon lange im Sinn gehabt; als ich wieder zurückging, begegnete mir Herr Hänisch[1], welcher den Tag Deiner Abreise zu uns kam und ein Buch suchte; er fand es, ich war gerade bei der Mutter, er fragte die Jette, wo Du wärst, die Jette sagte, Du wärst fortgegangen, er wollte eben auch zu Herrn Hegel gehn und nach Dir fragen, er begleitete mich und fragte, warum Du fortgegangen wärst, und sagte, es schmerzte ihn recht sehr. . . . Hier schick ich Dir noch Tabak und der Herr Hegel schickt Dir hier das 6te Stück von Posselts Annalen[2].

37. *Susette Gontard an Hölderlin*

28. 9. — 5. 10. 1798

Einige Zeit nachher, als ich Henry zum H[egel] schicken wollte, antwortete er, es sei ihm nicht mehr erlaubt, . . .

38. *Susette Gontard an Hölderlin*

Anfang 1799

Nächsten Monat wirst Du es wohl wieder wagen, Du kannst dann vielleicht durch H[egel] hören, ob ich wieder allein bin.

----

39. Karl Rosenkranz

Nach der Trennung vom Seminar haben sie [Fink und He-
gel] sich nur noch einmal wiedergesehen, als Fink durch
Frankfurt a. M. reiste, während Hegel hier als Hauslehrer
lebte.

39 a. Christoph Theodor Schwab

Ich fragte ihn [Hölderlin], ob er mit Hegel umgegangen sei,
auch dies bejahte er und setzte einige unverständliche
Worte hinzu, worunter „das Absolute" vorkam.

40. Wilhelm Stricker

Die praktische Seite von Hufnagels[1] Wirken haben wir
schon oben mehrmals erwähnt. Wie für Errichtung der
Musterschule, ebenso eifrig wirkte er für Reform des Gym-
nasiums, und nicht wenige, später berühmte Männer, z. B.
Hegel, K. Ritter[2], danken seiner Verwendung, welche sie als
Hauslehrer in Frankfurter Familien einführte, wichtige Ver-
bindungen, Mittel zu weiterer Fortbildung und damit den
Weg zu ihrem Ruhme.

JENA

1801

41. Schelling an G. E. A. Mehmel

Jena, 4. 7. 1801

Bouterweks Anfangsgründe[1] sind hier nicht aufzutreiben gewesen; ich weiß nicht, ob es nötig ist, daß solche bald angezeigt werden, in diesem Falle kann ich nichts zusagen und bitte, selbige meinem Freund zu übertragen, von dem Sie durchaus tüchtige und eindringende Arbeit erwarten dürfen (Seine Adresse: Dr. Hegel im Klipsteinischen Garten in Jena) — ...

42. Schelling an Fichte

Jena, 3. 10. 1801

So ist erst dieser Tage ein Buch von einem sehr vorzüglichen Kopf erschienen, das zum Titel hat: Differenz des Fichteschen und Schellingschen Systems der Philosophie[1], an dem ich keinen Anteil habe, das ich aber auch auf keine Weise verhindern konnte.

43. Goethe an Schelling

Jena, 20. 10. 1801

Wenn Herr Doktor Hegel mich morgen früh um 11 Uhr besuchen will, so soll es mir angenehm sein.

44. Goethe, Tagebuch

21. 10. 1801

... 11 Uhr Dr. Hegel ...

45. Intelligenzblatt der Allgemeinen Literatur-Zeitung

Jena, 20. 11. 1801

Den 1sten Febr. des nächstkünftigen Jahres wird hier die öffentliche Versteigerung der Bibliothek des verstorbenen Herrn Geheimen Hofrats von Eckardt[1] ihren Anfang nehmen. Man wünscht, durch diese Anzeige auf den Verkauf dieser Bibliothek, welche gegen 10 000 Bände, und darunter viele der wichtigsten, vorzüglich historischen und juristischen Werke enthält, die Bücherfreunde aufmerksam zu machen, und erteilt hier zugleich die Nachricht: 1) daß von dem 37 Bogen starken Katalog Exemplare zwar nach allen Gegenden Deutschlands, jedoch um des großen Volumens willen nicht in allzu großer Anzahl, verschickt worden sind, und daher einzelnen Bücherfreunden, denen er etwa nicht zu Gesicht kommen möchte, noch besonders angeboten werden; 2) daß außer dem auf dem Titel genannten, noch folgende hiesige Herren erbeten worden sind und bewilliget haben, Kommissionen zu dieser Auktion anzunehmen: Hr. Prof. D. Paulus, Hr. Justizr. Hufeland, Hr. Hofr. Schütz, Hr. Prof. Feuerbach, Hr. D. Breyer, Hr. D. Hegel und Hr. Hofkommiss. Fiedler. Die Aufträge aber werden in postfreien Briefen erwartet.

46. Caroline an A. W. Schlegel

Jena, 23. 11. 1801

Ich soll Dir von Schelling berichten, daß er mit Hegel ein kritischphilosophisches Journal[1] gibt bei Cotta; Du sollsts Fichte noch nicht sagen, er will ihm gern das erste Stück unverhofft zuschicken . . .

47. *Elise Campe*

Auch den nächsten Winter [1801/2], wo er [Gries] wieder
zur Stadt gezogen war, blieb er bei derselben anhaltenden
Tätigkeit [der Tasso-Übersetzung] ... Der Kreis seiner
Bekannten ward jetzt durch Hegel vermehrt, den ihm
Schelling zugeführt hatte und der in der Gartenwohnung
sein Nachbar gewesen war.[1]

48. *Bernhard Rudolf Abeken*

... Gott, Glaube, Erlösung, Unsterblichkeit, wie sie sich
früher in mir festgesetzt, wollten sich mit der neuen Lehre
nicht verbinden, ja schienen ihr zu widersprechen; und Hegel, den Schelling bald herangezogen, hatte beim Beginn
seiner Vorträge[1] uns die Worte Dantes zugerufen:
    Lasciate ogni speranza voi ch' entrate.[2]
Ich weinte die bittersten Tränen ...

Wie ich in Hinsicht auf die Philosophie alles Talents erman-
gelte, wie ungeschickt ich mich in ihr erwies, das habe ich
Dir aufrichtig gestanden. Doch ließ ich mich durch die Um-
gebung, durch die tägliche Conversation verleiten, an einem
Disputatorium[3], welches Schelling und Hegel leiteten, teilzunehmen. Als die Reihe an mich kam, stellte ich einige
Thesen auf, von denen ich ein Paar mitteile. Sie lauteten:
„In der Kunst wiederholt sich idealisch die Geschichte; die
Aufgabe einer Kunstgeschichte wäre demnach, zu zeigen,
wie die Einheit in der Kunst der Mannigfaltigkeit in der
Geschichte entspricht." An sie reihte sich eine andere: „Epos
und Tragödie verhalten sich wie Identität und Totalität; das
lyrische Gedicht steht in der Mitte und stellt die Duplizität
dar." Mein Freund[4] war mir zum Opponenten bestimmt;
aber als es zum Treffen kommen sollte, verstummte er und
schied dann aus der Societät. Am andern Tage mochte er
sich wohl sagen, er selbst und sein Freund hätten besser
getan, von diesem Felde wegzubleiben.

49. Ignaz Paul Vital Troxler

Mein guter Genius ... führte mich nach Jena. ... So schön
hab ich das Universitätsleben nie wieder gesehen, das Studium war wahrhaft akademisch und bei jedem der Bessern
allumfassend, im Grund nur eine Fakultät, deren gemein-
same Basis Philosophie. Mit heiliger Ehrfurcht nahte ich
mich dieser Geisterwelt und halte es für mein höchstes Lebensglück, die meisten ihrer Götter und Helden gesehen
und gehört zu haben. Mich zog aber meiner Neigung und
Bestimmung gemäß vorzüglich Schelling an. Ich ward einer
seiner eifrigsten und ich glaube auch sagen zu dürfen seiner
geliebtesten Schüler. Bald spielte ich in dem unendlich lehr-
und übungsreichen Conversatorium unter seiner und Hegels
Leitung eine Hauptrolle.

50. I. P. V. Troxler an Varnhagen v. Ense

Auch Friedrich Schlosser, der so edel strebende Verwandte
Goethes, ist mit dem Abschluß dieses halben Jahrhunderts
hinübergegangen. In der Jenaer Periode, welche Laube in
seinen Memoiren gut skizziert hat, war ich mit Schlosser
sehr befreundet. Er war auch ein Zuhörer Hegels in dem
ersten Kolleg[1], das sich aber bald auflöste. Seither ging unsere Lebensrichtung auseinander.

1802

51. *Schelling an A. W. Schlegel*

4. 1. 1802

Anbei erhalten Sie das erste Heft von meinem und Hegels
Kritischem Journal, das ich Sie als Geschenk von uns beiden
anzunehmen bitte. Ich rechne, daß Sie es von vorn bis hinten lesen, daß sie an einigen Orten sich daran vergnügen
und mir Ihre etwaigen Bemerkungen darüber mitteilen sollen.

52. *Caroline an A. W. Schlegel*

Jena, 14. 1. 1802

Mein Freund, tu das Deinige, um Fichten dahin zu bewegen, daß er Schellingen denjenigen nennt, der ihm das
dumme Zeug hinterbracht hat; oder ihm wenigstens versichert — wenn er das mit Wahrheit kann nämlich —, daß
es nicht durch Paulus[1] an ihn gekommen ist. Es liegt Schelling schwer auf der Seele, daß Hegel, dem er über Paulus
mitgeteilt hat, was er Dir mitteilte, auch seine Idee, über
Fichtes Weggehn noch etwas bekannt zu machen, das ihn
und Niethammer[2] von der ewigen Kränkung als solche genannt zu werden, die ihn im Stich gelassen haben, befreite;
daß dieser sein Freund ihn gegen Paulus einigermaßen verraten habe. Paulus hätte dann leicht die Erklärung, die für
Fichte sein sollte, als eine gegen diesen gewendet.

53. *Fichte an Schelling*

Berlin, 15. 1. 1802

Sollten diese hingeworfenen Winke [über die Wissenschafts-
lehre] Ihrer Aufmerksamkeit nicht ganz unwert scheinen

oder sollte die vorteilhafte Meinung von mir, daß ich, (da
Sie mir selbst zugestehen, daß ich, — dies mein Zurückbleiben abgerechnet, ehemals doch ganz erträgliche Sachen vorgebracht) jetzt ein Jahr unbefangner Arbeit und Untersuchung nicht durchaus verloren haben möchte, einiges Gewicht für Sie haben, so wünschte ich wohl, daß Sie sowohl
als Hegel über diesen Streitpunkt nicht weiteres Aufheben,
und dadurch, wie ich glaube, die Mißverständnisse nicht
zahlreicher machten, bis meine neue Darstellung erschienen
ist, die zu Ostern erscheinen wird.

54. Caroline an A. W. Schlegel

Jena, 8. 2. 1802

Zugleich hat der Unselige [Böttiger] seine bisherige Arbeit
an der allgemeinen Zeitung, für die ihm Cotta 400 rh. jährlich bezahlte, wegen dessen, was Hegel und Schelling darüber in ihrem Journal äußern[1], rein aufgegeben.

55. Henrich Steffens

... Schelling und Hegel fand ich [Februar 1802] miteinander freundschaftlich verbunden, in gemeinschaftlicher Tätigkeit. Ich durfte sie nur vorübergehend begrüßen ...

56. Caroline an A. W. Schlegel

Jena, 22. 2. 1802

Vermutlich wird die kleine Mlle Bulla[1], die noch nicht in
das Fach der Maitressen einverleibt ist, dort den Jon[2] machen. Hegel erzählt mir, daß sie ein sehr schönes wohlge-
wachsenes junges Mädchen ist, aber freilich nicht viel mehr
wie das.

57. Caroline Schlegel an Julie Gotter

Jena, 11.(?) 3. 1802

Ich bitte mir jetzt alle Abend einen Gast, seit Du nicht da bist, und wollte Dir nur notifizieren, daß ich nun Hegel auch äußerst munter und in voller Glorie gesehn habe. In der Stadt werden viel Tees nach der neuen Weise gegeben und viel lustige schläfrige Spiele gespielt, deren muntre Langeweiligkeit mir Gries und Möller nicht genug rühmen können. Den Ziegesarischen zu Ehren ist das alles geschehn, sie waren nun auch bei Hufelands . . .

58. F. H. Jacobi an Friedrich Bouterwek

Aachen, 22. 3. 1802

Köppen[1] meldete mir zugleich die Erscheinung des ersten Heftes eines neuen, von Schelling und einem mir ganz unbekannten Herrn Hegel herausgegebenen kritischen Journales der Philosophie, worin ein gewaltiger Zorn herrschen soll.

59. J. J. Wagner an A. Adam

Salzburg, 15. 4. 1802

Den Hegel[1] hab ich bei meiner ersten Lektüre in Ulm auch nicht ganz verstanden; nun aber, da ich ihn gerade wieder lese, ist er mir klar. Er ist sehr gewandt, mit den Sätzen des Transscendentalismus zu schalten, aber sein Stil ist noch nicht kultiviert genug; Beweis eines Mangels an Reife und Schwierigkeit für den Leser.

60. *Goethe, Tagebuch*

30. 5. 1802

Mehrere Personen früh. Reichart, Loder, Bergrat Voigt. Zu Tische. Reichart[1], Schelling, Hegel.

61. *Elise Campe*

Der Sommer 1802 ward nur im Juni durch eine Fahrt nach Lauchstädt unterbrochen, wohin die Einweihung des neuen Schauspielhauses durch „Was wir bringen" von Goethe[1] eine Menge Menschen gelockt hatte. Hier fand sich der ganze untereinander bekannte Kreis beisammen: Schlegel, Schelling, Hegel, Frommanns, und ein paar Tage wurden sehr angenehm verbracht.

62. *Schelling an A. W. Schlegel*

Jena, 16. 7. 1802

Es ist schon längst meine Absicht gewesen, Ihnen zu schreiben; . . . [ich] ergreife die Gelegenheit der Übersendung des beikommenden Hefts des Krit. Journals, es zu tun. — Vielleicht wird nicht nur Interesse an der Philosophie überhaupt, sondern auch an einigen Individualitäten, die in dem Aufsatz von Hegel[1], welcher es anfüllt, berührt sind, Sie bewegen, es eines genaueren Anblicks zu würdigen; Jacobis spekulative Seite ist bis zu den neuesten Äußerungen, die Sie kennen, und bis in das offenbare Grundprinzip aller, die Scheu vor der Vernichtung des Endlichen, recht gut verfolgt; nur finden Sie vielleicht zu wünschen, daß der Teil, welcher ihn betrifft, selbst gezänk- und wolkenloser wäre, wie es der Verfasser von Jacobis Polemik zu wünschen findet; so wie es um die erste Idee, die vortrefflich ist, wirklich schade scheinen könnte, daß sie nicht mit mehr Klarheit und Korrektheit herausgearbeitet ist. Wegen Fichtes könnte Ihre

Freundschaft wirklich einigermaßen ins Gedränge kommen;
jedoch, wenn Sie es nur immer damit vereinigen können,
wünsche ich fast, daß Sie ihm dieses Stück nicht zeigen, da
ich für meinen Teil wirklich überzeugt bin, daß er nicht das
Geringste davon versteht, und es ganz unbegreiflich findet,
wie man ihn mit der Aufklärerei und dem Berlinismus zu-
sammenarbeiten kann; andrerseits ist es auch zu wünschen,
daß er bei der Vollendung der Wissenschafts-Lehre nicht
einmal durch die historische Notiz, von solchen extremen
Äußerungen (denn an das Lesen ist ohnehin nicht zu denken) in der Unbefangenheit und Naivität der seinigen gestört werde.

Am Ende des Abschnitts über Jacobi finden Sie auch etwas
von den Reden über die Religion[2], das freilich mehr einem
allgemeinen darin ausgedrückten Bestreben, wie ihnen als
besonderem Werke gilt.

63. Caroline Schlegel an Gebr. Ramann

Jena, 18. 7. 1802

Hier erfolgen die 13 R[eichstaler] 20 G[roschen] für ½
Eimer Ofner Wein und das Fäßchen für Hn. Doktor Hegel.

64. Schelling an A. W. Schlegel

Jena, 6. 8. 1802

Noch bin ich so frei, wenn es möglich um eine Spezifikation
der Ausgabe für die Liqueurs zu bitten: 2 davon waren für
Hegel, und ich bin darum in der Notwendigkeit, genauer
den Preis zu wissen.

65. *F. H. Jacobi an K. L. Reinhold*

10. 8. 1802

Es hat mich gewundert, daß Du in Deinem Briefe des neuen
Schellingschen Heftes nicht erwähntest, welches Du damals
doch schon haben mußtest. Wenn nur der verwünschte Hegel besser schriebe; ich habe oft Mühe, ihn zu verstehen.
Wegen des schlechten Vortrags bin ich gewiß, daß er und
nicht Schelling hier die Feder geführt hat[1]. Daß sie es arg
machen würden, wenn sie einmal gegen mich losbrächen,
hatte ich vorausgesagt. Die Schimpf-Worte wollten nicht
auslangen, so holten sie auch noch Schimpf-Namen herbei:
Herders, Jean Pauls, Schleiermachers[2]. Nur einen Reinhold
nennen sie mich diesmal noch nicht. Sie schenkten mir das,
nicht weil sie nicht böse genug auf mich, sondern weil sie zu
böse auf Dich waren. Lustig ist es, wie diese Leute nun auf
einmal über Fichte herfallen, als hätten sie nie etwas mit
ihm gemein gehabt. Ich bin neugierig, wie er sich hierauf
benehmen wird. Wenigstens muß er, so lieb ihm seine Seligkeit ist, beweisen, daß ihn Schelling nie verstanden hat.
Diese ganze Sippschaft ist rein toll; man muß sie untereinander sich die Hälse brechen und toben lassen, bis sie um-
fallen.

66. *Schelling an A. W. Schlegel*

19. 8. 1802

Ihrem Tadel von Hegels Aufsatz[1] stimme ich in allen Stük-
ken bei, ausgenommen daß er Fichtes Bestimmung des
Menschen als in philosophischer Rücksicht nicht geschrieben
hätte betrachten sollen. Denn erstens hat er wenigstens gezeigt, daß sie in dieser Rücksicht wirklich null ist; zweitens
verdient sie diese Kritik und mußte hier vorzüglich in Anschlag kommen . . .

67. J. J. Wagner an A. Adam

Salzburg, 24. 8. 1802

Ich bin begierig, ob sich Hegel durch meine Rezension seiner Differenz[1] gereizt finden wird; sollte er es, so entsteht zwischen uns eine offene Fehde, die ich keineswegs vermeiden werde, denn es gelüstet mich wirklich, Machtsprüche mit Machtsprüchen zu erwidern.

68. Schelling an A. W. Schlegel

Jena, 3. 9. 1802

In dem Urteil, welches Sie über meinen polemischen Aufsatz im ersten der Zeitschrift[1] fällen, haben Sie ... doch ganz mein eignes Urteil für sich. ... Es dient nicht zur Entschuldigung, aber doch zur Erklärung, daß jener Aufsatz in der größten Schnelle verfaßt worden und daß ich ihn bei der Abreise nach Berlin Hegeln zur Politur überlassen habe, der aber unterließ etwas daran zu tun. Bei Ritter hönnte vielleicht ein Ausdruck geändert und die ganze Erwähnung kürzer sein. Übrigens ist es unmöglich, daß Sie Rittern sowohl von Seiten seiner mit aller Gewalt retardieren wollenden, als von Seiten seiner klatschhaften Tendenz kennen, wie es denn er ist, der dem Herzog von Gotha die Bambergischen Theses und Hegels Disputation überantwortet hat, worauf denn alle die Pöbeleien darüber zuerst im Reichsanzeiger, in Zachs Journal usw. erfolgt sind ...

69. Caroline Schlegel an Julie Gotter

Jena, 29. 11. 1802

Nichts konnte willkommner sein als Deine Sendung, liebes Julchen. Ich habe sie ganz für mich behalten und dem Hegel bloß Dein Kompliment bestellt, was ihn so erfreute, daß er alle Würste vergaß, jedoch bittet, ihn in der Zukunft mit 4 Pfund zu bedenken.

70. J. J. Wagner an A. Adam

Salzburg, 17. 12. 1802

Ich habe nun auch in den Stücken, die Du nächstens erhalten wirst, eine Rezension von Schellings Journal geliefert; ich finde zwar, daß die Herren sich in grellem Tone gefallen, aber es ist beim Jupiter keinem dabei Unrecht geschehen. Ich bewundere die Geduld, sich mit solchen Wichten so viel zu befassen. Ich hätte sie nicht. — Neulich besuchte mich ein durchreisender D. Oersted aus Kopenhagen[1]. Er kam von Berlin, wo er bei Fichte ein privatiss. gehört hatte. Fichte bleibt halsstarriger als je bei seiner Wissenschaftslehre, behauptet, daß ihn Schelling nie verstanden habe und daß er Hegels Differenz nicht zu lesen brauche. Oersted trug tiefe Spuren der Gewalt, die Fichtes Geist über ihn geübt hatte.

71. *Caroline Schlegel an Julie Gotter*

Jena, 18. 2. 1803

Es geht hier in der Societät so bunt durcheinander, daß es alle Tage neue Allianzen und neue Brüche gibt, alles steht auf dem Kopf — daß zwischen Niethammer, Asverus, Vermehren und Hufeland ein geistreiches Kränzchen stattfindet, gehört in dieses Fach. Möller ist völlig verrückt geworden, was er bisher nur halb war. Hegel macht den Galanten und allgemeinen Cicisbeo[1]. Mich amüsiert es alles wie eine Komödie, besonders da es Podmanitzky gut vorzutragen weiß, durch den ich es gemeiniglich höre.

72. *Schelling an Ch. Assall*

Jena, 21. 5. 1803

Ich konnte erwarten, daß Ew. Wohlgeboren mir noch den Rest der von Ihnen ausgearbeiteten Akten überschicken würden. Da dies nicht geschehen ist, und ich morgen in aller Frühe abreise, so wird es nun nötig, das revidierte Ganze Ihrer Ausarbeitung mir an meinen nächsten Aufenthaltsort nachzuschicken, zu welchem Behuf ich Sie bitte, selbiges nur an H. Dr. Hegel zu geben, der es mir sogleich zukommen lassen wird. ...

Sonst erkläre ich hiermit

1. Herrn Dr. Hegel Allhier zu meinem Committenten in dieser Sache, dergestalt, daß Sie die Güte haben werden, ihm die Akten zur Einsicht mitzuteilen und vor Gericht keinen Schritt zu tun oder etwas Bedeutendes einzureichen, als mit seiner vorläufigen Genehmigung. ...

Die Sendung Ihrer Ausarbeitung an mich durch Herrn Dr. Hegel bitte ich möglichst zu beschleunigen ...

73. *Schiller an Wilhelm v. Humboldt*

Weimar, 18. 8. 1803

Ein recht wackerer Mann, Herr Doktor Hegel aus Württemberg, ist jetzt in Jena, Dozent der Philosophie, ein gründlicher philosophischer Kopf, der Ihnen vielleicht auch als Schriftsteller bekannt ist, aber Sie wollen keinen Metaphysiker, auch ist dieser etwas kränklich und grämlich, und könnte überdies erst auf Ostern sich losmachen.

74. *Schleiermacher an K. G. v. Brinkmann*

Stolpe, 19. 10. 1803

Köppens Buch gegen Schelling [1] ist mir wie ein sehr schlechtes Produkt vorgekommen; eine solche Alles reckende und zerrende, noch dazu Früheres und Späteres untereinander werfende Sophistik kann jedes Fazit geben, was man will, und das Schlimmste ist, daß, wenn sie auch Recht hat, wie hier oft der Fall zu sein scheint, es doch als Unrecht erscheint. Und der Stil ist eine unausstehlich treue Kopie von Jacobi. Wie kann er sich einen solchen Jünger halten, und sich so mit ihm assoziieren? Merkwürdig ist mir's aufgefallen, daß Jacobi in den Briefen, wo er alles Unrecht, was ihm Hegel und Schelling angetan, aufzuzählen scheint, davon absichtlich nichts erwähnt, daß sie ihn auch in Gemeinschaft mit mir gebracht, und mich seinen Fortsetzer und Potenzierer genannt haben [2]. Natürlich muß er doch dies bei seiner Überzeugung von meinem Atheismus, und also unserer gänzlichen Differenz für ein grobes Unrecht halten, daß seine Philosophie fortgesetzt auf mich hinführe, und das Schweigen davon erscheint mir als die unumschränkteste Verachtung. Diese tut mir weh, ich gestehe es, da ich Jacobi sehr liebe, und umso mehr, da dies fast das einzige Beispiel in meinem Leben ist, daß es meiner Liebe an aller Erwiderung fehlt.

75. Schiller an Goethe

Weimar, 9. 11. 1803

Die Philosophie verstummt nicht ganz, und unser Dr. Hegel soll viel Zuhörer bekommen haben, die selbst mit seinem Vortrag nicht unzufrieden sind.

76. Goethe, Tagebuch

26. 11. 1803

Gegen Abend Dr. Hegel, Prof. Schelver, Hofr. Stark, Prof. Fernow[1] . . .

77. Schleiermacher an K. G. v. Brinkmann

Stolpe, 26. 11. 1803

Jacobi . . . scheint mir auch ein wenig die Jüngersucht zu haben. Dies ist ein schreckliches Übel, eine Art von geistiger Menschenfresserei, oder wenigstens Menschenfängerei. Es begegnet mir manchmal zu denken, wie ich wohl sein würde, wenn ich etwas Rechtes wäre. Nun ist dies freilich, um mit dem eben übersetzten Plato zu reden, eine lächerliche Frage, was dann sein würde oder nicht sein: denn wer kann es wissen? aber zum Selbststudio gehört es doch, und ist auch sonst ganz angenehm. Zu der Jüngersucht habe ich nun bei diesen Untersuchungen auch nicht das Differentiale in mir gefunden. Die Sklaverei scheint mir von beiden Seiten gleich arg zu sein. Man sehe nur, wie sich Schelling behängt mit dem Hegel, A. W. Schlegel mit dem Bernhardi, Jacobi mit dem Köppen. Wahrlich die Lust vergeht einem wohl, so etwas zu fangen oder zu verschlingen.

78. Goethe an Schiller

Jena, 27. 11. 1803

Recht angenehme Stunden habe ich mit Schelver, Hegel und Fernow zugebracht ... Bei Hegeln ist mir der Gedanke gekommen: ob man ihm nicht, durch das Technische der Redekunst, einen großen Vorteil schaffen könnte. Es ist ein ganz vortrefflicher Mensch; aber es steht seinen Äußerungen gar zu viel entgegen.

79. Schiller an Goethe

Weimar, 30. 11. 1803

... mit Vergnügen sehe ich, daß Sie mit Hegeln näher bekannt werden. Was ihm fehlt, möchte ihm nun wohl schwerlich gegeben werden können, aber dieser Mangel an Darstellungsgabe ist im ganzen der deutsche Nationalfehler und kompensiert sich, wenigstens einem deutschen Zuhörer gegenüber, durch die deutsche Tugend der Gründlichkeit und des redlichen Ernstes.

Suchen Sie doch Hegeln und Fernow einander näherzubringen, ich denke, es müßte gehen, dem einen durch den andern zu helfen. Im Umgang mit Fernow muß Hegel auf eine Lehrmethode denken, um ihm seinen Idealismus zu verständigen, und Fernow muß aus seiner Flachheit herausgehen. Wenn Sie beide vier- oder fünfmal bei sich haben und ins Gespräch bringen, so finden sich gewiß Berührungspunkte zwischen beiden.

80. Goethe an Schiller

Jena, 2. 12. 1803

Ihren Vorschlag, Fernow und Hegel zusammenzubringen, habe ich ins Werk zu setzen schon angefangen. Übrigens gibt es morgen Abend bei mir einen Tee, bei dem sich die heterogensten Elemente zusammenfinden werden ...

81. *Goethe, Tagebuch*

3. 12. 1803

Abends Gesellschaft. Stark, Eichstädt, Schelver, Fernow, Gries, Hegel, Frommann, Hendrich, Thibaut, Seebeck, Niethammer, Lenz, Wesselhöft, Göttling, C. R. Vogel.[1]

82. *Charlotte Schiller an Goethe*

Weimar, 14. 12. 1803

Wenn Sie Fernow und Hegel, wenn er Französisch spricht, in der Nähe haben, wenn Sie selbst beschäftigt sind, so wird sie [Madame de Staël][1] sehr zufrieden sein. Die Philosophie liegt ihr am Herzen.

83. *Goethe, Tagebuch*

20. 12. 1803

Abends Hr. Prof. Fernow und Hr. Dr. Hegel.

1804

83 a. Friedrich Schlegel an A. W. Schlegel

Paris, 20. 3. 1804

Noch ekelhafter jedoch sind mir die Hegeleien. — Schwerlich werde ich von diesem Menschen je etwas wieder lesen; die Zeit wird mir immer kostbarer.

84. Ch. F. Lange an K. Ch. F. Krause

Jena, 30. 10. 1804

Alle Hoffnung, Sie in diesem Winter in Jena zu sehen, ist nun verschwunden: nur sechsundzwanzig waren noch für Sie bestimmt, viele andere hatten entweder schon bei Fries und Hegel belegt[1], oder mehrere andere Vorlesungen zu hören, sich entschlossen, so daß so spät durchaus nichts mehr zu bewirken war.

85. K. Ch. F. Krause an seinen Vater

Rudolstadt, 3. 11. 1804

Habe ich auf Ostern Veranlassung ... so kann ich ja, wenn indes kein anderer Ort sich zeigt, immer wieder nach Jena zurückkehren. Es ist mir nicht ganz wahrscheinlich, daß Hegel und Fries sich in diesem halben Jahre viel Ruhm als Dozenten erwerben werden. Doch kann es auch geschehen, daß diese sich heben, und kein Mensch auf Ostern in Jena noch an mich denkt; ...

86. *Meusel, Das gelehrte Teutschland*

1805

Hegel (Georg Wilhelm Friedrich) M. der Phil. und Privatdozent auf der Universität zu Jena seit 1801 (vorher von
1798 bis 1801 Hauslehrer bei einem Kaufmann zu Frankfurt
am Main, und vor diesem einige Jahre Hauslehrer zu Bern):
geb. zu ... 176 .. §§ * Vertrauliche Briefe über das vormalige staatsrechtliche Verhältnis des Waadtlandes (Pays
de Vaud) zur Stadt Bern; eine völlige Aufdeckung der ehemaligen Oligarchie des Standes Bern; aus dem Französischen eines verstorbenen *) Schweizers übersetzt und mit
Anmerkungen versehen. Frankf. am M. 1798. 8.

---

*) Mit nichten! Der Verfasser des Originals ist, wie man
versichert, der, als Neu-Helvetischer entsetzte Senator und
vormalige Advokat, J. J. Cart, von Morsee in der Waadt,
der im J. 1801 noch lebte. Vergl. Erschens gel. Frankreich
Suppl.

87. *Ch. F. Lange an K. Ch. F. Krause*

Jena, 18. 1. 1805

... über Hegel, Fries und — Ulrich[1] triumphieren Sie, so-
bald Sie erscheinen, wenngleich für jene zwei schon mehrere
Reskripte eingetroffen sind, die sie zu Professoren ernennen.
... Wie sehr man Sie in Jena vermisse, bin ich unvermö-
gend Ihnen zu schildern — unbefriedigt durch Hegel und
Fries, sehen viele ... einer heiteren Zukunft engegen; ...

88. K. F. E. Frommann an Unbekannt

Jena, 25. 1. 1805

Hegel (bald Professor) wird diesen Winter von seinen Zuhörern sehr gelobt und geliebt.

89. W. Griesbach an J. Ch. F. Krause

Jena, 2. 3. 1805

Nur für den jetzigen Moment ... sehe ich kaum eine Möglichkeit, zu einer Professur auf hiesiger Universität, zumal
mit Gehalt, eine nähere Aussicht zu eröffnen. Nur eben
jetzt sind zwei hiesige Privatdozenten, die Herren DD. Fries
und Hegel, zu Professoribus philosophiae extraordinariis ernannt worden, und ist also nicht zu erwarten, daß sobald
eine dritte Ernennung stattfinden werde. Und auch jene
Herren haben keine Besoldung, wie überhaupt extraordi-
narii bei uns keine bekommen, indem es gänzlich an einem
Fonds dazu ermangelt.

90. Ch. F. Lange an K. Ch. F. Krause

Jena, 26. 5. 1805

Ich freue mich, daß Hegel, für acht, die sich mit mir ver-
einigten, zu lesen, sich nicht weigerte[1]; ich freue mich, daß
er mir als Dozent einigermaßen ersetzt wird, was ich
durch Sie als solchen entbehre — was Sie mir als Freund
gewesen sein würden, dafür kann mir niemand ein Äquiva-
lent geben. Hegels Vortrag hat sich sehr gebessert, und ich
hoffe, daß er bei dem hohen ihn beseelenden Geiste mir die
Bahn zum Bessern wird zeigen können. —

91. Niethammer an Christian Gottfried Schütz

Würzburg, 29. 11. 1805

Mit Gelegenheit frage ich denn ferner ... nach meiner
Empfehlung Hegels zum philosophischen Rezensenten.

92. *Georg Andreas Gabler*

Bloß auf dieses Jahr beschränken sich einige Notizen, welche ich über Hegel aus jener Zeit zu geben vermag. Er war noch Privatdozent, als ich Anfangs Juni 1804 nach Jena kam, lag damals aber umso mehr außer meinem Gesichtskreise, als ich eben meine juristischen Studien ernstlich zu beginnen gedachte, nachdem ich meine humanistischen bereits zu Altdorf, wo bis dahin mein Vater Professor gewesen war, so ziemlich absolviert zu haben glaubte. Hegel wurde in demselben Jahre noch nebst Fries zum außerordentlichen Professor mit 50 rtl. Gehalt ernannt[1]. Meinem Vater, der alles auf Fries hielt und diesen gerne allein befördert gesehen hätte, wurde auf seine Nachfrage der Bescheid gegeben, daß man, die Dienste und Verdienste beider um die Universität miteinander verglichen, nicht den einen ohne den andern zum Professor habe machen können, ohne eine Ungerechtigkeit oder Unbilligkeit zu begehen. Auch ich wurde durch die vorherrschende Richtung und Stimmung in meinem Lebenskreise vorzugsweise auf Fries hingelenkt, dessen Name stets mit Achtung genannt wurde, während man Hegel wie eine Obskurität behandelte. Die Rechtsphilosophie indessen, welche ich bei Fries im Winter 1804/5 zu hören wünschte, kam nicht zustande, was damals sehr bedauert wurde. Fries sagte mir es selbst, als ich dieser Vorlesung wegen bei ihm war, und schenkte mir sein damals erscheinendes Lehrbuch der Rechtsphilosophie. Jena hatte damals schon, noch vor der Katastrophe von 1806, einen harten Stoß erlitten, teils durch Studententumulte und ein ungeschicktes Universitätsregiment, teils durch den Verlust mehrerer seiner berühmtesten Professoren in allen Fakultäten, denen nun nach und nach noch andere und jüngere Männer folgten, welche außerdem hätten einigen Ersatz gewähren können, wie Breyer und Ast, die nach Landshut gingen, Niethammer nach Würzburg, endlich auch Thibaut nach Heidelberg, bei

welchem ich viel gehört und den ich öfters auf seinen Spaziergängen oder auch vom Kollegium in seinen Garten begleitet hatte. Nach Heidelberg ging auch de Wette. Eine
bedeutende Akquisition dagegen war bloß Ackermann[2], der
Physiolog, bei welchem auch Hegel Physiologie hörte, etwas
später Göde, viel versprechend als eleganter Jurist und besonders Germanist, beide nicht von langer Dauer in Jena,
noch später, erst bei oder nach Hegels Abgang, Luden und
Oken. Von jüngeren Dozenten der Philosophie war damals
außer Hegel und Fries auch Krause vorhanden, von welchen
dreien jeder unter den Studierenden seine kleine Anhänger-
schaft, seine Lobpreiser, Bewunderer und Werber fand. Ich
selbst wurde erst im Sommer und Herbst des J. 1805 näher
zu Hegel geführt, äußerlich dadurch, daß drei der eifrigsten
Anhänger von Hegel mit mir in demselben Hause wohnten,
Suthmeyer aus Bremen, Zellmann aus Eisenach und der
Holländer van Ghert[3], welcher . . . seine Dankbarkeit gegen
Hegel nachher öfter bewiesen hat, schon dadurch, daß er
ihm nach Nürnberg eine schöne Amsterdamer Ausgabe von
Jak. Böhme zum Geschenk übersandte[4], welche mir Hegel
selbst dort zeigte, — innerlich aber durch eine totale geistige
Umwälzung, welche zugleich mit einer leiblichen Hypochondrie in mir Platz griff und für das Nächste mein ganzes da-
maliges Wissen und Bewußtsein mit allem, was mir bis dahin gegolten hatte, in die gleiche Auflösung, in eine Nacht
des Nichtwissens und Zweifels versenkte. Es war mir so viel
klar, daß, ehe mir durch die Philosophie eine neue gründliche Basis, damit zugleich meine Heilung und Wiedergeburt
gewonnen wäre, alle übrigen Studien etwas Unnützes seien,
die daher vor der Hand als bloße Gedächtnissache und Ma-
terialiensammlung mit fortdauernder ἐποχή betrieben wurden. Ich entschloß mich endlich nach mancherlei eignen, aber
unfruchtbaren Versuchen über das verrufene Absolute, bei
Hegel selbst zu hören, hatte aber im eignen Hause viel zu
tun, um die Erlaubnis dazu durchzusetzen und das Vorurteil
zu überwinden. Als ich den vorhin genannten und an meinen Vater speziell empfohlenen Suthmeyer mit meinem
Entschlusse bekannt machte, entgegnete dieser, er habe mir
schon lange angesehen, daß in mir etwas vorgehe und das

Absolute zum Durchbruch kommen wolle. Unglücklicher-
weise gab dieser zur Bestätigung der Meinung, daß das
Absolute ein leeres Hirngespinst und etwas völlig Unprak-
tisches sei, bloß geeignet, den jungen Leuten den Kopf zu
verdrehen und sie von ihren Studien abzuwenden, durch
seinen eigenen Wandel ein sehr schlimmes Beispiel, indem
er nicht bloß seine theologischen Studien und Vorlesungen
gänzlich vernachlässigte und mit der Sache auch die Lehrer
verhöhnte, sondern auch ein liederliches und ausschweifen-
des Leben führte mit vielen groben Exzessen, in denen die
Genialität oft in der niedrigsten Gemeinheit unterging. Der
Holländer wurde ganz von ihm beherrscht, hatte aber eine
derbe Natur, die mehr aushalten konnte, und war auch sonst
sehr gutmütiger Art. Suthmeyer stand überhaupt an der
Spitze der Hegelianer in Jena, was zum Teil auch mit lands-
mannschaftlichen Verhältnissen zusammenhing, brachte die
Vorlesungen zustande und hielt sie aufrecht. Ein so guter
und lebendiger Kopf er war, so äußerte sich sein Enthusiasmus für die neue Philosophie doch zumeist nur im Negieren
alles Alten und Bisherigen. Dieses war aber auch völlig bestimmt und entschieden, energisch und treffend. Von dieser
Seite hat er mir und anderen gute Dienste geleistet, indem
wir über die Unhaltbarkeit des uns schon innerlich zugrunde
Gegangenen nun auch zum Bewußtsein der Mängel und
ihrer Gründe gebracht wurden. Von Zellmann dagegen
wurden die Sachen mehr innerlich verarbeitet. Für diesen,
dessen bessere sittliche Natur ihn nur selten an einem kleinen Exzesse etwa teilnehmen ließ, war es schade, daß er
schon den Keim einer Schwindsucht in sich trug, woran er
auch wenige Jahre später starb. Der Glasglanz und gebro-
chene Blick seines Auges verriet es; dafür war er desto mehr
nach innen gewendet und gewann die Idealität des Geistes
den Sieg über das Äußere. Er war am meisten in das innere
Verständnis von Hegel eingedrungen. Ich muß noch jetzt
sein eignes Vorarbeiten und eine gewisse spekulative Divi-
nationsgabe, die er dafür besaß, bewundern. Ich fand dieses,
da er mir ein paarmal sein Heft von Hegels letzter Vorlesung, noch dazu, wenn ich mich noch recht erinnere, von
der Naturphilosophie im Sommer 1806, mitteilte. Er hatte

nicht bloß den letzten Vortrag zu Hause sorgfältig ausgearbeitet, sondern auch bereits der folgenden Stunde vor-
gearbeitet, und in dieser kam es so, wenigstens in der
Hauptsache, wie er es schon niedergeschrieben hatte. Übrigens aber war für uns und die meisten die neue Philosophie
damals noch ein großes wirres Chaos, in dem alles noch erst
sich ordnen und gestalten sollte, ein allgemeiner Schwindel
und Taumel, in welchen alles hineingerissen wurde. Und
nicht bloß, daß das Absolute, welches alles verschlang, bei
aller Macht des Zaubers, den es auf alle übte, doch noch
etwas Unbestimmtes oder Leeres war, von dem man nur
wußte, daß die Welt unseres gemeinen Bewußtseins etwas
darin Negiertes sei; auch die bestimmten Entwicklungen und
Gestaltungen, welche der Meister vorführte, schwammen bei
den meisten nur noch in dem allgemeinen Elemente umher
und wurden von wenigen in ihrer Bestimmtheit gefaßt.
Ohnehin war mit der Negation der ganzen vorigen Denk-
und Vorstellungsweise auch die Sprache und Terminologie,
in welcher sie auftrat, so fremd und ungewohnt als die
Sache selbst, und was jetzt, in das allgemeine Denken und
Bewußtsein bereits aufgenommen, leicht verstanden wird,
bot damals unüberwindliche Schwierigkeiten dar. Es fehlte
daher nicht an Studenten, deren gemeiner, natürlicher, aber
fester Verstand sich entschieden gegen diesen „Unsinn" aussprach. Eine rohe Natur dieser Art war einmal von Suthmeyer ins Kollegium mitgebracht worden und sollte ebenfalls gewonnen werden. Dieser Mensch aber erklärte, daß er
hier gar nichts verstehe und gar nicht wisse, wovon die Rede
sei, ob von Enten oder Gänsen. Es erschien hierauf ein Vers,
der ... so lautete:

> Ob von Gänsen oder Enten
> Fragst Du, hier die Rede sei.
> Wohl! man muß die Frage wenden,
> Und sie fehlen nicht dabei.

Dessen ungeachtet war es bei andern nicht viel besser; die
Meinung vom Absoluten, welche sie trug, ließ sie nicht sehen, was sie in der Tat nicht verstanden. Diese echten Jünger hatten aber die größte Hochachtung vor dem Meister
und eine fast abgöttische Verehrung für alles, was von ihm

ausging. Er war ihnen ein höheres Wesen, dem gegenüber
alles Eigene in seinem bisherigen Zustande nur etwas Ver-
worfenes und Nichtiges war. Es erstreckte sich diese Verehrung auf alles, auch das Geringste, was man aus dem Leben
und Tun des Mannes in Erfahrung bringen konnte, auf
jeden Zug, jede Weise des Benehmens und Verhaltens, jede
Äußerung. Hinter jedem Worte, das man erhaschen konnte,
wurde eine tiefe Bedeutung, eine Wahrheit gesucht. So
hatte der Buchhändler Frommann einmal bei einer besonderen Veranlassung (wenn ich nicht irre, weil Loder oder
Wolf von Halle [5] da war) ein Mittagessen gegeben, bei welchem auch Hegel eingeladen war. Da es zu Ende ging, erzählt man, kam der Wirt mit allerlei Entschuldigungen wegen seiner schlechten Bewirtung, daß seine Küche jetzt ein-
gefallen sei, allerdings aber noch dies und jenes, was er bei
Namen nannte, hätte zum Vorschein kommen sollen. Hegel
soll da gerufen haben: „Ja, bringen Sie nur, was Sie haben!
Es ist alles da zum Verzehren; wir wollen ihm sein Schicksal
schon antun." — Es wurde die Frage abgehandelt, ob Hegel
auch Tabak rauche (das Schnupfen sah man in den Vorlesungen), und man brachte heraus, daß er einmal in Gesellschaft bei Niethammer gewesen und da in die Küche gekommen sei, um sich eine tönerne Pfeife anzustecken. —
Ein Student, der im Begriff war, von Jena nach Würzburg
zu gehen, empfahl sich bei Hegel. Dieser sagte zu ihm: „Ich
habe auch einen Freund da" (nämlich Schelling). Hier,
wurde nun die Bemerkung gemacht, wolle das Wort
„Freund" etwas ganz anderes sagen als sonst im gemeinen
Leben. Und dergleichen mehr.

Auch ich kam, als ich bei Hegel zu seinen Vorlesungen
mich anmeldete, mit der größten Scheu und Ehrfurcht zu
ihm und im Bewußtsein der eigenen Nichtigkeit. Ich traf
ihn einmal, wie er lesend im Zimmer auf und abging, ein
andermal am Schlusse seines Mittagessens, die Reste nebst
Bier und Wein noch vor ihm, wovon er mir freundlich anbot, als ich mich auf sein Verlangen zu ihm gesetzt hatte; ich
lehnte bescheiden alles ab. Wenn der Ernst der Züge und
besonders der Ideale, den nach innen gekehrten Denker
anzeigende, gebrochen glänzende Blick des großen Auges

Scheu einflößte und wenn auch nicht eben abschreckte, doch
etwas Abhaltendes hatte, so wurde man durch die Milde
und Freundlichkeit des Ausdrucks wieder gewonnen und ge-
nähert. Es hatte aber Hegel ein eigentümliches Lächeln, wie
mir nur bei sehr wenig Menschen etwas Ähnliches vorgekommen ist. Etwas davon hat sein ältester Sohn. In dem
Wohlwollen des Lächelns lag zugleich etwas Schneidendes,
Herbes oder Schmerzliches, Ironisches oder Sarkastisches,
ein Zug, der auf eine tiefe Innerlichkeit hinwies, und mit
dessen psychologischer Bezeichnung ich noch nicht im Reinen bin. Am ersten möchte ich dieses Lächeln vergleichen
mit einem Blick Sonnenschein, der aus einem sonst schwer
mit Wolken behangenen Himmel hervorbricht und auf
einen Teil der übrigens finster beschatteten Landschaft
leuchtend und erhellend fällt, in dieser Beschattung selbst
aber seine Grenze und Negation hat. — Bei dem zweiten,
dem Tischbesuche war es auch, . . . daß von meinen früheren
Studien, meinen eigenen, vergeblichen Bemühungen um
eine tiefere Erkenntnis und meiner Hypochondrie die Rede
war. Das Letzte nahm er sogleich geistig, phänomenologisch
und bemerkte, daß wohl jeder, in welchem etwas mehr
stecke, einmal im Leben so eine Hypochondrie durchzu-
machen habe, in welcher er mit seiner bisherigen Welt und
seiner unorganischen Natur zerfallen sei. Auch vom Naturrecht und von dem, was man gewöhnlich so heißt und darunter sich vorstellt, wurde gesprochen.

Die ersten Vorlesungen, welche ich bei Hegel hörte, im
W.S. 1805/6, waren reine Mathematik und Geschichte der
Philosophie. Jene, von 1—2 Uhr, war nur von wenig, diese
dagegen, abends von 6—7 Uhr, von 30—40 Zuhörern besucht.[6] Von der Mathematik habe ich erst durch H. das gehörige Verständnis gewonnen; was mir früher darin schon
schwer vorgekommen, wurde mir jetzt durch die begriffliche
Behandlung leicht. Nicht so gut ging es in der Geschichte
der Philosophie, wozu mir, so viel ich auch vorher schon Logik und Metaphysik und Moral gehört hatte, doch die Vorkenntnisse fehlten, die für alte Philosophie auf Schulen damals nicht über die eine oder andere Schrift von Cicero
hinausgingen. Die Vorlesungen aber, welche Hegel wohl

selbst erst damals unter dem fleißigsten und anhaltendsten Quellenstudium ausarbeitete, wurden von allen mit dem regsten Interesse gehört, welches insbesondere die damals unerhört neue dialektische Fortführung von System zu System anregte. Ich erinnere mich, wie so eine philosophische Gestalt nach der anderen aufgeführt, eine Zeitlang auf dem Schauplatze gelassen und betrachtet, dann aber wieder zu Grabe getragen wurde, daß eines Abends am Schlusse der Stunde ein schon ziemlich bejahrter Mecklenburger aufsprang und rief: das sei der Tod, und so müsse alles vergehen. Es entspann sich daraus eine lebhafte Erörterung, in welcher insbesondere Suthmeyer das Wort nahm und entgegnete: Ja, das sei der Tod und müsse der Tod sein; in diesem Tode sei aber das Leben, welches immer herrlicher hervorgehen und sich entfalten werde. — Auch hatten wir bis dahin keinen Unterschied zwischen Hegel und Schelling gewußt; sie galten uns beide gleich und gemeinschaftlich für ein und dieselbe Philosophie. Der Unterschied aber fand sich zuletzt und wurde uns klar zu unserer Verwunderung, als auch Schellings System an die Reihe kam und davon als von einer eigentlich noch unvollendeten, in verschiedenen Ansätzen und Evolutionen anders versuchten Sache die Rede war und insbesondere als Mangel desselben die ruhende unmittelbare Einheit der Gegensätze im Absoluten und die bloß quantitativ gefaßte Differenz usw. bemerklich gemacht wurde. —

Da schon i. J. 1805 das preußische Heer gegen Napoleon mobil gemacht worden war, so fielen Truppenzüge und Einquartierungen, von denen auch Jena heimgesucht wurde, noch in den Anfang des Wintersemesters. Man hatte bei solchen Gelegenheiten bisweilen Hegel in Gesellschaft von Prof. Schelver, der später nach Heidelberg ging, in den Straßen oder auf dem Markte von Jena diese Truppen in Augenschein nehmen sehen, und man war begierig, sein Urteil über diese Streitkräfte und ihre Beschaffenheit zu erfahren. Wie er sich etwa schon i. J. 1805 äußerte, weiß ich nicht; von dem folgenden Jahre aber, wo das Schauspiel sich wiederholte und der Krieg für Preußen unabwendbar wurde, ist es bekannt, daß er für dessen Waffenglück keine großen

Hoffnungen hegte und den bei der preußischen Armee wahrgenommenen Zuständen, Einrichtungen und sonstigen Beschaffenheiten in Vergleichung mit den französischen fast schon das ihrer harrende Unglück ansah.

Hegel hielt seine Vorlesungen im Winter 1805/6 in Eichstädts Auditorium, welches sich in einem Hinterhause befand, zu welchem man über zwei kleine Höfe gelangte. Eines Abends in der Geschichte der Philosophie geschah es, daß noch preußische Einquartierung ankam und einige Mann, welche in das Hinterhaus gewiesen waren und hier ihre Unterkunft suchten, von der Erleuchtung angezogen in unser Auditorium hereintraten. Sie wurden zwar von einem der Zuhörer sogleich an der Tür zurecht gewiesen, aber auch Hegel, der ein paar Minuten innegehalten hatte, ließ sich vom Katheder mit den Worten vernehmen: „Schon besetzt!"

Noch muß ich bemerken, daß Hegels Studium des Aristoteles, zu dessen gründlicherer und tieferer Auffassung wohl seine Vorlesungen über Geschichte der Philosophie, besonders der Logik geblieben zu sein scheinen[7], wenn auch die Logik, welche uns Hegel im darauf folgenden Sommerhalbjahr nur im Grundrisse und im Anschlusse an die Phänomenologie gab, noch nicht mehr als den Keim und die einstweilige Grundlage seiner späteren ausführlichen Logik enthielt. Für die Phänomenologie aber, welche bereits in ihrer vollständig entwickelten Gestalt auftrat und an welcher auch damals schon in Bamberg gedruckt wurde[8], hatte Hegel die Veranstaltung getroffen, daß seine Zuhörer die einzelnen Bogen, wie sie erschienen, in der akademischen Buchhandlung in Jena erhalten konnten. Auch der mündliche Vortrag derselben aber behielt für uns noch seine großen Schwierigkeiten, da die vorgeführten geschichtlichen Gestalten nur ihrem innern Gedanken nach gegeben, nicht aber nach ihrem äußern geschichtlichen Dasein näher bezeichnet wurden.

Seine Sommervorlesungen hielt Hegel, und zwar die ebengenannten von 3—4, Philosophie der Natur und des realen Geistes aber von 5—6 Uhr, in einem anderen Auditorium, in welchem auch Augusti las. Hier trug sich nun die auch sonst bekannt gewordene Irrung und Verwechselung zu[9], daß Hegel, welcher nach Tisch etwas geschlafen hatte, plötzlich erwachte und die Uhr schlagen hörte, und da er es für 3 Uhr hielt, ins Kollegium forteilte und hier vor Augustis Zuhörern seine Vorlesung begann, bis endlich einer derselben, aber nicht ohne Mühe, es ihm beibrachte, daß erst 2 Uhr sei. Inzwischen war aber auch Augusti gekommen, hörte an der Tür im Auditorium sprechen, horchte und erkannte Hegels Stimme und zog nun wieder ab, indem er glaubte, daß er sich geirrt und um eine Stunde zu spät gekommen sei. Die Sache wurde unter den Studenten sogleich bekannt, und als um 3 Uhr Hegels Zuhörer sich einfanden, war alles begierig, ob und wie etwa er sich selbst über den Vorfall äußern würde. Dies geschah auch, ungefähr so: „M. H., von den Erfahrungen des Bewußtseins über sich selbst ist die erste Wahrheit oder vielmehr Unwahrheit der sinnlichen Gewißheit. Bei dieser sind wir stehen geblieben, und ich habe selbst vor einer Stunde eine besondere Erfahrung davon gemacht." Von dem kurzen Lächeln aber, womit er diese Worte begleitete, ging er sogleich wieder zu seinem gewohnten philosophischen Ernste über.

In der realen Philosophie, Philosophie der Natur und des Geistes in einem Semester, konnten ebenfalls nur die Hauptstufen, jedoch in dialektisch fortschreitender Entwicklung angegeben werden und wurden in mancher Hinsicht anders gefaßt und bestimmt, als sie später die Enzyklopädie brachte. In der Naturphilosophie z. B. war zuerst vom Verstande der Natur die Rede, den sie in ihren Einteilungen in Gattungen oder Arten usw. überhaupt in einer äußeren Ordnung oder Klassifikation zeige, dann erst von ihrer Vernunft, dem vernünftigen Begriffe und dessen Realisierung. Zu Zeit und Raum war das Dritte damals nicht der Ort und die Bewegung, sondern die Dauer, und so anderes mehr. Auf ähnliche Weise auch die Entwicklungsstufen des Geistes damals noch nicht in der späteren Bestimmtheit ausgearbeitet und geschieden. —

. . . Als in den Tagen des 14. Okt. überall in der Stadt Zerstörung und Verwüstung war und nur wenige Häuser der Plünderung entgingen, kam Hegel, der in seiner Wohnung sich nicht für sicher hielt, nebst seiner Wärterin, welche einen Korb auf dem Rücken trug, zu uns, um in unserem

Hause eine einstweilige Unterkunft zu finden. Da mein Vater gerade Prorektor war, so war es beim ersten Andrange gelungen, für unser Haus eine Sauvegarde zu erhalten; später, da diese uns verließ, suchten wir uns durch allerlei Maßnahmen, durch Unerschrockenheit und Klugheit zu schützen. Besonders vorteilhaft war es, daß ich, ausgegangen, um irgend einen höheren Offizier zu uns ins Quartier zu bringen, einen sehr glücklichen Fund machte an einem französischen Artillerieobersten, den ich . . . bei uns seine Wohnung zu nehmen einlud, was von ihm auch unter Anzeige bei der sog. Municipalität angenommen wurde. Es war dies am Abend vor der Schlacht, bis zu deren Beginn es am tollsten herging . . . Durch die Fürsorge unseres Obersts, welcher sich auch nach der Schlacht, aus welcher er uns einen seiner Bedienten zurückschickte, auf mannigfaltige Weise wohltätig für uns erwies, . . . geschah es, daß während rings um uns alle Häuser gestürmt, erbrochen und verwüstet wurden und des Krachens und Klirrens kein Ende wurde, unser Haus verschont blieb . . . Hegel, welcher in seiner Wohnung dem Ungestüm und Andrang der überall einbrechenden französischen Soldaten ebenfalls ausgesetzt war und zuletzt weichen mußte, erzählt mir jedoch, daß er anfangs noch ziemlich glücklich gewesen sei. Es seien einige Infanteristen in seine Wohnung gedrungen mit drohendem Aussehen und fähig, das Schlimmste zu verüben; er habe jedoch einen derselben, welcher das Kreuz der Ehrenlegion trug, bei der Ehre, deren Zeichen er auf der Brust trage, zu packen gewußt und ihn mit seinen Kameraden dazu gebracht, daß sie die von ihm ausgesprochene Erwartung einer ehrenhaften Behandlung wirklich rechtfertigten; er habe ihnen zu essen und zu trinken gegeben, was er hatte, und sei so, bis sie wieder gingen, ganz friedlich mit ihnen ausgekommen.

Obgleich Hegels Aufnahme in unserem Hause nicht sonderlich gerne gesehen wurde, so wußte ich ihm doch . . . eine leerstehende Studentenstube zu vermitteln, in welcher er einstweilen seine Aufwärterin mit der mitgebrachten Habe ließ. Es dauerte dies indessen nicht lange. Als ich nach einigen Stunden wieder nach Hause kam, hörte ich, daß er alles wieder abgeholt habe. Nach der Schlacht war eine baldige

Rückkehr der Ordnung den Franzosen selbst für ihre Tau-
sende von Verwundeten sehr nötig ... Diese zurückkeh-
rende Sicherheit veranlaßte wohl auch Hegel, in die eigene
Wohnung zurückzugehen ... Nach einiger Zeit traf ich ihn
bereits sich zur Abreise nach Bamberg anschickend, wo er
sich einstweilen aufhalten und den Druck seiner Phänom-
nologie betreiben wollte. Für sich hatte er von einer für den
Augenblick so gut als aufgelösten und zersprengten Universität nicht den geringsten Vorteil zu erwarten und konnte in
seinem Verhältnis zu derselben mit 50 rtl. Gehalt, deren
Auszahlung selbst noch ungewiß war, sich nicht etwa ebenso, sagte er, wie die Väter der Universität, welche durch ihr
Dableiben, wie es auch gehe, sich selbst zum Opfer brächten,
zu einem gleichen Ausharren für verpflichtet halten. —
... Erst nach 2 Jahren traf ich ihn wieder in Nürnberg
und kam von dieser Zeit an, da ich teils selbst in Nürnberg
wohnte, teils von Ansbach aus öfter hinkam, von Zeit zu
Zeit mit ihm in Berührung, wurde, da ich bei einer in Nürnberg neuerrichteten Prüfungskommission, deren erstes Mitglied und zweiter Dirigent unter Paulus' Vorsitz er war, als
Kandidat für das bayrische Studienwesen i. J. 1810 mich
stellte, auch von ihm examiniert, begrüßte ihn im Jahre 1811
zu seiner Hochzeit durch ein Gedicht in Distichen[10], woge-
gen ich und meine Frau bei unserer Hochzeit etliche Jahre
später von ihm und seiner Frau mit ein paar Kupferstichen,
Christus und Johannes, beschenkt wurden, und sprach ihn
vor seinem Abgang nach Heidelberg zuletzt noch im Theater in Nürnberg ...

Nachtrag. Bei Gelegenheit eines Prorektoratswechsels, welcher alljährlich zweimal in Jena statt hatte und von den
Studenten durch eine dem abgehenden und dem angehenden Prorektor gebrachte Musik gefeiert zu werden pflegte,
geschah es einmal, da mitunter diese Musiken weiter auf
den einen oder andern gerade gefeierten Dozenten ausge-
dehnt wurden, daß auch Hegel diese Ehre zuteil wurde[11]; er
mußte sie jedoch mit einem anderen, ich glaube Krause, teilen, indem die Konzession für ihn von seiner Partei und

deren Landsmannschaft durch eine gleiche für den andern
erkauft werden mußte. Es war ... im Februar 1806 ...
Hegel war überrascht und sprach vom Fenster aus ... einige
hohe und feierliche, für die andern aber auch zum Teil
dunkle Worte über die Bedeutung der Wissenschaft, für
deren Achtung und Anerkennung er die ihm dargebrachte
Ehre nahm.

1806

93. *K. W. G. Kastner an Schelling*

25. 3. 1806

Laut dem Jenaer Lections-Katalog erscheint zu Ostern Hegels System, und wie ich habe sagen hören in vier Bänden auf einmal! Das ist auch nur der Ausdauer eines Hegel möglich.

94. *Caroline an Schelling*

Würzburg, 9. 5. 1806

Er [Gries] sagt, es wäre platterdings in Jena nicht mehr auszuhalten, alles wäre da tot und traurig ... Schelver lebte mit seiner Frau auf einem Zimmer und mit sonst niemand. Hegel brächte sich so durch, man könnte nicht sagen wie.

95. *Adam Oehlenschläger*

In Jena machte ich [im Frühsommer 1806] des berühmten Philosophen Hegels Bekanntschaft und gewann ihn lieb auf eine eigne Weise. Wir waren in einem Hause zusammen, wo ein Fremder uns ein sentimentales Lied beim Klavier vorsingen wollte. Hegel und ich standen hinter dem Stuhle des Dilettanten; er konnte das Lied weder recht spielen noch singen; und diese Verlegenheiten, die immer das zarte Gefühl abbrachen, das wieder angeknüpft werden mußte, war so drollig, daß weder Hegel noch ich uns des Lachens enthalten konnten. Nun mußten wir doch höflich sein; und daraus entstand jener wunderliche Zustand, den man bei Kindern oft entdeckt, wenn sie lachen sollen und es nicht wagen, wodurch die Lachlust nur gesteigert wird. Es freute mich, den ernsten Philosophen in diesem komischen Zu-

stande mit mir zu sehen. Unsere Situation brachte uns gleich
in eine Art von Vertraulichkeit zueinander; und solange ich
in Jena war, erzeigte mir Hegel immer Freundschaft, und
wir gingen täglich miteinander um. Er war lustig und gut-
herzig; wir besprachen auch viele ernste Gegenstände, ich
bewunderte seinen Tiefsinn, und er achtete meine Meinungen und mein Denken, obschon ich kein theoretischer Philosoph war.[1]

Mit ihm, mit Major v. Knebel (Goethes Jugendfreunde)[2],
mit dem Professor Schelver und dem Dr. Seebeck, bestieg
ich eines Tages den Berg Gensich bei Jena. Knebel erzählte
mir auf dem Wege von Goethes Jugend. Es war ein warmer
Tag, und wir litten an Durst. Am Abhange des Berges war
ein Garten, woraus uns Schelver einige Handvoll Kirschen
und Johannisbeeren holte. „Wie wagen Sie das?" fragte ich
scherzend. „Es ist freilich Raub!" antwortete er mit dem
Munde voller Johannisbeeren. „Ach" — versetzte Hegel:
„Schelver ist Professor der Botanik, daraus folgt, daß ihm
alle Gewächse und Früchte der Gegend untergeben sind.
Wenn ihm jemand bei dem Diebstahle begegnen sollte,
braucht er nur zu sagen, daß er botanisiere, dann ist alles
gut."

Auf dem Zurückzuge plagte uns wieder der Durst. Hier
trafen wir nun zwar keine Johannisbeere, dagegen einen
klaren Bach, um welchen wir uns alle auf den Bauch legten,
und zogen durch Grashalme das Wasser in den Mund hinein, welches eine sehr malerische Gruppe hat abgeben müssen, und zugleich eine allegorische. So saugen Helden, Philosophen und Dichter Erquickung durch das kleine Saugerohr
des Lebens, aus dem immer fließenden Lebensquelle; und
vergessen nicht die Augenblicke, wo sie es brüderlich miteinander zusammen taten.

96. Friedrich Hebbel an Elise Lensing

Auch auf Hegel kamen wir, und ich sprach von dessen Ästhetik, die ich eben jetzt lese. „Ich habe sie nicht gelesen —

sagte Oehlenschläger — aber ich habe mich mit ihm selbst einmal eine Stunde lang über Goethes Götz gestritten; ich behauptete nämlich, das sei ein bedeutendes dramatisches Werk und der Philosoph wollte es nicht zugeben. Er wollte überhaupt von der Philosophie der Kunst nicht viel wissen, der Philosoph möge immerhin auch über die Kunst in seinem Compendium eine Seite vollschreiben, nur solle er den Künstler ungeschoren lassen."

97. *Clemens Brentano an Savigny*

Heidelberg, 9. 6. 1806

... erstens haben wir einen ganz vortrefflichen Menschen hier, Kastner, ein Mann von 24 Jahren, der Professor der Chemie, er ist alles, was Ritter ist, hat in den zwei letzten Jahren stets mit Ritter gearbeitet, zugleich aber ist er auch alles, was Ritter nicht ist, das heißt treu, rein, schuldlos, keusch und gar liebenswürdig ... Er war Apotheker, hat sodann zwei Porzellanfabriken eingerichtet, in Böhmen mehrere Färbereien angelegt, ist zugleich Arzt und ein wunderbar fleißiger lieber geistvoller Mensch. Er ist hier mein bester Freund. Schelling, Hegel und alle empirischen Chemiker ... korrespondieren mit ihm und ehren ihn, das ist gewiß viel in einem, der kein Scharlatan ist und ein Mensch, den man kaum merkt.

98. *Goethe, Tagebuch*

20. 8. 1806

Dr. Hegel; Dr. Seebeck in der camera obscura. Versuche wegen der mehr oder weniger wärmenden Kraft der gefärbten Lichter.

99. Goethe, Tagebuch

27. 8. 1806

Prof. Hegel, hernach Knebel, Mineralogie und Geologie von Karlsbad.

100. Goethe, Tagebuch

28. 8. 1806

Abends bei Frommanns mit Prof. Hegel.

101. Goethe, Tagebuch

29. 8. 1806

Um zwölf Uhr mit Prof. Hegel über Steffens neuestes Werk [1].

102. Johanna Frommann an Friedrich Frommann

Jena, 29. 8. 1806

Eine Stunde vor ihm [Goethe] kam schon die Schmid, dann Goethe und Riemer[1], dann von selbst Hegel. ... Mit Hegel sprach er [Goethe] sehr interessant im Halbdunkel über Steffens Schrift; ich saß und horchte, verstand aber wenig.

103. Goethe, Tagebuch

1. 10. 1806

Hegel über philosophische Gegenstände.

104. Goethe, Tagebuch

3. 10. 1806

Bei Maj. v. Knebel mit Seebeck und Hegel.

105. Goethe, Tag- und Jahreshefte

Oktober 1806

Dieser trüben Ansichten[1] ungeachtet, ward nach alter akademischer Weise mit Hegel manches philosophische Kapitel durchgesprochen . . .

106. Friedrich Johannes Frommann

Seebecks schräg gegenüber brannte es schon. Jetzt lief alles fort, Buot, seine Leute, alle Offiziere von Oudinot, die hier waren, Seebeck, Hegel (der auch mit seinem ganzen Hause, sechs Personen, bei uns logierte), um aus Seebecks Hause zu retten. . . . Die Seebeck, ich und die Mädchen packten Koffer, um, im Fall das Feuer unser Haus erreichte, sie in den Garten zu schaffen. Unterdes schleppten nun die Männer mit noch mehrern Leuten, die sich zu ihnen gesellt, aus Seebecks Hause immer her, die Adjutanten Kinderbettstellen und oft Bündel, die ich zu schwer für eines Menschen Kraft gehalten hätte.

Nach einer Stunde versicherten sie uns, es habe keine Gefahr mehr, bis zu uns zu kommen. Ein Offizier, den Hegel gesprochen hatte, stand bei Marschall Augereau auf einem nahen Berge und sagte: „Sehen Sie die arme Stadt! wollen wir ihr nicht Hülfe schicken?" Nun wurden 80 Sapeurs sogleich beordert. Um 5 Uhr war das Haus, Seebecks gegenüber, fast eingerissen, dies rettete wahrscheinlich die Stadt, weil das Feuer da anhielt. Schon waren 22 Häuser abgebrannt.

107. *Karl Ludwig Michelet*

Unter dem Kanonendonner der Schlacht bei Jena, wie Gans in seinem Nekrologe Hegels sagt[1], vollendete er die Phänomenologie des Geistes; und im Begriffe, sie seinem Verleger zu übergeben, wurde er auf der Straße, ohne von dem Vorgefallenen unterrichtet zu sein, durch die in die Stadt eingedrungenen feindlichen Truppen aufgehalten. ... Er pflegte diese Schrift, die 1807 erschien, seine Entdeckungsreisen zu nennen, indem hier die spekulative Methode, das ihm eigentümlich in der Geschichte der Philosophie Zukommende, in der Tat den ganzen Umkreis des menschlichen Wissens bereist und Besitz davon ergreift.

108. *K. F. E. Frommann an Goethe*

Jena, 19. 10. 1806

Dr. Seebeck hat manches gerettet, aber auch viel durch Plünderung gelitten, besonders auch an Instrumenten etc. etc. Das Feuer, ihm gegenüber ausbrechend, ließ ihn mit seiner ganzen Familie zu mir fliehen, ebenso Prof. Hegel, dessen Haus vom Wirt gänzlich verlassen ward. So tragen wir Freunde jetzt zusammen und halten uns einander.

109. *K. L. v. Knebel an Goethe*

20. 10. 1806

Seebeck muß uns auch verlassen; ich suche, wo möglich, Hegel noch zu halten.

110. *K. L. v. Knebel an Goethe*

24. 10. 1806

Seebeck scheint ein wenig aus der Fassung, wegen seiner Familie; er wird wahrscheinlich vorerst nach ... [?] gehen.

Hegel fehlt es vorerst ganz an Geld. Ich kann ihm von dem
Wenigen, was ich noch zu meiner Sicherheit erhalten muß,
kaum etwas geben.

111. Goethe an K. L. v. Knebel

Weimar, 24. 10. 1806

Bedarf Hegel etwas Geld, so gib ihm bis etwa auf 10 Taler.

112. Goethe zu F. W. Riemer

November 1806

Den Verstandesphilosophen begegnets und muß es begegnen, daß sie undeutlich aus gar zu großer Liebe zur Deutlichkeit schreiben. Indem sie für jede Enunziation die Quelle
oder ihr Acheminement nachweisen wollen, von dem Orte
an, wo sie ins Räsonnement eingreift, bis zu ihrem Ur-
sprunge, auf welchem Wege wieder anderes acheminiert
und einläuft, geht es ihnen wie dem, der einen Fluß von
seiner Mündung an aufwärts verfolgt, und so immer auf
einfallende Bäche und Flüßchen stößt, die sich wieder ver-
zweigen, so daß er am Ende ganz vom Wege abkommt und
in Deverticulis logiert. Beispiele geben Kant, auch Hegel.
Aristoteles ist noch mäßig mit seinen Denns und γάρ. Sie
weben eigentlich nicht den Teppich, sondern sie dröseln ihn
auf und ziehen Faden aus; die Idealphilosophen sitzen
eigentlich am Stuhl, zetteln an und schießen ihr Schiffchen
durch. Manchmal reißt wohl ein Faden, oder es entstehen
Nester, aber im ganzen gibt's doch einen Teppich.

113. Caroline Schelling an Luise Wiedemann

München, 30. 11. 1806

Hegel ist geplündert, einem sehr guten Bekannten von uns,
Schelver im botanischen Garten, ist es sehr arg ergangen.

114. *Schelling an H. K. A. Eichstädt*

München, 6. 12. 1806

Hegel wollte schon vorlängst nach Bamberg, wie ich bestimmt weiß: er mag wohl sehr recht haben, nach der Behandlung, die er in Jena erfahren.

1807

115. *Goethe, Tagebuch*

31. 1. 1807

Mittags speisten Frommann, Hegel und Seebeck mit uns.

Nicht näher datierbar

116. Heinrich Laube

Ihre Freundin hat auch Hegel gekannt?
„Ja wohl, er war zur damaligen Zeit Privatdozent in Jena,
und schwäbelte so gut wie die andern. Ich habe ihn immer
als einen lieben, gemütlichen Menschen sehr gern gehabt, er
war einfach, natürlich, voll Heiterkeit und Mut. Seine Habi-
litierung bezahlte er komisch genug mit schlechten Louisdor,
die ihm Fichte gegeben hatte, die Philosophie war immer
bei schlechtem Gelde, aber keck genug, die Fakultät noch
spottender Weise herauszufordern. Hegel war ein gemüt-
licher junger Mann voll guter Laune."

117. Heinrich Eberhard Gottlob Paulus

Was die mathematischen und physikalischen Vorkenntnisse
betraf, schätzte Goethe, wie er dies mir mehrmals sagte,
Hegel mehr, als Schelling.

118. Karl Ludwig Michelet

[Hegels Bipontinische Ausgabe des Plato[1] ist] das nämliche
Exemplar gewesen, das Hegel ihm [Schelling] in die Hand
gegeben, um ihn zum Studium des Plato aufzumuntern.
Denn nach ganz sichern Traditionen Hegelscher Schüler, die
sie aus des Lehrers eigenem Munde empfangen haben,
zeigte Schelling bei der Besprechung mit Hegel in Jena noch
eine große Unbelesenheit in ältern Philosophen.

119. Friedrich Johannes Frommann

Zu denen, die sich am Teetische meiner Mutter sammelten, auch mit Gries, Fahrenkrüger [etc.] nicht selten am L'Hombretische meines Vaters saßen, gehörte auch Hegel, solange er hier Privatdozent war. Auch er hat uns später mit seiner höchst liebenswürdigen Frau, einer gebornen v. Tucher aus Nürnberg, und beiden Knaben besucht, wahrscheinlich auf dem Wege von Heidelberg nach Berlin[1]. Alle ehemaligen Jenenser zog es immer wieder nach Jena und da war für viele das Frommannsche Haus das einzige, was sie von alten Freunden noch vorfanden. Ich bin gewissermaßen einer von Hegels ersten Schülern, denn er nahm mich einmal zwischen seine Knie und ließ mich mensa deklinieren.

120. Karl Friedrich Bachmann

Hegel war noch mein Lehrer hier in Jena, und ich gestehe gern, daß ich ihm viel verdanke. Er machte mich zuerst auf die Lücken des Schellingschen Systems, welches ich damals mit jugendlicher Begeisterung ergriff, aufmerksam, und leitete mich auf den Gedanken hin, daß die Philosophie nur zur Wissenschaft werden könne durch die strengste Methode, durch die innere Notwendigkeit der Sache selbst in dem gemessenen Fortschreiten von einem Moment zum andern.

121. Wilhelm Herbst

Mit Hegel, der damals neben dem jüngeren Landsmann Schelling, aber weit weniger beachtet, in Jena lehrte, berührt sich Voß[1] nur oberflächlich; doch treffen auch diese Lebensfäden später noch einmal zusammen.

122. Hallische Jahrbücher

Ebenso sind Schelling und Hegel dem hiesigen Bewußtsein, wie sie noch hier lehrten, nie mehr gewesen, als gewöhnliche Kathederindividuen. Man hat keine Anstrengung gemacht, den Geist, der in Jena geboren wurde, in Jena großzuziehen, an Jena zu fesseln, und man hätte es doch in seiner Hand gehabt, den deutschen Geist von Jena aus wahrhaft kaiserlich zu beherrschen.

123. Henry Crabb Robinson

Nach der Zeit wurde er [Schelling] von Hegel im metaphysischen Range entthront; dieser muß sein Schüler gewesen sein. An Hegel weiß ich mich nicht zu erinnern, wiewohl ich einige Bemerkungen von ihm unter meinen Papieren vorfinde. Seine Philosophie wurde als pantheistische verschwärzt; Schelling wußte sich dagegen auf besseren Fuß mit dem Christentum zu setzen.

BAMBERG

1807

124. K. L. v. Knebel an Goethe

Jena, 13. 3. 1807

Beiliegendes[1] hat mir Professor Hegel für Dich zurückgelassen, der auf kurze Zeit wieder nach Bamberg abgereist ist,
die Herausgabe seiner Schriften[2] zu befördern.

125. Niethammer an Schelling

Bamberg, 13. 3. 1807

Ihr Brief . . . mit der Zulage an Hegel[1] ist diesen Morgen
angekommen; . . .

Die Anlage an Hegel ist bestellt; er ist seit gestern Abend
wieder hier bei uns. Ich bin froh, daß mirs gelungen ist, ihn
endlich aus dem verödeten Jena zu erretten. Haben wir ihn
einmal auf Bayerischem Grund und Boden, so wird er selbst
schon sich weiterhelfen. Einstweilen ist er wenigstens vor
Hungerleiden gedeckt; indes war es in jeder Rücksicht gut,
ihn von Jena loszureißen. Er wird Ihnen bald antworten.

126. Goethe an K. L. v. Knebel

Weimar, 14. 3. 1807

Daß Hegel nach Bamberg gegangen, um den Druck seiner
Werke zu sollizitieren, ist mir sehr lieb. Ich verlange endlich
einmal eine Darstellung seiner Denkweise zu sehen. Es ist
ein so trefflicher Kopf und es wird ihm schwer, sich mitzuteilen!

127. *Niethammer an Christian Gottfried Schütz*

Bamberg, 23. 3. 1807

Ich wiederhole zugleich aufs dringendste die Bitte ... die von Hrn. Prof. Hegel eingesendete Rezension der Salat-schen Schrift, so schleunig als möglich nach Jena (bei Hof-rat Voigt abzugeben) abgehen zu lassen; denn schwerlich möchte eine so günstige Gelegenheit der Retradition mit den geringsten Kosten sich so schnell wieder finden. Es ist mir insbesondere wegen der einen bewußten Rezension, von der ich Gebrauch machen will, sehr viel daran gelegen, sie jetzt zu erhalten.

128. *A. F. Marcus an Schelling*

Bamberg, 27. 4. 1807

Hegel ist hier und schreibt die Zeitung.

128 a. *Karl Ludwig v. Knebel*

Mitte Mai 1807

Hegel und Seebeck, meine Freunde, von denen Goethe selbst sagte, sie machten mit Schelver, der auch schon fort ist, allein eine Akademie aus, diese reisen auch noch in die-sem Jahre ab.

129. *Jean Paul an J. G. Langermann*

Juli 1807

Hegel gefällt mir über alle Erwartungen hinaus, und in anderen, weniger von Philosophie saturierten Zeiten würde er mehr präzipitieren und mehr aufklären mit seinem Men-struum.

130. Jean Paul an F. H. Jacobi

Bayreuth, 6. 9. 1807

Hegel sogar überraschte — nach seinem verworrenen Schreiben oder Denken gegen Dich[1] — in seinem neuesten philosophischen System[2] mich sehr durch seine Klarheit, Schreibart, Freiheit und Kraft; auch er hat sich vom Vater-Polypen Schelling abgelöset; wiewohl man alle diese nach einander abgehenden Arm- und Kopf-Polypen leicht wieder in den Vater-Polypen stecken kann.

131. F. H. Jacobi an J. F. Fries

München, 27. 11. 1807

Zum Lesen von Hegels dickem Werke[1] komme ich schwerlich. Niethammer hat mir mit Interesse davon gesprochen. Wahrscheinlich wird es Köppen für die Hallische Literaturzeitung rezensieren[2], da werde ich denn doch einigen Begriff vom Ganzen, von Zweck und Mitteln erhalten.

132. J. F. Fries an F. H. Jacobi

20. 12. 1807

Hegels Werk [Phänomenologie des Geistes] ist seiner Sprache wegen mir fast ungenießbar. Doch ist das allgemeine seiner Ansicht leicht zu finden. Er will eine allgemeine philosophische Geschichte des menschlichen Geistes oder der Vernunft geben. Diese ist völlig Schellings Naturphilosophie nur auf der Seite des Geistes ausgeführt, auf die Schelling in der Regel nie hat hinüber kommen können. Hegel lobt also den Begriff und die Reflexion, aber es gilt ihm keine stehende Wahrheit, sondern nur Wahrheit im Fluß, das heißt für diesen oder jenen Standpunkt der Entwicklung des Geistes, ungefähr eben wie die neue plausibler beschriebene . . . [?] der Weltansichten bei Fichte. Indem Hegel aber an

die Spitze aller dieser Weltansichten doch wieder absolutes
Wissen setzt, welches doch mehr sein soll als die andern
Wissensarten, so widerspricht er sich selbst. Denn die wahre
Wahrheit ist nun nicht mehr der Fluß, dessen Lauf wir be-
obachteten, sondern allein das tote Meer des absoluten, in das
er sich ergießt und an dessen Strand wir schließlich ankommen. Wenn Köppen sich mit seiner Rezension aufs Detail
dieses Werkes einlassen will, so wünsche ich ihm viel Glück
dazu!

133. *Schelling an K. J. H. Windischmann*

München, 30. 7. 1808

Ich bin sehr begierig, was Sie mit Hegel angefangen.[1] Mich
verlangt zu sehen, wie Sie den Weichselzopf entwirrt haben;
hoffentlich haben Sie diesen nicht von der gottesfürchtigen
Seite genommen, so unrecht es wäre, ihm andrenteils die
Art hingehen zu lassen, womit er, was seiner individuellen
Natur gemäß und vergönnt ist, zum allgemeinen Maß auf-
richten will.

134. *Dorothea Schlegel an Sulpiz Boisserée*

Lobenstein, 20. 8. 1808

Hegel lebt in Bamberg und schreibt dort die Zeitung; er ist
alle Abend bei Paulus, und da ich in der Gesellschaft ge-
schwiegen hatte, man mir aber den Widerspruch wohl an
der Nase mochte angesehen haben, so brachten mich Paulus
und Hegel im engern Ausschuß doch noch so weit, daß ich
über allerlei mit ihnen disputieren und mich bloßgeben
mußte. Dabei sind aber Grundsätze von ihrer Seite zum
Vorschein gekommen, von denen man gar keinen Begriff
hat! Nicht allein eine total verkehrte Ansicht, sondern ganz
und gar nicht die geringste Kenntnis von dem Stand der
Dinge! Kurz über alle Begriffe verkehrt! — Es darf nicht
besser gehen in der Welt, solange dergleichen regiert.

135. *Friedrich Immanuel Niethammer*

26. 8. 1808

[Niethammer schlägt für die Universität Altdorf vor:] Für
die Philosophie, den Prof. Hegel in Bamberg, der nicht nur
schon vor mehreren Jahren durch sein mit Schelling gemein-

schaftlich herausgegebenes Kritisches Journal der Philosophie, sondern auch noch neuerlich durch seine über das ganze System der Philosophie angefangene Schrift[1], sich die Achtung aller Kenner und den Ruf eines scharfsinnigen Philosophen erworben, und als Professor der Philosophie zu Jena auch als Dozent in großer Achtung gestanden hat.

NÜRNBERG

1808

136. *Schelling an G. H. Schubert*

München, 27. 10. 1808

Sie kommen in nicht unangenehme Berührungen. Sie finden dort [Nürnberg] als Rektor des Gymnasiums Hegel; als Kollegen erhalten Sie den genialischen Altertumsforscher Kanne[1]; Nürnberg ist noch jetzt ein Mittelpunkt von literarischem Verkehr und Buchhandel ...

137. *Elise Campe*

Mit Paulus mißglückte [Ende Oktober 1808] das Zusammentreffen; ... dagegen fand er [Gries] in Bamberg seinen Freund und früheren Hausgenossen Hegel wieder, mit dem die vertraulichen Mitteilungen bis tief in die Nacht hineinreichten.

138. *Caroline Schelling an Johanna Frommann*

München, November 1808

Sie wissen vielleicht, daß Hegel in Nürnberg als Rektor des Gymnasiums plaziert ist.

139. *Clemens Brentano an Savigny*

Landshut, 11. 11. 1808

Wieviel Schelling vermag, beweist, daß er Hegel das Rektorat des Gymnasiums in Nürnberg und dem Naturphilosophen Schubert, der die Ahndungen über das Leben geschrieben, das Direktorium der dortigen polytechnischen

Schule verschafft; Walther[1] sagte mir dies. Dies sind nun
beide gute Leute, aber ihm doch nur Freunde von ihm und
als solche angestellt.

140. National-Zeitung der Deutschen

Am 6. Dez. v. J. [1808] fing die neue Schulorganisation im
Gymnasium zu Nürnberg an. Der Kreis-Schulrat Paulus
hatte die dasigen Lehrer des Gymnasiums, der übrigen drei
lateinischen Schulen, die Prediger an den Hauptkirchen und
mehrere andere Geistliche und Lehrer, unter welchen letzteren auch die zwei neuen hierher berufenen Lehrer, Hegel
aus Bamberg und Heller[1] von Ansbach waren, zu dieser
Feierlichkeit versammelt. Auch Se. Exzell. der Graf von
Thürheim[2] und noch einige andere bei der Regierung ange-
stellte Personen wohnten derselben bei. Der Kreis-Schulrat
Paulus hielt eine treffliche Rede, worin er unter andern eine
kurze Übersicht der verschiedenen hier zu errichtenden
Schulanstalten gab. Hierauf entließ er den anwesenden ehrwürdigen, verdienstvollen Greis, den bisherigen Rektor und
Professor Schenk[3], seines Amtes, der nun beinahe 50 Jahre
am Gymnasium gelehrt hatte, und Alters halber die Be-
schwerlichkeiten seines Amtes nicht mehr tragen konnte.
Mit inniger Rührung nahm der Greis in einer kurzen Rede
von dem Gymnasium Abschied. Jetzt wurde dem neuen
Rektor, Prof. Hegel, der Eid vorgelesen, und dann die übrigen Professoren eingesetzt. Zu Professoren am Gymnasium
wurden ernannt der bisherige Rektor der lateinischen Schule
bei St. Sebald, Göz, der bisherige Konrektor am hiesigen
Gymnasium Rehberger[4], Konrektor Heller, bisher am Gymnasium zu Ansbach, und Büchner[5], bisher Direktor einer
Privat-Erziehungs-Lehranstalt. Die übrigen bisher hier
schon angestellten Lehrer sind bis auf einige aufs neue wieder angestellt worden. Nach der Rede wurden die Schüler
geprüft, damit sie in die gehörigen Klassen verteilt werden
konnten.

141. *P. W. Merkel an K. L. v. Knebel*

Nürnberg, 4. 3. 1809

Bei uns in Nürnberg ist das meiste schon neu geworden . . .
Das Schulwesen ist zum Teil schon neu organisiert. Das
Gymnasium ist mit fünf Professoren besetzt; Hegel, der
ehemals in Jena war, steht an der Spitze als Rektor. Zur
Vorbereitung ist ein Progymnasium und eine Primärschule
errichtet.

142. *G. H. Schubert an August Koethe*

Karfreitag 1809

Den Tag darauf [21. 3. 1809] lernte ich Hegeln (den ich
zwar schon in Jena gesehen hatte) und zugleich auch Kanne,
meine neuen Kollegen kennen. Ich war noch etwas zu reiz-
bar und weich von der Reise, beide kommen mir so hart, so
schneidend kalt vor. Kanne indes erkannte ich gar bald, und
er ists, um dessentwillen mir Nürnberg noch ganz vorzüglich
teuer und innig wert wird.

143. *Schelling an G. H. Schubert*

München, 27. 5. 1809

Recht ergötzlich war mir zu sehen, wie gut und richtig Sie
auch Hegeln genommen haben. Die spaßhafte Seite ist wirklich die beste, wenn auch nicht die einzige. Ein solches reines
Exemplar innerlicher und äußerlicher Prosa muß in unsern
überpoetischen Zeiten heilig gehalten werden. Uns alle wandelt da und dort Sentimentalität an; dagegen ist ein solcher
verneinender Geist ein treffliches Korrektiv, wie er im Gegenteil belustigend wird, sobald er sich übers Negieren ver-
steigt. Die Wirkung, wegen der Faust über Mephistopheles

klagt, kann er bei dem, der ihn einmal begreift und über-
sieht, nicht hervorbringen. In seinen politischen Urteilen
über die Zeitgeschichte hat er indes ohne Zweifel Recht;
obgleich die Art, sie zu äußern, selber nicht ganz frei von
Politik sein mag.

144. National-Zeitung der Deutschen

Nürnberg. Am 10. Juli d. J. [1809] wurde hier eine rührende
und herzliche Feierlichkeit begangen. Der 85jährige um unsere Vaterstadt und zum Teil selbst ums Ausland sehr ver-
diente M. Leonhard Schenk, Rektor und Professor am hiesigen Gymnasium, aber seit dem 6. Dez. v. J. in Ruhestand
versetzt, feierte sein fünfzigjähriges Amtsjubiläum. Vorbereitet wurde diese Feierlichkeit von dessen ehemaligem
Schüler, dem vormaligen Rentkammer-Direktor und Senator von Scheurl[1]. Derselbe erließ an alle dessen hiesige und
auswärtige ehemalige Schüler, einige Wochen früher, eine
Einladung, veranstaltete unter denselben eine Subskription,
und brachte, da diese fast insgesamt tätigen Anteil nahmen,
folgende Feierlichkeit zu Stande.
   Um 10 Uhr früh verfügte sich der Senator von Scheurl zu
dem Jubelgreis, wünschte ihm im Namen seiner sämtlichen
Schüler Glück, und ersuchte ihn, ... nachmittags ihnen auf
eine Stunde seine Gesellschaft zu schenken. ... Um 4 Uhr
nachmittags wurden er und seine Gattin durch zwei seiner
ehemaligen Schüler ... abgeholt. ... An der Türe des Saals
bewillkommte ihn der Senator von Scheurl und der jetzige
Rektor am Gymnasium Hegel. Der Saal selbst, den eine
große Versammlung füllte, war geschmackvoll beleuchtet
und dekoriert. Oben stand ein Opferaltar, an welchem die
Worte: „dem fünfzigjährigen Verdienst", zu lesen waren.
Auf dem Altar stand eine Schale mit brennendem Spiritus,
und hinter demselben war die Estrade mit Laub und Blu-
men-Girlanden geschmackvoll verziert und in Form eines
Spiegels war eine Tafel erleuchtet angebracht, worauf trans-

parent zu lesen war: „Opfer der Verehrung und Dankbarkeit". Unter Trompeten und Paukenschall wurde der Jubelgreis zur rechten des Altars auf einen erhöhten Platz gesetzt, neben ihm seine Familie, und auf dieser Seite saßen und standen eine große Anzahl von Damen und Zuhörern, die dieses öffentliche Fest durch ihre Teilnahme glänzend machten. Zur Linken des Altars waren die ehemaligen Schüler des Jubelgreises, seine vormaligen Kollegen und die dermaligen Lehrer der Gymnasial-Anstalten mit ihren Zöglingen versammelt. Ein eigenes vom Schösser Frank verfertigtes Lied nach der Melodie: Sei Lob und Ehr dem höchsten Gut etc., wurde unter Begleitung blasender Instrumente abgesungen. Hierauf hielt der Senator von Scheurl eine Rede an den Greis, worin er die dankvollen Gefühle seiner ehemaligen Schüler ausdrückte, ihn auf seine Tätigkeit zurückführte, und an die Folgen seiner Handlungen erinnerte. Einer der Enkel des Jubelgreises, Namens Herel, mußte ihm einen Blumenkranz, ein Bild des Verdienstes und der Vereinigung, und ein Gymnasiast, Namens Held[2], ein gedrucktes Denkmal überreichen, welches M. Baier, Prediger an der hiesigen Spitalkirche, verfertigt hatte und an welches die Namen der Schüler des Jubelgreises angedruckt sind. „Diese Namen", sprach hier der Senator v. Scheurl, mögen Sie in müßigen Stunden in die Vergangenheit zurückführen, und wohl uns, wenn Sie sich unserer Jünglingsjahre noch mit Vergnügen erinnern! — Aber die Nachwelt wird auch gern den Mann sich versinnlichen wollen, dessen Bild unsere Einbildungskraft nie in uns verschwinden lassen wird, und Freude wird es uns schaffen, wenn wir unsern Kindern und Enkeln unsern hochverdienten Lehrer im Bilde auch dann zeigen können, wenn er einst nicht mehr unter uns wallt." Bei diesen Worten wurde dem Jubelgreis sein Bildnis, von einem hiesigen Künstler gestochen, in einem goldnen Rahmen, durch seinen ehemaligen Schüler, den dermaligen Gymnasiasten von Praun, übergeben. Endlich schloß der Senator von Scheurl seine Rede, indem er ein dreimaliges Lebe hoch, ausrief, welches mit Trompeten und Pauken und lautem Zurufen beantwortet wurde. Eine sanft geblasene Harmonie bereitete den Über-

gang zu einer Rede, welche der Rektor Hegel vortrug. Dieser schilderte den edlen Greis glücklich, weil ihn Verdienst
und Tugend krönt, und Munterkeit und Gesundheit den Genuß erhöhet; weil er von achtungswürdigen Männern und
Greisen, so wie von Jünglingen dankbar verehrt wird. Hier
sprach er unter andern: „Wenn das rasch vorwärts treibende
Streben des jugendlichen Alters über die weitläufigen Anstalten und Vorbereitungen der Schule zum Eintritt in die
Welt ungeduldig werden kann; wenn die abstrakte Lehre
der Wissenschaft mit der konkreten Frische der jungen Le-
bensfülle im Mißverhältnisse zu stehen scheint: so hat der
Mann dagegen es erkannt, was nur Traum und Schimmer
des Lebens und was seine Wahrheit ist; er hat erfahren, daß
die früh ins Herz gepflanzten Schätze der Weisheit es sind,
die mit uns allen Wechsel der Zustände aushalten, uns stärken und tragen; er hat erfahren, wie groß der Wert der
Bildung überhaupt ist, so groß, daß ein Alter sagen möchte,
der Unterschied des gebildeten Menschen von dem unge-
bildeten sei so groß, als der Unterschied des Menschen
überhaupt vom Steine."[3] — Nach Endigung dieser Rede las
der Kreisschulrat, D. Paulus ein allerhöchstes Reskript vor,
worin der Anteil bezeugt wurde, der von dem königl. Gene-
ral-Kreiskommissariat an dem Jubelfeste genommen ward,
und das zugleich die Versicherung enthielt, daß die fixen
und akzidentellen Einnahmen ohne allen Abzug dem edlen
Greis, auch als Eremitus, verbleiben sollen. Es wurde alsdann ein zweites Lied, vom Diakonus Seidel verfertigt,
welches, mit dem ersten gedruckt, vorher unter die Anwesenden ausgeteilt worden war, unter Begleitung der Musik
abgesungen. Der Jubelgreis war durch dies alles zu tief gerührt, als daß er sprechen konnte. Sein Eidam, der Registrator und Bibliothekar Kiefhaber[4], dankte daher in seinem Namen allen Anwesenden. Hierauf wurde der Jubelgreis unter
vielfältigen Umarmungen und unter Trompeten und Paukenschall auf eben die Art wie bei seinem Empfang wieder
zurück und nach Haus begleitet. —

145. *Gotthilf Heinrich Schubert*

Die Hochzeit [Kannes] wurde recht fröhlich in meinem
Hause gefeiert, und ein berühmter, geistreich unterhalten-
der Gast, Hegel, damals Rektor am Nürnberger Gymnasium,
war zugegen. Aber den Bräutigam hatte dabei eine seltsame
Unruhe ergriffen; er war noch vor Abend von seiner Braut
davon, und nach Würzburg gelaufen, ohne sich auf dem
ganzen Wege Zeit zum Ausruhen zu lassen.

Schon in den ersten Monaten nach meinem Auftreten in
Nürnberg machte ich die Bekanntschaft mehrerer Männer,
welche mir auch für mein späteres Leben merkwürdig und
bedeutend geblieben ist. Zunächst die eines meiner nachmals berühmtestens Zeitgenossen, des G. W. F. Hegel, welcher als Rektor am Gymnasium mit mir in einer äußerlich
parallelen Stellung und vielfach amtlicher Beziehung stand.
Ich kann von diesem Manne im Allgemeinen nur das wiederholen, was alle Welt von ihm weiß. Ich hatte ihn schon
in Jena als öffentlichen Lehrer hochachten lernen, seine
„Phänomenologie des Geistes" (Bamberg 1807) war zu jener
Zeit eine der vielbewundertsten literarischen Erscheinungen
im Gebiete der Philosophie. Es war ein Geist von außer-
ordentlichem Umfange und tiefer Gründlichkeit des Wissens, ein Mensch von ehrenhaftem, festem Charakter, zu-
verlässig in seinen Worten, billig und gerecht gegen andere.
Nicht zwar dem Alter, denn er war nur 10 Jahre älter als
ich, wohl aber der geistigen Reife nach hätte Hegel mein
Vater sein können; namentlich in der verständigen, ge-
schickten Weise, in welcher er sein Amt führte, mein Muster
und Vorbild. Er hat bei seinen damaligen Schülern in Nürnberg den Verstand geweckt und sie an den tüchtigen Gebrauch ihrer geistigen Kräfte gewöhnt und bei vielen von
ihnen ist dieser Gebrauch ein rechter und guter gewesen.
Der Stoff der Erkenntnisse, welchen sein philosophischer
Unterricht in Nürnberg sowie in Heidelberg, den Zuhörern
darbot, hat daselbst in seiner einfacheren Form und bei der
gesünderen Konstitution derer, welche ihn aufnahmen, viel
mehr als ein geistig zuträglicher Nahrungsstoff gewirkt als

in der späteren, ich möchte sagen, destillierteren Form, darin
Leute ihn zu sich nahmen, deren Konstitution eine andere
war. Der Wein, wie die naturwüchsige Traube ihn gibt,
wenn er auch der Zunge eine saure Mühe machen sollte, ist
für Jeden, der keinen Kindermagen hat, ein gesundes Ge-
tränk; der destillierte Wein aber, so leicht er auch munden
und so gut er in manchen Fällen als Arznei sein mag, wirkt
gar leicht auf solche, die nicht, wie die Jäger und Seeleute,
beständig in der reinen, freien Luft hantieren, als ein be-
täubendes oder rabiatmachendes Gift.

Wer Hegel bloß aus seinen Schriften und in seinem Hörsaale
gesehen und kennen gelernt hatte, der wußte es nicht, wie
liebenswürdig dieser Mann im persönlichen Umgange, wie
teilnehmend zärtlich er als Hausvater sein konnte. Selbst im
alltäglichen geselligen Verkehre wirkte er durch sein tref-
fendes Urteil belehrend, so wie erheiternd durch seinen
Witz; in seinen politischen Sympathien wich er freilich,
namentlich von Pfaff [1], Kanne und von mir, sehr ab; er hatte
in seiner kurz vorhergegangenen, seltsamen Stellung als
Zeitungsschreiber in Bamberg das Lied, das fast alle öffentlichen Blätter zum Preis und Ruhme Napoleons anstimmten,
so oft hören und selbst darein einstimmen müssen, daß ihm
die Tonweise desselben immer in den Ohren klang und laut
oder leise aus ihm nachtönte. Er erschien uns als ein zu un-
bedingter Verehrer des großen Feldherrn und Völkerbe-
zwingers, obwohl sich in seinen Urteilen über die damaligen
Verhältnisse der deutschen Länderteile und der anderen
europäischen Mächte zu Frankreich eine so klare, sichere
Kenntnis der eigentlichen Stellung und Lage der Dinge verriet, daß wir ihm, wenn auch nicht sogleich, doch in der
nahe folgenden Zeit Recht geben mußten. Wenn übrigens
Leute, wie Pfaff, Kanne und ich, in unserer so gerne über
alles Land und Meer, so wie in die Lüfte auffliegenden
Richtung einem fest auf dem Boden der Gegenwart und des
wirklich Vorhandenen bleibenden Verstande, wie der in Hegel es war, ebenso komisch und spaßhaft vorkamen, als er
uns, so war dieses ganz natürlich, und das Lachen auf beiden Seiten hatte seine Berechtigung und seinen guten
Grund. Schelling, dem ich in einem Briefe diese unsere ge-

genseitige Stellung geschildert hatte, schrieb mir darauf
(vom 27. Mai 1809): „Die spaßhafte Seite ist wirklich die
beste, wenn auch nicht die einzige. Ein solches reines Exemplar innerlicher und äußerlicher Prosa muß in unseren überpoetischen Zeiten heilig gehalten werden. Uns alle wandelt
da und dort Sentimentalität an, dagegen ist ein solcher verneinender Geist ein trefflicher Korrektor. — In seinen politischen Urteilen über die Zeitgeschichte hat er indes ohne
Zweifel recht."

Was hier Schelling mit dem Worte „überpoetische Zeit"
andeuten wollte, das konnten zunächst wir beide, Kanne
und ich, in einem für uns belehrenden und zurechtweisenden Sinne nehmen; die Anwandlung von Sentimentalität
war aber, wie ich dies nachher erwähnen werde, vorzugsweise meine schwache Seite, und Hegel hätte mir hierin
allerdings ein sehr wohltätiger, trefflicher Korrektor sein
können, durch dessen bessere Benutzung mir manche
schmerzhafte Kur, die ich später erleiden müssen, erspart
worden wäre. Man muß übrigens in Schellings voranstehender Äußerung über Hegel einen besonderen Nachdruck auf
das Wort „reines" legen; und dieses ganz in jenem ehrend
anerkennenden Sinne nehmen, welchen der Schreiber des
Briefes damit verband. Denn Schelling würdigte das vollkommen, was damals an Hegel zu würdigen war. Eine reine
und korrekte Prosa wäre auch mir, nach meinem jetzigen
Urteile, ungleich lieber gewesen, als unsere überpoetischen,
wissenschaftlichen wie politischen Phantasien.

Doch unterließ ich dabei nicht, mich nach einem Unterkommen für Wetzel[2] umzusehen, bei welchem er und sein Haushalt bestehen könnten. Da kam Hegel unsern Wünschen
entgegen, welcher, wo es galt, stets bereit war, andern, die
es bedurften und begehrten, seine Hand zu reichen. Er selber, der Mann von überlegenen Kräften, hatte, wie ich oben
erwähnte, ehe er den Ruf nach Nürnberg erhielt, in bescheidener Stille die Redaktion des fränkischen Merkurs[3] in
Bamberg besorgt, und der Besitzer dieses Blattes hatte nach
seinem Abgange wohl gefühlt, daß die Stelle eines solchen
Arbeiters schwer zu ersetzen sei, der selbst in die Berichte

der Zeitungen Geist und Leben hineingebracht hatte. Ich
hatte meinen Freund Wetzel zu Hegel hingeführt. Die beiden Männer wurden bald miteinander bekannt, und so verschieden auch ihre Naturen sich waren, fanden sie dennoch
Gefallen aneinander. Hegel wußte durch mich von dem
Wunsche des Freundes, ein Geschäft und mit diesem einen
hinreichenden Broterwerb zu finden; er fragte Wetzel, ob
er geneigt sei, die Redaktion des Fränkischen Merkur, die
er selber geführt, zu übernehmen? und als dieser sich dazu
willig zeigte, schrieb der wackere Mann sogleich nach Bamberg. Wenige Tage waren nur vergangen, da kam die Sache
schon in Ordnung, Wetzel mit seinem Haushalt zog nach
dem schönen Bamberg, und blieb da uns, so wie wir ihm,
ein treuer, guter Nachbar, der bald bei uns, so wie ich bei
ihm zum freundlichen Zuspruch kam.

146. *Clemens Brentano an Joseph v. Görres*

Berlin, Anfang 1810

In Nürnberg fand ich den ehrlichen hölzernen Hegel als Rektor des Gymnasiums, er las Heldenbuch und Nibelungen und übersetzte sie sich unter dem Lesen, um sie genießen zu können, ins Griechische. ... Außerdem lernte ich als zweiten Professor dieser Schule den berühmten Kanne kennen, ... Er hat eines der schärfsten geistreichsten durchgelebtesten Gesichter, Kälte und mitten in der Unterhaltung einen plötzlichen scharfen kalten hoffärtigen Witz. Seine junge Frau, von der er am Hochzeitsabend plötzlich weggelaufen und nach Würzburg abgereist war, kriegte ihn nur durch das Nachreisen Hegels wieder[1]; ...

147. *G. H. Schubert an August Koethe*

Nürnberg, 30. 10. 1810

Hier hat sich in der kurzen Zeit alles ungemein verändert. Der General-Kommissär, der mein Freund war, ist nach Innsbruck versetzt, Paulus, der mein Feind war, nach Ansbach, so kommt auch Hegel mit seinem ganzen Gymnasium von hier weg[1], und Nürnberg so wie Augsburg behält künftig als gelehrte Schule bloß ein Real-Institut.

148. *K. L. v. Knebel an Goethe*

Jena, 23. 12. 1810

Bei meiner gestrigen Rückkunft erhielt ich auch einen Brief von Hegel aus Nürnberg[1], der mich bittet, ihn Dir aufs beste zu empfehlen. Er scheint mit der dortigen Zucht und Wirtschaft nicht eben sonderlich zufrieden. Der Fonds fehlt immer zu allen Einrichtungen, d. h. sowohl der materielle als auch wohl der intellektuelle. Man weiß selten, durch was die Sache bestehen kann. Indes sucht man doch die Studienanstalten (wie er sich ausdrückt) nach äußerer Nützlichkeit und nach Staatszwecken hinzurichten. — Übrigens gibt er mir noch als Privatnachrichten, daß die dortige Sittlichkeit sehr verfalle . . .

149. *Schelling an G. H. Schubert*

München, 31. 12. 1810

Niethammer ist im Grunde wie Paulus gesinnt . . . Er hat Paulus zugesagt, ihm nach Erlangen zu helfen; auch Hegeln dahin zu bringen, ist Hauptangelegenheit für ihn.[1]

150. Jobst Wilhelm Karl v. Tucher

Anfangs April [1811] ließ Rektor Hegel durch Frau von Grundherr[1] seine Wünsche, meine Tochter zu ehelichen, eröffnen, und um Gelegenheit, letztere zu sprechen, bitten.

Den 8. April eröffnete er mir sein Verlangen. Es wurde ihm von mir erwidert, daß die Bestimmung meiner Einwilligung von der Entschließung meiner Tochter abhängt. Er bat darauf bloß um die Erlaubnis, meine Tochter freundschaftlich besuchen zu dürfen.

151. Georg Andreas Gabler

Zur
frohen Vermählungsfeier
des
Herrn Doktors und Professors
Georg Wilhelm Friedrich Hegel,
Rektors am Königl. Gymnasium zu Nürnberg,
mit
dem hochwohlgebornen Fräulein
Marie, Fr. von Tucher,
am 16. Sept. 1811
glückwünschend
sendet
diesen Beweis seiner Teilnahme
ein
Freund aus der Ferne.

Wenn ich Dir je was gedient, o Muse, so weigre nur jetzt auch
Mir nicht den heiligen Schutz, den du mir öfter gewährt!

Jetzt nur wende die göttliche Macht, von der ich so gerne
  Leiten mich lasse, nicht ab! Muse, du hörest mein Flehn.
Was ich mit Staunen gesehn — schon kehrt die Besinnung
                mir wieder,
  Daß ich's verständlich und klar fasse zum rhythmischen
                Wort. —
Welch ein Werk hat Hymen gestiftet! Es lösen die Riegel,
  Tun die Pforten sich auf ewig verschlossener Nacht;
Und aus Hades Reich, dem verborgnen, erheben sich Geister
  Ernst und feierlich her — welch ein verehrlicher Zug!
Eigner Bedeutung voll ein jeder, vom andern getrennet,
  Und doch schlingt sich um sie alle vereinend ein Band.
Ja, ich erkenn' euch jetzt, ihr seid es, die Häupter der Weis-
                heit,
  Wie ihr die Zeit sie herab sinnvoll geführt und gelehrt.
Euere Namen verehr' ich, und welchen ich leise mir nenne,
  Schaudre zurück nicht der Geist, der sich vorüber bewegt.
Er ja gab mir von euch die Kunde, der treffliche Meister,
  Den ihr zu ehren bereit so Unerhörtes vollbringt;
Der unermüdet so oft beim Schein der nächtlichen Lampe
  Euch mit Zauber belegt, Dem ihr gerufen erschient,
Und auf Dessen Gebot, was auch in den innersten Tiefen
  Ihr verbargt, alsbald zeigtet in wahrer Gestalt,
Wenn mit Zwang auch zuerst, dann gern, weil eueren Wert
                Er
  Würdigte, aber der Welt näher euch kennen gelehrt.
Darum kommet ihr jetzt freiwillig mit Fackeln zum Braut-
                zug,
  Ihr des verwandten Geists Ahnen von edelster Art!
Ja, wohl selber die Stifter, so dünkt mich, des schönen Ver-
                eines
  Wart in Elysium ihr: denn einverstanden mit euch
Naht ein anderer Zug Ehrfurcht gebietender Schatten,
  Hoheit blickend, von dort, schließet an diesen sich an.
Weisheit in Rat und Tat, hellstrahlend aus eueren Zügen,
  Saget es mir, wer ihr wart, Ahnen des edeln Geschlechts!
Wenn auch Wappen und Schild und Helm euch mir nicht
                verrieten;
  Aber im schattigen Reich seid ihr jetzt herrlich verklärt! —

Kommen sollte der Tag, wo ihrem Liebling die Einen
　　Leichter des Lebens Pfad, schöner die äußere Welt
Wollten bereiten; es hatten mit ihnen in inniger Freund-
　　　　　　　　　　　　　　　　　　　　　　schaft
　　Und mit bedeutendem Sinn Jene die Enklin bestimmt
Ihm zur Gattin: — so sollte, mit tiefer Erkenntnis des
　　　　　　　　　　　　　　　　　　　　　　Geistes
　　Glänzen vermählt der Natur edles und holdes Gebild.
Dies war lange beschlossen, und daß nichts fehlte der Bil-
　　　　　　　　　　　　　　　　　　　　　　dung,
　　Hatten die Grazien Ihr sie und die Musen gesandt.
Treffliche Kunst verdanket Sie diesen und edle Empfindung;
　　Was Natur Ihr schon lieh, ward nun der Göttinnen Werk,
Daß im Kreise der Schwestern, mit denen in schöner Ver-
　　　　　　　　　　　　　　　　　　　　　　bindung
　　Himmelsgefühle Sie pflog, wohl für die Beste Sie galt.
Ach! ihr Guten, drum möget ihr klagend nicht wehren der
　　　　　　　　　　　　　　　　　　　　　　Träne
　　Lauf ob der Schwester Verlust. Aber o klaget nicht mehr!
Schon ja beruh'gte Sie euch; und scheidet von euch auch die
　　　　　　　　　　　　　　　　　　　　　　Jungfrau,
　　Kehrt euch vom reichen Gemahl reicher die Gattin zu-
　　　　　　　　　　　　　　　　　　　　　　rück. —
Und so folge, Du Edle, von jetzt des verständigen Mannes
　　Sanfte Gefährtin, dem Ruf, den Dir das Schicksal gesandt!
Glaub' es mir, Gute! Du kannst dem Gatten sicher vertrauen,
　　Der im erwägenden Geist Dich und sich selber erkennt.
Schmiegst Du an Ihn Dich treu — er wird Dir die Quelle
　　　　　　　　　　　　　　　　　　　　　　eröffnen,
　　Wo Du Dich selbst noch verschönt siehest und klarer denn
　　　　　　　　　　　　　　　　　　　　　　vor. —
Traun, ein herrlicher Tag! Wir möchten's wohl immer er-
　　　　　　　　　　　　　　　　　　　　　　leben,
　　Daß sich vergeistet Natur finde vermählt zu dem Geist! —

1812

Bayreuth, 25. 4. 1812

Herr Rektor Hegel wird Ew. Exzellenz wohl schon selbst
von sich Nachricht gegeben und Ihnen den ersten Teil seiner
Logik[1], der eben erschienen ist, überreicht haben.

153. *Goethe an Th. J. Seebeck*

Jena, 29. 4. 1812

Von unserem Hegel habe ich nichts vernommen, auch seine
Logik noch nicht gesehen; grüßen Sie schönstens den würdigen Mann . . .

154. *F. H. Jacobi an F. Bouterwek*

München, 23. 5. 1812

Ich bin sehr krank . . . Man hat mir eine Reise angeraten,
und ich habe mich entschlossen, das Mittel zu versuchen.
Ich gehe zuerst nach Nürnberg, wohin ich Jean Paul, den
ich noch nicht persönlich kenne, beschieden habe. Ich finde
dort: Hegel, Kanne, Schubert, lauter Menschen, die ich nie
gesprochen habe. Es wird ein wunderliches Durcheinander
geben, so wie ich es brauche, da ich nur reise, um mich zu
zerstreuen.

155. *Jean Paul an Ch. Otto und E. Osmund*

Nürnberg, 6. 6. 1812

Es ist unmöglich, den alten Mann [Jacobi] nicht zu lieben;
und sogar sein philosophischer Feind Hegel liebt ihn jetzt.

156. Jean Paul an Ch. Otto

Nürnberg, 13. 6. 1812

Als am 1ten Morgen ein schwarzer Halbzirkel von Seebeck, Hegel, Niemeier[1], Schweigger[2] ihn [Jacobi] umsaß: hielten er und seine Schwestern vor uns ernsten Auskultanten einen 1/8stündigen Rat, ob er und beide entweder um 3 oder um 3 1/2 Uhr dahin und dorthin gehen müssen und wie alles gut zu arrangieren wäre.

157. F. H. Jacobi an J. F. Fries

München, 29. 10. 1812

Nach der Zurückkunft von der Reise [nach Nürnberg] habe ich wiederholt versucht, Reinholds Synonymik zu lesen, aber jedesmal ablassen müssen; der Mann macht es mir zu sauer ... Nicht besser ist es mir mit Hegels Wissenschaft der Logik gegangen, an die ich aber nur einmal angesetzt und sie dann auf immer bei Seite gelegt habe. Ich zweifle nicht, daß Sie dem Buche und dem Verfasser widerfahren lassen werden, was recht ist. —

158. Goethe an H. K. A. Eichstädt

Jena, 22. 11. 1812

Es ist jammerschade, daß die herrlichen Bemühungen unserer Zeit auf solche Weise wieder retardiert und die Blüte durch die Frucht (aber nicht wie Herr Hegel und Troxler meinen) Lügen gestraft wird; ...

159. Goethe an Th. J. Seebeck

Weimar, 28. 11. 1812

Aber über einen anderen Mann habe ich mich neulich betrübt, und ich wünschte, Sie gäben mir einigen Aufschluß.

Zufälligerweise kommt mir eine Stelle aus der Vorrede von Hegels Logik in die Hände. Sie lautet wie folgt:

„Die Knospe verschwindet in dem Hervorbrechen der Blüte, und man könnte sagen, daß jene von dieser widerlegt wird; ebenso wird durch die Frucht die Blüte für ein falsches Dasein der Pflanze erklärt, und als ihre Wahrheit tritt jene an die Stelle von dieser. Diese Formen verdrängen sich als unverträglich miteinander, aber ihre flüssige Natur macht sie zugleich zu Momenten der organischen Einheit, worin sie sich nicht nur nicht widerstreiten, sondern eines so notwendig als das andere ist, und diese gleiche Notwendigkeit macht erst das Leben des Ganzen aus."

Es ist wohl nicht möglich, etwas Monstroseres zu sagen. Die ewige Realität der Natur durch einen schlechten sophistischen Spaß vernichten zu wollen, scheint mir eines vernünftigen Mannes ganz unwürdig.

Wenn der irdisch gesinnte Empiriker gegen Ideen blind ist, so wird man ihn bedauern und nach seiner Art gewähren lassen, ja von seinen Bemühungen manchen Nutzen ziehen. Wenn aber ein vorzüglicher Denker, der eine Idee penetriert und recht wohl weiß, was sie an und für sich wert ist, und welchen höheren Wert sie erhält, wenn sie ein ungeheures Naturverfahren ausspricht, wenn der sich einen Spaß daraus macht, sie sophistisch zu verfratzen und sie durch künstlich sich einander selbst aufhebende Worte und Wendungen zu verneinen und zu vernichten, so weiß man nicht, was man sagen soll. Herr Troxler hat einen Teil dieser saubern Stelle als Motto gebraucht, da sie denn, genau besehen, nichts weiter heißen soll, als daß die Herrn, wie Melchisedek, ohne Vater und Mutter geboren und ihren Vorfahren nichts schuldig seien.

Ich bin von solchen Arbeitern im Weinberge alles gewärtig und gewohnt. Wenn ich aber auch Hegeln verlieren sollte, dies würde mir leid tun. Denn was soll ich von einer Logik hoffen, in deren Vorrede mit dürren Worten stünde: aus falschen Prämissen käme erst die rechte wahre Konklusion. Ich kann des Buches selbst nicht habhaft werden. Vielleicht nimmt sich die Stelle im Kontext besser aus. Trösten Sie mich deshalb, mein Lieber, wenn es möglich ist.

160. Th. J. Seebeck an Goethe

Nürnberg, 11. 12. 1812

Was Sie mir von unserem Freunde mitteilen, weiß ich durchaus nicht zu deuten. Die angeführte Stelle finde ich weder in der Vorrede, noch in der Einleitung des zitierten Werks, und so sehe ich nicht ein, was er damit gewollt hat. Ich muß weiter nachsuchen und sehen, wie sie im ganzen Zusammenhange lautet, ehe ich hierüber etwas sage. — Ich habe H[egel] überall ernst und redlich gefunden. Nicht dasselbe kann man von denen sagen, die ihm anhängen und ihn benutzen; Hr. T[roxler] unter andern scheint mir auch ein viel zu leicht Schiffchen zu führen, als daß er sich in die tiefen Meere wagen darf, die jener befährt. — Das ist indessen auch zu bekennen, daß unserm guten H[egel] wohl einiges unter der Feder mißglückt ist. Ich wünsche Ihnen über die angeführte Stelle bald etwas Befriedigendes sagen zu können.

161. Th. J. Seebeck an Goethe

Nürnberg, 13. 12. 1812

... [ich] kann nun die Stelle aus H[egel]'s Werk, welche Sie ganz zu kennen wünschten, mitteilen; sie lautet folgendermaßen:

„So wird auch durch die Bestimmung des Verhältnisses, das ein philosophisches Werk zu andern Bestrebungen über denselben Gegenstand zu haben glaubt, ein fremdartiges Interesse hereingezogen, und das, worauf es bei der Erkenntnis der Wahrheit ankommt, verdunkelt. So fest der Meinung der Gegensatz des Wahren und des Falschen wird, so pflegt sie auch entweder Beistimmung oder Widerspruch gegen ein vorhandenes philosophisches System zu erwarten und in einer Erklärung über ein solches nur entweder das eine oder das andere zu sehen. Sie begreift die Verschiedenheit philosophischer Systeme nicht so sehr als die fortschreitende Entwicklung der Wahrheit, als sie in der Verschiedenheit nur den Widerspruch sieht. Die Knospe verschwindet in dem Hervorbrechen der Blüte, und man könnte sagen, daß jene von dieser widerlegt wird; ebenso wird auch durch die Frucht die Blüte für ein falsches Dasein der Pflanze erklärt, und als ihre Wahrheit tritt jene an die Stelle von dieser. Diese Formen unterscheiden sich nicht nur, sondern verdrängen sich auch als unverträglich miteinander. Aber ihre flüssige Natur macht sie zugleich zu Momenten der organischen Einheit, worin sie sich nicht nur nicht widerstreiten, sondern eines so notwendig als das andere ist, und diese gleiche Notwendigkeit macht erst das Leben des Ganzen aus. Aber der Widerspruch gegen ein philosophisches System pflegt teils sich selbst auf diese Weise nicht zu begreifen, teils auch weiß das auffassende Bewußtsein gemeinhin nicht, ihn von seiner Einseitigkeit zu befreien oder frei zu erhalten, und in der Gestalt des streitend und sich zuwider Scheinenden gegenseitig notwendige Momente zu erkennen." System der Wissenschaft, Vorrede p. III.

162. *P. W. Merkel an K. L. v. Knebel*

Nürnberg, 14. 12. 1812

Hegel lebt mit seiner guten Frau ruhig und zufrieden. Seine Lage als Rektor des Gymnasiums wird ihm aber sehr beschwerlich. Die Forderungen der Regierung an ihre Diener sind kaum zu erfüllen, und man kann es in zehn Fällen kaum einmal recht machen, und dann wird man so undelikat behandelt und zum Mißmut gereizt. Das meiste, was man verlangt, besteht in elenden, geistlosen Formen und Tabellen, womit man halb tot geplagt wird.

163. *Goethe an Th. J. Seebeck*

Weimar, 15. 1. 1813

Die Stelle, die mir einzeln so sehr zuwider war, wird durch den Zusammenhang neutralisiert. Man sieht wohl, was der Verfasser will, aber man sieht es nur durch und wem es beliebt, der kann ihn mißverstehn. Hätte er das auf die Metamorphose sich beziehende Gleichnis im Konjunktiv ausgesprochen, so sähe man gleich, daß er es zu seinem Zweck nur bedingungsweise annimmt, welches jedem Redner gar wohl erlaubt ist. Allein er spricht es positiv aus, und begünstigt dadurch den leidigen Irrtum, daß wir unsern Vorfahren nichts schuldig sind, ob er gleich, wie man im Zusammenhange sieht, das Entgegengesetzte sagen will! Haben Sie vielen Dank für die Mitteilung dieser Stelle, Hegel ist bei mir entsühnt; aber die Schuld fällt auf Troxlern und dieser begeht den so oft wiederholten und fast unvermeidlichen Fehler, daß man bedeutende Stellen der Dichter und Philosophen einzeln aufführt, um etwas zu sagen, woran im Zusammenhange nicht zu denken ist.

164. *Schopenhauer an K. F. E. Frommann*

Rudolstadt, 4. 11. 1813

Indem ich, geehrter Herr Frommann, Ihnen die Abhandlung überreiche, für die ich promoviert bin[1], sende ich Ihnen Hegels Logik zurück; ich würde diese nicht solange behalten haben, hätte ich nicht gewußt, daß Sie solche so wenig lesen wie ich.

1814

165. *L. Döderlein an seine Mutter*

14. 6. 1814

Mit Hegel kam ich in sehr interessante Gespräche, in denen
wir durch Roths Besuch unterbrochen wurden. Ich muß aber
bald wieder hin, um es fortzusetzen. Wir sind recht kordial
zusammen, und er scheint Gefallen an mir zu finden. Ein
Buch hat er mir mitgegeben, das mich jetzt sehr beschäftigt:
es ist Feodor Eggo (d. h. Stuhr), Über den Untergang der
Naturstaaten in Briefen über Niebuhrs römische Geschichte[1].

166. *Johann Georg August Wirth*

Im Jahr 1814 wählte ich selbst das Gymnasium in Nürnberg, um mich vollends auf die hohe Schule vorzubereiten.
Vorstand jener Anstalt war damals der berühmte Hegel,
welcher mir sehr freundlich die Aufnahme bewilligte. Nach
den Zeugnissen, welche ich vorlegte, hätte ich in die Ober-
gymnasialklasse (den letzten einjährigen Kurs vor der Universität) versetzt werden sollen. Als aber Hegel hörte, daß
ich am 20. November 1798 geboren sei, meinte er: ich sei
wohl noch jung, und ich würde besser tun, noch mehrere
Jahre auf dem Gymnasium zu verweilen. Er sandte mich
wirklich in das Progymnasium, so daß ich bis zur Universität noch fünf Jahre gehabt hätte. Das wollte mir nicht in
den Sinn, und ich hatte schon beschlossen, auch Nürnberg
wieder zu verlassen. Alsdann würde ich nicht mehr bei den
Studien geblieben sein; indessen der Lehrer des Progymna-
siums wies mich nach acht Tagen, jener der Untergymnasial-
klasse (Professor Rehberger) dagegen schon nach dreistün-
diger Prüfung in die nächst höhere Klasse. Professor Götz,
von der Mittelklasse, meinte gar, ich möge sogleich die
Universität beziehen; doch Hegel widersprach und entschied

für die untere Abteilung der Mittelklasse. Schwerlich würde
ich auch hier geblieben sein: nach vier Wochen ward ich
aber in die obere Abteilung, d. h. die vorletzte Klasse des
Gymnasiums nach oben versetzt und nun war ich zufrieden.
Alle diese Umstände werden nur erwähnt, weil sie leicht
meinem Leben eine andere Richtung geben konnten.

Das Gymnasium in Nürnberg war in jener Zeit eine
Musteranstalt im eigentlichen Sinn des Wortes. Gediegene
Philologen, wie Rehberger, Götz und Heller, lehrten die
beiden alten Sprachen mit Liebe, und machten ihre Zuhörer
nicht bloß mit dem Bau derselben, sondern auch mit dem
Geist der klassischen Schriftsteller vertraut. Die Mathematik
wurde von einem Mann von Fach, Professor Müller, fast in
allen Teilen der Theorie vorgetragen, und nach der analy-
tischen Methode mit Ernst betrieben. Sämtliche philosophischen Vorträge hatte sich der Rektor vorbehalten: sie
folgten freilich seinem eigenen Systeme, von dem ich jetzt
nicht mehr so günstig, wie damals urteilen kann; indessen
die Eigentümlichkeit der Lehrmethode weckte doch den
jugendlichen Geist. Zuvörderst zog Hegel die Naturwissenschaften, Geschichte, Kunst und die Literatur der Alten
häufig in seine Entwicklungen, um an ihnen gleichungsweise
philosophische Theses zu erklären: dann diktierte er nur
kurze Sätze und ließ den Sinn derselben die Zuhörer selbst
im Wechselgespräch frei erörtern. Jeder konnte das Wort
verlangen und eine Meinung gegen andere geltend zu
machen suchen, der Rektor selbst trat nur hin und wieder
belehrend dazwischen, um die Erörterung zu leiten. Auf
solche Weise wurden den Schülern vielseitige Kenntnisse
mitgeteilt, der Trieb zum Eindringen in das eigentlich Wissenschaftliche angeregt, und insbesondere der Scharfsinn
gebildet.

Was aber noch wohltätiger wirkte, und die Anstalt im
hohen Grad auszeichnete, das war die Art, wie Hegel die
Schüler behandelte. Von der untern Gymnasialklasse an, wo
man noch vier Jahresstufen bis zur Universität hatte, redete
er jeden Schüler mit „Herr" an, und bemaß hiernach auch
seinen Tadel oder seine Zurechtweisungen. Ein solches ach-
tungsvolles Benehmen eines Mannes, dessen Ruf täglich

stieg, gegen junge Leute, erweckte in diesen ein ungemein
hebendes Selbstgefühl, dem notwendig das Verlangen entsprechen mußte, durch anständiges Betragen einer so hohen
Auszeichnung sich würdig zu machen. Wie groß war deshalb
die Verwunderung, welche die erste Unterrichtsstunde im
Gymnasium zu Nürnberg bei mir hervorbrachte? das urbane
Benehmen eines gefeierten Lehrers, die ehrerbietige Aufmerksamkeit der Schüler, der letztern Bestreben nach feine-
rer Sitte: der akademische Anstand des Ganzen! Das Beispiel von Hegel wurde allmählich auch von den übrigen
Professoren befolgt, und so schien die Anstalt schon eine
hohe Schule zu sein. Jetzt lernte ich die Einflüsse der Freiheit auf Geist und Herz begabter Jünglinge zum ersten Mal
kennen. Ach wie ganz anders wirkt freie Erziehung, als ein
sklavisches Zucht-Regiment! Es lebte unter uns eine Zufriedenheit, ein erhebender Stolz, ein freudiger Trieb zum
Anstreben an Bildung und edle Sitte, wodurch die wohl-
tätigsten Erfolge erzielt wurden. Meine Überzeugung ge-
bietet mir jetzt oft, dem Systeme und den nachmaligen
Grundsätzen meines alten Lehrers mit Nachdruck zu widersprechen; doch als Rektor in Nürnberg wirkte Hegel unendlich segensreich: auch in mir entzündete er den unsterblichen Funken der Freiheit ... dafür stammle ich noch
seiner Asche meinen tiefgefühlten Dank.

In Nürnberg hatte ich das System Hegels so sehr einge-
sogen, daß ich selbst in der Rechtswissenschaft nach der
Terminologie desselben mich auszudrücken pflegte. . . .
    Ob eine solche Sprache einen Sinn habe, ist an sich schon
zweifelhaft, jedenfalls erregt sie aber die Gefahr, die Klarheit des Denkens zu beeinträchtigen, und dem jugendlichen
Geist eine schiefe Entwicklung zu geben. Dies gilt von allen
philosophischen Systemen, deren Wesen mehr in Terminologien als wirklicher Weisheit besteht.

1815

167. *W. M. L. de Wette an J. F. Fries*

Berlin, 4. 3. 1815

Ihre Vokation habe ich aufgegeben. Das Departement hat dem Senat angezeigt, daß es in Unterhandlung stehe wegen der Besetzung der Stellen von Fichte usw. Nun hatte mir früher Nicolovius[1] versprochen, sobald daran gedacht würde, mir Nachricht zu geben. Er hat es nicht getan, und ich setze also voraus, daß er uns entwandt ist. Er ist Mitglied der Bibelgesellschaft, zu welcher auch Marheineke[2] gehört, und dieser soll öfter zu ihm gehen und gegen Sie und für Hegel sprechen. Es war einmal das Gerücht, daß Hegel gerufen werden solle. Ich erklärte mich sehr stark dagegen in Beisein Solgers[3], und dieser nahm ihn als einen sehr tiefsinnigen Kopf in Schutz. Was ist da zu machen? . . . Der Mystizismus herrscht hier ungeheuer, und wie tief man gesunken ist, zeigt der Gedanke an Hegel. Keinen verwirrtern Kopf kenne ich nicht!

168. *A. D. C. Twesten an Schleiermacher*

26. 6. 1815

Hegels objektive Logik[1] . . . enthält nach einer trefflichen Einleitung doch wunderbare Dinge. Alles versteht man nicht, und was man versteht, kommt einem oft mehr als eine gewisse Taschenspielerei vor denn wie eine tüchtige und wahrhaft ersprießliche Spekulation. Haben Sie das Buch einmal angesehen? ich möchte wohl wissen, was Sie darüber urteilen, um entweder veranlaßt zu werden, die starke Unlust zu überwinden, die mich abhält, recht daran zu gehen, oder es mit ruhigerem Gewissen ganz liegen lassen zu können.

169. *Schleiermacher an A. D. C. Twesten*

5. 7. 1815

Den Hegel habe ich nicht angesehen, aber aus Rezensionen habe ich ohngefähr so eine Vorstellung davon wie die Ihrige.

170. *F. H. Jacobi an J. F. Fries*

München, 7. 8. 1815

Trefflich ist auch Nr. 25 [Heidelberger Jahrbücher] Ihre Beurteilung der Wissenschaft der Logik von Hegel, und ich habe hier abermals Ihre großmütige Schonung gegen Grobianismus bewundern müssen.

171. *K. J. F. Roth an F. H. Jacobi*

Nürnberg, 24.—29. 9. 1815

Wir [Hegel und ich] sprachen am meisten und nicht ohne Streit über Goethe, dem als Dichter wir aus einem Munde huldigten, dessen Wahrheit aber von mir angeklagt und von Hegel verteidigt wurde ... Goethe arbeitet, wie Hegel sagt, an orientalischen Gedichten; Hammers Sammlungen haben ihm den Stoff gegeben ...[1]

172. *F. H. Jacobi an G. H. L. Nicolovius*

21. 10. 1815

Zu meiner größten Verwunderung hörte ich vor einigen Tagen, der Professor Mehmel in Erlangen sei nach Berlin, um dort Fichtes Stelle zu ersetzen, berufen worden. Wie in aller Welt konnte man ein solches mittelmäßiges Subjekt einem Fries vorziehen? Wie einem Hegel, der sich, wie ich von ihm selbst weiß, um diese Stelle auch beworben hat.

Ich versprach Hegeln, da er jüngst hier war [1], seiner bei Dir zu erwähnen. Er ist gar nicht mehr, der er in Jena war, und ich könnte ihn Dir, wenn die Partei wider Fries dort zu mächtig war, nach diesem wohl empfehlen. Dieses will ich denn auf alle Fälle noch getan haben, und zwar auf das nachdrücklichste . . .

173. *Gotthilf Heinrich Schubert*

Der verständige Hegel machte ein ernstes, bedenkliches Gesicht, als ich ihm sagte, daß ich in Hoffnung, Direktor an
einem Schullehrerseminar zu werden, ins Ausland gehen
wolle. Die mir sichere Aussicht als Professor an einer Universität auch ein Lehrer künftiger Lehrer zu werden, schien
ihm vor jener anderen der Berücksichtigung wert.

174. *W. M. L. de Wette an J. F. Fries*

Berlin, Ende März 1816

Ich hatte große Lust, keine Fakultätssitzung zu halten, um
aber keinen Aufenthalt zu machen, tat ich's. Ich machte
beim Vortrage darauf aufmerksam, daß mir ein Logiker vorzüglich notwendig scheine, Schleiermacher meinte, ein praktischer Philosoph sei ebenso nötig, worin ich ihm Recht gab,
und wir müßten auf zwei Philosophen antragen, worin ich
ihm widersprach. Als es nun zum Stimmen kam, gab er für
die spekulative Philosophie Hegeln und für die praktische
Philosophie Suabedissen[1] seine Stimme. Die andern traten
ihm bei und ich blieb mit Ihnen allein. . . . Böckh[2] hat mir
versprochen, in der philosophischen Fakultät männlich für
Sie zu streiten, es kam aber zu weiter nichts, als daß
Schelling, Hegel und Sie vorgeschlagen wurden. Die medizi-
nische Fakultät hatte eine Menge Stimmen gegeben, eine
auch für Sie. Die juristische hatte Hegel, Schubert und Delbrück[3], den Schwager von Göschen, vorgeschlagen, woraus
man sieht, daß diese historische Schule eine ganz unphiloso-
phische ist. . . . Nun kam die Senatssitzung, in welcher die
Sache ausgemacht werden sollte, worauf alle unsäglich gespannt waren. . . .

Man ward einig, für jede der beiden Stellen 3 vorzuschlagen, mithin im Ganzen 6, und zwar für jede Stelle

einen primo loco, secundo loco usw. Nun wurden die
Stimmen gesammelt für den primo loco für die spekulative
Philosophie vorzuschlagenden. Drei Stimmen waren für Sie,
5 für Schelling und 8 für Hegel; also hatte Hegel primum
locum. ... Gegen Schubert legten Böckh und Rühs [4] und
gegen Hegel, Schelling und Schubert legte ich Protestation
ein. ...
  Die Sache steht nun so. An Schellings und Schuberts Berufung ist nicht zu denken. Schuckmann haßt die Naturphilosophie; in meiner Protestation aber zeige ich, daß
Hegel ebenfalls Schellingianer ist, und so hoffe ich auch
diesen, gegen den Schleiermacher ohnehin eingenommen
sein soll nach einer Äußerung seines Freundes des Staatsrates Süvern, herauszuwerfen. ...
  Doch haben Sie freilich an Ehrenberg einen mächtigen
Fürsprecher, wenn er nämlich sprechen will; ich hoffe ihn
dazu zu vermögen, wenigstens dazu, daß er sich gegen
Hegel erklärt.

175. Rektor und Senat der Universität Berlin
an Schuckmann

Berlin, 1. 4. 1816

Für den Lehrstuhl der spekulativen Philosophie schlägt der
Senat daher zuoberst vor: Herrn Hegel, Professor in Nürnberg. Unter allen jetzt in Deutschland lehrenden Philosophen besitzt dieser die größte Gewandtheit und Sicherheit
in den allgemeinsten philosophischen Operationen. Er ist
ein großer Dialektiker und hat diese Seite der Philosophie,
die er nicht bloß formal behandelt, sondern auch über den
Stoff alles Philosophierens ausdehnt, vollkommen in seiner
Gewalt. Dieser Besitz der Kunst zu denken hat ihn auch
zum Erfinder gemacht, so daß man ihm wesentliche Fortschritte der ganzen Philosophie zu danken hat und nicht
bloß eine Bearbeitung und Erläuterung des schon Bekannten. Indem der Senat ihn in Vorschlag bringt, nimmt er besonders auch auf das Verdienst Rücksicht, welches sich dieser

Philosoph dadurch erworben, daß er die Naturphilosophie
auf den Begriff und das System zurückgeführt und dem ge-
staltlosen vagen Denken der neuern Schule ebensosehr als
dem leeren Formalismus der bisherigen Philosophie eine
tief eindringende strenge Wissenschaftlichkeit entgegengesetzt hat. Da nicht zu verkennen ist, daß das alte Gebäude
der Wissenschaft, namentlich die bisherige Logik, ganz erschüttert und in sich zusammengesunken, daraus aber ein
Zustand der Gärung und Verwirrung hervorgegangen ist, so
wird ein Philosoph, der ein ganz neues gediegenes System
des Wissens aufgeführt hat, wie Herr Hegel, auf die Er-
regung und Ausbildung des echten wissenschaftlichen Denkens unserer studierenden Jugend sehr vorteilhaft wirken
können. Diese Vorzüge sind so überwiegend, daß man
ihretwegen über manches andere hinwegsehen muß.

176. W. M. L. de Wette an J. F. Fries

Berlin, 3. 4. 1816

In der Fakultätssitzung, von der ich Ihnen erzählt habe,
ärgerte ich mich über Marheineke und Neander[1], daß sie
dem Schleiermacher nachtraten, und erklärte mich offen über
diesen Mangel an Selbständigkeit. Da sagte Marheineke: ich
weiß nichts von Hegel, und muß wohl anderer Urteil folgen;
Sie wissen dagegen nichts als von Ihrem Fries. Ich erwiderte: so weiß ich doch etwas, Sie wissen aber gar nichts.

177. Sulpiz Boisserée an Melchior Boisserée

Nürnberg, 11. 6. 1816

Nun noch einen Auftrag von Hegel. Ich erzählte ihm gelegentlich den wahrscheinlichen Abgang von Fries. Er kam
am andern Tag mit der bestimmten Anfrage zu mir, ob ich
ihm nicht rate, sich an Reizenstein oder nach Karlsruhe zu
wenden? Ihm sei bloß um eine freie akademische Wirksam-

keit zu tun. Er sei hier Rektor des Gymnasiums und Schulrat, stehe sich ganz gut, lehre seine Gymnasiasten auch
Philosophie, fühle sich aber durch die kleinlichen Verhältnisse beengt, durch den Mangel einer größeren literarischen
Mitteilung so gedrückt und unglücklich, daß, wenn er keine
Frau hätte, er ohne alle Rücksicht als Dozent oder Doctor
legens bei irgendeiner belebteren Universität auftreten
würde.

Du kannst denken, daß diese Lage, dies Gefühl von einem
bedeutenden, verdienstvollen Manne, mich gerührt, ja erschüttert hat. Meine Meinung war, ich wollte Euch schreiben; Ihr solltet durch Daub[1] und Thibaut vernehmen, ob
man nicht abgeneigt, Hegel zu rufen; und dann erst solle er
sich selbst antragen. Daß wir in der Sache nichts tun könnten, als Bescheid nehmen und geben, habe ich Hegel deutlich gemacht, überhaupt habe ich ihn von den allgemeinen
Verhältnissen unterrichtet. Thibaut sei in Jena nicht gut auf
ihn zu sprechen gewesen, weil er keinen Vortrag hatte und
alles ablesen mußte. Dies hat Hegel sich hier abgewöhnt.
Überhaupt höre ich hier nur Gutes von ihm, und daß er ein
ausgezeichnet denkender und gründlicher Kopf ist, ergibt
sich aus den Gesprächen. Schwäbische, eckige Eigenschaften
hat er freilich; aber ohne diese würden auch wieder seine
individuellen Vorzüge nicht bestehen. Also leitet die Sache
nach euern besten Einsichten und antwortet mir bald.

178. B. G. Niebuhr an G. H. L. Nicolovius

4. 8. 1816

Hegel hat vernommen, daß die Rede davon sei, ihn nach
Berlin zu rufen, aber nichts offiziell erhalten. Er wünscht zu
kommen, wünscht vor allen Dingen, seine Lage zu verändern, denn die Geschäfte, mit denen er hier überhäuft ist,
sind ihm auf die Länge unleidlich geworden. Es ist bestimmt die Rede von einer Veränderung für ihn, ob nach
Erlangen, wie es heißt, habe ich von ihm selbst nicht vernommen. Das aber hat er mir gesagt, er müsse sich späte-

stens in drei Wochen entscheiden. Deswegen schreibe ich
Ihnen noch vor unserer Abreise, damit man ihn nicht fahren
lasse, wenn es die Absicht ist, ihn zu rufen. — Persönlich
hat er mir recht sehr gefallen.

179. *Friedrich v. Raumer an Schuckmann*

München, 10. 8. 1816

Bei meiner Anwesenheit in Nürnberg besuchte ich Herrn
Professor Hegel, ward von ihm sehr freundschaftlich aufgenommen und brachte einige interessante Abende in mannigfachen Gesprächen bei ihm zu. Im Angedenken an das, was
Ew. Exzellenz über den Zustand unseres jetzigen philosophischen Unterrichts in Karlsbad so richtig äußerten, wandte
ich (ohne Ihrer Ansicht selbst zu erwähnen) die Rede auch
darauf, aber eine umständliche Entwicklung ward durch
einen eintretenden Gesellschafter unterbrochen. Um jedoch
von Hegels Ansicht genauer unterrichtet zu werden, bat ich
ihn um eine kurze schriftliche Übersicht. Er versprachs, hielt
Wort, und ich halte es fast für Pflicht, diese Darstellung [1]
unter Bitte der Rückgabe zu überreichen, damit Ew. Exzellenz sehn, was Sie an Hegel haben oder nicht haben würden. Mir scheinen, ich gestehe es, seine Ansichten über die
Lehrart tüchtig und gegründet, über seine Philosophie im
ganzen bin ich dagegen zu keinem Urteil berechtigt. Auch
nicht einmal über seinen Vortrag, da ich diesen nicht hörte.
Sein Gespräch aber ist geläufig und verständig, so daß ich
nicht glauben kann, dem Kathedervortrage mangeln diese
Eigenschaften. Freilich gilt ein falsches Pathos, Schreien und
Poltern, Witzeleien, Abschweifungen, halbwahre Vergleiche-
chungen, einseitiges Zusammenstellen mit der Gegenwart,
anmaßlich Selbstlob, bequemes Heftschreiben und dergleichen oft für den wahren guten Vortrag und zieht die
Masse der Studenten an; aber diese Richtung des Urteils
soll man wohl eher hemmen als befördern. In jenem falschen Sinne hat Hegel gewiß keinen guten Vortrag; ob er
ihn im echten Sinne haben könne, hängt zuletzt hauptsäch-

lich von dem Inhalte seiner Philosophie selbst ab, über
welche der mitgeteilte Lehrplan jedoch nicht wenig mittel-
baren Aufschluß gibt.

180. B. G. Niebuhr an Dora Hensler

München, 13. 8. 1816

Unter denen, die ich zu Nürnberg sah, wo es, durch das
Museum, sehr leicht ist, Leute zu sehen und reden zu hören,
war ein Bekannter, Seebeck, Goethens Freund und Mit-
optiker, mir der anziehendste und wichtigste: Hegel, den ich
nicht zu Hause fand, erwiderte mir gleich den Besuch, und
blieb lange.

181. Johann Friedrich v. Eichrodt

14. 8. 1816

Schon seit einigen Monaten, wo der bevorstehende Abgang
des Professors Fries von Heidelberg nach Jena bekannt
worden, beschäftigte ich mich damit, einen andern tüchtigen
Mann an seiner Stelle ausfindig zu machen. Es war dies bei
den seit mehrern Jahren in der Philosophie erfolgten Aus-
wüchsen eine sehr schwierige Aufgabe, und nach einigen
fruchtlosen Versuchen glaube ich so glücklich gewesen zu
sein, nun den rechten Mann gefunden zu haben, der dies
Fach vollständig zum gedeihlichen Nutzen der Lernenden
und zur Ehre Heidelbergs ausfüllen wird. Der wahre Philosoph darf nicht ein Mann sein, der das Heil der Wissenschaft einzig und allein in die Kantische Vernunftkritik oder
in die Psychologie oder bloß und allein in die Logik setzt
oder gar sein Phantasieren für ein Philosophieren ausgibt
und sinnreich dichtend sich für einen geistreichen Denker
hält. Aber von diesem Schlag sind die meisten beschaffen,
und darum eben war es so schwer, den wahren zu finden.[1] . . .

Aber all diese werden von dem Schulrat und Rektor des Gymnasiums zu Nürnberg, Prof. Hegel, weit übertroffen. Er wird von den Geheimräten Thibaut, Creuzer und Wilken und Geheim-Kirchenrat Daub vorgeschlagen und Kirchenrat Ewald hält ihn für den vorzüglichsten Mann, den man bekommen kann.[2] Er ist der einzige entschieden ausgezeichnete Philosoph, auch dafür immer, so verschieden von ihm sie in ihren philosophischen Ansichten sein mochten, von den kompetentesten Urteilern in diesem Gebiete des menschlichen Wissens, von dem sel. Fichte, von Friedr. H. Jacobi, von Schelling und mehrern anerkannt worden. Sein Besitz wird für Heidelberg ein ganz ungezweifelter großer Gewinn. Nur war aber darüber das Gerücht bisher ziemlich allgemein, daß sein mündlicher Vortrag nicht sonderlich gut und dunkel sei. Der Geheime Kirchenrat Daub hat jedoch hierüber die gewissenhafteste Erkundigung eingezogen und erfahren, daß es falsch sei. Im Gegenteil wird die Trefflichkeit und Klarheit seiner Lehrmethode, besonders seit er an dem Nürnberger Gymnasium doziert, außerordentlich gelobt, und ganz neuerlich hat ein kompetenter Richter, der mehrere Wochen in Nürnberg und oft in Hegels Gesellschaft war, dieses Lob als richtig bestätigt.[3]

182. *F. v. Raumer an K. W. F. Solger*

Lachen am Zürichersee, 24. 8. 1816

Ich hielt's nämlich für Schuldigkeit, dem Minister durch L[ink][1] einen Aufsatz Hegels über das Studium der Philosophie auf Universitäten vorzulegen. Über diesen Gegenstand hatten wir uns viel unterhalten, und ich bat Hegel, mir seine Ansichten schriftlich mitzuteilen. Er tat's. Der Inhalt hatte meinen großen Beifall, und ich sandte ihn weiter, jedoch ohne irgendein Urteil über eine Anstellung. Schuckmann fürchtet die Philosophen, welche von allem Lernen und Tun abwenden und mit ihrem Hexenabracadabra die ganze Welt zu beherrschen meinen; und diese Ansicht teilen wir ja beide. Ich glaube nicht, daß H. einen glänzenden

Vortrag hat, wie ihn die Studenten gewöhnlich wollen; aber nach seinen Gesprächen zu urteilen, kann ich ihn nicht für unklar halten. Überhaupt war mir seine Bekanntschaft sehr angenehm.

183. Karl Hegel an Marie Hegel

Es trifft sich doch sonderbar, daß dasselbe Bild [Kupferstich von der Sixtinischen Madonna] dem Vater beim Weggang von Nürnberg von seinen Schülern geschenkt wurde!

Nicht näher datierbar

184. Karl Rosenkranz (nach Abegg)

Er widmete sich seinem Amt mit vollster Hingebung, mit unermüdlichem Eifer. In der Philosophie und Religion unterrichtete er in allen Klassen. In einer jeden änderte er die Darstellung nicht nur überhaupt, sondern, wenn die Individualität der Schüler es zu fordern schien, auch in den verschiedenen Lehrkursen. Er diktierte Paragraphen und erläuterte sie, scharf, eindringlich, aber ohne große äußere Lebendigkeit. Zwar las er nicht ab, was er sagte, hatte aber die Papiere vor sich liegen und sah vor sich hin, Tabak rechts und links reichlich verstreuend. Das Diktat mußten die Schüler noch einmal sauber abschreiben. Die mündliche Erläuterung mußten sie ebenfalls schriftlich aufzufassen suchen. Von Zeit zu Zeit rief Hegel den einen und andern auf, seine Nachschrift vorzulesen, teils um die Aufmerksamkeit für den Vortrag in Spannung zu erhalten, teils um für eine Kontrolle des Nachgeschriebenen zu sorgen. Auch diese Nachschrift ließ er mitunter ins Reine schreiben. Zu Anfang einer jeden Stunde rief er einen auf, den Vortrag der letzten Stunde mündlich kurz zu wiederholen. Jeder durfte ihn fragen, wenn er etwas nicht recht verstanden hatte. In seiner Gutmütigkeit erlaubte Hegel, ihn selbst im Vortrag zu unterbrechen, und oft ging ein großer Teil der Stunde mit dem Auskunftgeben auf solche Bitten hin, obwohl Hegel die Fragen unter allgemeine Gesichtspunkte zu bringen wußte, die sie mit dem Hauptgegenstande in Verbindung erhielten. Zuweilen ließ er auch über philosophische Materien ein Lateinisches Exercitium schreiben.

Seine Freundlichkeit und Milde gewannen ihm unbedingtes Vertrauen, aber man muß nicht glauben, als ob nur diese Seite sich an ihm herausgekehrt hätte. Selbst wenn er die Primaner, — was ihrem Selbstgefühl schmeichelte — mit Herr anredete, so hatte er dabei die Absicht, sie durch diese Form zu derjenigen Männlichkeit mitzuerziehen, die man

auch am Jüngling nicht vermissen mag: zum Bewußtsein der
Verantwortlichkeit des Tuns. Man hatte, sich ihm völlig zu
nähern, erst eine gewisse Scheidewand zu durchbrechen und
nur dem Fleiß und der Sittlichkeit gelang dies wirklich. Der
Gedanke, daß Hegel früher schon Studenten Philosophie
vorgetragen habe, daß er ein berühmter Schriftsteller und
mit vielen berühmten Männern in literarischem wie persönlichem Verkehr sei, imponierte den Schülern gewaltig. Aber
auch der tiefe Ernst, der aus allem, was Hegel sagte und tat,
nachhaltig hervorblickte, die sachliche Gravität, die ihn um-
schwebte, hielt die Schüler in großer Ehrfurcht vor ihm. Die
Vielseitigkeit seiner Bildung unterstützte diesen Eindruck.
Wenn Lehrer auf kurze Zeit erkrankten, so übernahm er
nicht selten ihre Stunden und die Schüler waren besonders
überrascht, als er nicht nur im Griechischen und anderen
Gegenständen, sondern auch in der Differential- und Inte-
gralrechnung den Unterricht ohne Weiteres fortsetzte. Was
er ihnen bei zufälligen Gelegenheiten Außerordentliches
sagte, haftete tief. So sprach er einmal, als Herders Cid und
die Sakontala für die Gymnasialbibliothek angeschafft wurden [1], über die Indische und romantische Poesie und empfahl
jene Bücher, die denn auch enthusiastisch gelesen wurden.
Wollte ein Schüler sich näher auf die Philosophie einlassen
und bat ihn, ihm dazu Schriften anzugeben, so verwies er
gewöhnlich auf Kant und Platon und warnte vor Zerstreuung in der Lektüre der Popularphilosophen. Man müsse
nur nicht alles sogleich verstehen wollen, sondern sich Zeit
dazu nehmen, fortlesen, auf die Erklärung durch den
weiteren Zusammenhang rechnen usw. Polemik vermied er
durchaus; höchstens ließ er einmal ein erheiterndes Wört-
chen über die tädiöse Langeweile von Wolffs Metaphysik [2]
fallen. — In dem Mechanischen des Geschäftsganges war er
einerseits peinlich bis zur Skrupellosität, anderseits aber ging
er auch über vieles mit der größten Naivität hin, indem er
es kurzweg für äußerlich erklärte. Nur in eigentlichen Diszi-
plinarsachen war er bis zur Unerbittlichkeit streng. Große
Reden zur Unzeit zu halten, worin so mancher Direktor
seine Stärke sucht, liebte er nicht. Die Kunst der Rührung
war ihm versagt und selbst, wenn er die Herzen einmal er-

schüttern wollte, trat doch mehr die Seite der Verständigkeit
hervor. Das Studentenspielen konnte er schlechterdings nicht
leiden, verfolgte alle derartigen Äußerungen mit herbem
Tadel und eiferte auch — natürlich nicht ohne dabei viel zu
schnupfen — gegen die unanständige Unsitte des Rauchens.
. . . Unter den Gymnasiasten bildete sich [nach den Befrei-
ungskriegen] ein Verein, welcher bei einem einfachen Sym-
posion zusammenkam, sich über selbstgewählte Themata
Deutsche Aufsätze vorlas und sie hinterher besprach. Dies
erfuhr Hegel. Er ließ einige Vereinsmitglieder zu sich kommen, forderte einige Aufsätze ein, belobte ihr wissenschaftliches Streben, schlug aber vor, daß sie lieber als Extraarbeit
unter seiner Aufsicht in einer Klasse des Gymnasiums den
Homer kursorisch lesen möchten. Man wagte zwar nicht,
ihm zu widersprechen, las, allein ohne rechte Freudigkeit
und setzte die Zusammenkünfte des Vereins nunmehr heimlich vor dem Tor in Landwirtshäusern fort.

185. Georg Wolfgang Karl Lochner

Es wird kein einziger Fall nachzuweisen sein, in welchem
sich rohe Unverschämtheit oder Patzigkeit gegen ihn [He-
gel] geltend zu machen gesucht hätte, kein einziger Fall, in
welchem er seinetwegen zu strafen veranlaßt gewesen wäre.

186. G. W. K. Lochner an R. Haym

Als Lehrer und Rektor [in Nürnberg] den Schülern gegenüber vereinigte Hegel Ernst und Würde mit teilnehmender,
die Verhältnisse des Einzelnen würdigender und beratender
Freundlichkeit. Studentisches Gebaren, dieses Grundübel
aller Gymnasiasten, wurde natürlich auch nicht gestattet,
doch, falls es nicht in Exzesse ausartete, viel nachgesehen,
was man jetzt nicht mehr erlauben würde. Es bestand z. B.

außer dem Stallmeister, der den Reitunterricht erteilte, ein
Fechtmeister, der mit jenem gemeinschaftlich das Gebäude
inne hatte, in welchem unten geritten, oben gefochten (auf
Stoß) und voltigiert wurde. Die Scholaren des Fechtmeisters
waren hauptsächlich Gymnasiasten, welche nicht ganz un-
kundig in dieser edlen Kunst auf die Universität gehen wollten, und wie dies noch zur Zeit der Reichsstadt getrieben
worden war, so ging es natürlich zunächst auch nachher. Es
war zu meiner Zeit herkömmlich, daß man schon in der
Unterklasse — etwa Untersekunda — Fechtstunden nahm,
die meistens von 7—8 oder 11—12 oder 1—2 abgehalten
wurden. Außer den Büchern und der Mappe trug man daher
auch sein Rapier mit in die Klasse. In den Pausen um 10
Uhr focht man, im Hofe, in den Gängen, wenn es der Raum
erlaubte in der Klasse. Geschah das auch nicht immer und
alle Tage, so geschah es doch oft genug. Die Lehrer wußten
und sahen es, der Rektor gleichfalls. Nie fand ein Verbot in
dieser Beziehung statt. Studentenartige Verbindungen mit
Bändern, Vorständen usw. bestanden regelmäßig; ich will
nicht sagen, daß sie geduldet wurden, aber es geschah doch
nur wenig, um sie zu unterdrücken. Erst im Sommer 1815,
wo allerdings außer dem bloßen Kneipen auch Duellieren —
und, wie sich denken läßt, auf umso gefährlichere Waffen,
als sie herzlich schlecht waren, aufgekommen war, fand, und
zwar auf Denunziation, eine strenge Untersuchung statt,
welche Inkarkerierung der Beteiligten, Entziehung der Stipendien und Note im Jahreszeugnis zur Folge hatte. Dennoch
kam der Unfug auch noch in dem nächsten Jahre unter Hegel vor, und es wurde allgemein behauptet, daß der frühe
Tod eines jungen Mannes Folge einer Brustwunde sei, die
derselbe als Gymnasiast erhalten hatte ... Auf Einhaltung
der Ordnung sah übrigens Hegel mit möglichster Strenge.
Ich erinnere mich, daß 1812 ein Tanzmeister nach Nürnberg
kam und auch mit Hegels Erlaubnis einen Kursus am Gymnasium eröffnete, zudem man sich durch Unterschrift melden
konnte. Natürlich subskribierte fast alles. Nach kurzer Zeit
aber behagte es Einzelnen nicht mehr; der Tanzmeister
selbst, in seiner Kunst geschickt und hier noch in gutem Andenken, war übrigens selbstverständlich ein geckenhafter

Hasenfuß; die langweiligen Anstandsübungen, das Stehen
in eigenen Brettern, um den Fuß ans Auswärtsstehen zu
gewöhnen u. dgl. wollte nicht behagen; ein besonderer Unterricht, den er in andrem Lokale gab, nicht im Auditorium,
war offenbar angenehmer, — kurz, es bildete sich in einzelnen Schülern der Plan, sich wieder lozusagen. Allein es ging
nicht, ohne Hegels Erlaubnis einzuholen. Ich und noch einer,
ein noch Lebender, unternahmen es, unsre Beschwerden
vorzutragen. Aber wie wurden wir angelassen! Kaum weiß
ich noch, wie wir die Treppe hinabkamen. Offenbar wollte
er das dem Mann garantierte Einkommen nicht geschmälert
sehen, und kurz, wir mußten tanzen, d. h. Verbeugungen
machen und im Brett stehen, bis der Sommer zu Ende war:
dann hörte die Sache von selbst auf.

187. *Georg Wolfgang Karl Lochner*

Nach Januar 1809 kam ich in die neu organisierte Gymna-
sialanstalt . . . Ich lief durch die Klassen hindurch, ohne mir
gerade sonderlich Mühe zu geben, auch offenbar zu jung,
um alles zu verstehen, obgleich ich in der Oberklasse wieder
der Erste war und die silberne Medaille erhielt. . . . Die her-
annahende Universitätszeit ließ es . . . rätlich erscheinen,
wenn ich noch ein Jahr auf dem Gymnasium blieb und nicht
schon als 16jähriger, eigentlich noch ein Knabe, mit der Welt
bloß aus Büchern und besonders unendlich vielen Romanen
bekannt, auf die Universität abginge. So brachte ich 2 Jahre
in der Oberklasse zu, in diesem zweiten sehr allerdings zu
besserem Verständnis, namentlich der Hegelschen Philosophie, gefördert, obgleich von einem eigentlichen Verständnis
auch keine Rede sein konnte. Doch wurde ich der Terminologie und der dialektischen Elemente etwas mächtiger. Dafür verfiel ich, als Haupt einer Verbindung, die man nach
studentischer Weise gebildet hatte, und in welche ich mich
aus Eitelkeit und Unbeschäftigtheit hatte hineinziehen lassen, einer 4tägigen Karzerstrafe, Schmälerung meines Sti-

pendiums und schlechterer Note im Absolutorium. . . . So
kam ich 1815 auf die Universität.

188. *Zimmermann*

Durch die Nachricht [von den Feierlichkeiten zu Hegels
hundertstem Geburtstag] wurde der Verfasser der nachste-
henden Schilderung dazu veranlaßt, sich den Unterricht zu
vergegenwärtigen, den er bei Hegel in den letzten drei Jahren der Wirksamkeit desselben als Rektors und Lehrers der
Philosophie der Studienanstalt zu Nürnberg genoß . . .

Das Verfahren [jenes Hegelschen Unterrichts] war folgendes: Nach einigen einleitenden Worten diktierte er über
den jedesmaligen Gegenstand einen Paragraphen, ließ denselben von einem Schüler vorlesen und erläuterte ihn meistens erotematisch, indem er sich abwechselnd bald an
diesen, bald an jenen Schüler wandte. Hierauf ließ er die
Hauptpunkte der Erläuterungen in der Unterklasse unter
seiner Anleitung, in den anderen Klassen ohne dieselbe nie-
derschreiben. Das Niedergeschriebene mußte dann zu Hause
ins Reine geschrieben und, wenn es des Zusammenhanges
ermangelte, vorher in Zusammenhang gebracht werden. Am
Anfange der nächsten Stunde ließ er einen Schüler seine
Reinschrift vorlesen und berichtigte sie nötigenfalls, woran
sich meistens von seiner Seite weitere Erläuterungen und
Beantwortungen von Fragen anschlossen, die von Schülern
über nicht recht verstandene Punkte an ihn gestellt wurden.
Beim Unterrichte in der Religionslehre aber wich er von diesem Verfahren ab, daß er bei demselben keine Diktate zu
Grunde legte und statt derselben öfters die Bibel und das
nicäanische Glaubensbekenntnis gebrauchte . . .

Bei der Erläuterung einzelner Begriffe, besonders wenn
sie erotematisch erfolgten, bediente sich Hegel in seinem
Unterrichte einer Art Induktion, von der als ein Beispiel
eines angeführt werden mag, das in einem Gespräche enthalten ist, welches zur Erläuterung des in einem der erwähnten Paragraphen angegebenen Begriffs der Qualität

vom Lehrer mit einem Schüler angeknüpft und ungefähr in
folgenden Worten geführt wurde: „L. Unter der Qualität
einer Sache, z. B. eines Hauses hat man nach dem Para-
graphen zu verstehen? Sch. Daß es aus Steinen, Balken und
Mörtel gebaut und mit Türen und Fenstern versehen ist. L.
Wenn ein solches Gebäude zum Aufbewahren von Früchten
oder wozu bestimmt ist? Sch. Zur Wohnung von Menschen.
L. Auch dann noch, wenn es zu einer Ruine geworden ist?
Sch. Nein. L. Warum nicht? Sch. Weil es dann nicht mehr
das ist, was ein Haus ausmacht. L. Unter der Qualität einer
Sache hat man demnach welche Bestimmtheit zu verstehen?
Sch. Die, ohne welche sie nicht mehr das ist, was sie ist. L.
Also affirmativ ausgedrückt? Sch. Die, wodurch sie das
ist, was sie ist." Auch führte Hegel bei seinem Unterrichte
zur Verdeutlichung der Begriffe häufig Beispiele an aus den
seinen Schülern bekannten Sphären, besonders aus der des
gemeinen Lebens, der lateinischen und griechischen Grammatik, der alten Geschichte, der Arithmetik und Geometrie,
und machte oft wie zur Bestätigung der Wahrheit seiner
Fassung der von ihm aufgestellten Begriffe auf die Übereinstimmung derselben mit ihrer Bezeichnung in der deutschen Sprache aufmerksam, z. B. indem er die Stufen der
Vorstellung mit folgenden Worten angab: „Die Stufen des
Vorstellens sind, daß die Intelligenz 1) sich erinnert, indem
sie sich überhaupt von dem Inhalte des Gefühls lostrennt
und denselben in ihr Inneres versetzt; 2) diesen Inhalt sich
einbildet, ihn ohne sein Objekt frei aus sich hervorruft und
verknüpft und so sich ein Bild von ihm macht und 3) ihm
seine unmittelbare Bedeutung nimmt und ihm eine andere
mittelst einer Verknüpfung mit einem Gedanken im Gedächtnis gibt."

Hegels Ausdrucksweise war bei seinem Unterrichte einfach und ungezwungen und nicht frei von schwäbischen
Provinzialismen, auch seine Aussprache erinnerte an seine
schwäbische Abstammung, sein sonstiger mündlicher Vortrag war mehr ruhig als lebhaft und in seinem ganzen Verhalten bei dem Unterrichte herrschte Ernst und gutmütige
Freundlichkeit. Fortwährend hielt er die Mehrzahl der Schüler in Spannung, und nicht selten wurde sie durch densel-

ben, besonders durch den in der Religionslehre, in eine ge-
hobene Stimmung versetzt. Das Betragen sämtlicher Schüler
war still und ruhig und während seiner ganzen Dauer gab
ihm nur einmal ein Schüler Anlaß, wegen Mangel an Ernst
Tadel auszusprechen.

Überhaupt hegten die Schüler gegen ihn tiefe Verehrung
und maßen seinen Worten solchen Glauben bei, daß einige
von ihm öfters ausgesprochene Behauptungen, z. B. die:
„eine Berufung auf die Möglichkeit einer Sache habe nicht
mehr Wert als die Berufung auf die Möglichkeit des Gegen-
teils derselben", oder die: „Wie der Mensch die Welt ansehe, so sieht sie ihn an", bei ihnen gewissermaßen sprich-
wörtliche Geltung hatten.

188 a. Wilhelm Konrad Schultheiß

Am Schlusse des zweiten Schuljahres [der Musterschule im
Spitaler Trivialschulgebäude] wohnte ich einer Prüfung bei,
welche der Gymnasial-Rektor Hegel als Lokalschulrat und
Prüfungs-Kommissär leitete und dabei zeigte, daß er gar
wohl verstand, sich in den Wissenskreis der Kinder zu versetzen und durch geschickte Fragen ihre Kenntnisse hervorzuheben. Ich lernte von ihm mancherlei auch durch mündlichen Verkehr. Bei der Prüfung der Oberklasse hörte ich
von ihm den Beweis, warum der untere Teil eines geraden
Stabes, wenn er in klares Wasser der Länge nach etwa bis
zur Hälfte senkrecht gesteckt wird, von der Oberfläche des
Wassers an geknickt zu sein scheint. Auch hinsichtlich der
mathematischen Geographie, des Rechnens und der Naturgeschichte entwickelte er tiefgreifende Lehrsätze sehr faßlich, so daß alle Zuhörer mit großem Lobe den Prüfungsort
verließen. . . . Herr Hegel erregte schon damals großes Aufsehen hinsichtlich seines Wissens und Könnens und wurde
deshalb hier auch sehr berühmt.

189. L. v. J.

Referent erinnert sich, mehrfach gehört zu haben, wie er
[Hegel] in einem freundlich belehrenden Verhältnis seinen
Amtsgenossen gegenüber stand. . .

   Referent kann nach den ihm zugekommenen Nachrichten
nur angeben, daß er sich mit einer Genauigkeit, wie es bei
seinen vom Gymnasialzweck entfernten Studien nicht zu
erwarten war, um die Fortschritte der Einzelnen beküm-
merte; ja sogar die Mühe nicht scheute, die von den Lehrern
verbesserten Arbeiten der Schüler nochmals durchzusehen.
Übrigens ist hier seine Sorge für die Unbemittelten rührend
zu erwähnen. . .

190. Georg Friedrich Puchta

1811 bis 16 auf dem Gymnasium zu Nürnberg, unter Verhältnissen, die eine Hinneigung zur alten Geschichte und
römischen und griechischen Klassikern, zugleich aber auch
eine genaue Bekanntschaft mit der neuern schönen Literatur
begünstigten, dazu unter der, wenn auch nicht sonderlich
tief in den Knaben und Jüngling eindringenden Wirkung
der Hegelschen Philosophie, die in jenen Jahren Hegel als
Rektor des Gymnasiums den Schülern vortrug.

HEIDELBERG

1816

191. *Schleiermacher an F. H. C. Schwarz*

Berlin, 15. 10. 1816

Unser Minister [Schuckmann] mag es verantworten, daß Sie uns Hegel schon weggekapert haben. Gott weiß es, was aus unserer Universität werden soll, wenn es so sehr an Philosophen fehlt.

192. *Susanne v. Tucher an Marie Hegel*

Nürnberg, 1. 12. 1816

Aus der Geschichte mit dem Ball habe ich das sehr abgenommen, es ist gewiß kein kleines Opfer für Hegel gewesen, während dem ganzen Ball Fritz[1] wegen da zu sitzen; ich weiß es gewiß, sie ist so bescheiden, dies nicht öfter zu erwarten.

Weil Hegel wünschte, Du hättest etwas Gewogenes mitnehmen sollen, so habe ich in das kleine Kistchen ½ Pfund bayer. Sago [und] ½ Pfund bayer. Ulmer Gerste getan.

193. *Friedrich Wilken an Unbekannt*

Heidelberg, 23. 12. 1816

. . . so würde es nötig sein, die Direktion der Bibliothek von der historischen Professur zu trennen. Unter den jetzigen hiesigen Professoren wüßte ich dann keinen, der fähiger wäre, die Bibliothek zu übernehmen, als Herrn Hegel.

194. Wilhelm Herbst

Mit Voß trat er [Hegel in Heidelberg] anfangs wieder in ein
Verhältnis, doch ohne Folge. Wenn er auch mit Heinrich
Voß und mit Paulus, seinem Landsmann und dem nächsten
Freunde des Dichters, auf bestem Fuße stand, sein Haupt-
umgang — mit Daub, Thibaut und Schwarz — lag doch
auf der Gegenseite.

195. H. Willy an J. F. Fries

Heidelberg, Ende 1816

Hegel soll gefallen; wie sehr Sie hier in Heidelberg verket-
zert worden sind, werden Sie wohl schon durch andere wieder erfahren haben.

196. Ch. Wagemann an J. F. Fries

Heidelberg, Ende 1816

[Ob Luden mit seiner Berufung nach Heidelberg nicht] ein
Stein des Anstoßes für Thibaut, Daub, Hegel, der noch
keinen von uns jüngern Professoren besucht hat (wahrscheinlich ist er zu vornehm dazu), für Creuzer u. a. werden
wird, ist eine andere Frage.

1817

197. K. Th. Welcker an F. Ch. Dahlmann

Heidelberg, 19. 1. 1817

Hegel, ein trefflicher Dozent, der in demselben Augenblicke auf drei Universitäten berufen war[1], ist mit 1500 Gulden hierher gegangen und höchst zufrieden.

Sulpiz Boisserées 2.2.1817   (cf. Hegel-Studien 15 (1980), 169.

198. Susanne v. Tucher an Marie Hegel

Nürnberg, 9. 3. 1817

Hr. Adloff[1] hat an seinen innigst verehrten Gönner und ehemaligen unvergeßlichen Lehrer geschrieben. Diese Prädikate muß ich anhören, sooft er von Hegel spricht, sehnlichst erwartet er von diesem schreibseligen Mäzen eine gütige Antwort.

199. Susanne v. Tucher an Marie Hegel

Nürnberg, 12. 3. 1817

Dein guter Mann darf heute nicht leer ausgehen, darum findet er Bratwürste in der Schachtel.

200. Mohr und Winter an A. W. Schlegel

Heidelberg, 13. 4. 1817

Was Sie für die Heidelberger Jahrbücher gütigst liefern wollen, wird nun Herr Professor Hegel, der von Herrn Hofrat Wilken die Redaktion übernommen, mit Vergnügen annehmen.[1] Herr Hofrat Wilken ist schon nach Berlin abgereist.

201. *Susanne v. Tucher an Marie Hegel*

Nürnberg, 15. 4. 1817

Deinem lieben Mann sage mein herzliches Kompliment und meinen Dank für alles, was er für Fritz tut. Daß auch für die Mannheimer Reise, für die Entrée auf die Bälle nichts aufgerechnet wird, das ist wirklich zu gut.

202. *F. H. Jacobi an Jean Paul*

München, 11. 5. 1817

In den Heidelberger Jahrbüchern wirst Du Hegels Rezension meines dritten Bandes gefunden haben.[1] Obgleich er mir über wenigstens drei Punkte bitteres Unrecht tut, so hat seine Arbeit im Ganzen mich doch sehr erfreut, und ich wünschte nur ihn überall verstehen zu können. Ich komme aber mit gar nichts mehr zum Ziele, weil Augen und Gedächtnis versagen.

203. *Susanne v. Tucher an Marie Hegel*

Nürnberg, 18. 5. 1817

Der treue van Ghert hat ein Buch an Hegel geschickt: Mnemosina, vom tierischen Magnetismus[1]; der Arme weiß nicht einmal, daß der Verehrte in Heidelberg ist, er hat Felßecker[2] den Auftrag gegeben und dieser mir es überschickt. Hätte ich es statt am Montag am Sonnabend bekommen, so hätte ich es Hn. Backofen mitgeben können.

204. *F. H. Jacobi an Johann Neeb*

München, 30. 5. 1817

Hegel, in der Rezension meines dritten Bandes, lobt meinen Sprung, indem er sagt: „Jacobi hatte den Übergang von der absoluten Substanz zum absoluten Geist in seinem Innersten

gemacht und mit unwiderstehlichem Gefühl der Gewißheit
ausgerufen: Gott ist Geist, das Absolute ist frei und persönlich." Er setzt hinzu: es war von der bedeutendsten Wichtigkeit in Rücksicht auf die philosophische Einsicht, daß
durch ihn das Moment der Unmittelbarkeit der Erkenntnis
Gottes auf das bestimmteste und kräftigste herausgehoben
worden ist." Hegel tadelt nur, „daß bei mir der Übergang
der Vermittlung zur Unmittelbarkeit mehr die Gestalt (nur)
einer äußerlichen Wegwerfung habe, da doch jene Unmittelbarkeit aus einer sich selbst aufhebenden Vermittlung
hervorgehe, und so allein eine wahrhafte, lebendige und
geistige werden könne."

Der Unterschied zwischen Hegel und mir besteht darin,
daß er über den Spinozismus („jenes substantielle Absolute,
in welchem alles nur untergeht, alle einzelne Dinge nur
aufgehoben und ausgelöscht werden",) welcher Spinozismus
auch ihm das letzte, wahrhafte Resultat des Denkens ist, auf
welches jedes konsequente Philosophieren führen muß, hin-
auskommt zu einem System der Freiheit, auf einem nur
noch höheren, aber gleichwohl demselben (also im Grunde
auch nicht höheren) Wege des Gedankens — ohne Sprung;
ich aber nur mittelst eines Sprunges, eines voreiligen, von
dem Schwungbrette aus des bloß substantiellen Wissens,
welches zwar auch Hegel annimmt und voraussetzt, aber
anders damit umgegangen haben will, als es von mir geschieht, dessen Methode ihm Ähnlichkeit zu haben scheint
mit der, welche wir als lebendige Wesen befolgen bei der
Verwandlung von Nahrungsmitteln in Säfte und Blut durch
bewußtlose Verdauung, ohne Wissenschaft der Physiologie.
Er mag wohl recht haben, und gern wollte ich mit ihm noch
einmal alles durchversuchen, was die Denkkraft allein vermag, wäre nicht der Kopf des Greises zu schwach dazu.
Jetzt tröste ich mich, indem ich einen Gedanken des sinn-
reichen Kästner [1] vornehmlich auf mich anwende, der, in
seinen vortrefflichen Betrachtungen über die Art, wie allgemeine Begriffe im göttlichen Verstande sind, von sich sagt:
„Ich will den Luchs lieber von dem Jäger kennenlernen als
von dem Methodisten hören: daß es eine Katze mit abge-
kürztem Schwanze und an den Spitzen bärtigen Ohren ist."

205. *Richard Rothe an seinen Vater*

Heidelberg, 1. 6. 1817

Auch die Logik und Metaphysik bei Herrn Professor Hegel[1] gefällt mir stündlich besser, und ich hoffe, daß mir sein Vortrag, worüber die meisten seiner zahlreichen Zuhörer klagen, nicht unverständlich bleiben soll . . .

206. *Susanne v. Tucher an Marie Hegel*

Nürnberg, 3. 6. 1817

Wenn er [Gottlieb von Tucher][1] fortfährt, wie er es jetzt treibt, so wird er der Leitung Deines trefflichen Mannes nicht unwert sein . . . Im übrigen wird ihm die männliche Leitung von Hegel sehr gut tun. . . . Also morgen wird die Bibliothek geteilt[2], ich werde das Verzeichnis Eures Anteils baldmöglichst überschicken[3], um zu erfahren, was Dein Mann oder vielmehr Du davon nehmen willst, denn es werden eher Bücher für Dich als für ihn sein.

207. *Heinrich Voß an Jean Paul*

Heidelberg, 14. 6. 1817

[Inständige Bitte, seinen Entschluß auszuführen und nach Heidelberg zu kommen. Die ganze Stadt erwarte ihn.] Und so sind Sie schon bei Hegel, Paulus, Tiedemann[1], Schwarz erwartet.

208. Sulpiz Boisserée an Goethe

Heidelberg, 23. 6. 1817

Einliegende Blätter aus der soeben erschienenen Enzyklopädie der philosophischen Wissenschaften[1] von Hegel verdienen wohl von Ihnen gekannt zu sein. Sie wissen, daß dieser Mann in Nürnberg lange mit Seebeck zusammengelebt, in diesem Verhältnis hat er Gelegenheit gehabt, das Newtonsche Farbenunwesen ganz kennenzulernen. Seine Versetzung hierher wirkt sehr wohltätig auf ihn, denn er hat nun Gelegenheit, seine Wissenschaft mitzuteilen, und ein tiefdenkender, bedeutender Geist, wie er ist, findet er trotz abstruser Form und Sprache vielen Beifall.

209. Susanne v. Tucher an Marie Hegel

Nürnberg, 24. 6. 1817

... Mir kann es nicht bange werden, daß ihr mehr Aufwand als klug ist, macht. Hegel fällt gewiß nun und nimmer nicht aus seinem Gleis. Mit ruhiger Besonnenheit wird er unter allen Umständen seines Lebens handeln, und weder das Glück noch die gute Zeit wird ihm wie so vielen tausend Schwachen den Kopf schwindlig machen. Schelling[1] in Stuttgart ist sein großer Verehrer und der verbreitet dort, wie ich Dir letzthin sagte, seinen Ruhm. Hier erzählt man sich auch viel davon und ließ ihn Hofrat werden. ... Wie glücklich bist Du ... im Umgang mit so vielen wahrhaft gebildeten Menschen, in der erheiternden herzerhebenden Natur und endlich noch an der Seite eines Mannes, der mit so viel Sinn und Gefühl für das Wahre, Schöne und Gute Dich und Deine Kinder zum richtigen Auffassen und Beurteilen leitet.

Ich lege hiermit ein Verzeichnis der für Hegel erstandenen Bücher bei.[2]

210. Sulpiz Boisserée an Goethe

Heidelberg, 27. 6. 1817

Nachschrift. Ich lasse den letztgesandten Blättern aus Hegels Enzyklopädie hier noch einige gegen Newtons Lehre von der Bewegung der Himmelskörper gerichtete[1] nachfolgen, denn das Buch kömmt Ihnen nicht gleich in die Hand.

211. Goethe an Sulpiz Boisserée

Jena, 1. 7. 1817

Herrn Hegel grüßen Sie zum allerschönsten und danken ihm, daß er mir so mächtig zu Hülfe kommt. Er wird in gedachtem meinem Hefte, und ich hoffe zu seiner Zufriedenheit, die Elemente der entoptischen Farben entwickelt finden. Die Träume des Herrn Malus[1] und Konsorten müssen nach und nach verschwinden . . .

Da nunmehr die höhere Philosophie dem Licht seine Selbstständigkeit, Reinheit und Unzerlegbarkeit vindiziert, so haben wir andern gewonnenes Spiel, und können in unserer Naivität ganz gelassen den höchsten Betrachtungen vorarbeiten.

Was mir besonders interessant ist, bekenn ich gern: daß dieses reine Licht von Heidelberg kommt, wo man gerade bei einer Rezension Hegelschen Werks so unartig, und zwar mit Namens-Unterschrift gegen mich verfahren ist.[2]

Empfehlen Sie mich Herrn Hegel schönstens, den man ja noch vor ein paar Jahren von Heidelberg aus bedauert hat, daß er als ein sonst ganz wackerer Mann mit mir auf einer so niedrigen Stufe wissenschaftlicher Bildung verweile. Geben Sie ihm beiliegend Blättchen, worauf Sie die schon bekannte mystische Figur erblicken werden. Ich liefere hiedurch in seine Hände alles, was jemals bei doppelter Spiegelung vorgefallen ist und vorfallen kann. Errät er das Rätsel, so bitt ich es zu verschweigen, bis meine Auflösung erscheint.

212. Heinrich Voß an Fräulein Boje

Heidelberg, 3. 7. 1817

Heute bringe ich Jean Paul zu Schwarz, Hegel und Frau von Ende[1]. Die übrigen, die er besuchen will, soll er allein besuchen, so haben wirs ausgemacht.

213. Sulpiz Boisserée an Goethe

Heidelberg, 10. 7. 1817

Herr Hegel (ohne dessen Vorwissen ich Ihnen die Blätter geschickt habe) freut sich sehr, daß Sie mit seiner Erklärung über die abgeschmackten Licht- und Farbentheorien zufrieden sind. Für das übersandte Blättchen dankt er schönstens. Die Auflösung des Rätsels hat er jedoch nicht finden können. Was ich mich von den Seebeckschen Demonstrationen her von den Erscheinungen an den Gläsern, Doppelspaten mit einfachen und versteckten Durchgängen, Kristallen und Glimmern im Malusschen und anderen Apparaten zu erinnern wußte, konnte natürlich noch viel weniger fruchten, obschon es immer genug war, um zu einiger Qual zu reizen. Die Begierde nach Ihrem Heft[1] ist also aufs höchste gespannt.

214. Sulpiz Boisserée, Tagebuch

Heidelberg, 13. 7. 1817

Große Wasserfahrt nach Hirschhorn[1]. Abgeschmackter Wirrwarr. Revolutionäres respektloses Pack: Prof. Welcker, Kropp[2] usw. Majorität im Schiff überstimmt. Gang mit Gensler[3] nach Hirschhorn. Flegelei unterdessen im Schiff, von Welcker gegen Daub bei Gelegenheit, daß Hegel des Kronprinzen von Schweden[4] Gesundheit ausbringt. „Der mag sich seinen Lorbeer erst verdienen, die Deutsch Freiheit — die Stände sollen leben!!" — Daub warten Sie doch,

wir lassen hier vor allem die gegenwärtigen und keine
moralischen Personen leben — „der ist kein Deutscher
Mann, der hier nicht einstimmt, ich lasse mich nicht unterdrücken" etc.

Hegels Absolutismus, Einerleiheits Philosoph. Es ist die
Ja doch, ja nein Philosophie.

215. *Jean Paul an Henriette v. Ende*

Heidelberg, 15. 7. 1817

Nicht bloß viel holen, sondern auch viel bringen, möcht' ich
heute, wenn ich nicht für diesen Abend bei Hegel versagt
wäre.

216. *Sulpiz Boisserée, Tagebuch*

Heidelberg, 15. 7. 1817

Abends bei Hegel. Goethe hat ihm das neue Heft zur
Farbenlehre[1] geschickt mit freundlichem Brief und Dank für
seine Äußerungen in der Enzyklopädie, welche ich an
Goethe mitgeteilt[2]. Hegel liest die Verslein[3] vor. Jean Paul
will gar nicht anhören, nichts aufkommen lassen, verspottet
alles. Spricht gegen die Farbenlehre, beruft sich bloß auf
Autoritäten, will nicht selber lesen. Will Goethe den Sinn
für Musik absprechen. Nachher Disput vom Guten und
Bösen.

Alles Gute erkennt man nicht in sich, sondern man sieht
es in anderen — über eine eigene gute Handlung hat man
kein Entzücken[4], wohl aber über die eines andren. Nun hier
könnte wohl aus dem Gegensatz das Böse vielleicht sich entwickeln lassen.

Hegel wirft gleich ein, Entzücken sei ein moderner Begriff. Als Regulus[5] sich aufgeopfert, habe der Römische
Senat nur das Gefühl gehabt, daß er recht getan, da sei kein
Kotzebue im römischen Senat gewesen. Hierdurch wird nun
der Streit erst heftig und verwirrt. Jean Paul kam dazu, den

Judas zu verteidigen, weil er sich aus Reue erhängt! — Er sei überzeugt gewesen, weil Christus wundertätig, sein Verrat habe ihm nicht schaden und so er die 30 Silberlinge profitieren können. Sobald er aber gemerkt, daß er sich geirrt, habe der Geiz und alles aufgehört, die Reue sei eingetreten etc. Es wurde nun wirklich seicht und drehte sich in allem Ernst durch alle Instanzen durch immer um diese Achse herum: Er behauptete, die Liebe sei etwas Moralisches. Überhaupt ging er immer ex concreto aus von einem Liebhaber und einer Geliebten; während Hegel dagegen immer alles ins Abstrakte, ins streng Wissenschaftliche hineinzog, wozu Jean Paul gar nicht gemacht ist.

217. *Sitzungsprotokoll der philosophischen Fakultät der Universität Heidelberg*

16. 7. 1817

Alle Mitglieder, Hofr. Weise ausgenommen, waren bei dieser Sitzung zugegen; und einmütig ward beschlossen, dem edlen Dichter Jean Paul Friedr. Richter, der gerade jetzt in unsern Mauern weilt, ein vom Dekan abzufassendes Ehrendiplom zu überreichen. Die Deputation übernahmen die Professoren Hofr. Creuzer und Hegel.

218. *Susanne v. Tucher an Marie Hegel*

Nürnberg, 17. 7. 1817

Von allen Orten her erschallt sein [Hegels] Ruhm, man weiß noch mehr als ich, von dem Beifall und der Anhänglichkeit der Studenten an ihn.

219. Heinrich Voß an Ch. Truchseß

Heidelberg, 18. 7. 1817

Mein Punschabend [11. Juli] ist überaus herrlich ausgefallen; es war ein Friede, eine Freude in der Gesellschaft, die sich besser fühlen als beschreiben läßt. Und lauter auserlesene Männer hatte ich für meinen Jean Paul geladen ... Alle saßen um einen langen Tisch, nur ich allein ging ohne Aufhören umher und sah zu, ob auch die Gläser voll süßen Weins waren. ... Die Zungen wurden immer beredter, die Schädel feuriger, und gesprochen ist unstreitig mehr als zehn dicke Folianten voll. Ein Pfarrer[1] bat Hegeln, er möchte ihm eine Philosophie für junge Mädchen schreiben, die er beim Unterricht gebrauchen könnte. Der entschuldigte sich, seine Gedanken wären nicht faßlich genug, und vollends mit der Sprache, da würd' es hapern. „Wenn's weiter nichts ist", rief der Pfarrer in feurigem Entzücken aus, „dafür ist gesorgt, das muß unser Jean Paul übernehmen, der weiß Leben zu verbreiten durch Sprache und Darstellung." — „Also so steht die Sache", rief nun Jean Paul dazwischen, „unser Hegel soll den Geist hergeben, ich soll einen tüchtigen Leib darum ziehn und ein Schmuckgewand, und dann wollen Sie das Ding zu Markte führen." — Das gab nun Anlaß zu einem Füllhorn von gutmütigen Scherzen; und Hegel ward so ausgelassen, so frohherzig, so populär (was er auf dem Katheder nicht immer ist), daß wenig fehlte, er hätte die Philosophie sogleich begonnen. Als die dritte Bowle aus war, machten ein paar Gäste ein Gesicht, als wenn sie gehn wollten. Geschwind ließ ich die vierte Bowle anrücken, und alles saß wieder. Erst um 12 Uhr trennten wir uns, dann ging jeder zu Hause, einige auf unsicheren Füßen, neben sich selbst. Kurz vor dem Auseinandergehen sagte Hegel, auf Jean Paul deutend: „Der muß Doktor der Philosophie werden", und Schweins[2] und ich stimmten ein, baten aber Hegel um Gottes willen, er solle die Sache doch geheim halten, was wir mit Mühe von ihm erlangten, denn er hatte große Lust, es sogleich auszuschwatzen. — ...

Der Montag [14.] ging geräuschlos vorüber. Am Dienstag

gab Hegel einen Punschsatz und obendrein einen Plum-
pudding, der mich, als er in Arrak brannte, lebhaft an Jena
erinnerte. Vorgestern abend [16.] ward ich von Muncke[3],
Hegel und Schweins aufgefordert, schnelle Fakultätssitzung
zu berufen. Es geschah. Nun beschlossen wir, Jean Paul
feierlich zum Doktor zu kreieren. Der einzige, welcher stark
dagegen war, war Kollege Langsdorf[4], aus dem doppelten
Grunde, erstens, weil es mit Jean Pauls Christentum nicht
ganz geheuer stünde, zweitens, weil seine Moralität auch
nicht ganz koscher wäre, sintemalen Jean Paul gern ein Glas
über den Durst tränke und dadurch — wenn von uns Philosophen so geehrt — den Jünglingen ein böses Beispiel zur
Völlerei geben könnte. Auf das erste erwiderte Hegel mit
der größesten Ernsthaftigkeit, aber mit einem Schalk im
Herzen, der ihm bei seiner Trockenheit so herrlich läßt, und
bewies nun mit einer Beredsamkeit, die mich an ihm in Erstaunen setzte, daß Jean Paul ein ganz herrlicher Christ sei.
Auf das zweite erwiderten wir alle, ernsthaft und komisch
durcheinander, bis endlich dem guten Langsdorf die mathe-
matische Rinde vom Herzen fiel und er ganz überzeugt da-
saß, Jean Paul sei nicht nur der beste Christ, sondern auch
der moralischste Mann . . . Ich wollte, Du hättest angehört,
wie gründlich ich dem guten Langsdorf den Unterschied
zwischen bacchischer Trunkenheit und bacchanalischer Be-
soffenheit auseinandersetzte. . . . Genug, unser Senior war
am Ende lebhaft für uns, und ich erhielt, als Dekan, den
Auftrag, das Diplom auszufertigen . . . Den anderen Abend
um 8 Uhr war es schon auf Pergament gedruckt und ein
prächtiges Futteral aus Saffian gefertigt, und in diesem
Augenblicke werden Creuzer und Hegel als Überbringer bei
Jean Paul sein, die ich erkoren, weil ich ihm doch unmöglich
meine eigenen Lobsprüche in die Zähne und in den Bart
werfen kann. . . .
Den 19. Juli. Als ich gestern nach 12 Uhr zu meinem
teuren Jean Paul kam, fand ich ihn ganz in Freude verloren
über die ihm erwiesene Ehre. . . . Den Abend gab Creuzer
einen großen Doktorschmaus, wozu auch aus andern Fakultäten Kollegen geladen waren. Das war wieder ein seliger
Abend. Schrecklich hoch ließen wir den Doktor leben. Meine

Spezialkollegen sagten mir sämtlich, sie wären zufrieden mit meinem Diplom, bloß Langsdorf ist es nicht, der noch immer argwöhnt, Jean Paul sei kein rechter Christ, worüber Hegel seine königliche Freude hat.

220. *Jean Paul an seine Frau Karoline*

Heidelberg, 18. 7. 1817

Dienstag Mittags bei Schwarz, und abends bei Professor Hegel . . .

Heute brachten mir der Professor Hegel und der Hofrat Creuzer mit den Pedellen hinter sich im Namen der Universität das pergamentene Doktordiplom in einer langen, roten Kapsel. Max soll Dir das papierne übersetzen; Du kannst es dann überall herumgeben. . . .

Max muß mir in Heidelberg studieren; lauter Schutzgeister umgeben ihn in Gestalt meiner Freunde. . . .

19. 7. 1817

Welcher herrliche Abendzirkel und Regenbogen gestern um den Tisch, gemacht aus lauter Professoren und Künstlern, Hirt (zurückkommend aus Italien) — Ärzten — Philosophen — Philologen — Theologen — Juristen — Physikern — Kunstkennern und -inhabern wie Boisserée — und dem jovialen Creuzer! . . .

221. *Sulpiz Boisserée, Tagebuch*

Heidelberg, 23. 7. 1817

Gang nach Schwetzingen[1] — . . .
Jean Paul, Daub, Thibaut, Creuzer, Hegel, Abegg[2], Tiedemann, Conradi[3]. Voß, Schwarz; ich.

Sündenfall — dadurch daß die Menschen vom Baum der Erkenntnis gegessen, sind sie geworden wie Gott: Hegel — Warum hat Gott sie dann aus dem Paradies gejagt — das

schien ja, als wäre er neidisch auf sie gewesen! Jean Paul.
Darüber ging nun eine Sprachverwirrung los. ...

Nachher wurde über Zeit und Raum von Jean Paul, Daub
usw. disputiert — Jean Paul ist die Zeit schrecklich — die
größte Sehnsucht, daß sie aufhöre! — Hegel, es ist gar keine
Zeit — oder eine ewige Zeit. — Das Eine scheint auf ein
gänzliches Aufhören alles Bewußtseins nach dieser Zeitlich-
keit, auf ein reines bewußtloses Versenken in die Gottheit
zu zielen (welches mir immer sehr trostlos bleibt, abgesehen
auch von dem leisesten Egoismus) — Und das andere auf
eine Art von Pantheismus . . .

222. *Goethe an Sulpiz Boisserée*

Jena, 29. 7. 1817

Zuvörderst also, daß mein Heft von 12 Bogen, wovon ein
Teil schon in Hegels Händen sein muß, fertig ist, um auszu-
fliegen . . .

223. *Heinrich Voß an Abraham Voß*

Heidelberg, 31. 7. 1817

Von jener Fahrt nach Weinheim [20. Juli] muß ich Dir noch
etwas erzählen. Anfangs war mein Plan bloß auf Jean Paul
und Schwarz gerichtet; um aber die Fahrt angenehmer zu
machen, sollte Frau Hegel, die schon Erlaubnis hatte, und
Mamsell Paulus[1] dabei sein. ... Um 8 Uhr Sonntag morgens
ging die Fahrt vor sich. ... Nun hielten wir bei Hegels, und
die Frau stieg ein zu Jean Paul mit einem gar fröhlichen
Gesicht. ... 1/2 11 Uhr stiegen wir vor dem Weinheimer
Tor aus und zogen... in Grimms[2] Wohnung ein. Hier stand
schon ein prächtiges Frühstück parat; nur Kaffee fehlte noch
und Schokolade; aber die Hegel und Jettchen Schwarz[3]
waren sogleich in der Küche mit Küchenschürzen ... und in
ganz kurzer Zeit stand auch dies parat ... Um 1 Uhr gingen

wir zur gastfreien Frau Rätin [Falk][4], wo wir ein wahrhaft
herrliches Mittagsmahl fanden und einen wunderköstlichen
Wein. ... Endlich machten wir einen Spaziergang in das
wunderlieblich Birkenauer Tal ... Unterdes war auch Hegel
mit seinen Kindern nachgekommen und in einem andern
Wagen Creuzers mit einigem Anhang. Erst 1/2 9 Uhr stiegen wir wieder zu Wagen, alle in dem Gefühl eines selig
verlebten Tags. ... im Jean-Paulswagen ging's über die
Maßen lustig her. Wir spielten eine Art von Pfänderspiel,
und dabei gab's manchen Kuß in Ehren. Über Mamsell
Paulus hatte ich nicht zu gebieten, die tat, was ihr Herz ihr
gebot; der Hegel aber, die mir anvertraut war, erlaubte ich,
Jean Paul acht Küsse zu geben und mir viere. Ein paarmal
mußte ich drohen und mir merken lassen, daß ich eine
Zunge hätte, einem Ehemann in Heidelberg, und eine
Feder, einer Ehefrau in Bayreuth ein Geheimnis zu vertrauen: gleich war alles wieder in Ordnung, bis von neuem
in aller Unschuld gesündigt ward. Um 11 Uhr waren wir zu
Hause ... Und so ... leben wir Tag vor Tag in dulci
jubilo ... Hegel hat bei solchen Gelegenheiten schon zweimal einen Katzenjammer bekommen — denke Dir, ein
Philosoph! — ...

224. *Goethe, Tag- und Jahreshefte*

Sommer 1817

Staatsrat Schulz[1] in Berlin übersandte mir den zweiten Aufsatz über physiologe Farben, wo ich meine Hauptbegriffe
ins Leben geführt sah. Ebenso erbaute mich Professor
Hegels Zustimmung. Seit Schillers Ableben hatte ich mich
von aller Philosophie im Stillen entfernt, und suchte nur die
mir eingeborne Methodik, indem ich sie gegen Natur, Kunst
und Leben wendete, immer zu größerer Sicherheit und Gewandtheit auszubilden. Großen Wert mußte deshalb für
mich haben, zu sehen und zu bedenken, wie ein Philosoph
von dem, was ich meinerseits nach meiner Weise vorgelegt,
nach seiner Art Kenntnis nehmen und damit gebaren

mögen. Und hierdurch war mir vollkommen vergönnt, das geheimnisvoll klare Licht, als die höchste Energie, ewig, einzig und unteilbar zu betrachten.

225. Karl Rosenkranz

Er [Hegel] wohnte auf der Friedrichsstraße in der Vorstadt, wenn man von der Hauptstraße, aus der eigentlichen Stadt kommend, links einbiegt, nach dem Riesenstein hinaus, das letzte Haus rechts. Hier stand Hegel oft am Fenster, auf die im Duft schwimmenden Berge und Kastanienwälder hinblickend, in Sokratisches Sinnen verloren, — während die Masse der Studenten ihn deshalb für nicht besonders fleißig hielt. Obwohl er viele unwiderstehlich anzog, gingen doch nach Jugendweise die meisten scheu um ihn herum. Einige traten ihm näher und begleiteten ihn, der, wie sonst, in grauen Beinkleidern und grauem Frack einherging, auf seinen Spaziergängen. Während des Sommers 1817 war er so in seine Gedanken verloren, daß er das Äußerliche oft ganz vergaß. So ging er einst über den Platz zum Universitätsgebäude, nachdem ein tüchtiger Regen die Erde aufgeweicht hatte. Ein Schuh blieb im Kot stecken. Er ging aber weiter, ohne in seiner Vertiefung diesen Defekt zu bemerken.

226. Jean Paul an seine Frau Karoline

3. 8. 1817

Gestern gaben die Professoren und andere im Hecht ein Essen, wozu mich der Prorektor abholte; über 60 Männer, worunter auch der herrliche General Dörenberg[1] war.

227. *Susanne v. Tucher an Marie Hegel*

Nürnberg, 4. 8. 1817

Dein und Hegels Sinn für Ordnung und Häuslichkeit ist mir
Bürge genug, daß ich [im Hinblick auf Gottlieb] nichts . . .
zu besorgen habe.

228. *Sulpiz Boisserée, Tagebuch*

Heidelberg, 9. 8. 1817

. . . Abends mit Hegel nach Ziegelhausen[1].

229. *Heinrich Voß an Abraham Voß*

Heidelberg, 24. 8. 1817

Ich brachte ihn [Jean Paul] allmählich in eine ganz heitere
Stimmung hinein; und so fand ich ihn auch um 7 Uhr, als
ich ihn bei Daub abholte, um noch einen Besuch bei Hegels
zu machen . . .

230. *Jean Paul an F. H. Jacobi*

Bayreuth, 3. 9. 1817

Hegel ist Dir viel näher gekommen, nur einen Punkt über
den Willen abgerechnet.

231. *Ferdinand Walter*

Die musikalischen Abende Thibauts zogen auch zwei merkwürdige Gäste an, Jean Paul und Hegel. Ersterer, von dessen Aufenthalt in Heidelberg 1817 noch unten die Rede sein
wird, nahm nicht selten teil. Doch schien mir der etwas

weiche Mann von der strengen Musik und von der Strenge,
womit Thibaut sie behandelte, nicht recht angezogen zu
werden, und auch Thibaut wurde durch die überschwäng-
liche Art, womit die Damen, auch in seinem Verein, den sich
hingebenden liebenswürdigen Dichter feierten, etwas zum
Spotte gereizt. Anders war es mit Hegel. Dieser kalte,
scharfe, aber für alles Wahre und Große empfängliche Geist,
horchte erst genau zu und legte sich dann die Sache für seine
Zwecke zurecht. Er ging so darauf ein, daß er sich mehrmals
Aufführungen in seinem Hause erbat. Es war interessant zu
hören, wie er, und oft recht scharf und geistreich, seine
Terminologien auch nach dieser Seite hin zu strecken wußte,
wobei ihm Carové [1] bestens sekundierte. Mir aber kam dabei
unwillkürlich der Vers von Goethe:

Fortzupflanzen die Welt sind alle vernünft'ge Discurse
Unvermögend, durch sie kommt auch kein Kunstwerk hervor.

Übrigens ist es wahr, daß in Hegels Ästhetik Anschauungen
und Urteile sich finden, die wahre Gedankenblitze sind, und
vielleicht ist dieses der Teil seiner Werke, der am längsten
fortleben wird.

Das ins Große gehende magnetische Treiben wurde damals
in Heidelberg in Spott und Ernst so vielfach besprochen,
daß dieses ebenfalls Jean Paul und Hegel zu Schelver hinzog. Ersterer hatte sich schon früher viel mit Magnetismus
abgegeben und damit, wie er erzählt, merkwürdige Heilun-
gen vollbracht. Er fühlte sich daher, nach den von Förster
aus seinen Briefen gegebenen Mitteilungen, von der magne-
tischen Kette sehr angezogen, so daß er daselbst meinte
„vor dem Abgrunde der Geisterwelt" ja „im Tempel des
Weltgeistes" zu stehen. Hegel verhielt sich nach seiner
Weise lange bloß beobachtend, legte sich aber dann die Tatsache zurecht. Er hatte früher aus den im Sein ruhenden
dialektischen Gesetzen bewiesen, daß es keinen Magnetismus geben könne. Jetzt bewies er aus denselben Gesetzen,
daß es einen Magnetismus geben müsse. Durch diese Richtung, die Augen weit aufzumachen und alles Seiende an
seinen Platz zu bringen, war mir aber doch diese Philoso-

phie, die uns Carové, so gut es ging, ins Verständliche übersetzte, im Allgemeinen sehr bildend und anregend, wovon
die Wirkungen auch in meiner Behandlung des Naturrechts[2] sichtbar geblieben sind.

232. *Goethe an Sulpiz Boisserée*

Weimar, 5. 9. 1817

Grüßen Sie Herrn Hegel vielmals und danken ihm für
seinen Brief[1]. Seine entschiedene Teilnahme hat mich sehr
aufgemuntert und seine Erinnerung aufmerksam gemacht.

233. *Susanne v. Tucher an Marie Hegel*

Nürnberg, 22. 9. 1817

Morgen spediere ich meinen Studenten [Gottlieb von
Tucher] weiter. ... Weil es denn doch Hegel leid tut, daß
er nicht auf die Wartburg[1] soll, so will ich's ihm denn in
Gottes Namen erlauben; er geht also von Heidelberg aus,
was mir viel lieber ist, weil er dann mit Leuten geht, die Ihr
kennt.

234. *Victor Cousin*

Ich sah Schelling diesmal [Herbst 1817] nicht; aber anstatt
seiner fand ich, ohne ihn zu suchen — wie durch Zufall —
Hegel in Heidelberg. Mit ihm habe ich in Deutschland angefangen und mit ihm auch aufgehört.

Zu jener Zeit war übrigens Hegel noch lange nicht der
berühmte Mann, den ich seitdem in Berlin wieder gefunden
habe, wo er aller Blicke auf sich zog und an der Spitze einer
zahlreichen und eifrigen Schule stand. Hegel hatte noch
keinen anderen Ruf, als den eines ausgezeichneten Schülers

Schellings [1]. Er hatte wenig gelesene Bücher herausgegeben, und seine Vorträge fingen kaum an, ihn mehr bekannt zu machen. Die „Enzyklopädie der philosophischen Wissenschaften" erschien gerade damals, und ich erhielt eines der ersten Exemplare davon. Dies war ein ganz von Formeln starrendes Buch, von ziemlich scholastischem Ansehen, und in einer, besonders für mich, zu wenig deutlichen Sprache geschrieben. Hegel verstand vom Französischen nicht viel mehr, als ich vom Deutschen, und, vertieft in seine Studien, weder noch im Reinen mit sich selbst, noch seines Rufes sicher, verkehrte er fast mit Niemandem [2] und war auch, um es herauszusagen, eben nicht von außerordentlicher Liebenswürdigkeit. Ich kann nicht begreifen, wie es einem noch ganz unbekannten jungen Manne möglich war, ihn zu interessieren; aber in Zeit von einer Stunde gehörte er mir, wie ich ihm an, und diese unsere, mehr denn einmal auf die Probe gestellte Freundschaft hat sich bis zum letzten Augenblicke nie verleugnet. Von der ersten Unterredung an war mein Urteil über ihn gefaßt; ich begriff den ganzen Umfang seines Geistes, ich fühlte, daß ich einem mir überlegenen Manne gegenüberstand, und als ich, von Heidelberg aus, meine Reise durch Deutschland fortsetzte, brachte ich die Kunde von ihm überall hin, prophezeite ihn gewissermaßen und sagte bei meiner Rückkehr nach Frankreich meinen Freunden: Meine Herren, ich habe einen Mann von Genie gefunden.

Der Eindruck, den Hegel in mir zurückgelassen hatte, war tief, aber verworren. ... Hegel läßt mit Mühe nur selten tiefe, etwas rätselhafte Worte fallen; seine kräftige, jedoch im Ausdrucke verlegene Diktion, sein starres Antlitz, seine umwölkte Stirne — scheinen das Bild des in sich selbst zurückgewendeten Gedankens.

235. *Victor Cousin*

1817

Dès les premiers mots, dit-il, j'avais plu à M. Hégel et il m'avait plu; nous avions pris confiance l'un dans l'autre; et j'avais reconnu en lui un de ces hommes auxquels il faut s'attacher, non pour les suivre, mais pour les étudier et les comprendre, quand on a le bonheur de les trouver sur sa route.

236. Susanne v. Tucher an Marie Hegel

Nürnberg, 3. 10. 1817

[Die Sendung an Gottlieb] wird ein kleineres Kistchen für Dich und einige Nürnberger Delikatessen für den guten Hegel enthalten.

237. F. Ch. Schlosser an Katharina Schmidt

Heidelberg, 24. 10. 1817

Mein Franzose (Cousin) hat mich zu seiner wirklich ganz außerordentlichen Freude hier gefunden, begleitete mich gestern über die Berge und soll den Abend nebst Daub, Creuzer, Hegel bei mir essen, wo ein guter Wein den Herren das Mangelnde meiner Bewirtung ersetzen soll, und wie die guten Herren sind, die sich der Gabe des Himmels freuen, ohne sie zu mißbrauchen, auch ersetzen wird. Ich wollte Sie wären dabei; —

238. Susanne v. Tucher an Marie Hegel

Nürnberg, 28. 10. 1817

Wenn ich endlich nur hoffen dürfte, daß er [Gottlieb von Tucher] weniger leichtsinnig in Zukunft wäre. Hegel muß ihm darüber recht zu Leibe gehen, hauptsächlich ihn mit Liebe zu gewinnen suchen, oder mit Ernst, wie es eben geht. Der Weg, den Hegel wählen wird, wird auf alle Fälle der rechte sein

239. F. Ch. Schlosser an Katharina Schmidt

Heidelberg, 29. 10. 1817

Ich muß den Philosophen Hegel viel sehen, weil er Freund meiner Freunde ist, und allerdings ein einfacher achtbarer Mann, auch ein vielseitig gebildeter Mann, es ist aber das doch nicht so recht von Innen her, sondern von Außen hinein.

240. F. Ch. Schlosser an Katharina Schmidt

Heidelberg, 8. 11. 1817

Am Freitage hatte Bähr[1] eine große Gesellschaft, in die ich ging, weil ich Creuzer, Daub, Hegel dort traf, so gern ich sonst das vermieden hätte, nicht weil ich, wie Thibaut sagt, vom Wolf und Bär Erfahrungen hätte, sondern weil ich nur Gesellschaft sehen will, die ganz mit mir übereinstimmend ist. ...

Den Abend werden Daub, Hegel und Creuzer zu mir kommen, um den Tee bei mir zu trinken ...

241. Richard Rothe an seinen Vater

Heidelberg, 18. 11. 1817

Die Collegia bei Schlosser und Voß muß ich allerdings leider als Nebencollegia betrachten; allein mit der Hegelschen Geschichte der Philosophie kann ich es unmöglich so leicht nehmen; was überhaupt bei keinem Hegelschen Collegium, wenn man es nicht ganz ohne allen Nutzen hören will, der Fall sein kann; auch sind jene Vorlesungen dieses tiefen Denkers und wahrhaft philosophischen Geistes ungemein interessant.

242. *Susanne v. Tucher an Marie Hegel*

Nürnberg, 4. 12. 1817

Was mir Hegel so unparteiisch und wahr, wie er durchaus ist, von Gottlieb [von Tucher] schreibt, ist mir sehr tröstend und erfreulich. Gott gebe nur, daß sein Bestreben recht anhaltend und ausdauernd bleibe.

243. *Richard Rothe an seinen Vater*

Heidelberg, 7. 12. 1817

Daß unter den hier Studierenden mit Ausnahme der Landsmannschaften und weniger Individuen dieser [nicht revolutionäre] Geist durch und durch belebt, das glaube Du mir; daher auch grade bei denen, die am meisten von jenem Geiste belebt sind, gerade der allerregste Eifer für die Wissenschaft; daher sind Hegels Vorlesungen so gedrängt gefüllt, der wahrlich nicht Politik predigt, sondern Wissenschaft, und die ernsteste, die in der Tiefe aller Geister wohnt, und das auf die ernstesteWeise.

244. *F. Ch. Schlosser an Katharina Schmidt*

Heidelberg, 28. 12. 1817

Nicht wahr, J. W. Schmidt ist die Firma des Handlungshauses? um doch Hegel damit zu dienen.

245. *Schelling an Niethammer*

[Ende 1817]

Mit dem verbindlichsten Dank schicke ich den geistreichen und im Einzelnen sehr belehrenden Aufsatz zurück. Es ist schon etwas wert, daß der eigentliche Irrungs-Punkt einmal aufgedeckt worden, welcher freilich darin liegt, daß die vor-

maligen deutschen Länder — deutsche Reiche und selbständige Staaten werden sollen. Daß die Regenten dahinaus
wollen, wußten die württembergischen Stände im Herzen
wohl auch, aber sie meinten vielleicht, nicht jedes Land oder
Ländchen, nur Deutschland kann und soll ein Staat, ein
Reich sein, und wollten sich auch darum nicht aus Land-
(Provinzial) in Reichs-Stände metamorphosieren lassen, ver-
zeihlich wenigstens wegen der Illusion des wirklich vorhandenen Dritten, des Bundes oder Bundes-Tags, die der
Verfasser freilich indirekt = O setzt, indem er sie ignoriert
— das Beste vielleicht, was man tun kann. Das Unrecht der
Landstände war also eigentlich, was sie eigentlich wollten,
nicht sagen zu dürfen; leider war dies lang genug das
Schicksal deutscher Völker und der deutschen Nation überhaupt, nicht zu dürfen, was sie wollte und nicht zu wollen,
was sie durfte und darum im öffentlichen Benehmen ungeschickt, verbohrt, abgeschmackt zu erscheinen. Hegel meint
aber wohl: „Wer nicht kann, was er will, soll wollen, was er
kann" müßte auch hier gelten.

Nochmals den verbindlichsten Dank und zugleich die
Bitte, mir seiner Zeit, wenn es sein kann, gütigst auch die
Fortsetzung zukommen zu lassen.

---

246. *Boris v. Üxküll*

[1817]

Kaum [in Heidelberg] angekommen, war mein erstes Geschäft, nachdem ich mich etwas umgesehen, den Mann zu
besuchen, von dessen Persönlichkeit ich mir die abenteuer-
lichsten Bilder entworfen hatte. Mit ausstudierten Phrasen,
denn ich war mir meiner völligen Unwissenschaftlichkeit
wohl bewußt, ging ich nicht ohne Scheu aber äußerlich zuversichtlich zu dem Professor hin und fand zu meiner nicht
geringen Verwunderung einen ganz schlichten und einfachen
Mann, der ziemlich schwerfällig sprach und nichts Bedeutendes vorbrachte. Unbefriedigt von diesem Eindruck, obschon
heimlich angezogen durch Hegels freundlichen Empfang

und einen gewissen Zug gütiger und doch ironischer Höflichkeit, ging ich, nachdem ich die Collegia des Professors angenommen [1], zum ersten besten Buchhändler, kaufte mir die schon erschienenen Werke Hegels und setzte mich abends bequem in meine Sofaecke, um sie durchzulesen. Allein je mehr ich las, und je aufmerksamer ich beim Lesen zu werden mich bemühte, je weniger verstand ich das Gelesene, so daß ich, nachdem ich mich ein paar Stunden mit einem Satze abgequält hatte, ohne etwas davon verstehen zu können, das Buch verstimmt weglegte, jedoch aus Neugierde die Vorlesungen besuchte. Ehrlicherweise aber mußte ich mir sagen, daß ich meine eigenen Hefte nicht verstand und daß mir alle Vorkenntnisse zu diesen Wissenschaften fehlten. Nun ging ich in meiner Not wieder zu Hegel, der, nachdem er mich geduldig angehört, mich freundlich zurechtwies und mir verschiedene Privatissima zu nehmen anriet: Lateinische Lektüre, die Rudimente der Algebra, Naturkunde und Geographie. Dies geschah ein halb Jahr hindurch, so schwer es dem sechsundzwanzigjährigen ankam. Nun meldete ich mich zum drittenmal bei Hegel, der mich denn auch sehr gütig aufnahm und sich des Lächelns nicht erwehren konnte, als ich ihm meine propädeutischen Kreuz- und Querzüge mitteilte. Seine Ratschläge waren nun bestimmter, seine Teilnahme lebendiger und ich besuchte seine Collegia mit einigem Nutzen. Ein Conversatorium des Doktor Hinrichs, worin sich Disputierende aus allen vier Fakultäten einfanden und bei welchem die Erklärung der Phänomenologie des Geistes den Leitfaden ausmachte, unterstützte mich. Bisweilen sah ich in den folgenden beiden Semestern Hegel bei mir; öfter war ich bei ihm und begleitete ihn auf einsamen Spaziergängen. Oft sagte er mir, daß unsere überkluge Zeit allein durch die Methode, weil sie den Gedanken bändige und zur Sache führe, befriedigt werden könne. Die Religion sei die geahnte Philosophie, diese nichts anderes als die bewußtvolle Religion; beide suchten, nur auf verschiedenem Wege, dasselbe, nämlich Gott. Nie sollte ich einer Philosophie trauen, die entweder unmoralisch oder irreligiös sei. Er klagte auch wohl, nicht verstanden zu sein, wiederholte, daß das logische Wissen

nun abgeschlossen sei und ein jeder jetzt in seiner Disziplin
aufzuräumen habe, da des Materials nur schon zu viel sei,
aber die logische Beziehung und Verarbeitung noch fehle;
daß nur der Dünkel der Unreife, die Hartnäckigkeit des
einseitigen Verstandes, die Hohlheit und Weinerlichkeit
kopfhängerischer Scheinseligkeit wie der engherzige Egoismus privilegierter Dunkelmacherei gegen den anbrechenden
Tag sich wehren könnten.

247. *Ch. F. Winter an J. F. Fries*

Heidelberg, 1817

Hier geht's arg über Sie her, erst war ein Franzose, Cousin,
ein Philosoph, hier, der über Sie sehr loszog, weil Sie ihn,
wie er dort war, zur Wartburgsfeier eingeladen; er saß stets
bei Hegel, erhob diesen über alles.

1818

248. F. Ch. Schlosser an Katharina Schmidt

Heidelberg, 5. 1. 1818

Sie [Tiedemann, Creuzer, Muncke] sind ohnehin ergrimmt, denn sie wollten mich, wenn nicht als Generalredakteur doch als Spezialredakteur in ihre Sache ziehen; aber das Mal war Daub, Hegel, Creuzer, Thibaut und ich eines Sinns — sie mögen allein tanzen [auf dem Heidelberger Casino-Ball] und allein rezensieren.

249. P. D. A. Atterbom an E. G. Geijer

24. 1. 1818

Hast Du Hegels Enzyklopädie der philosophischen Wissenschaften gelesen? Sie ist in ihrer Art recht merkwürdig; sie zeigt die Logik von einer neuen und majestätischen Seite und beweist, wie weit man mit bloßer Logik oder formeller Dialektik in die Realität der höchsten Ideen eindringen kann. So führt in seiner Weise Hegels Weg, obschon bedeutend dürr und dornig, nach demselben Ziel, wohin jetzt alle Phänomene von Bedeutung in der Welt des Denkens streben. Man kann nicht leugnen, daß die alte zusammengeschrumpfte und verachtete Logica nun wieder durch Hegel einen sublimen Charakter erhalten hat. Seitdem ich Hegel gelesen habe, sind mir auch die Tendenzen von Höijers [1] letzten Dissertationen vollkommen klar geworden. Frage doch einmal Bruder Grubbe, der zweifelsohne das erwähnte Buch von Hegel gelesen hat, ob er nicht auch der Meinung ist, daß Höijer in seinen letzten Tagen denselben Weg einschlug, auf dem nun Hegel vorwärtsgeht. Ich habe jetzt keine Zeit, um Beweise für meine Ansicht aufzuführen. A propos! sorge doch dafür, daß ein vollständiges Exemplar der Höijerschen Dissertationen nach Berlin kommt, woselbst es Nordenfeldts oder Helvigs aufheben können, bis sich Ge-

legenheit findet, es Schelling zu übersenden, der sich sehr
sehnt, die Dissertationen zu lesen. Er hat mehrmals mit mir
über Höijer gesprochen und stets mit der größten Achtung,
obwohl er gegen ihn einwendet, er hätte zu wenig gemüt-
liches Element in dem mit der Natur und dem lebendig
konkreten befreundeten Sinne, weshalb er gleich Hegel nur
in den Regionen der abstrakten Geistigkeit und der einseitig
ideellen Konstruktion bleiben sollte. Im übrigen ist Schelling
mit mir der Meinung, daß Höijer ein individuell genialerer
Mann war wie Hegel, auch daß er, verglichen mit Hegel,
weit mehr Virtuosität der Sprache und der Darstellung besaß wie jener.

250. *Friedrich Roth an Karl Roth*

München, 1. 2. 1818

Hegels Rezension der Protokolle der württembergischen
Ständeversammlung in den Heidelberger Jahrbüchern[1], hast
Du ohne Zweifel gelesen. Sie ist unverantwortlich einseitig,
aber viel Einzelnes ist vortrefflich, besonders auf den 2
ersten Bogen. Die pudenda des demokratischen Elements
bei uns sind noch nie so dargestellt.

251. *Jean Paul an Heinrich Voß*

Bayreuth, 2. 2. 1818

Nun grüße . . . — jetzt besonders Hegel und Frau, an ihr die
schönen Augen, an ihm die scharfen — . . .

252. *Richard Rothe an seinen Vater*

Heidelberg, 13. 2. 1818

Er [Schlosser] lebt hier sehr eingezogen, und hat wenig Umgang außer mit Daub, Creuzer (seinen intimsten und spezi-

ellsten Freunden) und Hegel; am liebsten hat er junge Leute
um sich. . . .

An seiner Weltgeschichte . . . arbeitet er unausgesetzt mit
der unermüdlichsten und umfassendsten Kritik der Quellen.
Dabei studiert er immerfort Philosophie, und hat mir erst
heute gesagt, daß er jetzt über Hegels Enzyklopädie sitze,
und mir seine Ansichten darüber mitgeteilt.

253. *Altenstein an den preußischen König*

Berlin, 20. 2. 1818

Es hat große Schwierigkeiten, in der gegenwärtigen Zeit
einen Universitätslehrer für das Fach der Philosophie zu
finden, der, gleich fern von paradoxen, auffallenden, unhalt-
baren Systemen und von politischen oder religiösen Vorur-
teilen, mit Ruhe und Besonnenheit seine Wissenschaft lehrt.
Der einzige Gelehrte, welchem der Unterricht in der Philosophie auf der Universität hier in einem hohen Grade mit
Zuversicht in dieser Beziehung anvertraut werden könnte,
ist nach meiner Überzeugung der Professor Hegel, gegenwärtig Lehrer der Philosophie zu Heidelberg, ein Mann von
dem reinsten Charakter, von seltenen mannigfaltigen Kenntnissen, von Reife des Geistes und von philosophischem
Scharfsinn, wovon seine verschiedenen Schriften zeugen.
Gleich weit entfernt von religiöser Schwärmerei und von
Unglauben, hat er bei seiner philosophischen Tiefe doch
auch schätzbare Ansichten in der allgemeinen Erziehungs-
kunst und sogar praktische Kenntnisse in solcher.

Er hat, nachdem er geraume Zeit akademischer Lehrer
mit Nutzen und Beifall gewesen ist, mehrere Jahre die Stelle
eines Direktors einer höhern Erziehungsanstalt in Nürnberg
mit Beifall bekleidet und ist sehr nützlich gewesen. Ich hatte
Gelegenheit, seine persönliche Bekanntschaft zu machen[1],
und habe alles bestätigt gefunden, was der Ruf von ihm
sagte.

Mein Vorgänger im Departement der geistlichen und Un-
terrichts-Angelegenheiten, der Staatsminister von Schuck-

mann, wünschte ihn damals schon für die Universität hier
zu erhalten; allein der Ruf gelangte zu spät an ihn, als er
gerade seine jetzige Lehrstelle in Heidelberg angenommen
hatte. Jetzt habe ich es versucht, ihn zu veranlassen, einem
Ruf hieher zu folgen. Er ist nach seiner vorläufigen Erklärung auch bereit zu kommen, nur wird seine Versetzung
mit Familie von einem wohlfeilen Orte wie Heidelberg
hieher billigerweise erfordern, daß er in seinem Gehalte
und in der Vergütigung der Reise- und Einrichtungskosten
so gesetzt werde, daß er ruhig und zufrieden seinem Lehr-
amte und seiner Wissenschaft hier leben kann. Er verläßt
eine sehr angenehme Lage in Heidelberg bloß aus Vorliebe
für den Preußischen Staat und dessen wissenschaftliche Bestrebungen, wenn er den Ruf annimmt.

Ew. Königl. Majestät stelle ich daher ehrfurchtsvoll an-
heim, ob Allerhöchstdieselben geruhen wollen, huldreichst
zu genehmigen, daß der Professor Hegel als ordentlicher
Professor der Philosophie bei hiesiger Universität mit einem
dem ehemaligen Fichteschen gleichen Gehalte von jährlich
2000 Tlr. berufen und ihm nach seinem Wunsche eine Ver-
gütung der Reise-, Umzugs- und Einrichtungskosten von
1000 Tlr. zugesichert werde.

Der Hegel wird hierdurch noch nicht ganz entschädigt,
und er hat mich daher aufgefordert, für ihn freies Quartier
oder eine Entschädigung wegen der hier so hohen Mieten
und die Zusicherung einer Pension für seine Witwe im Fall
seines Ablebens zu bewirken. Ich hoffe aber, daß er sich bei
den vorstehenden Bewilligungen vorerst beruhigen wird,
wenn ihm Aussicht zu einer künftigen Verbesserung seiner
Lage und zur Erleichterung seines Beitritts bei der Witwen-
kasse hier eröffnet wird.

254. Susanne v. Tucher an Marie Hegel

Nürnberg, 12. 3. 1818

Wenn ich's recht genau betrachte, so ist Hegel einzig und
allein an dem entsetzlichen Treiben schuld gewesen. Es

wurde uns erzählt, wie er lacht, wenn nicht alles fertig ist, und da hätten wir uns lieber die Finger abgenäht, als ihm den Spaß gemacht, etwas unvollendet zu lassen. Auch der gute Hegel soll seinen Teil an den sehr gut vollendeten Brat- und Knallwürsten haben, welche das Fest des Tages krönen werden.

255. F. Ch. Schlosser an Katharina Schmidt

Heidelberg, 23. 3. 1818

Da das Briefchen [vom 11. 3.] heute, den 23sten noch nicht abgegangen ist, so öffne ich es noch, weil ich denke, es ist Ihnen lieb zu vernehmen, daß Creuzer eben ein Zirkular ergehen läßt, vermöge dessen Hegel, Boisserée, Daub, Creuzer, dessen Besuch Moser und ich, vielleicht noch ein anderer uns um 9 Uhr Morgens auf den Weg machen, um den Tag in der Luft zu genießen — das ist mir lieb, so bin ich nicht Menschenfeind, das sind lauter wackre Leute.

256. Schleiermacher an L. G. Blanc

23. 3. 1818

Es ist nun entschieden, daß wir Hegel herbekommen, und von A. W. Schlegel munkelt es auch sehr stark. Ich bin neugierig, wie sich beides machen wird.

257. F. Ch. Schlosser an Katharina Schmidt

Heidelberg, 30. 3. 1818

Wenn Sie aber einen Hegel oder Daub vernichtend reden hörten[1], so würden Sie einsehen, daß doch das Ding nicht ganz ohne sei. Ich scharmuziere gewöhnlich mit den Philosophen herum, die können einen Stoß verstehen, meinen guten Creuzer berühre ich nur einstimmend und fragend, er

würde einem Angriff, wie ich schon auf Hegel gemacht habe,
nicht Gleichmut genug entgegen zu setzen haben, und nicht
wohl vertragen.

258. *Susanne v. Tucher an Marie Hegel*

Nürnberg, 30. 3. 1818

Sehr verschieden ist die Wirkung der Nachricht, daß Hegel
nach Berlin kommt, auf einzelne. Adloff beugt sich im
Staube vor dem Lichte, das nun von Fichtes Lehrstuhl her-
ableuchten wird. ... Wilhelm Grundherr weint schier, weil
er voraussieht, daß er nun nicht nach Heidelberg gehen darf.

259. *Susanne v. Tucher an Marie Hegel*

Nürnberg, 4. 4. 1818

Daß der gute Hegel sich nicht kann durch die Versprechun-
gen irre machen lassen [1], versteht sich; um recht lebhaft das
zu fühlen, muß man sich die Erbärmlichkeit dieser Regierung und dieses und des nachfolgenden Regenten denken,
und die Regierung dort — man muß die Landkarte nehmen und das kleine Fleckchen Land neben das Große stellen, wo Kinder und Kindeskinder ihre Hütten zu bauen,
Platz genug finden werden — dies, liebe Marie, ist gewiß
eine Rücksicht, die unter den vielen anderen auch eine für
das Mutterherz zur Beruhigung ist. Hegel und Du, so wie
Ihr seid, Ihr werdet dort bald heimisch werden.

260. *K. W. F. Solger an L. Tieck*

Berlin, 11. 4. 1818

Wissen Sie eine große Neuigkeit? A. W. Schlegel und Hegel
sind als Professoren hieher berufen, und haben beide den
Ruf angenommen. Nun werden wir ja sehn, ob durch die

Mehrheit der Stimmen über Philosophie und Kunst etwas
mehr Leben entstehn wird.

261. *Julius Niethammer an Ludwig Döderlein*

21. 4. 1818

Hegels lassen Euch vielmals grüßen und er Dir sagen, daß
er nächstens seine Schuld abtragen werde[1] und daß Voß
wohl bereits an Dich geschrieben habe. Hegel hat bereits
sein Dekret als Professor nach Berlin in Händen und geht
nächsten Herbst dahin ab.

262. *W. M. L. de Wette an J. F. Fries*

Berlin, 22. 4. 1818

Hegel kommt nun hierher. Ich fürchte ihn nicht, ich habe
jetzt zu viel Einfluß unter den Studierenden meiner Fakultät, und Schleiermacher verdunkelt ihn gewiß zu sehr. Aber
welche Wut haben die Leute auf eine solche Philosophie.
Altenstein soll sehr für ihn sein.

263. *K. W. F. Solger an L. Tieck*

Berlin, 26. 4. 1818

Meine Collegia sind nun auch wieder im Gange; der Zuhörer sind aber wieder nur wenige. Ich bin begierig, was
Hegels Gegenwart für eine Wirkung machen wird. Gewiß
glauben viele, daß mir seine Anstellung unangenehm sei,
und doch habe ich ihn zuerst vorgeschlagen, und kann überhaupt versichern, daß, wenn ich etwas von ihm erwarte, es
nur eine größere Belebung des Sinnes für Philosophie, also
etwas Gutes ist. Als ich noch neben Fichte stand, hatte ich
zehnmal so viel Zuhörer als jetzt. Ich verehre Hegel sehr
und stimme in vielen Stücken höchst auffallend mit ihm

überein. In der Dialektik haben wir beide unabhängig voneinander fast denselben Weg genommen, wenigstens die Sache ganz von derselben, und zwar neuen Seite angegriffen. Ob er sich in manchem anderen, was mir eigentümlich ist, ebenso mit mir verstehen würde, weiß ich nicht. Ich möchte gern das Denken wieder ganz in das Leben aufgehen lassen, gern das aussprechen und als gegenwärtig darstellen, was durch alles Konstruieren und Demonstrieren doch nicht geschaffen, sondern nur gereinigt und entwickelt werden kann.

264. *Goethe an Sulpiz Boisserée*

Jena, 1. 5. 1818

Hegel, vernehme ich, geht nach Berlin, auch Seebeck soll dahin versetzt werden. Minister Altenstein scheint sich eine wissenschaftliche Leibgarde anschaffen zu wollen.

265. *Richard Rothe an seinen Vater*

Heidelberg, 10. 5. 1818

Um beide Hegelsche Collegia bin ich diesmal gekommen, da beide unglückseligerweise mit den beiden Daubschen kollidieren.

266. *Jean Paul an seine Frau Karoline*

Frankfurt, 6. 6. 1818

Einmal abends wenigstens muß ich in Heidelberg trinken bei 1) Voß 2) Paulus 3) Daub 4) Thibaut 5) Schelver 6) Hegel 7) Panatoli 8) Dapping 9) Schwarz 10) Fries 11) Creuzer 12) Thielemann 13) Tiedemann 14) Munke 15) Boisserée 16) Heinse. — Zweimal ist ohnehin unmöglich.

267. *Richard Rothe an seinen Vater*

Heidelberg, 7. 6. 1818

Nach dem Tode des jetzigen Großherzogs von Baden könnte sein Großherzogtum gar leicht zerrissen werden, und die Pfalz Bayern, der Breisgau aber Österreich anheimfallen, und daß diese beiden Mächte das wünschen, läßt sich wohl nicht in Zweifel ziehen. ... Beiläufig gesagt: es ist dies wahrscheinlich auch mit eine von den Ursachen, welche Hegeln bewogen haben, den Ruf nach Berlin anzunehmen; denn da auf diese Weise Heidelberg leicht bayrisch werden könnte, hätte er zu fürchten gehabt, einmal wieder unter den bayerischen Zepter zu kommen, der ihm überaus verhaßt ist.[1] ... Was Berlin anbetrifft, so ließe sich jetzt zwar allerdings noch nichts mit Bestimmtheit über diesen Punkt beschließen; doch wäre es, bei der jetzigen Lage der Dinge, und unter der Voraussetzung, daß sich binnen einem Jahre in der dortigen theologischen Fakultät keine Veränderung in pejus zutrüge, soviel ich sehe, und wenn Du es erlaubst und nichts dawider hast, für mich wohl offenbar am geratensten, nach Vollendung meines hiesigen Kursus noch nach Berlin zu gehen, und ich kann nicht leugnen, daß mich jetzt nun auch noch wieder Hegel dorthin zieht. Wenn nicht alles dieses zusammenkäme, würde ich freilich lieber jede andere Universität wählen als das mir bis in den Tod verhaßte Berlin, und Se. Majestät der König von Preußen würden mir gewiß keinen kleinen Gefallen tun, wenn sie in Bonn eine recht gute theologische Fakultät zusammenbrächten, und Schleiermachern, Neandern und Hegeln dorthin versetzten, woran übrigens gar nicht zu denken ist.

268. *Jean Paul an seine Frau Karoline*

Heidelberg, 23. 6. 1818

Auch mache ich meine Antrittsbesuche in zu großen Zwischenräumen, z. B. erst gestern bei Hegel und Creuzer; ...

269. *F. L. G. v. Raumer an K. W. F. Solger*

Breslau, 12. 7. 1818

Wie geht's mit Hegel? Haben Sie ihn näher kennenlernen?
Ich habe mir seine Enzyklopädie gekauft; aber das Lesen
und Verstehen wird mir sehr sauer. Warum verstehe ich
denn die Alten? Gehört diese Schwierigkeit zum Wesen der
neueren Philosophie? Wo ist der Übergang aus solchem
Esoterischen zu einer großartigen allgemeinen Mitteilung?
Die Antwort, daß wir von den Alten nur die Popularphilo-
sophie überkommen hätten, und z. B. noch ein anderer Plato
im Hintergrunde liege, ist doch gar zu töricht. — ... Wie
wenige von den schwerverständlichen Philosophen sind
Herren der Sprache, und das Denken ist noch nicht völlig
klar, wenn es mit der Sprache und dem Ausdruck im Miß-
verhältnis steht.

270. *F. K. v. Savigny an F. Perthes*

Berlin, 24. 7. 1818

Diesen Winter haben wir Altenstein drei bedeutende neue
Kollegen zu verdanken: A. W. Schlegel, Hegel und den Juristen Hasse.

271. *Victor Cousin an Schelling*

[Mitte August 1818]

Je reçois à l'instant une lettre de M. Hegel: il se rappelle à
votre bon souvenir, et me recommande à votre bienveillance:
mais il m'annonce son départ prochain pour Berlin.

272. *Susanne v. Tucher an Marie Hegel*

Nürnberg, 16. 8. 1818

Daß Hegel einen Wagen gekauft hat und Ihr mit der Post reisen wollt, hat meinen ganzen Beifall; man ist viel mehr Herr über die Reise und kommt gewiß schneller vom Wege, wodurch wieder erspart wird, was dort mehr bezahlt werden muß, die Annehmlichkeit ungerechnet, wie viel besser sichs besonders auf einer längeren Reise in einem guten eigenen Wagen fährt und wie angenehm es ist, daß man überall verweilen oder fortfahren kann, ohne sich nach dem Kutscher richten zu müssen.

273. *Richard Rothe an seinen Vater*

Heidelberg, 16. 8. 1818

Dagegen gestehe ich gern, daß mich die vortrefflichen Männer, welche dort die Wissenschaften pflegen, nicht wenig anziehen, und um ihretwillen würde ich ja auch allein nach Berlin gehen, wenn es noch dazu kommt, um ihretwillen würde ich ja Berlin jeder anderen Universität, die ich etwa noch besuchen könnte, vorziehen; und namentlich leugne ich gar nicht, daß mich jetzt ganz besonders Hegel wieder dorthin lockt, den ich für mein Leben gern noch recht in succum et sanguinem vertieren möchte, so sehr ich auch auf der anderen Seite überzeugt bin, daß es keinen größeren Mißgriff geben kann, als die Philosophie in die Religion zu tragen, und selbst in die Theologie, wenn man nicht zuvor diese geborene Feindin aller Religion grade ihres wesentlichsten Momentes, nach welchem die Vernunft Grund alles Wissens und Seins ist, welches allen Glauben und alle Demut ausschließt, beraubt hat, gleichsam ihres giftigen Stachels. . . .

Eine andere interessante Frage wäre: was wird und muß (nach der inneren Konsequenz) auf die Hegelsche für eine Philosophie folgen? Daub meinte zu mir, keine mehr, es könne keine mehr folgen. Daraus ergäbe sich notwendig,

daß die Religion in ihr unumschränktes Herrscherrecht eintreten müßte. Wenn sie das täte! aber daran kann niemand
glauben, wer unsere Zeit sieht. Was soll also werden? Da
tut sich mir eine schauerliche Kluft auf, ein langer Schlaf
gleich dem durch das Mittelalter hindurch. Sollte es Hegeln,
wie dem Aristoteles gehen? sollte nun auch ihm, wie diesem, Jahrhunderte lang bloß nachgebetet werden? und in
der Tat, welche Ähnlichkeit zwischen Hegel und Aristoteles,
dieselbe Präzision und Konsequenz, dieselbe selbstgenüg-
same Kühnheit; und auch nur historisch betrachtet, steht
Hegel wohl ziemlich in demselben Verhältnisse zur gesamten neueren Philosophie, wie Aristoteles zur gesamten alten.
Plato und Aristoteles: Schelling und Hegel, welche auffal-
lende Ähnlichkeit! ich habe es gesagt, wenn so etwas ein-
trifft, so erinnere ich Dich einmal daran.

274. F. Ch. Schlosser an Katharina Schmidt

Heidelberg, 21. 9. 1818

Die Leute, mit denen ich einigen Verkehr nicht unterlassen
kann, sind ... zum Glück beide Mediziner, also ganz von
meinen Studien und von denen, an welchen ich Anteil
nehme, entfernt; denn, wenn man solche Leute über Philosophie, Gott, Welt usw. die Worte eines kauderwelschen
Hegel wiederholen hört, während sie auf der andern in der
Mystik stecken, wird's einem doch ärgerlich.

Nicht näher datierbar

275. *Friedrich Creuzer*

Hegel ... wußte ... wohl, daß ich ihn für einen tüchtigen
Philologen hielt, wie er denn auch wirklich war, und wie er
die größeste Achtung für die griechische Literatur hegte und
es mir gar nicht übelnahm, als ich ihm einmal sagte: Ich sei
sein ärgster Feind, denn ich müsse meine philologischen
Seminaristen von zu ausschließlichem Studium seiner Philosophie abmahnen. — Seine großen naturwissenschaftlichen
Kenntnisse hatte ich und andere mehrmals zu bewundern
Gelegenheit, besonders, wenn wir Sammlungen miteinander
betrachteten.

276. *Adolf Stahr*

Hegel [wandte sich] in Heidelberg als Universitätslehrer,
wie dies Studierende aus jener Zeit mir bezeugt haben, dem
Leben der Jugend mit großer Teilnahme zu, ... er [wußte]
besonders die später so boshaft verketzerten und bitter und
schonungslos verfolgten, in ihrem tiefsten Grunde aber edlen
und reinen Bestrebungen der deutschen Jugend in der Burschenschaft damals in ihrer vollen Bedeutung zu würdigen,
und [stand] den Studierenden in dieser Hinsicht stets gern
mit Rat und Hilfe zur Seite, die sie denn auch oft genug bei
ihm suchten.

277. *Varnhagen v. Ense, Tagebuch*

Am Ausgang des Kursaales [in Bad Homburg] redet mich
Herr Konsistorialrat Rust[1] aus Speyer an ... Ein edler, tief-

denkender Mann, voll Würde und Haltung. Er war in Heidelberg Hegels Zuhörer und sprach begeistert von des Lehrers geistigem Wirken, von seiner einfachen, behaglichen Persönlichkeit.

278. *Varnhagen v. Ense, Tagebuch*

Später hatte ich eine lange Unterredung mit Rust, über Hegel, Schelling, die Zeitumstände etc. — Er rühmt Hegel ungemein, nicht nur den Denker, sondern auch den vielfachen gründlichen Gelehrten, und besonders den liebenswerten Menschen. — Das war einmal ein erquickliches Gespräch!

279. *Ludwig Rellstab*

Es bildete sich aber [in Heidelberg] ein Stamm anderer, die mir im zweiten Halbjahr besonders nahetraten. Darunter nenne ich v. Thüngen[1], aus der Nähe von Würzburg, als den bedeutendsten; . . . damals war er einer der gründlichsten Schüler Hegels.

280. *Theodor v. Kobbe*

Interessant sollen die Unterredungen zwischen Hegel und Jean Paul gewesen sein. Dieser, immer überwunden von dem Feldherrn der Gedanken, soll zur großen Ergötzlichkeit des Philosophen sehr geschickt in die Höhlen der Vorstellung geflohen sein.

Der alte Voß empfing mich in seinem mit einer hohen steinernen Mauer umgebenen Garten, in dessen Mitte seine

Wohnung lag. . . . Nur Speisen, und wie man in Heidelberg
die Zubereitung derselben nicht gehörig verstehe, waren der
Inhalt seiner Anrede. Namentlich wurde Hegels Kohl als
sehr blähend getadelt.

Hier [d. h. was die Burschenschaft angeht] sind übrigens
die großen Verdienste nicht zu übersehen, welche Hegel
sich um die jungen Gemüter erwarb. Seine philosophische
Rechtswissenschaft, seine Lehre vom Staat als der wirklichen sittlichen Idee, trat zwar nur vor das Bewußtsein
weniger, aber doch größtenteils der besten Köpfe, denn
diese fühlten wie Verrina sagt, etwas von dem alten Meister,
„was man Respekt nennt", und übertrugen ihre Empfindung unwillkürlich auf die Übrigen, indem sie sie überzeug-
ten, daß man erst gar Vieles lernen müsse, bis man die Welt
verbessern könne.

Die meisten Schweizer waren in der Burschenschaft, ohne
sich im ganzen lebhaft dafür zu interessieren. Sie stritten
sich lieber untereinander beim Konditor, wo sie ihre Kan-
tone durch politische Zwiste würdig repräsentierten. Der
vorzüglichste unter ihnen, ein Mann von edlem Herzen und
klarem Kopfe, der einzigste auf den die Hegelsche Disziplin
schon damals sichtlich einwirkte, ist vielleicht jetzt der ausgezeichnetste Schweizer, der allbeliebte Landamman Schind-
ler in Glarus.

Hegel war gerufen durch Daub, aber wir Studenten wurden
zu Paulus geschickt und durften noch bei Schwarz Exegese
hören; . . .

Wenn Paulus für uns ideenlose und bildungsarme Studenten klar wie Wasser war und die Schnitte seines scharfen kritischen Messers zu ihrer Auffassung keiner Sonde bedurften,
aber auch ebenso schnell wieder heilten, so war es entgegengesetzt bei dem andern Württemberger Hegel, der sich um
unser Verständnis gar nicht bekümmern konnte, dessen kritisches Messer in die Tiefe ging, ohne daß wir es fühlten, ja
ohne daß wir es ahnten. Da war keine Polemik der Personen

und Taten, und die tiefste Polemik des Denkens gegen jene
schlechten Weisen zu existieren war uns gänzlich verhüllt.
Wir saßen im Trüben bis zum Schwindel und blieben leer.
Nur wenige hatten eine Ahnung von dem, was vorging und
ließen sich durch das Vertrauen zur Vernunft halten. Die
Leerheit der zuhörenden Köpfe, welche auf der einen Seite
hinderlich war, hatte auf der andern den Vorteil der tabula
rasa, die nun sogleich mit dem rechten und gediegensten
beschrieben werden konnte. Hegel hatte eine zu anspruchslose Persönlichkeit, als daß er sich an besonderen Seiten, als
der seines Vortrages hätte auffassen lassen. Die Synthesis
allein in ihrer Geläufigkeit veranlaßte, daß er jeden dritten
Teil eines Satzes oder jeden dritten Satz mit „also" begann,
so daß es Hohlköpfe in seinem Auditorio gab, welche sich
damit unterhielten, bei jedem „also" einen Strich zu machen.
Diese trugen dann immer ein artiges Sümmchen davon,
wenn wir andern ganz leer ausgingen. Der Reiz, dennoch so
lange die Nacht auszuhalten, bis der Tag anbrach, kann nur
die Dämmrung gewesen sein, die uns doch vergönnt war zu
bemerken; sonst wäre es bei dem gleichsam lungenkranken
Vortrag, den unbeweglichen hängenden Zügen des Gesichts,
den matten in sich gekehrten Augen und der einfachen
Ruhe der Hände nicht möglich gewesen. Die nur des Nut-
zens wegen hingingen, denen es gar nicht dämmerte, gingen
auch wieder davon.

Der interessanteste meiner Lehrer war Karl Daub . . .
Ein Denker, streng und gewandt wie Hegel . . . Er hatte alle
neueren philosophischen Systeme nicht nur studiert, sondern
eines nach dem andern zu seinem Eigentum gemacht und
auf die Theologie angewendet, als Methode deren Wahrheit
ihm die Theologie war. Bis auf Hegel ist er aus dem reflek-
tierenden Denken nicht hinausgekommen, und mußte darum
konsequent die Philosophie für die Subordinierte jenes Philosophierens über den Inhalt der Religion oder des religiösen
Bewußtseins, das er Theologie nannte, halten, und heftig
gegen die Philosophie abwehrend polemisieren. Dies fiel
noch in die Periode meiner ersten Studienjahre oder auch
nur Kurse, denn innerhalb derselben ließ Hegel seine Enzyklopädie drucken, und machte dadurch das ganze System

überschaulich, wodurch mithin auch die Stelle der Religion
bestimmt wurde. Daub hatte den Ruf Hegels veranlaßt,
trieb die Theologen in seinen Hörsaal, und studierte dies
System eifrig. Den Zufall und das Böse hatte er bisher
abstrakt als die einfache Negation festgehalten und in diesem dualistischen Sinne den ersten Teil seines Ischarioth[1]
drucken lassen. Den verwarf er jetzt zuerst als ein schlechtes
Buch, und erklärte dem Buchhändler, den zweiten Teil nicht
schreiben zu wollen. Es bedurfte nur geringe Aufklärung
über seine Differenz mit Hegel, und er war durchaus versöhnt mit diesem System, in dessen Licht nun sein ganzes
theologisches Wissen eine andere Gestalt gewinnen mußte.
In diese trübe Gährung, dieses Ringen und Kämpfen mit
dem Begriff, fielen nun gerade die Vorlesungen über Dogmatik, die ich drei Jahr lang bei ihm hörte, ohne nur den
dritten Teil der Lehre vom Geiste zu bekommen. . . . Große
Episoden in derselben waren der Darstellung der Kantischen, Schellingschen und Hegelschen Philosophie gewidmet.
Löste er in der schärfsten Säure der Kritik den Rationalismus auf, dann hatte er immer seinen Kollegen Paulus vor
Augen. Von Hegel sprach er damals mit der höchsten Achtung und Bewunderung. Und obgleich es außer Hegel gewiß damals keinen tieferen Denker als Daub mehr gab, so
meinte er doch, wir jungen Schüler Hegels seien in der
Dialektik gewandter als er, was freilich Ironie oder Irrtum
war, aber doch Zeugnis gab, wie schwer es auch einem alten
geübten Denker ankam, Hegels Schriften zu verstehen, von
denen es damals nur Logik, Phänomenologie, Enzyklopädie
und Naturrecht gab. Manchmal löste eine Stelle aus meinen
Hegelschen Heften einen Anstand, über den er nicht hinaus-
konnte.

Die Bank der Naturforscher in Heidelberg besetzt von
Tiedemann, Gmelin[2], Munke, damals auch Konradi, Schelver und dem Hofrat und Ritter v. Leonhard[3], ist ohne
Zweifel in dem Empirismus sehr tüchtig und nur in dem
Punkte sehr borniert und für die Universität als Pflegerin
aller Wissenschaften nachteilig, weil sie die ärgsten Feinde
der Philosophie sind, die sie freilich nicht kennen, die in

ihren Köpfen eine nur vorgestellte Existenz hat. ... Auch
haben sie von Hegel nichts verstanden, als seine großen
Ausfälle zu §. 320 der Enzyklopädie und beurteilen nun
danach die ganze Philosophie, die sie in feindseliger Tendenz gegen die Empirie begriffen wähnen.

281. Karl Rosenkranz

Als Hegel nach Berlin ging und von seinem künftigen Ver-
hältnis zu Schleiermacher die Rede war, meinte Daub,
Hegel werde als ein bis an die Zähne gerüsteter, mit seinem
Pallasch gerade durchhauender Kürassier mit einem ge-
wandten, sein leichtes Pferdchen zierlich tummelnden
Ulanen zu tun bekommen.

Übergang nach Berlin

282. Goethe, Tagebuch

23. 9. 1818

Prof. Hegel und Frau, von Heidelberg nach Berlin gehend. Mittag zu drei.

283. Goethe an K. F. E. Frommann

Weimar, 24. 9. 1818

Das werte Hegelische Ehepaar habe [ich] das Vergnügen gehabt einen Augenblick zu sprechen; wie sehr hätte ich eine längere Unterhaltung gewünscht.

284. Immanuel Hegel

Im Jahre 1816 wurde mein Vater als Universitätsprofessor nach Heidelberg berufen und schon im Jahre 1818 folgte er dem Ruf als Fichtes Nachfolger an der Friedrich-Wilhelms-Universität in Berlin. Bei dem Umzug dorthin wurde ein Rasttag in Jena gemacht und ich erinnere mich, daß mein Geburtstag am 24. September 1818 im Hause des befreundeten Buchhändlers Frommann gefeiert wurde. ...

285. Goethe an Sulpiz Boisserée

Weimar, 26. 9. 1818

Ihren liebwerten Brief aus Ems empfing ich in Karlsbad ... Da ich aber durch Herrn Hegel vernehme, daß Sie glücklich zurückgekommen sind, so begrüße [ich] Sie schönstens mit einigen Worten ...

286. *K. L. v. Knebel an Charlotte Schiller*

Weimar, 30. 9. 1818

Hegels aus Heidelberg waren auch einige Tage bei uns und logierten bei Frommanns. Sie ist eine liebe Frau, obwohl nicht ganz gesund, und hat zwei liebe Jungen. Er hat noch sehr gewonnen an Freiheit und Art des Umgangs. Dabei gefällt mir sein ironisches Wesen, womit er seine kleinen Sophistereien zu decken weiß. Sie gehen nach Berlin.

287. *Karl Daub an einen unbekannten Berliner*

14. 10. 1818

Einen Verlust werde ich für unsre Universität und für mich mein Lebelang beklagen, den Verlust Hegels; gewiß ich verkenne die großen Talente und Verdienste der großen Männer nicht, die der Ruhm Ihrer Universität sind, aber dadurch eben, daß dieser Mann der Ihrige geworden, ist ihr die Krone aufgesetzt.

BERLIN

288. K. W. F. Solger an F. L. G. v. Raumer

Berlin, 22. 10. 1818

Hegel ist kurz vor meiner Rückkehr hier angekommen, hat mich aber, weil ich mit Umziehen beschäftigt war, erst vor kurzem besucht. Er gefällt mir sehr wohl, und ich hoffe und wünsche ihn näher zu kennen.

289. Friedrich Ludwig Jahn

Berlin, 13. 11. 1818

Einen Machtspruch [gegen das Turnen] hält keiner für ein Urteil von Rechtswegen. Selbst der lappische oder irrwegische Steffens ist damit nicht einverstanden. Auch meint er, sein Buch [über das Turnwesen] [1] sei der wahre Neuntöter. Gegen seine Zerrbilder hat sich auch schon Hegel erklärt.

290. K. W. F. Solger an L. Tieck

Berlin, 22. 11. 1818

Ich war begierig, was der gute Hegel hier für einen Eindruck machen würde. Es spricht niemand von ihm, denn er ist still und fleißig. Es dürfte nur der dümmste Nachbeter hergekommen sein, dergleichen sie gar zu gern einen hätten, so würde großer Lärm geschlagen, und die Studenten zu Heil und Rettung ihrer Seelen in seine Collegia gewiesen werden. Alle diese Dinge, die mich im Sommer in trüben Mißmut versenken konnten, regen mich jetzt auf. Ich mache mir zuweilen den Spaß, recht dummdreist hineinzuplumpen, und das geht umso eher, da sie gar nichts Edles oder Tugendhaftes mehr von mir erwarten. Was mich für mein Gelingen immer am meisten besorgt macht, das ist, daß ich keine neue Narrheit vorzuschlagen habe.

291. W. M. L. de Wette an J. F. Fries

Berlin, 15. 12. 1818

An Hegeln will man nicht, doch zweifle ich nicht, daß er bald einige in sein Garn locken wird.

292. K. W. F. Solger an L. Tieck

Berlin, 1. 1. 1819

In einen andern Fehler verfallen dagegen die strengern
Philosophen, zu welchen ich jetzt besonders H[egel] rechne,
so hoch ich ihn auch wegen seiner großen Kenntnisse und
seiner klaren Einsicht in die verschiedenen wissenschaftlichen Metamorphosen des Denkvermögens achten muß.
Diese nämlich erkennen zwar das höhere spekulative Denken als eine ganz andere Art an, als das gemeine, halten es
aber in seiner Gesetzmäßigkeit und Allgemeinheit für das
einzig wirkliche, und alles Übrige, auch die Erfahrungser-
kenntnis, insofern sie sich nicht ganz auf diese Gesetze zurückführen läßt, für eine täuschende und in jeder Rücksicht
nichtige Zersplitterung desselben. Beim ersten Anblick
könnte es nun scheinen, als müsse dies recht meine Meinung
sein; Ihnen, hoffe ich, wird es nicht so vorkommen.

293. Richard Rothe an seinen Vater

Heidelberg, 24. 1. 1819

Wenn es mit der Philosophie so wäre, wie Du in Deinem
letzteren Briefe schreibst, so könnten wir Theologen nur getrost Frieden mit ihr machen; aber da steht es ganz anders.
Wenn Du einige wenige unter den unbedeutenden Philosophen und unter den bedeutenden vielleicht Kant aus-
nimmst, so stehen die Philosophen aller Zeiten nicht in
einem solchen bloß negativen Verhältnisse, nicht etwa zur
christlichen, sondern zur Religion überhaupt, vielmehr in
einem äußerst positiven, namentlich Hegel, dem die Religion
nichts ist, als eine freilich notwendige Stufe und Entwicklung des sich selbst begreifenden Geistes, in welchem dieser
aber noch nicht zum Begriffe seiner selbst gelangt ist, was
ihm erst in der Philosophie möglich wird, und nun vorzugs-

weise in der neuesten, die auch mit vollem Rechte zuerst
darauf Anspruch machen kann. Da muß denn der Theologe
natürlich ganz andere Saiten aufspannen. Übrigens weißt
Du ja hinlänglich, wie ungemein ich Hegeln achte, und wie
ich mir fast kein herrlicheres Kunstwerk des menschlichen
Geistes vorstellen kann, als seine Philosophie, und namentlich selbst den Abschnitt über die Religion in seiner Phänomenologie des Geistes[1]; ja für wie unentbehrlich ich in der
jetzigen Zeit ihr Studium für den Theologen halte, da sich
in ihr für ihn, aber freilich nicht für den Philosophen, das
große Geheimnis der menschlichen Natur in ihrem innersten
Grundübel und der göttlichen Erlösung klar auftut, und das,
was früher nur hypothetisch angenommen und mehr nur geahnt wurde, jetzt klarer vor den Augen des Christen liegt.
Das alles weißt Du, wie ich es meine; aber dessenungeachtet
muß es doch immer dabei bleiben: Alle Philosophie (alle
echte, worunter nicht ein vages Räsonnieren zu verstehen
ist,) ist vom Teufel; einem Satze, der so nackt und gradehin
ausgesprochen, albern und paradox klingt, näher motiviert
aber eine unleugbare Wahrheit enthält, die der Religion und
ganz besonders namentlich dem Christentum zum Grunde
liegt, und in ihm auf das Deutlichste ausgesprochen ist. —
Ich freue mich, daß Daub jetzt auch bei diesem Punkte angelangt ist, wie ich aus seiner Privatunterhaltung deutlich
gesehen: ich weiß nicht, warum er nicht auch öffentlich her-
ausrücken will. Er sagte mir, er hätte es schon mehreremale
auf der Zunge gehabt, es Hegeln selbst zu sagen. Ich würde
da nicht lange Umstände gemacht haben.

294. Susanne v. Tucher an Marie Hegel

Nürnberg, 6. 4. 1819

Er [Kirchenrat Fuchs][1] hat mir viel Erfreuliches über Hegel
zu sagen gewußt. ... Er war nach Eurer Abreise in Heidelberg und erfuhr von Daub, wie sehr es für Heidelberg zu
bedauern wäre, daß Hegel es verlassen. Sein konsequentes
Wesen durchaus, besonders seine konsequente Art, die Wis-

senschaft zu betreiben, hätte jetzt schon, noch mehr aber in der Folge, einen ganz anderen Geist sowohl unter die Professoren als Studierende gebracht. Man müsse es als einen wahren Unfall ansehen, daß Hegel Heidelberg verlassen mußte.

295. *B. v. Lindenberg an H. F. Maßmann*

Berlin, 3. 5. 1819

. . . Aber eine Fahrt, die wir gestern nach dem Pichelsberge [1] gemacht, muß ich Dir sogleich selbst erzählen.

Eingeladen waren vornehmlich von den Burschen Professor Schleiermacher, De Wette, Hegel, Hasse [2] (der kam nicht) und Jahn (der kam auch nicht). . . . Als nun alles bereit war und alle Plätze mit den Marken belegt, die wir von unsern Festordnern für 2 Tlr. 4 Gr. gelöst, zogen wir hinein in den Saal und sangen bald: Sind wir vereint zur guten Stunde! — Zum Wein hatte jeder sein eigenes Glas mitgebracht, doch ist keins wieder heimgekommen. Dann ermahnte uns Schleiermacher, das Lied „Wem gebührt der höchste Preis?" zu singen, und nachdem sprach er: „Wir wollen trinken: daß der Geist, der die Helden von Görschen [3] beseelte, nicht ersterbe!" Gläserklänge und fröhliches Jubelrufen antwortete ihm. Dann sprach Dr. Förster [4] einiges über Kotzebues Tod [5] und endete so: „Nicht Sands Lebehoch wollen wir trinken, sondern daß das Böse falle, auch ohne Dolchstoß!" Mir schiens, als wurde nicht ganz laut Bescheid getan. Auch Jahns ward nicht vergessen. Endlich riß der Wein überall hindurch. An die Stelle des ruhigen Gesprächs trat jauchzende Lust; auch die Professoren wurden Jünglinge. Alles Bruder und Freund!

296. *B. v. Lindenberg an seinen Vater*

Berlin, 3(?). 5. 1819

Auf den Pichelsberg zogen wir am 2. Mai, um 7, 9, und
11 Uhr. Um 9 Uhr kamen die drei eingeladenen Professoren Schleiermacher, ... Hegel, De Wette. Endlich gings
ans Mahl; wir sangen dabei das Lied „Sind wir vereint zur
guten Stunde", dann ein Lied auf Scharnhorsts Tod bei
Görschen. Endlich nahm Ulrich[1] (ein Bursch) sein Glas, bot
es Schleiermacher und sagte: „Bring Du das erste Lebehoch
aus!" und jener stand auf, wir alle mit ihm, und er sprach:
„daß der Geist, der die Helden bei Görschen beseelte, nie
erlösche!" Dann sprach Dr. Förster, nach Verlesung eines
Gedichts auf Kotzebues Tod: „Für Sand kein Lebehoch,
sondern daß das Böse falle, auch ohne Dolch!" Aber der
Wein fing schon an laut zu werden; wir alle riefen: „Hoch
lebe unser innig geliebter Freund und Bruder, der deutsche
Bursch Sand!" Dann tranken wir ... Auch die Professoren
jubelten wie Jünglinge.

297. *G. Asverus an seine Eltern*

11. 5. 1819

Hegel hat das große Verdienst um mich, meine Ansichten
zur Einheit gebracht zu haben und mir einen warmen Eifer
um die Wissenschaften beigebracht zu haben. Ich weiß jetzt
den Einheitspunkt von allem, was ich lerne, und deshalb
lerne ich mit Lust und Liebe und werde gewiß einmal etwas
Ordentliches leisten. Hegel hat mir Ansichten über den Staat
gegeben, und ich weiß jetzt, was da zu tun und zu lassen
ist, und weiß, daß eine Republik und Wahlreiche und
Gleichheit der Güter etc. nichts frommen. ... Förster ist
mein Freund und ein tüchtiger Mensch. Seine Redlichkeit
habe ich noch von keinem bezweifeln hören, denn alle lieben
ihn, und Hegel hat ihn sehr gern, der wahrlich die über-
spannten Leute nicht sehr liebt.

298. *P. D. A. Atterbom an E. G. Geijer*

20. 5. 1819

An die Philosophen Hegel und Solger, sowie an einen
jungen theologischen Professor Neander ... habe ich von
Breslau Briefe, die ich jedoch noch nicht abgegeben habe.
Vielleicht höre ich beim Erstgenannten als hospes ein Col-
legium in der Philosophie, vorausgesetzt, daß er zu einer
Zeit liest, da die Hitze erträglich ist, denn jetzt brennt die
Sonne, daß ich mich nach den Gassen Roms versetzt glaube.

299. *P. D. A. Atterbom an E. G. Geijer*

21. 5. 1819

Heute habe ich Hegel besucht, der sehr dürr und dialektisch
aussieht und mich anfangs mit Blicken musterte, die sehr
deutlich verrieten, daß er mich für einen petit maître oder
wenigstens Phantasten hielt; als er schließlich dahinterkam,
daß ich ein Freund von Schelling und Steffens wäre, taute
er etwas auf und sprach recht vernünftig Unterschiedliches
über den gegenwärtigen Stand der Philosophie. Er ist etwas
lang, aber noch viel bleicher und ungemein gravitätisch in
Haltung, Mienen und Aussprache.

300. *P. D. A. Atterbom an Gumaelius und Schröder*

25. 5. 1819

Grüßt Bruder Grubbe und sagt ihm, daß er am besten
täte, nicht länger darauf [auf Schellings „Weltalter"] zu
warten, sondern auf alle Fälle hin seine Abhandlung für die
„Svea" fertigzumachen. Wenn dann die Weltalter [von
Schelling] erscheinen, kann er ihr ja, gleichsam als Beilage,
eine Übersicht des Standes der Philosophie geben, in welchem sie in jenen dargestellt wird. Inzwischen kann er seine
Abhandlung damit schließen, daß er Hegel und Fries

charakterisiert, die gegenwärtig während des Schweigens
von Seiten Schellings die Hauptrolle in der deutschen Philosophie zu spielen scheinen. Daß der erstere durch seine vornehme und (was man nicht leugnen kann) solide Dialektik,
seine strenge Methode usw. scharfsinnigen und ernsten
Köpfen imponiert, ist nicht mehr wie billig; . . .

301. *Richard Rothe an seinen Vater*

Heidelberg, 11. 6. 1819

In diesen Tagen habe ich auch endlich das Porträt von
Hegel, auf das ich schon im vorigen Sommer subskribiert
hatte, erhalten. Es ist sehr wohl getroffen.[1]

302. *G. Asverus an Bollbrugge*

30. 6. 1819

[Am 18. fuhren wir] mit verschiedenen Professoren u. a.
Hegel, Hasse, v. Savigny, Göschen nach Treptow[1], von
Musik begleitet. Da wurde dann gegessen und getrunken
und gevivatet und viel gesprochen; aber leider nicht öffentlich, d. h. es trat keiner als Redner auf.

303. *G. Asverus an K. L. Loholm*

30. 6. 1819

[Hofrat Müller in Neubrandenburg ist] ein großer Verehrer
von Hegel, den er zuerst in Jena gehört[1] und dann fortwährend studiert hat. Er stellt ihn sehr hoch und nennt sein
System der Logik eines der größten Werke, welche die Welt
kennt. Seinen Bruder, unsern Doktor Karl[2], hat er auch
daran gekriegt, der studiert den Hegel mit Macht.

304. F. Förster an E. Förster

4. 7. 1819

Was ich nicht begreifen kann, ist, daß Du Hegeln mit einem Witz abfertigen willst, da ich doch von Dir gewohnt bin: ernste Prüfung, nicht schwör auf des Meisters Wort; erst eine Lehre fassen, hernach urteilen. Viele treue Schüler von Fries sind hernach Hegels treuere Schüler geworden; ich möchte wissen, ob einer Hegeln verlassen hat, um zu Fries überzugehen.

305. G. F. Creuzer an S. Boisserée

Heidelberg, 5. 7. 1819

Hegel scheint in Berlin einen mittleren Stand als Dozent zu haben. Desto höher stellt ihn dahier sein Lehrjünger Dr. Heinrichs [Hinrichs] [1], der in seiner Logik, die er jetzt vorträgt, die pythagoreische Beweisführung erneuert: „Er hat's gesagt." Gut ist, daß Daub gerade jetzt in seinen Lehrstunden über die Anthropologie das Selbstdenken aufrechterhält.

306. A. D. Ch. Twesten an Schleiermacher

Kiel, 20. 7. 1819

Sie fordern mich noch einmal zu der logischen Preisfrage [1] auf; es gehören aber wirklich zur Beantwortung mehr Bücher, als ich hier haben kann, und als ich auch eigentlich lesen mag, besonders, da man ja auch die neueren Werke von Bardili [2] und Hegel nicht würde umgehen können, die mir beide in ihrer Anlage verunglückt scheinen; denn was namentlich Hegel betrifft, so müssen ihm die logischen Formen entweder mehr, oder sie können ihm auch das nicht bedeuten, was sie ihm bedeuten. Was für ein ganz anderer Geist ist doch in Ihrer Dialektik als in dieser Logik! oder sollte ich doch das Rechte darin nur nicht gesehen haben?

Finden Sie wirklich etwas darin? ein Kollege hier, Berger[3],
ist sehr davon entzückt; aber noch soll ich das erste verständliche Wort von ihm hören, wodurch dieses Entzücken
gerechtfertigt würde.

307. Karl Rosenkranz

Einer seiner Zuhörer[1] befand sich, politischer Verbindungen
halber, im Gefängnisse der Stadtvogtei, das mit der Rückseite nach der Spree hinausliegt. Freunde des Gefangenen
hatten mit demselben ein Verständnis eröffnet, und da sie
ihn, wie auch die Untersuchung ergab, mit Recht für un-
schuldig hielten, so suchten sie ihm ihre Teilnahme dadurch
zu beweisen, daß sie mit einem Nachen um Mitternacht
unter das Fenster seines Gefängnisses fuhren und sich mit
ihm zu unterreden suchten. Einmal war es gelungen, und die
Freunde, gleichfalls Zuhörer Hegels wußten diesem die
Sache so darzustellen, daß auch er sich entschloß, eine Fahrt
mitzumachen. Sehr leicht hätte eine Kugel der Schildwacht
dem Demagogenbekehrer alle ferneren Bemühungen er-
sparen können. Auch scheint Hegel auf dem Wasser das Gefühl der seltsamen Situation angewandelt zu sein. Als der
Nachen nämlich vor dem Fenster hielt, sollte die Unterredung beginnen und aus Vorsicht lateinisch geführt werden. Hegel beschränkte sich aber auf einige unschuldige
Allgemeinheiten und fragte z. B. den Gefangenen: „num me
vides?" Da man demselben fast die Hand reichen konnte,
so war diese Frage etwas komisch und verfehlte nicht,
große Heiterkeit zu erregen, in welche Hegel auf der Rück-
fahrt mit Sokratischem Scherz einstimmte.

307 a. Karl Hegel

Ich gedenke noch aus der Zeit meiner Kindheit einer Reise
nach Rügen im Jahre 1819, auf welcher mich meine Eltern
mitnahmen.[1] Als wir in Schwedt an der Oder übernachte-

ten, war ich am andern Morgen dergestalt von Mücken zer-
stochen, daß ich die Augen nicht aufmachen konnte; die
Überfahrt von Rügen zurück wurde durch stürmisches Wetter um einige Tage verzögert.

307 b. *Heinrich Friedrich Link*

... als de Wette hier [in Berlin] entlassen worden[1], habe
allerdings eine Anzahl von Professoren demselben durch
jährliche Beiträge ein Jahrgehalt gesichert, bis er wieder ein
Unterkommen hätte; Link gab 30 Taler, Hegel 25, Schleiermacher 50, und andre in ähnlichem Verhältnis ihres Willens
und Vermögens. Die Regierung hat dies nie recht erfahren
können.

308. *Richard Rothe an seinen Vater*

Berlin, 3. 11. 1819

Am wohlsten fühle ich mich immer noch unter den alten
Heidelberger Bekannten, denen es meist nicht besser als mir
geht, und der wohlbekannte, obgleich nicht eben melodische
Vortrag Hegels ist für mein Ohr eine liebliche Musik vom
Ufer der Garonne.

309. *Richard Rothe an seinen Vater*

Berlin, 29. 11. 1819

Wenn die Hegelsche Philosophie jetzt so heftig bei Euch
betrieben wird, so wird Breslau wohl allgemach anfangen,
sich auf den Kopf zu stellen, und ich werde es gar nicht
mehr wiedererkennen. Nun in manchen Dingen wird eine
kleine dialektische Bewegung nichts schaden. Hegel soll
hier mit Schleiermacher sehr zerfallen sein, wozu die nächste
Veranlassung Schleiermacher gewesen sein soll.[1] Ich habe

mich übrigens neulich gefreut zu hören, wie Hegel auch von
Geschäftsmännern als philosophischer Koryphäus der neueren Zeit anerkannt wurde. Was die Spekulation betrifft,
dürfte sich Schleiermacher in Gottes Namen nicht schämen,
bei ihm in die Schule zu gehen, wie sich der alte Daub dessen nicht geschämt hat. Die Frau Professorin Hegel ist eine
sehr genaue Freundin von Nanny le Cocq, daher denn
diese letztere hin und wieder eine Brocke von der Hegelschen Lehre abbekommt. Am besten würde Hegel allerdings seinen Ruf begründen, wenn er unter den Damen sich
eine Schule zu stiften suchte. Ach, es ist nicht zu sagen, wie
sehr hier die Verdrehtheit in alle Verhältnisse des Lebens
gedrungen ist, und sie alle verwirrt hat.

310. L. Rödiger an J. F. Fries

Berlin, November 1819

Hegel schikaniert, wo er kann, wie er neulich bei Promotion
des jungen Fichte[1] gezeigt hat; trotzdem daß er den Por-
phyrius[2] ganz exzerpiert hatte, blamierte er sich doch durch
sein Latein und verdarb sich bei den hiesigen Gelehrten
seinen philologischen und gelehrten Ruhm. In seiner Geschichte der Philosophie sagte er: da meinen denn die Leute,
so läppisches Gewäsch, als das von Kant und Fries sei
Philosophie.

311. M. H. K. Lichtenstein an Schopenhauer

Berlin, 8. 12. 1819

Unsere Universität hat eine ziemliche Zahl Studenten, man
rechnet zwischen 1000 und 1100. Seit Hegel hier ist, scheinen die philosophischen Studien mehr Freunde zu finden,
als leider bisher der Fall war, denn Solger hatte nie so viel
Zuhörer und so viel Beifall, als seitdem, obgleich Hegel
doch wohl ein zahlreicheres Auditorium hatte.

312. Richard Rothe an seinen Vater

Berlin, 21. 12. 1819

Du fragst mich nach Einigem aus dem Hegelschen Naturrechte.[1] Gleich von vornherein muß ich nun sagen, daß er ein eigentliches Naturrecht, als eine von dem positiven Rechte toto genere verschiedene Rechtssphäre gar nicht statuiert, so wie er überhaupt gleich den Namen Naturrecht als unpassend verwirft, wegen der Beziehung auf den sogenannten Naturzustand, der ihm aber der schlechte, noch durchaus unfreie Zustand ist. Er gibt also nichts anderes als eine Rechtsphilosophie, d. h. die Wissenschaft von den immanenten an und für sich seienden Bestimmungen des Geistes nach der Seite hin, auf welcher er sich notwendig zum Staate entwickelt, und in diesem, als der Verwirklichung des an und für sich seienden Rechtes, erst seine Objektivität und sein Dasein findet. Freilich ist diese Verwirklichung des objektiven Rechtes eine verschieden vollkommene, je nachdem das Element, in welchem es sich verwirklicht, selbst mehr oder minder zum Bewußtsein seiner selbst und des an und für sich seienden, substantiellen Rechts gekommen ist. Überhaupt aber erhält das Recht seine wahre Verwirklichung erst in der Sitte, in welcher es zuerst als Familie, und dann auf einer höheren Stufe als Staat Objektivität erhält, und in welcher das Individuum das objektive Recht, das objektive Gute unmittelbar anschaut, und in der allgemeinen sittlichen Substanz die Besonderheit seines Willens aufgehen läßt. Er betrachtet insofern den Staat als eine Anstalt zur Befreiung des Menschen von seinem natürlichen, unmittelbaren, besonderen Willen, der ihm durchaus der schlechte ist, und, protestierend gegen jede Ansicht, nach welcher der Staat auf einem Vertrage beruht, sieht er den Staat als die notwendige, wesentliche Form an, welche der sich entwickelnde Geist sich gibt, und in welche er die Individuen mit einer allgemein vernünftigen, über ihnen selbst stehenden Notwendigkeit hineintreibt. Insofern ist es ihm wesentliche Pflicht eines jeden Individuums Bürger eines Staates zu sein; und er betrachtet die Stifter der Staaten, die oft gewaltsam die Individuen in

geschlossene Vereine zusammengetrieben, als Heroen, die
das Recht und seine Anforderungen über sich genommen. Du
siehst hieraus schon, daß er eigentlich kein besonderes Prinzip der (Natur-)Gesetze hat, außer der allgemeinen Notwendigkeit der sich begreifenden Vernunft, und daß sein Natur-
richter und Exekutor ganz natürlich der Staat ist, als die
Notwendigkeit und Macht des allgemeinen vernünftigen
Willens; und daß sein Naturrecht also weder Naturrecht
noch Sittenlehre ist, welche letztere vielmehr nur in die
Sphäre der Rechtsphilosophie fällt, und dann wieder entweder Moral- oder Pflichtenlehre (auf dem moralischen,
subjektiven Standpunkte, auf dem Standpunkte der Reflexion), oder eigentliche Sittenlehre ist (auf dem wahren
Standpunkte des Objektiv-Guten) und eben darum die
Lehre von den wesentlichen Formen des sich selbst an-
schauenden und begreifenden Geistes, der Familie und des
Staates und der notwendigen und immanenten Bestimmungen derselben. Daß er einen Zwang gegen den Verletzer der
Gesetze hat, ergibt sich hieraus von selbst, da er aufdeckt,
wie die Natur des Verbrechens wesentlich ist, sich eben
gegen den Verbrecher selbst zu wenden; und ebenso, daß
niemand weiter von dem quod natura omnia animalia doluit
entfernt sein kann als er. Es ist in der Tat ein sehr schönes
Collegium. Sein Kompendium über diese Wissenschaft wird
nächstens erscheinen, und es würde Dich gewiß interessieren, Dich mit ihr bekanntzumachen. Wir stehen jetzt
grade bei der Ehe, wo Hegel, wie die Leute sich ausdrücken,
sehr poetisch ist.[2]

313. *Schopenhauer an August Boeckh*

Dresden, 31. 12. 1819

Im Katalog wünschte ich sodann folgendermaßen angezeigt
zu werden ... Im Deutschen: „A. S. wird die gesamte Philosophie, d. i. die Lehre vom Wesen der Welt und dem
menschlichen Geiste vortragen, sechs Mal wöchentlich."[1]
— Die Stunde bitte ich nach Ihrem besten Dafürhalten aus-
zuwählen und beizufügen: am passendsten ist wohl die, wo
Herr Prof. Hegel sein Hauptkollegium liest.

314. Hallische Jahrbücher

Anfangs [d. h. in den ersten Semestern Hegels in Berlin] war es ziemlich still um und über den neuen Philosophen. Seine dunkle, abstruse Sprache und der ziehende, näselnde, kreischende, unterbrochene Vortrag schreckten zurück. Man meinte, er sei wo möglich noch unverständlicher als Fichte, und ihm fehlte das, wodurch jener entschädigt habe, die kräftige, männliche Persönlichkeit und Beredsamkeit. Man wollte zwar nicht leugnen, daß hinter ihm etwas stecken möge, aber bedauerte, daß ihm die Gabe der Deutlichkeit und des Ausdrucks nicht verliehen sei; man bewunderte im besten Fall seine Tiefe, aber verstand ihn nicht. Nachdem indes der erste Schreck überwunden war, und man sich in die wunderliche Manier und Sprache des Mannes einigermaßen gefunden hatte, fing man allmählich nach Berliner Art an, ihn interessant zu finden; viele seiner Ausdrücke wurden in der guten Gesellschaft, wie bei den Studenten zu Curiosis und zu Stichwörtern; man piquierte sich, ihn trotz seiner grandiosen Unverständlichkeit zu verstehen, man disputierte über das Ansich, Fürsich und An- und Fürsich und war erfreut, endlich das große Paradoxon von der Identität des Seins und Nichts begriffen und damit den eigentlichen Schlüssel seines Systems gefunden zu haben. Die Zahl seiner Zuhörer aus allen Klassen wuchs zusehends, und schon im Anfange der zwanziger Jahre gab es hier eine förmliche Hegelsche Schule.

315. Ernst Förster

Meinem Bruder lag indes vor Allem daran, mich für Hegels philosophisches System zu gewinnen, in welchem er die errungene Lösung der höchsten wissenschaftlichen Aufgaben, die rechte Weisung für das praktische Leben, die volle und ganze Wahrheit gefunden zu haben, unanfechtbar sicher

war. Er mochte wohl auch in der Annahme dieser besonders
von der Regierung begünstigten Lehre eine Sicherung
meiner künftigen Lebensstellung sehen und empfahl mir
deshalb nachdrücklich nicht nur den Besuch der Vorlesungen Hegels über „Logik" und „Naturphilosophie" [1], sondern
erklärte sich auch zugleich bereit, mich in dieselben (obschon
er sie bereits gehört) zu begleiten, um so leichter und gründlicher den Inhalt derselben mit mir durchsprechen zu können. Die unverkennbar gute Absicht brachte mich doch in
eine schwierige Lage, indem sie sich zwischen meine ursprüngliche und in Jena befestigte Gedankenrichtung und
meine Liebe, Verehrung und Dankbarkeit für meinen Bruder, wenn nicht feindlich, doch beunruhigend drängen
mußte.

Ich war mit voller Überzeugung ein Bekenner der Kantschen Lehre von den Grenzen menschlicher Erkenntnis als der
Grundbedingung eines klaren philosophischen Denkens ...
Dem tritt Hegel mit hohem, Vertrauen erweckendem Selbstbewußtsein und dem Ausspruch entgegen: „Es gibt keine
unüberwindlichen Schranken für das menschliche Wissen! —
Ich sage wie Christus: Wer zu mir kommt und meine Worte
hört, der wird die Wahrheit haben!" Den Einwurf der
Kritik der reinen Vernunft, daß der Mensch kein Organ besitze, Unendliches als Gegensatz des Endlichen zur Anschauung zu bringen, beseitigte er mit dem kühnen Kunstgriff
der Unterscheidung einer guten von einer schlechten Unendlichkeit, deren letztere als sinn- und inhaltslos keine Be-
achtung verdiene, während erstere mit der Endlichkeit in
der greifbaren und begreiflichen Wirklichkeit zum „Begriff"
sich verbindet. Daß das Universum mit seiner Raum-Un-
endlichkeit, Gott mit der Ewigkeit seines Wesens auf das
Gebiet der schlechten Unendlichkeit gedrängt und somit
verflüchtigt werden mußten, war die notwendige, wenn
auch nicht auf Alle sogleich und gleichmäßig wirkende
Folge. Der Gedanke der Weltenschöpfung löste sich in den
logischen Prozeß des Ansich, Fürsich und Anundfürsich auf.
Geist und Materie, Kraft und Stoff waren gewonnen, die
Welt mit ihnen, alles Darüberhinaus war Luxus.

Blieben diese, nach meiner Ansicht, vergeblichen tita-

nischen Anstrengungen gegen Gott und Ewigkeit im Allgemeinen wirkungslos, so war der Erfolg, welchen Hegel mit
seiner praktischen Philosophie errang, umso sicht- und fühl-
barer. Stets hatte ich in der Unmittelbarkeit des Gefühls
die volle Wahrheit, in der Übersetzung aber in eine gewählte Form eine unleugbar kühlere, die Wahrheit ab-
schwächende Temperatur empfunden. Nun sollte — nach
Hegel — gegenüber der fürsichseienden, subjektiven, nur
als Übergang dienenden Empfindung — allein das im Anundfürsich zum Begriff erhobene Gefühl die Wahrheit, die
wirkliche Wahrheit enthalten sein. Wohl ringen Schmerz
und Freude, Haß und Liebe und jegliche Begeisterung nach
einem über die gewöhnliche Sprache hinausgehenden Ausdruck, aber lebenswarm und wahr ist er nur in dem Maße,
als er der unmittelbaren Empfindung nahe kommt, und nur
zu leicht erkaltet er auf dem kurzen Wege vom Kopfe zum
Herzen. Folgerichtig ward das Gewissen, dieser unbestech-
liche Wegweiser und Richter für unser Handeln, von Hegel
als das Ungewisse, Fürsichseiende, nur als Übergangspunkt
zu der Höhe des Anundfürsichseins im Gesetzbuch, als der
alleinigen Richtschnur und Urteilsprechung, aufgefaßt und
festgestellt.

Ins Ungeheuerliche wuchs seine Staatslehre mit dem
Fundamentalsatz: „Das Wirkliche ist vernünftig und alles
Vernünftige ist wirklich!" womit allen Bestrebungen nach
Verbesserung gegenwärtiger Zustände, vor allem nach persönlicher, sowie nach erweiterter politischer Freiheit, Einheit
und Macht des Vaterlandes, die Spitze abgebrochen, Begeisterung dafür als gehaltloser Schaum und kindische Groß-
sprecherei gebrandmarkt wurde.

Unglaublich und doch vollkommen wahrheitsgemäß ist es,
daß Hegel für diese seine Lehren vollkommenen Erfolg errang, daß die akademische Jugend, daß fast alle meine
Studiengenossen, die eben noch für „Freiheit, Ehre und
Vaterland" in hellen Flammen standen, mit ironischem
Lächeln über sich selbst, die Lösung der Aufgabe auf ganz
entgegengesetzten Wegen suchten.

Fortan war selbst die Kamptzsche Polizeiwillkür[2] vernünftig, denn sie war wirklich; wie möchte man noch nach

Freiheit trachten, nachdem man die höchste Freiheit gewonnen in dem Niederreißen der Schranken, die dem Menschen die Erkenntnis der höchsten Wahrheit verwehren sollten!

Am empfindlichsten für mich ward das Verhältnis zu meinem Bruder von der neuen Lehre betroffen. War er in Betreff religiöser Fragen bis zur Ankunft Hegels in Berlin ein Anhänger Schleiermachers, und stand er mithin auf einer mittleren Stufe zwischen kirchlicher Lehre und freier historischer Auffassung des Christentums, in einer keineswegs befriedigenden Stellung, so war Hegels System ihm sogleich Befreiung und Befriedigung, ein Ergebnis, das mich nicht in gleicher Weise berühren konnte, da ich meines Wissens unbelästigt von dogmatischen Fesseln nach Berlin gekommen, während er mich noch auf der von ihm jetzt erst verlassenen Stelle eingeengt voraussetzte. Nun stand ich mit meinem Bekenntnis des Nichtwissens dem Truge des Scheinwissens gegenüber. Kein Gedankenprozeß führte zu einer Anschauung Gottes, und keine Schulphrase gab Gewähr der Seelenunsterblichkeit, und ohne beide mußte — so schien es mir — alles Leben erkalten.

Mit dieser Überzeugung, die in mir feste Wurzel geschlagen, stand ich nicht nur meinem Bruder, sondern der Mehrzahl meiner Freunde unter den Zuhörern Hegels gegenüber, welche den Worten des Meisters — als spräche der heilige Geist — mit Hingebung folgten, wobei ihnen die Welt, das Weltganze geradezu verduften mußte. Kein Sandkorn, nicht ein kleinstes Atom konnte aufgehen auf den ins Nichts gesäten „Ansich"; der ganze Schöpfungsprozeß der drei Momente des Ansich, Fürsich und Anundfürsich ist ohne wirkliche Unterlage ein bloßer Gedankenprozeß, und damit seine Wirklichkeit eine nur gedachte, körperlose. Und dennoch sollte diese Wirklichkeit das Alleinvernünftige sein!

Gingen gegenüber diesen Zielen unsere Wege auseinander, so stellte sich bei anderen Fragen Übereinstimmung bald wieder her. Ein Mensch wie er, voll Mitgefühl, Hingebung und Güte, voll Liebe, Mut und Tapferkeit, konnte wohl der Unmittelbarkeit des Gefühls das Recht der vollkommenen Wahrheit nicht auf die Dauer absprechen und die Lehre von der Vernünftigkeit alles Wirklichen erhielt

auch sehr bald bei ihm durch seinen angebornen Freiheits-
und Oppositionsgeist die rechte Einschränkung, die ihm
nicht nur den Scherztitel eines „Hofdemagogen" zuzog,
sondern auch die Hand leitete, als er daran ging, die Geschichte Preußens zu schreiben. Ja daß auch Hegel bei dem
bedenklichen, vieldeutigen Satz eine reservatio mentalis im
Stillen bewahrte, gab er meinem Bruder und dem mit ihm
eingeladenen Professor Gans an einem 14. Juli in Dresden
zu erkennen, indem er sie aufforderte, auf den Ruhm des
Tages, die Erstürmung der Bastille, das Glas zu erheben
und zu leeren[3], womit bekanntlich der noch nicht beendete
Kampf gegen das Wirkliche und durchaus Nichtvernünftige
in Paris begonnen hatte.

Neben den Vorträgen Hegels, die sich — abgesehen von
dem nicht immer sonnenklaren Inhalt — durch einen holp-
rigen, durch vieles Räuspern unterbrochenen, nach dem
rechten Gedankenausdruck suchenden Vortrag unvorteilhaft
auszeichneten, war die Geschichte der griechischen Philosophie aus dem beredten Munde Schleiermachers eine wahre
Erquickung.

316. Heinrich Leo

Hegel kam nach Berlin. Er erkannte bald, daß er sich die
bedeutendste Stellung geben würde, wenn er sich zum
Werkzeuge der Befreiung von dem andringenden Einflusse
des exklusiven Kreises machte. Vielleicht war schon zwischen
dem Ministerium und dem Quasiministerium eine geringe
Verstimmung vorhanden, als Hegel ankam. Er hatte den
Scharfblick und den Mut in die entstandene Spalte als weiter-
treibender Keil einzudringen; Front zu machen gegen den
exklusiven Kreis, und es mit dessen Haß aufzunehmen. Bald
sahen wir die heftigste Feindschaft zwischen Hegel und
Savigny, zwischen Hegel und Schleiermacher, zwischen Hegel und einem großen Teile der Mitglieder der Akademie
der Wissenschaften ausbrechen. Wir begriffen anfangs nicht,

was Hegel vorhabe; als uns ein Licht aufging sahen wir, daß
er nicht bloß im Whist ein vortrefflicher Spieler war. Der
Kreis, gegen welchen er damals Front machte, zeigte, als de
Wette entlassen ward[1], zum Teil ausgesprochene Sympathie
mit diesem. Hegel sprach sich hart gegen de Wette aus.
Der eigentümliche Umfang liberaler Ideen, welche in den
Befreiungsjahren in Berlin gewaltet, hatte an dem exklusiven Kreis einen geeigneten Punkt der Niedersetzung gefunden. Hegel hatte diese Ideen nie geteilt; er war früher
für Napoleon begeistert; dann in dem Streite der württembergischen Stände mit der Regierung entschieden für die
letztere gewesen. Er blieb nur konsequent, wenn er sich in
Berlin zum Verteidiger der Regierung in den Maßregeln
gegen de Wette, gegen die Demagogen aufwarf; wenn er
sich dem damals so gehaßten Regierungsbevollmächtigten
Geheimrat Schulz[2], anschloß. Nach solchen Schritten Hegels brannte es freilich in allen Ecken, und wir erinnern uns
noch all' des Schimpfens über den Philosophen, der es auch
nach anderen Seiten hin mit der öffentlichen Meinung aufnahm, und beim Zuschauen am Turnplatz witzig und laut
die närrische Pedanterei, die hier in einer sonst löblichen
Sache mit der Jugend getrieben ward, verspottete. Wie sehr
aber auch in den verschiedensten Kreisen Berlins über den
Philosophen gescholten wurde; das Ministerium erkannte,
was es an Hegel habe; hielt ihn nicht nur, sondern hob ihn
immer mehr. Mit dieser Umwandlung in dem Leben der
gelehrten Kreise Berlins, in welche Hegel wie eine zer-
setzende Säure, wie ein wahrhaft chemisches Element eingriff, sahen wir eine andere das Ministerium näher ange-
hende sich entwickeln. Süwern[3] hatte eben noch den bedeutendsten Einfluß gehabt. In ihm war ein Glied jener
aristokratischen Kette in den Geschäften des Ministerii unmittelbar tätig; in allen seiner Bearbeitung anvertrauten
Angelegenheiten wirkte also auch unmittelbar der Sinn weiter, der früher geherrscht. Nun ward vom Rheine Johannes
Schulze nach Berlin in das Ministerium gezogen. Der ausgezeichnete Gelehrte, der unermüdliche Arbeiter, der ge-
wandte Weltmann konnte überhaupt nur als Gewinn erscheinen. Es war ihm aber eine eigentümlichere Bedeutung

vorbehalten. Man sah allmählich alle Arbeiten, die Süwern gehabt, in seine Hände übergehen; auch diesen point d'appui verloren die früher herrschenden Kreise; Süwerns Verstimmung und eintretende Kränklichkeit erleichterten den Prozeß. — Es liegt in ausgezeichneten Menschen ein Instinkt, der sie ihre Lage oft da verstehen und fassen lehrt, wo die Prämissen noch gar nicht deutlich genug vorliegen, um einen mit klarem Bewußtsein auszusprechenden Schluß zu erlauben. Ein solcher Instinkt wirkte wohl in Schulze; ein solcher wirkte in Hegel. Man sah beide bald als innigste Freunde, von gegenseitiger Verehrung durchdrungen. So hatten sich die Elemente des Berliner Gelehrtenlebens getrennt und verbunden.

317. *Johannes Schulze*

[Ich beschloß] zunächst ein umfassendes Studium der Philosophie in ihrem neuesten System umso mehr eintreten zu lassen, als ich dasselbe bisher auf Spinozas Ethik, auf Schleiermachers Vorlesungen über die philosophische und christliche Ethik, auf Kants Kritik der reinen Vernunft und auf einige wenige spekulative Dialoge Platos beschränkt hatte. Zu diesem Zweck besuchte ich von 1819—1821 täglich in zwei Abendstunden sämtliche Vorlesungen Hegels über Enzyklopädie der philosophischen Wissenschaften, Logik, Psychologie, Philosophie des Rechts, Geschichte der Philosophie, Naturphilosophie, Philosophie der Kunst, Philosophie der Geschichte und Philosophie der Religion und scheute die Mühe nicht, mir den Inhalt sämtlicher Vorlesungen durch sorgfältig von mir nachgeschriebene Hefte noch mehr anzueignen. [Nach Beendigung seiner Vorlesungen pflegte] Hegel mich durch seinen Besuch in meiner Wohnung zu erfreuen oder bei einem gemeinschaftlichen Spaziergang auf die weitere Erörterung einzelner von mir aufgeworfener Fragen über Gegenstände seines Vortrags einzugehen. . . .

Wie viel ich seinen Vorlesungen, seinen Werken und seinem vertrauten Umgang in Bezug auf meine wissenschaftliche Ausbildung, meinen folgerecht behaupteten politischen Standpunkt und meine hierdurch bedingte öffentliche Wirksamkeit zu danken habe, vermag ich weniger in Einzelheiten aufzuweisen als ich mich vielmehr aus inniger Pietät gegen meinen heimgegangenen Freund verpflichtet fühle, freimütig zu bekennen, daß er mir stets in Hinsicht auf Behandlung des höheren Unterrichtswesens im preußischen Staat ein treuer, einsichtiger, selbstloser Berater gewesen ist. [Gegenüber der] von manchen Seiten erhobenen Anklage, daß das Altensteinsche Ministerium Hegel und sein philosophisches System einseitig begünstigt habe, [ist hervorzuheben,] daß Hegel weder je eine Gehaltszulage noch die ihm bei seiner Berufung verheißene Ernennung zum Mitgliede der Akademie der Wissenschaften erhalten hat und daß auf den preußischen Universitäten neben Schülern oder Anhängern Hegels auch die Vertreter anderer philosophischen Systeme angestellt sind.

1820

318. *Richard Rothe an seinen Vater*

Berlin, 5. 1. 1820

Du fragst mich, was Hegel denn von dem Menschen außerhalb des Staates hält. Er schreibt ihm gar kein Recht zu, außer dem Rechte der unmittelbaren, natürlichen Begierde, und keine andere Pflicht, als die Pflicht in den Staat zu treten; ja weit mehr, er rechnet ihn noch gar nicht für einen Menschen. Es gibt nach ihm überhaupt kein wahrhaftes, konkretes Recht außer dem Staate, und ich weiß nicht, ob dies nicht vielleicht ein sehr allgemein einleuchtender Gedanke sein möchte.

319. *J. G. Langermann an Jean Paul*

23. 1. 1820

Unsere Generation liebt die Erfahrungswissenschaften und weiß doch nicht zu beobachten, lernt den Verstand nicht gebrauchen, sperrt halbe Jahre lang das Maul auf bei Hegel und erschnappt nichts. Von der alten Instrumental-Philosophie lernt man auf Schulen und Universitäten nichts mehr.

320. *Schopenhauer an August Boeckh*

Berlin, 18. 3. 1820

... habe die Ehre gehorsamst anzuzeigen, daß ich gestern bei dem Herrn Professor Hegel um die Erlaubnis angehalten habe, meine Probevorlesung über einen von mir selbst gewählten Gegenstand halten zu dürfen, nämlich über 4 verschiedene Arten von Ursachen, aus welchen alle in Raum und Zeit erscheinende Wesen sich mit Notwendigkeit bewegen, und welchen 4 Arten von Ursachen gemäß, diese Wesen selbst in 4 Arten zerfallen, nämlich in leblose Körper, die sich nach Ursachen im engsten Sinne des Wortes bewegen; in Pflanzen, deren Bewegungen und Veränderungen nach Reizen vor sich gehn; in Tiere, die durch Motive bewegt werden, und zwar durch solche, welche konkret, d. h. anschauliche Vorstellungen sind, die Fähigkeit zu welchen der Verstand ist; und endlich in Menschen, deren Tun durch Motive in abstracto geleitet und bestimmt wird, d. h. durch nichtanschauliche, allgemeine, abstrakte Vorstellungen, Begriffe, Gedanken, die Fähigkeit zu welchen die Vernunft ist.

Herr Professor Hegel hatte die Güte, mir mit der größten Bereitwilligkeit seine Genehmigung dieses Themas meiner Vorlesung zu erteilen.

321. *Karl Bähr*

23. 3. 1820

Die Disputation fand unter Boeckhs Vorsitz statt: Schopenhauer hatte zu seinem Thema gewählt die drei Arten von Kausalität: Ursachen (mechanische, physikalische, chemische), Reize und Motive. Hegel stellte, wahrscheinlich um Schopenhauer in Verlegenheit zu setzen, die Frage: wenn ein Pferd sich auf der Straße hinlege, was da Motiv sei. Schopenhauer antwortete: der Boden, den es unter sich finde, verbunden mit seiner Müdigkeit, einer Gemütsbeschaffenheit des Pferdes. Stünde das Pferd an einem Abgrunde, so würde es sich nicht hinlegen. Hegel warf ein: „Sie rechnen die animalischen Funktionen gleichfalls zu den Motiven? also der Schlag des Herzens, der Blutumlauf usw. erfolgen auf Anlaß von Motiven?"

„Da zeigte sich Monsieur Nichtswisser!", schaltete Schopenhauer ein.

In der Tat offenbarte der summus philosophus in dieser Frage seinen Mangel an naturwissenschaftlichen Kenntnissen. Schopenhauer mußte ihn belehren, daß man nicht

diese Erscheinungen, sondern die bewußten Bewegungen
des tierischen Leibes animalische Funktionen nenne. Er
berief sich dabei auf Hallers „Physiologie". Hegel: „Ach,
das versteht man nicht unter animalischen Funktionen." Da
steht unter den anwesenden Professoren ein Mediziner von
Fach (Dr. Lichtenstein) auf und unterbricht Hegel mit den
Worten: „Sie verzeihen, Herr Kollege, wenn ich mich hier
ins Mittel legen und dem Herrn Dr. Schopenhauer in diesem Falle recht geben muß: unsere Wissenschaft bezeichnet
allerdings die in Rede stehenden Funktionen als die animalischen." Hiermit wurde die Disputation geschlossen.

322. K. Ch. F. Krause an seinen Vater

Dresden, 2. 5. 1820

Wir werden es sehen, Brockhaus wollte meine Kritik des
Hegelschen usw. Systems schon zu Ende Aprils haben,
schrieb mir aber Anfang Aprils, es hätte keine Eile damit.
Wahrscheinlich hat ihn jemand wider mich eingenommen.
Ich habe ihm geschrieben, es stehe bei ihm, ob er diese
Kritiken haben wolle oder nicht. Denn diese Arbeiten loh-
nen sehr schlecht, an Erfolg und an Honorar.[1]

323. Friedrich Förster

Ein Hauptzug in dem Charakter Hegels war der ihm eigene
moralische Mut, für welchen seine gesprochenen, wie seine,
durch den Druck veröffentlichten Worte genugsam Zeugnis
ablegen. Hier sei noch einer Äußerung Hegels in Beziehung
auf die Französische Revolution Erwähnung getan, welche
seinem Biographen nicht bekannt geworden sein mag. Im
Sommer 1820 machte ich mit Hegel eine Reise — Ausflug
konnte man es damals, wo man drei Tage darauf zubrachte,
nicht nennen — von Berlin nach Dresden. Es war das erste
Mal, daß Hegel vor der Madonna Sistina Raphaels, vor der

Nacht Correggios stand! Eines Abends saßen wir mit einigen aus Jena, Heidelberg und andern Universitäten anwesenden Freunden im Gasthofe zum blauen Sterne beisammen. Hegel lehnte ein Glas vom besten Meißner, welches man ihm anbot, ab; und auf seine Bestellung brachte der Kellner einige Flaschen Champagner-Sillery. Ich ersuche die Herren, sagte Hegel, nachdem er ringsum eingeschenkt hatte, zum Gedächtnis des heutigen Tages die Gläser zu leeren. Wir alle taten es, ohne uns sofort der Bedeutung dieses Tages zu erinnern. Befremdend sah Hegel uns an, und sagte dann mit erhobener Stimme: „Dies Glas gilt dem 14. Juli 1789", — der Erstürmung der Bastille. [1]

324. Karl Förster, Tagebuch

24. 7. 1820

Mittag einige Freunde bei uns; Großheim [1] spricht mit großer Anhänglichkeit von Hegel, auch von dessen Einflusse zur Unterdrückung übertriebener Deutschtümerei. Er scheint sich als offner Gegner Friesens zu gerieren; ...

325. Karl Ludwig Michelet

Zunächst jedoch wendete ich mich nicht Hegel, sondern Schleiermacher zu. Gegen Hegel herrschten starke Vorurteile, und der mit meiner Familie verwandte und befreundete Ancillon [1] riet dem unerfahrenen Jüngling von dieser Philosophie ab. ... Doch blieb Schleiermacher nicht das letzte Wort meines Philosophierens; und Boumann [2], der außer Schleiermacher noch sogleich Hegel hörte, brachte mich zu diesem, wie ich Hotho [3], während Bodelschwingh [4] nicht recht anbeißen wollte.

Die Veranlassung, mich zu Hegel zu wenden, gab ein langes Gespräch, das ich mit Boumann am 15. August 1820 in Dresden ... hatte ... Boumann hatte aus Hegel zunächst

nur die Einheitlichkeit des Prinzips entnommen, die er mir
nun in ganz pantheistischer Form, wie im Spinozismus, über
den ja auch seine Inaugural-Dissertation[5] handelt, vortrug.
„Ich fange", sagte er, „beim Gegebenen, welches durchaus
das Einzelne ist, an: und suche durch dessen Hilfe zur
Kenntnis des Allgemeinen und Allgemeinsten, d. h. der
höchsten Vollkommenheit, der absoluten Einheit, zu gelangen. Eine Gattung, welche der Inbegriff aller Dinge derselben Art ist, muß natürlich vollkommener sein, als ein
Individuum dieser Gattung. Die Einheit zur Totalität der
Gattungen ist das Vollkommenste; und das ist die Gottheit.
Die Macht der Gottheit ist der Inbegriff der Kräfte aller
Wesen aus allen Gattungen."

326. Karl Förster, Tagebuch

Ende August 1820

Hegel, dessen Ankunft wir erwarteten, langte den 26. August hier [in Dresden] an. Wir hatten in unserm Hause,
dem blauen Stern, für ihn ein Zimmer bestellt, wodurch, da
nur eine Stiege seine Wohnung von der unsrigen trennt,
mir der reiche Genuß wird, den bedeutenden Mann viel zu
sehen, näher kennen und somit herzlich lieben zu lernen.
Seine erste Erscheinung wollte mich nicht ansprechen; er
war einsilbig und wortkarg; aber wir fanden uns bald und
ich war mit seiner Persönlichkeit schnell und vollkommen
ausgesöhnt; sein Wesen zieht mich innig an; er ist anspruchslos, gerade, einfach und gemütvoll; auf seinen Gesichtszügen liegen die Spuren langer und anstrengender
geistiger Beschäftigungen; sein Vortrag ist durchaus ruhig;
aber was er spricht, ist klar und gründlich, ein lauterer
Quell, der nicht versiegen wird; die kleinen Steine, womit
man diesen Quell trüben will, auch noch in der Zukunft ihn
zu trüben versuchen wird, werden doch endlich rein und
geläutert aus derselben emporsteigen.
    Auf dem Wege zur Kunstausstellung, wohin ich ihn ge-
leite, entwickelt sich ein Gespräch über Kunst im Allgemei-

nen, bei aller Dialektik zeigt er doch viel warmen regen Sinn
für Kunst und Leben; nur daß er immer mehr dem Tech-
nischen sich hingibt und über dem Analysieren des Kunst-
werks den Eindruck des Ganzen oft verliert. Er ist der altdeutschen Kunst nicht hold und freute sich, als ich ihm
sagte, daß dies im Geiste unserer Ausstellung sei. Er hatte
die Ausstellung doch bedeutender gedacht. — Dr. Hase[1]
gesellte sich zu uns und Hegel hatte große Freude, in ihm
nicht nur einen alten Schüler, sondern auch einen Bearbeiter
des Aristoteles zu finden. Auf dem Bade, wohin wir fahren,
treffen wir Böttiger; sie begrüßen sich recht gütlich, obschon
früher in einem philosophischen Journal Böttiger von Hegel
scharf mitgenommen.[2] Die Unterhaltung bewegte sich sehr
im Allgemeinen, Hegel erzählte, wie Gries und Streckfuß[3]
bei ihm zusammengetroffen, wie interessant und freundlich
dieses Begegnen gewesen sei; dann teilt er viel Einzelheiten
mit, über die vertraulichen Verhältnisse, in welchen Gries
mit Voß dem jüngern gelebt. — Bei der Heimkunft bitte ich
Hegel den morgenden Abend seine Gegenwart uns nicht zu
entziehen, er werde einige Freunde finden, mit welchen
wir, wie schon oft geschehen, den 28. August, Goethes Geburtstag, feiern würden; worauf er in seiner treuherzigen,
schwäbischen Weise erwidert: „recht schön, heut' aber
wollen wir erst den Hegel leben lassen, der ist den 27. geboren." Ich wußte nicht, oder hatte vergessen, daß die
Lebensfeste der beiden ausgezeichneten Menschen so nahe
sich folgen. Wir blieben noch ein paar Stunden zusammen
und der Becher schäumender Champagner ward auf das
Wohl des lieben Gastes mit treuen Wünschen geleert. Auch
der nächste Abend bietet ein heiteres Zusammensein, wo
sich auch Tieck, Hasse's, v. Schreibershofen[4], Hase, v. Zeschau (unter dem Dichternamen Willibald bekannt)[5] bei uns
einfanden, und wo Tieck den Othello in aller Meisterschaft
vorlas.

326 a. Varnhagen v. Ense

Hegel und Ludwig Tieck waren lange Zeit in ganz gutem
Vernehmen; ich selbst sah beide so in Dresden. Zu späterer
Zeit aber waren sie ganz entzweit. Tieck selbst erzählt den
Anlaß wie folgt: Hegel hatte eine Vorlesung des Shake-
speareschen „Othello" sehr aufmerksam angehört und machte nach deren Schlusse dem Vorleser die schönsten Lobsprüche wegen seines Lesens, fügte aber dann hinzu: „Was
muß das für ein zerrissenes Gemüt, für ein düsterer Geist
gewesen sein, dieser Shakespeare, um solch eine Masse
greuelhafter Verwirrung in sich aufzunehmen!" Das hielt
Tieck nicht aus. „Herr Professor", rief er entrüstet, „sind Sie
des Teufels! Wie kann Ihnen so was Verkehrtes einfallen?
Nie hat es ein harmonischeres, in sich versöhnteres, heitere-
res Dasein gegeben, als das von Shakespeare!" Und so fuhr
er scheltend fort, daß es Hegel übelnahm und nie wieder zu
Tieck gehen wollte. — Die unvereinbaren Gegensätze waren
früher schon ganz fertig und hielten sich nur verhüllt.

327. Karl Förster, Tagebuch

September 1820

Hegels Frau, eine geborene Tucher (aus dem alten Patrizier-
geschlechte der Tucher) aus Nürnberg, kehrt von dort von
einem Besuche bei ihren Verwandten zurück. Es ist eine
liebe Frau, voll Herz und Gemüt und voll warmer Teilnahme für alle wissenschaftlichen Interessen ihres Gatten. —
Hegel erfreut sich an meinen Büchern, von welchen er ein
und das andere in sein Zimmer mitnimmt. Er sagt mir viel
Freundliches über meine Bibliothek und über die Wahl und
die Sorgfalt, mit welcher die Fächer geordnet, es habe ihn
überrascht, so viel Bedeutendes zu finden. Er legt es mir
als eine Pflicht dar, meine hiesige Stellung aufzugeben und
da er, in Folge des an mich ergangenen Wunsches, meine
Wirksamkeit dem preußischen Staate zuzuwenden, sich mit
mir näher zu besprechen veranlaßt ist, nennt er mir die

Universität in Berlin, wo zunächst im Fache der deutschen Literatur und Sprache, meinen Kräften ein würdiges Feld sich öffne. Auch ist das Erbieten eines Gehaltes von 2000 Tlr. ganz ehrenvoll und hat mich überrascht ...

Am 11. September reisen Hegels ab. Das Scheiden tat mir fast weh. Die nähere Bekanntschaft dieses hellen, scharfsinnigen Geistes, der Umgang des einfachen wohlwollenden Menschen, hat mir in gleicher Weise wohlgetan.

328. *Gustav Parthey*

Während meines kurzen Aufenthaltes in Berlin [Herbst 1820] wurden im akustischen Gartensaale einige Musiken gegeben, unter denen der Don Juan obenan stand. Aller solcher mit den ... ausgezeichneten Kräften unter Kleins [1] meisterhafter Leitung veranstalteten Aufführungen gedenke ich mit der größten Befriedigung.

Von den Zuhörern und sonstigen Besuchern nenne ich den ... Staatsrat von Klüber [2], den soeben an die Berliner Universität berufenen Geographen Karl Ritter [3], den Philosophen Hegel, den Maler Wilhelm Schadow [4], den Bildhauer Rauch [5] mit seiner schönen Tochter, den Hofrat Meyer [6] aus Weimar, Goethes genauen Freund und Kunstbeirat.

Nach der Aufführung des Don Juan [7] bekundete Hegel in seiner unbeholfenen Sprache eine so warme Vorliebe für diese Musik, daß Klein, der ihn schon in Heidelberg gekannt, nachher zu uns sagte: jetzt bin ich dem stotternden Philosophen erst recht gut geworden!

329. *Eine unbekannte Dame an Goethe*

Herbst 1820

Wenn ich nun ein andermal Ihnen nach Ihrem Wunsche darüber Bericht zu geben gedenke, wie hier die Naturwissenschaft einen geistigeren Boden gewonnen hat, seitdem

Hegel, von Heidelberg hierherberufen, Philosophie der
Natur vorträgt, und einen Kreis jüngerer Physiker um sich
sammelt, die mit emsiger Forschung nichts versäumen, was
die Erfahrung gefunden hat, aber nun auch darangehen,
den Gedanken der Natur zu fassen und die Bewegung der
Weltseele, so will ich diesmal einen nicht minder erfreu-
lichen Bericht Ihnen über die Leistungen unserer Künstler
geben ...

330. Susanne v. Tucher an Marie Hegel

Nürnberg, 16. 11. 1820

In der Vorrede [zur Rechtsphilosophie] hoffe ich vielleicht
etwas naschen zu dürfen, außerdem möchte es wohl sehr
unverdauliche Kost für den schwachen Magen eines Weibes
sein, des Ruhms gewiß, den der gute Hegel davontragen
wird, von diesem neuen Geistesprodukt, das in jetziger Zeit
nach allem was ich davon gehört habe, umso eindringlicher
einesteils sein muß, als es delikat für den Verfasser war —
freue ich mich im Voraus darauf, was ich darüber hören werde, ich habe schon meine Leute aufgestellt, die mir getreu
rapportieren werden. Gottlieb machte mir letzthin die Freude, mir einen Brief von einem seiner Freunde vorzulesen, der
früher Hegel nur stückweise gelesen hatte, ihn nicht verstand, daher ihn nicht beurteilen konnte und wie das denn
oft und immer der Fall ist, aus diesem Grund seiner Philosophie nicht wollte Gerechtigkeit widerfahren lassen. Auf
Gottliebs Anraten fing er an, Hegel ernstlich zu studieren,
und nun kam ein Brief, der Gottlieb dankt, daß er ihn auf
solchen Weg gewiesen habe und der des Rühmens des herrlichen Hegels kein Ende finden kann. Das sage ich nur Dir,
... die so wie jede Deiner Art, gern von ihrem Mann
sprechen hört, aber meinst Du nicht, Hegel könnte das für
eine Entweihung halten? — so sage ihm nur ja nichts
davon.

331. Ernst Förster

Noch im November [1820] konnte ich [in München nach längerer Krankheit] den ersten Ausgang wagen; er führte mich in den „Englischen Garten" ... Auf dem schmalen Wege, den ich eingeschlagen, ging im langsamen Schritt eines Gelehrten ein Mann vor mir her; er hielt die Hände auf dem Rücken und in ihnen ein offenes Buch, auf dessen umgeschlagenem Titelblatt ich die Worte las: „Phänomenologie des Geistes". Auf meine achtungsvolle Begrüßung und die Bemerkung: „Sie beschäftigen sich, wie ich sehe, mit Hegel", ward er sogleich zutraulich, bejahte meine Bemerkung, jedoch mit dem Zusatz: „als sein Gegner". Wir kamen ins Gespräch, zunächst über die Phänomenologie, der ich von Hegels anderen Schriften den Vorzug gab, was er nicht unbedingt billigte. Er sprach sehr geistreich. Es war Franz v. Baader.[1] Wir trafen uns fortan öfter um dieselbe Stunde im Englischen Garten und — bei „Hegel".

332. W. M. L. de Wette an Schleiermacher

Weimar, 30. 12. 1820

Von Hegel liest und hört man schreckliche Dinge. Lies doch die Vorrede zu seiner Staatslehre, worin er gegen mich und Fries spricht.[1] Die Verleumdung kann nicht boshafter auftreten, als es hier geschieht. Und welche Niederträchtigkeit, den Rechtfertiger des K.schen Systems und der Schändung des deutschen Gelehrtenstandes zu machen. Was Fries betrifft, so tut es mir leid, daß auch Du und andre Gutgesinnte ihm Unrecht tun.

333. *Schleiermacher an G. Ch. F. Lücke*

Berlin, 5. 1. 1821

Hegeln denke ich gar nicht in die Parade zu fahren; ich habe keine Zeit dazu. Auch ist es mehr eine Herabsetzung der Religion überhaupt, die ihm eine niedere Stufe bezeichnet als des Christentums; vielmehr berufen sich seine Anhänger darauf, daß er in der Bibel prophezeit sei. In philosophische Polemik kann ich mich gar nicht einlassen, weil ich sie als einen Unsinn ansehe. —

334. *J. F. Fries an L. Rödiger*

6. 1. 1821

Ich habe im Augenblick wenig Lust [etwas gegen Hegel zu schreiben], und Hegels metaphysischer Pilz ist ja nicht in den Gärten der Wissenschaft, sondern auf dem Misthaufen der Kriecherei aufgewachsen. Bis 1813 hatte seine Metaphysik die Franzosen, dann wurde sie königlich württembergisch und jetzt küßt sie dem Herrn von Kamptz die Karbatsche. Wenn er Beifall findet, so ist dies nur ein Beweis der wissenschaftlichen Ungebildetheit und der Geistlosigkeit des Publikums, von welchem er gehört wird. Wissenschaftlicher Ernst wird gegen diesen Propheten unter den Bütteln nicht die rechte Waffe sein. Überhaupt muß es ja in dieser Zeit des politischen Katzenjammers, wo jede freie oder auch nur fröhliche Äußerung verdächtig gemacht wird, einem jeden ekelhaft sein, öffentlich über politische Gegenstände zu sprechen.

335. *F. v. Baader an F. Schlegel*

Schwabing bei München, 6. 2. 1821

Bei aller Achtung, die ich darum Hegeln auch schon deswegen zolle, weil er der erste mit kühner Hand den Selbst-
verbrennungsprozeß der neuern Philosophie (ihr auto-da-fe)
anfachte, kann ich Ihm doch die Ironie nicht vergeben, mit
welcher [er] selber (Phänomenologie S. 261) die Gabe der
Prophezeihung die nennt: „Das Heilige und Ewige unver-
nünftigerweise auszusprechen"[1], — weil mit diesem bon-
mot so wenig das wirkliche Ausgesprochenwerden als Tatsache widerlegt als eine vernünftige Erklärung dieser Erscheinung gegeben ist. —

336. *F. K. v. Savigny an G. F. Creuzer*

Berlin, 6. 2. 1821

Ein Hauptanhänger von Hegel, Henning, der auch Ihr Schüler ist, hat in diesen Tagen als Philosoph promoviert. Seine
Schrift „de systematis feudalis notione"[1] müssen Sie ja
lesen. Er zeigt darin, daß die Sueven und Sachsen bloß
philosophische Ideen sind, jene die Idee der „generalitas",
diese der „singularitas": weil aber doch jedes Ding wieder
eine „totalitas" sein müsse, so seien auch die Sueven nicht
ganz ohne „singularitas" gewesen (die Verheerung der
Grenzländer) und die Sachsen nicht ohne „generalitas" (ihre
Auswanderungen). Überhaupt wird mir die ganze Wirksamkeit von Hegel immer bedenklicher. Fichte hatte und er-
zeugte nicht weniger Anmaßung, aber es war doch in ihm
und seinen Erzeugnissen mehr frischer lebendiger Geist,
hier kommt es mir weit philisterhafter vor, was auch von
der sonderbaren versöhnenden Weltklugheit gilt, womit er,
wenn von den unangenehmen Ereignissen und Einrichtungen der neueren und neuesten Zeit die Rede ist, auftritt.

337. J. F. L. Göschen an M. H. K. Lichtenstein

Berlin, 8. 2. 1821

Herr Professor Hegel hatte, so viel ich mich entsinne, die Einladung[1] im vorigen Jahr schon angenommen, als er erklärte, nicht erscheinen zu können.

338. Jean Paul an seinen Sohn Max

Bayreuth, 20. 2. 1821

Hegel ist der scharfsinnigste unter allen jetzigen Philosophen, bleibt aber doch ein dialektischer Vampir des innern Menschen.

339. A. D. Ch. Twesten an Schleiermacher

25. 2. 1821

Besonders viele Freude hat mir die Abhandlung über den Tugendbegriff gemacht; ... Gefreut hat mich insonderheit auch die Methode der Behandlung; sie hat gewissermaßen gedient, meine Zuversicht zu dem, was ich für die wahre Methode des Philosophierens halte, zu stärken; wenn man die phantastische Willkür Schellings und die „dialektischen Bewegungen", wodurch Hegel in stetem Setzen und Aufheben vom Nichts zu allem fortschreiten will, von so vielen Seiten preisen hört und nachahmen sieht, so könnte man wirklich wohl zu der Furcht kommen, daß man nur ein gewisses Organ entbehrte, ohne welches diese Herrlichkeiten nicht richtig geschätzt werden könnten.

340. Jean Paul an G. A. Gabler

Bayreuth, 3. 3. 1821

Darf ich Sie um Hegels Phänomenologie bitten, nur auf einige Tage zum Durchblättern; denn ich muß ohnehin alle Werke desselben mir selber anschaffen.

341. Goethe an K. F. Reinhard

Weimar, 5. 3. 1821

Demselben [Schreiben Reinhards] folgte bald eine wünschenswerte Äußerung des Professor Hegel in Berlin; dieser wundersam scharf und feindenkende Mann ist seit geraumer Zeit Freund meiner physischen Ansichten überhaupt, besonders auch der chromatischen.[1]

Bei Gelegenheit des entoptischen Aufsatzes hat er sich so durchdringend geäußert, daß mir meine Arbeit wirklich durchsichtiger als vorher vorkommt. Da Sie nun auch so treulichen und ununterbrochenen Anteil daran genommen, so wird Ihnen gewiß ein Auszug der hauptrelevanten Stellen[2] angenehm sein. Die entschiedene Teilnahme kam mir umso erwünschter, als ich bei Bearbeitung des entoptischen Kapitels auf die übrigen Rücksicht nehmen und mir sie, mehr als in der Zwischenzeit, vergegenwärtigen mußte ...

342. Goethe an Ch. L. F. Schultz

Weimar, 10. 3. 1821

Eine besondere Freude jedoch, die mir in diesen Tagen geworden, darf ich nicht verschweigen. Ich erhielt einen Brief vom Professor Hegel[1], der mir höchst wohltätig zustatten kam. Er bezog sich auf mein letztes naturwissenschaftliches Heft, besonders auf die entoptischen Farben. Dieser merkwürdige geistreiche Mann hat, wie meine Chroagenesie überhaupt, so auch dieses Kapitel dergestalt penetriert, daß meine Arbeit mir nun selbst erst recht durchsichtig geworden. Höchst erwünscht war mir dies gerade in dem Augenblick, da ich meine seit zehn Jahren zusammengetragenen Papiere wieder zu sichten und gewissermaßen zu redigieren begann, in Absicht das nächste Stück damit auszustatten.

Eine solche Aufmunterung ist umso nötiger, den Glauben zu stärken, der uns bei Rekapitulation von widerwärtigen Hindernissen am Ende zu verlassen droht ... Nun ist es denn doch tröstlich, in der Mitwelt so bedeutende Zustimmung zu vernehmen, daß also ein Appell an die Nachwelt mit einiger Zuversicht ausgesprochen werden darf.

343. Goethe an K. F. Reinhard

Weimar, 29. 3. 1821

Nehmen Sie es in diesem Sinne, . . . wenn ich nicht säume, beikommende Nachempfehlungen versprochenermaßen mitzuteilen. Diese geistreich-heiteren, gewissermaßen abstrusen, durchdringenden Worte machen Ihnen gewiß Vergnügen um meinet- und der Sache willen.

Wenn man so alt geworden ist als ich und in einem so würdigen, werten Unternehmen von den verworrenen Mitlebenden nur widerwillige Hindernisse erfahren hat, muß es höchlich freuen, durch einen so wichtigen Mann die Angelegenheit für die Zukunft sicher zu sehen, denn außerdem hat ein Appell an die Nachwelt immer etwas Tristes.

344. K. F. Reinhard an Goethe

Frankfurt, 9. 4. 1821

Und so, um auf die entoptischen Farben und Hegels mir so gütig mitgeteilten geistreichen Brief zu kommen, muß ich auch hier gestehn, daß mein Wissen Stückwerk sei.

Die sinnreiche Zusammenstellung Ihrer weißen Wand und dann des Urphänomens in den entoptischen Erscheinungen mit dem Absoluten der Naturphilosophie hat mich ungemein ergötzt. Nur machte ich gegen Herrn von Wangenheim[1], der, wie ich höre, Sie in einigen Tagen von Angesicht zu Angesicht zu sehn das Glück haben wird, die Bemerkung, daß Ihr Abstraktes immer eine reine Tatsache bliebe, aber das Absolute wäre, wie ich in der Jacobischen Schule gelernt hätte, Zero. Dagegen erwiderte Herr von Wangenheim, auch das Absolute beruhte auf Anschauung und könnte weder gelehrt noch gelernt werden. Wie dem sei, das Absolute, wiewohl Herr Hegel es soviel höher stellt als Ihre Urphänomene und diese sogar daraus herleiten will, scheint mir im geistigen Gebiet gerade, was im sinnlichen Ihre weiße Wand; aber wo kommen dort die Ränder her?

345. *Jean Paul an seinen Sohn Max*

Bayreuth, 10. 5. 1821

Hegels Phänomenologie hab' ich mir selber gekauft; an Scharfsinn ist er jetzo fast der Erste. Das Wahre such' ich bei den jetzigen Philosophen gar nicht.

346. *F. Bopp an K. J. H. Windischmann*

Berlin, 15. 5. 1821

In der neuen Berliner Monatsschrift steht ein sehr feindlicher Aufsatz gegen Schlegel[1], den ich aber noch nicht gelesen habe. Der Verfasser soll ein Schüler von Hegel sein, namens Förster, der, wie viele andere, seine oder seines Lehrers Feindschaft gegen Schlegel auch auf die Indische Literatur übertragen zu müssen glaubt.

347. *Goethe, Tagebuch*

24. 6. 1821

Herrn Professor Hegel nach Berlin, mit einem getrübten Glas.

348. K. F. Zelter an Goethe

Berlin, 8. 7. 1821

Vorgestern haben wir aus dem herrlichen Urglase, welches
Du Hegeln geschickt hast[1], aller Urseelen Gesundheit getrunken. Vale!

349. F. Schlegel an F. v. Baader

Wien, 29. 8. 1821

Daß Sie dem atheistischen Denken der jetzigen immer noch
nicht zu Sinne gekommenen Zeit ernstlich entgegentreten
wollen, dazu wünsche ich Ihnen und nächstdem uns allen
Glück. Immer aber finde ich Sie noch viel zu nachsichtig
gegen Hegel z. B., in dem ich nicht sowohl, wie er selbst
glaubt, einen verbesserten und durch allerhand innere Luft-
streiche der Abstraktion, höher potenzierten, als vielmehr
nur einen kastrierten Fichte sehen kann, der sich aller jener
für das atheistische Denken allerdings zu Zeiten störend
einwirkenden Organe des Gewissens, des Ehr- und Men-
schengefühles usw. großmütig selber abgetan und entledigt
hat. Es ist im Grunde nur Ein Irrtum bei ihm, daß er
nämlich den Satan durchgehends mit dem lieben Gott ver-
wechselt; dieses einmal vorausgesetzt, kann man die Entwicklung jenes andern Wesens im Naturrechte z. B. als eine
unbewußt geistreiche und größtenteils gelungene Schilderung desselben gelten lassen.

350. Karl Förster, Tagebuch

15. 9. 1821

Hegels unerwarteter Besuch ist eine erfreuliche Über-
raschung; wir sind wie im vorigen Jahre viel zusammen;
eine heitere Fahrt nach der Bastei[1] wird unternommen,
angelangt am Fuße derselben gehen wir auf jetzt wohlge-

bahnten Wegen bis hinan, wo Hütten und Bänke zu Ruhe und zu Genuß einladen. Seit Jahren war ich nicht hier, alles mir wieder neu. ... In Pillnitz[2] gönnen wir uns nur kurze Rast, eilen bald weiter, weil wir daheim Tieck erwarten, der auch schon mit den Seinen und ein paar Freunden gegenwärtig und in heiterster Laune mit wahrhaft kindlichem Wohlwollen, um unsere Kinder zu ergötzen, das Rotkäppchen vorzulesen begann, diesem lieblichen Märchen schloß er ein anderes aus seinen Werken: der Pokal, an; eine kleine Dichtung, vollendet in Form, Sprache und tiefer Bedeutung; es gewährt einen eignen hohen Genuß, Tieck seine eignen Dichtungen — er tut es selten — vorlesen zu hören. L. hatte ganz still von den frischen Blumen, womit das Zimmer geschmückt, einen Kranz gewunden, den sie mit Goethes schönen Worten aus dem Tasso: „ich drücke meinen vollen frohen Kranz dem Meister Ludwig auf die hohe Stirne", dem Freund reichte. So schloß schön der Tag, der genußreich für die Gegenwart und bleibend in der Erinnerung sein wird. —

351. Friedrich v. Müller

22. 9. 1821

Wir speisten sehr heiter bei Goethe, der uns vielerlei Neues zeigte; Hegels humoristischen Danksagungsbrief über den Trinkbecher[1]...

352. Varnhagen v. Ense, Tagebuch

Dresden, 3. 10. 1821

L. Tieck, Maria von Weber, Graf Palffy, Prof. Hegel aus Berlin, Frau von Helwig, Herr von Eckardstein etc.[1]

353. Susanne v. Tucher an Marie Hegel

Nürnberg, 18. 10. 1821

Ist der gute Hegel wirklich recht gesund, gute Marie? Sage mir die Wahrheit, und auf alle Fälle, sei mir ja recht besorgt, durch gute Brühen, ja mehr als durch gewürzhafte Speisen ihn zu laben. Während erstere wirklich stärken und gute Säfte machen, machen die anderen nur einen vorübergehenden angenehmen Reiz, der in der Folge mehr schädlich ist; zu den wahren Stärkungsmitteln rechne ich auch guten Wein, den sich Hegel wohl unter Tags nicht wird abgehen lassen, hoffe ich. Erlaube ihm nur in diesem Stück keine Ersparnisse.

354. Goethe an K. F. Zelter

Jena, 19. 10. 1821

Von Professor Hegel, der, meiner Farbenlehre günstig, mir darüber geistreiche Worte meldet, habe soeben einen Schüler, Dr. Henning, gesprochen, welcher, gleichfalls für diese Lehre entzündet, manches Gute wirken wird; es wäre wunderlich genug, wenn ich auch noch in dieser Provinz triumphierte.

355. A. Wendt an L. Tieck

Leipzig, 30. 10. 1821

Die geistvollen Ansichten des Buchs [Solgers „Erwin"] [1] erfordern in der Tat noch eine tiefere Würdigung, als ich damals geben konnte. Indessen bin ich doch davon überzeugt und Hegel, den ich neulich darüber gesprochen, teilte mit mir diese Meinung, daß diese Form des Gegenstandes nicht mehr dem Standpunkt der Wissenschaftlichkeit unsrer Zeit eignet. Ich, der ich selbst jetzt an der Ästhetik arbeite, weiß aber auch recht gut, daß Solger keine Vorgänger in der wissenschaftlichen Deduktion des Schönen hatte.

356. Ch. A. Brandis an V. Cousin

Bonn, 20. 11. 1821

J'ai vu souvent votre ami Hegel. Bien que j'aie eu avec lui quelques entretiens assez longs, il ne m'a pas cependant été possible, à vous parler franchement, de me sentir plus de penchant pour lui. Mais, au fait, ses vues sont bornées et son talent très partiel. Il parait agir très défavorablement à Berlin, par un étalage trop marqué de son mépris pour le Christianisme. Cependant, il est possible qu'en cela on lui fasse tort. Il m'a parlé de vous avec affection. Je l'ai prié de vous écrire; l'a-t-il fait?

357. F. K. v. Savigny an Ch. A. L. Creuzer

Berlin, 26. 11. 1821

Unsere Universität hat das Glück, sich trotz allen ungünstigen Ereignissen und Verhältnissen, die ihr aller Berechnung nach sehr gefährlich werden mußten, dennoch zu halten, ja zu heben, so daß wir jetzt wohl gegen 1200 Studenten haben.

In der Philosophie herrscht Hegel, der sehr eifrige unduldsame Schüler zieht, von den allermeisten gar nicht verstanden, und von den Polen (die weder deutsch können, noch etwas begreifen) schwärmerisch verehrt wird. Der Dünkel und die Anmaßung dieser Schule ist schlimmer und widerwärtiger als einst in der Fichteschen, in welcher sich manches edle Gegengewicht, von dem kräftigen Geist des seltenen Mannes ausgehend, jenen überall nicht heilsamen Eigenschaften beigesellte.

358. Karl Ludwig Michelet

In einem am 10. Dezember 1821 mit Tollin[1] gepflogenen Gespräche bemerkte ich ..., es finde sich in Hegel der strengste Monotheismus mit Pantheismus, Idealismus und

Materialismus usw. in Eins verschmolzen. Worauf Tollin erwiderte: „Nun, der trägt ja den Mantel nach allen Winden". Ich aber antwortete: „Oh! nein! Er hat vielmehr einen Mantel für alle Winde. Hegels Philosophie ist jedoch nicht so ein bloßes Abwehren und Sicherstellen nach allen Seiten hin, wie das ganze philosophische Treiben Schleiermachers; sondern das in jeder Richtung befriedigende, alle Einseitigkeiten ausgleichende und aufhebende Tun der Wahrheit, damit aber die versöhnende Einheit der Gegensätze".

359. Ch. L. F. Schultz an Goethe

Berlin, 31. 12. 1821

Um mir eine fortwährende Anregung zur optischen Arbeit ... zu erhalten, ist seit etwa acht Wochen die Einrichtung getroffen, daß Professor Hegel und D. von Henning nebst unserm trefflichen Schubarth[1] sich alle Mittwoch abends, künftig alle Freitag, bei mir versammeln, um uns mit diesen Dingen ernstlich zu beschäftigen. Ich habe den großen Vorteil gehabt, bei dem Vortrage meiner meist unvollendeten Arbeiten auf die Lücken und Schwächen derselben aufmerksam gemacht zu werden, wobei Hegels eindringender Geist sich mir umso mehr ehrwürdig und förderlich gezeigt hat, als er mit tüchtigen Realkenntnissen verschwistert ist. Doch begegnete es dem Philosophen auch wohl, auf Alhazens[2] und seiner griechischen Vorgänger abstruse Wege zu geraten, daß ich erschrocken bin, zu erkennen, wie ein jedes Philosophieren über sinnliche Erscheinungen, ohne sicheres Anhalten an die Erscheinungen selbst, allemal ein und dasselbe leere, unwahre Hirngespinst wird.

360. Karl Cäsar v. Leonhard

1821

Nicht selten fanden sich auch Hegel und Hirt[1] ein in den Marheinekeschen Abenden.

Der Tiefdenker, von München und Heidelberg her mir
bekannt und befreundet[2], war im gewöhnlichen Leben zu
Berlin, wie er sich bei uns gezeigt in der kleinen Musen-
stadt, einfach, natürlich, liebenswürdig, gemütlich, voll
Heiterkeit und der lebhafteste Unterhalter. Nie hatte ich
Gelegenheit an Hegel zu beobachten, was andere von ihm
behauptet: er sei im Studierzimmer schwer verständlich und
dunkel, wie auf dem Katheder. Wie oft waren mineralo-
gische Dinge, zumal Krystallographie, Gegenstände des Ge-
spräches zwischen dem Philosophen und mir, in den Räu-
men meiner Sammlung oder auf Wanderungen im Neckar-
tale; nie vernahm ich etwas Unklares, Schwer-Verständ-
liches.

361. *Anonymus*

1821

Sonett an Hegel

Das Felsengrab der Welt hast Du zerschlagen
    Den heitern Tag begrüßt die freie Quelle,
    Und wo wir durstig in Ermattung lagen,
    Grünet und blüht um uns die öde Stelle.

Der Gießbach schwillt, es drängt sich Well' auf Welle,
    Uns lockt die Flut, wir stehn mit Lust und Zagen,
    Uns faßt der Strom, und über Felsenfälle
    Reißt er uns fort, als wollt' er uns zerschlagen.

Da gilt es kräftig seinen Arm zu brauchen,
    Und wie wir auf und wie wir niedertauchen,
    Die wilden Wogen sich zur Ruhe legen.

Was schaut uns aus dem Meeresgrund' entgegen?
    Das eigne Bild ist's, das wir wiederfinden. —
    Der Weltgeist muß sich in der Welt ergründen!

362. *Heinrich Heine*

Ich konnte leicht prophezeien, welche Lieder einst in
Deutschland gepfiffen und gezwitschert werden dürften,
denn ich sah die Vögel ausbrüten, welche später die neuen
Sangesweisen anstimmten. Ich sah, wie Hegel mit seinem
fast komisch ernsthaften Gesichte als Bruthenne auf den
fatalen Eiern saß, und ich hörte sein Gackern. Ehrlich gesagt, selten verstand ich ihn, und erst durch späteres Nachdenken gelangte ich zum Verständnis seiner Worte. Ich
glaube, er wollte gar nicht verstanden sein, und daher sein
verklausulierter Vortrag, daher vielleicht auch seine Vorliebe für Personen, von denen er wußte, daß sie ihn nicht
verständen, und denen er umso bereitwilliger die Ehre seines nähern Umgangs gönnte. So wunderte sich jeder in
Berlin über den intimen Verkehr des tiefsinnigen Hegel mit
dem verstorbenen Heinrich Beer, einem Bruder des durch
seinen Ruhm allgemein bekannten und von den geistreichsten Journalisten gefeierten Giacomo Meyerbeer. Jener Beer,
nämlich der Heinrich, war ein schier unkluger Gesell, der
auch wirklich späterhin von seiner Familie für blödsinnig
erklärt und unter Kuratel gesetzt wurde, weil er anstatt sich
durch sein großes Vermögen einen Namen zu machen in der
Kunst oder Wissenschaft, vielmehr für läppische Schnurr-
pfeifereien seinen Reichtum vergeudete und z. B. eines Tags
für sechstausend Taler Spazierstöcke gekauft hatte. Dieser
arme Mensch, der weder für einen großen Tragödiendichter,
noch für einen großen Sterngucker, oder für ein lorbeerbe-
kränztes musikalisches Genie, einen Nebenbuhler von Mozart und Rossini, gelten wollte und lieber sein Geld für
Spazierstöcke ausgab — dieser aus der Art geschlagene Beer
genoß den vertrautesten Umgang Hegels, er war der Inti-
mus des Philosophen, sein Pylades, und begleitete ihn überall wie sein Schatten. Der ebenso witzige wie talentbegabte
Felix Mendelssohn suchte einst dieses Phänomen zu erklä-

ren, indem er behauptete: Hegel verstände den Heinrich Beer nicht. Ich glaube aber jetzt, der wirkliche Grund jenes intimen Umgangs bestand darin, daß Hegel überzeugt war, Heinrich Beer verstände nichts von allem, was er ihn reden höre, und er konnte daher in seiner Gegenwart sich ungeniert allen Geistesergießungen des Moments überlassen. Überhaupt war das Gespräch von Hegel immer eine Art von Monolog, stoßweise hervorgeseufzt mit klangloser Stimme, das Barocke der Ausdrücke frappierte mich oft, und von letztern blieben mir viele im Gedächtnis. Eines schönen hellgestirnten Abends standen wir beide nebeneinander am Fenster, und ich, ein zweiundzwanzigjähriger junger Mensch, ich hatte eben gut gegessen und Kaffee getrunken, und ich sprach mit Schwärmerei von den Sternen, und nannte sie den Aufenthalt der Seligen. Der Meister aber brümmelte vor sich hin: „Die Sterne, hum! hum! die Sterne sind nur ein leuchtender Aussatz am Himmel." — Um Gotteswillen — rief ich — es gibt also droben kein glückliches Lokal, um dort die Tugend nach dem Tode zu belohnen? Jener aber, indem er mich mit seinen bleichen Augen stier ansah, sagte schneidend: „Sie wollen also noch ein Trinkgeld dafür haben, daß Sie Ihre kranke Mutter gepflegt und Ihren Herrn Bruder nicht vergiftet haben?" — Bei diesen Worten sah er sich ängstlich um, doch er schien gleich wieder beruhigt, als er bemerkte, daß nur Heinrich Beer herangetreten war, um ihn zu einer Partie Whist einzuladen.

363. *Heinrich Heine*

Wir haben jetzt Mönche des Atheismus, die Herrn von Voltaire lebendig braten würden, weil er ein verstockter Deist sei. Ich muß gestehen, diese Musik gefällt mir nicht, aber sie erschreckt mich auch nicht, denn ich habe hinter dem Maestro[1] gestanden, als er sie komponierte, freilich in sehr undeutlichen und verschnörkelten Zeichen, damit nicht jeder sie entziffre — ich sah manchmal, wie er sich ängstlich

umschaute, aus Furcht, man verstände ihn. Er liebte mich
sehr, denn er war sicher, daß ich ihn nicht verriet; ich hielt
ihn damals sogar für servil. Als ich einst unmutig war über
das Wort: „Alles, was ist, ist vernünftig", lächelte er sonderbar und bemerkte: „Es könnte auch heißen: ‚Alles, was vernünftig ist, muß sein.'" Er sah sich hastig um, beruhigte sich
aber bald, denn nur Heinrich Beer hatte das Wort gehört.
Später erst verstand ich solche Redensarten. So verstand ich
auch erst spät, warum er in der Philosophie der Geschichte
behauptet hatte: das Christentum sei schon deshalb ein
Fortschritt, weil es einen Gott lehre, der gestorben, während die heidnischen Götter von keinem Tode etwas wußten. Welch ein Fortschritt ist es also, wenn der Gott gar
nicht existiert hat! Wir standen einst des Abends am Fenster, und ich schwärmte über die Sterne, dem Aufenthalt der
Seligen. Der Meister aber brümmelte vor sich hin: „Die
Sterne sind nur ein leuchtender Aussatz am Himmel."—„Um
Gottes willen", rief ich, „es gibt also droben kein glückliches
Lokal, um die Tugend nach dem Tode zu belohnen?" Er
sah mich spöttisch an: „Sie wollen also noch ein Trinkgeld
dafür haben, daß Sie im Leben Ihre Schuldigkeit getan, daß
Sie Ihre kranke Mutter gepflegt, daß Sie Ihren Bruder nicht
verhungern ließen und Ihren Feinden kein Gift gaben."

364. Ferdinand Lassalle

Auch ich will bei dieser Gelegenheit eine Anekdote erzählen,
die hierher paßt und die ich aus dem Munde von Heinrich
Heine habe. Heine gestand ein, von der Hegelschen Philosophie nichts begriffen zu haben: dennoch sei er immer
überzeugt gewesen, daß diese Lehre den wahren geistigen
Kulminationspunkt der Zeit bilde. Dies sei so zugegangen.
Eines Abends spät habe er, wie häufig, als er in Berlin studierte, Hegel besucht. Hegel sei noch mit Arbeiten beschäftigt gewesen; und er, Heine, sei an das offene Fenster getreten und habe lange hinausgeschaut in die warme sternen-

helle Nacht. Eine romantische Stimmung habe ihn, wie oft
in seiner Jugend, ergriffen, und er habe zuerst innerlich,
dann unwillkürlich laut zu phantasieren angefangen über
den Sternenhimmel, und die göttliche Liebe und Allmacht,
die darin ergossen sei usw. Plötzlich habe sich ihm, der ganz
vergessen gehabt habe, wo er sei, eine Hand auf die Schul-
ter gelegt, und er habe gleichzeitig die Worte gehört: „Die
Sterne sind's nicht; doch was der Mensch hineinlegt, das
eben ist's!" Er habe sich umgedreht, und Hegel sei vor ihm
gestanden. Von diesem Moment ab habe er gewußt, schloß
Heine, daß in diesem Manne, so undurchdringlich dessen
Lehre für ihn sei, der Puls des Jahrhunderts zittere. Er habe
den Eindruck dieser Szene nie verloren; und sooft er an
Hegel denke, trete ihm dieselbe stets in die Erinnerung.

365. Heinrich Heine

Mein großer Lehrer, der selige Hegel, sagte mir einst:
„Wenn man die Träume aufgeschrieben hätte, welche die
Menschen während einer bestimmten Periode geträumt ha-
ben, so würde einem aus der Lektüre dieser gesammelten
Träume ein ganz richtiges Bild vom Geiste jener Periode
aufsteigen."

366. Heinrich Heine

„Die Natur", sagte mir einst Hegel, „ist sehr wunderlich;
dieselben Werkzeuge, die sie zu den erhabensten Zwecken
gebraucht, benutzt sie auch zu den niedrigsten Verrichtun-
gen, z.B. jenes Glied, welchem die höchste Mission, die Fort-
pflanzung der Menschheit, anvertraut ist, dient auch zum
— — —"

　　Diejenigen, welche über die Dunkelheit Hegels klagen,
werden ihn hier verstehen . . .

367. *Karl Ludwig Michelet*

Es mochte im Anfange der zwanziger Jahre dieses Jahrhunderts sein, als ein genaueres Studium des Kritischen Journals es mir wünschenswert erscheinen ließ, für jeden Aufsatz desselben seinen Verfasser zu kennen. Nicht nur über die meisten größern war ich jedoch bald völlig entschieden, sondern auch über die kleineren und unbedeutenderen, deren mehrere Hegeln zugehörige nicht einmal in seine vermischten Schriften aufgenommen wurden. Unter den wichtigern war der „Über das Verhältnis der Naturphilosophie zur Philosophie überhaupt" der einzige, über den ich freilich nicht schwankte; ich mußte ihn, seines Vortrags und der ganzen Manier wegen, unbedenklich für ein Werk Hegels anerkennen. Aber ich konnte mir damit wiederum doch auch noch nicht zusammenreimen (wozu mir Hegel eben erst später durch seine oben erwähnten Eröffnungen den Schlüssel gab), wie so viele Gedanken aus Schellings „Vorlesungen über die Methode des akademischen Studiums" und seiner Schrift „Philosophie und Religion" sich schon in dieser Abhandlung vorfinden. Auch ist der Schluß so poetisch und abgerundet, daß ich darin den etwas knorrigen Stil Hegels zu vermissen glaubte. ... In jene erwägenden Betrachtungen versunken, wollte ich mir völlige Beruhigung verschaffen, und besuchte ausdrücklich zu diesem Endzweck Hegeln. Wir besprachen die meisten dieser Abhandlungen. Ich nannte ihm die seinigen und die Schellingschen; und er stimmte mir überall bei. Am unverkennbarsten, bemerkte ich, tritt Ihre Schreibart und der ganze Charakter Ihres spätern Philosophierens aus der Abhandlung „Über die wissenschaftlichen Behandlungsarten des Naturrechts" hervor. In der Tat klingen hier schon viele Gedanken der „Grundlinien der Philosophie des Rechts" an. Aber, setzte ich hinzu, der Aufsatz „Über das Verhältnis der Naturphilosophie zur Philosophie überhaupt" könnte doch wohl von Schelling sein, da ich Gedanken späterer Schellingscher Schriften in demselben wiedererkenne. Nein, antwortete Hegel mit großer Bestimmtheit, er ist von mir; und sein Blick schien mir anzudeuten, welche Anklage er hiermit, wiewohl ungern, gegen seinen Freund aussprach.

Der poetische Schluß, replizierte ich noch endlich, hatte mich
aber doch einen Augenblick verleitet, die Abhandlung für
eine Schellingsche Produktion zu halten. Nein, wiederholte
er mit derselben Bestimmtheit; und sein Blick traf mich, wo
möglich, mit noch größerer Schärfe.

368. Hoffmann v. Fallersleben

Berlin, 1822

Das Meusebachsche Haus[1] gewährte mir damals ... eine
belehrende und anregende wissenschaftliche Unterhaltung,
eine ausgezeichnete Bibliothek, traulichen Familienverkehr
und die Gelegenheit, viele bedeutende Männer und Frauen
kennen zu lernen. Sie standen mit M. teils in freundschaft-
lichen, teils in amtlichen Beziehungen oder suchten seine
Bekanntschaft. Es fanden sich dort dann und wann ein:
Graf Gneisenau, damals Gouverneur von Berlin, General-
Major Carl von Clausewitz, die Majore G. v. Below und v.
Tümpling, Hegel, v. Savigny, v. Sethe, Geh. Rat Eichhorn,
Prof. Rösel[2], Achim und Bettina v. Arnim, Graf Schlabren-
dorf, Georg Anton v. Hardenberg (als Dichter unter dem
Namen Rostorf bekannt), der schwedische Generalkonsul
Dehn, der Hamburger Ministerresident Lappenberg, Prof.
Zeune, Johannes Schulze.

M. hörte damals schon schwer und es war ihm lästig, sich
lange mit Leuten zu unterhalten, denen er Rücksicht schuldig war ... So pflegte er immer mit Hegel und Dehn[3] sich
zum L'hombre zu setzen ...

369. A. Wagner an F. v. Uechtritz

4. 3. 1822

Hinsichtlich Hegels dauert es mich, daß er dem Schicksale der Spekulation, hoch- und übermütig zu werden, nicht entgehen gekonnt. Denn am Ende heißt es doch immer „Sieh, das Gute (also auch das Wahre und Schöne) liegt so nah". Nun sind Erscheinungen dieser Art auch nötig, schon um der Reibung willen, welche für unsre voreilige Welt und ihr winziges bißchen Leben beinahe alles, ja wohl ihr Leben selbst ebensosehr ist, daß man sich schon darum nicht viel damit brüsten sollte, indem jeder rechtschaffne Paulus am Ende sagt, wir sind doch unnütze Knechte, wenn man uns nämlich die Flugkleider der Zeit auszieht und die Fluggetriebe des Raumes unten wegzieht.

370. G. F. Creuzer an J. v. Görres

Heidelberg, 6. 4. 1822

Daub sitzt bis über die Ohren in dem Systeme Hegels, welcher jetzt in Berlin den größten Zulauf hat.

371. F. K. v. Savigny an G. F. Creuzer

Berlin, 6. 4. 1822

Der philosophische Enthusiasmus unsrer Studenten scheint sich doch schon etwas gemildert zu haben. Was ich an Hegel tadle, ist keineswegs bloß sein hochmütiges und oberflächliches Absprechen über manche fremde Wissenschaften, obgleich auch dieses durch persönliche Anreizung, z. B. von Hugo[1], nur schlecht entschuldigt würde, sondern daß derselbe Dünkel sich auf alles in der Welt erstreckt, so daß seine eifrigen Schüler sich auch von allem religiösen Zusammenhang lossagen, und daß darin Fichte von ihm weit übertroffen wird; ferner sein durchaus schiefes, verkehrtes, verworrenes Benehmen und Reden in allen nicht wissenschaftlichen Dingen, besonders in den ziemlich schwierigen Verhältnissen der Universität zur Regierung, worüber nur Eine Stimme unter den übrigen Professoren ist.

372. K. F. Zelter an Goethe

Berlin, 9. 4. 1822

Gestern abend kam Professor Hegel, sagend: unser Freund Isegrim[1] sei bedeutend krank und verlange nach mir.

373. K. Ch. F. Krause an seinen Vater

Dresden, 20. 4. 1822

Neulich war Professor Wendt auf einige Tage hier und besuchte mich ... Ich konnte aber bemerken, daß er sich neuerdings mehr zu Hegel hinneige, der ihn im vorigen Sommer besucht hat.[1]

374. Goethe an H. F. W. Hinrichs

Weimar, 10. 6. 1822

Sie erhalten ... hiedurch die Nachricht: das überschickte Buch[1] sei glücklich angekommen. Unseres würdigen Hegels Vorwort habe sogleich mit größtem Anteil gelesen und werde ... mir angelegen sein lassen, den wichtigen Inhalt Ihres Werks zu erforschen.

375. Goethe an K. F. Reinhard

Weimar, 10. 6. 1822

In Berlin haben es Gönner und Freunde so weit gebracht, daß ein Zimmer des Akademie-Gebäudes der Farbenlehre nach meinen Wünschen gewidmet worden; der Apparat ist beinahe vollständig, ich suche das Mögliche beizutragen. Ein junger Mann aus Hegels Schule hat sich von der Angelegenheit so durchdrungen, daß es mir selbst ein Wunder ist; denn in unsern Tagen mag jeder gern das Getane umtun, um den Schein zu gewinnen, er habe etwas getan.[1]

376. Altenstein an v. Hardenberg

10. 6. 1822

Über den ausgezeichneten Wert des Hegel als Mensch, Universitätslehrer und als Gelehrter glaube ich nicht ausführlich sein zu dürfen. Sein Wert als Gelehrter ist anerkannt. Er ist wohl der gründlichste und gediegenste Philosoph, den Deutschland besitzt. Noch entschiedner aber ist sein Wert als Mensch und als Universitätslehrer. Er hat unendlich wohltätig auf die Jugend gewirkt. Mit Mut, Ernst und Sachkenntnis hat er sich dem eingerissenen Verderben eines [wenig] gründlichen Philosophierens entgegengesetzt und den Dünkel der jungen Leute gebrochen. Er ist durch seine Gesinnungen höchst achtbar, und es wird solches, sowie seine wohltätige Wirksamkeit überhaupt, auch von denen anerkannt, welche mit Mißtrauen gegen alle Philosophie erfüllt sind.

377. Goethe, Tagebuch

16. 6. 1822

Herrn Leopold von Henning eingeschlossen 5 Exemplare Morphologie[1], eins an Schultz, eins Seebeck, eins Hegel, eins Nicolovius, eins von Henning, Berlin.

378. *Susanne v. Tucher an Marie Hegel*

Nürnberg, 28. 7. 1822

Krause[1] sagte mir, unser guter Hegel sähe wieder etwas
angegriffen aus und huste in dem Augenblick. Er wird doch
brav sein und etwas Ordentliches brauchen und eine Reise
zur Erholung machen, ich werde ihm durch Krauses Schwei-
zer-Tee schicken, wiewohl ich hoffe, daß bis dahin alles vorüber sein wird.

379. *Goethe, Tagebuch*

5. 8. 1822

Leutnant Eichler[1] von Berlin, gegenwärtig in Franzens-
brunn, Freund von meinen Freunden, erzählte von Hegels
philosophischer Schule, von den physikalischen, chemischen
Unternehmungen junger Männer, die mir schon Berzelius[2]
gerühmt hatte.

380. *L. v. Henning an F. Förster*

17./20. 9. 1822

Der alte Herr [Goethe] ließ es sich gefallen, daß ich ihm
gelegentlich etwas vorphilosophierte, sprach belehrend und
ermunternd und gedachte wiederholentlich unseres Berliner
Meisters [Hegel] auf das wohlwollendste und ehrenvollste.

381. *Karl Förster, Tagebuch*

31. 10. 1822

Mit einem andern gegenwärtigen Gast G. aus Leipzig
konnte ich mich nicht verständigen. . . . Als einer der Gesellschaft die guten Köpfe Berlins rühmt, ward er gar unwillig;

es sei alles mehr Schein als Wesen und lauter Unwesen in der Naturphilosophie; Ritter, Link wären unbedeutende Menschen und Hegel sei gar nicht zu erwähnen.

382. F. K. v. Savigny an Ch. A. L. Creuzer

Berlin, 16. 12. 1822

Über Hegel teile ich ganz Daubs Ansichten und Wünsche, nämlich daß er bei Gelegenheit möchte nach Heidelberg versetzt werden.[1] Hier ist sein Einfluß auf die Studenten wahrlich nicht gut, und zugleich genießt er bei dem Minister [Altenstein] ein so unbedingtes Vertrauen, daß die wackersten philosophischen Lehrer, die nicht zu seiner Schule gehören, durchaus keine Anstellung erlangen können.[2]

383. Schleiermacher an K. H. Sack

Berlin, 28. 12. 1822

Was sagen Sie aber dazu, daß Herr Hegel in seiner Vorrede zu Hinrichs Religionsphilosophie[1] mir unterlegt, wegen der absoluten Abhängigkeit sei der Hund der beste Christ, und mich einer tierischen Unwissenheit über Gott beschuldigt. Dergleichen muß man nur mit Stillschweigen übergehen.

384. J. Purkinje an J. Schulze

Es ist dem jetzt [1849] 27 Jahre, daß ich das Glück hatte in Berlin in Ihrer Nähe zu weilen und Ihrer freundlichen Sorgfalt für mein künftiges Lebensglück teilhaftig zu sein. Alle die Bilder jener Zeit sind tief in meinem Gemüte eingeprägt ... Endlich kann ich nicht umhin Euern Hochwohlgeboren die Angelegenheit der physiologischen Institute dringend ans Herz zu legen. Das Verhältnis der alten Ana-

tomie und der neuen Physiologie ist eine Prinzipienfrage
und wird gewiß im Fortschritte der Zeiten ihre Erledigung
finden. Doch ist schon der Anfang da, und nicht die abstrakte Zeit, wir in ihr sind die Leiter und Herren der Ereignisse. Zur Anregung des hiesigen [Breslau] physiologischen Instituts hat bei mir das Wort des verewigten Hegels
das meiste beigetragen, der als ich bei ihm über mein Miß-
verhältnis zur Anatomie Klage führte, mit fester Stimme
sprach: Sie müssen sich ein eigenes Institut errichten lassen.
So ist es auch geschehen. . .

1822 - 1830

385. Heinrich Gustav Hotho

Es war noch im Beginn meiner Studienjahre, als ich eines
Morgens, um mich ihm vorzustellen, scheu und doch zutrauungsvoll zum erstenmale in Hegels Zimmer trat. Er saß
vor einem breiten Schreibtische, und wühlte soeben ungeduldig in unordentlich übereinandergeschichteten, durchein-
andergeworfenen Büchern und Papieren. Die früh gealterte
Figur war gebeugt, doch von ursprünglicher Ausdauer und
Kraft; nachlässig bequem fiel ein gelbgrauer Schlafrock von
den Schultern über den eingezogenen Leib bis zur Erde
herab; weder von imponierender Hoheit noch von fesselnder
Anmut zeigte sich eine äußerliche Spur, ein Zug altbürger-
lich ehrbarer Gradheit war das Nächste, was sich im ganzen
Behaben bemerkbar machte. Den ersten Eindruck des Gesichts werd' ich niemals vergessen. Fahl und schlaff hingen
alle Züge wie erstorben nieder, keine zerstörende Leidenschaft, aber die ganze Vergangenheit eines Tag und Nacht
verschwiegen fortarbeitenden Denkens spiegelte sich in
ihnen wieder; die Qual des Zweifels, die Gährung be-
schwichtigungsloser Gedankenstürme schien dieses vierzig-
jährige Sinnen, Suchen und Finden nicht gepeinigt und
umhergeworfen zu haben; nur der rastlose Drang, den frühen Keim glücklich entdeckter Wahrheit immer reicher und
tiefer, immer strenger und unabweisbarer zu entfalten, hatte
die Stirn, die Wangen, den Mund gefurcht. Schlummerte
diese Einsicht, so schienen die Züge alt und welk, trat sie
erwacht heraus, so mußte sie jenen vollen Ernst „um eine in
sich große und nur durch die schwere Arbeit vollendeter
Entwicklung sich genügende Sache aussprechen, der sich
lange in stiller Beschäftigung in dieselbe versenkt." Wie
würdig war das ganze Haupt, wie edel die Nase, die hohe,
wenn auch in etwas zurückgebogene Stirn, das ruhige Kinn
gebildet; der Adel der Treue und gründlichen Rechtlichkeit
im Größten wie im Kleinsten, des klaren Bewußtseins mit

besten Kräften nur in der Wahrheit eine letzte Befriedigung gesucht zu haben, war allen Formen aufs individuellste sprechend eingeprägt. Ich hatte ein wissenschaftlich herumtastendes oder anfeuerndes Gespräch erwartet, und verwunderte mich höchlich, gerade das Entgegengesetzte zu vernehmen. Von einer Reise nach den Niederlanden soeben erst zurückgekehrt[1], wußte der seltene Mann nur von der Reinlichkeit der Städte, der Anmut und künstlichen Fruchtbarkeit des Landes, von den grünen weitgestreckten Wiesen, den Herden, Kanälen, turmartigen Mühlen und bequemen Chausseen, von den Kunstschätzen und der steifbehaglichen Lebensweise einen breiten Bericht zu erstatten, so daß ich mich nach Verlauf einer halben Stunde schon in Holland wie bei ihm selber ganz heimisch fühlte.

Als ich ihn aber nach wenigen Tagen auf dem Lehrstuhle wiedersah[2], konnt' ich mich zunächst weder in die Art des äußeren Vortrags, noch der inneren Gedankenfolge hineinfinden. Abgespannt, grämlich saß er mit niedergebücktem Kopf in sich zusammengefallen da, und blätterte und suchte immer fortsprechend in den langen Folioheften vorwärts und rückwärts, unten und oben; das stete Räuspern und Husten störte allen Fluß der Rede, jeder Satz stand vereinzelt da, und kam mit Anstrengung zerstückt und durcheinandergeworfen heraus; jedes Wort, jede Silbe löste sich nur widerwillig los, um von der metalleeren Stimme dann in schwäbisch breitem Dialekt, als sei jedes das Wichtigste, einen wundersam gründlichen Nachdruck zu erhalten. Dennoch zwang die ganze Erscheinung zu einem so tiefen Respekt, zu solch einer Empfindung der Würdigkeit, und zog durch eine Naivität des überwältigendsten Ernstes an, daß ich mich bei aller Mißbehaglichkeit, obschon ich wenig genug von dem Gesagten mochte verstanden haben, unabtrennbar gefesselt fand. Kaum war ich jedoch durch Eifer und Konsequenz in kurzer Zeit an diese Außenseite des Vortrags gewöhnt, als mir die innern Vorzüge desselben immer heller in die Augen sprangen, und sich mit jenen Mängeln zu einem Ganzen verwebten, welches in sich selber allein den Maßstab seiner Vollendung trug.

Eine glatt hinströmende Beredsamkeit setzt das in-

und auswendige Fertigsein mit ihrem Gegenstande voraus, und die formelle Geschicklichkeit vermag im Halben und Platten am anmutigsten geschwätzig fortzugleiten. Jener aber hatte die mächtigsten Gedanken aus dem untersten Grunde der Dinge heraufzufördern, und sollten sie lebendig einwirken, so mußten sie sich, wenn auch jahrelang zuvor und immer von neuem durchsonnen und verarbeitet, in stets lebendiger Gegenwart in ihm selber wieder erzeugen. Eine anschaulichere Plastik dieser Schwierigkeit und harten Mühe läßt sich in anderer Weise, als dieser Vortrag sie gab, nicht ersinnen. Wie die ältesten Propheten, je drangvoller sie mit der Sprache ringen, nur um so kerniger was in ihnen selber ringt bewältigend halb und halb überwunden hervorarbeiten, kämpfte und siegte auch er in schwerfälliger Gedrungenheit. Ganz nur in die Sache versenkt, schien er dieselbe nur aus ihr, ihrer selbst willen und kaum aus eigenem Geist der Hörer wegen zu entwickeln, und doch entsprang sie aus ihm allein, und eine fast väterliche Sorge um Klarheit milderte den starren Ernst, der vor der Aufnahme so mühseliger Gedanken hätte zurückschrecken können. Stockend schon begann er, strebte weiter, fing noch einmal an, hielt wieder ein, sprach und sann, das treffende Wort schien für immer zu fehlen, und nun erst schlug es am sichersten ein, es schien gewöhnlich, und war doch unnachahmlich passend, ungebräuchlich und dennoch das einzig rechte; das Eigentlichste schien immer erst folgen zu sollen, und doch war es schon unvermerkt so vollständig als möglich ausgesprochen. Nun hatte man die klare Bedeutung eines Satzes gefaßt, und hoffte sehnlichst weiterzuschreiten. Vergebens. Der Gedanke, statt vorwärts zu rücken, drehte sich mit den ähnlichen Worten stets wieder um denselben Punkt. Schweifte jedoch die erlahmte Aufmerksamkeit zerstreuend ab, und kehrte nach Minuten erst plötzlich aufgeschreckt zu dem Vortrage zurück, so fand sie zur Strafe sich aus allem Zusammenhange herausgerissen. Denn leise und bedachtsam durch scheinbar bedeutungslose Mittelglieder fortleitend hatte sich irgendein voller Gedanke zur Einseitigkeit beschränkt, zu Unterschieden auseinandergetrieben, und in Widersprüche verwickelt, deren siegreiche Lösung erst das

Widerstrebendste endlich zur Wiedervereinigung zu be-
zwingen kräftig war. Und so das Frühere sorglich immer
wieder aufnehmend, um vertiefter umgestaltet daraus das
Spätere entzweiender und doch stets versöhnungsreicher zu
entwickeln, schlang sich und drängte und rang der wunder-
barste Gedankenstrom bald vereinzelnd, bald weit zusam-
menfassend, stellenweise zögernd, ruckweise fortreißend,
unaufhaltsam vorwärts. Doch wer auch mit vollem Geist und
Verständnis ohne rechts noch links zu blicken nachfolgen
konnte, sah sich in die seltsamste Spannung und Angst versetzt. Zu welchen Abgründen ward das Denken hinabge-
führt, zu welch unendlichen Gegensätzen auseinandergeris-
sen, immer wieder dünkte alles bereits Gewonnene verloren,
und jede Anstrengung umsonst, denn auch die höchste
Macht der Erkenntnis schien an den Grenzen ihrer Befugnis
verstummend stillezustehn genötigt. Aber in diesen Tiefen
des anscheinend Unentzifferbaren gerade wühlte und webte
jener gewaltige Geist in großartig selbstgewisser Behaglichkeit und Ruhe. Dann erst erhob sich die Stimme, das Auge
blitzte scharf über die Versammelten hin und leuchtete in
stillaufloderndem Feuer seines überzeugungstiefen Glanzes,
während er mit nie mangelnden Worten durch alle Höhen
und Tiefen der Seele griff. Was er in diesen Augenblicken
aussprach, war so klar und erschöpfend, von solch einfacher
Wahrhaftigkeit, daß jedem, der es zu fassen vermochte, zu
Mute ward, als hätt' er es selber gefunden und gedacht, und
so gänzlich verschwanden dagegen alle früheren Vorstel-
lungsweisen, daß keine Erinnerung der träumerischen Tage
übrig blieb, in welchen die gleichen Gedanken noch zu der
gleichen Erkenntnis nicht erweckt hatten.

Nur im Faßlichsten wurde er schwerfällig und ermüdend.
Er wandte und drehte sich, in allen Zügen stand die Miß-
launigkeit geschrieben, mit der er sich mit diesen Dingen
herumplagte, und dennoch, wenn er das tädiöse Geschäft zu
Ende gebracht hatte, lag wieder alles so klar und vollständig
vor Augen, daß auch in dieser Beziehung nur die lebendigste Eigentümlichkeit zu bewundern war. Dagegen bewegte
er sich mit gleicher Meisterschaft in den sinnlichkeitslosesten
Abstraktionen wie in der regsten Fülle der Erscheinungen.

In einem bisher unerreichten Grade vermochte er sich auf
jeden, auch den individuellsten Standpunkt zu versetzen,
und den ganzen Umkreis desselben herauszustellen. Als sei
es seine eigene Welt schien er damit verwachsen, und erst
nachdem das volle Bild entworfen war, kehrte er die Mängel, die Widersprüche heraus, durch welche es in sich zu-
sammenbrach oder zu anderen Stufen und Gestalten hin-
überleitete. In dieser Weise Epochen, Völker, Begebnisse,
Individuen zu schildern, gelang ihm vollkommen; denn sein
tief eindringender Blick ließ ihn überall das Durchgreifende
erkennen, und die Energie seiner ursprünglichen Anschauung verlor selbst im Alter nicht ihre jugendliche Kraft und
Frische. Bei solchen Schilderungen wurde seine Wortfülle
sprudelnd, mit treffend malenden Eigenschaftswörtern
konnt' er nicht enden, und doch war jedes notwendig, neu,
unerwartet, und so kernhaft in sich selber beschlossen, daß
sich das Ganze, zu welchem die einzelnen bunt durchein-
andergewürfelten Züge vollständig sich rundeten, um nie
wieder entschwinden zu können, dem Gedächtnisse ein-
zwang. Solch ein Bild selbständig umzuändern blieb unmöglich; in so feste Formen war es ein für allemal ausge-
gossen. Und dieser Darstellungsgabe vermochten sich selbst
die eigensten Sonderbarkeiten und Tiefen des Gemüts,
welche in Worte zu fassen vergeblich scheint, nicht zu entziehen. Unersättlich war er in preisender Anerkennung des
lobenswert Tüchtigen und Großen, doch auch in Schärfe und
Bitterkeit der stachlichsten Polemik bewies er die gleiche
Gewalt. Wie freundlich dagegen verklang das Liebliche und
Zarte zu den anmutigsten Tönen; das Starke brauste gewaltig hin, ordnungslos verwob sich das Verworrene, das
Barocke und Lächerliche widerte an und ergötzte, das Has-
senswerte schreckte in dem gleichen Maße zurück, als das
Sittliche und Gute hob und erquickte, das Schöne leuchtete
in mildem Glanz, das Tiefe vertiefte sich in seiner Rede,
und wie das Erhabene über alle Schranken hinausragte,
gebot das Heilige die ewige Scheu der Ehrfurcht. Und doch
bei aller Vollendung ließ es sich schwer entscheiden, ob er
sich mehr der Dinge, oder die Dinge sich seiner mehr be-
meistert hatten. Denn auch hier blieb das Ringen nicht aus,

und das Gefügige und Fertige selber verleugnete das saure
Mühen trotz aller Erleuchtung des Genius nicht.

Nach wenigen Jahren schon ward mir das Glück zuteil
mich zu dem nächsten Kreise seiner jüngeren Bekannten
und Freunde rechnen zu dürfen. Was ihn mir auch heute
noch vor Allem unentbehrlich machen würde: er war ein
durchweg in sich einklangsvoller Charakter. Seine Gesinnung stimmte aufs engste mit seiner Philosophie zusammen,
sein innerstes Gemüt blieb mit seinem Denken, sein eigen-
stes Wollen unzertrennlich mit dem verschlungen, was
seine wissenschaftliche Überzeugung ihm als das Sittliche
und Rechte vorschrieb, und wenn es unter allen, die je sich
der Zucht willkürlichkeitsloser Gedanken unterwarfen, ihm
als dem Ersten gegeben war, in jeder Sphäre der Vergangenheit die Vernunft eines gottwiderspiegelnden und ver-
wirklichenden Verlaufs zu erkennen, so verband ihn der
gleiche Frieden mit der Welt um ihn her, indem sie vor ihm
nur als das lebensbunte Gegenbild seines eigensten durch
alles hindurchgewobenen Denkens da stand. Das durfte, das
mußte er sich selber eingestehen. Dennoch wie weit ich
auch immer umherblicken mochte, fand ich nirgend die
gleiche anspruchslose Bescheidenheit. Kein Widerspruch
reizte ihn, den gewohnten Tadel der Schwachen wies er
lachend zurück, und nur den Hochmut des Unverstandes,
die alles verkehrende Frechheit halber Einsicht brachten
ihn hin und wieder in Harnisch, und da er sich nach dem
edelsten Bestreben des schwer errungenen Sieges bewußt
war, konnte ihn das vornehm absichtliche Übersehen aner-
kannter Autoritäten kränken und verletzen. Denn es war ein
Grundzug seines Charakters, mit der unerschütterlichsten
Selbständigkeit die höchste Ehrfurcht gründlich zu vereinigen. In religiösen Vorstellungen focht er mit scharfen
Waffen für die aufgeklärte Freiheit denkender Überzeugung, während er doch in dem klaren Begreifen der ortho-
doxesten Dogmen fast allen voranging; in der Politik neigte
seine maßvoll konstitutionelle Gesinnung sich zu den
Hauptgrundsätzen der englischen Verfassung hin; korpora-
tive Grundlagen hielt er auch bei den allgemeineren Angelegenheiten für unerläßlich, die Rechte der Erstgeburt für

Pairs und Fürsten verteidigte er in jeder Rücksicht, ja selbst den zufälligen Vorzügen des gesellschaftlichen Ranges, Standes und Reichtums erwies er einen unwillkürlich zeremoniösen Respekt, und weil er im ganzen die Meinung hegte, daß Minister und Beamte von Haus aus die Einsichtigeren wären, gestattete er mehr nur die Freiheit des Dreinsprechens und Besserwissens in Kammerverhandlungen und Presse, als daß er sie als unaufgebbares Bürgerrecht hätte in Anspruch nehmen mögen. Vorzüglich aber war ihm alles demagogische Aufrühren verhaßt, und stellte es sich gar mit unklaren Empfindungen und haltlosen Gedanken, wie jenes wüste deutsche politische Herzensgetreibe, vernünftigeren Zuständen gegenüber, so fand es in ihm den erbittertsten Gegner. Denn die Zufälligkeit des eigenen Gemüts, der subjektiven Meinung, Willkür und Leidenschaft von Jugend auf zu brechen, und gegen die gediegene Gesinnung für alles im Leben Feste, Gesetzgemäße und Substantielle einzutauschen, war seine durchgängige Forderung, wenn er auch statt jener stets nur mit halben Erfolgen kämpfenden Moralität sich außer Goethe am tiefsten zu jener echten Sittlichkeit bekannte, welche Gemüt, Sinne, Triebe, Wünschen und Wollen mit dem Notwendigen und Vernünftigen zum freien Einklang ungestörter Gewohnheit und Sitte vollendet zu vereinigen im Stande ist. Auf solch eine vollständig hergestellte Einheit des Wahrhaftigen und in sich reich entfalteten Allgemeinen mit dem Subjektiven und Einzelnen ging sein Denken und Handeln in allen Beziehungen aus. Da sich jedoch diese Richtung in ihm zu einer Zeit entwickelte, welche auf entgegengesetzt einseitige Art nur die subjektivste Freiheit des Gewissens, der Handlungsweise und Überzeugung ausgebildet hatte, drängte er, mehr freilich seiner Gesinnung als seinem Denken nach, die unbestreitbaren Rechte moderner Persönlichkeit zurück. So war er der liebevoll treuste Gatte, der zärtlich besorgteste, wenn auch strenge Vater, aber er verlangte doch, die Ehe sei der Ehe und nicht der innigsten Seelenliebe wegen einzugehen; Neigung, Ehrfurcht und Treue werde sich dann schon von selber finden, und die unauflöslichsten Bande knüpfen. Bei dieser rechtschaffenen Sinnesart fehlte ihm die

Einsicht in die mannigfachen Schwankungen, Widersprüche
und Wunderlichkeiten heutiger Gemüter nicht, und wie er
diese Zwiespalte und Untiefen zu schildern verstand, wußte
er ihnen, wenn sich nur irgend gehaltreichere Bedürfnisse
erschütternd hindurchbewegten, eine dauernde Teilnahme
und Schonung zu bewahren. Denn alles was nur in der
Menschenbrust Tiefes arbeiten, und sie zerreißen mag, blieb
seinem eigenen reichen Gemüte niemals fremd. Wie hätte
sonst auch bis zu den letzten Jahren hin seine Liebe zur
Kunst sich immer nur steigern können. Auch in ihr blieb er
ganz in seinem eigenen Bereiche, und mit welch universalem
Überblick war er alle ihre Gebiete, Epochen und Werke zu
durchdringen befähigt. Die Poesie zwar erwies sich ihm am
zugänglichsten, doch auch der Baukunst fragte er nicht vergebens ihre Geheimnisse ab, die Skulptur entzog sich weniger noch seiner Erkenntnis, der Blick für Malerei war ihm
angeboren, und in der Musik wurden die Meisterwerke aller
Art seinem Ohr und Geist immer verständlicher. Der orientalischen Kunst gab er zuerst ihre rechte Stellung, und wußte
sie, je mehr er in späteren Jahren sich auch in die chinesische, indische, arabische und persische Anschauungsweise
hineinlebte, treffender stets zu würdigen. Die griechische
Skulptur, Baukunst und Poesie galt ihm als Kunst aller
Kunst, indem er sie als das erreichte wirklichkeitsschönste
Ideal bewunderte; mit dem Mittelalter dagegen, die Architektur ausgenommen, so lange es dem Altertume sich nachzubilden noch kein Bedürfnis empfand, vermochte er sich
zu keiner Zeit ganz zu befreunden. Das äußere Gewirr und
in sich gezogene Gemüt, welches unbekümmert die Außen-
gestalt der Barbarei des Zufalls anheimgibt, das Diabolische
und Häßliche, die anschauungswidrigen Drangsale und
Martern, der ganze nicht getilgte Widerspruch des inneren
religiös vertieften, weltlich unausgebildeten Herzens und
seiner sichtbaren Erscheinung blieben ihm dauernd ein Stein
des Anstoßes. Wenn aber ein reicher Gehalt wesentlicher
Lebensmächte sich auftat, oder Liebliches und Zartes naiv
hervorlächelte, fühlte er sich auch diesem Kreise verwandt,
denn die Tiefe des dargestellten Inhalts war überall seine
nächste Forderung, und von dem Reiz innerer oder äußerer

Anmut wendete er sich niemals ab. In Spaß und Heiterkeit fand er sich gleichfalls behaglich, doch die letzte Tiefe des Humors blieb ihm teilweise verschlossen, und die neueste Form der Ironie widerstrebte dermaßen seiner eigenen Richtung, daß es ihm fast an dem Organ gebrach, auch das Echte in ihr anzuerkennen oder gar zu genießen. —

Mit dieser Überzeugung hatte er in Verborgenheit und Stille manches Jahr hindurch sein wissenschaftliches Weltgebäude aufgeführt, doch die Starrheit der Form, durch welche dasselbe beim ersten Blick schon erschreckte, verbot den Eintritt wie den Beifall der Menge. Auch das konnt' er sich nicht verhehlen. Nun begrüßte er mit Freundlichkeit jeden, der sich ihm zutrauungsvoll näherte. Wie viele der Kommenden aber mußte er nach kurzem Verweilen resultatlos wieder scheiden sehen! Mit desto vollerer Liebe hielt er an denen fest, welche keine Mühe scheuten, den Weg seiner eigenen Anstrengung treulich entlangzuwandern, und erreichten sie wirklich das Ziel, so gehörten sie seiner immer gleichen Teilnahme fürs Leben an.

Von frühen Jugendtagen an war er mit unermüdlicher Rechtschaffenheit jeder Art wissenschaftlicher Studien hingegeben; in späteren Jahren, wie Schiller in halb klösterlicher Beschränkung der Außenwelt entfremdet, gährte in ihm der Trieb nach ungebundener Regsamkeit; er trat aus der Stille heraus, nun aber unterwarf das Leben ihn einer harten Schule, äußere Bedrängnisse engten ihn von allen Seiten ein, und wie klar ihm auch in jedem Gebiete die Notwendigkeit theoretischer gänzlicher Umgestaltung ward, so wenig fühlte er doch zu jener Zeit in sich selber die alleinige Macht für diese umfassende Reformation. Denn er gehörte zu den markigen Naturen, welche nur langsam wachsend im Mannesalter zuerst ihre volle Tiefe öffnen, dann aber, was so lange ungesehen sich fortgebildet hatte, in umso reiferer Vollendung entfalten. Als ich ihn kennenlernte, waren seine Hauptwerke schon verbreitet, sein Ruhm stand fest, und auch äußerlich befand er sich in glücklichen Verhältnissen. Diese Behaglichkeit und Ruhe liehen seiner ganzen Erscheinung, wenn ihn körperliche Leiden nicht verdrießlich oder stumpf gemacht hatten, die gründlichste

Liebenswürdigkeit. Wie gern begegnete ich ihm auf seinen
täglichen Spaziergängen. Mühsam schien er sich erschlafft
vorwärtszubewegen, und war doch rüstiger und kräftiger als
wir Jüngeren; von keiner Lustfahrt schloß er sich aus, ja
eine zerstreuende Erholung wurde ihm mehr und mehr zum
Bedürfnis. Wer hätte dann in ihm den tiefsten Geist seiner
Zeit beim ersten Blick erkennen sollen. Immer zum Plau-
dern aufgelegt, suchte er wissenschaftlichen Gesprächen, obschon er sich ihnen nicht direkt entzog, lieber auszuweichen,
als sie anzuknüpfen; Tagesgeschichten dagegen und Stadt-
geschwätz waren ihm oft willkommen, die politischen Neuigkeiten ließ er nicht unbesprochen, die Kunst des Augenblicks
beschäftigte ihn in ununterbrochener Folge, und da er sie
nur des Vergnügens und Zeitvertreibs wegen auf sich einwirken ließ, billigte er dann, was er sonst gescholten haben
würde, verteidigte, was er so häufig schon verworfen hatte,
und fand kein Ende, mich mit meiner richterlichen Strenge
und Ernsthaftigkeit auszulachen. Wie lebendig wurde er in
solchen Stunden. Doch ging man ihm zur Seite, so war nicht
vom Flecke zu kommen. Denn in jedem Augenblicke blieb
er stehen, sprach, gestikulierte oder schlug ein helles herzliches Gelächter auf, und was er nun auch sagen mochte,
selbst wenn es unhaltbar schien und zum Widerspruch
reizte, zuletzt war man ihm dennoch beizustimmen versucht,
so ganz, klar und energisch prägte sich jedes Wort, jede
Meinung, jede Gesinnung aus. Ein gleich erfreulicher Gefährte war er in Konzerten und Theatern; heiter, zum Beifall geneigt, immer laut und behaglich, scherzhaft, und wenn
es galt, selbst mit dem Mittelmäßigen der guten Gesellschaft wegen gern zufrieden. Besonders wußten es ihm
seine Lieblinge unter Sängerinnen, Schauspielerinnen und
Dichtern, wie es auch kommen mochte, jedesmal recht zu
machen. In Geschäftsbeziehungen dagegen war sein scharfer Verstand im Abwägen jedes Für und Wider so peinlich
genau, so bedenklich und zähe, daß schnell und rücksichtsloser Entschiedene oft in Verzweiflung gerieten; doch hatte
er es endlich zum Entschluß gebracht, dann blieb seine
Festigkeit unbeugsam. Denn auch in praktischen Dingen
fehlte es ihm keineswegs an Blick und Einsicht, nur die Aus-

führung fiel ihm zuweilen schwer, und im Geringfügigen
gerade war er am unbehülflichsten. Abstoßende Persönlichkeiten, die seiner ganzen Richtung entgegenstrebten, konnt'
er in keiner Weise ertragen, zumal wenn ihr Mangel an
fester Gesinnung ihn in den geheimsten Tiefen dessen verletzt hatte, was er als achtenswert schätzte oder als das
Heiligste verehrte. Nur in der heitersten Stimmung konnte
man es ihm abgewinnen, auch mit Solchen näheren Verkehr
zu pflegen. Wenn aber Befreundete sich um ihn her versammelten, welch eigentümlich liebenswürdige Geselligkeit
zeichnete ihn dann vor allen übrigen aus. Nuancenvoll ge-
schmeidige Formen waren ihm nicht geläufig, doch eine
bürgerliche zeremoniös bequeme Zuvorkommenheit vereinigte sich so glücklich mit tüchtigen Späßen, wo sie am
rechten Orte waren, mit Ernst, wo er hingehörte, und mit
dem überall gleichmäßigen Wohlwollen, daß sich jedem,
der ihn umgab, dieselbe Stimmung unwillkürlich mitteilte.
Die Gesellschaft der Frauen war ihm stets genehm, und
kannte er sie näher und sagten sie ihm zu, so blieben die
Schönsten einer Verehrung gewiß, welche in der behaglichen Sicherheit des nahenden Alters die Frische der Jugend
wunschlos und scherzhaft bewahrt hatte. Je abgeschlossener
ihm die früheren arbeitsvollen Jahre dahingeschwunden
waren, desto lieber suchte er in den späteren gesellige Kreise
auf, und als bedürfte die eigene Tiefe zu der nötigen Ausgleichung fremder Flachheit und Trivialität, wurden ihm
zeitenweise Leute gewöhnlichsten Schlages erfreulich und
angenehm, ja er konnte für sie sogar eine seltene Art gutmütiger Vorliebe fassen. Mit welch ungewollt schicklicher
Würde dagegen in gleichsam ehrlichem Ernst, fern von
jeder Ostentation erschien er, wenn bei feierlichen Gelegenheiten sein Auftreten notwendig wurde; welch nachhaltige
Stunden ratender, prüfender, bestätigender Unterhaltung
widmete er denen, welche ihn zu diesem Zwecke aufsuchten,
und wenn Plato im Gastmahl rühmt, wie Sokrates in vollem
Genuß ganz Nüchternheit und Maß, während in später
Nacht rings um ihn her die übrigen berauscht schliefen oder
sich fortgeschlichen hatten, allein noch wach blieb, um aus
großem Weinbecher rechts herumtrinkend mit Aristophanes

und Agathon zu philosophieren, bis er auch diese zur Ruhe gebracht, und nun beim Hahnengeschrei fort ins Lyzeum ging, und erst am Abend dieses neuen Tages wie gewöhnlich sich selber zur Ruhe legte — so war auch er von Allen, die ich je gesehen, der Einzige, welcher mir das frohe Bild heiterster Lebenstüchtigkeit zu unvergeßlicher Gegenwart vor Augen gestellt hat.

1823

386. K. F. Zelter an Goethe

Berlin, 14. 1. 1823

Die Fasanen haben gut gegengehalten.[1] Freunde wie unser Geheimer Rat Wolf und Professor Hegel haben sie auf Dein und Deines Hauses Wohl verzehren helfen.

387. K. Ch. F. Krause an seinen Vater

Dresden, 4. 3. 1823

Mein nächster Arbeitsplan ist dieser: Zu Michaelis soll von mir erscheinen: 1) Vorlesungen, 2) eine ausführliche Kritik des Hegelschen Systems . . .

388. Varnhagen v. Ense, Tagebuch

Berlin, 6. 3. 1823

Herr Prof. Hegel hat in der Vorlesung bei Gelegenheit der Erwähnung des Thersites[1] diesen als einen kleinen buckligen Kerl bezeichnet, wie sie heutigentags noch unter unsern demagogischen Umtriebern zu sehen wären, er zielte durch noch bestimmtere Angaben deutlich auf Schleiermacher; die Studenten scharrten mit den Füßen zum Beweis ihres Mißfallens.

389. F. G. Osann an Schopenhauer

Jena, 8. 3. 1823

Von dem philosophischen Berlin hört man nicht viel Gutes. Hegels Beifall soll etwas nachlassen. Sein Naturrecht ist in einigen Literatur-Zeitungen garstig nach Hause geleuchtet worden. . . . Jedoch ist Hegel immer noch der große Gott, der heilbringende allen denen, die ihn anbeten. So hat durch ihn ein gewisser Hinrichs, früher in Heidelberg, eine Professur in Breslau erhalten.[1] Vorher hatte derselbe ein Naturrecht herausgegeben, welches Hegel durch eine Vorrede in die Welt eingeführt hatte: Vorrede und Buch, Pate und Taufkind, sollen der Unverstand selbst sein.[2]

390. *Schleiermacher an Ch. A. Brandis*

Berlin, 27. 3. 1823

Dieser kenntnisreiche und wackere Dozent [Ritter] wird von dem Ministerium gänzlich zurückgesetzt, weil er kein Anhänger von Hegel ist, und wird uns wahrscheinlich bald verlassen.[1]

391. *Schleiermacher an W. M. L. de Wette*

Sommer 1823

Hegel seinerseits fährt fort, wie er schon gedruckt in der Vorrede zu Hinrichs Religionsphilosophie getan, so auch in Vorlesungen, über meine tierische Unwissenheit über Gott zu schimpfen[1] und Marheinekes Theologie ausschließend zu empfehlen. Ich nehme keine Notiz davon; aber angenehm ist es doch auch nicht.

392. *F. Bopp an K. J. H. Windischmann*

Berlin, 16. 7. 1823

Mit Hegel hatte ich das Vergnügen über Sie zu sprechen; es war mir recht erfreulich wahrzunehmen, daß er sehr viel Achtung und Liebe für Sie gewonnen hat.

393. Karl Ludwig Michelet

Es handelte sich nun zunächst um die Wahl eines Stoffes für die Inaugural-Dissertation. . . . Zuletzt jedoch entschloß ich mich zu einem geologischen Gegenstande: der Trilogie der den Erdorganismus bildenden Gebirgsmassen, weil ich noch immer für das genannte Werk Heims[1] schwärmte. In dieser Absicht eilte ich freudig zu Hegel, seinen bestimmenden Rat erhoffend. Dieser aber, wohl wissend, welchen eingewurzelten Haß die Naturforscher gegen die Philosophie hegten (denn er hatte es selber, z. B. an seiner Verteidigung der Goetheschen Farbenlehre gegen Newton erfahren müssen)[2], riet auf das Bestimmteste davon ab, in ein solches Wespennest zu stechen. Aus meiner Fachwissenschaft, setzte er hinzu, müsse ich das Thema entnehmen: da würde ich face gegen die Fakultät machen. Und nun schlug er mir selber „die Lehre von der Zurechnung der menschlichen Handlungen" vor. Ich begriff und befolgte diesen sehr vernünftigen Rat augenblicklich. Und so entstand meine Dissertation: De doli et culpae in jure criminali notionibus . . .[3]

394. Jean Paul an seine Frau Karoline

Nürnberg, 2. 9. 1823

Hier [in Nürnberg] gibt es leider keine ausgezeichneten Köpfe, nicht einmal unter Männern. Das vorige Mal hatt' ich Schweigger, Pfaff, Hegel etc.

395. Friedrich Wilhelm III. an Altenstein

Potsdam, 29. 9. 1823

Ich autorisiere Sie auf Ihren Antrag vom 21. d. Mts., dem Professor Dr. Hegel für das laufende Jahr eine außerordentliche Gratifikation von dreihundert Talern aus dem dispo-

niblen Fond der wissenschaftlichen Anstalten in Berlin
zahlen zu lassen.

---

396. Anonymus über Christian Kapp

... ein Rezensent[1] behauptete, der Verfasser [Kapp] habe
manche Gedanken seines Schemas aus Vorlesungen entlehnt,
die Hegel zu Berlin über Philosophie der Geschichte gehalten habe. Kapp selbst gab damals sogleich Freunden und
Zuhörern Aufschluß über diese Anschuldigung. Ein Freund
zu Berlin, dem er die Schrift „Christus und die Weltgeschichte" zugesendet, hatte ihm brieflich mit freudigem
Interesse zu erkennen gegeben, daß viele Äußerungen dieser Schrift mit Behauptungen Hegels, der eben damals
(1822/3) zum ersten Male über Philosophie der Geschichte
las, auf eigentümliche Weise zusammenstimmten, und hatte
ihm zu dem Ende mehrere von Hegel aufgestellte Sätze
mitgeteilt. Hierüber erfreut, schaltete Kapp, ohne an Arges
zu denken, diese Sätze an den geeigneten Stellen in sein
Schema ein, an welchem eben gedruckt wurde, in der Absicht, sie bei seinen Vorträgen näher zu berücksichtigen, und
unter öfterer Belobung der Hegelschen Gedanken. Und daraus machte denn der Rezensent jene gehässige Anklage!
Diejenigen freilich, welche den Letztern und seine innere
Haltungslosigkeit kannten, welche zusahen, wie er — damals einer der eifrigsten Nachtreter Hegels — bald nachher
sich einem fanatischen Pietismus in die Arme warf, und nach
Art aller Apostaten dieser Gattung, die Geistesrichtung
öffentlich als von Gott abgefallen anklagte, der er früher
selber gefolgt war, ließen sich nicht durch ihn irre machen.

397. *Franz v. Baader*

Ich war mit Hegel in Berlin [im Winter 1823/24] sehr häufig zusammen. Einstens las ich ihm nun auch aus Meister Eckart vor, den er nur dem Namen nach kannte.[1] Er war so begeistert, daß er den folgenden Tag eine ganze Vorlesung über Eckart vor mir hielt und am Ende noch sagte: „Da haben wir es ja, was wir wollen."

398. *Varnhagen v. Ense*

Bei seiner [Baaders] letzten Anwesenheit in Berlin, als er schon längst mit Hegel geplänkelt hatte, wußte er diesen ungeschmeidigen Philosophen durch tiefsinnige Gespräche so für sich und seine Lehre zu gewinnen, daß derselbe in Baaders Vorträgen nur andersgestaltet das Eigne wiederzusehen meinte, und der Baaderschen Gnosis eine herrliche Lobrede hielt.[1]

399. *Varnhagen v. Ense, Tagebuch*

Berlin, 16. 2. 1824

Man rühmt, die Berliner Universität sei jetzt ohne Anteil an den Umtrieben; diesen besseren Geist habe Hegel unter die Studenten gebracht.

400. *K. J. H. Windischmann an F. Bopp*

Bonn, 3. 3. 1824

Die persönliche Zusammenkunft mit Herrn Prof. Hegel[1] (kurz nach Ihrer Abreise) hat mich zu meiner Freude in den Stand gesetzt, über wichtige Punkte mit ihm zu näherem Verständnis zu kommen, mehr als es durch Bücher geschieht oder gar durch das, was man voneinander hört. Obgleich wir noch eine wesentliche Differenz untereinander haben, so hoffe ich doch, daß wir selbst von dieser noch manches beseitigen werden, so weit es unsere Verschiedenheit im religiösen Standpunkte zuläßt. Ich hatte mir eine ganz andere Persönlichkeit nach den Bildern, welche seine Feinde mir vorhielten, mir vorgestellt und dagegen seine wirkliche Persönlichkeit sehr liebgewonnen, und sehe es als eine recht erfreuliche Fügung an, daß wir zusammengekommen sind.

401. *Franz v. Baader an K. J. H. Windischmann*

Berlin, 6. 4. 1824

Ihrer Aufforderung, „mich über derlei Gegenstände selber vernehmen zu lassen", habe ich zwar zum Teil bereits in meinen Fermentis (deren Fortsetzung folgt) entsprochen[1], werde es aber noch lauter (denn man muß ja umso lauter schreien, je dicker die Ohren werden) in einer andern Schrift, welche viele Saiten klingen und viele zerspringen machen wird. „Sie lehren alle, was nichts taugt, und jener finstre (Christophobe, wenn auch seine Phobie auf mancherlei Art verheimlichende) Geist, der von der Kantischen Philosophie ausging, ist noch nicht gebannt. Denn auch Hegels Feuergeist öffnet zwar hie und da den Ausgang aus jenem Finstergeist, aber, wenn man schon durchs Feuer ins Licht muß, so ist man im Feuer doch nicht schon im Lichte. Das Zerstäuben dieser Philosopheme des Staubes habe ich nun in meinen Fermentis wacker, wie mich deucht, begonnen, indem ich gerade die bis jetzt völlig unauflösbar gehaltenen philosophisch-theologischen Probleme aus dem Boden des Gefäßes, über dem eben darum es in Philosophie und Theologie so wasserklar geworden, heraufgerührt und den in diesem ihrem klaren Elemente lustig sich herumtreibenden Tierlein das Wasser recht getrübt habe.

. . .

N. S. In Bezug obiger Stelle über Hegel muß ich noch bemerken, daß die Schüler Hegels mich damit zu bezeichnen meinten, daß meine philosophischen Ansichten noch durchaus in der Region der (begrifflosen) Vorstellung schwebten; — sie wissen nicht, daß es eine Vorstellung (Bild, Poesie) vor dem Begriff und Eine auch nach und mit dessen Eintritt gibt, und meinen, die Impotenz der Begriffe damit entschuldigen zu können, daß jeder Begriff als solcher poesielos sein müsse. Es ist ein schlechter Begriff, der unpoetisch, eine schlechte Poesie, die begriffleer ist.

402. Ludwig Feuerbach an seinen Vater

Berlin, 21. 4. 1824

Ich bin gesonnen . . . dieses Semester hauptsächlich der Philosophie zu widmen . . . Ich höre daher Logik und Metaphysik und Religionsphilosophie bei Hegel, dessen Studium mir sehr erleichtert wird durch Daubs unvergeßliche Kollegien, durch seine gedrängte, aber zugleich klare und umfassende Darstellung der Hegelschen Philosophie, auf welche ihn die Art und Weise, wie er die Theologie behandelt, notwendig in seiner Dogmatik führte. . . .

Ich freue mich unendlich auf Hegels Vorlesungen[1], wiewohl ich deswegen noch keineswegs gesonnen bin, ein Hegelianer zu werden, wie vor kurzem ein Theologus, dem der Generalsuperintendent schon zentnerschwer im Kopfe lag, und auf der Nase wie ein Dukatensch. . . . saß, daraus, daß ich zu ihm sagte, ich wolle bei Hegel hören, den hochwohlweisen, reichsstädter Schluß zog: „Also wollen Sie ein Hegelianer werden". Man kann ihn ja hören, und zwar mit Fleiß, Anstrengung und Aufmerksamkeit, ohne deshalb als Zoll- und Mautdefraudator des allgemeinen menschlichen

Verstandes, der ja gewöhnlich den Hegelianern abgesprochen wird, in seine Schule hinüber zu passieren, in der freilich viele, wie der einäugige Cyklope die Galathee, die Weisheit, statt sie durch zärtliche Liebeserklärungen zu gewinnen, verlieren.

403. H. W. A. Stieglitz an seine Braut

Berlin, 28. 4. 1824

Aber das sehe ich ein, ein neues bedeutendes Leben für meinen Geist tut sich in Berlin auf, und ich werde es wohl nie bereuen, diese Stadt zu meinem nächsten Aufenthalt gewählt zu haben.[1] Laß mich jetzt noch schweigen von den Tiefen, die mir Hegel, unter den bedeutenden Philosophen unserer Zeit vielleicht der erste, ja, wohl unbezweifelt einer der ersten aller Zeiten, durch seine Vorträge täglich aufschließt[2]; ich sage Dir einmal mehr davon, wenn erst Resultate im ganzen vor mir liegen . . .

404. H. W. A. Stieglitz an seine Braut

Berlin, 5. 5. 1824

Ich habe diesen Morgen ein schwieriges Geschäft vor, die Wiederholung von Hegels philosophischen Vorträgen im kurzen Zusammenfassen, um für mich selbst das bisher Gesagte in reinste Klarheit zu bringen; da bedarf es denn nun wirklich des Zusammenfassens aller geistigen Kräfte, denn die Sache ist so schwer, als sie tief ist . . .

405. Ludwig Feuerbach an seinen Vater

Berlin, 24. 5. 1824

Vier Wochen zwar dauern erst meine Kollegien, allein ich bin überzeugt, daß schon diese wenigen Wochen mir mehr genützt haben, als es vielleicht vier Monate in Erlangen, oder sonst auf einer anderen Universität getan hätten. Vieles, was mir bei Daub noch dunkel und unverständlich war, oder nur zufällig hingeworfen und isoliert für sich erschien, habe ich jetzt allein schon durch die wenigen Vorlesungen Hegels durchschaut, und wie ich wenigstens glaube, in seiner Notwendigkeit und seinem inneren Zusammenhange erkannt, den Samen, den Daub in mich legte, vor meinen Augen merklich sich entwickeln gesehen. ... Es ist übrigens ganz natürlich und in der Ordnung, daß, wenn man durch irgendeinen Mann, etwa wie Daub, vorbereitet und im Denken geübt, mit einem inneren Seelenzuge nach der tieferen Einsicht in den Urgrund aller Dinge zu Hegel kommt, daß man dann schon in wenigen Stunden den mächtigen Einfluß seiner tieferen Gedankenfülle verspürt. ... Hegel ist in seinen Vorlesungen bei weitem nicht so undeutlich, wie in seinen Schriften, ja ich möchte sagen, klar und leicht verständlich; denn er nimmt sehr viel Rücksicht auf die Stufe der Fassungskraft und Vorstellung, auf der seine meisten Zuhörer stehen; übrigens — und das ist das Herrliche in seinen Vorlesungen — selbst wenn er die Sache, den Begriff, die Idee nicht in ihr selbst, nicht rein und allein in ihrem eigentümlichen Elemente entwickelt, so bleibt er doch immer streng in dem Kerne der Sache, holt nicht meilenweit Proviant etwa für ein passendes Bild herbei, sondern zeigt den Gedanken nur in der anderen Gestalt und Weise seines Erscheinens, und weist ihn im ersten unmittelbarsten Bewußtsein des Menschen und gewöhnlichen Lebens nach, wie er auch hier ist seinen wesentlichen Bestandteilen nach, aber nur in einer anderen Form; so daß man bei ihm in dem Begriffe die Anschauung und in der Anschauung den Begriff bekommt.

406. H. W. A. Stieglitz an seine Eltern

Berlin, 27(?). 5. 1824

Und Hegel ist ein tiefer, ich darf sagen ein gewaltiger Denker; seine Anregungen sind wirkende Urkräfte!

407. H. W. A. Stieglitz an J. P. Eckermann

Berlin, 15(?). 6. 1824

Zwei Lehrer habe ich gefunden, wie sie selten Ein Ort vereint, von gleichem Einfluß für meine wissenschaftliche Vorbereitung, den hellen Böckh mit der Fülle historisch-philo-
logischer Kenntnisse und den scharfsinnigen Hegel mit bedeutendem philosophischen Tiefblick. An sie hab' ich mich
angeschlossen und werde sie die ganze Zeit meines Hier-
seins nicht aus den Augen lassen: der eine gibt mir täglich
mehr Reichtum des Wissens, der andere schließt mir eine
ganz neue Welt des Gedankens auf. . . .

408. H. W. A. Stieglitz an seine Braut

Berlin, 19. 6. 1824

Nun wendete ich mich zu den Studien, und zwar zuerst zu
der Philosophie, um mit den letzten Stunden Hegels völlig
ins Klare zu kommen. Es war eine schwierige Materie, die
fast dreistündige, anhaltende Aufmerksamkeit forderte, um
durch und durch gefaßt zu werden; dafür ward mir aber
auch die Freude völligen Verstehens, und ich durfte ganz
beruhigt die übrige Zeit vor den Kollegien den andern Vorbereitungen widmen. . . . Die Vorlesungen waren voll Gehalt, so recht als müßten auch sie dieses Tags sich würdig
machen[1]; zwischen jeden wandelte ich unter den grünen
Bäumen, die Du kennst, mit meinem Landsmann auf und
ab; wir sprachen über Wissenschaftliches; . . . Um eins ging
ich zurück nach meinem Revier und machte, wie gewöhnlich
um diese Zeit, einen kleinen Umweg mit Rötscher[2], meinem
Nachbar bei Hegel, den ich immer erst zu seiner Wohnung
begleite. Dieser Weg ist mir jedesmal von großem Gewinn.
Rötscher ist ein mehrjähriger Zuhörer von Hegel, den er
mit Eifer studiert, ein Mensch voll hellen Feuers, das durch
die mannigfaltigsten Kenntnisse genährt und durch die
Philosophie geläutert und bewacht ist.

409. H. W. A. Stieglitz an seine Braut

Berlin, 25. 6. 1824

Ich habe bis dahin mich gewöhnlich mit der Philosophie ausschließend beschäftigt, und die schwierigen Materien, die
Hegel jetzt behandelt, nehmen den ganzen Geist in Anspruch und spannen ihn gewaltig an . . .

410. Franz v. Baader an Johannes Schulze

Schwabing bei München, 1. 7. 1824

Bei meiner Rückkunft nach einer zweenjährigen Abwesenheit habe ich manches hier zu Lande verändert befunden,
aber nicht zum Bessern. . . . Das Ministerium des Innern
traut uns Akademikern allen so bestimmt philosophische
Bildung zu, daß sie die Akademie[1] in zween Bänke 1) die
mathematisch-physikalische 2) die historisch-philologische
geteilt und selbst den Namen: Philosophie gestrichen hat,
welche erbauliche Nachricht ich Herrn Professor Hegel mitzuteilen bitte. Somit bin ich dem physischen Sandlande ent-
gangen, um hier auf einem geistigen Sande zu stranden. . . .

411. H. W. A. Stieglitz an Ch. F. W. Jacobs

Berlin, 15. 8. 1824

Bei Hegel habe ich bedeutende Anregung gefunden; er ist
ein tiefer Denker, scharfsinnig und sicher wohl sich selber
klar, nur schwer zu fassen, und in seinem Vortrag ganz er-
starrend, auf seinem selbst errungenen Standpunkte keck
sich fühlend und nicht ohne bittere Polemik; diese, oftmals
kränkend durch ihr kaltes Absprechen selbst in des bedeutenden Mannes Munde, wird von seinen Nachbetern ausgehend nun verzerrt, und lächerlich bald, bald verächtlich;
diese sind es auch gewiß, die ihm so sehr viele Feinde zugezogen, selbst unter den Besseren, so daß er nicht immer

nach Verdienst erkannt wird; für die Wissenschaft ist er
unstreitig ein wesentlich Moment, wenn auch nicht, wie er
selbst zu glauben scheint, die Spitze. Ich bin seinen Vorlesungen über Logik und Metaphysik bis über die Mitte mit
fleißiger Wiederholung gefolgt, und mit großem Interesse,
obgleich mir Bilden und Leben eine schönere, reichere,
höhere Bestimmung zu sein scheint als dieses Abstrahieren,
das den Himmel mit dem All vorspiegelnd doch immer und
immer nur unterwühlt und aushöhlt, und, so bedeutend es
an sich sein mag, mir niemals zum Bedeutenden zu führen
scheint; da dringt ein klarer Blick mit frischem Geiste und
liebendem Herzen anders ein! — aber töricht wär' es, darum
den Philosophen zu verachten; ist er mit Ernst auf seinem
Standpunkte, Ehre ihm; ob aber diese schroffe Form dem
Höchsten ziemt, bezweifle ich.

412. *Eduard Gans an Varnhagen v. Ense*

Die Disputation quaestionis fand Sonnabend den 5. September 1824, morgens 11 Uhr, im großen Hörsaale statt.
Der junge Promovendus war Karl Ludwig Michelet. . . .[1]
    Nachdem die Disputation zu Ende war, hielt Gans eine
Schlußrede, worin er von den ausgezeichneten Fähigkeiten
und den Erwartungen sprach, zu denen der Promovendus
berechtige, von der Philosophie, als der Mutter der Wissenschaften, die keiner, selbst ein Historiker nicht ungestraft
verachte, endlich von Hegel, der die in hiesiger Universität
eingerissene und krasse Empirie wieder gezwungen habe,
an Gedanken zu denken.

413. *Ludwig Feuerbach an K. Daub*

[Berlin, September 1824]

Hätte ich auch nicht in dem Versprechen, das ich Ihnen gab,
die Aufforderung, Ihnen zu schreiben, so hätte ich sie doch

— und dringend genug — in dem gefunden, was meinem
vielleicht nur kurzen hiesigen Aufenthalt die Bedeutung
einer Ewigkeit für mich gibt, ihn zum Wendepunkt meines
ganzen Lebens, und Berlin zum Bethlehem einer neuen
Welt für mich macht, in Hegels Vorlesungen. Denn wenn
ich sie, selbst unter dem schweren Kreuze des Begriffes und
unter dem Blitz und Donner der Dialektik als das größte
Glück, das mir nur immer begegnen konnte, zu schätzen
und sie als das, was sie sind, als Himmelsgaben unbedingt
ihre einflußreiche Macht auf mich ausüben zu lassen weiß,
so habe ich es ja einzig und allein Ihres Geistes Kraft zu
verdanken. ... Die Tat, mit der ich beweise, daß ich Sie
stets als meinen Lehrer tief verehre, und Ihnen eine fort-
gehende Danksagung für Ihre mir erwiesenen Wohltaten
darbringe, ist, daß ich Hegel nicht bloß fleißig höre, sondern
auch studiere, denn Hegels Studium, wo sich der Geist von
den Herrlichkeiten und Reichtümern der Welt, von der Vertiefung in die Mannigfaltigkeit konkreter Verhältnisse und
Zustände in die Armut des leeren abstrakten Seins zurückzieht, kann ich nicht anders bezeichnen, als eine Tat, ja als
eine Tat nicht etwa dieses einzelnen Subjekts, sondern der
ganzen Menschheit. — Seine Logik war der Gegenstand,
der mich fast ausschließlich im verflossenen Semester beschäftigte, wie ich auch außer den beiden Vorlesungen, die
er hielt, eben der Logik und Religionsphilosophie, nur noch
zwei ganz unbedeutende Kollegien ... besuchte. ... Was
die Idee des Schönen anbelangt, so habe ich Hegel in Ihrem
Namen gefragt: warum er sie in der Logik ausgelassen
habe, da sie doch notwendig aus der Reflexion und Bewegung des Wahren in das Gute und umgekehrt des Guten in
das Wahre hervorgehe? Er gab mir zur Antwort, das Schöne
falle schon in das Gebiet des konkreten Bewußtseins hinein,
es streife aber so nahe an das Logische, daß die Grenze, die
es von demselben abschneidet, schwer zu bestimmen sei.
Sollte das Schöne nicht vielleicht die unmittelbare Vermittlung der Idee mit ihr selbst durch ihr Anderssein hindurch
sein und eben als die erste Zurücknahme ihrer in sich aus
ihrer absoluten Entäußerung von der Logik ausgeschlossen
bleiben? Ich wenigstens kann mir das Schöne nicht denken

als eine freie Wesenheit aus innerer Selbstbestimmung und
-bewegung sich heraussetzend, sondern nur es als voraus-
setzend und sich zurückbeziehend auf die Substanz, in derer
Aufhebung und Idealisierung es seine Realität hat, oder es
nicht als die Idee in der Gegenwart ihrer ungetrübten Anschauung, sondern nur sie in ihrer Erinnerung. — Ist Hegel
wieder von seiner Reise nach Dresden und Prag hier zurückgekommen [1], so werde ich ihn noch einmal ersuchen, sich
ausführlicher und bestimmter über diesen sehr schwierigen
Punkt zu erklären, als das erste Mal, wo er durch die unge-
legene Zeit, zu der ich damals zu ihm kam, daran verhindert
wurde.

414. Karl Förster, Tagebuch

Frühere Bekanntschaften Auswärtiger werden durch erfreuliches Wiedersehen erfrischt und gefestigt. Hegel, Wilken,
Reimer [1], Schadow, suchten im lieben Elbtale einen angenehmen Wechsel für den Berliner Staub. Für Freund Schadow, der bei seiner Ankunft erkrankt, richten wir fürsorglich
ein Zimmer bei uns ein, doch als ich am Morgen ihn aus
dem Gasthaus in unsere ruhige Wohnung abholen will, war
er so weit hergestellt, daß er eine Fahrt nach dem Plauen-
schen Grund [2] vorzog, wo in der Mühle gerastet ward;
auch Schlesinger [3] und Pelisier [4], zwei liebe Menschen, begleiten uns; das Gespräch lenkte sich von der Kunst auf den
Lohn, welcher derselben werde. Schadow wollte behaupten,
daß die Forderungen der Künstler viel zu mäßig seien, daß
in den meisten Fällen ein vollkommeneres Gelingen der
Arbeit gesichert werde, wenn derselben ein reicher Lohn
am Ziele winke. Ich erwiderte: „der Künstler wie der Dichter soll bei seinem Schaffen nichts als die höchste Vollendung seiner Aufgabe im Auge haben, unberührt von den
Äußerlichkeiten muß er seinem Genius folgen, unbekümmert, ob am Ziel ein Kranz ihm werde, dessen Zweige die
Goldfäden zusammenhalten." Schadow sagte: „die Gold-
faden sollen uns Häuser bauen, deren Dach unser Alter

schirmt. Wir Maler sind viel klügere K... als die Poeten,
die immer wenn es zu spät ist erst einsehen, daß Blütenduft
und Mondschimmer für das irdische Dasein nicht ausreicht."
„Und den Künstlern" — entgegne ich — „sitzt ein Kobold
im Nacken, ‚Geldteufel' genannt; aber ein Rätsel bleibt, wie
derselbe mit der echten Begeisterung ein Reich bewohnen
kann." Wie karg, wie kümmerlich ist das Verdienst des Gelehrten, wie steht der Gewinn so in gar keinem Verhältnis
mit seinen Mühen, seiner Anstrengung. Aber ihm ist die
Freude des Schaffens Genuß und Zahlung; ihm genügen die
Schätze, die in unerschöpflichem Reichtum die Wissenschaft
ihm bieten. — Ihr guten Künstler malt nicht nur auf Gold-
grund, sondern auch auf einem goldenen Boden; wir armen
Literaten, Schulmeister und Poeten schöpfen aus den Gold-
gruben des Wissens, aber der Säckel bleibt leer. — Die
heitern Gespräche unterbricht der vorfahrende Wagen, welcher uns insgesamt zu Tieck bringt; dieser las: „den be-
trogenen Freier" von Holberg[5], nach einer alten Übersetz-
zung von 1746, trefflich vor. Tieck, sehr wohl gestimmt,
improvisierte dem muntern Lustspiele vieles hinzu, was den
Genuß noch steigerte.

415. Heinrich Gustav Hotho

[10. 10. 1824]

Hier [bei Tieck in Dresden] sah ich auch Friedrich von
Schlegel[1], und unerwartet trat, als volles Gegenbild, für
mich wie zum Augen- und Seelentrost, mein alter Freund
und Lehrer Hegel in diesen Kreis herein. Er kam soeben
von Wien, heiter und mitteilend, wie ich ihn bisher noch
nicht gesehen hatte, und völlig berauscht von Rossini, der
Fodor, Lablache, Rubini[2], so daß er mich unter hundert
Späßen meiner Orthodoxie wegen auslachte, mit welcher
ich fester als je an Gluck und Mozart hing. Daß dieses
Klingeln, Flöten, Trommeln und Rauschen, Tändeln, Seh-
nen, Kosen und Toben, daß mich diese ganze pikant lang-
weilige Trivialität rhapsodischer Einfälle jemals wie ihn

erfreuen könnte, glaubte ich ihm damals trotz seiner ernsten
Prophezeiung nicht . . .

416. *F. L. G. v. Raumer an L. Tieck*

Berlin, 22. 10. 1824

St[effens] hat die naturphilosophische [Brille] noch immer
auf der Nase, nur hat ihm S[olger] das eine Glas zerschlagen; Hegel beweiset, daß die Lehre von der Dreieinheit sein
System, und dies jene Lehre bekräftige; Schleiermacher will
Dogmatik unbedingt von der Philosophie trennen und
philosophiert doch von A—Z.

417. *Varnhagen v. Ense, Tagebuch*

Berlin, 30. 10. 1824

Alle Welt ist von seiner [Cousins] Unschuld überzeugt,
Herr Prof. Hegel, der ihn noch in Dresden gesprochen,
schwört darauf. Sein Angeber soll der in Köpenick verhaf-
tete Student Witte, auch Witt-Dörring genannt, gewesen
sein, ein toller Mensch, der in den Tag hineinschwatzt, und
mitunter die Polizei zum Besten hat. Wenn Cousin unschul-
dig ist, so wird uns der Mißgriff zur großen Beschämung
gereichen.

418. *F. Bouterwek an H. W. A. Stieglitz*

Göttingen, vor 2. 11. 1824

Zu ihren Fortschritten im geistigen und bürgerlichen Leben
ist also der Plan gemacht, und Berlin fürs erste als Standpunkt gewählt. Ich billige diesen Plan und diese Wahl. Sie
können dort manchen Faden anknüpfen, der zu erwünsch-
ten Verbindungen für die Zukunft dienen kann. Für ihre

philologischen Studien, auf die Sie doch vorzüglich fußen müssen, kann nirgends besser gesorgt sein. Auch finde ich ganz zweckmäßig und in der Ordnung, daß Sie die Gelegenheit nicht versäumen, mit einer Philosophie Bekanntschaft zu machen, die man in den preußischen Staaten zur Würde einer privilegierten Landesphilosophie zu erheben sich so viele Mühe gibt. Was ich von dieser Philosophie, dem scholastischen Schellingianismus, halte, wissen Sie schon. Das Große, das Sie in ihr finden, hat sie mit jedem anmaßlichen Absolutismus gemein. Aber sie ist allerdings in ihrer Art bemerkenswerte Erscheinung...

419. Varnhagen v. Ense, Tagebuch

Berlin, 11. 11. 1824

Herr Prof. Hegel hat Cousin zu sprechen verlangt, es ist ihm aber abgeschlagen worden; es gehört Hegels gutes Vernehmen mit der Regierung dazu, wegen solchen Schrittes nicht verdächtig zu werden.

420. Friedrich Wilhelm Riemer

1824/25

Goethe will auch Hegeln sehr wohl, und er urteilt, finde ich, immer ein wenig anders im Schlafrock, als wenn er in Gesellschaft urteilen soll.

---

421. Karl Rosenkranz

Es war ein Jurist, Wilhelm Müller, der einzige Sohn wohlhabender Leute in Neuhaldensleben. .... Die Wissenschaft als Wissenschaft interessierte ihn nicht. Er wollte, wie die meisten Studierenden, durch sie nur hindurchgehen, um sich für ein Staatsamt vorzubereiten. Er nahm z. B. bei Hegel das Naturrecht[1] an, vernachlässigte jedoch bald dessen Besuch, weil er Hegels Vortrag zu ungenießbar und wegen des schwäbischen Dialekts, wie er behauptete, sogar unverständlich fand.

Bis ich nach Berlin kam, hatte ich kaum den Namen Hegel gehört. Von der Stellung, die er zur deutschen Philosophie oder gar zur Philosophie überhaupt einnahm, hatte ich nicht die geringste Vorstellung. Ich wollte ja auch nicht Philosophie studieren und betrachtete daher die speziell philosophischen Kollegia nur als Nebenfächer. Es mußte doch aber, dem Herkommen nach, ein Kollegium angenommen werden, welches in die Philosophie einleitete.

Mein Oheim war Kantianer und gegen Hegel durchaus eingenommen, weil derselbe sich über Newton sehr bitter ausgelassen hatte.[2] Allgemein vernahm ich die Versicherung, daß Hegel gar nicht oder doch sehr schwer zu verstehen sei. Es wurde aber ein junger Professor, Leopold von Henning, als ein Dozent gerühmt, der die Gabe besitze, Hegel für Anfänger verständlich zu machen. Er hatte Enzyklopädie der philosophischen Wissenschaften angekündigt. Was konnte ich Besseres tun, als mich an ihn wenden und mir Hegels Enzyklopädie, die von 1817, welche er voraussetzte, anschaffen. Ich glaubte zuerst, dies Buch ebenso gut lesen zu können, als ich andere philosophische Bücher gelesen hatte. Ich war doch nicht unvorbereitet. Ich hatte von der empirischen Psychologie, von der philosophischen Grammatik, von der formalen Logik durch die Schule eine nicht zu verachtende Übersicht mitgebracht. Meine allgemeine Bildung war eine sehr ausgedehnte, und es war mir eigentlich keine Wissenschaft ganz fremd geblieben, da ich, wie man sich erinnern wird, stark in die enzyklopädische Zerstreuung gefallen war. Auch hatte ich von Platon und Cicero, von Lessing und Herder doch so Manches gelesen und auch, wie ich glaubte, verstanden. Aber dies Buch von Hegel war mir ein Rätsel. In den Einleitungen zu den Haupt-Abschnitten, sowie in den Anmerkungen fand ich mich notdürftig zurecht, allein die Paragraphen, welche Hegels eigenes System darstellten, waren mir ganz unzugänglich. Sie stießen mich jedoch nicht ab, sondern reizten mich, ihren Sinn zu entziffern. Eine ganz neue, von mir kaum geahnte Welt schien sich mir aufzutun. Zuweilen glaubte ich eine Verwandtschaft mit den Fragmenten von Novalis zu entdecken, die ich auch als höchste Offenbarung des Geistes verehrte, ohne sie verdaut zu haben.

Ich hörte daher das Kollegium mit größtem Fleiß und beteiligte mich an den philosophischen Unterhaltungen, welche sich für Freiwillige daran knüpften. Leopold von Henning, ein großer, schlanker Mann, voller Lehreifer, Geduld und Freundlichkeit, gewann bald meine ganze Zuneigung. Wenn ich etwas nicht verstand, schob ich es auf die Schwäche meiner Fassungskraft, gerade wie ich bei der Empfindung der Langeweile oder gar des Mißbehagens, die mich im Studium der altdeutschen Gedichte zuweilen überkam, die Schuld nicht ihnen, sondern der Mangelhaftigkeit meiner Einsicht zurechnete. Nach Allem, was ich von ihrer Vortrefflichkeit las, durfte ich nicht daran zweifeln.

So lebte ich mich ganz unbefangen in ein unbedingtes Vertrauen zu Hegels Philosophie hinein, worin mich Buschmann, der mir so viel voraus war, mit geheimnisvollen Andeutungen, wie er sie liebte, bestärkte. Müllers Abneigung gegen Hegels Naturrecht verschlug wenig bei mir, da er nur ein praktisches, kein philosophisches Interesse besaß. Meinem Oheim war es zuletzt angenehm, von der neuen Lehre, die so viel Aufsehen zu machen begann, durch mein Referat eine nähere Vorstellung zu bekommen; sowie es ihm auch Vergnügen machte, mit mir darüber zu streiten. Leopold von Henning hatte seiner Darstellung auch eine kurze Geschichte der Philosophie einverleibt, die mir ganz neue Gesichtspunkte gab. Ich bekam durch ihn, sozusagen, alle Stichwörter der Hegelschen Philosophie überliefert und hatte an der systematischen Gliederung des Ganzen die größte Freude.

Konsequent hätte ich von dieser Propädeutik Hennings zu Hegels Vorlesungen selber weiterhin übergehen müssen. Dies geschah aber nicht, weil ich allmählich ganz in Schleiermacher versank. Ich habe daher bei Hegel nur einige Male

hospitiert, mich zu überzeugen, wie er, dem glatten, ge-
wandten Vortrag Schleiermachers gegenüber, sich in müh-
same und schleppende Perioden erging, die er seltsam umherwarf, mit Husten und Tabakschnupfen unterbrach und
eine Sprache redete, die mir Sterblichem verschlossen schien.
Ich bewunderte die Studenten, welche lautlos, als ob die
Sphinx ihren mysteriösen Mund geöffnet habe, zu seinen
Füßen saßen und offenbar, was er sagte, verstehen mußten,
da sie von dem nach meiner Meinung sich wiederkäuenden
Vortrage sogar ganz ordentliche Hefte nachzuschreiben vermochten. So kümmerte ich mich denn um Hegel bei allem
Respekt vor ihm nicht weiter, sondern blieb bei dem rede-
geläufigen Herrn von Henning stehen.

422. *Karl Rosenkranz*

In Berlin hatte der Besuch des Theaters für mich auch noch
den besonderen Reiz der Anwesenheit interessanter und
berühmter Persönlichkeiten, die man hier bequem von Angesicht zu Angesicht anschauen konnte. So traf es sich z. B.,
daß wir Studenten bei einer Aufführung von Molières „Tar-
tüffe" Hegel in einem Sperrsitz erblickten und nun erlebten,
daß er Devrient ebenso gut beklatschte, als wir Studenten
im Parterre.

423. *Varnhagen v. Ense an K. E. Oelsner*

Berlin, 12. 2. 1825

Ich höre, daß Herr Professor Cousin, dessen Freilassung nun erfolgt ist, nachdem seine Verhaftung als ein Mißgriff erkannt worden, gegen alle Leute in Einem Lobpreis der hiesigen Behörden ist, er rühmt über die Maßen Herrn von Schuckmann, Herrn von Kamptz, eine Magalonsche Geschichte, wie Paris vor einiger Zeit sie gesehen, wäre hier eine bare Unmöglichkeit. Cousin soll sich jetzt sehr in Berlin gefallen, wo er besonders Hegel und Schleiermacher sieht, in deren philosophische Gedankenreihen er eindringt; auch Ancillon und Niebuhr werden von ihm besucht. In Frankreich ist seine Sache wohl schon veraltet?

424. *Varnhagen v. Ense, Tagebuch*

Berlin, 16. 2. 1825

Dieser Tage machte mich Herr Prof. Hegel auf der Straße mit Herrn Cousin bekannt; es gefällt diesem in Berlin sehr, er besucht mit Eifer die Gelehrten, Schleiermacher, Bekker[1], Savigny; ganz besonders für Cousin eingenommen und mit ihm in vertrautem Umgang ist der Geh. Staatsrat Niebuhr. Wie hier alle Richtungen durcheinander laufen!

425. *Varnhagen v. Ense, Tagebuch*

Berlin, 1. 3. 1825

Mit Herrn Prof. Cousin den Sonntagsabend bei Madame Milder[1] zusammen; auch Hegel dort und Steffens. Cousin sehr beredt über deutsche Philosophie; über politische Gegenstände vorsichtig, doch klar und bestimmt in seinen Ur-

teilen; er ist überzeugt, daß das Emigrantengesetz von beiden Kammern angenommen wird, und Villèle[2] am Ruder
bleibt.

426. B. G. Niebuhr an seine Frau

Berlin, 18. 3. 1825

Sage Brandis, daß Cousin in einer großen Intimität mit
Hegel lebt, die freilich zum Teil durch dessen Verwendung
während seiner Gefangenschaft motiviert ist. — Aber doch
seltsam! Frage Br[andis], ob er ihn auch zu Paris von der
Seite so seltsamer Äußerungen gekannt wie folgende: das
Christentum habe von uralten Zeiten angefangen sich zu
bilden, das Judentum aber sei seine historische Quelle nicht.
Christus selbst habe sehr wenig vom Christentum gewußt:
— es sei im siebenten und den folgenden Jahrhunderten
vollendet: die Reformation sei darin ganz verkehrt, daß sie
auf die ersten Jahrhunderte zurückgehen wolle, worin die
Religion noch nicht reif gewesen: — so was sehe Hegel ein,
wir andern nicht etc. Auf diese Weise können sich die
Herren mit dem Katholizismus akkommodieren.

427. K. F. Zelter an Goethe

Berlin, 19. 4. 1825

Indem ich Deinen Brief öffne, ist Hegel bei mir, und er fällt
sogleich über das einliegende Stück der „Morphologie"[1]
her, sieht es an und sagt: „Ei, das habe ich von Ihnen bei
mir!" Er hat es nämlich, ehe ich es angesehn hatte, mit zu
sich genommen, bei sich behalten, und so habe ich geglaubt,
daß ich es noch gar nicht besitze; willst Du es demnach zu-
rücke haben, so laß mich's wissen . . .

428. Goethe an K. F. Zelter

Weimar, 26. 4. 1825

Herrn Hegel grüße zum schönsten und überlaß ihm das Doppelte in meinem Namen; er sollte auch ein Exemplar empfangen haben, aber ich kann die Versendung dieser Freundeshefte, so leicht es scheint, nicht in Ordnung halten . . .

429. K. F. Zelter an Goethe

Berlin, 2. 5. 1825

Hegel dankt schönstens und sendet mir das Beiliegende [1], das ich erst von einer Unzahl Sandkörner [habe] reinigen müssen, um den Brief nicht zu beschweren.

430. Karl Gustav Carus, Tagebuch

Berlin, 26. 8. 1825

Nach den gewöhnlichen Arbeiten und einem Mittag bei Hecker hatte ich gestern einen sonderbaren Abend bei G. R. Schultz. Zwar die Ordnung der Gesellschaft im ganzen war wie bei hundert andern, aber Hegel war dort und Marheineke, beide am Whisttisch emsig beschäftigt, und das Hinhören auf diesen breiten stichelnden Ton der Berliner Kollegen untereinander war mir eine Belehrung, die ich nicht vergessen werde. Wenn diese Philosophie nicht zu Höherm und zum Hintansetzen von Whist und dergleichen Konversationen führt, so werde ich überhaupt etwas zweifelhaft bleiben über ihre Erfolge.

431. Karl Förster, Tagebuch

7. 10. 1825

Es fand sich mehr Gesellschaft ein und Baggesen, der schon einige Zeit hier, las von seinem „Faust" den zweiten Teil vor.[1] Es ist dies Werk eine böswillige, literarische, mit dünnem Witz eingestreute Satire auf die sogenannte neue Schule, die dem guten Manne zur fixen Idee geworden und von deren Einwirkung er jede Not und allen Jammer der Zeit herleitet. Fichte, Schlegel, Schelling, Hegel, Tieck, treten in der Komödie auf. Gegen alle ist er höchst ungerecht und lieblos, Studium, Poesie, Philosophie, alles wird ihnen abgesprochen und in schlechten Parodien ihre Leistungen lächerlich gemacht. Das Werk, dessen Form nur dem gestiefelten Kater[2] abgeborgt ist, ohne einen Grundton von dessen Witz und Humor zu haben, hat vor 20 Jahren, als es entstanden, vielleicht einigen Wert gehabt.

432. Varnhagen v. Ense, Tagebuch

Berlin, 25. 11. 1825

Herr Prof. Hegel erzählte die Anekdote, daß Napoleon den von seiner Administration erdrückten Erfurtern, als sie bei ihm klagten, geantwortet habe: „je suis votre maître, et ne suis point votre prince!"

433. F. A. Rosen an F. Bopp

Berlin, 7. 12. 1825

Ihre Freunde, die Herren Professoren Mitscherlich[1], Hegel und Zeune, die ich kürzlich zu sehen Gelegenheit hatte, waren erfreut, durch mich von Ihrem Wohlbefinden unterrichtet zu werden, und trugen mir die besten Empfehlungen an Sie auf.

434. H. W. A. Stieglitz an seine Braut

Berlin, 20. 12. 1825

Ich habe Dir wohl nicht gesagt, daß ich die ganze Zeit mit immer größerer Freude mich in Hegels Vorlesungen über Geschichte der Philosophie[1] vertieft habe? Sie sind eine treffliche Vorbereitung für das ganze Studium, mehr als lohnend die dazu erforderliche Mühe, sein unausstehlicher Vortrag verschwindet hier ganz in dem vorzüglichen Gehalt. Noch niemals hab' ich mit so reiner Konsequenz den Geist durch die Massen durchgeführt gesehen. Jede Stunde bringt, man weiß nicht ob mehr Genuß, ob mehr Gewinn. Alle sind Juwelen, die zu Einer Krone sich gestalten. So recht im Innersten gefaßt, gibt er auch dem Schöpferdrange reiche Nahrung, denn sein Wissen ist nichts Äußeres, es gehört den innersten Tiefen des Geistes an und findet da auch seine Heimat wieder.

---

435. R. J.

Wir sprachen nun über unsre Studien. Natürlich war Hegel, von dem mir die Berliner Freunde in Leipzig so viel zu rühmen wußten, der erste Mann, den man hören mußte. Unter den zwei angekündigten Vorlesungen [im Wintersemester 1825/26] schien die Geschichte der Philosophie für einen angehenden Jünger das Passende; ... Da ich in Leipzig noch häufig Jurisprudenz getrieben hatte, so weiß ich nicht wie es kam, daß ich in Berlin keinen Versuch der Art mehr machte; später war es die Gewalt, die Hegel über mich ausübte, was mir dieses praktische Studium verleidete, so daß ich es mit festem Entschluß für mein ganzes Leben bei Seite warf. ...

Ich ging nach dem Kupfergraben zu Hegel. Ohne Formalitäten weist man mir sein Zimmer, ich klopfe und trete ein. Ein wenig vom Schreibtisch sich erhebend, und mich auf den Stuhl ladend, empfing er mich; ein grobgliedriger, stämmiger, ziemlich starker Mann, die dunkeln Haare etwas

struppig, das gelblichte Gesicht hämorrhoidalisch blaß, mit
dem Blick eines Kurzsichtigen, die Bewegung rasch, aber
schwerfällig, über die ganze Figur ein abgetragener Schlafrock geworfen, mit dem Ausdruck eines entschiedenen
Nonchalant. Mein erster Gedanke war, er ist der echte
Stiftler. Er schien etwas erfreut, einen Landsmann zu sehen,
fragte mich auch einiges über unsre Vaterstadt, schien aber
bei dem Thema nicht gern zu verweilen. Wie er überhaupt
nie gut sprach, machte seine Conversation den Eindruck eines
Grämlichen, oder wie man sagt, Griesgramigen. Mit einer
plumpen, kurzsichtigen Kopfbewegung wurde ich wieder
entlassen. Ich wunderte mich beim Herausgehen, daß ein
schwäbischer Stiftler, der so ganz seine Heimatnatur an sich
behalten, den geleckten Berlinern imponieren könne, faßte
aber eben darum einen hohen Begriff von dem geistigen
Gehalt des Mannes. ... Leo ist klein und gedrungen, was
man bei uns leibarm nennt, schwarz und von lebhaftem
Auge. Er hielt damals Mordicus zur Fahne Hegels, wie die
meisten, die im Staat etwas erreichen wollten; in der Vorlesung kam aber neben seiner großen Belesenheit nur eine
tüchtige patriotische Gesinnung zu Tage. ... Hegel las mittags von zwölf bis ein Uhr; es mochten gegen zweihundert
Zuhörer sein. Er hatte mir eine sehr günstige Nummer gegeben; ich saß in der Nähe des Fensters, in zweiter Reihe
vom Katheder und hatte Hegel im rechten Profil vor mir;
rechts und links und vorwärts war ich von polnischem Adel
umgeben, so daß ich zwischen der Sprache der Wissenschaft
nur polnisch zu hören kriegte; es waren meist feine, junge
Leute; besonders mein linker, blonder Nachbar war einer
der fleißigsten Nachschreiber, die ich je in einem Hörsaal
getroffen, er hielt sich immer seine Federn voraus parat gelegt, wie der Soldat seine Patronen und verlor keine Silbe
des Meisters, als hätte er das bekannte Diktum aus dem
Faust [1] wahrmachen wollen. ... Hinter mir am Fenster saß
Heinrich Stieglitz, neben ihm, wenn ich nicht irre, Trendelenburg [2]. Ich habe übrigens im Hörsaal keine Bekanntschaft
gemacht und saß ruhig in mich verschlossen, bis der Meister
auf seine Lehrkanzel heraneilte, seine Prise nahm und ein
kleines Notizenpapier in der Hand, anfing zu sprechen; sein

Lieblingspartikel war, daß er mit *also* die Sätze eröffnete. Sein Vortrag war äußerlich nicht künstlich oder poliert, ziemlich wiewohl nicht grob schwäbisch, und machte durchaus den Eindruck einer geistig sich hingebenden Persönlichkeit, ein Streben, sein inneres Leben aus sich heraustreten zu lassen, fern von allem gemachten und aufstaffierten Pathos, das durch die Form imponieren will. Man fühlte, daß man im Namen der Wissenschaft beherrscht wurde. In der Tat hat mir kein Lehrer einen tiefern Eindruck hinterlassen als Hegel, und es gehört zu dem Wenigen, was ich bereue, daß ich nicht länger geblieben und ihn mehr gehört habe; denn die Geschichte der Philosophie war immerhin ein zu exoterischer Vortrag. Hegel sprach mit einer Klarheit und Popularität, wie sie auf dem Katheder musterhaft heißen muß; es wurde niemals etwas dialektisch verwickelt, um den Zuhörer zu spannen und zu imponieren. . . .

In der sogenannten Carnevalszeit mußte man etwas von der großen Oper mitmachen; ich erinnere mich der Zauberflöte und der Entführung von Mozart, so wie der Iphigenia von Gluck mit Vergnügen; weniger erhoben mich die mit Pomp und Lärm aufgeführten spontinischen Opern. Madame Milder-Hauptmann war allerdings eine großartige imposante Erscheinung; mir war sehr merkwürdig, als ich hörte, Hegel mache dieser Dame zuweilen den Hof; Hegel hatte übrigens eine schöne, für seine Jahre junge Frau, die ich auf der Straße einmal sah.

. . . Eines Tags aber kam Karl Maria von Weber nach Berlin und brachte den Berlinern seine Euryanthe mit. Ich war selbigen Tags [23. 12. 1825] bei Hegel, und ließ mir ein Buch, Eginhardi vita Caroli [3] kavieren, da ich mit Karl dem Großen dramatische Pläne vorhatte. Hegel unterhielt sich mit mir und wir kamen wieder auf die Verhältnisse in der Heimat zu sprechen; da ich mich immer noch als Jurist prädizierte, schien ihm meine Tätigkeit zu mißfallen. Er hielt mich wohl für einen talentvollen Jungen und dachte sich nun, ich spekuliere auf einen hohen Staatsdienst. Nicht ohne Bitterkeit machte er die Bemerkung, daß in Württemberg gegenwärtig auch Leute bürgerlicher Abkunft die Aussicht haben, Ministerien zu erreichen. Ich ergrimmte inner-

lich, daß mir der große Philosoph so weltliche Interessen
unterschob, und gab ihm keine Antwort. Da ich nach einer
Weile Hegeln wieder ansah, saß er die Hände zusammen-
gefaltet mit geschlossenen Augen, völlig als ob er schliefe.
Ich sah ihm eine Weile zu, bis er sich rührte. Nun trat sein
Diener in die Türe, eine altfränkische, dürre, gepuderte
Greisenfigur, von noch grämlicherem Aussehen als sein Ge-
bieter. Er brachte einige Billette; ich war so naseweis zu
fragen, wozu sie seien. Der Herr Weber ist ja da von
Dresden, man muß doch auch seine Euryanthe hören. Mich
versöhnte das wieder mit dem Philosophen; . . .

Noch muß ich Schleiermacher erwähnen. Ich ging eines
Morgens nach der französischen Kirche neben dem Schauspielhaus, wo er predigen sollte. . . . Der Vortrag war so
elegant, und wie der Mann zu sagen pflegte virtuos, und
verwickelte sich dermaßen in dialektische Kunststücke und
Seiltänzereien, daß ich, der Schüler Hegels, nichts kapierte;
die Damen machten erbaute, d. h. verwirrte Gesichter, und
der Effekt war erreicht. Mir war, ich sehe einen von jenen
Künstlern, die ein Feuerwerk mit dem Mund nachzubilden
verstehen. Ich ging sehr verstimmt und nicht erbaut von
dannen, und fühlte mich andern Tags zu Hegels Füßen
doppelt glücklich. Es war hier schwäbische Weisheit statt
märkischen Winds zu haben. . . .

Den Streit, den Hegel fortwährend gegen Schleiermacher,
zunächst wegen seiner Ausschließung aus der Akademie
führte, ließ derselbe nicht ohne kleinliche Empfindlichkeit
selbst in der Vorlesung merken; er pflegte seine Gegner
boshaft mit Herr zu betiteln; so sagte er häufig, der Herr
Friedrich von Schlegel, und so erinnere ich mich, da er von
Plato sprach, daß er den Übersetzer desselben mit einer
leichten Variation als Herr Schläuermacher bezeichnete, ein
Witz, der nur für ein schwäbisches Ohr ganz verständlich
war. Bald darauf wurde die Hegelsche Zeitschrift gegründet
und seine Schule gelangte zum Gipfel ihres Ansehens; aber
Hegel starb, und seine Partei hatte nicht die nötige Konsi-
stenz erlangt; ein neuer Fürst bestieg den Thron, und mit
einem Schlag wird das ganze System umgekehrt. Was läßt
sich darüber sagen?

Dunkel fühlte ich wohl, daß die Hegelsche Schöpfung in Berlin keinen soliden Boden hatte. Sie war physisch und moralisch auf den Sand gestellt. Wenn ich mir meine polnischen Nachbarn denke nebst einigen nachschreibenden Leutnants und einem hagern alten Major, der dem Meister zur Seite saß in Gestalt eines deutschen Don Quijote, so kann ich mich des unheimlichen Eindrucks nicht erwehren, daß Hegel zwar enthusiastische Verehrer, aber wenige Schüler in Berlin hatte, die ihn verstanden. . . .

Berlin macht mir jetzt den Eindruck, als sei es geistig durch drei Gewalten beherrscht gewesen; der grämliche Hegel auf seinem Katheder neben der Hauptwache, der wilde Devrient[4] im Schauspielhaus, und neben ihm in der französischen Kirche der sophistizierend trommelnde Schleiermacher; er sollte für die Weiber sein, was Hegel für die Männer. Ist aber der Philosoph zwischen solchen Mitspielern an seinem Platz? Jede Art von Virtuosität, die den Geist nach außen zieht, stört die Bewegung des wissenschaftlichen Forschens, und der Gelehrte, der zugleich Hofmann sein soll, ist und bleibt ein Zwittergeschöpf.

Hegel hatte den feinen Takt, daß er auf dem gefährlichen Punkte, wo die Lehre der Wissenschaft mit der bestehenden Kirche kollidiert, den Glauben als etwas in sich Berechtigtes unberührt ließ, ja sogar ihn durch sein System neu berechtigte, indem er offen aussprach, daß die begriffsmäßige Ansicht der Dinge eine wenigen, d. h. nur den für die Wissenschaft besonders organisierten Geistern vorbehaltene sei. Hegel hatte auch Anfeindungen genug von den Theologen zu erleiden; er schob sie beiseite; seine Persönlichkeit verdeckte, wie einst Luthers, die gefährliche Kluft, solange er lebte; er konnte aber nicht verhindern, daß der unvermeidliche Zwiespalt nach seinem Tode doch wieder zu Tage kommen mußte.

Der zweite große Fehler, den die preußische Regierung mit der Hegelschen Philosophie machte, war, daß seine Lehre sofort förmlich als eine Staatsräson legitimiert und als solche proklamiert wurde, und zwar jeder Sympathie des frommen Monarchen zum Trotz. Statt die Wissenschaft in ihrer theoretischen Sphäre zu schützen, wo sie allein berechtigt und heimisch ist, sollte sie auf einmal in das praktische Gebiet übertragen werden, ja sogar den Staat tragen helfen. Wäre Hegel ein so starker Charakter gewesen, als er ein tiefer Denker war, er zuerst hätte gegen diese Maßregel protestieren müssen. Allein Hegel hatte seine menschlichen Schwächen; er hatte unter harter Jugend sein System in der Dunkelheit aus sich hervorgearbeitet, und nun auf einmal als Staatsphilosophen im ersten protestantischen Staat sich proklamiert zu sehen, solchem Reiz war schwer zu widerstehen. Es ist dies ein Fehler, den der Minister und der Professor miteinander machten, der Schaden fiel aber zunächst auf die Wissenschaft zurück.

Ich denke hier keineswegs des Breitern auszuführen, daß das Hegelsche System wie alles Menschenwerk seine großen Lücken hat. Ich habe anderswo dargetan, daß ihm zum wahrhaften Anfang die Wissenschaft der Grammatik fehlt; ich könnte andrerseits plausibel machen, daß es ihm am rechten Schluß gebricht; Hegels Bildung fehlte die Schellingsche Kunstanschauung und er stellte gegen ihren Begriff sie als eine beschränktere Form unter den Kultus; die Ästhetik kam daher nicht an die Stelle, wo sie hingehört. Der Hauptmangel des Hegelschen Systems ist aber, daß es in seiner Präokkupation mit dem Staat die Ethik nicht aus sich entwickeln konnte; daß dies eine wirkliche Konsequenz seines Systems sei, hab' ich wenigstens nach vieljährigem Studium seiner Werke mich nicht überzeugen können. Der tiefsinnige Hegel war in der Welt auch schlau, er war der Sohn eines Beamten und im Gehorsam erzogen. Trachtet am ersten nach Nahrung und Kleidung, parodiert er in frühern Jahren in einem Brief an einen Freund eine bekannte Bibelstelle.[5] Moral ist eine gefährliche Sache, wenn man die Wissenschaft der politischen Macht empfehlbar machen will und die Politik verträgt sie nicht; eine Philosophie ohne Moral war in der Tat das, was sie einem modern konstruierten Staat rekommandieren mußte. Indem er aber diese Stütze der Wissenschaft gegen den Staat aufopferte, verlor sein System den festen Halt gegenüber der Kirche, der es nur durch die, nicht gehörig entwickelte, Sittlichkeit imponieren konnte,

und Hegel hat von dieser Seite der Theologie die gefähr-
lichste Bresche bloß gelassen.

436. Otto Friedrich Gruppe

Ich kannte schon die Schriften dieser Partei [Hegelsche], wie
ich damals sagte, ein wenig: fühlte mich aber gar nicht bewogen, irgendeine Zeit, die ich meinen soliden Studien
hätte entziehen müssen, auf sie zu verwenden; nur Neu-
gier, eine allgemein geschätzte Persönlichkeit kennenzulernen, zog mich in dies Auditorium. Es ist ein Hörsaal von
mehr als hundert der aufmerksamsten Zuhörer; auch ältere
Geschäftsleute und Offiziere sah ich unter ihnen; mit der
Erscheinung des Philosophen selbst, seinem Vortrag und
einigen Eigentümlichkeiten des schwäbischen Idioms hat
man sich schon in der ersten Stunde befreundet. Nichts
weniger als deklamatorisch, hinreißend oder irgend bered-
sam ist der Vortrag, sondern unscheinbar und anspruchslos;
oft durch Bestreben in verschiedenen metaphorischen und
parallelen Ausdrücken den Zuhörern verständlich zu werden, entsteht eine gewisse Breite des Vortrags, welche das
Nachschreiben zwar sehr erleichtert aber für den bloß
Hörenden eine umso angestrengtere Aufmerksamkeit nötig
macht. Eine große Trockenheit der Ausdrucksweise ist dem
Philosophen eigen und daher kommt es, daß in seiner
Polemik gewöhnlich schon der leiseste Anflug von Scherz
und Laune ein schallendes Gelächter durch das Auditorium
erregt. —
Das wollte mir, so genau ich auf alle Worte paßte, die
dahin zu deuten gewesen wären, gar nicht in den Kopf
kommen, wie man diesen Mann für einen Mystiker halten
konnte. Das Äußere eines Mystikers und seine Art zu
sprechen konnte bei mir, wie ich mir immer einen solchen
gedacht, durchaus nicht mit dem Bilde bestehn, das mir hier
vor Augen lag.
Geschichte der Philosophie [im Wintersemester 1825/26]
war das erste, was ich aus dem Munde dieses merkwürdigen

Mannes hörte. Die historischen Fakta waren mir zur Genüge bekannt, und ich konnte mit umso mehr Ruhe und Aufmerksamkeit auf die Verbindung achten, in welche sie hier gebracht wurden. Da ging mir eine neue Welt auf, und auf einmal sah ich mich leicht in den Mittelpunkt einer Philosophie versetzt, die fürs Erste mehr mein Erstaunen als meine Bewunderung gewann, eine Philosophie, an der ich sonst weiter nichts als Floskeln und äußerlichen Wortkram gefunden hatte.

1826

437. *Karl Lachmann an Jakob Grimm*

Berlin, 18. 1. 1826

Die Absurdität ist aber darum ein niederträchtiges ums Maul gehen, weil Graff [1] (von mir und gewiß von andern) weiß, daß der Minister Altenstein, auf Hegels Betrieb, Creuzer nach Berlin haben will, welches Niebuhr hauptsächlich verhindert hat.

438. *E. Gans an V. Cousin*

Berlin, Januar 1826

Ce n'est qu'une paresse exorbitante qui a empêché vos amis, Hegel et Henning, de vous écrire: on a été tous les jours sur le point de le faire: mais on n'y est jamais parvenu. Cependant vous ne pouvez pas avoir un ami plus tendre, plus empressé que M. Hegel: il vous écrira bientôt: du moins, se propose-t-il sérieusement à le faire. ... M. Hegel entre beaucoup dans mes vues et s'associera à moi.

439. *Leopold Witte*

Am elften März [1826] schloß Tholuck seine Vorlesungen; am Montag darauf, den 13. März, gab der neue Doktor einen feierlichen Schmaus ... Beim Mahle waren zahlreiche Respektspersonen, Minister, höhere Beamte, Kollegen der ganzen Universität zugegen. ... Hegel hatte ihm beim Abschiedsmahle zugerufen: „Gehen Sie hin und bringen Sie ein Pereat dem alten Hallischen Rationalismus!"

440. *Varnhagen v. Ense, Tagebuch*

Berlin, 25. 3. 1826

Herr Prof. Hegel ist von einigen katholischen Studenten verklagt worden beim Kultusministerium, daß er gegen die katholische Religion in seinen Vorlesungen gesprochen. Das Ministerium hat die Klage jedoch zurückgewiesen, und Hegeln gar nicht einmal mitgeteilt.[1]

441. *V. Cousin an E. Gans*

Paris, 28. 3. 1826

Dites à lui [Hotho] et à Mr. Michelet que s'ils m'aiment un peu, ils s'arrangent pour me traduire et m'envoyer les Summa capita de l'histoire de la philosophie de Hegel. Hotho ne répond pas à une pressante demande à cet égard. Est-il donc impossible de trouver à Berlin quelqu'un qui veuille me copier, à tout prix, en lettres latines, un ou deux collèges de Hegel?

442. *H. G. Hotho an V. Cousin*

Berlin, 1. 4. 1826

Quant à votre ami Hegel, il se porte beaucoup mieux que jamais; il fait ses cours; et au soir, il s'amuse en fréquentant et les théâtres et les concerts et les salons. Une petite anecdote vous montrera la différence de votre ministère et du nôtre. Dans son cours de l'histoire de la philosophie, notre ami parle de la philosophie du Moyen-âge et du catholicisme. Il dit que dans le culte catholique Dieu est représenté comme étant présent dans une chose, et qu'ainsi, quand par exemple, une souris mange cette chose, le Dieu est dans la souris et même dans les excréments. Offensés de ces mots, les disciples catholiques se plaignent d'une telle blasphémie au ministère, qui l'annonce à notre ami. Et celui-ci ne fait rien autre chose que de dire que, comme professeur protestant et comme professeur de philosophie, il a eu le droit de parler ainsi, en examinant quelle est la nature du catholicisme, et que les catholiques qui ne voulaient pas entendre de telles choses n'eussent pas besoin de fréquenter ses cours. Il vous écrira en peu de temps. . . .

M. Henning vous dit ses remerciements pour l'exemplaire du Descartes qu'il a reçu, ainsi que M. Hegel . . .

443. *F. K. v. Savigny an Ch. A. L. Creuzer*

Kassel, 6. 4. 1826

Was ich sonst in meinen Umgebungen erlebe, dient eben auch nicht dazu, mein Gemüt sehr zu erheitern: Die Hegelianer gehen bei uns immer offener auf eine ausschließende Herrschaft los, und werden in diesem Bestreben von manchen sehr einflußreichen Personen[1] kräftig unterstützt.

444. *Heinrich Beneke*

Unter weiteren theologischen Gesprächen waren [Feuerbach und Beneke] bis zur Ecke der Charlotten- und Französischen Straße gelangt, als Feuerbach nach dem bekannten Weingeschäft Lutter und Wegner hinwies und bemerkte, er sei dort einmal mit Hegel zusammengetroffen, wobei er, soweit es seine Jugend und persönliche Schüchternheit gestatteten, dem verehrten Meister das Aufkeimen eigener Gedanken über Welt- und Überweltliches eingestanden habe, welche zu einer Ablenkung von seinem System führen mußten.

445. *Ludwig Feuerbach*

[Mitte April 1826]

Schon in Berlin nahm ich eigentlich Abschied von der spekulativen Philosophie. Meine Worte, mit denen ich von Hegel
Abschied nahm, waren ungefähr: „Zwei Jahre habe ich Sie
nun gehört, zwei Jahre ungeteilt Ihrer Philosophie gewidmet; nun habe ich aber das Bedürfnis, mich in das
direkte Gegenteil zu stürzen. Ich studiere nun Anatomie."

446. *Ludwig Feuerbach*

Ich stand zu Hegel in einem intimeren und einflußreicheren
Verhältnis, als zu irgendeinem unserer geistigen Vorfahren;
denn ich kannte ihn persönlich, ich war zwei Jahre lang sein
Zuhörer, sein aufmerksamer, ungeteilter, begeisterter Zuhörer. Ich wußte nicht, was ich wollte und sollte, so zer-
fahren und zerrissen war ich, als ich nach Berlin kam; aber
ich hatte kaum ein halbes Jahr ihn gehört, so war auch
schon von ihm mein Kopf und Herz zurechtgesetzt; ich
wußte, was ich sollte und wollte: nicht Theologie, sondern
Philosophie! Nicht faseln und schwärmen, sondern lernen!
Nicht glauben, sondern denken!
Er war es, in dem ich zum Selbst- und Weltbewußtsein
kam. Er war es, den ich meinen zweiten Vater, wie Berlin
meine geistige Geburtsstadt damals nannte. Er war der
einzige Mann, der mich fühlen und erfahren ließ, was ein
Lehrer ist; der Einzige, in dem ich den Sinn für dieses sonst
so leere Wort fand, dem ich mich zu innigem Dank daher
verbunden fühlte. Sonderbares Schicksal, daß der kalte leblose Denker allein es war, der mir die Innigkeit des Verhältnisses vom Schüler zum Lehrer zum Bewußtsein brachte!
Mein Lehrer also war Hegel, ich sein Schüler, ich leugne es
nicht, ich anerkenne es vielmehr noch heute mit Dank und
Freude. Und gewiß schwindet das, was wir einst gewesen
sind, nie aus unserm Wesen, wenn auch aus unserm Bewußtsein.

447. Ludwig Robert an Cotta

Karlsruhe, 16. 4. 1826

... Sie sagen, Hegel sei der Mann nicht, der an der Spitze eines kritischen Instituts stehen könne. Wenn Sie hiermit sagen wollen, daß es ihm an praktischer Geschäftskenntnis mangelt, so habe ich hierüber kein Urteil; denn ich kenne ihn in dieser Hinsicht nicht; deuten Sie dadurch auf seinen schwerbeweglichen Stil, so bin ich Ihrer Meinung. Dennoch aber — und ich bitte zu glauben, daß ich mich nicht zu seiner Philosophie bekenne — ist Hegel ein Mann von solchem Tiefsinn, von solchen großen und vielfachen Kenntnissen, von solch einem gesetzten Alter und von solch einem europäischen Ruf, daß keine deutsche kritische Anstalt sich rühmen kann, einen solchen Namen an ihrer Spitze zu haben. Bedenkt man nun, wie die Jenaer-Hallische, ja sogar die Leipziger Literatur-Zeitung sich von ihrer ehemaligen Höhe gesenkt haben, wie breit und unvollständig die Heidelberger Jahrbücher sind und wie trocken die Gôttinger gelehrten Anzeigen, so erklärt sich, trotz der Unsumme deutscher Journale, das überall gefühlte Bedürfnis nach einem großartigen und gediegenen kritischen Blatte, das nicht von der raschen Jugend, auch nicht von witzigen Schöngeistern, sondern von einem Verein namhafter und an- und fortstrebender Gelehrten geschrieben sei. Ein Mann von dem Feuer wie Gans, ein anderer von dem Ruf wie Hegel scheinen mir also durchaus geeignet, ein solches allgemein ersehntes Institut zu Ehren der in großen Mißkredit gekommenen Kritik zu gründen; und ich bitte Sie, um der guten Sache der Wissenschaft willen, dieses Unternehmen mit Ihrem anerkannten Eifer für vaterländische Literatur zu unterstützen. ...

448. *F. K. v. Savigny an J. H. Ch. Bang*

Berlin, 23. 4. 1826

Auf unserer hiesigen Universität sind allerlei merkwürdige Tendenzen. Die Hegelianer halten sektenartig leidenschaftlich zusammen und sind meine gewaltigen Widersacher.

449. *Ernst Bratuscheck*

Die Abhandlung [Trendelenburgs] hatte ... den Titel: De locis in quibus Aristoteles summam et universam Platonis philosophiam commemoravit. ... Besonders froh überraschte es ihn aber, daß selbst Hegel sich mit dem Ganzen sehr zufrieden erklärte. Er hatte eine gewisse Furcht vor Hegels einschneidender Kritik gehabt, weil er sich nicht zu seiner Schule bekannt, sondern zum Teil öffentlich gegen sie gekämpft hatte, wie einmal in einer Doktordisputation, und weil er in der Abhandlung selbst einige Ansichten Hegels zu widerlegen gesucht hatte. Hegel betrachtete aber das ganze Unternehmen Trendelenburgs mit günstigen Augen; denn er war selber der Meinung, und pflegte es in seinen Vorlesungen über Geschichte der Philosophie auszusprechen, daß Aristoteles ungerechtfertigterweise vernachlässigt werde und daß er den Plato an spekulativer Tiefe übertreffe.

Gleich nach den Ferien, am 25. April [1826], fand das Doktoratsexamen statt[1]; ... Hegel examinierte ausschließlich über Aristoteles, so daß Trendelenburg keine Gelegenheit hatte, seine Kenntnis der modernen Philosophie zu beweisen.

450. *H. W. A. Stieglitz an seine Braut*

Berlin, 27. 5. 1826

Heut' also war der wichtige Tag, an dem ich mit dem vollen Bewußtsein meiner selbst vor einer Versammlung hochgeehrter Männer Rechenschaft ablegen sollte, welcher Stellung sie mich für die Zukunft in dem Wirkungskreise geistiger Kräfte würdigen können[1]; ... und mit Ernst und Ruhe, der eine Innigkeit beigemischt war fast so, wie sie nur Deine Nähe gibt, jene milde Innigkeit voll Treue und Glauben, ging ich um 6 Uhr in die Versammlung der Fakultät. Sie war sehr zahlreich. Böckh begann, das mehrte mein Vertrauen; mehr noch wuchs mein Mut, als er mit den Worten das lateinisch-griechische Examen schloß, er habe wohl hinlänglich dargetan, daß ich in den Sachen mich einheimisch gemacht. Nun folgte Hegel, der an die Geschichte der Philosophie die Fragen knüpfte, durch die er mir zu zeigen Gelegenheit gab, daß ich mit Liebe in seine Lehren eingegangen; dann von Raumer, dem ich im Geschichtlichen auch nicht eine Frage schuldig blieb, so daß er mit den Worten schloß, es sei wohl unnütz nach solchen Proben weitere Versuche zu machen, er hoffe, daß die Herren Kollegen sich mit ihm gefreut haben. Nun Ideler[2] noch einige Fragen in der Chronologie; er half mir, als ich mich einmal aus Übereilung verwickelte, selbst freundlich wieder zurecht, und der Dekan entließ mich nach dieser vierfachen Prüfung, die an drei Stunden gewährt hatte, mit dem Bedeuten in die Nebenstube, daß die Fakultät sich nun beraten wollte. Drei Minuten, und ich wurde zurückgerufen; meine Arbeit[3] mit dem „Imprimatur" („wird gedruckt") ward mir mit dem Bedeuten zurückgegeben, daß die Prüfung den günstigen Erwartungen aufs würdigste entsprochen habe. Hegel drückte mir recht herzlich die Hand, und Boeckh nickte mir freundlich zu, als ich mich empfahl.

451. Varnhagen v. Ense, Tagebuch

Berlin, 29. 5. 1826

Herr Prof. Hegel hat mit seinen Freunden hier nun auch einen philosophischen Klub gestiftet.

452. Karl v. Holtei

Im Mai [1826] kam Schall[1] nach Berlin und wohnte bei mir. ... Bei einem fröhlichen Mahle, welche Saphir[2], Schall, Gans, Hegel etc. vereint, hatte der Erstere sich dahin ausgesprochen, daß es ihm leid tue, mit mir in Feindschaft zu stehen, und Schall ... proponierte mir seine Vermittlung. ...

Daß er [Saphir] die erlittene Schmach[3] nicht ruhig hinnehmen konnte, war natürlich. Daß er den Entschluß faßte, sich mit Schall zu schießen ... war ganz in der Ordnung. Daß aber, sei es aus Unkunde in derlei Angelegenheiten, sei es weil ihm kein determinierter Ratgeber zur Seite stehen wollte, der von ihm an Schall entsendete Bote der Philosoph Hegel war, gab der Sache einen unwiderstehlich komischen Anstrich. ... Wir erwarteten stündlich Saphirs Sekundanten; — da rollte eines Morgens, als wir beim Frühstück saßen, eine Droschke vor — und Hegel stieg aus. Obgleich wir uns gerade in meinem Arbeitszimmer befanden, hielt ich es doch für Pflicht, durch meine Gegenwart der Besprechung, die einige Stunden währte, keinen Zwang aufzulegen und zog mich zurück. Als mir das Resultat der langen Konferenz bekannt wurde, staunte ich freilich, aus Schalls Munde zu vernehmen, er habe sich durch Hegel bestimmen lassen, in einem an Saphir gerichteten Schreiben wegen seiner beleidigenden Heftigkeit um Verzeihung zu bitten, und Hegel habe dies Dokument gleich mitgenommen. Dieser Ausgang des Streites gab zu verschiedenen rätselhaften Auslegungen Anlaß ... Hegel, der in seinem Wesen kindlich-einfach und gutmütig erschien, hatte bei Schall die schwache Seite zu treffen verstanden; sie hatten sich gegenseitig gerührt und da es meinem dicken Freunde bequemer schien, ein Billetchen zu kritzeln, als die Voranstalten zu einem Duell zu treffen, so hatte er ... den gewünschten friedlichen Weg eingeschlagen. —

Französische Schauspieler, aus Rußland oder Polen nach Frankreich zurückreisend, gaben auf dem Hoftheater zu

Charlottenburg eine Reihe von Vorstellungen. Die erste, der
wir beiwohnten, war die des Casimir Delavigneschen Lust-
spiels „Schule der Alten"[4]. Der Zufall hatte auf dem Ge-
sellschaftswagen, welcher uns ... nach Berlin zurückführte,
eine ganze Reihe berühmter Künstler und Gelehrten vereint; ... Alle schienen mehr oder weniger erregt, von der
französischen Darstellung und wechselten, pro oder contra,
ihre Meinungen aus. Die Bildhauer Tieck[5] und Rauch, Hegel, Raumer, Raupach[6], Gans, Ludwig Robert u. a. ließen
ihre Stimmen vernehmen; — ich schwieg. Endlich rief
Schall zu mir herüber: Holtei, Du bist ja ganz stumm; was
sagst Du denn dazu? Und ich erwiderte: ich bin außer mir
vor Scham und Ärger, daß eine französische Truppe, die
offenbar nur aus Provinz-Schauspielern zweiten Ranges be-
stehend, auf einer Irrfahrt von Sibirien nach Frankreich begriffen, durch Zufall verbunden, umso viel besser und har-
monischer zusammenspielen soll, als wir es jemals von den
besten deutschen Schauspielern zu sehen gewohnt sind! ...
Ich wurde schonungslos ausgelacht. Raumer und Hegel,
dazumal große Männer des Berliner Hoftheaters, schalten
mich herzhaft ...

453. Varnhagen v. Ense, Tagebuch

Berlin, 19. 6. 1826

Gestern, am Jahrestage der Schlacht von Bellealliance,
wurde das eherne Standbild Blüchers[1], von Rauch verfertigt, zuerst den Blicken enthüllt. ... — Schon früh um 6 Uhr
fanden sich bei dem Standbilde Blüchers, als es eben enthüllt worden war, Graf Gneisenau nebst einigen Offizieren,
Prof. Rauch und Prof. Hegel ein.

454. K. O. Müller an A. Boeckh

Göttingen, 23. 6. 1826

Was Sie mir über Weiße schreiben, hat mich sehr gefreut; man sollte irgendwo gegen die gesamte Einwirkung der Hegelschen Schule auf die historischen Wissenschaften fechten; sie ist gar zu verderblich für Schwachköpfe und Leute, die nichts lernen und gern das große Wort führen wollen.

455. L. Robert an seine Schwester Rahel Varnhagen

Paris, 29. 6. 1826

Wie denn aber die Franzosen eine gar feine Nase haben, so hat man schon Witterung hier, daß es mit seinem [Cousins] Deutschwissen nicht weit her ist, und folgendes Witzwort ist gesagt worden: Nie wären zwei Philosophen so einig gewesen, wie Cousin und Hegel; der habe nämlich deutsch gesprochen, jener französisch, und da keiner den andern habe verstehen können, so hätten sie beide, um sich kein démenti zu geben, einander Recht gegeben.

456. A. Boeckh an B. G. Niebuhr

Berlin, 9. 7. 1826

Sie erhalten hier ... meine vorläufige Apostrophe an Hermann, mit der Bitte, sie ins erste Heft des Rheinischen Museums zu setzen[1] ... Welcker im Prolog und Epilog zu erwähnen konnte ich nicht gänzlich umhin; im Epilog kommt auch Hegel vor, was Sie, wie es ist, als Scherz verstehen werden, denn wir sind eben keine Freunde.

457. Varnhagen v. Ense, Tagebuch

Berlin, 16. 7. 1826

Herr Prof. Hegel befand sich am 14. in einer Gesellschaft, größtenteils junger Leute; noch zuletzt erinnerte er sich, welch ein Tag es sei, und trank auf die Einnahme der Bastille; das versäume er seitdem kein Jahr, sagte er, und meinte, sie alle, die Jüngeren, könnten davon keine Vorstellung haben, was das für eine Freude und für ein Ereignis gewesen sei, die Erstürmung und Zerstörung der Bastille.

458. H. W. A. Stieglitz an seine Braut

Berlin, 28. 7. 1826

Es gibt wohl nächst der Liebe, die ja eben das reinste Gefühl der Wahrheit ist, und dem Auffinden der Wahrheit zur selbständigen Gestaltung keine höhere Freude als die Entdeckung, daß ein Mann, den wir aufs höchste zu verehren uns gedrungen fühlen, auch uns mit lebendigem Interesse schon länger begleitet hat. Diese Freude ist mir aufs lebendigste heute in Hegel geworden durch ihn selbst[1]; nachdem ich es schon mehrmals aus den Andeutungen anderer bemerkt hatte. Zugleich ist mir durch ihn jetzt, wo ich selber freier und unbefangener dastehe, die Berührung mit Männern geworden, die nicht anders als bedeutend auf meine Entwicklung wirken können. Ich bin stark genug, mich von der Gefahr des einseitigen Formalismus freizuhalten, und so erwächst für mich aus diesem Umgange nur der unschätzbare Vorteil lebendigen Ideentausches mit umsichtigen und scharfen Denkern, unter denen Hegel wahrhaft als Meister dasteht, geachtet unter Achtungswerten.

459. Varnhagen v. Ense, Tagebuch

Berlin, 31. 7. 1826

Herr Prof. Hegel stiftet einen Gelehrtenverein zur Herausgabe einer Berliner Literaturzeitung. Der Minister von Altenstein freut sich der Sache. Auch Herr von Kamptz ist ihr günstig, und obwohl ihm bedenklich scheint, daß Cotta der Verleger und Augsburg der Druckort sein soll (wo so gut wie keine Zensur ist), so läßt er sich auch das recht gern gefallen, sobald man ihm einwendet, ob man denn hier an Reimer sich hätte wenden sollen?

460. Theodor Mundt

An einem sonnigen und träumerischen Sommernachmittag des Jahres 1826 las ich zuerst Heines Reisebilder, deren erster Teil eben erschienen war. Das Buch lag in guter Gesellschaft auf meinem Studententisch und fand sich in einem tête-a-tête mit Hegels Logik, welche als hinlänglich schwerer Stein der Weisen über das aufgeschlagene Reisebilderbuch gelegt wurde, als die fünfte Stunde schlug, die in das Kollegium rief. Hegel las um diese Stunde seine Ästhetik, und zwar zum ersten Mal in einer so vollständig gegliederten Auseinanderlegung als bestimmten Teil des ganzen Systems. Eine große Anzahl bekannter und angesehener Männer aus allen Kreisen Berlins hatte sich unter die Studenten gemischt, und viele der nachmals hervorgetretenen Jünger- und Knappenschaft saß hier zu den Füßen des Meisters und ließ physiognomisch überschlagen, was einmal aus dieser Gemeinde des absoluten Begriffs werden könnte. Hegel begann diese Vorlesungen mit der für uns junge Leute erhebenden Perspektive, daß er uns aus dem „Schattenreich des Gedankens", in dessen tiefstem Dickicht wir in demselben Semester in seiner Enzyklopädie mit ihm herumwandelten, nun in das Gebiet des Schönen hinüberführen wolle. Als die Gewohnheit bald das Schwäbische der Aussprache und die Zerstückelung der Sätze — welche vielleicht eben das Kleinkriegen der Idee war — überhörte, stellte sich sogar ein gewisser Reiz in der Unbeholfenheit der Hegelschen Persönlichkeit dar, der die Ehrlichkeit des in sich selbst arbeitenden Gedankens in jedem Zug aufgedrückt schien. Sein Hohenpriestertum ließ sich auch selbst von Abgeneigten und Nichtverstehenden nicht ableugnen, und nur wenn er in dieser Ästhetik von der „Trivialität Jean Pauls" oder von der „Gedankenlosigkeit der Musik" sprach[1], empörte sich inwendig die poetische Jugend, die vor ihm saß. Sah man doch aber dafür den Mann, sobald die Universitätsglocke sechs geschlagen und er eben seinen Satz beendigt hatte: „daß die Musik die Kunst des leeren Träumens", nun hastig in das geradüberliegende Opernhaus hinüberschweifen, wo eine Oper von Gluck gegeben wurde und er die Sängerin Milder enthusiastisch beklatschte. Oder er nahm sich wohl eine Droschke und fuhr nach dem königstädtischen Theater hinaus, um die Sontag[2] zu hören. Einmal sahen wir ihn sogar in einer Droschke zusammen mit Saphir, welcher damals in Berlin die Schnellpost herausgab, und neben dessen auffallend geschmückter und beweglicher Figur sich der einfache Philosoph in seinem blauen Frack und den gelben Nankinghosen sonderbar genug ausnahm. Die Hauptelemente des damaligen Berliner Lebens, welche öffentlich zündeten, waren offenbar die drei: Hegels Philosophie, die Sontag und Saphir.

461. Willibald Alexis

Eine Erscheinung wie die Saphirs in jener Periode wäre heut nicht mehr möglich, aber auch jene Periode ist nicht mehr möglich. Es war seinerseits eine eben solche Notwendigkeit, ein Stempel und Symbol der Zeit, als von der andern Seite die Sontag. Einem solchen Fanatismus gegenüber war auch eine solche Opposition bedingt. Doch erscheint diese Karikatur der Zeit noch merkwürdiger, wenn man sich entsinnt, welche Männer sich ihrer bedienten, um

dadurch für ihre Zwecke zu wirken. Während dieses tollen
Theaterjubels, der als Champagnerschaum über unserer
sozialen Bildung petillierte, organisierte Hegel in der Stille
sein geistiges Regiment, welches, auch wenn es ganz zer-
splittern sollte, schon um seiner Strategie und Taktik willen
ewig merkwürdig bleibt. Der große Philosoph war noch ein
viel größerer Feldherr, der seine Truppen aus Kantonen
rekrutierte, wo andere Feldherren kaum ihren Troß herbei-
gezogen hätten. Er wußte alle Kräfte zu benutzen. An den
Saphirschen Blättern arbeiteten Gans und Hegels Lieblings-
schüler mit, ja man behauptete, daß er gelegentlich selbst
Aufsätze lieferte[1]. Er hielt den Satiriker für eine ursprüngliche Natur, mit deren Hülfe die abgelebte Literatur, die
ihm im Wege stand, zu beseitigen wäre. Das Beseitigen war
vielleicht nicht schwer, aber das neue Aufbauen. Weder mit,
noch ohne Saphir, es ist nach dem neuen Schematismus zur
Zeit noch nichts erwachsen, was sie überdauern wird, auch
nichts, was nur im Augenblick zu Lust und Freude das
deutsche Volk entflammt hat. Daß Hegel selbst seine Erwartungen, was jenen Beistand anlangt, späterhin getäuscht
sah, und zu einer andern Überzeugung kam, läßt sich annehmen, wenn auch nicht beweisen. Seine damaligen Schüler, aus erster Hand, die in der Praxis schärfer sahen, als ihr
Meister, protestierten schon früher gegen eine Verbrüde-
rung, die das Ansehn der Schule nicht vermehren konnte.

462. A. Boeckh an M. H. E. Meier

Berlin, 20. 8. 1826

Hegel hat so viel gute Seiten, daß ich mich ihm gerne nähern möchte, und ich habe es auch etliche Male aus Überzeugung getan und ihn in Lagen unterstützt, wo er der
Schikane preisgegeben war, die er sich freilich durch sein
widerhaariges Benehmen zugezogen hatte. Anderseits fühle
ich mich immer wieder wie von einer unsichtbaren Hand
zurückgestoßen. Indessen bei kalter Überlegung glaube ich,
daß man durch Teilnahme an seinem Unternehmen das

Schlechte entfernen kann, und so würde es mich freuen
wenn Sie nicht abschlügen.

463. *Vossische Zeitung*

Dies schöne Doppelfest wurde vom 27. August [1826], der uns
den deutschen Philosophen gab, hinüber zu dem 28. August,
der uns den deutschen Dichter gab, auf eine heitere und würdige Weise begangen. Gegen 9 Uhr des Abends versammelte
sich eine Gesellschaft, die aus Freunden und ehemaligen
Schülern beider gefeierten Männer bestand, in den von
Herrn Beyermann Unter den Linden ganz neu und pracht-
voll eingerichteten Zimmern und Sälen, für welche diese
Feier zugleich die Einweihung war. Nachdem Herr Professor Hegel erschienen war, begann in herkömmlicher
Weise eine Vorlesung, die diesmal in einem Lustspiele:
„Die Natürlichen" von F[riedrich] F[örster] bestand. — Als
sich die Gesellschaft hierauf nach dem Speisesaal begab,
ertönte ein Festmarsch und eine Deputation von Studierenden der hiesigen Universität überreichte dem geliebten und
hochverehrten Lehrer auf samtenen Kissen einen silbernen
Pokal, auf welchem die Inschrift eingegraben ist: Ihrem
großen Lehrer. Von dankbaren Schülern aus Liebe. D. 27sten
Aug. 1826. Einer der Deputierten hielt eine angemessene
Anrede, die vom Herrn Prof. Hegel mit vieler Herzlichkeit
beantwortet wurde. Von den Gedichten und Reden, welche
bei Tisch gesprochen und vorgelesen wurden, teilen wir
folgende mit, die zwar nicht den Anspruch machen, alle
Leser auf gleiche Weise zu interessieren, die aber gewiß den
entfernten Freunden die Überzeugung geben werden, daß
ein treuer Kreis sich fortwährend um den geliebten Lehrer
sammelt.

An Hegel.

I

Was seit Jahrtausenden getrennt, zerrissen
Den hehrsten Geistern auseinander lag,
Der Doppelschein aus trüben Finsternissen,
Der matt nur durch des Lebens Schleier brach,
Das Rätsel, dessen Lösung treu beflissen
Die Weisen nachgerungen Nacht und Tag, —
Du großer Meister hast es klar entfaltet,
Du hast Begriff und Sein als Eins gestaltet.

Was krampfhaft sich bei tiefsten Herzensleben
Hindurchgerungen unter Schmerz und Lust,
Der Stachel, woran Millionen Leben
Verblutet sind, sich selber kaum bewußt,
Der Doppelkampf, der zwischen Tat und Streben
Vom Anbeginn zerriß die Menschenbrust, —
Du Mächt'ger hast sein Hyderhaupt zerspaltet,
Hast Tat und Wollen auch als Eins gestaltet.

Was nur zu oft des Dichters Blick verwirrte,
Wenn sehnend nach dem Ideal er rang,
Und ihn befangend Dunkelheit umschwirrte,
Lostrennend Außenbild vom Seelendrang;
Wo selbst des Denkers schärfster Blick sich irrte,
Wenn statt der Seele ihn Gestalt bezwang, —
Im Reich des Schönen auch hast Du gewaltet,
Du hast Idee und Form als Eins gestaltet.

Und wie Gedank' und Sein, und Tat und Wollen,
Form und Idee sich Dir als Eins bewährt,
So müsse Dir der Welten Urgeist zollen,
Was Du, o großer Meister, stets gelehrt:
Der frische Quell, des Lebens Born entquollen,
Zum Nektar werd' er Dir schon hier verklärt;
Denn wem, wie Dir, das All sich klar entfaltet,
Dem hat das Hier sich schon als Dort gestaltet.
                          H. St[iegli]tz

II

Was soll ich Dir, Du hoher Meister, bringen,
 Das Dir verkünde, wie mein Herz Dich ehrt?
Und will mir heut ein Dichterwort gelingen,
 Du hast es mich, hast alles mich gelehrt. —

Es strebt der rasche Jüngling, doch verborgen
 Liegt noch des Lebens Rätsel in der Brust;
Der Arme! ihm erscheint kein freudig Morgen,
 Ist Heute seinem Geist nicht klar bewußt —

Da hört er Dich — wie Du das Menschenleben,
 Die Welt und Gott mit Ruhe überschaust,
Und an dem Tod anzündend frisches Leben,
 Das Neue auf dem Alten auferbaust.

Er höret Dich — der Menge taubes Meinen
 Verachtet er, der Halbgelehrten Wort,
Verschwunden ist ihm alles in dem Einen,
 Und in dem Einen lebt ihm Alles fort.

Du läßt des ew'gen Weltengeistes Walten
 Ihn schauen in des Zufalls blindem Spiel —
Da fing es an, sich regsam zu gestalten,
 Klar ward dem Geiste seines Strebens Ziel.

So nimm Du hin, was ich vermag zu geben,
 Des Dankes Opfer, liebend dargebracht.
In Deinem Sinn zu wirken und zu leben.
 Ein hoher Preis errungen, wie gedacht. —
         M. V[ei]t

III

Der neue Herkules

Hellas Dichter besingen den Ruhm unsterblicher Helden,
 Welche zu Land und zur See vieles getan und erlebt.

Aber vor allen wird Einer gefeiert in Mythen und Sagen,
  Der nach der Götter Spruch tat, was kein andrer voll-
                                                bracht.
Denn mit gewaltigem Arm rang er mit Leuen und Drachen,
  Schirmte dem menschlichen Fleiß sicher umfriedetes Land.
Wo die Natur einbricht mit roher Gewalt, er besiegt sie,
  Zu dem olympischen Kreis bahnt sich Herakles den Weg.
Und so rühmen auch wir im echtgermanischen Nordland
  Einen Helden, der zwölf Taten und mehr noch getan.
Wühlte bei uns doch auch der Erymanthische Eber,
  Giftiges Drachengezücht schnobte mit flammender Wut;
Zwar nicht hausten sie mehr in nächtlichen Wäldern und
                                                Sümpfen,
  Aber im Reiche des Geists übten sie frevelnde Tat.
Siehe! da ward uns geboren ein Held, ein heiliger **Georg,**
  Dem es an Mut nie gebrach, dem es an Kraft nie gefehlt.
Auf dem geflügelten Roß des Gedankens ritt er zur Streit-
                                                fahrt,
  Führte der Wahrheit Schild, führte des Glaubens Panier.
Und nie fehlte das Ziel sein wetterleuchtender Wurfspieß,
  Und mit dem Blitze des Schwerts traf sein durchdrin-
                                                gendes Wort.
Also kündigte schon in frühen Jahren der Held sich
  An, als die Skeptiker ihm Schlangen des Zweifels ge-
                                                schickt.
Traun! die Molche zerdrückt er, als wären es Göttinger
                                                Würste,
  Und von der Skepsis blieb leer nur die Schale zurück. —
Schnurrend trieb sich ein Kater umher durch Täler und
                                                Bergschlucht,
  Überall führte das Wort Wolffische Metaphysik.
Aber es hatte der Wolf, es hatten die spätren Gesellen
  Vom Aristoteles sich trüg'risch den Namen geholt;
Doch Du erkanntest sie wohl, und auf dialektischer Treibjagd
  Streiftest Du ihnen das Fell über die Ohren herab,
Und Du brachtest zu Ehren das Kleid des griechischen
                                                Meisters,
  Unangreifbar darin botest den Feinden Du Trotz.
Da verscheuchtest Du bald die nächtlichen Stymphaliden,

Die mit Gestank und Geschrei füllten die heitere Luft.
Mit Rezensentengeschwätz in Literaturzeitungen
    Kreischen sie lärmend umher, aber sie beißen nicht mehr.
Mußte der Sohn des Zeus sich niedrer Arbeit bequemen,
    Hast du mit göttlichem Mut ähnliche Taten vollbracht.
Aber Augias Stall, das waren die Akademien,
    Wahrlich die Herren darin akademisteten sehr.
Als nun aber herein der Schwall philosophischer Meerflut
    Schlug, wie stäubten zuletzt all die Perücken hinaus;
Und sie zogen davon mit Molecülen und Poren,
    Mit den Partikeln des Lichts, das sie in Säcke gesteckt. —
Festgeschmiedet am Fels sahst du den Gefährten,
                                        Prometheus,
    Der mit verwegenem Mut raubte den himmlischen
                                        Strahl,
Der den verhüllenden Schleier der heiligen Isis zurückschlug
    Und die Idee der Natur sinnig im Bilde gefaßt,
Als er zuerst den Magnet als Symbol des Begriffes begrüßte,
    Wo sich der Gegensatz eint, ob er getrennt auch erscheint.
Aber nicht frommt' es dem Seher, es hielt die Substanz ihn
                                        gefesselt,
    Kranke Subjektivität nagte die Leber ihm aus.
Doch du erlegtest den Geier, da löste die starre Substanz
                                        sich
    Und zur Idee der Idee drangst du, zum Geiste der Welt.
Zwar entführtest Du nicht dem delphischen Gotte den Drei-
                                        fuß,
    Aber Du brachtest von ihm herrliche Beute zurück —
Jenes: „Erkenne dich", das noch kein Sterblicher löste,
    Hast Du gelöst, und dem Gott gabst Du die Frage zurück.
Du erlegtest die Hyder der tausendköpfigen Meinung,
    Die in dem Staat und im Recht schwellende Häupter er-
                                        hob;
Denn es wollte die Jugend nach Herzensdrang und nach
                                        Willkür
    Herrschen und führen das Reich, aber gehorchen nur
                                        nicht.
Und wir träumten wohl viel von alten, glücklichen Zeiten,
    Blickten zur neuen Welt sehnend wohl über das Meer.

Doch wir gewannen durch Dich die Gegenwart lieb und die
                                                    Heimat,
    Und mit der wirklichen Welt hast du uns wieder versöhnt.
Dann auch führtest Du uns zu den Gärten der Hesperiden,
    Pflücktest der ewigen Kunst goldene Früchte für uns,
Daß wir die Werke verstanden, die uns ein Mozart, ein
                                                    Goethe,
    Die uns ein Phidias kühn, die uns ein Raffael schuf.
Was Du errungen im Geist, Du hast es im Geiste befestigt,
    Wie in der Sternschanz ruhst Du in Deinem System
Und es tragen die Pfeiler, so fest wie die Säulen Herakles',
    Ewig der Wissenschaft herrlich unendlichen Bau. —
Also schufst Du ein Reich der Wirklichkeit und der Wahr-
                                                    heit,
    Stiegst dann selbst in die Glut deiner Gedanken hinab.
Da verzehrte die Flamme, was irdisch war und vergänglich,
    Aber das Ewige blieb Dir, dem Unsterblichen, treu.
Hebe nahte sich Dir in göttlicher Schönheit und Jugend,
    Reichte auf blühender Flur nektargefüllten Pokal.
Und es sammeln die Freunde sich hier zu den festlichen
                                                    Spielen.
    Rühmte Nemea man einst, rühmen wir heut uns Berlin.

                            F[riedrich] F[örster]

Als nach diesem Gedicht „auf das Wohl Sr. Maj. des Königs,
des erlauchten Beschützers und Gönners der Wissenschaft"
getrunken worden war, eröffnete Herr Professor Wichmann
d. J. Herrn Professor Hegel, daß er von der Gesellschaft den
ehrenvollen Auftrag erhalten habe, die Büste des verehrten
Lehrers zu machen, was von demselben sehr freundlich aufgenommen wurde.

    Von den Gedichten, die der vormitternächtigen Feier
allein angehört, möge das folgende hier noch eine Stelle
finden:

IV

Wunsch.

Zum bedeutsam ernsten Spiel
Möge eins sich fügen;
Ja, und wär' es schon zuviel,
Kannst es nicht besiegen.

Wie mein Herz zu Dir empor-
Schwillt, von Dir durchdrungen!
Schüchtern strebt das Wort hervor,
Wünschte tausend Zungen.

Könnt' ich nur Dein Schenke sein!
Deine Lust im Denken
Wollt' ich Dir im dunklen Wein
Glühend wiederschenken.

Schlöss' die Menge Dir den Mund,
Reicht' ich Dir den Becher;
Bis in hellem Freudegrund
Lächelte der Zecher.

Und ich säng' ein frohes Lied:
Wie die Äste steigen,
Kraft im Drang der Knospen blüht
Aus den jungen Zweigen.

Ruht'st Du dann, umwallt vom Sang
Und des Mohnes Düften,
Rief' ich Bülbüls süßem Klang,
Deine Brust zu lüften.

Und Du träumtest wie Hafis. —
Wär' Dein Schlaf ein Dichten!
Denn die Weisheit lernt' Hafis
In des Traums Gesichten.

K. W[erder]

Nach einem jeden der einzelnen Gedichte wurden Toaste ausgebracht, die sich auf die unterschiedenen Weisen bezogen, in denen die Wissenschaft durch Hegel ihre Ehre und ihr Recht wiedergewonnen hat. — Als nun die Mitternachtsstunde geschlagen und der neue Tag begann, nahm Herr Professor Hegel den Becher und trank, indem er in einer längeren Rede aussprach, wie er sich durch die ihn umgebende Jugend verjüngt fühle[1], und zugleich daran erinnerte, wie alle an einem hohen Dichtergeiste großgezogen worden seien, auf das Wohlsein Goethes. — Von jetzt an gehörte das Fest beiden an, wie das in einer Rede, welche wir im Auszuge mitteilen, von einem der Anwesenden[2] ausgesprochen wurde:

„Verehrte Herrn und Freunde! Wir begehen das Fest des Deutschen Philosophen und des Dichterfürsten, wie es sinnvoll der Zufall ineinandergefügt hat; auch die Bedeutung des Festes ist gegeben, wie sein Tag: wir haben sie nur auszusprechen.

Den Dichter hier loben oder beschreiben zu wollen, wäre vergeblich. Wo das gesamte Vaterland den Tag der Geburt zur Nationalfeier erhebt, wo nicht Glocken, aber alle Herzen bei des Tages Wiederkehr schlagen, würde Lobpreisung nur eine schwach gesprochene Predigt sein, deren hergebrachte Eintönigkeit der frische Jubel überschallte. Lassen Sie uns den Jubel teilen, aber nicht erklären wollen. Der frommen Kritiker Froschmäuslerkrieg hat den Behaglichen nicht aufgescheucht; das Rühmen der Freunde soll ihn nicht ermüden.

Oder sollen wir uns in prachtvoller Ruhmredigkeit versuchen, dem gegenwärtigen Lehrer und Freunde gegenüber? Soll die Fackel, die er in den Gebieten des Wissens angezündet, rückwärts gebracht werden, um ihr eigenes Licht zu beleuchten?

Indem wir von uns weisen, was weder für diesen Ort noch für diese Zeit gehörig ist, darf die Bedeutung unserer Doppelfeier dennoch nicht unberührt bleiben. Der Dichter, der selbst im Gebiete der Wissenschaft eine bemerkenswerte Bahn gebrochen, der in naiver Naturanschauung festgestellt hat, was die Philosophie gleichzeitig als das Wahre er-

kannte, kann nicht angemessener geehrt werden, als wenn
man ihn zusammen mit dem Philosophen feiert, der mit dem
Schwerte des Gedankens den Dichter schützt und Wache
hält, wo es gilt, die Usurpation eitler Anmaßung abzuweh-
ren. Gleichzeitig und gleichaltrig sind deutsche Poesie und
deutsche Philosophie an der einen Sprache emporgewachsen.
Oft von denselben Händen gepflegt, oft aber auch abge-
wandt zu feindlicher Richtung, haben sie sich niemals, wie
jetzt zu festerem Bündnis gefunden. Der Dichter, den wir
feiern, er war Zeuge bei der Taufe jener Kunst: er hat ihre
Jugend, ihr Mannesalter gesehen, er hat ihre ganze Geschichte gelebt. Der Philosoph, den wir feiern, er war Zeuge
jener großen Gedankenumwälzung, die die alte Metaphysik
zertrümmerte; er hat in allen Feldzügen des philosophierenden Geistes gefochten; er hat alle seine Erscheinungen
getragen, beherbergt: er hat seine ganze Geschichte gelebt.
Indem wir den Tag dieses Dichters und dieses Philosophen
begehen, feiern wir ein Fest deutscher Kunst und deutscher
Wissenschaft. Wenn Plato die Dichter verbannt, so dürfen
Homer und Aristoteles an einem Tage gefeiert werden."

Hierauf teilte ein aus Italien zurückgekehrter Freund
[Rösel], der sich dort unter den Konservatoren der Altertümer von Pompeji befunden hatte, dem Herrn Professor
Hegel ein von dort mitgebrachtes Isisbildchen, von einem
scherzhaften Gedichte begleitet, mit. Herr Professor Zelter
las dann folgendes, ihm von dem Herrn v. Goethe erst vor
wenigen Wochen zugesandtes Gedicht, dessen beide ersten
Verse sich bereits in den Wanderjahren abgedruckt befinden, dessen letzter Vers aber von dem Dichter, der das
Ganze zu einem Festgesang an seinem 77. Geburtstage bestimmt hat, neu gedichtet worden ist:

> Von dem Berge zu den Hügeln
> Nieder ab das Tal entlang
> Da erklingt es wie von Flügeln,
> Da bewegt sich's wie Gesang;
> Deinem unbedingten Triebe
> Folget Freude, folget Rat,

Und Dein Streben, sei's in Liebe,
Und Dein Leben sei die Tat.

Bleibe nicht am Boden heften,
Frisch gewagt und frisch hinaus!
Kopf und Arm mit heitern Kräften
Überall sind sie zu Haus;
Wo wir uns der Sonne freuen,
Sind wir jede Sorge los;
Daß wir uns in ihr zerstreuen,
Darum ist die Welt so groß.

Doch was heißt in solchen Stunden
Sich im Fernen umzuschaun?
Wer ein heimisch Glück gefunden,
Warum sucht er's dort im Blau'n?
Glücklich, wer bei uns geblieben,
In der Treue sich gefällt;
Wo wir trinken, wo wir lieben,
Da ist reiche, freie Welt.

Die beiden letzten Zeilen wurden *unisono* im Chor wiederholt. —
    Von den später noch mitgeteilten Gedichten, die sich auf
beide gefeierte Männer bezogen, möge dies den Beschluß
machen:

Festlied

zur Feier des 27. und 28. August.

Zwei mächt'gen Erdensöhnen,
    Heroen unsrer Zeit,
Soll dieses Lied ertönen,
    Sei dieses Glas geweiht.
Athene hat den einen
    Mit ihrer Gunst beglückt,
Der andern hat Apollon
    Mit seinem Kranz geschmückt.

Und wie die Dioskuren
    Am Himmel leuchtend stehn
Und wechselnd auf und nieder
    Die Flammenbahnen gehn,
So teilen unsre Helden
    Die hohe Herrschermacht,
Und so regieren beide
    Den Tag und auch die Nacht.

Der Held der Nacht erweckte,
    Was trüb im Schlafe lag,
Und seine Nachtgedanken
    Erleuchten uns den Tag;
Und der den Tag regieret
    In voller Götterpracht,
Erheitert und verschönet
    Die trübe Erdennacht.

Bei nächtlich dunkler Weile
    Beginnt den Dämmerflug
Der Göttin heil'ger Vogel
    Auf einem fernen Zug.
So ist in stillen Stunden
    des Denkers Geist erwacht
Und hat das Licht gefunden
    In tiefer Mitternacht.

Doch, als den Tag zu schauen
    Apollon früh erschien,
Rief er zu grünen Auen
    Den Dichter zu sich hin.
Da hat er ihm gewunden
    Den reichen Blütenkranz
Und hat ihm offenbaret
    Die Welt in ihrem Glanz.

Wie einst der Künstler sinnig
    Die Säule zu Korinth

Mit leichten Blättern schmückte,
Mit zartem Laubgewind;
So ward durch Euch die Freude
Dem Ernste zugesellt,
Die Poesie des Lebens
Der Wissenschaft der Welt.

Was hold in der Erscheinung
Der Dichtung schwebt und schwankt,
An dauernden Gedanken
Hat sich's nun festgerankt.
Und wer sich zu Euch beiden
Mit treuem Sinn bekannt,
Der bleibt dem Ewigschönen
Für immer zugewandt!

Die Gesellschaft ging um 3 Uhr des Morgens auseinander.

464. *Varnhagen v. Ense an K. Rosenkranz*

Mich dünkt, Hegels Erwiderungsrede [bei seiner Geburts-
tagsfeier] ist nicht mitabgedruckt, sie war natürlich aus
dem Stegreif, und fließend und körnig, der Hauptinhalt
war, daß man im Weiterleben auch notwendig erlebe, sich
nicht mehr mit oder an der Spitze der Jüngern zu sehen,
sondern ihnen gegenüber, ein Verhältnis des Alters zur
Jugend in sich wahrzunehmen, dieser Zeitpunkt sei für ihn
gekommen, und das besprach er schön und würdig.

465. *Karl Ludwig Michelet*

Das ... Fest: „Zusammenfeier des Geburtstages von Hegel
und Goethe" wurde am 27. und 28. August 1826 begangen,
indem die Abendfeier sich über Mitternacht hinzog. Ur-

sprünglich war der Minister Kamptz dazu eingeladen worden. Auf die Bemerkung Cousins aber, daß die Wissenschaft
ihre Feste selbständig für sich begehen müsse, ohne des
Beistandes der Regierung zu bedürfen, wurde diese Einladung, so gut es ging, wieder rückgängig gemacht, was
auch im Hinblick auf das Verfahren der Polizei gegen
Cousin und in Berücksichtigung des Gastes, der dem Feste
beiwohnen sollte, sehr wohl begründet erschien.

466. Varnhagen v. Ense, Tagebuch

Berlin, 28. 8. 1826

Gestern wurde Herrn Prof. Hegels Geburtstag von Freunden und Schülern glänzend gefeiert. Viele Gedichte und
Vorträge wurden gesprochen, alles sehr schön und frei, auch
politisch von gutem Geiste.

467. M. H. E. Meier an A. Boeckh

Halle, 11. 9. 1826

Über die Berliner Literaturzeitung mündlich; dieser Hegel
und seine Gesellen haben sich so in den Augen vieler ach-
tungswürdiger Personen erniedrigt, daß man fast seinen Ruf
in Gefahr bringt, wenn man sich mit ihnen einläßt; ich habe
aber so zugesagt, um Ihrem Vertrauen zu entsprechen, daß
ich nichts Bestimmtes verheißen habe.

468. K. J. H. Windischmann an F. Bopp

Camberg, 30. 9. 1826

Was Sie mir von Freund Hegel sagten, hat mich sehr erfreut; ich wünschte nur, daß ich endlich ein Wort von seiner
Hand sähe und mich seiner Bestimmung im Wesentlichsten
erfreuen dürfte. Grüßen Sie ihn herzlich.

469. *Franz Grillparzer*

[September 1826]

Schon in den erstern Tagen nach meiner Ankunft besuchte
mich ein Herr Stieglitz. ... Dieser schien ein bevorzugter
Schüler Hegels zu sein. Nach den ersten Höflichkeiten fragte
er mich, ob ich den großen Philosophen nicht besuchen
würde. Ich antwortete ihm, daß ich mich nicht getraue, da
ich von der Wirksamkeit und dem System desselben nicht
das Geringste wisse. Nun vertraute er mir, daß er mit Vorwissen Hegels komme, der meine Bekanntschaft zu machen
wünsche. Ich ging daher hin und wiederholte dem Meister,
was ich dem Schüler gesagt hatte: der Grund, worum ich
ihn nicht früher besucht, wäre, weil man bei uns erst bis
zum alten Kant gekommen und mir daher sein, Hegels,
System ganz unbekannt sei. Umso besser, versetzte, höchst
wunderlich, der Philosoph. Es schien, als ob er besonders an
meinem Goldenen Vlies [1] Interesse genommen habe, obwohl
wir uns kaum darüber und überhaupt über Kunstgegen-
stände nur im allgemeinen besprachen. Ich fand Hegeln so
angenehm, verständig und rekonziliant, als ich in der Folge
sein System abstrus und absprechend gefunden habe. Er
lud mich für den folgenden Tag zum Tee, wo ich seine
schlicht-natürliche Frau kennenlernte und auch die niedliche
Sontag fand, so daß der Abend unter heiterm Gespräch und
Musik verging, ohne daß man durch irgend etwas an den
Katheder gemahnt wurde. Eben da erfolgte eine zweite
Einladung, ich weiß nicht mehr zu Mittag oder Abend,
indem mich zugleich Hegel um Erlaubnis bat, einen meiner
Landsleute beiziehen zu dürfen. Ich erwiderte, daß wem er
die Ehre seiner Gesellschaft gönne, mir gleichfalls willkommen sein werde. Es zeigte sich am bestimmten Tage,
daß damit Herr Saphir aus Wien gemeint war, der gerade
damals sein Unwesen in Berlin trieb, sich aber dem Philosophen gegenüber sehr schweigselig und untergeordnet benahm. Man sagte mir, Hegel begünstige ihn, teils aus Lust
an seinen wirklich oft guten Späßen, teils aber auch um bei
Gelegenheit durch ihn seine Gegner lächerlich zu machen.

470. Varnhagen v. Ense, Tagebuch

Berlin, 4. 10. 1826

Herr Prof. Cousin in Paris hat in der Zueignung des dritten Teils seines Platon[1] an Hegel diesen gerühmt, daß er sich für den Verfolgten tätig bloßgestellt, und ist dabei der Pariser und Berliner Polizei mit scharfen Ausdrücken zu Leibe gegangen. Herr von Kamptz ist darüber sehr empfindlich, will aber doch nichts antworten.

471. Niethammer an L. Döderlein

10. 10. 1826

Der Berliner Professor mit dem ominösen Namen[1] kam mir mit einem Briefe von Hegel gleich nach meiner Ankunft entgegen. Seine Werbungen sind sehr ernsthaft gemeint; er hat den mit Cotta bereits abgeschlossenen Kontrakt in der Tasche. Die Einladung an mich und Roth ist von Hegel unmittelbar, der an der Spitze des Unternehmens zu stehen scheint. Wenn er dabei so unglücklich ist als in der Wahl seines Werb-Offiziers, so wird nicht viel herauskommen.[2] Hegels Hauptargument, das er mir angibt: „il faut enfin avoir la parole!" ist sehr prägnant und für mich sehr verführerisch vermöge des unauslöschlichen Grimms, den ich gegen die öffentlichen Wortführer habe. Ich werde aber gleichwohl sachte gehen. Aus dem unfeinen (?) Abgeordneten, den ich ziemlich scharf katechetisiert habe, war nichts Bestimmtes herauszubringen. Ob nicht viel drinnen ist, wie ich fürchte, oder ob er gegen mich vorsichtiger sein zu müssen glaubte, konnte ich nicht ganz spitz kriegen. Schüchterner bin ich dadurch auf jeden Fall. Daß aber Boeckh Mitglied der unternehmenden Sozietät ist, kann kaum mehr bezweifelt werden. Es muß sich demnach auch mit der antihistorischen Tendenz etwas anders verhalten, als es sich in den Einbildungen des einladenden Sprechers gebildet hat. Meine Antwort an Hegel ist noch nicht fertig.

472. *Varnhagen v. Ense, Tagebuch*

Berlin, 19. 10. 1826

Die Gegner Hegels haben über das am 27. August ihm und Goethen gewidmete Fest ein großes Geschrei erhoben, besonders ärgerte sie die Beschreibung des Festes, wie sie in der Vossischen Zeitung gegeben worden; der König hat jetzt durch eine Kabinetsordre der Ober-Zensur-Behörde aufgetragen, dafür zu sorgen, daß dergleichen Aufsätze über Privatfeiern nicht mehr in den Zeitungen Platz finden; es scheint, daß man es für unschicklich hält, andre als königliche Familienfeiern, oder Beamtenfeste wenigstens, so wichtig zu behandeln.

473. *A. Boeckh an K. O. Müller*

Berlin, 22. 10. 1826

Dies führt mich auf die sogenannte Berliner Literaturzeitung. Ich weiß selber nicht recht, was und wie ich davon reden soll, um Ihnen einen Begriff von der Sache und meinem Verhältnis zu ihr zu geben; eine sehr natürliche Verlegenheit, da mein Verhältnis dazu selbst das der Verlegenheit ist. Bei einer zufälligen Unterredung mit Hegel und ohne von der zu errichtenden Anstalt genauere Kenntnis zu haben, auch in der Meinung, daß das Ministerium, wovon früher die Rede war, Veranlassung gegeben habe, sagte ich zu, daß ich nicht abgeneigt sei teilzunehmen; später schien es mir, daß viele, auf deren Zutritt ich gerechnet hatte, aus Scheu vor der Gesellschaft zurücktraten; indes die Überlegung, daß ich vielleicht einem Schlechtern Platz machte, der Wunsch, die zwischen Hegel und mir längst vorhandene Spannung so weit aufzuheben, als die Verschiedenheit unserer Bestrebungen es erlaubt, ferner die Anfeindungen der Sächsischen Partei, die es mir allerdings nötig machen, darauf zu sehen, daß nicht auch andere Zeitschriften gegen mich gewonnen werden, und die Wahrscheinlichkeit, daß, wenn ich nicht an der Berliner Zeitschrift teilnähme, die-

selbe gegen mich Partei machen würde, endlich auch vorzüglich der Gedanke, daß, wenn einmal hier so etwas erscheinen soll, jeder dafür sorgen müsse, daß keine Blame
daraus entstehe, bestimmten mich, nicht ganz zurückzutreten. Wären meine eigentlichen hiesigen Freunde nicht so
indolent, wäre auch nur auf die Mehrheit derselben sicher
zu bauen, ... so würde ich den Widerwillen gegen die
Hegelsche Partei nicht überwunden haben; aber jene Herrn
treten nirgends kräftig auf, und selbst in ihrem Gegensatz
gegen diese Partei gehen sie der eigenen Leidenschaft nach.
Daher fand ich mich nicht bewogen, mich für den Haß, den
jene gegen diese Partei haben, aufzuopfern und mir um
ihretwillen neue Feindschaften aufzuladen. Jedoch ist es bei
dieser, meiner Überzeugung nach unschuldigen Politik nicht
meine Absicht, positiv viel zu tun, sondern mehr, Schaden
zu verhüten. Meine eigene Sache gedenke ich hier nicht zu
führen, und rezensieren werde ich auch nicht viel, da es
gegen meine Neigung ist und mit meinen übrigen Geschäften unverträglich.

474. A. Boeckh an B. G. Niebuhr

Berlin, 24. 10. 1826

Ich weiß nicht, ob Sie davon gehört haben, daß sogenannte
„Berliner Jahrbücher der Literatur", oder was weiß ich, wie
sie heißen sollen, herausgegeben werden sollen. Der Plan
ist alt, und da wir hier überhaupt keinen Stützpunkt in
einer Zeitschrift haben, bin ich niemals dagegen gewesen,
obgleich ich niemals daran dachte, ernsthaften Anteil zu
nehmen ... Unerwartet war mir es, daß dieser Plan verwirklicht werden sollte, und noch unerwarteter, zu sehen,
daß Hegel an die Spitze trat. Indessen wurde ich von ihm
aufgefordert, daran teilzunehmen, und so große Überwin-
dung es mich kostete, und so lange und wiederholt ich mit
mir kämpfte, entschloß ich mich aus vielen in der Sache,
zum Teil auch in der Person liegenden Gründen, den Antrag nicht unbedingt von mir zu weisen. Ich habe seit vielen

Jahren mit Hegel in einer ziemlich erklärten Spannung gestanden; sein ganzes Bestreben, seine unerträgliche Parteimacherei und vorzüglich die höchst verkehrte Begünstigung seiner Anhänger von oben herab, und selbst die unangenehme Art seines persönlichen Wesens haben mich beständig von ihm abgestoßen, und auch er war mir abgeneigt. Während meines Rektorats aber, welches Gott sei Dank nun zu Ende ist, habe ich ihm nach Pflicht und Gewissen Beistand leisten müssen in einer Angelegenheit, worin ihn die philosophische Fakultät meines Erachtens unverantwortlich stecken ließ. Ein gewisser Dr. v. Keyserlingk, Privatdozent hierselbst, hatte bei der Universität ein Zirkular erlassen, welches gefährliche Beschuldigungen der Hegelschen Lehre enthielt, die eine jenen schon oft dagewesenen Verfolgungen der Philosophen ähnliche Verfolgung veranlassen konnten. Indem ich diesem Unwesen steuerte und dem K. auf meinen Antrag vom Senat ein Verweis gegeben wurde, wie es sich durchaus gebührte [1], hat sich der Haß der Hegelschen Partei gegen mich gelegt, und ich bin so in jenes mir übrigens noch ziemlich unbekannte Institut der Jahrbücher hineingezogen worden.

475. K. O. Müller an A. Boeckh

Göttingen, 14. 11. 1826

Von Hegel mag natürlich in Göttingen fast niemand etwas wissen, aber was geht Hegels Philosophie und Konstruktion der Geschichte Ihre Rezensionen an, die durch Hegels Redaktion [in den Jahrbüchern für wissenschaftliche Kritik] nichts von ihrer Trefflichkeit verlieren können?

476. Varnhagen v. Ense, Tagebuch

Berlin, 18. 11. 1826

Als ich neulich bei Wilhelm von Humboldt war, sprach er den ganzen Abend fast von nichts anderm als von der neuen

Literaturzeitung, die ihn höchlich zu interessieren schien.
... Herrn von Stägemann gesprochen, ... Herrn Prof. Hegel
usw.

477. A. Boeckh an B. G. Niebuhr

Berlin, 29. 11. 1826

Ich habe Ihnen neulich davon geschrieben, daß ich den Berliner Jahrbüchern beigetreten bin ... Übrigens bin ich
bestrebt zu bewirken, daß die Partei, die die Berliner Jahrbücher gestiftet hat, neutralisiert werde, und ich habe davon
schon jetzt, vielleicht nach den Regeln der Klugheit, die ich
nicht immer beobachte, zu früh, einen unzweideutigen Beweis gegeben, welcher auch die, die meinen Beitritt gemiß-
billigt haben, zu dem Geständnis gezwungen hat, sie seien
mir Dank schuldig, daß ich mich mit eigener Aufopferung
vor den Riß stelle, um die Partei zu bekämpfen. Ich habe
in der ersten Versammlung, bei der ich gegenwärtig war,
verlangt, damit man sähe, daß diese Anstalt nicht einer
Partei dienen und einer bestimmten Farbe huldigen solle,
sollte die Gesellschaft Schleiermacher und Savigny einladen
teilzunehmen; auch Süvern habe ich vorgeschlagen.[1] Ich
habe einen gewaltigen Sturm erregt, habe aber wenigstens
jetzt schon so viel gewonnen, daß Einzelne zur Einsicht
kommen. Ob ich etwas mehr werde wirken können, muß
sich zeigen; wo nicht, so bleibt mir der Rückschritt immer
offen. Doch glaube ich wirklich, es wird nicht halten. Denn
dieser Hegel ist wirklich ein verwünschter Mensch, und
jedesmal daß ich mit ihm wieder in Beziehung komme,
gehe ich nach den entgegengesetzten Polen wieder mit ihm
auseinander.

478. A. Boeckh an K. O. Müller

Berlin, 30. 11. 1826

Was Göschen über mein Verhältnis zur Hegelschen Zeitung
sagt, kann schwerlich von Schleiermacher herrühren, da dieser wenig Briefe schreibt; es muß wohl von Klenze[1] kommen. Aber die Herrn haben sich schon eines Bessern überzeugt, da sie sehen, daß ich nicht im Sinn habe, Hegeln zu
gehorchen, sondern wirklich schon angefangen habe, ihre
eigene Sache zu vertreten.

479. Varnhagen v. Ense, Tagebuch

Berlin, 7. 12. 1826

Sitzung der Gesellschaft für die Literaturzeitung; Hegel,
Marheineke, Gans usw.

480. Friedrich v. Uechtritz an seine Eltern

Berlin, 7. 12. 1826

... endlich mein neues Stück.[1] ... Sogar ein Hegelianer[2],
der bei einer Vorlesung gegenwärtig war, rühmt es allenthalben, ja der Weltgeist selber (Professor Hegel) ist bei der
Stich[3] gewesen, hat ihr davon gesprochen und es sehr
gelobt, obgleich er es noch nicht kennt. Sein Anhänger mag
ihm wohl berichtet haben.

481. Varnhagen v. Ense, Tagebuch

Berlin, 26. 12. 1826

Des Herrn Prof. Hegel Ansehen und Einfluß nimmt noch
immer zu; die Ministerien glauben in seiner Philosophie
eine ganz legitime, staatsdienerische, preußische zu besitzen
und zu handhaben. Wie viel Freiheit, Konstitutionssinn,

Vorliebe für England in dieser Richtung lebt und wirkt, ahnden sie nicht. Übrigens ist Hegel darin merkwürdig, daß er wirklich mit Macht auf äußere Bedeutung lossteuert, und ungleich andern Philosophen, welche Sekten und Schulen bilden, eine Faktion zu bilden sucht, einen persönlichen, mehr auf Umstände als auf Gesinnung gegründeten Anhang; bei den Betreibungen für die neue Literaturzeitung ist dieses recht sichtbar.

482. H. W. A. Stieglitz an seine Braut

Berlin, 31. 12. 1826

Ziemlich früh kam heute Werder [1] zu mir. Nach lebendiger Mitteilung während des Ankleidens begleitete er mich hinaus, wo einige Besuche zu machen waren. Unter vielen andern Wohlwollenden war das bedeutendste Wiedersehen mir — Du hast es schon erraten. Der teure Lehrer äußerte sich sehr innig; recht anmutig scherzend war seine Bemerkung, daß den Backenbart wohl das liebe Bräutchen möge heruntergeputzt haben! Morgen bekomme ich das Heft, zum Donnerstag beginnt er selber [2]; darauf freu' ich mich, denn solcher Speise bedarf ich.

---

483. Vorrede zu Solgers nachgelassenen Schriften

1826

Für die angenommene Reihenfolge der eigentlich philosophischen Abhandlungen, stimmte Herr Professor Hegel [1] als Sachverständiger . . .

484. Walter Kühne

In den Jahren 1826—1830 studierte Karol Libelt[1] an der Universität Berlin Mathematik, Philosophie und Philologie und hörte auch Hegel, dessen Aufmerksamkeit er in hohem Grade auf sich zog. Hegel förderte ihn nicht nur in wissenschaftlicher, sondern auch in materieller Hinsicht, indem er ihn einem Freunde als Mentor empfahl.

485. Heinrich Wilhelm August Stieglitz

Zugleich wurden mit Eifer und starkem Anteil die Vorlesungen Hegels besucht, und dieser tiefe, mächtige Denker, der früher durch seine nur mit Widerstreben bis zu Ende verfolgte Logik mich eher von sich abgewendet hatte, zwang durch den Vortrag seiner Geschichte der Philosophie[1] um so entschiedener zu aufmerksam eingehender Betrachtung. Denn hier trat ich in das mehr als lebendiger Organismus der Anschauung sich darstellende Rüsthaus der in der scharfen Dialektik streng-logischer Entwicklung geschmiedeten Waffen, und unwillkührlich führte der nicht mehr zurückweisende Anteil an den Gestalt gewordenen Resultaten auf den nunmehr mit erschloßnerem Auge und erstarktem Mute aufgesuchten Quellborn zurück. Hegel hat später bei persönlichem Nähertreten mit dem gerade dem ernsten Denker so wohl anstehendem freundlichen Humor mitunter darüber gescherzt, daß ein Dichter an ihm und seinem System Geschmack finde, hat es für eine Laune der Phantasie erklärt, die in dieser mit spartanischer Zucht umgehenden Gymnastik sich wohl nur um des schroffen Gegensatzes willen eine Zeitlang gefalle; gleichwohl aber tat ihm dieser lebendige Anteil wohl, und es machte ihm Freude, als er in mehreren aus dem Versenken in sein

System hervorgegangenen Gedichten dieses sich flammend
spiegeln sah.[2]

486. Eduard Gans

In meinem Eifer für das Unternehmen [Stiftung der Jahrbücher für wissenschaftliche Kritik] hatte ich mich doch
nicht mit bloß Phantastischem abgegeben, sondern schon
sehr bestimmt an die Personen gedacht, an welche ich mich
wenden, und die ich zu Genossen des bald in die Welt zu
Setzenden haben möchte. Es waren bloß zwei, die eine war
Hegel, mein teurer Lehrer, Gönner und Freund, die andere
Varnhagen von Ense, dem ich für manche Begünstigungen
große Dankbarkeit schuldig war, und der mir ganz der
Mann schien, um mit Geist und dauerndem Eifer eine
solche Angelegenheit zu befördern.

Den Tag, nachdem ich in Berlin angekommen war, begab
ich mich gleich zu Hegel und fand ihn in einem grünen
Schlafpelze mit schwarzer, barettartiger Mütze, eben mit
der einen Hand eine Prise aus seiner Dose nehmend, mit
der andern in Papieren, die unordentlich vor ihm aufge-
schichtet waren, etwas suchend.

Ei, sind Sie auch endlich wieder da? sagte er lächelnd zu
mir: Wir haben Sie schon seit einem Monate erwartet; der
Geheimrat Schulze glaubte, Sie würden gar nicht wieder-
kommen, und die Professur, um die Sie sich beworben
haben, gar nicht antreten.

Man läuft ja doch gerade nicht fort, wenn man etwas
später kommt, erwiderte ich, und daß ich spät komme, hat
einen guten Grund. Ich treffe nämlich nicht allein ein, sondern mit einer großen Berliner Literaturzeitung.

Das mag mir eine schöne Literaturzeitung sein; wo haben
Sie denn den aufgegabelt, der die unternehmen will?

Es ist eben kein schlechter Mann, es ist Cotta, dessen
Bekanntschaft ich in Paris machte, und mit dem ich in Stuttgart die Sache beinahe abgeschlossen habe.

Ei der Cotta. Hat der die Horen noch nicht vergessen, und die schlechten Geschäfte, die man mit gewissen Dingen im zweiten Jahre macht, nachdem sie sich im ersten gut anzulassen schienen. Aber der Cotta versteht die Sache besser wie wir alle, und wenn der etwas angefangen hat, so können wir uns seiner Leitung wohl überlassen. Hat er Ihnen den Vorschlag gemacht?

Nein, eigentlich ich ihm. Ich meinte, eine Universität, wie die Berliner, könne nicht lange mehr ohne eine literarische Zeitung bleiben, und die Willkür und das bloß Negative, das in den bisherigen Unternehmungen der Art herrscht, erfordere, daß von einem großen Mittelpunkte aus dergleichen auf positive Weise betrieben würde.

So habe ich auch gemeint, und deshalb an das hohe Ministerium schon vor Jahren einen Aufsatz abgegeben, worauf indessen bis jetzt noch keine Resolution erfolgt ist.[1] Will man dort nicht anbeißen, so können wir es ja unter uns machen. Besorgen Sie nur vorerst Ihre Professur. Von dem anderen sprechen wir noch weiter.

Der Aufsatz, auf den sich Hegel hier berief, ... hatte allerdings im ganzen auf die würdigere Stellung hingewiesen, die einer solchen Rezensieranstalt zu verleihen sei. Aber er war von dem Gedanken ausgegangen, daß sie zu diesem Ziele nur gelangen könne, indem sie eine Staatsanstalt würde, und das Journal des Savans, welches schon seit so vielen Jahren besteht, und unter dem Patronate de Monseigneur le garde des sceaux ... sich befindet, war ihm gleichsam der Prototypus, auf den er hinblickte. Gegen diese Ansicht einer Staatsanstalt war ich von Hause aus. Mir schien das Ansehen, das sich Hegel davon versprach, auch zugleich durch die Steifigkeit und die Rücksichten verkümmert, welche unabwendliche Folgen eines solchen Ursprungs sein müßten; die deutsche Gelehrsamkeit war seit drei Jahrhunderten schon so republikanisch geworden, daß es nicht gelingen konnte, ihr mit einem Male die staatliche Autorität als Vorstand aufzustellen; eine Gesellschaft, von Gelehrten gebildet, schien mir daher einen weit größeren Erfolg zu versprechen, weil ihr Ausgangspunkt selber die Wissenschaft war, die sich durch nichts anderes vertreten läßt. Selbst das Beispiel des Journal des Savans mußte mir gegen Hegel dienen, der sich darauf stützte. Denn es war bekannt, daß unter allen französischen kritischen Blättern dieses die wenigsten Abnehmer und Leser hatte, weil die schwerpfündige Erudition, die hier in langsamer Bewegung einherschritt, nicht gut im Stande war, Eingang und Teilnahme zu finden.

Nachdem ich Hegel gesehen hatte, suchte ich Herrn von Varnhagen auf. ... Einige Wochen vergingen, ohne daß anderes geschah, wie das Besprechen über die Weise, wie man eine Gesellschaft, zu der nun auch Hegel seine Einwilligung geben mußte, zu bilden haben würde. Inzwischen hatte ich eine Professur erhalten; meine Korrespondenz mit Cotta war eifrigst fortgeführt worden. Hegel und Varnhagen kommunizierten mit mir über allerlei Mittel der Ausführung, ohne daß jedoch alle Bedenklichkeiten über die sich entgegensetzenden Hindernisse gehoben gewesen wären. Ich erinnere mich sehr wohl, daß, als ich mit Hegel und Hotho in den Pfingstfeiertagen von 1826 auf einige Tage nach Potsdam ging, Hegel noch gar nicht befriedigt von dem schien, was bisher sich gemacht hatte; er hatte allerlei Aber zu opponieren, und in seiner Gründlichkeit alle Seiten und Schwierigkeiten in allen ihren Nuancierungen betrachtend, hatten diese oft die Wirkung, die Substantialität der Sache zu verdecken. Mir war dagegen ein jedes Aber verhaßt, und weil ich mich jünger und lebhafter fühlte, so behauptete ich immer, daß wenn man einem eben erst werdenden Menschen die Schranken, die er zu durchbrechen haben würde, vorher erzählte, er niemals sich entschließen möchte, geboren zu werden.

Am 18. Julius 1826 endlich erließ Hegel, dem wir die Führung der einleitenden Schritte allein überlassen hatten, ein Zirkularschreiben an folgende Männer, mit denen mündliche Besprechungen schon stattgefunden hatten. Zur Universität gehörten davon Boeckh, Bopp, Dirksen, Hegel, von Henning, F. Hufeland, H. Leo, Marheineke, Karl Ritter, von Raumer, Schultz und ich. Pohl, Johannes Schulze, Streckfuß, Varnhagen und Waagen traten diesem Vereine bei, doch hat Raumer eigentlich nie daran teilgenommen,

sondern sich von Hause aus wieder davon entfernt. In der
nunmehr am 23. Julius in Hegels Hause abgehaltenen Versammlung der eben genannten Gelehrten wurde die Gesellschaft, der man den Namen der Societät für wissenschaftliche Kritik beilegte, für konstituiert erklärt, dieselbige in
drei Klassen, die philosophische, die naturwissenschaftliche
und die historisch philologische geteilt, und für jede dieser
Abteilungen ein Sekretär gewählt. Für die philosophische
Klasse wurde ich, für die naturwissenschaftliche Schultz und
für die historisch philologische Leo ernannt. Außerdem
übergab man mir die Leitung der sämtlichen Geschäfte in-
soweit, als man mich zum Generalsekretär der Gesellschaft
bestimmte, worin die Verpflichtung lag, für die Ordnung
des Manuskripts, für das Geldwesen und für den größten
Teil der Korrespondenz Sorge zu tragen. Es wurde ferner
beschlossen, das Statut der Gesellschaft zu entwerfen, und
damit reglementarische Verordnungen in Verbindung zu
setzen. Auch diese Arbeit fiel mir zu.

In vier bis fünf Sitzungen diskutierten wir mit der größten Umständlichkeit und Weitläufigkeit die vorgeschlagenen
Gesetze. Wer diesen Debatten beigewohnt, und die Schärfe
bemerkt hätte, mit der im einzelnen hin und her gestritten
wurde, hätte nicht minder an eine sehr lange Dauer dieser
gesetzlichen Bestimmungen glauben müssen.

... es wurde auch lange vor dem Erscheinen [der Jahr-
bücher] schon ein Name erfunden, um sie in den Augen
unkundiger und gewöhnlicher Leser herabzudrücken. Man
nannte sie die Hegelzeitung, und die Hauptanklage bestand
gegen sie in den ersten Jahren darin, daß sie nicht allen
Systemen ihre Reihen eröffne, sondern nur einer bestimmten Lehre zugetan wäre.

Wir wollen diese Beschuldigung hier einen Augenblick
betrachten und aufweisen, daß sie gar keinen Grund hatte.
In dem ersten Hefte der Jahrbücher erschienen Abhandlungen von Boeckh, Varnhagen von Ense und Streckfuß, im
zweiten von Purkinje, Bopp und Hirt, das heißt von lauter
Männern, die mit Hegel zwar in freundschaftlichen Beziehungen standen, aber mit dem System gar keine weitere

Verbindung hatten. Zu den berühmten Namen, die bis zum ersten Januar 1828 beigetreten waren, gehörten Goethe, Bessel, Wilhelm v. Humboldt, August v. Schlegel, v. Baer in Königsberg, Carus, Boisserée, Creuzer, Gesenius, Ewald, Meckel, v. Pfuel, Fr. Rückert, Thibaut, v. Wangenheim, v. Stägemann, Welker und eine Menge anderer, die in ihren verschiedenen Wissenschaften und Disziplinen schwerlich den Hegelschen Ansichten gefolgt waren. Wir konnten freilich in Beziehung auf Philosophie und alle dahin einschlägige Seiten nicht gut eine zurückstehende Richtung zulassen. Unter allen Disziplinen ist gerade die Philosophie die notwendig eifersüchtigste, nicht aus Neid, oder sonstigen bösen Eigenschaften, sondern weil sie, wenn sie eine wahre ist, die vorangegangenen Seiten ohnehin in sich aufgenommen hat, und diese nicht mehr allein auftreten lassen kann, ohne zu einer rückgängigen Bewegung zu schreiten. Wir durften uns, indem wir Hegel besaßen, nicht weiter darum grämen, wenn uns der Beistand von Salat und Meilinger[2] entging, oder wenn die verschiedenen Philosophien, welche sogar, die Wolfische nicht abgerechnet, noch in irgendeinem Schlupfwinkel von Deutschland hausten, ihren mehr grämlichen als einschneidenden Haß gegen uns geltend machten.

Eine Abneigung Hegels, irgend jemanden zuzulassen, der mit seinem System nicht im Einverständnisse gewesen wäre, ist mir während der fünf Jahre, die wir in der Redaktion der Jahrbücher zusammen verlebten, nur ein einziges Mal vorgekommen. Es war die Erklärung, daß, wenn man Schleiermacher Anträge machte, er, Hegel, sich von der Gesellschaft zurückziehen würde. Die Sitzung, in der dieses Thema besprochen wurde, gehörte zu einer der stürmischsten, die wir überhaupt gehabt haben, sie fand im Dezember 1826 statt. Boeckh war, was späterhin sehr selten geschah, gegenwärtig, und da wir bei der bevorstehenden Herausgabe der Zeitschrift an eine Vermehrung der Mitarbeiter denken mußten, so las Boeckh den Universitätskatalog vor und kam auch auf den Namen Schleiermacher. Viele Mitglieder, namentlich Varnhagen, waren der Ansicht, daß man auch diesen auffordern müsse, daß überhaupt gar

keine Ausschließung stattfinden dürfe. Hegel aber sprang
von seinem Sitze auf, ging mit heftigen Schritten auf und
ab, und murmelte vor sich hin, daß dies nichts anderes
heiße, als ihn selber vertreiben. Nachdem hin und her, für
und wider gestritten und geschrien worden war, wurde
endlich der immer stärker werdende Lärm dadurch be-
seitigt, daß man darauf aufmerksam machte, es sei gera-
tener, Schleiermachern nicht einzuladen, weil dieser der
Aufforderung nicht Folge leisten und somit die Gesellschaft
sich etwas vergeben möchte. Auftritte der Art kamen späterhin nie wieder vor, aber Hegels Widerwillen gegen
Schleiermacher beruhte gar nicht auf wissenschaftlichen
Verschiedenheiten, sondern lediglich auf persönlichen Verhältnissen, deren Initiative Schleiermacher zur Last fiel. Es
hatte dieser nämlich mit allen Mitteln, welche ihm zu Gebote standen, Hegel von der philosophischen Klasse der
Akademie der Wissenschaften ferngehalten, und die Aufnahme in die Akademie war nicht ohne Bezug auf diesen
einen Mann durch Schleiermacher bedeutend erschwert,
und selbst, wenn eine Minorität sich widersetzte, unmöglich
gemacht worden. Kurze Zeit vor Hegels Tode löste sich
dieser Widerwillen in etwas, und einige Monate vor demselben sah ich Hegel und Schleiermacher im freundlichsten
Gespräche den Rutschberg von Tivoli herunterfahren.[3]

487. Karl Ludwig Michelet

Am 16. Juni 1827 nahm mich die „Sozietät für wissenschaftliche Kritik zu Berlin" durch ein Anschreiben ihres damaligen Generalsekretärs Gans in die Zahl ihrer Mitglieder auf.
Sie wurde unter Hegels Leitung gegründet, dessen Ansehen
nicht wenig durch die Herausgabe ihrer Zeitschrift: „Journal
für wissenschaftliche Kritik", gefördert wurde. ...
    Die Sitzungen fanden jeden Freitag statt, und ich wurde
zur Teilnahme an denselben aufgefordert. Da der Tag aber
gerade der meiner griechisch-lateinischen Gesellschaft war,
so schlug ich die Einladung aus. Hegel meinte, ich könne

den Tag doch wohl ändern; und da ich nichts destoweniger
bei meiner Weigerung verblieb, hatte die Gesellschaft die
große Zuvorkommenheit, ihre Sitzungen auf den Donnerstag zu verlegen. Ich aber erschien auch an dem Tage
nicht; und weiß für dies sonderbare Verfahren keinen anderen Grund anzugeben, als lauter Bescheidenheit. Am Stif-
tungsfeste, das die Gesellschaft jedes Jahr am 23. Juli beging, nahm ich indessen dennoch teil, und Rezensionen und
Abhandlungen habe ich in Masse eingeliefert. Aus einer
derselben erinnere ich mich, die berühmten Worte der
Hegelschen Rechtsphilosophie: „Wenn die Philosophie ihr
Grau in Grau malt, dann ist Eine Gestalt des Lebens alt
geworden; und mit Grau in Grau läßt sie sich nicht ver-
jüngen, sondern nur erkennen; die Eule der Minerva beginnt erst mit der einbrechenden Dämmerung ihren Flug" [1],
dahin erläutert und erweitert zu haben, daß ich hinzu-
setzte: „Die Philosophie ist aber auch der Hahnenschlag
eines neu anbrechenden Morgens, der eine verjüngte Gestalt
der Welt verkündet."

Als ich Hegel nun eines Tages besuchte, zog er meine
Handschrift aus seinem Pulte hervor, und las mir meine
kühne Behauptung vor. Ich meinte im ersten Augenblick, er
wolle die Stelle beanstanden. Doch bald bemerkte ich an
seinem wohlwollenden Schmunzeln, daß er es nicht übel
nahm, gewissermaßen überboten zu sein, sondern sich vielmehr an der jugendlichen Zuversicht seines Fortsetzers zu
erfreuen schien. Auch wurde die kritische Stelle ungehindert
abgedruckt. Doch bald ging eine Änderung in dem Geist
der Zeitschrift vor sich. Henning übernahm später die Herausgabe, und mit Hegels Tode fiel auch das gesellschaftliche
Verfahren fort.

488. *Karl Ludwig Michelet*

Noch in spätern Zeiten sagte Hegel oft zu seinen Schülern,
beim Einreichen einer Rezension für die „Jahrbücher für

wissenschaftliche Kritik", sie möchten am Stil ändern und
revidieren, so viel sie wollten, er werde es ratihabieren.

489. *Varnhagen v. Ense an K. Rosenkranz*

Ich sah Hegel ziemlich viel, aber unser Umgang blieb beschränkt, da ich weder sein Zuhörer war, noch sein Gefährte
in gesellschaftlichen Dingen. Rahel war sehr aufmerksam
auf ihn, und hörte ihn gern sprechen, erkannte auch die
volle Geistesgröße in ihm an, allein wenn er uns besuchte,
so brachte er meist seine Frau mit, die denn ganz auf Rahel
fiel, während Hegel mit mir Politik sprechen mochte, oder
durch Ludwig Robert in verdrießliche und ertraglose Streitigkeiten verwickelt wurde, und gestehen sollte, er sei doch
im Grunde weniger als Fichte! Sie sehen, dabei war kein
Heil zu finden! Hegel erkannte Raheln als eine kluge, denkende Frau, und behandelte sie als solche, aber das eigentliche Wesen ihres Geistes hat er schwerlich gekannt. Ich
selbst war mit Hegel auf dem besten Fuße, ein paar ein-
same Abende auf meinem Zimmer führten zu vertraulichen
Bekenntnissen über Dinge, die er im größeren Gespräch
immer vermied. Auch bei der Stiftung der Jahrbücher für
wissenschaftliche Kritik, wobei viele Leidenschaft erregt
war, hatten unsre Reibungen keine Folgen. Ich mußte ihm
öfters Widerpart halten, und dies um so kräftiger, als ich
in der Gesellschaft der einzige war, der nicht durch persönliche Verhältnisse oder Rücksichten darin gehemmt wurde,
also fast immer und allein die Opposition übernehmen
mußte. Hegel aber, als die Jahrbücher schon im Gange
waren, wurde immer schwieriger, tyrannischer, und benahm
sich in den Sitzungen so sonderbar, daß die ganze Gesellschaft fühlte, so könne es nicht weitergehen und die ganze
Sache müsse ins Stocken geraten, — da fiel mir wieder die
Rolle zu, mich im Namen aller zu widersetzen, und den
verehrten Mann zu bedeuten, daß auch er seine Schranken
zu beachten habe. Dies war ein heftiger, von beiden Seiten
mit bitterer Schärfe geführter Kampf, ein persönlicher Zank

mit Anklagen und Vorwürfen. Aber nichts Unehrbares kam vor, nichts, was die Achtung verletzt hätte. Während des auf die Sitzung folgenden Abendessens dauerte die Verstimmung und der Nachhall des Zankes fort, die übrigen Anwesenden waren mehr mit Hegel befreundet, als ich, aber in der Sache mehr auf meiner Seite. Als wir aber vom Tisch aufstanden, trat ich an Hegel heran, und sagte: „So dürfen wir uns zur Nacht nicht trennen! Sie haben mir, ich habe Ihnen harte Dinge gesagt, aber nichts, was nicht hinzunehmen wäre! Bedarf es noch der Versicherung, daß meine Hochachtung für Sie unverändert ist? Hier ist meine Hand, trennen wir uns versöhnt!" Er schlug nicht nur ein, sondern wir umarmten einander herzlich, und ihm standen Tränen in den Augen; er hatte diese Wendung nicht erwartet. Seitdem hatten wir keine Kämpfe mehr, er ließ in seinem störenden Benehmen nach, und die Sitzungen gingen ihren Gang. Er fragte mich in mancherlei Dingen um Rat, in seinen Beziehungen zu beiden Humboldts war ich mehrmals Vermittler. Wir blieben in bestem Vernehmen, außer daß wir im Jahre 1830 anfingen, unsre abweichenden politischen Urteile nicht ohne Not gegeneinander auszusprechen, weil wir da nur neue Entzweiung sahen. Sie wissen, Hegel war in den letzten Zeiten ganz absolutistisch, und die öffentlichen Bewegungen fanden bei ihm den stärksten Widersinn. Die belgischen Unruhen besonders haßte er voll Grimm, und als dieselben nicht gedämpft werden konnten, war er ganz außer sich. Diese politische Verstimmung hatte am meisten Gans zu tragen, der völlig auf der Gegenseite stand.

1827

490. Varnhagen v. Ense an K. E. Oelsner

Berlin, 1. 1. 1827

Lebhaft und dringend muß ich Sie auffordern, unsrer neuen Literaturzeitung Ihre treffliche Mittätigkeit nicht zu verzögern! ... Die Unternehmung ist in vollem Gange und verspricht allen Erfolg. Ist nur erst die schwierige Zeit der ersten Anordnung vorüber, so kann es lange dauern, ehe sich ein verderblicher Schlendrian einschleicht. — Die Herren Professor Hegel und Gans, welche doch die eigentlichen Stifter des Instituts sind, haben alles Zeug, um dergleichen lebendig zu erhalten.

491. H. W. A. Stieglitz an seine Braut

Berlin, 18. 1. 1827

Zu Hegel geh' ich erst nach acht ...

11 Uhr

... Es war ein schöner Abend. Nach der Wanderung im Orient begrüßte ich den Meister, von dem Werder so treffend singt:

> Aber meinen Meister tauche
> Ich in Orienteslust,
> Denn er trägt den Tag im Auge
> Und die Sonn' in seiner Brust.[1]

Er hat mir eine tüchtige Aufgabe gestellt, die mir das beste Zeichen seiner Achtung und für mich eine höchst ersprießliche Übung ist. Von meinem Eifer für die Tiefe der Wissenschaft überzeugt, hat er mir eine Rezension seiner großen Logik aufgetragen, nicht aber für das große Publikum, sondern für ihn selbst. Er beabsichtigt eine zweite Auflage und da wünscht er von einem der Sache Gewachsenen Aufschluß über das vielleicht zu Bessernde.[2]

492. Varnhagen v. Ense, Tagebuch

Berlin, 19. 1. 1827

Von hiesigen Professoren hat diesmal der Prof. Ideler den roten Adlerorden dritter Klasse erhalten. Die Freunde Hegels sind sehr ärgerlich, daß er leer ausgegangen.

493. Ludwig Döderlein an Niethammer

25. 1. 1827

Aus der Hegelschen Literaturzeitung kann ich bis jetzt noch nicht absehen, warum eine neue LZ nötig sei. Das meiste war Auszug oder Gewäsch, weder präzis noch originell. Daß die Philosophie „eine theoretische und praktische Seite hat, von denen jene sich mit dem Erkennen, diese mit dem Handeln beschäftigt", wie in Hegels erster Rezension steht[1], glaube ich irgendwo schon einmal gehört oder gelesen zu haben, und das schien mir so einleuchtend, daß ich es vor Hegels Fidemation glaubte. Was Schulze wider Thiersch[2] sagt, wiegt auch nicht schwerer als das Blatt Druckpapier, worauf es steht... Auf diese Weise wird Hegel seinen gegen Dich... erklärten Zweck des Unternehmens d'avoir la parole wohl verstehen.[3] Freilich soll man die Akten nicht schließen, ehe der servator candidus anser[4] sich hat vernehmen lassen! Was meint Roth? Glaubt er die historische Schule bedroht? Noch nicht einmal ange..., noch angeschnattert.

494. Varnhagen v. Ense, Tagebuch

Berlin, 25. 1. 1827

Man versichert, der Herr Minister von Altenstein habe beim Könige eine jährliche Unterstützung für die neue Literaturzeitung, die hier gestiftet worden, nachgesucht, und der König die verlangte Summe, 400 Rtlr. jährlich, bereits bewilligt. Der Minister möchte gern das ganze Unternehmen

seiner amtlichen Einwirkung unterwerfen, auch schmeichelt
er sich mit der Äußerung, er selbst sei doch gewissermaßen
der Stifter der Sache, und ganz ohne allen Grund![1] — Herr
Dr. Börne hat eine kleine Schrift gegen die neue Literaturzeitung, deren bloße Ankündigung schon ihm verdächtig
geworden, in Heidelberg drucken lassen[2]; er warnt alle
deutschen Gelehrten vor den amtlichen Berliner Einflüssen,
vor den antiliberalen Tendenzen, die zu befürchten seien!

495. Varnhagen v. Ense, Tagebuch

Berlin, 4. 2. 1827

Der Herr Minister von Humboldt warnt mich, unsre „Sozietät für wissenschaftliche Kritik" möchte sich wohl vorsehen,
wenn sie die durch Herrn von Altenstein beim Könige in
Vorschlag gebrachte Geldunterstützung annimmt; da Herr
von Altenstein unaufgefordert für die Sozietät Geld erwir-
ken wolle, so habe er gewiß auch besondre Absichten mit
der Sozietät, diese aber müsse dafür sorgen, von jedem
solchen Einflusse frei zu bleiben.

496. H. W. A. Stieglitz an seine Braut

Berlin, 9. 2. 1827

Du siehst, daß mit dem Gedichte „Zum Ganges!" ein entschiedener Schritt nach Indien getan ist.[1] Zur Einführung in
die dortigen Sitten — denn Geist ist es eigentlich nicht; der
Geist, sich immer von neuem versenkend, ist gänzlich un-
frei; daher denn auch der ungeheuere Wechsel von dem
Lieblichsten zum Scheußlichsten durch alle Stufen hindurch
— gebe ich Dir noch einiges, wie es Hegel eingehend zu-
sammenfaßt: „Das Verbrennen der Weiber in religiöser
Beziehung ist noch heutzutage eine sehr gewöhnliche Sitte.
Wenn den Weibern der Mann oder gar auch wohl die Kinder gestorben sind, so sehen sie sich für so selbstlos an, daß
sie gar nicht für sich bestehen können. Ebenso häufig stür-

zen sich die Weiber zu zwanzig in den Ganges. Besonders
freudig lassen sich die Menschen bei den großen Festen
von den Rädern der Wagen, welche die kolossalen Götter-
bilder tragen, zermalmen." Ferner: „Der Cultus der Inder
enthält dasselbe, ebenso den Gegensatz der rohen Sinnlichkeit und der höchsten Abstraktion, die Ertötung des Menschen. Besonders gehören hierher eine Menge von Verrich-
tungen, mit denen die Brahmanen besonders belästigt sind.
Das Weitere ist, daß sich der Mensch seiner Einheit mit
dem Göttlichen bewußt wird, daß er die Göttlichkeit genießt. So werden Mädchen unterhalten, in allen Künsten
unterrichtet und für den Genuß bestimmt. Manche Feste
werden auf die allersinnlichste Art begangen. Das sinnliche
Wesen hat zum andern Extrem Aufopferung, Qual, Vernichtung, vollkommene Empfindungslosigkeit in der Erhebung zu Brahma. Der Brahmane ist von Natur Brahma. Die
andern haben den letzten Punkt durch Versenkung zu erreichen." — „Die Vorstellung von der Seelenwanderung ist
Hauptmoment in der indischen Philosophie. Nach ihrer Behauptung kann der Geist nicht für sich existieren, eben weil
sie nicht zum Bewußtsein der innern Freiheit gelangt sind." [2]

497. H. W. A. Stieglitz an seine Braut

Berlin, 24. 2. 1827

Werder und Veit [1], die mir im Hegelschen Hörsaale ihren
Glückwunsch darbrachten [2], meinten, so recht Glück wünschen wollten sie erst dann, wenn sie zu diesem Feste uns
vereint begrüßen könnten; dann sollten auch recht innige
Gedichte strömen. Du kannst Dir denken, welch einen warmen Händedruck ich ihnen dagegen bot. Mein Geist beginnt
mündig zu werden; das ist's, was die Anschauungen kon-
zentriert und klar macht, was der Fülle diesen ununterbrochenen Strom gestaltender Gewalt gibt. Recht im vollen
Anerkennen dieses unschätzbaren Gewinns schrieb ich am
Morgen meines Geburtstags folgendes an Hegel: „Ebenso
sehr wie es mir Bedürfnis ist, an diesem meinem fünfund-

zwanzigsten Geburtstage mich der Geliebten auszusprechen, ebenso sehr treibt der Geist mich, Ihnen, verehrtester Lehrer, mein Herz entgegenzutragen. Der Jüngling blickt an einem Tage, wie der heutige ist, so gern zurück auf die vollbrachte Zeit, und da liegt dieses Jahr, das bedeutsamste meines Lebens, vor mir als Gegenwart. Ihnen, im innigsten Einklange mit meiner Liebe, verdanke ich diese Freudigkeit; denn erst seitdem mich Ihre Lehre mächtiger berührt, ist „die absolute Zucht und Bildung des Bewußtseins" für mich aufgegangen, und das erschlossene Herz lebt nun erst wahres Leben in der Fülle des Gedankens. Nehmen Sie den wärmsten Dank, verehrter Meister, und mit diesem eine Welle aus dem Strome des Geistes, der in seiner Einheit erst durch Sie wiedergeboren ist. Jetzt erst verstehe ich Goethes Worte ganz: „Einer Einzigen angehören — — Meines Wertes Vollgewinn." So darf auch ich jetzt und in aller Zukunft freudig anerkennend ausrufen: „Einer Einzigen angehören, einen Einzigen verehren, Wie vereint das Herz und Geist!" Und mit dem vollsten Rechte darf ich jene beiden Namen ändernd sie der Gegenwart vermählen. Mit ganzer Seele Ihr H. St." [3] — Zugleich mit diesem Worte habe ich dem verehrten Manne die Gedichte: „Gott ist das All", „Das All ist Gott", „Waltende Mächte" und die ihm gewidmete „Bewährung", alle aus der letzten Zeit, gesendet.[4]

498. F. L. G. v. Raumer an L. Tieck

Berlin, 25. 2. 1827

Freilich gehen diese Fortschritte eilig, denn obgleich noch nicht steinalt, habe ich Leibniz, Wolf, Jacobi, Kant, Reinhold, Solger, Fichte, Schelling (das wilde oder zahme Heer kleinerer philosophischer Jäger ungerechnet) an mir vorüberjagen sehen; und Hegel kann sich so wenig als die andern in dieser russischen Schaukel oben erhalten, besonders wenn sich so viel scholastischer Ballast mit übermäßigem Bruttogewicht an ihr anhängt; doch wozu wiederkäue ich Ihnen das alte Lied.

499. Karl Lachmann an Jakob Grimm

Berlin, 11. 4. 1827

In diesen Tagen wird der vornehmste Mann unserer Zeit Berlin mit seiner Gegenwart segnen, der Hochwohlgeborene Herr A. W. von Schlegel. Er ist auch, wie ich und der General Müffling [1], der Sozietät für wissenschaftliche Kritik (nach Süvern: weil nach den Sitzungen gegessen wird) präsentiert, und wird den Iwein rezensieren, auf Verlangen: zu den Nibelungen hat er sich erboten, mir schien aber die Sozietät würde darüber erst noch verfügen [2]. — Ich glaube, ich habe mich gegen Sie wegen meines Eintritts in diese widerwärtige Sozietät noch nicht gerechtfertigt. Man bot mirs an, und da ich mit keinem von der Hegelschen Clique in irgendeiner Verbindung stehe, wohl aber mit entgegengesetzten, so schien mir es recht nicht anzuerkennen, daß die Zeitschrift Parteisache sei, nahm mir aber vor, sobald mirs zu arg würde, zurückzutreten. Auch Schleiermacher war der Meinung. Die ersten Rezensionen von Boeckh [3] und Hirt [4], selbst die von Hegel [5], sind auch so, daß man sich nicht schämen darf, daneben zu stehen, selbst wenn es nicht eine freie Rezensieranstalt, sondern eine vornehme Sozietät sein soll, die für Einen Mann steht [6]. Ich bin zweimal in Versammlungen gewesen, habe da Gans seine Unverschämtheiten vorlesen hören und Varnhagen den schändlichen Lobe-Chorus mit einem süßen Optime optime anstimmen hören, ich habe einen Teil von Leos Impertinenzen und zugespitzten Dummheiten gelesen, und nun bringt mich niemand wieder in die Sitzungen, und es kommt kein Buchstab von mir in die Literaturzeitung. Mein Name mag auf dem Umschlage stehen, solange Humboldt und andre Ehrenmänner die ihrigen da lassen. [7] „Präsentiert und angenommen" von der unfehlbaren Sozietät, ist denn doch eine Ehre für mich: warum soll ich sie durch erklärtes Austreten beleidigen?

500. *J. G. Langermann an K. L. v. Knebel*

Berlin, 12. 4. 1827

Wie Hegel noch in seinen alten Tagen sich öffentlich an der
Spitze seiner Clique ausstellt, während sein vormaliger
Meister Schelling viel klüger sich in Ruhe und Stille zurückzieht — das ist zu sehn und zu lesen in den Berliner kritischen Blättern. — Nicht ohne einige Wehmut höre ich, daß
diese Gesellschaft auch Goethes Namen ihm abgelockt und
zu den ihrigen gefügt hat. Der Hauptfaktor ist ein katho-
lisch getaufter Jude Gans — daher diese Leute hier auch
Gansenisten heißen. Wenn nicht bald Männer von Gewicht
sich des Werks bemächtigen, so wird es schnell zugrunde
gehn.

501. *Karl Rosenkranz*

Von belletristischen Journalen interessierten ihn [Daub] nur
das Morgenblatt und der Gesellschafter, letzterer, weil er
ihm Nachrichten von Berlin und von Hegels Wirksamkeit
daselbst brachte. Denn Hegel wurde ihm immer teurer. Ein
Brief Hegels, für welchen er in jenem Jahr [1827] die Kor-
rektur der zweiten Auflage der Enzyklopädie besorgte, oder
ein Zusatz, den er dafür schickte, war immer ein freudiges
Ereignis für ihn.[1] Er las diese Neuigkeiten gern vor und
wußte in seiner Begeisterung tausend geniale Erfindungen
daran zu knüpfen.

502. *J. L. Heiberg an L. Tieck*

Kopenhagen, 5. 5. 1827

Später bin ich während einiger Monate in Berlin gewesen,
wo ich besonders mit den Herren Professoren Hegel und
Gans in genauerer Verbindung stand . . .

503. H. W. A. Stieglitz an seine Braut

Berlin, 12. 5. 1827

Aber gestern Abend war ich wirklich recht vergnügt in einem kleinern Kreise bei den andern Mendelssohns [1], wo nicht die einseitige Verstandesrichtung wie bei jenen, sondern mit Vernunft gepaarte Herzensgüte vorherrscht; dort wurden in einem Spiele Endreime aufgegeben, und mich trafen bei der letzten Aufgabe folgende mir recht sinnig zugedachte Worte: „Hegel, Beichte, Kegel, reichte, Leben, Wille, heben, Stille, Lotte, Fülle, Rotte, Hülle, Sterben, Erben."

Da besann ich mich denn nicht lange und schrieb folgendes als Lösung:

In des Gedankens Reich ist Herrscher *Hegel;*
Bei ihm am ewgen Wahrheitsthrone *beichte!*
Des Geist ist wahrlich nur ein plumper *Kegel,*
Dem Er des Nektars vollen Kelch nicht *reichte.*
Fühlt nicht der Seichtheit Rotte zagend *Beben,*
Die taumelnd schwankt wie matter Kinder*wille,*
Wenn sich des Königs Adlerschwingen *heben,*
Lichthell zu schweben durch die nächt'ge *Stille?*
Im Reich des Herzens Herrscherin ist *Lotte* [2],
Waltend in reinster Herrlichkeit und *Fülle,*
Ihr Blick allein bewegt der frechen *Rotte*
Schamlose Schar zu edler Sitten *Hülle.*
O Herrin, Dir zu leben, Dir zu *sterben,*
Läßt mich schon hier des Himmels Freuden *erben.*

Du kannst Dir denken, wie das freundlich aufgenommen wurde und zu mannigfachen Scherzen und heitern Beziehungen Anlaß gab.

504. Karl Lachmann an Jakob Grimm

Berlin, 30. 5. 1827

Über seine [A. W. Schlegel] Vorlesungen vor Herren und Damen ist nur Eine Stimme: seicht und gewöhnlich, nichts weniger als geistreich. Selbst die Hegelei soll gegen die

Vorlesungen sein, er muß also wohl was versehn haben.
... ich werde aber nun über den Titurel lesen und zeigen,
daß im Brackenseil die ganze Hegelsche Philosophie steckt.
Das wird ein schwer Stück werden.

505. A. W. Schlegel an Ch. Lassen

Berlin, 6. 6. 1827

Die Zuhörerschaft ist zahlreich und glänzend, in einem bei
dieser Jahreszeit gar nicht zu erwartenden Grade ... Prinz
August kommt regelmäßig. Auch schenken verschiedene
Professoren mir ihren Besuch. Hegel hat eine Vorlesung
[angehört].

506. J. J. Ampère an V. Cousin

Instadt, 9. 7. 1827

A Berlin, je me suis mis au courant de la littérature récente.
J'ai noué une foule de relations a gréables et qui pourraient
être utiles, avec les littérateurs, les libraires, les journalistes
de Berlin. Pour la philosophie, il m'a été impossible de m'y
livrer; mes études m'absorbaient trop exclusivement. Mais
j'ai vu souvent M. Hegel, qui a triomphé d'une prévention
par la simplicité et la bonhomie de ses manières, et le bon
sens de ses discours.

507. Goethe zu F. v. Müller

16. 7. 1827

Ich mag nichts Näheres von der Hegelschen Philosophie
wissen, wiewohl Hegel selbst mir ziemlich zusagt. So viel
Philosophie, als ich bis zu meinem seligen Ende brauche,
habe ich noch allenfalls im Vorrat, eigentlich brauche ich
gar keine. Cousin hat nichts mir Widerstrebendes, aber er

begreift nicht, daß es wohl eklektische Philosophen, aber
keine eklektische Philosophie geben kann. Die Sache ist so
gewaltig schwer, sonst hätten die guten Menschen sich nicht
seit Jahrtausenden so damit abgequält. Und sie werden es
nie ganz treffen. Gott hat das nicht gewollt, sonst müßte
er sie anders machen. Jeder muß selbst zusehen, wie er sich
durchhilft.

508. F. L. G. v. Raumer an L. Tieck

Berlin, 16. 7. 1827

Meinem Satze: jedes der drei christlichen Hauptbekennt-
nisse glaube an das Wesentliche des Christentums, trat er
[A. W. Schlegel] gern bei und tadelte die offene oder ver-
borgene Feindschaft, die jeder Neubekehrte, also auch sein
eifriger Bruder, gegen die Protestanten haben müsse. Sowie
ich billigerweise Friedrich Schlegel, von dummen Eiferern
sonderte, trennte ich auch Hegel von anmaßenden Schülern;
ob dann aber diese Philosophie (wie im Altertum Aristoteles) für Kunst und Religion ausreiche, das frage sich.

509. K. O. Müller an A. Boeckh

Göttingen, 17. 7. 1827

Die Vergötterung Hegels in den Jahrbüchern nimmt doch
immer mehr zu und schadet gewiß auch dem Institut beim
Publikum.

510. Varnhagen v. Ense, Tagebuch

Berlin, 26. 7. 1827

In der Sitzung der Kritik-Sozietät waren heute gegen 30
Mitglieder anwesend; die Sache hat guten Fortgang. —

511. *A. D. Ch. Twesten und seine Frau an Dora Hensler*

Juli/August 1827

[Unter den neuen Bekanntschaften, die das Ehepaar macht, erwähnt Twesten Leopold Ranke, neben dem er in der „gesetzlosen Gesellschaft" sitzt,] ein recht lebendiger und für Geschichtsforschung begeisterter Mann, dessen Scherzen aber in etwas die Feinheit fehlte. Er erzählte, daß Hegel gerne gegen Niebuhrs Römische Geschichte rede: Livius müsse die Sache doch besser gewußt haben. [Hegel lernte er in Zumpts Garten kennen.] Er war etwas trocken, übrigens nicht unfreundlich, äußerte sich gegen die Zensur. Auf Niebuhr hatte er ein Gedichtchen in Umlauf gebracht, wovon ich folgendes behalten habe:
Am Wasserfalle von Tibur **stand der** berühmte Niebuhr
Und sah die sieben Hügel mit mancherlei Geklügel
Und sprach: die Griechen lügen, die können mich nicht
trügen —
Und Oskisch und Hetrurisch, es wird nunmehr Niebuhrisch.[1]
[Tine[2] beschreibt den Philosophen:] Hegel ist ein kleiner blaß und elend aussehender Mann; sein Gesicht hat sehr markierte Züge; er sieht recht klug, aber sehr kalt aus. Gegen Twesten war er sehr artig.

512. *Karl v. Holtei*

Eines höchst splendiden Diners im Beerschen Hause muß ich aus jener Zeit [Sommer 1827] gedenken. Nicht gerade weil dergleichen dort selten gewesen wären, sondern mehr deshalb, weil auch der reichste Haushalt, die ausgebreitetste Bekanntschaft nicht oft im Stande sein werden: A. W. v. Schlegel, Alexander v. Humboldt, Professor Hegel, Professor Gans, neben Sofie Müller, Henriette Sontag und Angelika Catalani zu plazieren[1] . . .

513. A. Boeckh an K. O. Müller

Berlin, 5. 8. 1827

Was die hiesigen Jahrbücher betrifft, so nehme ich so gut als keinen Anteil daran; ich gehe in keine Versammlung, und besonders die Rezensionen von Leo [1] ... und die ... von Marheineke [2] schrecken mich zurück. Ich hätte schon aufgekündigt; aber ich halte es für zu kleinlich auf der Ausstreichung meines Namens zu bestehen, wiewohl ich vielleicht doch wieder darauf zurückkommen werde. Daß dem Streuen des Weihrauches für Hegel möchte einiger Einhalt getan werden, darauf habe ich aufmerksam gemacht. Übrigens wird Hegel jetzt hier von allen Seiten attackiert, und zwar auf eine plumpe und ungerechte Weise, während er gerade anfängt, sich zu mäßigen; alle dergleichen leidenschaftlichen Angriffe sind mir so zuwider, daß gerade nichts mehr als diese mich mit ihm aussöhnen. Und es ist gerade nicht zu verkennnen, daß diejenigen, die gegen ihn Partei machen, von einer blinden Leidenschaft hingerissen sind, die ohne alles Maß ist, und daß es ihnen nicht um die Sache, sondern bloß um Persönlichkeit zu tun ist.

514. Varnhagen v. Ense, Tagebuch

Berlin, 14. 8. 1827

Herrn Geh. Rat Ancillon ausführlich gesprochen. ... In der gelehrten Welt sind ihm Hegel und Buchholz [1] ungemein verhaßt; den erstern nennt er das caput mortuum der Schellingschen Philosophie. — ... Herr Prof. Hegel bei mir, er reist nach Paris.

515. Rahel Varnhagen an Ludwig Robert

16. 8. 1827

Du weißt, wie wenig ich Hegelsche Bücher, gegen Fichte — komparativ heißt hier gegen — goutierte; wie wenig

seine Schreibart! Jetzt aber habe ich angefangen, ... seine
„Enzyklopädie der philosophischen Wissenschaften im
Grundriß", die er Varnhagen verehrt hat[1], zu lesen. Parlez-
moi de ça! Vortrefflich. Beinah jede Zeile eine unwiderleg-
liche Definition. Ich streiche an und schreibe nebenbei. Ich
finde Fichte. Was sonst? Wer die Silhouette des Geistes
gemacht, wer ihn wie der Silhouetteur festgeschraubt hat,
um die Dimensionen zu nehmen, die er selbst nimmt; der
muß bei jeder neuen Ausmalung wiedergefunden werden.
Alles Denken und Ergründen ist ein Wiederfinden eines
Verfahrens; es sei nun das unsres eignen Geistes: einer Leistung seiner, oder eine der Natur, die wir in unserer Gei-
stesart aufzufassen, zu nehmen und zu behandeln imstande
sind. Ich finde immer nur eins wieder; und uns sozusagen
in einer Figur beschränkt. Als Unendliches ist dem Geist
bloß armer Witz gelassen, um sich reich in dieser Armut zu
gerieren ... Etwas sehr Schönes, alle Tage zu Gebrauchen-
des sagt Hegel. Er sagt: eine Philosophie müsse alle bisherigen in sich einschließen; auf ihren Standpunkt stellen und
mit ihnen eine ausmachen. Mit andern Worten und Beweisen. Weil ich nie eine anders verstand — wofern sie nur
redlich durchgeführt war —, so ist mir das sehr einleuchtend, und erfreuend. Ein vortreffliches Buch, welches wir
einmal miteinander lesen müssen. Ich hatte neulich nicht
den Mut, als Hegel bei uns war, ihm zu sagen, daß ich sein
Buch lese: obgleich mir die Überzeugung nicht fehlt, daß
ich einer der Studenten bin, der es mit am besten liebt und
versteht: oder vielmehr versteht und liebt ...

516. H. W. A. Stieglitz an seine Braut

Berlin, 24. 8. 1827

Wir haben doch wohl beide ziemlich gleiche Antipathien
gegen die gewöhnliche Gelegenheitsdichterei, mein Lott-
chen; aber diesmal, weiß ich, wird mein Mädchen auch ein
solches freudig hinnehmen, in welchem ich den Fürsten des
Gedankens begrüßt zum Jubeltage aller Denkenden. Hegel,

dem der Arzt das Emser Bad verordnet hatte, ist Ems vor-
übergereist, und wird den 27. an seinem Geburtstag in
Paris zubringen.[1] Diesem Tage gilt das Lied, dessen Inhalt
Weltstoff ist; als solches darf es auch Dir entgegentreten,
und trägt gewiß, obgleich Gelegenheitsgedicht, seine Recht-
fertigung in sich.

517. Eduard Gans

Am 27. August [1827] des Mittags trank ich bei Zimmern
auf die Gesundheit Hegels, dessen Geburtstag gerade war.
Ich erzählte viel von dem Doppelfeste, das wir zu Berlin im
vorigen Jahre zu Ehren Hegels und Goethes in der Nacht
vom 27. zum 28. August gefeiert, von den Gedichten, die
es dort geregnet habe, von den Reden, die damals gehalten
wurden und von den salzigen und spaßhaften Einfällen
Zelters, der gegenwärtig gewesen sei.

518. Eduard Gans

28. 8. 1827

Da alle Gratulanten sich bereits entfernt hatten, so wurde
mir das Glück zuteil, mich mit Goethe ungefähr eine halbe
Stunde lang in einem kleinen Kabinette unterhalten zu dürfen. Das Gespräch betraf die Berliner Universität, die Neigung für philosophische Studien auf derselben, die Wirksamkeit, welche Hegel fortwährend daselbst ausübe, und
endlich die Jahrbücher, welche Goethe zu interessieren
schienen. Er meinte, wenn die Philosophie es sich zur
Pflicht mache, auch auf die Sachen und Gegenstände, welche sie behandele, Rücksicht zu nehmen, so dürfte sie um
so wirksamer werden, je mehr sie freilich auch mit den
Empirikern zu tun bekomme. Nur werde immer die Frage
entstehen, ob es zugleich möglich sei, ein großer Forscher
und Beobachter, und auch ein bedeutender Verallgemei-

nerer und Zusammenfasser zu sein. Es zeige sich namentlich
jetzt an Cuvier und Geoffroy de St. Hilaire, daß diese
Eigenschaften in der Regel ganz verschiedenen Menschen
zuteil würden. Er traue Hegel zwar sehr viele Kenntnisse
in der Natur, wie in der Geschichte zu: ob aber seine philosophischen Gedanken sich nicht immer nach den neuen
Entdeckungen, die man doch stets machen würde, modifi-
zieren müßten, und dadurch selber ihr Kategorisches ver-
lören, könne er zu fragen doch nicht unterlassen. Ich erwiderte, daß eine Philosophie ja gar nicht darauf Anspruch
mache, für alle Zeiten eine Gedankenpresse zu sein, daß sie
nur ihre Zeit vorstellen, und daß mit den neuen Schritten,
welche die Geschichte, und die mit ihr gehenden Entdek-
kungen machen würden, sie auch gern bereit sei, ihr Typi-
sches in flüssige Entwicklung zu verwandeln. Diese Bescheidenheit des philosophischen Bewußtseins schien Goethe zu
gefallen, und er kam nunmehr auf die Jahrbücher.

519. *Gustav Parthey*

28. 8. 1827

Er [Goethe] knüpfte gleich ein Gespräch an, nicht über
meine Reisen, sondern erkundigte sich nach der Stellung,
die Hegel in Berlin einnähme. Ich ... erwiderte in möglichster Kürze, daß Hegel persönlich der höchsten Achtung
genieße, daß die Schwerfälligkeit seines Vortrages anfangs
viele abgeschreckt, daß man sich aber bald überzeugt habe,
die Verworrenheit sei nur an der Oberfläche, und unter der
herben Schale liege der süße Kern eines ganz fertigen, in
seiner Konsequenz staunenswerten philosophischen Gebäu-
des. Er erging sich nun im allgemeinen über die Philosophie und sagte: Kant ist der erste gewesen, der ein ordentliches Fundament gelegt. Auf diesem Grunde hat man denn
in verschiedenen Richtungen weitergebaut: Schelling hat
das Objekt, die unendliche Breite der Natur, vorangestellt;
Fichte faßte vorzugsweise das Subjekt auf: daher stammt
sein Ich und Nicht-Ich, womit man in spekulativer Hin-

sicht nicht viel anfangen kann. Seine Subjektivität kommt aber auf einer andern Seite herrlich zum Vorschein, nämlich in seinem Patriotismus. Wie groß sind die Reden an die deutsche Nation! Da war es an der Stelle, das Subjekt hervorzuheben. Wo Objekt und Subjekt sich berühren, da ist Leben; wenn Hegel mit seiner Identitätsphilosophie sich mitten zwischen Objekt und Subjekt hineinstellt und diesen Platz behauptet, so wollen wir ihn loben.

520. Varnhagen v. Ense, Tagebuch

München, 2. 9. 1827

Von Schelling sagt Baader, er habe in so jungen Jahren eine Schule gestiftet und sei so verehrt worden, daß er ganz verwöhnt sei, und das Vorherrschen in der Geistesbildung als eine Art legitimen Fürstentums ansehe, das ihm gehöre, und aus dem er den Usurpator Hegel vertreiben müsse.

521. Friedrich v. Raumer

September 1827

Meine Erzählungen erweckten in Hegel den eifrigen Wunsch, Mademoiselle Mars persönlich kennenzulernen, und ich schlug ihm vor, sich durch Cousin bei ihr einführen zu lassen. Tags drauf kam dieser in höchster Aufregung zu mir und sagte: „Dies sei ganz unmöglich, denn bei Hegels Persönlichkeit und Sprechweise würden sie beide unfehlbar durch irgendeinen aus der theatralischen Gesellschaft dargestellt und lächerlich gemacht werden." — Ich gestand, daß ich an Hegels Vorschlag schuld sei, und riet Cousin, ihm zu sagen: „Ich habe einen schlechten Geschmack und es lohne sich nicht, die Mars persönlich kennenzulernen. Cousin befolgte meinen uneigennützigen Rat; und so erklärt sich jener Bericht Hegels an seine Frau.[1]

522. *Varnhagen v. Ense an Franz v. Baader*

Berlin, 12. 10. 1827

Der Rückkehr des Herrn Prof. Hegel aus Paris sehn wir in künftiger Woche entgegen; er war in Paris etwas unpäßlich, sonst aber trefflich erregt durch den reichen, neuen Anblick so mannigfachen Lebens.

523. *Goethe, Tagebuch*

16. 10. 1827

Gegen Abend Herr Professor Hegel, gleichfalls Riemer. Kamen Serenissimus. Mannigfaltige Unterhaltung.

524. *Goethe, Tagebuch*

17. 10. 1827

Speisten mit uns die Herren Zelter, Hegel, Vogel und Ecker-mann. Herr Professor Hegel berichtete von den Pariser reli-giösen, philosophischen, literarischen Dingen, deren Zu-sammenhang und Einwirkung aufeinander.

525. *Ottilie v. Goethe*

17. 10. 1827

Goethe meldete eines Tages seiner Schwiegertochter zum Mittagessen einen Gast an, ohne, wie er sonst immer zu tun pflegte, dessen Namen zu nennen und ohne ihn, als der-selbe erschien, vorzustellen. Stumme gegenseitige Vernei-gung. Während des Essens verhielt sich Goethe mehr schweigend, wahrscheinlich um dem viel sprechenden logisch scharfsinnigen, in wunderlich verschlungenen Satzformen sich entwickelnden Gaste die Redefreiheit nicht zu stören. Eine völlig neue Nomenklatur, eine sich geistig überspringende Ausdrucksweise, seltsam philosophische Formeln des immer lebhafter demonstrierenden Mannes machten Goethe endlich völlig verstummen, ohne daß dies der Gast bemerkt hätte. Die Hausfrau hörte ebenfalls schweigend zu, wohl etwas verwundert den Vater, wie sie immer Goethe nannte, ansehend. Als die Tafel aufgehoben war und der Gast sich entfernt hatte, fragte Goethe seine Tochter: Nu, wie hat dir der Mann gefallen? — Eigen! Ich weiß nicht, ist er geistreich oder wirr. Er machte mir den Eindruck eines unklaren Denkers. Goethe lächelte ironisch: Nu, nu! wir haben mit dem jetzt berühmtesten modernen Philosophen, mit — Georg Friedrich Wilhelm Hegel gespeist.

526. Goethe, Tagebuch

18. 10. 1827

Verschiedenes eingeleitet. Auch das gestrige Gespräch mit Herrn Hegel überdacht. Die Herren Zelter und Hegel fuhren bei schönem Wetter um die Hottelstedter Ecke nach Ettersburg [1] ... Mittag die Herren Zelter und Hegel. Dieselben Abends, auch Vogel und Eckermann.

527. Johann Peter Eckermann

18. 10. 1827

Hegel ist hier, den Goethe persönlich sehr hoch schätzt, wenn auch einige seiner Philosophie entsprossenen Früchte ihm nicht sonderlich munden wollen. Goethe gab ihm zu Ehren diesen Abend einen Tee, wobei auch Zelter gegenwärtig, der aber noch diese Nacht wieder abzureisen im Sinne hatte.

Man sprach sehr viel über Hamann, wobei besonders Hegel das Wort führte und über jenen außerordentlichen Geist so gründliche Ansichten entwickelte, wie sie nur aus dem ernstesten und gewissenhaftesten Studium des Gegenstandes hervorgehen konnten.[1]

Sodann wendete sich das Gespräch auf das Wesen der Dialektik. Es ist im Grunde nichts weiter, sagte Hegel, als der geregelte, methodisch ausgebildete Widerspruchsgeist, der jedem Menschen inwohnt, und welche Gabe sich groß erweiset in Unterscheidung des Wahren vom Falschen.

Wenn nur, fiel Goethe ein, solche geistigen Künste und Gewandtheiten nicht häufig gemißbraucht und dazu verwendet würden, um das Falsche wahr und das Wahre falsch zu machen!

Dergleichen geschieht wohl, erwiderte Hegel, aber nur von Leuten, die geistig krank sind.

Da lobe ich mir, sagte Goethe, das Studium der Natur, das eine solche Krankheit nicht aufkommen läßt! Denn hier haben wir es mit dem unendlich und ewig Wahren zu tun, das jeden, der nicht durchaus rein und ehrlich bei Beobachtung und Behandlung seines Gegenstandes verfährt, sogleich als unzulänglich verwirft. Auch bin ich gewiß, daß mancher dialektisch Kranke im Studium der Natur eine wohltätige Heilung finden könnte.

528. K. F. Zelter an Goethe

Berlin, 22. 10. 1827

Meine vorwitzige Freude, mit einem beweibten Philosophen zu reisen, wäre mir beinahe versalzen worden. Früh bei der Hand, um bei guter Zeit an Ort und Stelle zu kommen, durfte kaum zugestanden werden, dagegen Kutscher und Pferde und Gasthäuser unablässig bescholten, beschrieen, bepoltert wurden, so daß ich, der eine heitere gründliche Konversation erwartet hatte und statt dessen eine verstimmte Paukenmusik zu hören meinte, am dritten Tage die große Trommel (aus der „Diebischen Elster" [1]) anschlug, worauf denn ein morne silence, ein Maulen erfolgte, das ich durch kleine Flöten zu zerstreuen hatte, um versöhnt auseinander zu kommen. Auch die Pferde sollten sich nicht satt essen und dann wieder auf uns warten; der Wagen sollte wie ein alter Weinkeller verschlossen sein.

Verfolgungsgeschichte gegen unsere Philosophie habe mitunter verschlafen. Der Philosophischste unserer Trinität war unser Kutscher, der, als er merkte, wie ich sein Verdienst anerkannte, von allem Geschrei nichts zu vernehmen schien und freundlich, ja gesittet blieb. Wagen und Pferde waren gut.

529. Goethe an Ch. D. v. Buttel

Weimar, 23. 10. 1827

... ich ... gedenke nur, daß im Laufe dieses Monats Herr v. Henning, sodann Herr Professor Hegel bei mir einsprachen, welche ich noch immer unter die tätigen chromatischen Freunde rechnen darf, wie sie denn mich auch diesmal auf einige bedeutende Phänomene aufmerksam zu machen die Gefälligkeit hatten und mit Beifall vernahmen, daß am Rande der Nordsee sich gleiche Neigung unablässig bewähre.

530. Goethe an K. F. Zelter

Weimar, 24. 10. 1827

Danke Herrn Hegel für seinen Besuch, denn ich darf nicht sagen, wie tröstlich es mir erscheint, daß mir, an meine Wohnung Gefesselten, von allen Orten und Enden her so viel Klares und Verständiges zuteil wird; denn kaum ist mir durch genannten Freund so manche Aufklärung über die Pariser Zustände geworden, so trifft Herr Graf Reinhard ein ... und überliefert mir einen hellen Begriff von jenen nordischen Zuständen.[1] Von Westen kommt mir zugleich eine Beschreibung der Insel Helgoland mit schönen Belegen unorganischer und organischer Natur, konsolidierte Reste des Urlebens und noch ganz frische Beweise des Fortlebens und Wirkens des ewigen Weltgeistes.[2] Und so ward mir eine schöne Fortsetzung dessen, was eure Gegenwart mir so reichlich gewährt hatte.

531. Varnhagen v. Ense an Goethe

Berlin, 25. 10. 1827

Herr Prof. Hegel rüstet sich gleichfalls mit frischer Kraft und erheitertem Sinn zu seinen nahen Vorträgen, die doch eigentlich das rechte Licht dieser großen Lehranstalt sind.

532. Goethe an K. F. Zelter

Weimar, 27. 10. 1827

Du kannst Dir nicht vorstellen, mein Teuerster, welch einen hübschen Abschluß zu Deinem harmonischen Reisegang diese verdrießliche Koda zu genießen gibt; laß Dich's nicht reuen wie so manches andere, wobei ich aber gern gestehe, daß es mich doch einigermaßen gewundert hat, im Flor des 19. Jahrhunderts einen Philosophen zu sehen, der den alten Vorwurf auf sich lud, daß nämlich diese Herren, welche Gott, Seele, Welt (und wie das alles heißen mag, was niemand begreift) zu beherrschen glauben, und doch gegen die Bilden und Unbilden des gemeinsten Tages nicht gerüstet sind.[1]

533. Goethe an Friedrich v. Müller

Weimar, 27. 10. 1827

Übrigens war diese Tage ... Ihre Gegenwart durchaus vermißt: die Herren Zelter und Hegel, der junge Meyer und sonstige bedeutende Gäste hätten durch Ihre Gegenwart an Unterhaltung auf jede Weise gewonnen und dagegen auch manches wieder zugute gegeben.

534. Johann Eduard Erdmann

Man muß zu Hegels Füßen vor und nach dieser Reise [nach **Paris] gesessen haben, um zu ahnen, wie** der unter fremden Gelehrten verbrachte Monat und die bei dem zum Freunde gewordenen früheren Gönner und Patron verlebten Tage verjüngend auf den Siebenundfünfzigjährigen gewirkt hatten. Das Gefühl, hier sei die Akme der Lehrtätigkeit erreicht, durchdrang uns in den ersten Worten, die er in jenem Wintersemester [am 29. 10. 1827] zu uns sprach.

535. Varnhagen v. Ense, Tagebuch

Berlin, 30. 10. 1827

Herr von Humboldt spricht stark gegen Hegel, der ihm nicht liberal genug ist, dem Despotismus zuneige, den Absolutisten Recht gebe, der Freiheit schade; indes ist Hegel durchaus konstitutionell, protestantisch, liberal, voll Anteil für die französische Revolution, für englisches Freiheitsleben.

536. K. F. Zelter an Goethe

Berlin, 30. 10. 1827

Indem ich das Ende Deines letzten Briefes vom 27. dieses mit seinem Anfange zusammenhalte: wie die genannten Herren [1] und alle ihresgleichen sich abquälen, um niemals zu werden, was sie sein wollen, im Weiten suchen, was vor ihren Füßen liegt — will ich nur sagen, daß auch ich sie ohngefähr so erkenne. Du siehest sie einzeln, da sind sie gescheit und artig; zusammen nehmen sie es mit dem Einfältigsten auf und erfahren es manchmal von — mir.

Da sie mir im Wissen überlegen bleiben und mich gelehrig finden, so brauch' ich mich nicht zu verstellen und lasse sie rein ausreden. Ganz hinterher sind sie — Men-

schen, in denen Gutes und Falsches durcheinander liegt wie
Papierchen auf ihren Tischen und Stühlen zu Hause. Will
man ihnen ungelegen sein, so sind sie stöckisch und ganz
ungenießbar.

Unser Philosoph ist nun auch wieder zahm. Meinst Du,
ich hätte nicht gemerkt, wohin der lange Hals, der geschäf-
tige Rückgrat und die vorgestreckte Nase gerichtet war?
Wohl dem, der noch darf! Man hätte selber noch Appetit.
Auch die kleine zarte Hirschin[2] hatte, in meinem Hause
täglich nachfragend, nach frischen Quellen geschmachtet.
Was ist der Mensch! der Prahlhans!

537. K. F. Zelter an Goethe

Berlin, 3. 11. 1827

Ich bin ohne Abschied von Dir gegangen, mein Gefährte
hat mir aber die Traurigkeit vertrieben. Du mußt Dir ja
einen recht bequemen Wagen von drei Seiten dicht zuge-
knöpft denken, da sich der Freund über mich hinlegt, den
Kutscher anzuschreien, bergan gegen Wind und Nebel
schärfer zu fahren. Dieser selbige Freund, der gar nicht
begreift, wie mich das angehn kann, wenn er nichts als
zankt und alle Fuhrleute ohne Ausnahme Betrugs und Ver-
rats beschuldigt. Er wisse, wie sie es machen, so seien sie
alle.

Der Kutscher war nun in der Tat ein Schelm, indem er
letztlich ganz ruhig bekannte, daß er von Weimar bis Halle
die Kunststraße vermieden, sich aber anderthalb Meilen in
die Richte gefahren und das Chausseegeld gewonnen habe.
— „Sehen Sie, mein Freund? wer hat nun recht? Betrügt
uns nicht der infame Kerl und läßt sich neun Meilen für
sieben und eine halbe zahlen?" Meine Einrede, daß der
Weg nach der Ernte überall gut sei und eine Kunststraße
wegen Postkorrespondenz wohl Umwege machen könne,
ward heftig abgewiesen. Der Kerl mußte ein Schurke sein;
so war es denn mein Glück, daß ich von Herzen lachen
können, was gar nicht gnädig aufgenommen worden. Noch

eins. Wir waren beide nebeneinander eingeschlafen. Er erwacht, und seine Mütze war aus dem Wagen gefallen. —
„Halt! Halt!! Halt!!! Meine Mütze!" — Der Kerl sollte
zurücklaufen und die Mütze suchen. — „War das Ihre
Mütze? Aber ich kann nicht von meinen Pferden gehn; wer
weiß, wo die liegt oder längst aufgenommen ist." Nun
mußte die Hutschachtel geöffnet und ein ziemlich abgetragener Hut herausgenommen werden. So schlüpfe ich meinen neuen, schönen, in München teuer erkauften Hut in die
vakante Schachtel. Das war der Lohn für so viel Qual.

538. Goethe an Varnhagen v. Ense

Weimar, 8. 11. 1827

Wie glücklich aber habe ich Sie zu preisen, daß Ihnen auf
die Stimme Hegels und Humboldts diesen Winter zu hor-
chen vergönnt ist. Die weimarischen Freunde ... werden
sich hoffentlich auf irgendeinem Wege auch ihren Teil bescheiden zueignen können.

539. H. W. A. Stieglitz an seine Braut

Berlin, 11. 11. 1827

Hegel wünscht etwas aus meinem größern dichterischen
Werke kennen zu lernen; ich habe daher versprochen, einem
auserlesenen Kreise von Zuhörern, wobei er sein wird,
etwas daraus vorzulesen, und zwar noch vor Weihnachten.
Wort halten will ich hier wie immer, und nicht verschieben.
Anfangs hatte ich die „Weltgräber" dazu bestimmt; da
diese nach dem erweiterten Plane aber erst der Zukunft
reifen, so weiß ich nur „Arabien" als geeignet.[1]

540. K. L. v. Knebel an Goethe

11. 11. 1827

Du hast, wie ich höre, kürzlich trefflichen Besuch von Berlin gehabt. Da müßt ich wohl zugegen gewesen sein. Hoffentlich hat doch Herr Hegel seine Sophisterie mit Philosophie vertauscht. Er ist ein feiner Kopf.

541. Goethe an K. L. v. Knebel

Weimar, 14. 11. 1827

Hegels Gegenwart zugleich mit Zelter war mir von großer Bedeutung und Erquickung. Gegen letzteren ... konnte freilich das Eigenste und Besonderste verhandelt werden; die Unterhaltung mit dem ersteren jedoch mußte den Wunsch erregen, längere Zeit mit ihm zusammen zu bleiben: denn was bei gedruckten Mitteilungen eines solchen Mannes uns unklar und abstrus erscheint, weil wir solches nicht unmittelbar unserem Bedürfnis aneignen können, das wird im lebendigen Gespräch alsobald unser Eigentum, weil wir gewahr werden, daß wir in den Grundgedanken und Gesinnungen mit ihm übereinstimmen und man also in beiderseitigem Entwickeln und Aufschließen sich gar wohl annähern und vereinigen könne.

Überdies habe ich mit ihm, in Ansehung der Chromatik, ein glücklich harmonisches Verhältnis, da er, schon in Nürnberg mit Seebecken zusammenlebend und sich verständigend, in diese Behandlung tätig eingriff und ihr immerfort auch von philosophischer Seite her gewogen und mitwirkend blieb, welches denn auch sogleich förderlich ward, indem man sich über einige wichtige Punkte vollkommen aufklärte.[1] Herr v. Henning liest indes die Chromatik in meinem Sinne fort.[2] Freilich wird es noch eine Weile werden, bis man die Vorteile meiner Darstellung allgemeiner einsieht und die Nachteile des alten verrotteten Wortkrams mit Schaudern einsehen lernt.

542. Goethe an Adele Schopenhauer

Weimar, 16. 11. 1827

Hegel besuchte mich auch, eher mündlich als schriftlich zu verstehen.

543. H. W. A. Stieglitz an seine Braut

Berlin, 16. 11. 1827

Was unter allen Bemerkungen der zurückgekehrten Freunde mich am meisten freut, ist, daß sie alle mich umso viel ruhiger und bleibend heiterer zu finden sich verwundern. Auch hat Hegel dem Pinder [1] in Paris gerühmt, daß ich so sehr viel ruhiger geworden. Und das ist mir das liebste Lob; denn danach habe ich gerungen.

544. F. L. G. v. Raumer an L. Tieck

Berlin, 27. 11. 1827

So habe ich Neander, der im dritten Teil seiner „Kirchengeschichte" Origines so richtig würdigt, in einer Anzeige doch tadeln müssen, wenn er die Hegelsche Schule einen Greuel nennt (Hegel und törichte Schüler zusammenwerfend); ich kann nicht billigen, wenn Hegel unterläßt, die Elemente des Gefühls, worauf Schleiermacher weiter baut, utiliter zu erklären.

545. Goethe an L. v. Henning

Weimar, 27. 11. 1827

Auch will ich von einem Versuche sprechen, zu welchem Herr Prof. Hegel mich veranlaßt hat. Sie werden diesen Fall mit dem Freunde, dessen Gegenwart mir so erfreulich als belehrend war, des weiteren zu besprechen die Güte haben.

Derselbe stellte nämlich die Aufgabe: Ob man das im entoptischen Täfelchen sich erzeugende Bild nicht in einer dunkeln Kammer, gleich wie das prismatische auch auf eine nicht spiegelnde Tafel projizieren könne?

Ich habe einen Versuch angestellt, finde aber folgendes: Wenn man das entoptische Täfelchen vertikal in die Öffnung einer dunkeln Kammer befestigt, so muß man die weiße Tafel unmittelbar horizontal darunter bringen, so nahe als wenn das Täfelchen auf dem Spiegel stünde. Da man aber in dieser Lage das durch das Täfelchen einfallende Licht von dem Papiere nicht ausschließen, solches also nicht dunkel werden kann, so ist die Erscheinung des Bildes auf diese Weise nicht zu bewirken.

Hierbei gebe ich zu bedenken, daß das bei dem prismatischen Versuch durch die Öffnung des Fensterladens einfallende Sonnenlicht ein energisches Bild bewirkt, welches durch den ganzen finstern Raum sich fortsetzt, überall aufgefangen und also auch an jeder Stelle durch das Prisma abgelenkt und gefärbt werden kann; das entoptische Bild aber ist ein schwaches Schattenbild, das sich eigentlich nicht fortsetzt, sondern nur durch Spiegelung in einiger Entfernung sich manifestieren kann.

Demohngeachtet aber scheint mir der Gedanke von großer Bedeutung, indem er uns zu mancherlei Versuchen und Nachforschungen aufregt; denn da alle Bilder sich in die Ferne abspiegeln und auf einer weißen Fläche, wenn das Licht von ihr ausgeschlossen wird, sich so gut wie im Auge darstellen: so wäre die Frage, warum das entoptische Bild nicht eben diese Rechte für sich fordern sollte. Der geistreiche Experimentator findet entweder Mittel, dasjenige darzustellen, was mir nicht gelingen wollte, oder findet auf diesem Wege irgendetwas, woran man gar nicht gedacht hat.

... Ich eile nur noch, die schönsten Grüße und besten Empfehlungen an die dortigen werten und bewährten Freunde angelegentlichst auszusprechen.

546. *Friedrich v. Uechtritz an seine Eltern*

Berlin, 29. 11. 1827

Vorgestern ist denn also mein Ehrenschwert glücklich über die Bühne gegangen [1] und scheint mehr gefallen zu haben, als ich . . . es nach den zwar sehr häufigen, aber nicht gerade lärmenden Beifallsbezeugungen erwartete. Es wurde 17 bis 18 mal applaudiert, aber, wie gesagt, nur mäßig. Das Publikum war ein sehr gebildetes (fast die ganze gelehrte Welt von Berlin) und ein solches macht sich gewöhnlich nicht laut. Doch hörte ich schon gestern, daß Hegel viel applaudiert habe und seine Schüler zufrieden seien . . .

547. *H. W. A. Stieglitz an seine Braut*

Berlin, 10. 12. 1827

Neulich habe ich in einer Gesellschaft den Herrn Hofrat Gehe aus Dresden [1] kennen gelernt, einen jungen blonden Sachsen voll Eitelkeit, der sich für einen Dichter hält, weil er in seinem Leben viele wohlklingende Verse gemacht hat. . . . Man hatte mich den Abend neben Gehe zu Tisch gesetzt; nach Tische sagte Hegel zu mir: „Da saß ja das Dichterpaar zusammen." — „Würden Sie sich freuen, Herr Professor", sagte ich, „wenn, wo Sie zufällig mit Krug [2] zusammenträfen, einer sagen wollte: Da sind die beiden Philosophen?" Ich fühlte wohl, daß ich zu scharf gesprochen hatte, denn Hegel hatte nur gescherzt; ich kann es aber nicht tragen, mit solchem Lumpenvolk in einen Topf geworfen zu werden, auch im Scherze nicht. Nicht die Demut ist das Wahre; die Kraft ist's, die sich selbst bezwingt; sie ist die ew'ge Siegerin.

548. *Johann Eduard Erdmann*

In dem Tübinger alten Mann erkennen wir den alten Hegel
von 1827, der mit spöttischem Lächeln von philosophischen
Dialogen sprach, der es fast zornig bestritt, daß Aristoteles
auf Spaziergängen philosophiert habe, und der, wenn wir
eine Bedenklichkeit gegen das vorbrachten, was er gesagt
hatte, statt auf den Einfall einzugehen, uns auf seine Bücher
verwies, die dies „im Zusammenhange" erörterten.

549. *Rahel Varnhagen*

Sprache ist die Mitte und Höhe alles Wunderbaren. Hegel
sagt: „Willst du leben, mußt du dienen; willst du frei sein,
mußt du sterben." Solche Worte lieb' ich, die ein Inbegriff
sind: die ganze Gedankenfamilien enthalten; woraus sich,
was noch gesagt werden möchte, von selbst versteht; wozu
man alles gedacht und gelebt haben muß, was noch nachher gesagt werden kann.

549a. *August Wilhelm Schlegel*

Friedrich Schlegel und Hegel

Schlegel predigt gegen Hegel,
Für den Teufel schieb' er Kegel.

Hegel spottet über Schlegel,
Sagt, er schwatzt' ohn' alle Regel.

Schlegel spannt der Mystik Segel;
Hegel faßt der Logik Flegel.

Kommt, ihr Deutschen, Kind und Kegel,
Von der Saar bis an den Pregel!

Schaut, wie Schlegel kämpft mit Hegel!
Schaut, wie Hegel kämpft mit Schlegel!

550. *Allgemeine deutsche Real-Enzyklopädie*

Hegel (Georg Wilhelm Friedrich), ordentl. Professor der
Philosophie zu Berlin, einer der tiefsten Denker unserer
Zeit, ist zu Stuttgart den 27. Aug. 1770 geboren. Sein
Vater, Sekretär bei der herzogl. Kammer, ließ ihn das dortige Gymnasium besuchen und von Privatlehrern unterrich-
ten. Vertraut mit den klassischen Schriftstellern der alten
und neuen Literatur, sowie mit den sogenannten philosophischen Ansichten über religiöse Dogmen, bezog er im
18. Jahre die Universität Tübingen, wo er in dem theologischen Stifte fünf Jahre dem philosophischen und theologischen Studium oblag. Mit besonderem Drange widmete
er sich den philosophischen Vorlesungen, fand aber in der
Metaphysik, wie sie ihm damals vorgetragen wurde, den
erwarteten Aufschluß des Innersten nicht. Dies trieb ihn,
die Kantschen Schriften aufzusuchen, deren Studium ihn
nun angelegentlich beschäftigte, ohne die des Plato beiseite
zu legen. Auch auf seine Ansicht der Theologie hatte dieses
Studium einen eigentümlichen Einfluß. Je mehr aber sein
Gesichtskreis sich durch Philosophie erweiterte, desto mehr
nahm auch sein Interesse an den Naturwissenschaften zu,
die er nun wie Mathematik und Physik, zu denen er schon
früher den Grund gelegt hatte, in Verbindung mit Philosophie genauer studierte. Um sich in der Welt, die damals
in große Bewegung zu geraten anfing, umzusehen, ging er
als Hauslehrer in die Schweiz und von da nach Frankfurt
a. M. Einiges Vermögen, welches ihm nach seines Vaters
Tode zufiel, setzte ihn in den Stand, nach Jena zu gehen,
um daselbst die Idee von der Philosophie, die sich in ihm,
besonders nach dem Studium der Fichteschen Wissenschaftslehre, gebildet hatte, weiter zu verarbeiten und in
näheren Umgang mit seinem frühern Universitätsfreunde
Schelling zu kommen, der damals Professor in Jena war. Er

schrieb daselbst „Über die Differenz der Fichteschen und Schellingschen Philosophie" (Jena 1801) und gab mit Schelling das „Kritische Journal der Philosophie" (Jena 1802) heraus; auch fing er an, als Privatdozent Vorlesungen zu halten, und ward 1806 außerordentl. Professor der Philosophie. In dieser Zeit war er beschäftigt, die eigentümliche und von Schelling abweichende Ansicht, die sich durch ununterbrochene Forschungen in ihm entwickelt hatte, in einem Werke mitzuteilen, wovon die Phänomenologie des Geistes die einleitenden Teile enthalten sollte, weshalb sie auch als „System der Wissenschaft" (1. T., Bamberg 1807) erschien. In der Nacht vor der Schlacht von Jena vollendete er die letzten Blätter des Manuskripts. Nach dieser Katastrophe ging er nach Bamberg und privatisierte daselbst, bis er im Herbste 1808 zum Rektor des Gymnasiums in Nürnberg und Professor der philosoph. Vorbereitungswissenschaften von der k. baier. Regierung ernannt wurde. Während dieser Amtsführung arbeitete er seine „Wissenschaft der Logik" vollends aus, welche den ersten Teil seines philosoph. Systems und dessen Grundlage enthält. Der erste Teil desselben erschien 1812, der dritte und letzte 1816. Im Herbste des letzten Jahres wurde er als Professor der Philosophie nach Heidelberg berufen; hier schrieb er seine „Enzyklopädie der philosophischen Wissenschaften" (Heidelb. 1817), durch welche er dem Publikum, und vornehmlich seinen Zuhörern, eine kurze Übersicht seines Ganges und seiner Methode in der Philosophie geben wollte. Von Heidelberg wurde er an Fichtes Stelle nach Berlin berufen, welche Stelle er im Herbst 1818 antrat. Hier hat er sich einen ansehnlichen Kreis von Zuhörern gebildet, an welchem auch angesehene Staatsbeamte Anteil nehmen, und seine „Grundlinien des Rechts, oder Naturrecht und Staatswissenschaft im Grundrisse" (Berlin 1821) herausgegeben. — *Hegelsche Philosophie.* Hegel, der sich mit Schelling zur Anerkennung des Absoluten erhoben hatte, wich zuerst darin von Schelling ab, daß er dasselbe nicht durch eine intellektuelle Anschauung, in welcher Objekt und Subjekt zusammenfallen, voraussetzen zu können glaubte, sondern die Forderung aussprach, daß dasselbe in der Wissenschaft auch auf dem *Wege* der Wissenschaft, mithin als Resultat gefunden werden müsse, wenn es überhaupt ein Wahres sei. Die wahre Gestalt der Wahrheit setzt er demnach in die Wissenschaftlichkeit und erklärt damit, daß die Wahrheit in dem Begriffe allein das Element ihres Daseins habe, und daß sein Bestreben dahin gehe, die Philosophie der *Form* der Wissenschaft näher zu bringen und sie zu einem wirklichen, begreifenden Wissen zu erheben; ein unmittelbares Wissen oder Anschauen des Absoluten widerspreche dieser Form der Wissenschaft. Hegel fordert Einsicht, nicht Erbauung von der Wissenschaft, und protestiert damit gegen alle symbolische Schwärmerei, Gefühlsherrschaft und Mystizismus auf dem Gebiete der Philosophie. „Die verständige Form der Wissenschaft" (sagte er schon in der Vorrede zur „Phänomenol.", S. XV) „ist der Allen dargebotene und für Alle gleichgemachte Weg zu ihr, und durch den Verstand zum vernünftigen Wissen zu gelangen, ist die gerechte Forderung des Bewußtseins, das zur Wissenschaft hinzutritt." Dieser Weg aber besteht nach ihm auch nicht in der Anwendung eines schon vorhandenen Schemas von außen her auf die Gegenstände, in einem Erkennen, das dem Stoffe äußerlich ist, woraus nur ein leerer Formalismus entspringt, den Hegel auch den Nachtretern der Naturphilosophie vorwirft (a. a. O., S. LXI), sondern er ist die eigne, immanente Bewegung jegliches Dinges, „die sich selbst bewegende Seele des erfüllten Inhalts", oder die Methode, wie in der Wissenschaft der Begriff sich aus sich selbst entwickelt und nur ein immanentes (nicht von außen bestimmtes) Fortschreiten und Hervorbringen seiner eignen Bestimmungen ist. Diese Methode besteht darin, daß das Denken den Gegenstand in seiner Bestimmtheit, d. i. unterschieden von andern (das abstrakte Moment); dann aber das sich Aufheben der Bestimmungen und ihr Übergehen ineinander (das dialektische Moment, die Dialektik des Denkens), und die Einheit der Bestimmungen in ihrer Entgegensetzung, oder das Positive, welches in jenem sich Aufheben und ihrem Übergehen ineinander enthalten ist, erkennt (spekulatives Moment). Das Sein, das Unmittelbare bewegt sich; es wird einesteils das

Andre seiner selbst (Negation des Unmittelbaren) und so zu seinem immanenten Inhalte, es setzt sich und unterscheidet sich von sich selbst, wird das Negative seiner selbst; anderntteils nimmt es auch dies Dasein oder seine Entfaltung in sich zurück, und dieses Zurückgehen in sich ist das Werden der bestimmten Einfachheit, welche Resultat des erstern, aber wieder ein neuer Anfang wird. So will diese Methode die Urform der Lebensentwicklung selbst darstellen; denn wie jeder Gegenstand, als Ganzes, als unmittelbare Einheit erscheint, dann in entgegengesetzten Bestimmungen auseinandergeht, aber durch Aufhebung und Zurücknahme derselben in die Einheit zu einer vollkommenen Einheit wird, welche wieder der Anfangspunkt eines neuen Lebenskreises ist, durch welche Verbindung das All der Dinge besteht: so wird durch Anwendung dieses Entwicklungsganges die Wissenschaft selbst zu dem sich geistig entwickelnden und begreifenden Universum. Die Dialektik aber ist der Mittelpunkt dieser Methode, indem sie, wie Hegel sich ausdrückt, das bewegende Prinzip des Begriffs, als das immanente Fortschreiten, das Prinzip ist, wodurch allein immanenter Zusammenhang und Notwendigkeit in den Inhalt der Wissenschaft kommt. Die Philosophie selbst hat nun nach Hegels Bestimmung die Aufgabe, das Sein, wie es ins Wissen tritt, und das Wissen oder die Vernunft, wie es in allem Sein sich wiedererkennt, mithin die Welt als eine entwickelte Idee zu begreifen. Er erklärt daher die Philosophie für die Wissenschaft der Vernunft, insofern sie sich ihrer selbst als alles Seins bewußt wird; und es geht daraus hervor, wie man sein philosophisches System zum Unterschied von dem subjektiven Idealismus, zu welchem Fichte durch Kant hingetrieben wurde, und dem objektiven Idealismus Schellings, einen absoluten Idealismus hat nennen können. Das Ganze der Wissenschaft, sagt er selbst, ist die Darstellung der Idee; weil nun die Idee die sich selbst gleiche Vernunft ist, welche, um für sich zu sein, sich gegenüber stellt und so sich ein Anderes wird, aber in diesem Andern sich selbst gleich ist, so zerfällt die Wissenschaft in die drei Teile, die zugleich als Entwicklungsstufen erscheinen: 1) die Logik; 2) Naturphilosophie; 3) Philosophie des

Geistes. Jene erstere ist die Wissenschaft der reinen Idee, der Idee an und für sich betrachtet, der Idee im Elemente des Denkens; sie hat das Denken und seine Bestimmungen zum Gegenstande. Aber diese Bestimmungen werden an und für sich selbst und in ihrer lebendigen Einheit betrachtet; die Logik ist ihm sonach wesentlich spekulative Philosophie und keine bloß formelle Wissenschaft, welche das Denken als Denken eines Subjekts betrachtet, welches einen fremden außer ihm liegenden Stoff hätte; in seinem Sinne nimmt sie vielmehr die Stelle der früheren Metaphysik ein. In dieser Beziehung unterscheidet er auch das gewöhnlich sogenannte oder abstrakte, formelle Denken von dem begreifenden, inhaltsvollen und konkreten Denken: dieses steht nämlich nicht als Allgemeines dem Besondern äußerlich gegenüber, und ist sonach leer und eines Inhalts von außen bedürftig, sondern es bestimmt sich aus sich selbst; Allgemeinheit und Besonderheit sind Momente, die im Wissen identisch und nur wahr in dieser Identität sind. Durch jene nach der oben beschriebenen Methode fortschreitende Entwicklung der reinen Verstandesbestimmungen in ihrem Übergange ineinander, geht er in der Logik von der Lehre vom *Sein* zur Lehre vom *Wesen,* und von dieser zur Lehre vom *Begriffe* fort, welcher sich zur spekulativen Idee erhebt. Diese ist zugleich die unendliche Wirklichkeit und läßt das Moment ihrer Besonderheit als ihren Widerschein aus sich hervortreten (sie realisiert sich). So schließt sich an die Logik die Philosophie der Natur (die Wissenschaft der Idee in ihrem Anderssein, der Vernunft, die sich im Objektiven erkennt), und an diese die Philosophie des Geistes an, als die Wissenschaft der Idee, die aus ihrem Anderssein in sich zurückkehrt, und deren Objekt ebensowohl, als Subjekt, der Begriff ist. Natur und Geist machen die Realität der Idee aus, jene als das äußerliche Dasein, dieser als sich wissende Reflexion. Wenn also die Logik die Idee im reinen Elemente des Wissens (das rein Ideale) zeigt, so betrachten die beiden letztern die Idee, wie sie real ist als Natur und Geist, wie sie sich in der Natur entäußert und als Geist diese Entäußerung wieder aufhebt und identisch mit sich selbst wird, welche Identität darum auch absolute Negativität genannt wird. Über diese kreisförmige Entwicklung der Idee, welche die Grundansicht der Hegelschen Philosophie bestimmt, erklärte sich Hegel selbst in seiner „Phänomenologie" (Vorr. S. XX) am deutlichsten so: „Es kommt nach meiner Ansicht, welche sich durch die Darstellung des Systems selbst rechtfertigen muß, Alles darauf an, das Wahre nicht (bloß) als Substanz (als Bestehendes, sich selbst Gleiches), sondern ebensosehr als Subjekt aufzufassen und auszudrücken." — Die lebendige Substanz ist das Sein, welches in Wahrheit Subjekt, oder was dasselbe heißt, welches in Wahrheit wirklich ist, nur insofern sie die Bewegung des sich selbst Setzens oder die Vermittlung des sich anders Werdens mit sich selbst ist. Sie ist als Subjekt die reine einfache Negativität, eben dadurch die Entzweiung des Einfachen, oder die entgegensetzende Verdoppelung, welche wieder die Negation dieser gleichgültigen Verschiedenheit und ihres Gegensatzes ist. Nur diese sich wiederherstellende Gleichheit, oder die Reflexion im Anderssein in sich selbst — nicht eine ursprüngliche oder unmittelbare Einheit als solche, ist das Wahre. Es ist das Werden seiner selbst, der Kreis, der sein Ende, als seinen Zweck, voraussetzt und nur durch die Ausführung und sein Ende wirklich ist. Durch das Letztere leuchtet auch ein, inwiefern Hegel mit Schelling in dieser Grundansicht einstimmig und zugleich getrennt ist. Beide stimmen überein in der Annahme, daß das Denken Sein ist, oder in der Identität des Denkens und Seins, welche jedoch auch viele andre Systeme lehren; aber sie weichen darin ab, daß Schelling diese Identität voraussetzt, Hegel sie auf dem Wege der Wissenschaft, durch den Begriff selbst, zu erkennen und in einem begreiflichen Wissen darzustellen glaubt. Einige Gegner Hegels haben das System desselben einen neu überarbeiteten Spinozismus genannt. Diejenigen, welche sich besser über den Unterschied des Idealismus Hegels und des Spinozismus belehren wollen, mögen darüber Hegels „Logik", 3. Bd., 3. Abschn., S. 225 f., und seine Rezension über Jacobi in den „Heidelb. Jahrb.", Jahrg. 1817, St. 1, aufmerksam lesen. — Wir führen noch einige besondere Lehren an, welche sich aus jener Grundidee er-

geben, und welche bei Vielen Anstoß erregt haben. Das
Denken (Wissen) ist das Wesentliche im Menschen; es ist
die allgemeine Tätigkeit, ohne welche nichts wahrhaft
Menschliches ist; sie ist aber nicht bloß allgemein, sondern
zugleich ein Anderes ihrer selbst. Die Natur des Geistes ist
Manifestation, er entschließt sich und wird im Willen ob-
jektiv; der Wille ist aber nur als denkende Intelligenz
wahrhaft freier Wille. Vornehmlich aber ist seine Bestimmung des Verhältnisses zwischen Philosophie und Wirklichkeit mißverstanden und angefochten worden. Hegel behauptet, nach der obigen Ansicht völlig konsequent, daß die
Philosophie, weil sie das Ergründen des Vernünftigen ist,
eben damit das Erfassen des Gegenwärtigen und Wirklichen, nicht das Aufstellen eines Jenseitigen sei, und fügt
hinzu: Was vernünftig ist, das ist wirklich, und was wirklich
ist, ist vernünftig. Wenn dort das Wirkliche einem leeren,
abstrakten Jenseitigen entgegengesetzt, und das Vernünftige mit der Idee synonym genommen wird, so ist wohl
daraus klar, daß die Idee nicht außer und über der Wirklichkeit, sondern eigentlich als das wesentlich Wirkende angenommen werde. Darauf, sagt also Hegel, kommt es an,
in dem Scheine des Zeitlichen und Vorübergehenden die
Substanz, die immanent, und das Ewige, das (insofern es)
gegenwärtig ist, zu erkennen. Aber man hat jenen Satz so
mißgedeutet, als ob Alles, was irgend in einem Momente
der Zeit gegenwärtig ist, mithin auch das Rechtswidrigste,
vernünftig sei; dieses hat man besonders mißgünstig und
feindselig auf Hegels Ansichten vom Staate angewendet,
weil sie den Meinungen einer lärmenden und geräuschvol-
len Partei unserer Zeitgenossen entgegengesetzt sind. Aber
soviel uns Hegels Ansicht vom Staate aus seinen Schriften
bekannt ist, so ist sie keineswegs erst späterhin zugunsten
gewisser Ansichten der herrschenden Klasse gewendet worden, sondern sie geht aus den Grundlagen seiner Philosophie, welche überall die leeren Ideale bekämpft und den
Gedanken und Wirklichkeit in der absoluten Idee zu versöhnen sucht, gleichsam wie von selbst hervor. Diesen Sinn
hat auch sein Ausspruch: Das, was ist, zu begreifen, ist die
Aufgabe der Philosophie; denn das, was ist, ist die Ver-

nunft. Hiermit steht auch die merkwürdige Äußerung in
Verbindung, welche zugleich auf die Geschichte der Philosophie ein eigentümliches Licht wirft: Es ist ebenso töricht
zu wähnen, irgendeine Philosophie gehe über die gegenwärtige Welt hinaus, als ein Individuum überspringe seine
Zeit; und: Als Gedanke der Welt erscheint die Philosophie
erst in der Zeit, nachdem die Wirklichkeit ihren Bildungs-
prozeß vollendet hat; erst in der Reife der Wirklichkeit
erscheint das Ideal dem Realen gegenüber, und erbaut sich
dieselbe Welt, erfaßt in Gestalt eines intellektuellen Reichs.
Diesem entsprechend behauptet auch Hegel, daß jedes
wahrhafte und originelle System der Philosophie ein not-
wendiger Standpunkt in der Entwicklung des Geistes sei,
welcher bloß durch Aufnahme in einen höhern zu widerlegen sei. — Die Sprachdarstellung Hegels hat durch
Schwerfälligkeit, nachlässige Inkorrektheit und Härte der
Konstruktionen etwas Abstoßendes, und es gehört für den
mit seiner eigentümlichen Sprache nicht Vertrauten etwas
Geduld dazu, die rauhe Schale zu durchdringen, besonders
da er selbst sich so wenig Mühe gibt, die Mißverständnisse
zu vermeiden oder aufzuklären, welche bei Abfassung seiner
Lehre dadurch entstehen, daß er viele philosophische
Kunstwörter in einem ihm eigentümlichen und von dem
bisherigen philosophischen oder gemeinen Sprachgebrauche
abweichenden Sinne nimmt. Die große Unverständlichkeit
seiner Schriften hat daher seinen Gegnern, besonders denen, welche die Wortführer seichter Popularität sind, Gelegenheit gegeben, das Sprichwort gegen ihn anzuführen:
Wer nicht klar denkt, kann seine Gedanken auch nicht klar
darstellen; dagegen seine Freunde und Schüler erwidern:
An der Kälte, Härte und Schwere erkennt man des Edel-
steins Echtheit. — Eine weitere Prüfung des hier nur in
seinen Grundzügen angedeuteten Systems ist nicht die
Sache eines solchen Aufsatzes; wir müssen selbst dahinge-
stellt sein lassen, ob die obige Darstellung, bei der wir uns
nicht zu weit von Hegels Ausdruck entfernen durften, einem
großen Teile der Leser dieses Buchs verständlich sein
werde. Aber zu verwundern ist es, daß dieses merkwürdige
System, als Ganzes, bis jetzt noch keine einzige gründliche

Beurteilung gefunden, die es nach seinen Grundlagen geprüft und in der Anwendung seiner Methode genau verfolgt
hätte. Die Beurteiler der letzten Schriften Hegels haben
sich nur an einzelne Ecken desselben gestoßen oder im
allgemeinen hin über das System abgesprochen, ohne auf
die in frühern Schriften Hegels enthaltenen Grundlagen
genau zurückzugehen.

1828

551. *Leopold v. Ranke an Heinrich Ritter*

Wien, 4. 1. 1828

Was sagst Du zu der Opposition Franz Baaders gegen Hegel?[1] Sie sind doch fast Einer Richtung, nur in verschiedenen Irrgärten.

552. *Sulpiz Boisserée an Goethe*

München, 16. 1. 1828

Er [Schelling] hat bis jetzt als Einleitung eine Geschichte der Philosophie von Descartes bis Hegel, ihrer genetischen Entwicklung nach, gegeben, und ist dabei mit der größten Freiheit, Umsicht und Mäßigung zugleich verfahren; nur hat er, wie natürlich, Hegel ohne alle Schonung als den Kuckuck behandelt, der sich ihm ins Nest gesetzt hat. Und da er demselben nicht nur durch die Priorität und die schon längst bewiesene Darstellungsgabe, sondern auch noch durch die großen Fortschritte weit überlegen ist, welche er seit seinem vieljährigen Stillschweigen in der Klarheit, Gediegenheit und Kunst der Sprache gemacht hat, so gibt ihm das abstruse, finstre Wesen der Hegelschen Ineinsbildung von Logik und Metaphysik freilich das beste Spiel. Ja er spricht ohne weiteres aus, das sogenannte reine Denken Hegels sei im Grund genommen verstiegenes leeres Denken, und bloß durch Inkonsequenz und Absichtlichkeit des Erfinders dieser Lehre gewinne sie Inhalt und Interesse, was denn allerdings das schlimmste Lob sei, welches man einem Philosophen erteilen könne, der sich gerade mit Methodik und dialektischer Kunst am meisten brüste. Ein anderesmal, um das Verhältnis seiner bisherigen Philosophie zu der Hegelschen zu bezeichnen, verglich er sie mit dem Bestreben eines Künstlers, die menschliche Gestalt zu bilden, es sei ihm nicht in allen Stücken nach Wunsch gelun-

gen, manches Unwahre, das der lebendigen Natur schlecht
entsprochen, sei dabei vorgekommen; nun habe ein Zweiter
seinen Versuch wiederholt, und habe gerade alles Unvoll-
kommene, Willkürliche und Unnatürliche nachgeahmt, so
daß er ganz ins Affenartige geraten, und so beide ursprüng-
lich verwandte Versuche nun auf das Weiteste voneinander
entfernt seien. Diese entschiedene Polemik ist erst in den
letzten Vorlesungen hervorgetreten . . .

553. *Varnhagen v. Ense, Tagebuch*

Berlin, 26. 1. 1828

Gestern stand ein großer Artikel im Constitutionnel über
Cousins Verhaftung in Berlin; . . . Auch ist Hegel in jenem
Artikel sehr gelobt, sein edles Betragen erwähnt und Cou-
sins Zueignung an ihn mitgeteilt.

554. *H. W. A. Stieglitz an seine Braut*

Berlin, 4. 2. 1828

Gestern war's unmöglich, gleich wieder zu antworten; dazu
hatte mich die Freude unfähig gemacht [1]; sie zu verdienen,
nahm ich eine recht schwere Arbeit vor, ein Kapitel aus
Hegels Rechtsphilosophie, welche ich gerade jetzt studiere,
eine wahre Gymnastik des Geistes, anspannend und vorbe-
reitend für Ausführung nicht kleiner Aufgaben.

555. *Schleiermacher an J. Ch. Gaß*

7. 2. 1828

Kurz, ich glaube, wir werden für jetzt nichts wieder von
der Hegelschen Partei zu fürchten haben; denn er [Alten-
stein] hat nicht Geld genug, um eine Hegelsche Majorität
einzusetzen; sonst wäre er dazu willens genug. Nun aber

ist er durch die unvorsichtige Erhebung von Gans zum Ordinarius mit der Juristenfakultät [in] Zerfall. Diese hat sich als Spruchkollegium so gut als aufgelöst, so daß auch Gans noch nicht introduziert ist, und es scheint fast, er wird müssen wegen seiner Eseleien gegen Savigny [1] irgendein pater peccavi sagen. Der kleine Schulze schreit Zeter, wie hart man sich gegen diesen milden, echt christlichen Lämmer Gans benehme. Kurz, es ist ein Wunder, daß es noch immer geht. Mich hat er denn endlich, aber nur vorläufig und auf ein Jahr, von den Fakultäts- und Universitätssachen dispensiert.

556. *Varnhagen v. Ense, Tagebuch*

Berlin, 18. 2. 1828

Herr von Kamptz ist sehr wütend über den Artikel des Constitutionnel [1], worin von Cousin und Hegel die Rede gewesen. Er meint, Hegel sei im vergangenen Sommer gewiß nur deswegen nach Paris gereist [2], um das zu veranstalten! Wie schief und übertrieben dieses alte Polizeiwähnen!

557. *Varnhagen v. Ense an Goethe*

Berlin, 29. 2. 1828

Von bevorstehenden interessanten Aufsätzen [in den Jahrbüchern für wissenschaftliche Kritik] kann ich Hegels Rezension von Solgers Nachlaß ... ankündigen ...

Herr Professor Hegel beauftragt mich, Ew. Exzellenz seine dankvolle Verehrung auszudrücken.

558. *Józef Kremer*

Es ist bereits sehr lange her, denn es war schon im Jahre 1828, als ich als ein zwanzigjähriger Jüngling am Ende des Winters zum Studium nach Berlin kam … Schon einige Jahre früher hatte mich allerdings die Philosophie wie mit einer geheimnisvollen Magie bezaubert, und daher lockten mich auch in Berlin die Vorlesungen der einen dieser Berliner Universitätskoryphäen — nämlich Hegels.

Hinter dem Berliner Universitätsgebäude breitete sich der ziemlich große Platz aus, welcher mit schattigen Bäumen bepflanzt war und daher einst hieß und gewiß auch heute noch heißt: der Universitätswald. Dort tummelten sich zwischen den Vorlesungen bunte Gruppen schnurrbärtiger Jugend mit der Mappe unter dem Arm, mit der Pfeife im Munde, mit dem Stock in der Hand und mit einer kleinen rappeligen Mütze auf dem Kopf. Hier und dort ging nachdenklich hinter einer Gruppe ein riesiger Schäferhund und hörte sich die gelehrten Dispute seiner Herren und ihre Urteile über die Professoren an.

Es war etwa am dritten Tage meiner Ankunft in Berlin, als ich mit einigen Stammesbrüdern durch den Wald ging, Larifari faselnd. Auf einmal flogen an der Grenze der letzten Bäume wie auf ein Kommando die Burschenmützen und verneigten sich wiederum nähere Gruppen. Eine etwas gebückte Gestalt eilte an uns vorbei, ihre langen Hände herunterhängend, das Gesicht blaß, weiß wie Schnee. Wer war das? fragte ich. „Das war Hegel" antworteten die jungen Kommilitonen. Damals sah ich zum erstenmal diesen Menschen, dessen Namen der laute Ruhm schon über Europa hin getragen hatte und dessen Lehre bei uns eine allgemeinere Aufnahme gefunden hat als irgendeine frühere Philosophie.

Von allen Vorlesungen Hegels hat bei uns vielleicht am meisten seine Vorlesung über die Philosophie der Geschichte gewirkt, weil sie sich auf dem Boden der allgemeinen Geschichte, also auf einem für die Hörer nicht fremden Gegenstande bewegte. Diese Vorlesungen fanden im Winter zwischen 6 und 7 Uhr abends statt. Der Anblick des er-

leuchteten Saales war wunderlich. Auf den Bänken eine
Menge Jugend, insbesondere polnischer, mit geröteten, fri-
schen Gesichtszügen, voller Leben und Stolz; auf dem
Katheder hinter dem Stuhle Hegel wie eine Erscheinung
aus anderen Welten. Das Gesicht blaß ohne einen Tropfen
Blut, die Augen geschlossen, die Bewegungen der Hände
wie die eines in schaukelndem Wasser Schwimmenden ...
Sobald er zu sprechen begann, wurde es wie mäuschen-
stille, hörte man nur noch das Geräusch der schreibenden
Federn, lauschten wir in andächtiger Anspannung jedem
Wort. Dieser oder jener von uns hatte schon ein Theater-
billett gekauft und das Theater fing um sieben an, aber
Hegel verlängerte seine Vorlesung und in dem so nahen
Theater — denn es liegt gegenüber der Universität — sollte
gerade an diesem Abend Ludwig Devrient in irgendeiner
Rolle Shakespeares, als Shylock im Kaufmann von Venedig
oder als Richard III. oder als Falstaff oder Lear auftreten
— — und Devrient war in diesen Rollen der Meister: in
ihnen übertraf er alle seine Vorgänger und kam kein Nachfolger ihm gleich. Obwohl unsere jungen Herzen bei dem
Gedanken an Shakespeare und das dramatische Spiel des
großen Schauspielers zitterten, hätten wir dennoch gern
dem Theater entsagt und wären versunken geblieben in
den Vortrag Hegels, selbst wenn er seine Vorlesung bis
Mitternacht verlängert hätte.

Denkt ihr vielleicht, daß die persönliche Gabe der Rede
das Urteil der Hörer bezauberte? Keineswegs. Hegel sprach
nicht glatt, nicht fließend, fast bei jedem Ausdruck krächzte
er, räusperte sich, hustete, verbesserte sich ständig, kehrte
zu den bereits ausgesprochenen Sätzen zurück, suchte mit
Mühe im Kopf nach einem passenden Ausdruck; seine
Sprache war nicht metallisch, eher hölzern, fast grob. Seine
Vorlesung war eher ein Monolog, es schien, als vergäße er
seine Hörer, als spräche er selbst zu sich, als sei er mit
seinem Geiste ganz allein. Seine Rede war wie ein lautes
Fürsichalleindenken, eine Arbeit und ein Ringen des Geistes
mit sich und eine ständige schwierige Mißgeburt des *Geistes.*
Oft sprach er einen Ausdruck aus, um einen in der Tiefe
seines Wesens geborenen Gedanken vorzubringen, aber der

Ausdruck schien ihm nicht geeignet, daher räusperte er sich
von neuem und zerbrach sich den Kopf, dann brachte er
einen zweiten schon treffenderen Ausdruck aus sich heraus,
aber auch dieser befriedigte ihn noch nicht, also tauchte er
noch einmal in sich unter und sodann brachte er den dritten
Ausdruck hervor — und der war allerdings von höchster
Vollkommenheit, ... denn dieser Ausdruck war die wirkliche, lebendige Verkörperung seines tiefsten Gedankens.
Dieser Ausdruck selbst war schon allein ein Kunstwerk. Es
ereignete sich auch das, daß zeitweise eine satirische Bemerkung seinem Munde entschlüpfte oder ein fluchendes
Wort, das seine Gegner schlug; es war das ein mörderischer
Sarkasmus, welcher am nächsten Tage die Stadt durcheilte
und darauf ganz Deutschland und mit dem er die flachen,
wenn auch lauten Schriftsteller erschlug. Ich könnte viele
solcher Beispiele anführen. Ich habe sie in meinen Heften
notiert.

Oft jedoch, wenn er sich räusperte, hielt er in seinem
Vortrag inne; es war zu erkennen, daß sein Gedanke unter-
tauchte in die Tiefe der Welt; also stöhnte er, sein Geist
litt schwer und rang in abschüssigen Tiefen; bis er von
neuem angesichts unser an die Oberfläche, an das Tageslicht
kam und im Triumph die teuren Perlen hervorbrachte, welche er in den dunklen Abgründen des Alls erbeutet hatte.

In solchen Augenblicken der Inspiration war er von großer Poesie, in solchen Augenblicken sprach er glatt und
seine Worte fügten sich zu einem Bild voller unvorherge-
sehenen Zaubers zusammen. In solchen Augenblicken über-
zog eine rosenfarbene Wolke, eine Röte des Entzückens
sein blasses, kreideweißes Antlitz — wie eine Blüte aus den
Tiefen des Geistes selbst. So versteht ihr, daß Hegel, obwohl seine Vorlesung sich nicht auszeichnete durch die
Zierden einer guten Rede, dennoch mit magischer Kraft die
Zuhörer gefangennahm und festhielt, insbesondere, da alle
wußten, daß ein Mensch zu ihnen sprach, dem die breite
Welt Huldigungen und Ehrerbietung bezeugte. Obgleich es
feststeht, daß die ungleich größere Hälfte der Hörer die
Gesamtheit des Systems nicht zu erfassen vermochte, so
verstand sie doch seine einzelnen Anschauungen und diese

waren so tief und außergewöhnlich, so einleuchtend, daß sie genügten, unsere Aufmerksamkeit anzufeuern und zu bezaubern.

Auch außerhalb der Schule wogen die Ansichten Hegels wie Urteilssprüche und galten als höchste Wahrheiten in allen Richtungen des Wissens und des Lebens. Ob ein neues und berühmtes Bild aus der Werkstätte eines berühmten Malers herauskam oder ob eine neue vielversprechende Erfindung die Aufmerksamkeit der Industriellen auf sich lenkte, ob irgend ein genialer Gedanke in den Wissenschaften in die gelehrte Welt einschlug oder das Fräulein Sonntag im Konzert sang, in allen Fällen fragte eben Berlin: was denkt Hegel darüber? Manchmal bildeten einige seiner Worte eine treffende Rezension. Spontini, der damalige Berliner Komponist, führte eine neue Oper auf. Der nach seiner Ansicht gefragte Hegel antwortet: „Es war so viel Skandal auf der Bühne und im Orchester, daß ich die Musik nicht gehört habe." Hegel war kein Pedant, er liebte witzige Gespräche und spielte vollkommen Whist; er war daher auf Gesellschaften ein gesuchter Gast und seine Worte und Witze, welche anspruchslos beim Tee vorgebracht wurden, durchliefen am nächsten Tage die fanatisierte Stadt. In jedem Jahre erhielt Hegel am 27. August, dem Tage seines Geburtstages, von nah und fern, sogar von den äußersten Grenzen Deutschlands in Prosa und Poesie Beweise der Huldigung, des Lobes und des Gedenkens sowie bedeutungsvolle Gaben. Auch über die Grenzen Deutschlands hinaus nahmen sein Ansehen und sein Ruhm große Maße an, wie das das Verhältnis von Victor Cousin zu Hegel beweist. Und Cousin war damals und ist auch heute noch der bekannteste Philosoph Frankreichs. Cousin ist in seinen Briefen an Hegel von der tiefsten Ehrfurcht und herzlicher Verbundenheit mit ihm beseelt ...

Und daher ist es leicht verständlich, daß der lernenden Jugend Hegel als ein Halbgott erschien. Insbesondere unsere Polonia drängte sich um sein Katheder wie an einen Weisheitsaltar (Libelt, Helcel, Dworzaczek, Cybulski und viele mehr). Eine große Zahl polnischer Jünglinge, insbesondere aus dem Großherzogtum Posen, studierte zu jener

Zeit in Berlin; sie bildete fast die Hälfte aller Hörer Hegels
und nahm in dichter Schar einen großen Teil der Bänke
ein. Wer von uns an den Vorlesungen Hegels nicht teil-
nahm, war eine erzböse Ausnahme, wurde von den Lands-
leuten verachtet, denn sie hielten ihn für einen stumpfsin-
nigen Kopf, von dem das Vaterland keine große Freude zu
erwarten hatte. Es herrschte die Mode, fast die Manie, nicht
nur über wichtige Dinge, sondern sogar über unbedeutende,
sich in den spekulativen Formeln Hegels zu unterhalten.
Die Wände des Universitätsgebäudes waren mit solchen
Formeln in Kreide oder Bleistift beschrieben. Sogar die
jungen Ärzte, welche doch der ganzen Richtung ihrer Wissenschaft gemäß sich an Tatsachen der Wirklichkeit, der Erfahrung halten mußten, schwuren auf die transzendentalen
Abstraktionen Hegels.

559. *Wilhelm v. Humboldt an Friedrich v. Gentz*

Berlin, 1. 3. 1828

In das, was Sie von den [Berliner] Jahrbüchern sagen,
stimme ich vollkommen ein. Es sind einige sehr lesbare
Sachen, wie die Varnhagenschen, einige gründlich wissenschaftliche, wie die Boppischen darin, allein dem Ganzen
kann ich den Geschmack nicht abgewinnen. Hegel ist gewiß
ein tiefer und seltener Kopf, allein daß eine Philosophie
dieser Art wahrhaft Wurzel schlagen sollte, kann ich mir
nicht denken. Ich wenigstens habe mich, so viel ich es bis
jetzt versucht, auf keine Weise damit befreunden können.
Viel mag ihm die Dunkelheit des Vortrags schaden. Diese
ist nicht anregend, und wie die Kantische und Fichtische,
kolossal und erhaben, wie die Finsternis des Grabes, sondern entsteht aus sichtbarer Unbehilflichkeit. Es ist, als
wäre die Sprache bei dem Verfasser nicht durchgedrungen.
Denn auch wo er ganz gewöhnliche Dinge behandelt, ist er
nichts weniger, als leicht und edel. Es mag an einem großen
Mangel von Phantasie liegen. Dennoch möchte ich über die
Philosophie nicht absprechen. Das Publikum scheint sich

mir in Absicht Hegels in zwei Klassen zu teilen; in diejenigen, die ihm unbedingt anhängen, und in die, welche ihn,
wie einen schroffen Eckstein, weislich umgehen. Er gehört
übrigens nicht zu den Philosophen, die ihre Wirkung bloß
ihren Ideen überlassen wollen, er macht Schule und macht
sie mit Absicht. Auch die Jahrbücher sind daraus entstanden. Ich bin sogar darum mit Fleiß in die Gesellschaft getreten, um anzudeuten, daß man sie nicht so nehmen solle.
Ich gehe übrigens mit Hegel um, und stehe äußerlich sehr
gut mit ihm. Innerlich habe ich für seine Fähigkeit und sein
Talent große und wahre Achtung, ohne die oben gerügten
Mängel zu verkennen. Die lange Rezension über mich kann
ich am wenigsten billigen.[1] Sie mischt Philosophie und
Fabel, Echtes und Unechtes, Uraltes und Modernes; was
kann das für eine Art der philosophischen Geschichte geben? Die ganze Rezension ist aber auch gegen mich, wenn
gleich versteckt, gerichtet, und geht deutlich aus der Überzeugung hervor, daß ich eher alles, als ein Philosoph sei.
Ich glaube indes nicht, daß mich dies gegen sie parteiisch
macht.

560. *Ludwig Börne an Jeanette Wohl*

Berlin, 7. 3. 1828

Bei Hegel hat der Gans versprochen mich einzuführen, der
Windbeutel hat aber bis jetzt nicht Wort gehalten. Es kann
auch sein, daß dieser Herr nichts von mir wissen will, wegen
meiner Schrift gegen die kritische Gesellschaft [1], deren Direktor er ist. Die Herren haben sich sehr über mich geär-
gert, da sie fühlten, ja es gestanden, daß ich Eindruck
mache.

561. *Varnhagen v. Ense, Tagebuch*

Berlin, 10. 3. 1828

Bei Mad. Beer im Tiergarten vorgestern zu Mittag, wo
Hegel, Rauch, Tieck, der Bildhauer, Robert u. a.

562. Ludwig Börne an Jeanette Wohl

Berlin, 10. 3. 1828

Gestern war ich bei einem Buchhändler Schlesinger eingeladen, dem Vater desjenigen, der in Paris eine Musikhand-
lung hat. Ein einaugiger, ekelhafter Kerl, und ich schlug die
Einladung ab. Nun hörte ich heute, Hegel, Spontini und
andere interessante Leute hätten da gesessen. Da tat es mir
leid.

563. Leopold v. Ranke an Varnhagen v. Ense

Wien, 10. 3. 1828

Wenn ich neulich von Herrn [Friedrich] Schlegel wenig eingenommen schien, so war das gewiß eine Beschränkung von
meiner Seite. Wahr ist, daß seine Entwicklung etwas einseitig, seine Liebe und seine Abneigung vielleicht dem
Gegenstand, den sie treffen, nicht ganz angemessen sind
(zum Beispiel nennt er Hegel den letzten aller Menschen).
...
Hegels Enzyklopädie kenne ich wohl ein wenig, auch in
der neuen Auflage. Tiefsinn gewiß, obwohl Friedrich Schlegel sagt, nur die Melodie des Tiefsinns; allein auch ebenso
gewiß eine Menge falsches, häßliches Zeug. Es zieht mich
an und stößt mich ab.

564. H. W. A. Stieglitz an seine Braut

Berlin, 15. 3. 1828

Da denke ich nun zugleich eines Wortes, das Hegel, dieser
tiefe Geist, der überall das Rechte trifft, kürzlich ausgesprochen. Er sprach über Leidenschaft[1], dieses große Kapitel
des Lebensbuchs, über das so viele schon mehr oder weniger ungenügend abgehandelt, bald verdammend, bald ver-
teidigend, bald preisend, bald entschuldigend. Hegel weist
ihr die wahre Sphäre des Begriffs an, indem er sie mit der

Idee faßt. Er vergleicht sie dem Genius, der auch einseitig eins will, aber ein Großes, jedes andere abweisend die ganze Totalität des Lebens in dies eine legt, worin es ihm aber nun zu enge wird; denn auch die andern Verhältnisse des Lebens machen ihre Ansprüche geltend; und da ist nun das Tragische, dies alles abzuweisen um des einen willen, welches zu erreichen tiefgefühlte Notwendigkeit ist. So ist die Leidenschaft der zur Totalität, zur geistigen, gesteigerte Trieb, und somit gut, höchlichst berechtigt, unabweisbar, siegend über alles andere, was außer ihr sich geltend machen will. Wenn Hegel so etwas mit all der Ruhe des abgemachten Kampfes ausspricht, dann denke ich mir, mit welchem Seelenjubel [2] dieser große Kämpfer des Geistes solch eine Wahrheit zum ersten Male ergründend muß emporgejubelt haben. Ganz gewiß, in solchen Momenten hat der schaffende Geist sich ebenso freudig in ihm geltend gemacht wie im Dichter. Denn der Denker und der Dichter sind sich nah verwandt.

565. G. F. Creuzer an Schopenhauer

März 1828

Stirbt das Interesse für Philosophie gegenwärtig in Deutschland immer mehr ab, so muß dies in doppeltem Sinne in Süddeutschland gelten. Dieses bewog schon Hegel von hier [Heidelberg] wegzugehen; und damals war die Stimmung doch noch besser.

566. Ludwig Börne an Jeanette Wohl

Berlin, 4. 4. 1828

Ich werde Mittag Humboldt und Hegel bei Tische finden. Letzteren habe ich noch gar nicht gesehen.

567. *Ludwig Börne an Jeanette Wohl*

Berlin, 10. 4. 1828

Den Hegel, hat das Schicksal beschlossen, soll ich nicht
kennen lernen. Eigentlich liegt mir auch nichts daran, denn
er soll in Gesellschaft sehr uninteressant sein. Aber ich
möchte mir von Dir keine Vorwürfe machen lassen, daß ich
einen berühmten kennen zu lernen versäumt. Nun war ich
neulich irgendwo zu Tische gebeten, wo Hegel auch sein
sollte. Ich hatte das schon früher erfahren durch einen Bekannten, der gerade dabei war, als der Bediente den Auftrag bekommen, mich einzuladen. Der Bediente aber war
neu und konnte meine Wohnung nicht finden, und so
mußte ich wegbleiben.

568. *Ludwig Börne an Jeanette Wohl*

Berlin, 16. 4. 1828

Heute Mittag bin ich wieder mit Hegel eingeladen. Ich
hoffe, daß er mir diesesmal nicht entwischt.

569. *Varnhagen v. Ense, Tagebuch*

Berlin, 18. 4. 1828

Hegels Rezension von Solgers nachgelassenen Schriften [1]
macht wegen der Schärfe gegen Tieck und Friedrich von
Schlegel hier großes Aufsehen.

570. *Friedrich August Gottreu Tholuck*

München, Ende April 1828

Meine Spannung auf Schelling war ungemein groß. . . . Der
erste Eindruck war nicht sehr angenehm; eine kurze Stirn,
etwas tiefliegende Augen, eine etwas aufgestutzte Nase, die

Züge sehr starr. ... Der Ton seiner Stimme hat etwas
Eisiges. Er lud mich ein, mit ihm nach Hause zu gehen
und Tee bei ihm zu trinken. In welchem Gegensatz er sich
zu Hegel befindet, trat bald hervor; denn als ich einige Male
bemerkte: Hegel aber würde sagen, antwortete er: Was
geht mich Hegel an? Mein ganzes Streben ist dem seinigen
entgegengesetzt ... Schelling will nicht logische Philosophie, sondern geschichtliche.

571. J. W. Loebell an L. Tieck

Berlin, 9. 5. 1828

Nicht ohne wahren Schmerz habe ich Hegels Rezension von
Solgers Nachlaß, die doch nichts als ein plumper und hämi-
scher Angriff auf Sie ist, gelesen. Müllner und Konsorten [1],
das ganze schlechte Volk, wird sich eines solchen Alliierten
freuen.

572. Wilhelm Vatke an seinen Bruder Georg

Berlin, 22. 5. 1828

Schleiermacher trödelt doch zu langsam; seine Predigten
gefallen mir bis jetzt ganz und gar nicht. Hegel verstehe
ich nicht.

573. K. F. Zelter an Goethe

Berlin, 27. 5. 1828

Gestern, am 2. Pfingsttage, sprach frühmorgens Professor
Hegel ein; dann kam Professor Wolf und wurde verabredet,
den 4. Mann zum Whist auf diesen Abend zu suchen. Wer
sich finden ließ, war Wilken; so waren *vier* deutsche Professoren bis Mitternacht in Frieden beisammen. Cosa rara!

574. Varnhagen v. Ense, Tagebuch

Berlin, 28. 5. 1828

Herrn Alexander von Humboldt gesprochen, Herrn Geh. Rat Schulze, Herrn Prof. Hegel, Herrn General Grafen von Kalkreuth usw.

575. Karl Förster an seine Frau

30. 5. 1828

Die schöne Königsstadt, denn das ist sie im vollsten Sinne des Wortes, wird noch teilweis durchstreift ... kaum noch für große Eindrücke befähigt, durch das schlechte Pflaster todmüde, lange ich endlich bei Hegel an, durchlebe mit dem werten Freunde ein paar liebe Stunden und gehe dann mit Schleiermacher und Reimer in die gesetzlose Gesellschaft, wo, so will es mir dünken, außer diesen beiden, uns ein ziemlich philisterhaftes Völkchen umgab.

576. August Kuhn

5. 6. 1828

Herr Saphir ist übrigens — so höre ich — noch sehr gnädig gewesen; er hat dem Publikum viel — verschwiegen.[1] So hat Herr Dr. Förster ihm den Antrag, ihm den kritischen Beiwagen zur Schnellpost für 500 Rtlr. zu überlassen, durch den Herrn Professor Hegel mündlich zukommen lassen, der ihn als Exerzierplatz für seine Schüler wünschte, auf dem Herr Förster als Exerziermeister glänzen wollte und sollte. Selten, daß ein solcher Philosoph wieder so verständlich werden dürfte, als es hier der Fall war: Fünfhundert Taler!!!

577. K. F. Zelter an Goethe

Berlin, 24. 6. 1828

Hegels Bildnis hast Du ja wohl vom Künstler selber erhalten.[1] Seine Frau findet es gar zu unschön und muß mittelbar erfahren, wie reich sie ist. In der Tat nimmt er sich aus, mit seinem Aristoteles zu Füßen, wie ein Doktor Faust, und wenn mir mein Exemplar nicht schon $1^1/_2$ Taler kostete, so hätte ich Lust, mir einen Rattenzahn dazu zu malen. Fürs erste mag ihm Mephistopheles nur vom Chiragra helfen: die rechte Hand bedarf einer Kur.

578. Wilhelm Vatke an Göttinger Bekannte

Berlin, Sommer 1828

Ich glaubte ausstudiert zu haben, und jetzt sehe ich: hier in Berlin muß man ganz von vorn anfangen. Es will etwas sagen, bei Schleiermacher mit fortzukommen und den Hegel zu verstehen.

579. Goethe an K. F. Zelter

Dornburg, 26. 8. 1828

Hegels Bildnis habe ich noch nicht gesehen, man hat versäumt, mir einige Kistchen von Weimar herzuschicken; in einem derselben mag es wohl befindlich sein.

580. K. F. Zelter an Goethe

Berlin, 29. 8. 1828

Wir hatten verabredet, am stillen Orte außer der Stadt vergnügt zu sein, und mußten daheim bleiben. Die Flut strömte so ausgelassen, daß eine Anzahl Flaschen mehr draufgingen, das Unwetter zu überdauern. Hegel und Rösel haben mich nach Hause begleitet, da war denn aus Abend und Morgen ein neuer Tag.

581. F. Thiersch an A. Boeckh

München, 20. 9. 1828

Schelling liest mit sich gleichbleibendem Beifall und in entschiedener Richtung gegen Hegel, über den er ganz ohne Schonung hinwegschreitet, nicht ohne Ironie, Spott und Hohn in seine Polemik zu mischen.

582. J. Purkinje an seine Frau

Denselben Abend [29. 9. 1828] besuchte ich Hegel. Er war anfangs etwas steif, aber endlich als wir in die alten Themata kamen, ging er wieder auf und das Gespräch ging gut vor sich ...

583. Karl Rosenkranz

Ich ging Michaelis 1828 über Magdeburg nach Berlin. ... Ich erwähne ... nur, daß ich natürlich vor allem Hegel besuchte. Was sollten wir aber zusammen reden? Ich hatte ihn zwar als Student schon genug gesehen; ich hatte ihn auch schon auf dem Katheder einige Mal sprechen gehört; allein ich hatte nie ein Collegium bei ihm gehört und war ihm also ein wildfremder Mensch, der ihn plötzlich an seinem Schreibtisch störte. Ich wüßte schlechterdings nicht zu sagen, was ich in der Viertelstunde Unterhaltung mit ihm gesprochen hätte. Ich erwähnte Hinrichs und Daubs, ich erwähnte meiner Habilitation, aber ich war schüchtern und er, der von so vielen Menschen überlaufen wurde,

gewiß herzlich froh, als ich wieder aufstand, mich zu empfehlen. Wie hätte ich ahnen können, daß ich zehn Jahre
später in Berlin seiner Familie das Versprechen geben
würde, seine Biographie zu schreiben und wie hätte er
ahnen können, daß dieser junge, frisch gebackene Doktor
der Philosophie aus Halle, der etwas verlegen vor ihm saß,
sein Biograph werden würde!

584. *Wilhelm Vatke an seinen Bruder Georg*

Berlin, September 1828

Ich beabsichtige mein theologisches Kandidaten-Examen
hier in Berlin im folgenden Jahre zu machen; ... Lizentiat
der Theologie wird wohl fürs erste hier niemand werden,
da das Ministerium und die Fakultät darüber im Streit
sind, und es einstweilen suspendiert ist, dazu jemand zu
examinieren. Das Ministerium ist nämlich durch Altenstein
auf der Hegel-Marheinekeschen Seite, die Fakultät aber
durch die Mehrzahl auf der Neander-Schleiermacher-Strauß-
schen, d. h. der einfachen Glaubensseite. Schon das Examen
des Herrn v. Gerlach [1], der zuletzt Lizentiat geworden ist,
gab dazu Veranlassung. Dieser gute Mann ist so von dem
Glauben befriedigt, daß er alle Philosophie verwirft. Als er
daher um Spinozas System und eine Beurteilung desselben
gefragt wird, erklärt er alles für dummes Zeug. Marheineke
ist darauf bei dem Ministerium eingekommen, den Menschen, der gar keine wissenschaftliche Bildung gezeigt, nicht
zum Lizentiaten zu machen, worauf die Sache ein halbes
Jahr sich verzogen hatte, so daß der Gerlach erst diesen
Winter seine Ware ausbreiten kann. Neander ist vom Ministerium ersucht, keine Vorlesungen über Dogmatik und
Moral zu halten, weil er sie nicht wissenschaftlich hielte; er
hat sich aber auf die Hinterbeine gesetzt und will entweder
frei lesen oder entlassen sein. Schleiermacher hat man wissen lassen, er solle nicht immer philosophische von den
theologischen Collegia gesondert, sondern philosophisch-
theologische halten, worauf er geantwortet hat, solches nicht

zu verstehen. Hegel und Schleiermacher, und Marheineke und Neander sind schon oft hart aneinander gewesen und haben sich Personalia gesagt. Das sieht hier bunt aus. Ein Hauptzelot der Gegenpartei von Hegel, der Professor extraordinarius Hengstenberg[2] ... soll nach Königsberg gehen, wozu er wenig Lust hat. Du siehst, wie gefährlich es ist, hier als Lehrer aufzutreten; ist man hegelisch, so hat man das Ministerium für sich und fast die ganze Fakultät gegen sich, und umgekehrt. Den ganzen Sommer habe ich die Hegelsche Philosophie studiert, habe sie aber erst seit kurzer Zeit verstanden und bewundere den tiefen scharfen Geist dieses Mannes. Er verdient mit Recht den Namen eines Philosophen; was man gewöhnlich Philosophie nennt, ist das fadeste, sich selbst unbewußt widersprechendste Zeug. Ich bedaure nur, daß mich Urteile meiner früheren Lehrer, die Hegel gar nicht verstanden, und ihn lächerlich machen wollten, früher von dem Studium der Philosophie, das Jahre haben will, abgehalten haben. Ich weiß nicht, ob Du Philosophie studiert hast, ich bitte Dich aber, Dich ja nicht an solche Urteile zu kehren; die Reue kommt nach. Es ist jetzt hier ein junger Maler aus Braunschweig ... Dieser Mann will eine Galerie von Gemälden der berühmtesten Geister unserer Zeit anlegen und ist deshalb zu Goethe gereist, hat ihm sein Projekt eröffnet, und ihn gebeten, den Anfang an sich machen zu lassen. „Ehre, dem Ehre gebührt", hat Goethe geantwortet, „malen Sie erst den Hegel in Berlin!" So hat er ihn denn gemalt und gut getroffen.[3]

585. *Schelling an Victor Cousin*

München, 27. 11. 1828

Vous êtes entré dans le territoire de la philosophie allemande du côté de Heidelberg [bei Hegel]; Vous n'avez commencé à connaître le système dérivant de moi que dans le sens, que lui donnaient quelques personnes, mal endoctrinées ou faibles de jugement, et dans la forme, qu'il avait reçue en passant dans la tête étroite d'un homme, qui a cru s'emparer de mes idées, comme l'insecte rampant peut croire s'approprier la feuille d'une plante, qu'il a entortille de son filage. Il s'est trompé, le système ayant un principe de vie, que lui — il ne le connaissait pas, — allait toujours en s'étendant, et a rompu depuis long temps la frêle filure, qu'elle même n'avait eu qu'un moment de possibilité.

586. Varnhagen v. Ense, Tagebuch

Berlin, 31. 12. 1828

Herrn Prof. Hegel besucht, und von ihm viel Geistreiches gehört.

587. *K. J. H. Windischmann an F. Bopp*

2. 1. 1829

Auch Hegel gelegentlich meinen Gruß. Meine Darstellungen der wahren Lage des indischen Altertums [1] werden ihn hoffentlich etwas mehr damit versöhnen. Ich verwerfe mit ihm die Übertreibungen in Schätzung dessen, was bei den Indiern wirklich ist, aber ich wünsche ebensosehr, daß jedem sein Recht eingeräumt werde.

588. *Rahel Varnhagen an Friederike Robert*

16. 1. 1829

Ich habe meinen Abend mit Lesen, und Varnhagen zugebracht; und von halb 8 bis etwa 9 war Professor Hegel bei uns: nachher las ich erst. Ich wollte eben seine vortreffliche merkwürdige Rezension Hamanns [1] lesen. Friedrich Schlegel haben wir nicht mehr.[2] Wie schätzte ich nun den großen Mann doppelt, der da saß!

589. *Goethe, Tagebuch*

27. 1. 1829

Mittags Dr. Eckermann. Bei Gelegenheit von Schubarths Anti-Hegel [1] über diese wichtige Angelegenheit das Entscheidende durchgesprochen.

590. *J. P. Eckermann, Tagebuch*

17. 2. 1829

Hegel, fuhr Goethe fort, hat in den Berliner Jahrbüchern eine Rezension über Hamann geschrieben, die ich in diesen

Tagen lese und wieder lese und die ich sehr loben muß.
Hegels Urteile als Kritiker sind immer gut gewesen.

591. K. F. Zelter an Goethe

Berlin, Mitte März 1829

Nun haben wir auf vieles Begehren die Passionsmusik [1] bei
vollem Hause abermalen wiederholt ... Die Urteile sind
billig verschieden, und von vielen soll nur einer genannt
sein, der das Recht hat zu urteilen wie jeder andere und
vor andern. Philosophen, welche das Reale von dem Idealen
trennen und den Baum wegwerfen, um die Frucht zu erkennen, sind mit uns Musikern etwa so daran wie wir mit
ihrer Philosophie, von der wir nichts weiter verstehen, als
daß wir ihnen den gefundenen Schatz vor die Tür bringen.
So Hegel. Er hält eben mit seinem Kollegium bei der
Musik.[2] Was ihm Felix [3] recht gut nachschreibt und wie ein
loser Vogel höchst naiv mit allen persönlichen Eigenheiten
zu reproduzieren versteht. Dieser Hegel nun sagt, das sei
keine rechte Musik; man sei jetzt weiter gekommen, wiewohl noch lange nicht aufs Rechte. Das wissen wir nun so
gut oder nicht wie er, wenn er uns nur musikalisch erklären könnte, ob Er schon auf dem Rechten sei.

592. Karl Halling an Ludwig Tieck

Berlin, 21. 3. 1829

Hier habe ich Ihnen ... die Hauptcharakterzüge unserer
Berlinischen Kritik über Kunst gegeben. Wen nun nicht
Goethe entweder durch Mißverständnis seiner Schriften fes-
selt, ... den macht heuer Hegel kopfverdreht teils durch
den Dunstkreis seiner philosophischen Terminationsaus-
drücke, teils durch manche wirklich vortreffliche Ansichten,
die aber wiederum einseitig und starkgläubig an Goethes
späterer Richtung (nach der Mittagstunde) kleben, und um,

wie es scheint, in diesem Halbjahre ganz Berlin mit Sturm für Goethe zu erobern, las er (Goethische) Philosophie der Kunst, und ein milchbärtiger Schüler von ihm, Herr Dr. Hotho, ein publicum direct über Goethe, und hatte ungefähr ein Auditorium von 400 Personen. ... Wer nicht Goethe vergöttert, ... wer nicht wie Hegel und Hotho unsere alten heiligen Gesänge verdammt, kommt in den Verdacht, so wenig jenen als diese verstanden zu haben, und davor hütet sich die eitle Welt. ...

... Rings um mich her kein Freund, der dächte wie ich, oder den Hegel nicht abwendig machte ...

593. *Therese Devrient*

Die Wiederholung der Passion, die bald darauf [am 21. 3. 1829] erfolgte, gelang ebenso vortrefflich, als die erste Aufführung und erregte dieselbe Begeisterung beim Publikum.

Zelter ... hatte einen Teil der Mitwirkenden wie eine große Gesellschaft zum Nachtessen geladen, von dem mir leider nur eine Dummheit von mir im Gedächtnis geblieben ist. Eduard [1] wurde, als wir den Musiksaal verlassen wollten, von so viel bewundernden Ausrufen und dankbaren Händen aufgehalten, daß wir verspätet zu Zelter kamen und alle Gäste schon an den Tafeln sitzend fanden. Zelter, der in der Nähe der Türe wartend stand, führte Eduard auf seinen Platz, während Doris [2] mir zurief: „Therese, Sie sitzen bei Felix Mendelssohn." Dieser war aufgestanden und half mir, wie der Herr zu meiner linken Seite, mich hineinzuklemmen, denn es war sehr eng. Felix war in sprudelnder Laune, wir schwatzten und lachten viel miteinander, so daß ich den mit der Schüssel wartenden Diener nicht bemerkte, bis mein Nachbar zur Linken mich bat, mir vorlegen zu dürfen; ebenso wollte er mich fortwährend überreden, Wein zu trinken und mir einschenken, was ich verweigerte, bis die Gesundheit der Künstler ausgebracht wurde, an deren Anteil, wie er affektiert flüsterte, ich mich nicht ausschließen dürfe, worauf er sehr feierlich mit mir

anstieß. Meinen weiten Spitzenärmel hielt er krampfhaft
fest, „um ihn zu schützen!" wie er behauptete, indem er
sich angelegentlich zu mir bog; kurz, er belästigte mich so
mit seiner Galanterie, daß ich mich zu Felix hinneigend
fragte: „Sagen Sie mir doch, wer ist der dumme Kerl hier
neben mir." Felix hielt einen Augenblick sein Taschentuch
vor den Mund, dann flüsterte er: „Der dumme Kerl da
neben Ihnen ist der berühmte Philosoph Hegel."

„Herr Gott", rief ich erschrocken, „wie komm ich denn
aber auch zu dieser unpassenden Ehre, da steckt gewiß
eine Malice von Doris dahinter."

594. K. J. H. Windischmann an F. Bopp

29. 3. 1829

Mein Freund Hegel soll so wohlwollend gewesen sein, in
seinen Vorlesungen öffentlich zu sagen: ich müßte die chinesische Arbeit aus seinen Heften über Philosophie der Geschichte genommen haben. Es ist mir freilich eine ganz
gleichgültige Sache, wenn ich dergleichen höre, aber um
seinetwillen tuts mir leid, denn es waren gleich einige Zuhörer dabei, die mich arbeiten gesehen und den andern
sagten, das sei unverschämt. Ich habe 18 Jahre lang die
Universalgeschichte vorgetragen, ehe Hegel daran dachte,
sich um die Geschichte zu bekümmern, habe schon als
Knabe mir Sammlungen über chinesische und orientalische
Altertümer gemacht, die Prinzipien des chinesischen Reichs
und Altertums schon mehrmal z. B. im Jahre 1807 und
1813 öffentlich und gedruckt ausgesprochen, so daß ich mit
gleichem Recht sagen könnte, er habe sie von mir. Und was
die Ausführung des Einzelnen betrifft, so haben wir wohl
aus denselben Quellen geschöpft und Übereinstimmungen
mußten sich finden, wenn wir beide die Wahrheit ins Auge
gefaßt haben. Ich habe vielmehr vermieden, von Heften,
die mir zu Gebote gestanden hätten, Gebrauch zu machen
und jeder wird erkennen, daß doch seine Darstellungen,
soweit sie mir bekannt geworden, die Quellen nicht ganz

verdauet in sich haben. Wenn also jene Äußerung im Collegio faktisch ist, so ist sie mir zugleich ein Beweis, wie leicht sein freundliches Verhältnis zu mir zu trüben war und wie wenig mein Vertrauen auf seine aufrichtige Gesinnung gegen mich sich rechtfertigt. (Vom Indischen wird er nicht sagen, es sei aus seinen Heften, denn sein Zusammenwerfen aller indischen Prinzipien in eine Masse und Brei widerlegt sich durch die Darstellung der Sache von selbst).

595. *Varnhagen v. Ense, Tagebuch*

Berlin, 7. 4. 1829

Herrn Prof. Hegel gesprochen.

595 a. *Alexander Jung*

Höchst komisch muß das Zusammentreffen und zuletzt Zusammengeraten zwischen Herbart und Hegel in Berlin gewesen sein[1]: Herbart, der Vornehme, der Ästhetische, der Elegante, der auf alles, namentlich auf das feinste Dekorum überall Reflektierende, Hegel, der Harmlose, der Insichgekehrte, der Schlichte, der sich selbst und seine Umgebung stets im Weltgeiste verschwinden sah. Hegel besucht Herbart, als dieser gerade im Hotel an der Table d'hôte diniert. Herbart erhebt sich, um sein ästhetisches Interesse an der Schicklichkeit, an der Form, nach allen Regeln feinster Etikette zu befriedigen, wie er soeben im Begriffe gewesen war, seinen Appetit zu befriedigen. Hegel will dergleichen als ein Äußerliches, als ein Tädiöses nicht respektieren; er will jenem Bemühen Herbarts durchaus wehren, Herbart solle fortessen. Herbart kann sich das weder als Philosoph, noch als Ästhetiker, noch als Gesellschafter gefallen lassen. Herbart sträubt sich, was er kann. Hegel erklärt, daß Hegel, wenn Herbart nicht fortessen wolle, sogleich gehen werde. Herbart ißt nicht fort, und Hegel geht.

596. *Marie Hegel an Christiane Hegel*

Berlin, 21. 5. 1829

Wir haben gehört, ... daß Du leider krank darnieder liegst ... Dein guter Bruder grüßt Dich herzlich durch mich; er schreibt soeben an Vetter Göriz und schickt ihm eine Anweisung auf 25 Taler; er bittet ihn, selbige für Dich zu erheben und dafür Sorge zu tragen, daß Deiner Pflege nichts abgeht [1]; — ist noch mehr nötig, so soll ihn der gute Vetter Göriz davon benachrichtigen; Du weißt, daß Du Dich auf seine brüderliche Liebe und Treue verlassen darfst und daß er gerne alles für Dich tut, was in seinen Kräften steht ...

597. *Marie Hegel an Christiane Hegel*

Berlin, 24. 6. 1829

... ich lebe seit einigen Wochen abwechselnd in einem Garten bei einer Freundin, [Frau] Professor Marheineke, und trinke einen Brunnen des Morgens und gehe von 6 Uhr an spazieren, was mich ungemein stärkt und erquickt. Es wird jetzt in unserem Hause gebaut, wodurch wir manche Unruhe und Unbequemlichkeit, auch viel Staub zu genießen haben, dafür wird es aber auch wieder freundlich und nett; — wir bewohnen schon seit 10 Jahren dieselbe Wohnung und lassen uns lieber einige Monate die Unbequemlichkeit eines Baues gefallen, eh wir uns zu einem Umzug entschlossen hätten.

... Wir sind gottlob alle gesund. Hegel ist wohl und heiter, er macht wie ein anderer Lebemann gerne alles mit; je ernster ihn der Tag beschäftigt, je lieber ist ihm ein Spaziergang oder eine Whistpartie oder sonst erheiternde Gesellschaft oder Musik am Abend; wo etwas Schönes zu hören und zu sehen ist, muß er dabei sein; — er ist um 10 Jahre jünger und um 20 Jahre heiterer und lebenslustiger als damals in Nürnberg. — Diese Heiterkeit, die auch auf mich beglückend übergeht, macht mich unaussprechlich glücklich. Es ist in der letzten Zeit viel über seine Philosophie geschrieben worden, viel Hartes, viel Giftiges; je weiter sich seine Philosophie ausbreitet, je mehr Anhang sie findet, je mehr regt sich der Neid und Verdruß derer, deren Reich dadurch einen Stoß bekommt oder ein Ende gemacht wird. — Diese harten Ausfälle stören aber gottlob seine Ruhe und seine Heiterkeit nicht. Er hat eben eine ausführliche Widerlegung dieser neu erschienenen Schriften gegen seine Philosophie für die Berliner Jahrbücher beendigt [1]. Eine Schrift, die *mir* auf so viele harte Anklagen wohlgetan hat und die mit Wärme Hegels Philosophie verficht, ist von einem ihm *unbekannten* Gelehrten in Naumburg [2]. Ich habe aus der Vorrede mir einiges abgeschrieben und teile Dir es mit, weil ich es eben bei der Hand habe und nun das Buch selbst besitze. — Du mußt es aber nur für Dich behalten und mich nicht verraten, daß ich eine so alberne Frau bin und so etwas abschreibe ...

Vielleicht siehst Du einmal Frau v. Cotta, wir waren viel mit ihr zusammen, sie kann Dir von Hegel, den sie ihren ersten Courmacher nannte, manches lustige Geschichtchen erzählen. — Hegel ist verhindert, Dir in diesem Augenblick zu schreiben ...

598. K. Ch. F. Krause an H. v. Leonhardi

Göttingen, 28. 6. 1829

Man hat mir gesagt, daß Reuter jetzt wieder ein leidenschaftlicher Anhänger Hegels geworden; ich kann es aber nicht wohl glauben. Geschrieben habe ich ihm nicht, auch von ihm keinen Brief erhalten.

599. Marie Hegel an ihre Söhne

29. 7. 1829

Wir sind nun endlich in unser neu Quartier eingezogen. Ich habe meine getreuen Handlanger dabei nicht wenig ver-

mißt, besonders beim Ordnen der Bibliothek, die ich ordentlicher, als sie je war, aufgestellt habe, nach allen besonderen wissenschaftlichen Fächern; — ich hatte dabei keine
Hilfe und bin ehrlich müde geworden. Unsere Wohnung
ist nun allerliebst; ihr werdet Euch über Euer freundliches
Stübchen freuen. — Des Vaters Antwort an Frau v. Wahl
ist nun abgegangen. Er ist darauf eingegangen, jedoch in
dem Sinne, in dem ich Euch neulich davon schrieb. Wir
wollen freie Hand behalten. Fügt sich **Wahl in die** her-
kömmliche Ordnung und Stille unserer Verhältnisse und
vertragt Ihr Euch gemeinschaftlich und ist er brav und
ordentlich, so nehmen wir [ihn] herzlich gern als Pflegesohn auf.[1]

600. *Adalbert Cybulski*

Damals [Sommer 1829] lebte noch Hegel, ihn hörte die
ganze Universitätsjugend, mit dem größten Eifer vor allem
die Polen. Man kam nie zusammen ohne über philosophische Gegenstände zu disputieren. Mickiewicz [1] wurde
auch in eine seiner Vorlesungen geführt. Es war Logik, die
Entwicklung der Begriffe Verstand und Vernunft der Gegenstand des Vortrags. Hegel hatte einen schlechten Vortrag — man mußte sich erst an denselben gewöhnen. Mik-
kiewicz war nicht sehr oder vielmehr gar nicht davon eingenommen und zog den Schluß, daß ein Mann, der so
unklar spreche und sich eine Stunde abquäle die Bedeutung
zweier Begriffe zu entwickeln, sich wohl selbst nicht verstehen möchte. Libelt [2] antwortete ihm darauf, ob er wohl
einen solchen Zustand für psychologisch möglich hielte, daß
ein Mann bei rechten Sinnen eine Stunde lang sprechen
könnte, ohne sich selbst zu verstehen, ja ohne auf seine
Zuhörer, die nach Hunderten zählten, den Eindruck zu
machen, daß er sich selbst nicht verstehe.

601. Wilhelm Vatke an seinen Bruder Georg

Berlin, 6. 8. 1829

Neulich ist Rektorwahl gewesen: Hegel wird Rektor. Das theologische Dekanat wechselt reihum; Marheineke war es dieses Jahr. An Neander ist die Reihe. „Ich will nicht!" ist seine derbe Antwort. Wahrscheinlich hat er Kollisionen mit dem Rektor befürchtet.

602. K. F. Zelter an Goethe

Berlin, 8. 8. 1829

Einer angenehmen muntern russischen Dame, Frau v. Wahl aus Dorpat [1], die einen artigen Sohn auf die hiesige Universität bringt, habe ich einen Brief an Dich mitgegeben. Sie reist über Dresden, wo sie ihre Tochter abholt, und wenn sie zu guter Stunde in Weimar ankommt, mag sie ihr Heil versuchen; wir haben einige vergnügte Tage mit ihr und Hegels zugebracht, und ich wollte ihr ebenso gern gefällig sein, als ich sie noch recht anmutig und natürlich finde.

603. Susanne v. Tucher an Marie Hegel

Teplitz, 26. 8. 1829

Ich kann Dir die frohe Nachricht geben, daß Dein lieber Hegel glücklich, vergnügt und heiter gestern Abend hier angekommen ist. Du hattest mir zwar geschrieben, er würde wohl von Dresden aus einen Wagen nehmen, allein ich ließ mich erkundigen, wann der Eilwagen käme, und da es hieß bis 7 Uhr Abend, so hielten wir's nicht möglich, daß Dein lieber Hegel mit anderer Gelegenheit früher ankommen könnte. Wir gingen also nachmittags in den Turner Park, der an der Landstraße liegt, und hofften, ihm auf dem Heimweg zu begegnen. Wir brachen dort um 1/2 7 Uhr auf und eben da war er schon angekommen, was wir auf der

Post erfuhren, wo ich eben meine Einladung an Hegel abgeben wollte, ins Goldene Herz zu kommen. Wir ließen
uns nun recht überraschen, setzten uns an den Teetisch,
während er, wie uns das Mädchen sagte, seine Toilette
machte und sich rasierte. Endlich klopfte dann der liebe
Mann, und wir freuten uns innigst, ihn so wohl aussehend,
so heiter und vergnügt zu sehen. Wir blieben bis 10 Uhr
beisammen sitzen, er hatte ein Rebhuhn mit uns verspeist
— und ich sehe nun mit Vergnügen dem Frühstück entgegen.

Nach demselben um 10 Uhr

... Er [Hegel] ist nicht ungeneigt, sie [eine Einladung
nach Prag] einzugehen. Wir fahren Freitag mit unterlegten
Pferden bis Prag, Sonntag abend fährt Hegel mit dem Eilwagen nach Karlsbad, und kommt dort Montag früh 8 Uhr
an. Wie er weiter seine route macht, weiß ich nicht. — Was
er uns von Dir, von Deinen lieben Kindern sagte, gereicht
mir zur großen Freude, er hat Euch alle wohl verlassen und
hätte Dich gerne mitgenommen, hätten es die Umstände
nur immer erlaubt und das wäre freilich ganz herrlich gewesen. —

Wir wollen hier uns noch möglichst mit Hegel herum-
treiben, und es scheint das Wetter will uns freundlich gewogen dazu sein. Diesen Nachmittag fahren wir nach
Duchs, der Wallensteinischen Herrschaft, eine meiner Lieb-
lingspartien ... Morgen, wenn uns das Wetter günstig ist,
wollen wir Hegels Geburtstag auf der Rosenburg, ebenfalls
ein hübscher Platz zur schönsten Aussicht in das große
schöne Tal — feiern. ... Angenehmeres hätte mir wirklich
nicht widerfahren können, als Hegels freundliche Erscheinung. Auch kann ich Dir versichern, daß unsere gute Rosen-
hain sehr erfreut darüber ist und sie in Hegels herzlicher
Einladung die angenehmste Aufforderung findet, sie recht
gerne anzunehmen. ...

N. S. Nun wo Hegel abends keinen Tee mehr nimmt,
wird mein ohnehin kleines Geschenk gar wenig Wert für
Dich haben.

604. *Friedrich Förster*

Am Steeg, August 1829

Mir war dieser Sonnenaufgang noch besonders dadurch bedeutungsvoll, daß heute (den 27. Aug.) Hegels, meines verehrten Lehrers und Freundes, Geburtstag war, ein Tag, den wir mit demselben Rufe: „und es ward Licht", in der Wissenschaft begrüßen dürfen.

605. *Wilhelm Grimm an K. H. Scheidler*

Kassel, 29. 8. 1829

Mir gefällt überhaupt in Ihren Schriften, daß Sie alle honetten Leute mit an der Philosophie arbeiten lassen und unser einer sich nicht zu schämen braucht, wenn er einmal auf den Einfall kommt, einen Gedanken zu haben. So wird doch eine Kommunikation eröffnet und wenn wir Nichtphilosophen auch einen geringen Leibzoll für den Eingang erlegen müssen, so bleiben wir doch nicht draußen und dürfen nicht höchstens nur, wie ich tue, wenn Herr Rosenkranz in Halle über die Nibelungen und Hegels Weise spricht[1], Maul und Nase aufsperren. Wie wohl es einem andern Schüler, Herrn Sietze in Berlin[2], in seiner Haut sein muß, nach welchem man nicht mehr zu beten braucht, dein Reich komme, weil das Gebet durch Preußen bereits erfüllt sei, begreife ich wohl, nur leider kann ich an dem Glück keinen Anteil nehmen.

606. *F. L. G. v. Raumer an L. Tieck*

Berlin, 30. 8. 1829

Am 16. d. M. feierte die Universität ihr zwanzigjähriges Stiftungsfest, wo einmal alle Fehde ein Ende hatte und Schleiermacher, Schmalz, Hegel usw. sich zusammenfanden, sprachen und als ehrenwert behandelten. Gewiß gut, daß

Humanität die Grobheit austreibt, und verschiedene Ansichten und Richtungen nebeneinander sich entwickeln, gefördert und bekämpft werden, ohne des Anstandes zu vergessen oder die Persönlichkeit übereilt zu verdammen.

607. J. P. Eckermann, Tagebuch

1. 9. 1829

Ich erzählte Goethe von einem Durchreisenden, der bei Hegeln ein Kollegium über den Beweis des Daseins Gottes gehört.[1] Goethe stimmte mir bei, daß dergleichen Vorlesungen nicht mehr an der Zeit seien.

608. Susanne v. Tucher an Marie Hegel

3. 9. 1829

Ich füge nur noch einige Zeilen dem Brief Deines lieben Hegel bei ... Gestern Nachmittag, vielmehr abends 6 Uhr, ist er mit dem Eilwagen nach Karlsbad abgereist. Wir waren sehr vergnügt in seiner heiteren Gesellschaft. Er ist allerdings sehr lieb; ich habe ihn nie anders gekannt; aber auch sehr heiter und unterhaltend. Alles freute sich seiner, ich war stolz auf meinen lieben Hegel. Ich kann Dir versichern, daß er mit herzlicher Freundlichkeit vom guten George und der lieben Lissi[1] aufgenommen wurde und das feierliche Versprechen geben mußte, mit Dir zu kommen. ... Ich bin zufrieden mit all der Liebe und Achtung, die mir Hegel erzeigt hat und bin auch gar geneigt, seinen Besuch als einen Beweis davon anzusehen und ihm recht dankbar dafür zu sein. Was in der nächsten Zeit mit der kleinen lieben Person [Tante Rosenhayn] vorgeht, will ich Dir erzählen. Sie reist am Sonntag Abend mit dem Eilwagen nach Karlsbad, wo sie ein gewisser berühmter Gelehrter erwartet, in seiner Gesellschaft wird sie über Weimar und Jena gehen, den lieben Frommann besuchen,

wahrscheinlich das Musikfest in Halle mitmachen, — ob sie
dann von Leipzig alleine wieder zurückkehrt, oder, was ich
entsetzlich fände, noch weiter mit jenem Mann herumziehen
wird, das weiß ich eigentlich so genau nicht — will auch
nicht in die Herzensgeheimnisse und Angelegenheiten der
beiden lieben Leute eindringen — aber — aber —

Frau von Wahl wird morgen auch ab- und jenem berühmten Mann nachreisen, es ist arg, wie er die hübschen
und angenehmen Weiber in seine Netze zieht...

609. *Schelling an seine Frau*

Karlsbad, Anfang September 1829

Stell Dir vor, gestern sitz ich im Bade, höre eine etwas unangenehme, halb bekannte Stimme nach mir fragen. Dann
nennt der Unbekannte seinen Namen, es war Hegel aus
Berlin, der mit einigen Verwandten aus Prag hierher gekommen ist und sich ein paar Tage auf der Durchreise hier
aufhalten wird. Nachmittags kam er zum zweiten Male
sehr empressiert und ungemein freundschaftlich, als wäre
zwischen uns nichts in der Mitte; da es aber bis jetzt zu
einem wissenschaftlichen Gespräch nicht gekommen ist, auf
das ich mich auch nicht einlassen werde, und er übrigens
ein sehr gescheiter Mensch ist, so habe ich mich die paar
Abendstunden gut mit ihm unterhalten. Noch habe ich ihn
nicht wieder besucht; es ist mir etwas zu weit in den goldenen Löwen.

610. *Goethe, Tagebuch*

11. 9. 1829

Herr Professor Hegel von Berlin und Frau Generalin von
Rosenhayn. ... Gegen Abend Professor Hegel nochmals.

611. Varnhagen v. Ense, Tagebuch

Frankfurt a. M., 15. 9. 1829

Herrn Prof. Gans unvermutet hier gesehen. Herr Prof. Hegel ist Rektor geworden, und das Ministerium will zulassen, daß der jedesmalige Rektor auch das Amt eines Regierungsbevollmächtigten bei der Universität führt, wodurch also dieser Teil der Karlsbader Beschlüsse gradezu außer Acht kommt.

612. Varnhagen v. Ense, Tagebuch

Berlin, 2. 10. 1829

Herrn Prof. Hegel gesprochen; er war mehrere Tage in Karlsbad mit Herrn von Schelling in alter Freundschaft zusammen.

613. Varnhagen v. Ense, Tagebuch

Berlin, 20. 10. 1829

Herr Prof. Hegel hat gestern sein Rektorat mit einer schönen lateinischen Rede angetreten.[1]

614. Victor Cousin an Schelling

Paris, 30. 10. 1829

J'aborderai avec la même simplicité un autre point de votre lettre, celui où vous supposez que je sois embarrassé entre M. Hegel et vous.[1] Non, je ne suis point embarrassé; car je vous aime et vous estime profondément tous les deux, et profite de l'un et de l'autre, sans vouloir jurer ni par l'un ni par l'autre. Tous les deux vous m'avez reçu en 1818, avec une cordialité que je n'oublierai jamais; et quand une police en délire osa donner sur ma personne le scandale d'une

arrestation arbitraire, qui pouvait mettre en péril ma réputation de bon sens et de loyauté, tous deux, et lui surtout,
vous m'avez donné des gages d'une estime et d'une amitié
non équivoques. Jugez donc, après cela, quelle faiblesse
d'âme il y aurait à moi d'aller abandonner l'un ou l'autre,
pour tel ou tel système métaphysique, qui certes ne pourra
jamais être aussi évident à mes yeux que cette pauvre petite maxime morale, qu'il faut rester fidèle à ses amis. Vous
vous êtes aimés, puis vous vous êtes refroidis; maintenant
vous voilà brouillés et presque ennemis. Je le regrette; mais
je suis bien déterminé, pour ma part, à ne pas me brouiller
volontairement ni avec l'un ni avec l'autre, quoi qu'en
puisse dire et penser l'un ou l'autre. Plus d'une fois à Berlin, j'ai fait taire les amis de M. Hegel, lesquels ne me plaisaient pas le moins du monde. Pour lui, je lui rends cette
justice que jamais il ne m'a dit un mot qui pût blesser les
sentimens que je vous porte. Je ne crains pas d'ajouter qu'il
me respecte assez et me connaît trop pour ne s'en être
jamais avisé. Trouvez bon, mon cher ami, qu'il en soit de
même avec vous. Votre parfaite loyauté doit comprendre la
mienne; et vous concevez que je ne dois ni ne veux souffrir,
de qui que ce soit, aucune expression de mépris pour un
homme dont je fais profession d'être l'ami. — Fort bien,
direzvous, pour les individus; mais entre les systèmes, il
faut bien se prononcer. Je n'en vois pas la nécessité. Je suis
un ami de la vérité, qui, après avoir dépassé, je crois, le
peu qu'on peut savoir de philosophie en France, a été demander des inspirations à l'Allemagne. Elle m'en a fourni
abondamment. De là, une reconnaisance et une vraie tendresse, qu'une indigne persécution n'a point affaiblies. J'y
ai étudié Kant, et je crois le comprendre. J'oserai presque
en dire autant de Fichte. Pour vous, je vous ai moins étudié, je vous comprends moins; vous êtes trop au-dessus de
moi pour que je puisse vous mesurer. Je profite donc de ce
qui me convient, çà et là, dans vos idées, mais sans juger
l'ensemble, sans adopter ni rejeter votre système. Il en est
de même de Hegel, avec cette différence qu'avec lui j'en
suis réduit à des conversations positives, ses livres étant

pour moi lettre close. Seulement, il me semble que vous
vous ressemblez en beaucoup de points; et quand je vous
vois vous battre, je vous dirais volontiers: Mes chers amis,
vous tirez contre vous-mêmes. Je n'aperçois encore que vos
ressemblances. Quant au fond, ne vous entendant pas parfaitement, je ne me prononce pas sur votre compte, et ne
parle ni de l'un ni de l'autre, excepté pour rendre hom-
mage à votre mérite supérieur, et à la bonté avec laquelle
vous m'avez tous deux accueilli. Voilà où j'en suis; plus
tard, je vous étudierai tous deux sérieusement et me pro-
noncerai peut-être; jusqu'ici je reste dans le doute et le
silence, comme un homme trop sincère et trop ferme pour
se laisser entraîner au delà de sa conviction.

615. Susanne v. Tucher an Marie Hegel

Nürnberg, 7. 11. 1829

Benoit ist ein wenig desparat, daß er Hegel vor Jahren
Schnupftabak schickte, der noch nichts taugte, gegen[über]
der jetzigen Fabrikation. Er bittet nun ihn zu kosten. Die
Empfehlung eines so großen Mannes und Schnupfers ist
viel wert.

616. K. F. Zelter an Goethe

Berlin, 10. 11. 1829

Vorige Woche gestand mir Hegel (der mich für sein **Blatt**
werben will), es tue ihm leid, sich mit seinen Gegnern ein-
gelassen zu haben.[1]

617. Johann Gustav Droysen an Albert Heydemann

Berlin, 19. 11. 1829

... die Hegel-Zeitung geht ein, weil der König mit eigener
Hand die Unterstützung des Blattes per Kabinettsordre ver-

boten hat und Cotta nicht mehr drauf wenden will und
doch jeder der Herren für die gute Sache zwanzig Pfennig
per Bogen haben muß und es allzumal Jammerlappen sind.
Gans, so verrückt und lächerlich er sein mag, ist der einzige
Vernünftige darunter; er hat der Sozietät zweitausend Taler Vorschuß gemacht, damit sich die Sache noch halten
könne, und die Garantie ist doch schlecht genug. Überhaupt
verstehen die Historischen ihren Vorteil besser: die schreiben nicht so windige und windschiefe Spekulationen ...
Aber die Hegelschen meinen, das sei alles nur Philosophie,
und das ist wahr; der Mensch ist nach Gottes Bilde geschaffen und Gott wohl auch ein Philosophos und doch hat
er seine Geschichte rein historisch traktiert und überhaupt
auf die Seite der reellen Wissenschaften viel mehr Gewicht
und Fleiß gelegt als auf die abstrakten Dogmen vom heiligen Geist. So sollten's die Herren auch machen: der heilige
Geist der Philosophie ist wohl ein Wesentliches in der Trinität der Wissenschaften, aber die Offenbarung ist und
bleibt doch das Positive.

618.   F. Bopp an K. J. H. Windischmann

Berlin, 21. 11. 1829

Hegel hat sich gegen mich über den Eindruck, den Ihr Brief
auf ihn gemacht hat, nicht geäußert.[1]

619.   K. J. H. Windischmann an F. Bopp

Bonn, 2. 12. 1829

Hegel läßt nichts von sich hören. Ich habe ihm freilich
Dinge gesagt, die er nicht leugnen kann, und er tut nun,
als ob ich ihn gröblich beleidigt hätte. Indessen hoffe ich, er
findet sich wieder; wo nicht, so tut es mir leid um ihn. Ich
habe nie etwas getan, was ihn mit Recht kränken könnte.
Mir aber hat er solches getan, was ich ihm endlich sagen
mußte, aber von Herzen verzeihe.[1]

620. *Marie Hegel an Christiane Hegel*

7. 12. 1829

... Teplitz zu, und da ihre Badekur[1] zu Ende war, veran-
laßten sie ihn, sie nach Prag zu begleiten. Dort wurde er
von meinem Onkel auf das freundschaftlichste aufgenommen und blieb in diesem lieben, herzlichen Familienkreis
noch über 8 Tage. Inzwischen hatte er es darauf angetra-
gen, Tante Rosenhayn sollte ihn hierher begleiten. Er ließ
nicht nach, so lange in sie zu dringen, bis, aller Bedenklichkeiten ohngeachtet, sie sich reisefertig machte. Hegel hatte
für den Nachhauseweg den weiten Umweg über Karlsbad
und Weimar sich vorgenommen, auch dazu mußte sie sich
entschließen, den Umweg mitzumachen. Er reise voraus
nach Karlsbad, wo er gern einige Tage zubringen wollte
und wo er mit Schelling zusammentraf. Sein altes Freund-
schaftsverhältnis mit Schelling hat sie aufs Neue vereinigt.
Sie waren kordat als alte Freunde vom frühen Morgen bis
am Abend zusammen — Mein Tantchen reise nach einigen
Tagen ihm nach, und so ging es nach Weimar zu Goethe,
nach Jena zu Frommanns und über Leipzig mit der Schnellpost zu meiner unsäglichen Freude hierher ...

621. *Schopenhauer an Francis Haywood*

Berlin, 21. 12. 1829

... but so much did by and by degenerate our German
philosophy that we now see a mere swaggerer and char-
latan, without a shadow of merit, I mean Hegel, with a
compound of bombastical nonsense and positions border-
ing on madness, humbug about a part of German public,
though but the more silly and untaught part, to be sure,
yet by personal means and connexions he contrived to get
a philosopher's name and fame. The more enlightened part
of the learned public certainly takes him for what he is,
while this also holds no other philosopher in esteem but
Kant ...

622. Karl Rosenkranz

Ich wurde nun [1829] auch der Sozietät für wissenschaftliche Kritik präsentiert und von ihr als Mitglied aufgenommen, wie die nächste Nummer ihres Journals verkündete. Ich wohnte auch einer Sitzung derselben im Hôtel du Nord bei und staunte Hegel an, als er mit Varnhagen wegen eines Werkes, welches sich auf die Feldzüge der Freiheitskriege bezog, in einen lebhaften Streit über die Darstellung einer Schlacht geraten war. Varnhagen, der Offizier gewesen war, konnte als Sachverständiger gelten. Er ging scharf gegen Hegels Ansichten heraus, aber dieser war schwer zu überzeugen, daß er Unrecht haben sollte und schien mit seinen Gründen unerschöpflich zu sein. Der Streit wurde zuletzt für die Übrigen peinlich, bis Herr von Henning, der den Krieg selbst mitgemacht hatte, mit seiner glücklichen Gabe zu kalmieren, zu vergleichen, zu begütigen, die beiden Kämpfer zu einem heiteren Austrag brachte. Ich habe in späteren Jahren manchmal mit Varnhagen mich dieser Szene wieder erinnert, allein er versicherte mich, daß die Heftigkeit, wie ich sie damals an Hegel gesehen, nur ein geringer Grad derselben gewesen sei und daß sein Zorn und sein Schelten in der Tat fürchterlich habe werden können.

623. V. Cousin an E. Gans

Si vous vous plaignez d'être privé de nouvelles de Paris, je pourrais me plaindre et plus justement, d'être fort oublié par Berlin. J'ai écrit bien des fois à Mr. Hegel; je lui ai envoyé bien des volumes par Mr. Schlesinger [1]: pas un mot de réponse, pas un signe de vie, de sorte qu'il faut l'inviolable fidélité que j'ai vouée à notre ami pour ne pas douter un peu de la sienne. Non, je n'en doute pas. Mais je voudrais en avoir un peu plus de preuves. On dit que l'école qu'il a formée à Berlin et dont vous êtes un des représentans les plus distingués, commence à être attaquée.

624. Varnhagen v. Ense, Tagebuch

Herr von Altenstein hatte Herrn Prof. Hegel, jetzigen Rektor der hiesigen Universität, zum roten Adlerorden dritter Klasse jedoch vergebens vorgeschlagen. Dagegen hat Herr Alexander von Humboldt denselben Orden für die Professoren Encke und Mitscherlich erwirkt. „Da sahen wir, daß eine Art Nebenministerium besteht, das mehr Gunst hat, als das eigentliche." —

625. Varnhagen v. Ense an Goethe

Herr Prof. Hegel ist mit Geschäften überhäuft; ein schönes Vorhaben von ihm, die Seherin von Prevorst [1], welches Buch hier wie in München und andern Orten den Gläubigen eine Heilsnahrung, den Vornehmen eine scharfduftende Leckerei geworden, für die Jahrbücher zu rezensieren,

scheint in den zeitraubenden Pflichten und Ehren seines
Rektorats untergegangen; sonst wäre zu erwarten gewesen,
daß er tüchtig eingegriffen und manches von seinem Ort
Gerückte gründlich dahin zurückgestellt hätte.

626. *Varnhagen v. Ense, Tagebuch*

Berlin, 23. 4. 1830

Am 20. bei Herrn Prof. Gans zu Mittag, wo es ziemlich
lebhaft war, und die hallischen Sachen[1] tüchtig durchgesprochen wurden. Herr Geh. Rat. Schulze, Herr Prof. Marheineke, Hegel, Geh. Rat Böckh usw.

627. *Susanne v. Tucher an Marie Hegel*

Nürnberg, 8. 5. 1830

Jeanot, der sich auch bestens empfiehlt, hat mir über den
Tabak folgende Auskunft gegeben ... die Quantität des bestellten Tabaks werde sich auf der Rechnung erweisen.
15 Pakete darüber wird Hegel gütigst annehmen, die Eti-
ketten auf dem Tabak, nicht der Tabak selbst sei verschieden von den Proben, dies würde Hegel finden ...

628. *F. Mendelssohn-Bartholdy an seine Familie*

Weimar, 21. 5. 1830

... wie ich denn nun bis jetzt auch jeden Tag da war[1], und
ihm [Goethe] gestern von Schottland, Hengstenberg, Spontini und Hegels Ästhetik[2] erzählen mußte, ... und wie ich
dann so dachte, das sei nun der Goethe, ... da wär' ich
wohl recht toll gewesen, wenn mich die Zeit gereut hätte.

629. Wilhelm v. Humboldt an F. Bopp

Berlin, 27. 5. 1830

Den Wahlen Hegels und Graffs gebe ich gern meine Zustimmung. Ich habe es immer unpassend gefunden, daß
Hegel nicht schon längst in der Akademie war.[1] Sie finden
auf umstehenden Blatte meine Zustimmung ausgedrückt.
Nur mit vorschlagen möchte ich nicht, weil ich nicht gern
bei der Akademie etwas von mir ausgehen lasse.

630. H. v. Leonhardi an K. Ch. F. Krause

München, 1. 7. 1830

Gestern hat Schelling bei Erwähnung der weiteren Ausbildung seiner Naturphilosophie eine ganze Stunde lang Hegel
(beim Namen) abgehandelt, zwar sehr anerkennend gesprochen, aber doch so, daß am Ende diesem wenig gute
Fetzen geblieben sind. Er sagt, Hegel hätte die früher
reale Form der Naturphilosophie nur künstlich, und darum
gebrechlich, aber doch sehr verdienstlich ins Denken, in den
Begriff, ins Logische umgesetzt, und wie oft große Dinge
durch kleine Zufälle veranlaßt würden, so auch bei Hegel,
welchem von Universitätsfreunden geraten worden sei, die
damals zu Jena vernachlässigte Logik zu lesen. Er habe
aber ungefähr so viel getan, als Einer, der ein Violinkonzert fürs Fortepiano umsetzt.

631. Alexander v. Humboldt an Varnhagen v. Ense

Berlin, 9. 7. 1830

Es freut mich unendlich, daß Sie sich mit Hardenberg beschäftigen wollen[1], eine schwierige aber dankbare Aufgabe,
wenn Sie nur die Epochen zu unterscheiden wissen, und
der Parteihaß einst schweigen wird. Auch für Hegel scheint
er endlich zu meiner Freude in der Akademie zu schweigen.

632. K. F. Zelter an Goethe

Berlin, 11. 7. 1830

... bei Gelegenheit der hiesigen Feier der Augsburgischen Konfession ... die philosophische Fakultät hat mich an diesem Feste feierlich zum Doktor ausgerufen.[1] Meine Studiosen, 81 an Zahl, haben bei Gelegenheit des Säkularfestes eine Musik hören lassen, wie solche jetzt der Papst selber nicht hat. Unser Tedeum und der Luthersche Choral: „Ein' feste Burg ist unser Gott", von rüstigen, fähigen, muntern Burschen auf gut Lutherisch gesungen und ausgesprochen, hat das Dach des Universitätsgebäudes aufgehoben und die Umgegend mitklingend gemacht. Ein Senator fragte: ob es denn so stark sein müßte. „Ja!" war die Antwort, „wenn der Luther wieder Platz haben soll, so muß das süßliche Schelmenblut zu den Ohren herausgezapft werden."

633. K. G. Zumpt an Ch. A. Lobeck

Berlin, 12. 7. 1830

Hegel als Rektor hat am Confessionsfest eine Rede gehalten, die ich gedruckt wünschte[1]: so kräftig wurde darin der katholischen Unfreiheit Stirn geboten, kräftiger, als ich sonst bei unsern zachen, vermittelnden Theologen zu hören pflege. Ich habe mich auch über sein Latein gefreut, was nur einiger Nachhilfe bedarf, um den Beweis zu geben, daß diese Sprache mehr als alle andern Träger der Wahrheit sein kann. Man sah immer, daß er guten klassischen Grund gelegt hat.

634. K. Ch. F. Krause an H. v. Leonhardi

Göttingen, 18./19. 7. 1830

Es ist nicht gut, daß Schelling sich in nur zum Teil treffenden Witzreden wider Hegel gefällt. Auf ähnliche Weise hat er zu Dr. Thorbecke [1] im Jahre 1820 gesagt: daß Schellings Naturphilosophie einem Garten von Pflanzen, Hegels System aber einem herbario vivo gleiche. Ob Schelling die eigentliche Differenz seiner und der Hegelschen Lehre bestimmt erfaßt hat?

635. Schleiermacher an J. Ch. Gaß

23. 7. 1830

Marheinekes Rezension [1] ist keine Bestellung, wenigstens habe ich nie davon auch nur munkeln hören, und das fehlt doch nie, sondern sie ist ein Kind der Hegelschen Schule, die dadurch einen Versuch hat machen wollen, sich dieser Angelegenheit zu bemächtigen. Wir können aber ziemlich sicher sein, daß diese nie ans Brett kommen wird.

636. Wilhelm Vatke an seinen Bruder Georg

Berlin, Juli 1830

Ich hatte die Theologen eingeladen, außerdem den Geh. Rat Schulze, den Rektor Hegel, den Professor Lichtenstein und Kerll. Schulze hatte schon von meinem Examen gehört; er, Hegel, Regierungsrat Krause, der Universitätsrichter, und Kerll erschienen; außerdem ein paar Lizentiaten, aber kein theologischer Professor, was Dich nicht wundern darf, da die Disputationen hier sehr lau betrieben und fast gar nicht besucht werden, als vom vorsitzenden Dekan, dem Pedell und einigen Studenten. ... Unsere Disputation muß gut gewesen sein ... Sonntag ging ich zu Schulze, der alle drei Stunden dagesessen hatte, und sehr artig war; zu Hegel, der in Gedanken zu einem vornehmen Herrn, den er bei sich hatte, immer sagte: Ja, ja, eine sehr interessante Dissertation! (sollte Disputation heißen).

637. Karl Hegel

Plötzlich wurde 1830 die politische Stille durch die Julirevolution in Frankreich und ihre Folgen in Belgien und
Polen unterbrochen. Mit Schrecken sah mein Vater in ihr
eine Katastrophe, die den sicheren Boden des vernünftigen
Staates wankend zu machen schien, aber anders als Niebuhr, dachte er doch nicht, daß sie uns zum Despotismus
und zur Barbarei hinführen werde.

638. Karl Ludwig Michelet

Habe ich von den praktischen Ratschlägen, welche Hegel
mir auf meinen Lebenspfad mitgab und die meine ganze
Handlungsweise bestimmten, schon gesprochen, so kann ich
doch eine Verschiedenheit unserer politischen Ansichten
nicht verschweigen, die sich gegen das Ende seines Lebens
zwischen uns herausstellte. Es ist nicht zu leugnen, daß er
später seine politischen Forderungen abschwächte und von
der Begeisterung seiner Jugend für die Revolution von 1789
zurückgekommen war, da er nicht einmal der Julirevolution seine Billigung gewährte. Denn als wir damals auf
Politik zu sprechen kamen und ich dem Fortschritt der
Weltgeschichte, den dieselbe mit jener Revolution soeben
gemacht habe, das Wort redete, da herrschte er mich mit
den Worten an: „Das ist gerade wie Gans gesprochen."
Auf bestimmte Punkte näher eingehend, bemerkte er dann,
daß man sich mit der neuen französischen Regierung nicht
auf einen guten Fuß werde setzen können, da sie schwan-
kend und somit unzuverlässig sei. Als ich aber entgegnete,
daß die Substanz des französischen Volksgeistes doch auf
sicherem Grunde ruhe und uns mithin genugsame Verläs-
sigkeit biete, da erwiderte er schnell: mit der Substanz
verhandle man aber nicht, sondern mit den Personen. ...
An Ancillons Tische hörte ich ... auch das Wort aus seinem
Munde, man werde mit dem Bürgerkönige wohl auskom-
men können, wenn er vernünftig handele.

639. *Karl Gutzkow*

Es war am dritten August [1830] und die Sonne brannte. In der großen Aula der Berliner Universität wurde der festliche Tag wie immer durch Gesang und Rede gefeiert. Hunderte von Studenten drängten sich hinter der Barre, vor welcher Professoren, Beamte, Militärs saßen. Über dem Redner Boeckh sang unter Zelters Leitung der akademische Chor; ... aber alle, die Zeitungen lasen, wußten, daß in Frankreich eben ein König vom Thron gestoßen wurde. Der Kanonendonner zwischen den Barrikaden von Paris dröhnte bis in die Aula nach. Boeckh sprach von den schönen Künsten, aber niemand achtete diesmal seiner gedankenreichen Wendungen und klassischen Sprache; Hegel trat auf und nannte die Sieger in den wissenschaftlichen Wettkämpfen der Akademie. ... Ich selbst vernahm mit einem Ohr, daß ich sechs Mitbewerber überwunden und den Preis in der philosophischen Fakultät gewonnen hätte.[1]

640. *A. v. Platen an L. v. Ranke*

19. 8. 1830

Ich möchte wissen, ob es wahr ist, daß man in Berlin eine Prachtausgabe des Eulenspiegel veranstaltet hat. Die Hegelianer sollen alle subskribiert haben, um ihre Neidlosigkeit zu bewähren. Dieses langverkannte Volksbuch ist mit bacchantischem Enthusiasmus aufgenommen worden. Zeune nannte es das Urbuch der Deutschen, und der Hofdemagog[1] erklärte den Eulenspiegel für den höchsten Repräsentanten der tiefsten Nation. Hegel, mehrfach gefragt, soll erklärt haben: im Eulenspiegel zeige sich das deutsche Selbstbewußtsein gerade auf *dem* Punkte, wo es, vorwärts und rückwärts blickend, das Ding an sich, durch die Perplexität einer konvexen Anschauung, mehr schalkhaft als wissenschaftlich verauktioniere. Der letztere Ausdruck wurde von den bacchantischen Anbetern des Eulenspiegel übel gedeutet, und einer äußerte gegen Hegel, daß durch den Eulenspiegel die Zeiten erfüllt seien, worauf Hegel kurz und klar antwortete: „Der Messias bin ich." Eulenspiegel, verkündet das Berliner Konversationsblatt, heißt nichts anders als Spiegel der Weisheit, und wie ein neapolitanischer Mönch, der auf der Straße predigend, seine Zuhörer nach einer Pulcinellbude laufen sah, das Kruzifix in die Höhe hob und erzürnt ausrief: Ecce il vero Pulcinello!, so können auch wir Berliner von Hegel sagen: Dies ist der wahre Eulenspiegel!

641. K. F. Zelter an Goethe

Berlin, 27. 8. 1830

Heut ist nun auch Hegels Geburtstag, wozu ich mit meinem Hause durch die Frau eingeladen bin, und nach Mitternacht mögest auch Du Dir die Ohren klingen lassen . . .

642. H. v. Leonhardi an K. Ch. F. Krause

München, 2. 9. 1830

Seine [Schellings] Polemik gegen Hegel, Jacobi usw. ist sehr gehässig, und darin mißfällt er den meisten.

643. K. F. Zelter an Goethe

Berlin, 4. 9. 1830

Hegel war den Abend bei uns [1], und seit der Zeit liegt er am Fieber.

644. Susanne v. Tucher an Marie Hegel

5. 9. 1830

Eben als ich mich zum Schreiben an Dich ... hersetzte, erhalte ich Deinen Brief, in welchem Du mir die betrübliche
Nachricht Deines und des lieben Hegels Unwohlsein ver-
kündest.

645. K. F. Zelter an Goethe

Berlin, 7. 9. 1830

Die Hegelschen Eheleute sind ernstlich krank. Es wäre mir
leid, die guten Nachbarn zu vermissen. Sieht man sich nicht
zu oft, so hält man doch aneinander.

646. Varnhagen v. Ense an Goethe

Berlin, 25. 9. 1830

Wir haben jetzt hier unsre von zwei zu zwei Jahren sich
erneuende Kunstausstellung. ... Neben Thorwaldsens und
Rauchs Arbeiten glänzt eine herrliche Büste Hegels von
Wichmann.

647. Karl Hegel

Herbst 1830

Bei meinem Abgang vom Gymnasium schenkte mir mein
Vater Goethes sämtliche Werke in der damals erschienenen
Ausgabe letzter Hand ...

648. K. F. Zelter an Goethe

Berlin, 1. 11. 1830

Hegel und seine Frau haben das Fieber wieder bekommen,
und mir ist um beide bange.

649. K. F. Zelter an Goethe

Berlin, 13. 11. 1830

Frau v. Wahl ist seit acht Tagen in Berlin und wird vielleicht den Winter hier zubringen, um der Cholera, welche
sich im Norden furchtbar macht, keinen Stoff zuzubringen.
Gestern fand ich sie bei Professor Hegel, der sich in der
Besserung befindet und angefangen hat zu lesen.[1]

650. Varnhagen v. Ense an Goethe

Berlin, 16. 11. 1830

Ich war bei Hegel; erschüttert vernahm er die Botschaft,
sprach lieb- und achtungsvoll von dem Dahingeschiedenen[1],
schön und geistig über dessen kindliches Verhältnis, ernst
und würdig über den hohen Vater; in diesem die Erhabenheit dem Schmerze gleichwägend sagte er mit schwerem
Ernste: „Er ist zu allem *entschlossen* (anstatt des gewöhnlichen auf alles gefaßt) *er* wird mit allem fertig, ist er es
doch mit *sich* geworden, das war wohl die größte Aufgabe,
da die stärksten Gewalten!"

651. K. F. Zelter an Goethe

Berlin, 4. 12. 1830

Gestern abend war ich bei Hegel mit noch zwei Freunden.
Seine Schüler brachten ihm eine goldne Medaille mit sei-

nem Bildnis.[1] Er ist noch nicht ganz hergestellt, das Fieber will noch nicht ganz ablassen; doch liest er täglich wenigstens einmal. Wir haben [auf] Deine Genesung angestoßen.

652. K. F. Zelter an Goethe

Berlin, 14. 12. 1830

Für Hegel fang' ich an ernsthaft besorgt zu werden. Das Fieber will ihn nicht loslassen, und die Frau ist noch kranker. Gestern war er bei mir (er kam mir vor wie sein Schatten), um mir zwei Exemplare seiner Medaille zu bringen, deren eine er Dir bestimmt. Der junge Künstler heißt Held, es ist, soviel ich weiß, seine erste Arbeit, ich denke sie Dir mit Gelegenheit zu senden. Der Kopf ist gut und nicht unähnlich; die Kehrseite will mir aber nicht gefallen. Wer heißt mich das Kreuz lieben, ob ich gleich selber daran zu tragen habe!

653. Altenstein an Johannes Schulze

Berlin, 17. 12. 1830

Ew. Hochwohlgeboren haben mich durch die im Namen des Herrn Professors Hegel mitgeteilte, ihm von seinen Zuhörern gewidmete Medaille sehr erfreut. Dankbar erkenne ich es, daß derselbe meinem Wunsche, ein Exemplar dieser Medaille zu besitzen, so freundlich entgegengekommen ist. Es hat solche in mehrfacher Beziehung großen Wert für mich. Sie ist wohlgelungen und stellt das Bild eines Mannes, den Großes beseelt, auf eine großartige Art dar. Demnächst ist es ein schönes Zeichen der Wirksamkeit des Mannes, der so Ernstes nur ernst lehrt, diese Teilnahme unter seinen Zuhörern erweckt zu haben, und ich freue mich des dadurch einem Manne, den ich jeglicher Auszeichnung in Beziehung auf Wissen, Gesinnung und Wirksamkeit für so sehr würdig halte, zuteil gewordenen öffent-

lichen Anerkenntnisses. Ich bitte Sie, solches dem Herrn
Professor Hegel mit meinem verbindlichsten Danke gefäl-
ligst auszudrücken ...

---

654. Karl Gutzkow

Schleiermacher war mir eine von frühester Kindheit an vertraute Erscheinung ... Wenn ich nicht auch Philosophie bei
ihm hörte, so geschah es um deswillen, weil Schleiermacher
hier im Hintertreffen stand gegen Hegel, der damals die
hohe See befuhr und der Mann des Tages war. ... [Ich
muß bekennen,] daß Hegel bei aller Mißschaffenheit seines
Vortrags doch zu den am wenigsten zerstreuten Lehrern
gehörte. Er brachte seine ganze Sache, sein volles Streben,
seine ungeteilte Person mit auf den Katheder.

Völlig entgegengesetzt zur Vortragsweise aller dieser berühmten Männer, die wir bisher geschildert haben [1], war
diejenige Hegels, der noch in voller Kraft stand und nicht
ahnte, daß eine noch damals in Asien weilende Seuche, die
Cholera, und einige nach einem Souper verzehrte Melonen-
schnitten seinem Leben so bald ein Ende machen sollten.
Die einzige Weise Schleiermachers kam dem Charakter
nach dem Vortrag Hegels gleich, falls man nicht sofort eine
Ungehörigkeit darin finden will, die große Virtuosität im
Vortrage Schleiermachers mit dem lahmen, schleppenden,
von ewigen Wiederholungen und zur Sache nicht gehören-
den Flickwörtern unterbrochenen Vortrage Hegels verglichen zu sehen. Die Gleichartigkeit liegt darin, daß bei beiden die Redeweise den Charakter der Improvisation trug,
beide gleichsam ein Herausspinnen des Vortrags aus einer
erst im Moment vor den Augen der Hörer tätigen Denk-
operation gaben. Die andern gaben fertige Ergebnisse vor-
angegangener Meditation. Schleiermacher sowohl wie Hegel
erneuerten, um dies oder jenes Resultat zu gewinnen, den
Denkprozeß, Hegel vollends wie eine Spinne, die in der
Ecke ihres Netzes verborgen liegt und ihre Fäden, nach

außen immer weiter hinaus, nach innen immer enger zusammenzuziehen sucht. Die Weise, wie in einem meiner Jugendversuche „Nero" der dritte unter den daselbst auftretenden Sophisten seinen Schülern Sein und Denken parallelisiert, ist wörtlich die Kopie der Hegelschen Vortragsweise mit ihren mehrmaligen Wiederholungen des eben Gesprochenen und einem stereotypen „also" nach jedem dritten Wort.[2] Der Gedankengang schiebt sich da langsam vorwärts, geht immer wieder einen halben Schritt zurück nach einem ganzen Schritte vor. Dabei lag der Kopf der proportionierten, männlich gereiften Erscheinung dicht auf dem Pult des Katheders und ließ die Augen, die sich gleichsam von innen mit Flören bedeckten, unsicher und ausdruckslos im Kreise seiner etwa achtzig bis hundert zählenden Zuhörer umherirren. Es waren die scheinbar ausdruckslosen Denkeraugen, die nach innen leuchten.

Im wesentlichen war Hegels Äußere immer noch nach der Weise eines schwäbischen Magisters. Ottilie Wildermuth würde ihn für ihre schwäbischen „Pfarrhäuser" haben brauchen können.[3] Oft erzählte mir in späteren Jahren eine Schwester Wilhelm Hauffs, des schwäbischen Dichters, daß sie im Kloster Schönthal vor „des Hegel" Zynismus, seinem Verschmähen aller Sauberkeit, Ordnung und Seife ein „Horreur" gehabt hätte. Gleiches berichtete man aus Frankfurt über den Kaufmann-Gogelschen Hauslehrer am Eck des Roßmarkts und der Weißadlergasse, wo Hegel in die elegante Sphäre des Romans seines Landsmannes Hölderlin eintrat. Und daheim, in seiner am Kupfergraben belegenen Wohnung, den damals noch nicht existierenden Museen gegenüber, trug er eine runde, breitrandige Sammetmütze, wie ein „Meister der freien Künste" aus den Tagen des Mittelalters. Er behielt im Sprechen immer eine gleich mürrische, abgespannte Miene. Ich höre ihn noch, wie er mich beim Testierenlassen einer bei ihm gehörten Vorlesung mit den Worten schwäbischen Akzents anredete:

„Ich glaube Ihren Namen schon da und dort gelesen zu haben — Sie schriftstellern schon —?"...

In bezug auf diese Tätigkeit ... äußerte Hegel in seiner mürrischen Weise·

„Wie kann man sich an diesen Wolfgang Menzel anschließen —!" [4]

„Meine Überzeugung das — !" erwiderte ich ebenso
brummisch . . .

Doch der Wahrheit gemäß bekenne ich, daß sich mir in
Hegels Vorträgen jenes Damaskuswunder (ich möchte es
ein umgekehrtes nennen, die Bekehrung vom theologischen
Paulus zum philosophierenden Saulus), das mir im winter-
lichen Tiergarten begegnet war, stündlich wiederholte. Jede
der Hegelschen Beweisführungen hatte eine praktische Perspektive. Am Ende einer langen, allerdings höchst mono-
tonen und langweiligen Allee von Begriffsspaltungen sah
man immer einen Erfahrungssatz, der bestätigt, oder einen
Traditionssatz, der umgestoßen werden sollte. Der logische
Prozeß, das Sein und Werden, das Ansich und Fürsich,
war allerdings ein Becherspiel unter der Hand eines Jong-
leurs, der sein Spielzeug so lange betreibt, bis er uns das
Auge verwirrt und durch Aufdeckung eines der blanken
Gefäße erst wieder zur Besinnung bringt. Hob Hegel den
Becher auf, so lag gewöhnlich ein Unerwartetes da, ein
Wort von Goethe oder Spinoza, eine mystische Stelle Tau-
lers oder Jakob Böhmes, eine Etymologie von Grimm, ein
politisches Wort Montesquieus, ein Vorkommnis der Geschichte. Man mußte staunen und bewundern. Die schärfste
Polemik nach links und rechts, die absolute Verachtung der
„abstrakten", „endlichen", „flachrationalistischen" „Wahrnehmungen" begleitete durchweg den Vortrag und erkräf-
tigte den Geist. Allerdings erfüllte er ihn auch mit Hochmut. Man sah nur Denk-Parias um sich, während man sich
selbst, mit seiner Mappe unterm Arm, ein Brahmine erschien beim Heraustreten aus dem Hörsaal — war es nicht
Nr. 6? Die Hegelsche Philosophie der Geschichte [5], deren
Gefahren ich erst später erkennen lernte, war in der Tat
jenes Webermeisterstück, wovon Mephisto im Faust spricht.
Die Fäden gingen auf und nieder, jeder Tritt war sicher
und berechnet, die Welt wurde dem Schöpfer nachkonstru-
iert, das Geheimnis der Parzen, ihr System, wonach sie die
Verhängnisse bestimmten, schien enträtselt. Die Art, wie
aus jedem Volk gleichsam die Wurzel seines Seins gezogen

wurde, von jedem Zeitabschnitt die Blüte gepflückt seiner
gesamten Tendenzen und Strebungen, erfüllte den jugendlichen Hörer mit andächtigen Schauern.

655. *Arnold Ruge*

Mit Asverus hatte ich ein sehr genaues Freundschaftsbünd-
nis geschlossen. Er war ein vermögender und gesuchter
Rechtsanwalt, ein schöner junger Mann mit braunen Lok-
ken, gewandt und beweglich. Sein Witz und Humor waren
mir äußerst anziehend; dazu hatte er in Berlin Hegel gehört, und sprach immer mit der größten Begeisterung von
seiner Philosophie, wofür er auch von der Jenaer Burschenschaft förmlich in Verruf erklärt worden war. Daß ich nun
kein Vorurteil gegen Hegel, im Gegenteil einen Zug zu ihm
hin hatte, daß ich also das gehässige Verfahren gegen Asverus entschieden verwarf, war diesem eine doppelt angenehme Erfahrung und brachte uns bald auf den aller-
freundschaftlichsten Fuß . . .

656. *Anonymus*

Die Philosophie hat ihren Haupt-Repräsentanten in dem
Professor Hegel, welcher fast allein hierin den Platz behauptet, und während sich sein System in eine dem Laien
undurchdringliche Hülle von Sprachschwierigkeiten, die nur
die Geweihten verstehen, oft auch nur zu verstehen vorge-
ben, zurückzieht, wird das Publikum aus dem Gebiete der
Spekulation, worauf es seit Voltaire, Rousseau, Garve, Engel und anderen zu stehen meinte, gewaltsam verdrängt. In
den Jahrbüchern für wissenschaftliche Kritik hat Hegel, wie
er selbst nicht leugnet, nur einen einseitigen Richterstuhl
aufgepflanzt, und obgleich seine Vorlesungen zu den be-
suchtesten gezählt werden können, so hat die Erfahrung
gelehrt, daß ein wirkliches Verständnis seines Systems nur
wenigen beschieden ist.

657. *Marie Hegel an Christiane Hegel*

18. 1. 1831

Niemand ist froher als Hegel, daß er das Rektorat los hat.
Es hat zwar Geld und Ehre eingebracht, aber es hat ihn
viel Zeit gekostet und viele Unruhe gemacht. Jetzt arbeitet
er wieder mit erneuter Tätigkeit an einer neuen Auflage
seiner Logik[1] ... unermüdlich fort. Er läßt sich's sauer
werden, aber er wird doch auch durch die dankbarste, ehrenvollste Anerkennung für seine Anstrengungen belohnt.
Ich schließe meinen Brief, um einigen Raum ihm selbst zu
überlassen.[2]

658. *Marie Hegel an Christiane Hegel*

28. 1. 1831

Hier ... erhälst Du 3 Medaillen anstatt des längst begehrten Bildes; die eine für Dich, die anderen für (Medizinalrat)
Schelling und Göriz. Daß Du den Steindruck von Hegel auf
Deine mehrmalige Aufforderung nicht erhalten hast, daran
ist, im Vertrauen gesagt, Dein lieber Bruder schuld, der
dieses Bild seiner unangenehmen Ähnlichkeit wegen und
der Worte wegen, die, ohne seine Erlaubnis aus seiner
Logik entnommen, höchst unpassend und mißliebig darunter gesetzt wurden, nicht leiden kann.[1] Es waren überdies, wie Du es begehrtest, in den Kunsthandlungen alle
Exemplare schon vergriffen. Nur eines hab' ich für Dich
gerettet; das sollst Du trotz des Verbotes mit erster Gelegenheit von mir erhalten. Du kannst Dir nach der Büste
und der Medaille Deinen Bruder freundlicher und milder
aussehend denken und siehst doch, wie er im Schlafrock in
seinem Studierzimmer sitzt, was ohnehin mehr für die Familie als vor's Publikum gehört.

659. Susanne v. Tucher an Marie Hegel

Nürnberg, 30. 1. 1831

Der Correspondent enthielt gestern eine Nachricht, ... die
mir so erfreulich war, daß ich unmöglich länger die Beantwortung Deines Briefes verzögern kann. Meiner und aller
Freunde und Verehrer Hegels herzlichen Glückwunsch zu
der längst verdienten Anerkennung, welche ihm mit Verleihung des roten Adlerordens zuteil geworden ist. Ich
brauche Dir gewiß nicht erst zu sagen, daß sich die innigste
und wärmste Hochachtung in der Teilnahme naher Freunde,
Verwandter und Bekannter hier über diese Nachricht aussprach. Von Mund zu Mund ging es, und überall trägt man
mir auf, den neuen Ordensritter zu bekomplimentieren.
Schon die schöne Medaille wird überall mit doppelter
Freude gesehen, und zum Ansehen mitgeteilt, sowohl wegen der außerordentlich schönen Arbeit, als auch wegen
dem würdigen Emblem, welches mit so vieler Kunst ausgeführt ist. Ich bin beauftragt, außer der schon bestellten
Medaille noch 4, in allem also 5 Medaillen zu bestellen.

660. Karl Hegel

Im Januar 1831 sah ich eines Abends mit meinem Vater ein
prachtvolles Nordlicht.

661. Christiane Hegel an Marie Hegel

6. 2. 1831

Es ist eine fatale Krankheit, das kalte Fieber; wenn man
eben glaubt, es los zu haben, so stellt sich's wieder ein; ich
habe es bei Wilhelm in seinen Studentenjahren kennengelernt.[1]

662. Christiane Hegel an Marie Hegel

1./9. 3. 1831

Die schönen Medaillen ... hätten zu keiner gelegenern, ich darf wohl sagen, Minute bei mir ankommen können, als sie gekommen sind. Gerade war ich angekleidet, um zu Schelling [1] zu gehen, diesem allerlei Beschwerden zu klagen, als ein Junge aus der Cottaschen Buchhandlung mit einem Paketchen kam, an dessen Taille ich sogleich den Inhalt erkannte. Ich machte mich alsobald auf den Weg und beging die Unart, Schelling die Medaille eingewickelt, wie sie war, anzubieten. Er weigerte durchaus, das Paketchen anzunehmen, er habe mir ja die Erklärung gegeben, daß er nie etwas von mir annehmen werde; ich konnte das Lachen nimmer halten, versicherte ihn, ich nehme es nicht wieder zurück, es sei Kupfermünze; dessen ohngeachtet weigerte er fort, bis ich es aufmachte und ihn bat, es doch anzusehen. Dann änderte sich die Szene, als er Hegels Bild erkannte und seinen Namen sah. Ich kann Dir nicht beschreiben, wie groß seine Freude darüber war. Die Erklärung der Rückseite mußte ich ihm aus dem Briefe einigemal vorlesen, und wenigstens 5 — 6 mal dankte er mir dafür und ebenso oft entschuldigte ich mich über den Mutwillen und die Art meines Anerbietens. Die für Göriz hebe ich bis auf den 12. Mai auf. Da ist dessen Geburtstag. Sie muß mein Geburtstagsgeschenk für diesen verschönern. Jedermann wer sie sieht, bewundert die sinnige Komposition und die schöne Arbeit. Kupferstecher Duttenhofer sagte, daß man im Gravieren es in Berlin am weitesten gebracht habe und dankte mir, daß ich sie ihm gezeigt hätte, weil man recht selten so etwas Schönes zu sehen bekomme. Ein anderer Kenner empfahl mir, sie ja recht in acht zu nehmen, daß ich kein Sandkörnle, ja nichts daran bringe, 50 f sei sie der Seltenheit und Schönheit wegen wert. Ich bin nur froh, daß, da wie mein Bruder selbst sagt, er nicht nur gehauen und gestochen, sondern nun auch geprägt sei, er nicht verwundet noch gequetscht ist. Deiner Tante Haller, zu der ich ging, ihr die Medaille zu zeigen, gefiel sie auch äußerst wohl, so wie Deinem Onkel.

663. K. F. Zelter an Goethe

Berlin, 13. 3. 1831

Es ist Sonntag. Ich will noch nach Steglitz mit Hegel, zum Großkanzler Beyme [1]. Hegel ist gebeten, ich fahre nur so mit; einer mehr wird nicht zu viel sein.

664. Susanne v. Tucher an Karl Hegel

Nürnberg, 14. 3. 1831

Leise habe ich schon gehofft, ein früher gegebenes Versprechen Deines lieben würdigen Vaters durch Dich in Erfüllung gehen zu sehen. Philosophie der Geschichte versprach er einmal herauszugeben, ein Buch, was auch Frauen in die Hand nehmen und verstehen können. Ich meine, der liebe Vater liest heuer darüber, wenn nun sein lieber Sohn aus diesen Vorlesungen Hefte sammelte, welche zur Erleichterung der Bearbeitung für die Herausgabe benützt werden könnten — wie schön wäre es, wenn Meister und Lehrling sich so fänden.

665. D. F. Strauß an G. Binder

18. 3. 1831

Mein Hauptgeschäft diesen Winter ist Hegels Logik, wo ich jetzt im dritten Band stehe, eine Lektüre, deren zum Teil unüberwindliche Schwierigkeiten neben den großen Vorteilen zu beschreiben ich mich überhebe. Von der Enzyklopädie ist eine neue Auflage da, die Du vielleicht auch hast, — in manchem vermehrt.[1] Aber so viel sehe ich, um ganz in dieses System einzudringen, ist uns noch der mündliche Unterricht, sei es des Meisters oder eines seiner Schüler, nötig. Übrigens werde ich, wie Du siehst, von jedem andern System weg immer entschiedener in dieses hineingezogen.

666. Ernst v. Lasaulx an Joseph v. Görres

Maria Zell, 15. 5. 1831

So las ich die neue Ausgabe der Enzyklopädie, einige pole-
mische Broschüren dagegen und Hegels Kritik derselben[1] . . .
Eine größere Kraft im Festhalten des reinen Gedankens
und ihn zwingen, alle immanenten Begriffsmomente zu
explizieren habe ich nirgends gefunden, aber diese Dialektik des Begriffs ist wie ein trockenes Feuer der Intelligenz,
das alles feuchte Leben der Natur aussagt und statt des
grünen Lebens ein gespenstisches Schema hinstellt. Der
frische lebenswarme Frühlingshauch, der überall in der
Schellingschen Naturphilosophie wehet, ist durch eine Wissenschaft der Logik ersetzt, die am Ende des Systems die
Bedeutung der spekulativen Theologie erfüllt.

667. K. F. Zelter an Goethe

Berlin, 20. 5. 1831

Professor Weber aus Halle bat um etwas an Dich, und ich
habe ihm die Hegelsche Medaille mitgegeben; sie liegt
schon eine Weile bei mir, Hegel gab sie mir für Dich, und
ich wollte eine Gelegenheit abwarten. Gegen Hegel ist ein
schlechtes Buch erschienen. Es heißt: „Die Winde" —
Dünste eines schlaffen Magens.[1] Man hatte mir es witzig
genannt, und ich habe mich durch einige 40 Seiten gequält,
bin aber eingeschlafen. Eine schale Nachäffung von „Oberons und Titanias goldner Hochzeit"[2], so dünn wie Zwirn
und boshaft gemeint. Hegel hat es auch angesehn, und
mein Urteil darüber schien ihm tröstlich. Hegel ist ein sehr
rechtschaffner Mann, und ich glaube, daß er auch ein würdiger Gelehrter ist.

668. *Joseph v. Görres an Ernst v. Lasaulx*

München, 27. 5. 1831

Dein Urteil über Hegel scheint mir großenteils wahr, doch
ist die Dürre, die Du ihm vorwirfst, auch in noch höherem
Grade bei allen mathematischen Untersuchungen, und nicht
zu trennen von jeder mit wissenschaftlicher Schärfe — und
die hat er in eminentem Grade — geführten Untersuchung.
Es ist eben ein logischer Geometer, nichts mehr und nichts
weniger, und baut sich seine Welt aus einigem Zugegebe-
nen, aber diese Welt ist eben eine solche, die vom Kreise
umfaßt und die in ihn einschreibbaren geraden Linien und
Figuren in sich begreift; aber von dieser Welt bis zur überreichen wirklichen mit allen ihren Kurven, Kräften und Le-
bendigkeiten ist noch ein weiter Schritt.

669. *F. Mendelssohn-Bartholdy an seine Schwestern*

Neapel, 28. 5. 1831

Aber toll ist es doch, daß Goethe und Thorwaldsen leben,
daß Beethoven erst vor ein paar Jahren gestorben ist und
daß H[egel] behauptet, die deutsche Kunst sei mausetot.
Quod non. Schlimm genug für ihn, wenn es ihm so zumute
ist; aber wenn man ein Weilchen über das Raisonnement
nachdenkt, kommt es einem doch sehr schal vor.

670. *Goethe an K. F. Zelter*

Weimar, 1. 6. 1831

Das löbliche Profil der Medaille ist in jedem Sinne sehr gut
geraten, welches selbst unser Hofrat Meyer gerne einge-
steht und mit mir grüßt und dankt. Von der Rückseite weiß
ich nichts zu sagen. Mir scheint sie einen Abgrund zu eröffnen, den ich aber bei meinem Fortschreiten ins ewige Leben immer links gelassen habe.

671. J. G. Droysen an W. A. A. Arendt

Berlin, 31. 7. 1831

Genug, Du siehst, wie ich bereit bin, auf Deinen Plan [1] einzugehen, und das Gescheuteste wäre, wenn sogleich Dein nächster Brief ... den Anfang zur zu druckenden Korrespondenz enthielte; Deinen Plan könntest Du mir im allgemeinen mitteilen. Namentlich würde ich mir das Privatvergnügen ausbitten, Hegel als den Philosophen der Restauration darzustellen und womöglich nach Cherbourg zu begleiten [2]. Die Sache ist leicht und mir namentlich jetzt, da ich die Enzyklopädie streng durchstudiert habe, geläufig.

672. Leopold v. Ranke an Heinrich Ranke

Herr [Karl] Hegel hat mich ausdrücklich besucht, um diesen Brief mitzubekommen. Der Vater, den ich im Sommer [18]31 kennengelernt [1], war doch gut und geistreich.

673. Goethe an K. F. Zelter

Weimar, 13. 8. 1831

„Die Natur tut nichts umsonst" ist ein altes Philisterwort; sie wirkt ewig lebendig, überflüssig und verschwenderisch, damit das Unendliche immerfort gegenwärtig sei, weil nichts verharren kann.

Damit glaube ich sogar mich der Hegelischen Philosophie zu nähern, welche mich übrigens anzieht und abstößt; der Genius möge uns allen gnädig sein!

674. *F. Mendelssohn-Bartholdy an seine Schwestern*

Lauterbrunnen, 13. 8. 1831

Leider konnten wir nicht zum Schmadri Bach gelangen, da Brücken, Wege und Stege fort sind; doch werde ich den Spaziergang nie vergessen; ... Hegel sagt zwar, jeder menschliche Gedanke sei erhabener, als die ganze Natur, aber hier finde ich das unbescheiden. Der Satz ist sehr schön, nur verwünscht paradox; ich werde mich einstweilen an die ganze Natur halten; man fährt viel sicherer dabei.

675. *F. Mendelssohn-Bartholdy an W. Taubert*

Luzern, 27. 8. 1831

... gestern Abend, wo ich zum erstenmale, seit mehr als einem Jahre, ein deutsches Ästhetik-Blatt wieder in die Hände bekam. Es sieht wahrhaftig auf dem deutschen Parnaß eben so toll aus, als in der europäischen Politik. Gott sei bei uns! Ich mußte ... verdauen ... die Philosophen, die Schiller doch zu trivial finden! ... Ich schimpfe. Aber nehmen Sie mir es nicht übel; es schickt sich wohl eigentlich nicht; ich hatte nur lange dergleichen nicht gelesen, und da machte es mich grimmig, daß das Unwesen immer noch fortgeht, und daß der Philosoph [Hegel], der behauptet, die Kunst sei nun aus, immer noch fortbehauptet, die Kunst sei aus, als ob die überhaupt aufhören könnte!

676. *Karl Rosenkranz*

Hegels Familie bezog vor der Stadt am Kreuzberg im Gru-nowschen Garten den oberen Stock eines anmutigen Gar-tenhauses, des sogenannten Schlößchens. Die Verbindung mit der Stadt wurde [wegen der Cholera] so viel als mög-lich vermindert. Sobald die Ferien begonnen hatten, litt die sorgliche Frau es nicht anders, als daß auch Hegel gänzlich in den Garten ziehen mußte, wo er denn unter Studien, freundschaftlichen Besuchen, Schachspielen mit den Söhnen, kleinen Spaziergängen und tüchtigem persiflierendem Schelten auf die damaligen kleinen Aufstände in den deutschen Städten [1] ganz behaglich lebte.

677. *Karl Rosenkranz*

Seltsamerweise habe ich, sein Biograph, seinen letzten Geburtstag mitgefeiert. Privatverhältnisse führten 1831 meinen Aufenthalt in Berlin während des Herannahens und des Ausbruchs der Cholera herbei. Hegel wohnte vor dem Halleschen Tor im Grunowschen Garten. Fast alle seine Freunde und Bekannte waren, vor dem Würgengel fliehend, verreist; ... Hegel hatte daher unter solchen Umständen mehr Muße für mich und ich habe damals mit ihm und seiner Familie einige Wochen hindurch sehr heiter und glücklich verkehrt. So kam es denn, daß ich, als Gast Marheinekes, mit diesem und seiner Frau auch zur Geburtstagsfeier Hegels nach Tivoli hinausfuhr. Wer unter uns hätte geahnt, wie bald er uns entrissen werden sollte! Ich schied von ihm unter lauter humoristischen Äußerungen wegen der Choleraquarantäne, die mich auf meiner Reise nach Halle vor Wittenberg erwartete — und wenige Wochen darauf war er selbst dieser Krankheit erlegen.

678. *Heinrich Wilhelm August Stieglitz*

Ein besonders inniges Verhältnis aber war nach und nach mit Hegel und seiner Familie eingetreten. Dort trafen wir auch zum öfteren den originellen Zelter, mit dem wir sonst nicht zusammenkamen ... [Dabei] freute sich Zelter an der kräftigen und vollen Stimme [meiner Frau Charlotte] und bedauerte jedesmal, daß sie nicht an seinem Institut [der

Singakademie] mitwirke. Auch sorgte die treffliche Hegel immer dafür, daß an solchen Abenden auch andere zur gemeinsamen Aufführung ausgewählter Gesangstücke vorhanden waren. Die schönsten Stunden verlebte man miteinander, als Hegel beim Umsichgreifen der Cholera in Berlin sich mit den Seinigen auf eine Landwohnung vor dem Halleschen Tore am Kreuzberge, „das Schlößchen" genannt, zurückgezogen. Von dem heiteren Zusammenleben auf diesem Schlößchen, wo mancher Nachmittag und mancher Abend verbracht wurde, bleibt besonders eine Gestalt mir unvergeßlich, ein alter Hospitalwärter, ein schlichter, im guten Sinne einfältiger Mann, der eine ganz besondere Zuneigung zu dem großen Philosophen gefaßt hatte, die auch von Hegel in vollem Maße erwidert wurde. Aber der einfache Alte wußte nichts von den dunkeln Schattengängen Hegelscher Dialektik, sondern brachte nur seinen gesunden Menschenverstand und den ihm angeborenen, auch im Leben geübten frommen Sinn zu Tage; und Hegel, dessen reiner Menschennatur im Leben alles Echte, Ganze und Natürliche willkommen war und der gern im heiteren Gespräche ausruhte von der schweren Arbeit seiner tiefsinnigen Spekulation, zu welcher er, wie er sich ausdrückte, „nun einmal verdammt sei", hörte mit der ungeteiltesten Aufmerksamkeit die schlichte Rede dieses ungelehrten Mannes, ließ sich mit ihm in ernsthafte Betrachtungen ein, ganz und gar eingehend in dessen Denkweise, und sagte mehrmals: nächst den unantastbaren Konsequenzen des Systems erscheine ihm nichts so folgerecht und wichtig, als diese einfache kunstlose Denkweise. Ein solcher Zwiesprach war auch am 27. August, Hegels letztem Geburtstage, geführt worden. Und als der gute Alte sich verabschiedet und kein anderer Zeuge zugegen war als Hegels Frau und Kinder nebst Charlotte, sprach ich mit der Kraft der Überzeugung dem verehrten Lehrer zu, doch selber ja recht bald die Herausgabe seiner vornehmsten Werke, namentlich der Geschichte der Philosophie, und der Philosophie der Geschichte, zu bewerkstelligen, damit durch diese bei all ihrer Tiefe und Macht verständlicheren, auch dem nicht mit Spekulation ausschließlich sich Beschäftigenden zugänglichen Werke einerseits so manches schiefe und falsche Urteil sich zerstreue, das sich ihm gegenüber breit zu machen suche, andrerseits aber auch verhindert werde, daß nicht bei Eintreten eines hoffentlich noch weit entfernten Falles minder Berufene solche Arbeit — und dann bei allem guten Willen, schwerlich wohl im Sinne des Meisters — unternähmen. Auf Hegel machte diese aus der Überzeugung des Herzens kommende Mahnung sichtbaren Eindruck, und er antwortete mit Kopfnicken: „Ja, ja, man muß den alten Herren zuvorkommen" — so nämlich nannte er mehrere der Jüngeren seiner Anhänger, über deren altklugen Verstand und Altwisserei er bisweilen heiter scherzte. Und spät noch beim Nachhausegehen sprach ich mit Charlotte über die Wichtigkeit dieser Angelegenheit und schrieb dann, wie getrieben von einem dunkeln Vorahnen, meinen „Mitternachtsgruß an Hegel" nieder, worin ich auf das Dringendste demselben noch einmal das bereits Ausgesprochene ans Herz lege.[1] — Am anderen Morgen mit dem Frühesten wanderte dies Gedicht zur Stadtpost, und Tages darauf kam eine Antwort „vom Schlößchen am Kreuzberge", ebenfalls in Versen, in welchen Hegel, eingehend auf den an ihn ergangenen Aufruf des Freundes, feierlich verspricht, sein Wort zu lösen.[2] — Diese Verse (— nächst einigen Gedichten an seine Marie noch aus dem Bräutigamsstande[3] und einem Gesang an Hölderlin aus früher Zeit[4], die einzigen, die Hegel jemals gemacht[5] —) sind höchst bemerkenswert als energischer Ausspruch seiner Gesinnung und bleiben künftiger Mitteilung vorbehalten.[6]

Aber er kam nicht dazu. Drei Monate später schon, als er eben die neue Ausgabe seiner Logik begonnen, raffte den unersetzlichen Mann die Cholera dahin, — und seinen Schülern blieb die Herausgabe seiner Werke überlassen.

679. *Karl Rosenkranz*

Diese Aussperrung aus der Stadt [wegen der Cholera] war die Ursache, daß Hegels Geburtstag [am 27. 8.] 1831 in

einem der weitläufigen Säle des in der Nähe des Kreuz-
bergs gelegenen Lustortes Tivoli von den in Berlin noch
anwesenden Freunden (denn die meisten waren der Cholera wegen verreist) gefeiert wurde. Bei einem heiteren
Mahle entwickelte Rösel ganz seinen herrlichen Humor;
Zelter war unerschöpflich in Mitteilung interessanter Urteile
und Bonmots Goethes. Der Maler Xeller würzte mit seiner
schwäbischen Gutmütigkeit und seinem innigen Lächeln
den Genuß der Witze, die gemacht wurden; Marheineke
verbreitete über das Ganze eine wohltuende, die Jovialität
mit ironischer Toleranz nur fördernde Würde; Hegels Söhne
sympathisierten mit den Frauen in einer stillen und frohen
Rührung. Kaum war nach dem Champagner der Kaffee eingenommen, als ein furchtbares Gewitter heraufzog, welches
die meisten zur schnellen Entfernung bestimmte; auch
Hegel eilte nach seiner nahegelegenen Wohnung.

680. K. F. Zelter an Goethe

Berlin, 28. 8. 1831

Gestern abend bei Hegel waren wir auch in Dir vergnügt.
Förster hat ihm ein Gedicht zugesandt, das ward auf der
Stelle in Noten gebracht und abgesungen,
    „daß es durch die Felsen geklungen" —
    hätte; die waren aber nicht bei der Hand.
Nun heute geht's nach „Tivoli"[1]. Unserer sind sechzehn,
da heißt's auch „Ergo bibamus!" und werden sehn, was
wir finden.

681. K. F. Zelter an Goethe

Berlin, 1. 9. 1831

Hegel, den ich diesen Abend zu mir einladen lassen, läßt
mir sagen, er sei verstimmt, melancholisch; das soll wohl
philosophisch sein! Sie will nach Nürnberg, er will bleiben;
das wollen Eheleute sein! Man möchte verreden, mit Le-

benden zu verkehren: lauter Vernunftmenschen, die sich nicht zu fügen wissen! Wer nicht an der Cholera stirbt, von dem ist sowenig die Rede, als wenn er über die Straße hingeht. Gestern war ich zu freundschaftlichem Mahle eingeladen; fünfzehn ehrenwerte lautre Männer. Ehe man sich zu Tische setzte, wurde ausgemacht, nicht von der Cholera zu reden. Wir saßen zwei Stunden, und keiner wußte was anderes herauszubringen als Verbotenes. Das Essen war auserlesen, und die Hausfrau sagte: „Meine Herren, wie genießt ihr denn? Ihr redet ja gegen euren Willen nur von dem, was erst kommen soll. Ich gestehe, daß mir das ewige Leben auch lieber wäre, wenn ich's gleich hier haben könnte; da es aber einmal ist, wie es ist, so lass' ich kommen und gehn, was nicht dableiben will."

682. *Arnold Ruge*

Eines Tages war Hegel beim Kronprinzen zu Tische. „Es ist ein Skandal", sagte der königliche Wirt, „daß der Professor Gans uns alle Studenten zu Republikanern macht. Seine Vorlesungen über Ihre Rechtsphilosophie, Herr Professor, sind immer von vielen Hunderten besucht und es ist bekannt genug, daß er Ihrer Darstellung eine vollkommen liberale, ja republikanische Färbung gibt. Warum lesen Sie nicht selber das Kollegium?"

Hegel widersprach dieser Darstellung nicht, entschuldigte sich, er habe keine Kenntnis von dem, was Gans vortrüge, und machte sich verbindlich, das nächste Semester selbst Rechtsphilosophie zu lesen.[1]

Hegel kündigte das Kollegium an; Gans hatte es auch getan. Bei Hegel meldeten sich vier oder fünf, bei Gans mehrere Hundert. Dies war eine herbe Erfahrung.

Hegel schrieb an Gans: „Sie wären doch beide Lehrer derselben Philosophie und die Grundlage dieser Wissenschaft rühre ja von ihm (Hegel) her, da sei es doch nicht in der Ordnung, daß sie gegeneinander aufträten." — Gans erwiderte durch einen Anschlag: „Da der Herr Professor

Hegel sein Naturrecht selber liest, so trete ich zurück und werde statt dessen Rechtsgeschichte lesen." — Hegels Auditorium aber füllte sich nicht, und es war klar, die Studenten wollten warten, bis Gans, der nicht nur liberaler, sondern auch viel verständlicher vortrug, wieder Naturrecht lesen würde. Hegel empfand seine peinliche Lage sehr schmerzlich. Er sollte seine Autorität für den Hof geltend machen, und es zeigte sich, daß er keine hatte. Sehr verdrießlich schrieb er noch einmal an Gans: „So sei es also dahin gekommen, daß er sich von seinem Schüler müsse protegieren lassen und noch dazu ohne Erfolg."[2] Er hielt noch einen oder zwei Vorträge, dann — befiel ihn die Cholera und er starb in kurzer Zeit.

Es ist sehr möglich, daß sein Tod mit diesen verdrießlichen Verwicklungen nicht zusammenhängt und daß die Krankheit ihn auch ohne sie ereilt hätte; aber in Berlin wurde der Zusammenhang überall angenommen. In einer Gesellschaft von Professoren und Schriftstellern bei Gans wurde mir die Geschichte in Gans Gegenwart erzählt; und wer, wie wir, das Buch und die ganz unverantwortlichen Wendungen desselben genau kannte, mußte von diesem Ende unsers Philosophen sich tief ergriffen fühlen und allerdings an den Zusammenhang seiner gemütlichen Aufregung mit der Krankheit glauben.

683. Johann Jacoby

Freitag am 11. November 1831[1] um fünf saß ich wie gewöhnlich in diesem Auditorium und erwartete Hegel. Er kam. Bleich, verfallen schwankte er die Stufen des Katheders hinauf, zog sein Heft aus der Tasche und setzte seine Vorlesung über die Geschichte der Philosophie fort. Welche Vorlesung! — Wie rang der Tod mit jedem Worte, das er auszusprechen bemüht war, wie gespenstisch legte sich ein Keuchhusten zwischen jeden Satz! Aber welch' himmelstürmende Gedanken blitzten von dieser gefurchten Stirn herab; wie mild, wie sonnenhaft, wie frühlingsklar leuchtete sein schönes Auge, wenn es sich weit öffnete und wie aus einem schweren Traum erwachend auf den zahlreichen Zuhörern weilte, als wunderte es sich über die irdische Umgebung. Wenn die moderne Philosophie sich personifizierte, sie müßte Hegels Gestalt und Physiognomie annehmen, seine äußerlich scharf ausgeprägt gewesene sehnsüchtige, wehmütige, ewig strebende Vernunftseligkeit, die noch nicht zur Auflösung in die Glaubensseligkeit gekommen ist.

Nicht näher datierbar

684. Karl Ludwig Michelet

Während dreizehn Jahre, gerade so lange als Aristoteles im Lyceum, hielt Hegel hier Vorlesungen über alle Teile der Philosophie ... Ein zahlreicher Kreis von Schülern sammelte sich sogleich um ihn, und nicht nur solcher, die gehen und kommen, sondern sich zugleich enger an ihn anschlossen, und ihre ausdrückliche Absicht zu erkennen gaben, in seinem Geiste weiter zu arbeiten und alle für einen Mann zu stehen. Einem jungen Manne, der sich auf diese Weise ihm eröffnete, trat er, wiewohl liebevoll und zuvorkommend, doch mit einem Bedenken entgegen. Es war, als schwebte ihm das Beispiel des Sokrates vor und als wollte er nicht, besonders gegen der Eltern Willen, die Jünglinge an sich ziehen. Diesen Punkt besprach er zuerst ausführlich, riet darauf, sich irgendeinem Kreise des praktischen Lebens zuzuwenden: in ihm gearbeitet zu haben, sei sehr gut; der Geist bewähre sich gleichsam darin, und zeige, daß er ausdauern kann; das Technische jenes Berufs lasse sich schnell erlernen, und dann könne man die Geschäfte desselben mit Leichtigkeit verrichten, um Zeit für's Philosophieren zu erübrigen. Der Mensch habe Zeit im Leben, man brauche sich nicht zu übereilen, die Hauptsache würde sich finden. Auch nahm er wohl selbst gelegentlich mit den Eltern Rücksprache. Und wenn er den Geist nun in dieser Prüfung bestanden fand, so schloß er sich mit unbegrenztem Vertrauen auf. Aus dem Kreise dieser Zuhörer und Freunde traten nach und nach Lehrer hervor, die ihm in seiner akademischen Wirksamkeit in Berlin zur Seite standen.

685. *Karl Rosenkranz*

Hegel selbst erzählte, wie eines Tages ein Mann zu ihm
gekommen sei und ihm über die gefährlichen Folgen seiner
Philosophie lebhafte Vorstellungen gemacht habe, weil sein
Sohn, der einige Kollegia bei Hegel gehört, oder doch angenommen, sich in ein faulenzendes, verschwenderisches
Tabagieleben verloren habe. Das, sagte Hegel mit halb
wehmütigem Lächeln, soll ich nun auch vertreten!

686. *Karl Ludwig Michelet*

Für Rat und Tat konnte ich im Falle der Not zuversichtlich
auf ihn rechnen, und zwar nicht nur, wenn ich wegen eines
Entschlusses fürs praktische Leben, sondern auch um Aufklärung in einer philosophischen Schwierigkeit zu erhalten
nach dem Kupfergraben wanderte. Diese Besuche unter
vier Augen waren mir selige Stunden und teurere, als wenn
er seine nächsten Schüler, wie z. B. bei Cousins Anwesenheit in Berlin, um sich versammelte und uns Schnepfen
vorsetzte.

687. *Karl Rosenkranz*

... selbst mit den Freunden geriet der zähe, strenge Charakter zuweilen hart aneinander. Gegen solche, die schlechthin widerspruchsvoll ihm gegenüberstanden, war er ehern
und nur in bester Laune vermochte er sich zu überreden,
auch mit ihnen persönlich beisammen zu sein. Er hatte eine
große Kraft des Zornes und Grimms, und wo er einmal
glaubte hassen zu müssen, da tat er es recht gründlich. So
auch im Schelten war er fürchterlich. Wen er anfaßte, dem
schlotterten alsbald die Gebeine und zuweilen wies er manchen, der es nicht vermutete, wie einen Schuljungen * zu-

recht, daß ein solcher und die etwa Anwesenden zusam-
menschraken. Doch war er nicht störrisch bis zur Unver-
söhnlichkeit. Nur mußte er mit manchem von einem an sich
guten, aber äußerlichen Verhältnis gerade durch eine solche
Heftigkeit der Entgegensetzung erst hindurchgegangen
sein, um zu einem wärmeren Anteil zu kommen.

* *Varnhagen v. Ense an K. Rosenkranz*

„Schuljungen", das hab' ich selbst an einem unglaublichen
Beispiele gesehen, an Förster, es war wirklich furchtbar,
und der Gescholtene muckte nicht!

688. *Johann Eduard Erdmann*

Die Vorlesungen nahmen Hegels ganze Kraft in Anspruch.
... Wo er von einer guten Nachschrift eines Zuhörers hörte,
ließ er diese kopieren und sie ward bei abermaligem Lesen
zugrunde gelegt, so daß sich an sie Veränderungen und Er-
weiterungen schlossen. ... Obgleich Hegel stets seine Vorträge nach einem Hefte hielt, so konnte schon der Zuhörer
aus dem steten Hin- und Herblättern, aus dem bald oben
bald unten Herumsuchen, auf die Korrekturen, Einschiebsel
usw. zurückschließen.

689. *Heinrich Gustav Hotho*

Wer dem eigentümlichen Vortrage Hegels längere Zeit mit
Einsicht und Liebe gefolgt ist, wird als die Vorzüge des-
selben, außer der Macht und Fülle der Gedanken, haupt-
sächlich die unsichtbar durch das Ganze hindurchleuchtende
Wärme, sowie die Gegenwärtigkeit der augenblicklichen
Reproduktion anerkennen, aus welcher sich die schärfsten
Unterschiede und vollsten Wiedervermittlungen, die gran-
diosesten Anschauungen, die reichsten Einzelheiten und

weitesten Übersichten gleichsam im lauten Selbstgespräch
des sich in sich und seine Wahrheit vertiefenden Geistes
erzeugten, und zu den kernigsten, in ihrer Gewöhnlichkeit
immer doch neuen, in ihren Absonderlichkeiten immer doch
ehrwürdigen und altertümlichen Worten verkörperten. Am
wunderbarsten aber waren jene erschütternd zündenden
Blitze des Genius, zu denen sich, meist unerwartet, Hegels
umfassendstes Selbst konzentrierte, und nun sein Tiefstes
und Bestes aus innerstem Gemüte ebenso anschauungsreich
als gedankenklar für die, welche ihn ganz zu fassen befähigt waren, mit unbeschreibbarer Wirkung aussprach. Die
Außenseite des Vortrags dagegen blieb nur für solche nicht
hinderlich, denen sie durch langes Hören bereits so sehr zur
Gewohnheit geworden war, daß sie nur durch Leichtigkeit,
Glätte und Eleganz sich würden gestört gefunden haben.

690. Gustav Thaulow

Aus einer mündlichen Unterredung mit Hotho habe ich erfahren, daß Hegel dann und wann einige Partien des Vortrags, die ihm besonders am Herzen lagen, buchstäblich
vorher niedergeschrieben hatte und als könnten sie nicht
mehr geändert werden, stets in derselben Form, weil vollendet, wiedergab.

691. Karl Rosenkranz

Wenn es eine politische oder religiöse Überzeugung betraf,
so konnte er, obwohl er ein schlechter Redner war, bis zu
einer gewissen fürchterlichen Erhabenheit fortgehen, die
dem totstillen Auditorium in Mark und Bein drang.

692.   Karl Friedrich Ferdinand Sietze

Das offenbar Beschwerliche in Hegels Sprache konnte ich
mir nur dadurch erklären, daß er gewissermaßen in Haupt-
wörtern dachte, daß bei Betrachtung eines Gegenstandes
ihm die Beziehungen gleichsam wie Gestalten erschienen,
die miteinander in Handlung traten und deren Handlungen
er dann erst in Worte übersetzen müsse. Ganz eigen figurierten dabei gewisse Lieblingskonstruktionen, z. B. die nach
dem Französischen gebildete: Es ist in — daß c'est y,
que —. Infolge solcher Eigentümlichkeit mußte sich Hegel
bisweilen zusammennehmen, um nicht gerade grammatisch
fehlerhaft zu schreiben. Nicht als ob ihm die Regeln irgend
gefehlt hätten, sondern weil er den Inhalt seiner Gedanken
erst *übersetzte, so daß ihm jede Sprache gewissermaßen als
fremde erschien.* Wie meisterhaft er wieder sprechen konnte,
wenn er sein Augenmerk gerade darauf richtete, kann hierbei nicht als Widerlegung dienen, so wenig als z. B. Cha-
missos meisterhafte Gedichte zur Widerlegung dessen, daß
derselbe Deutsch und Französisch gleich unbeholfen sprach.

693. Gustav Parthey

Hegel war im Jahre 1817 von Heidelberg nach Berlin berufen worden, und erregte gleich bei seinem Erscheinen das
größte Aufsehn. Hier war kein Philosophieren, sondern eine
Philosophie, die mit bewundernswerter Dialektik und mit
eiserner Konsequenz den Kreis alles Wissens umspannte,
und weit mehr zur ruhigen Hinnahme des Gegebenen, als
zum tätigen Selbstdenken aufforderte. Hegel versammelte
sehr bald einen Kreis von Schülern um sich, die unbedingt
auf seine Worte schwuren, und auf fanatische Weise für ihn
Propaganda machten. Ich versäumte nicht, auch einmal in
der Logik bei ihm zu hospitieren, wurde aber damals durch
den höchst unvollkommnen Vortrag abgeschreckt. Nach der
Vorlesung fragte ich den philosophischen Freund, der mich

mitgenommen, und der zu Hegels begeisterten Anhängern gehörte, was der Satz bedeute: das Wesen ist die Negation der Negation. Zu meiner großen Verwunderung wußte er nicht Bescheid darüber zu geben, obgleich er die Logik bis hierher im Zusammenhange gehört. Später habe ich mehrere Kollegia bei Hegel mit großem Nutzen und Vergnügen besucht ...

694. *Karl Ludwig Michelet*

Ich legte Hegel ... einmal die Frage nach einem Anfang der Welt vor, da eine Anfanglosigkeit doch eine voraufgegangene unendliche Dauer, die wieder als abgelaufene unmöglich sei, in sich schließe: ein Anfang mir aber freilich noch größere Widersprüche in sich zu beherbergen schien. Die Kantische Antinomie förderte mich nicht ... Ich verlangte eine objektive Lösung ... Nachdem ich Hegel meine Frage vorgetragen und näher begründet hatte, stutzte er einen Augenblick und machte dann bald mit der Hand eine abweisende Bewegung, als wollte er sagen, ich antworte nicht, weil die Frage nichts taugt.

695. *Karl Grün*

Ich erinnere mich, daß mir einst Frau Hegel, eine stattliche Tucher aus Nürnberg, im besten Sinne des Wortes „vornehm und bequem" — um das Jahr 1834 — ich war Gymnasiast — erzählte, wie sie ihren verstorbenen Mann um Aufschluß über die Unsterblichkeit der Seele angegangen, dieser aber, ohne ein Wort zu verlieren, mit dem Finger auf die Bibel gedeutet habe.

696. *Eduard Zeller*

So erzählte sie [Frau Hegel] mir einmal von einer Weih-
nachtsbescherung für Waisenkinder, bei der sie mitgewirkt
hatte, und bemerkte: sie habe immer eine Vorliebe für der-
artige Veranstaltungen gehabt, ihr Mann jedoch ihre Beteiligung nicht gern gesehen; er habe gesagt: „Das ist ein
Geschäft für Witwen, jetzt sind *wir* die Waisen, für die du
zu sorgen hast." Mir erschien das sehr bezeichnend für den
Philosophen, dem die anspruchslose Erfüllung des nächsten
Berufs stets als die eigentliche „Sittlichkeit" gegolten hat.

697. *Gustav Thaulow*

Wie uns von der Witwe Hegels gesprächsweise mitgeteilt
worden ist, war sein Lieblingsspruch aus der Bibel: „Selig
sind, die reines Herzens sind." [1] Und diese Grundehrlichkeit
bestätigen alle, die mit Hegel in Berührung gekommen sind.

698. *Ernst Ludwig v. Gerlach, Tagebuch*

Ich saß neben Humboldt, der von den Abscheulichkeiten
der Mormonen sprach; ... — Hegel habe gesagt, der ge-
wöhnlichste Berliner Witz sei als Geistesprodukt mehr als
die Sonne ...

699. *Friedrich Rückert an Cotta*

Ferner habe ich druckfertig, und zu Ihrer Disposition,
„Stimmen des chinesischen Volkes, gesammelt von Confucius, angeeignet dem Deutschen Von F. Rückert" [1] — eine,

zum Teil durch Hegels Aufforderung veranlaßte, oder doch geförderte, poetische Bearbeitung des höchst trocknen und ungenießbaren Materials, das Sie selbst dazu herausgegeben haben, im Schi-King von Mohl [2].

700. Karl Ludwig Michelet (nach W. Reymond)

Als Hegel von dessen [Cousins] Eklektizismus reden hörte, soll er, — wir garantieren die Authenzität des [von Reymond überlieferten] Ausspruchs nicht, — gesagt haben: „Cousin hat mir einige Fische genommen, aber in seiner Sauce tüchtig ersäuft."

701. Eine unbekannte Berliner Dame

Hegel war der Freund unseres Hauses, das er öfter durch seinen Besuch beehrte; außerdem war er ein treuer Freund des Onkels, mit dem er sich gern und oft zu unterhalten pflegte. Die Unterhaltung mit mir aber konnte sich, wie die mit den meisten Damen in unserem Gesellschaftskreise, nur auf allgemein gesellige Interessen beschränken, und das war eben die seltene, liebenswürdige Eigenschaft des humanen Philosophen, daß er sich zu jeder Eigentümlichkeit seiner Umgebung herab- und heranzustimmen verstand, ohne es je im Geringsten fühlbar zu machen. Keine Spur von Pedanterei mischte sich in die Unterhaltung, wenn er mit dem Künstler über die höheren Zwecke der Kunst sprach, dem Finanzmann eine edlere Tendenz seines Faches vorführte, als an die jener irgend gedacht hatte usw. Mit der zärtlichen Mutter wußte er sich gemütlich über Erziehung zu ergehen, der eleganten Dame etwas Angenehmes über die Wahl der Toilette zu sagen, auf die er — beiläufig — sich so besonders gut verstand, daß nicht leicht eine neue gewählte Parüre seiner Aufmerksamkeit entging, und er die gelegentlichen Toilettengeschenke für seine Frau immer selbst mit Sorgfalt zu wählen pflegte. Der wirtlichen Haus-

frau spendete er nicht nur sein Lob über ein wohlschmek-
kendes Gericht, sondern ließ sich über die Bereitung in alle
Details ein, wobei er denn mit Humor zuweilen als eifriger
Gastronom erscheinen konnte, was er jedoch keineswegs
war, da in seinem Hause auch hierin eine edle Einfachheit
herrschte, wie es denn in allen Beziehungen erfreulich und
erhebend war, ihn als Gatte, Vater und Hauswirt zu beobachten. Angebetet von den Kindern, vergöttert von der
Frau, die, zweiundzwanzig Jahre jünger als er, nicht bloß
mit der Zärtlichkeit einer Gattin, sondern mit kindlicher
Verehrung an ihm hing, sah man ihn in gleichmütiger Zu-
tätigkeit bemüht, es seinen Gästen möglichst wohl werden
zu lassen in seiner Umgebung. Die Unterhaltung bei Tische
war meistens der Art, daß jeder der Anwesenden tätig oder
doch stillschweigend Teil daran nehmen konnte. Er selbst
sprach nicht ohne äußere Schwierigkeit. Sein Organ war
ihm nicht günstig zur Rede; der Ausdruck weder leicht noch
elegant; der schwäbische Dialekt war ihm geblieben; er
begleitete stets die Rede mit Bewegung der Arme und
Hände. Hatte man sich indessen mit diesen Äußerlichkeiten
versöhnt, so war der Refrain dessen, was man durchhörte,
doch gewöhnlich so gehaltvoll, sinnig oder auch so schla-
gend witzig, daß man auch an der Form nichts auszusetzen
fand. Beim Spiel war er nun gar liebenswürdig, man könnte
sagen herablassend gegen seine Mitspieler; immer in gleichem Humor bei Gewinn und Verlust kleidete der lächelnde
Zorn den lieben Philosophen gar köstlich, wenn er beim
Whist seinem Aide das schlechte Spielen verwies. Er bediente sich dafür gewisser stehender Ausdrücke und Redensarten, die selbst in ihrer Trivialität durch ihn Sinn und
Bedeutung erhielten. Er neckte gutmütig gern diejenigen,
die er besonders lieb hatte. So war der Professor Gans, als
ein großer Liebling von ihm, oft der Gegenstand seiner
scherzhaften Verweise, wenn er während des Spiels etwas
zu erzählen begann und dabei die Aufmerksamkeit vom
Spiel wandte. „Da schwätzt er und schwätzt und gibt nicht
acht!" pflegte er dann heiter scheltend zu rufen. Wenn er
denn aber doch die Partie gewann und der Gegner etwa die
honneurs in Anspruch brachte, die ihm nichts mehr helfen

konnten, sagte er gewöhnlich schadenfroh lächelnd: „die können Sie sich jetzt ans Bein binden," — eine Redensart, die bei ähnlichen Fällen noch jetzt von denen in Anwendung gebracht wird, welche sie von ihm gehört haben.

702. *Varnhagen v. Ense an K. Rosenkranz*

Hegel war ein großer Anbeter der Schönheit von Friederike Robert, die er auch als schwäbische Landsmännin gern hatte; ein Gedicht von ihm zu ihrem Geburtstage ist mir abhanden gekommen.[1]

703. *Ludwig Rellstab*

Außerdem bot das Blochsche Haus eine Menge von interessanten Erscheinungen dar, indem die Gesellschaft daselbst sehr gebildet und häufig die ausgezeichnetsten Geister Berlins dort zu finden waren, z. B. Zelter, Hegel, Buttmann, Cousin (bei seinem einer halben Verbannung gleichenden Aufenthalt in Berlin) und viele andere.

704. *Johanna Kinkel*

Wenn ich abends in Gesellschaft bin, so bringt mich meist eine ganze Prozession Damen nebst Beschützern nach Hause; dann gehen sie mit in den Garten oder auf meinen Balkon, und spiele ich drinnen Notturnen von Chopin. Neulich war Gesellschaft bei Hegels. Nach Tisch sollte Musik gemacht werden. Der Flügel war aber verstimmt, da wanderten wir alle aus zu mir, die ich dicht nebenan wohne. Der Philosoph trug die große Lampe voran über die Straße, die anderen folgten mit Wachslichtern. Die Damen retteten das Dessert, die Herren schleppten Stühle und so waren wir bald häuslich niedergelassen bei mir. Wir atme-

ten Traubenduft wie der Kaiser Karl, und sangen und spielten bis spät.

705. *D. F. Strauß an F. Th. Vischer*

Morgen kann man doch einmal wieder ins Theater; es wird
der Barbier (von Rossini) [1] gegeben, den Hegel dem Mo-
zartschen Figaro [2] vorzog und von dem ich wenigstens so
viel sagen kann, daß er mir zuerst einen Begriff von komi-
scher Oper beibrachte.

706. *Varnhagen v. Ense*

Es wurde bedauert, daß der König nach den Befreiungs-
kriegen sich habe bereden lassen, von den sechs Baumreihen der Lindenpromenade die beiden äußersten zunächst
der Häuser wegzunehmen. Freilich, hieß es, sei die prächtige Häuserreihe rechts und links dadurch erst recht sichtbar geworden. Hegel lächelte und meinte, es sei schade, daß
man nicht alle Baumreihen weggehauen habe, die große
Prachtstraße würde den mächtigsten Eindruck machen, niemand, der sie einmal so ohne Bäume gesehen, würde diese
wieder hinwünschen. Ich bestritt ihn heftig und mit mir die
andern, allein er blieb bei seiner Behauptung, die seinen
barbarischen Ungeschmack, seinen Mangel ästhetischen Sinnes völlig bloßlegte.

707. *Karl Rosenkranz*

Lange nach seinem Tode fragte ich einmal im Laufe des
Gesprächs seine von mir hochverehrte Frau, welche Lieblingsgerichte Hegel gehabt habe. Lieblingsgerichte? Diese

Frage erschreckte sie beinahe, als eine gleichsam frivole, denn diese Kategorie war im Hauswesen gar nicht vorgekommen.

708. Karl Hegel

Obwohl selbst auf der württembergischen Schule zu Stuttgart in den klassischen Sprachen gebildet und ein tüchtiger Lateiner, hatte er [Hegel] doch eine starke Antipathie gegen die Art des grammatischen Unterrichts, wie er damals betrieben wurde, der mehr dazu geeignet schien, den Schülern das Erlernen der alten Sprachen zu verleiden als sie dazu anzureizen. Er legte das Hauptgewicht auf das Lesen der alten Klassiker und die dadurch zu erlangende Vertrautheit mit ihrem hohen Sinn und Geiste; auch ließ er sich selbst dazu herbei, in seinen wenigen Mußestunden mit mir den Quintus Curtius Rufus de gestis Alexandri magni zu lesen.[1] ... Er war übrigens keineswegs ängstlich in Bezug auf die Angemessenheit meiner Lesewut, nur einmal, als er mich bei einem schlechten Räuberroman antraf, geriet er in fast maßlosen Zorn. ...

Die elterliche Erziehung war liebevoll und nachsichtig, streng nur in Ausnahmefällen, und selten griff der Vater mit ein. Ein Fall dieser Art war der. Einst fanden ich und mein Bruder auf dem Weihnachtstische neben anderen schönen Sachen jeder einen blanken Taler aufgelegt. Was war damit zu machen? Mit Geld verstanden wir nicht umzugehen, denn wir bekamen kein regelmäßiges Taschengeld. ... Auf dem Weihnachtsmarkt ... wurde ein großer Teil des Geldes, wenn auch mit ziemlich schlechtem Gewissen, verjubelt ... Als nun die liebe Mutter nach den verschwundenen Talern fragte und uns ins Verhör nahm, kam die heimliche Schandtat heraus und es erfolgte eine so scharfe niederschmetternde Rüge, daß sie mir noch bis heute reuevoll im Gedächtnis geblieben ist.

Noch mehr als wohl die meisten Gelehrten in anderen Wissenschaften führte mein Vater ein zwiefaches Leben, das eine im Gebiete der Spekulation bei schriftstellerischer Arbeit und auf dem Katheder, das andere in der Familie und in der Gesellschaft der Hauptstadt. Denn er war eine gesellige Natur und ließ seine Philosophie gern beiseite, wo er nur Erholung von der Anstrengung des Denkens suchte. „Wen Gott zum Philosophen verdammt hat" hörte ich ihn einmal sagen. Der Verkehr mit seinen Schülern, Hotho, Michelet, Werder, Stieglitz, Rosenkranz beschränkte sich meist auf die Studierstube; von anderen sahen wir öfter bei uns Friedrich Förster und seine schöne Frau, von Henning, dessen Gattin eine prächtige Altstimme besaß, und Eduard Gans, der mehr als in der Jurisprudens, seinem Lehrfach, in der Politik lebte und uns bisweilen beim Mittagessen stürmisch unterbrach, um die neuesten Nachrichten aus Frankreich vom Ministerium Martignac oder Polignac [2] zu überbringen. Das meiste Vertrauen schenkte mein Vater dem Geheimen Rat Johannes Schulze. . . . Über die Werke der bildenden Kunst wurde gern die Unterhaltung mit den Malern Xeller, einem gemütlichen Schwaben aus Biberach, und Freunde von Cornelius, und den Heidelbergern Schlesinger und Köster gepflogen.[3] Alle drei waren vorher bei der Boisseréeschen Galerie in Heidelberg mit der Restauration der Gemälde beschäftigt gewesen und jetzt zu demselben Zweck bei den Sammlungen des Berliner Museums angestellt. In den öffentlichen Interessen der Hauptstadt waren vorwiegend die Angelegenheiten des Theaters. Es war die Zeit, da die große Sängerin Milder-Hauptmann die Gluckschen Opern Iphigenie in Aulis und auf Tauris, Armide und Alceste durch seelenvollen Vortrag einer mächtigen Stimme und plastische Darstellung verherrlichte, da die Crelinger (Stich) im Schauspielhause in den Schillerschen und Raupachschen Dramen ihre Rollen unübertrefflich vorführte und auf der Königstädter Bühne Henriette Sonntag durch Koloraturen des Gesanges und jugendliche Anmut alle Welt bezauberte. Mein Vater versäumte keine Glucksche Oper und meine Mutter, die ebenso warmen Anteil daran nahm, empfing die Frau Milder in unserem Hause, wo diese die Huldigungen, die man ihr darbrachte, in vornehmer Haltung entgegennahm. Auch das Schauspielhaus wurde gern besucht. Raupach hatte das unstreitige Verdienst, durch seine historischen und andern Theaterstücke das deutsche Schauspiel den französischen Komödien gegenüber wieder zu Ehren gebracht zu haben, und mein Vater ehrte ihn durch eine anerkennende Rezension, die er über seine „Bekehrten" in Saphirs Schnellpost schrieb [4]; ich sah ihn bei uns in einer Abendgesellschaft, wo sein nüchternes, selbstbewußtes Wesen keineswegs den dramatischen Dichter erkennen ließ. Auch kam zu uns der berühmte Kunstkenner Rumohr [5], der als Verfasser des „Geistes der Kochkunst" die Hausfrau in Verlegenheit setzte, aber zu ihrer Beruhigung eigenhändig den Salat bereitete.

Nicht wenig war das Kartenspiel beliebt und mein Vater war ein guter Spieler. In den ersten Jahren wurde das l'Hombre bei dem Präsidenten des rheinischen Kassationshofes Meusebach bisweilen bis tief in die Nacht fortgesetzt. Dieser, ein sehr geschätzter Kenner der altdeutschen Literatur, war bekanntlich ein Sonderling. ... In späteren Jahren wurde das Whistspiel bevorzugt. Zelter, Direktor der Singakademie, der Maler Rösel und Bloch, Agent der Seehandlung, waren gewöhnlich die Partner. ... Übrigens war mein Vater keineswegs wählerisch bei den Partnern des Whistspiels; er nahm auch mit untergeordneten Geistern vorlieb, dem königlichen Stallmeister Schur, dem Fabrikanten Sparkäse und Heinrich Beer, seinem eifrigen Zuhörer, der neben den Brüdern, dem Komponisten Meyerbeer, dem Dichter Michael Beer und dem Astronomen Wilhelm Beer, den Philosophen vorstellte, wenn auch sein Anteil sich nur darauf beschränkte, daß er die Hegelschen Vorlesungen zwei und dreimal wiederholt hörte und von einem Studenten nachschreiben ließ.

Auch besuchte mein Vater gern die jüdischen Häuser, in denen man die geistigen Größen der Hauptstadt anzutreffen gewohnt war: das der Frau Amalie Beer im Tiergarten, der Mutter der genannten Brüder, das des feinsinnigen Joseph Mendelssohn, eines Sohnes des Philosophen Moses, und Kenners des Dante, und das seines Sohnes, des Banquier Alexander Mendelssohn in der Jägerstraße. ...

Von jeher ein eifriger Zeitungsleser, pflegte mein Vater oft beim Frühstück sich über die Tagespolitik gegen uns auszulassen. ...

709. Heinrich Leo an Wolfgang Menzel

Niemand kann sich ja dem Anhange Hegels feindlicher erwiesen haben als ich — aber er persönlich war wirklich ein einfacher Ehrenmann. Altenstein hatte ihn apart berufen, um sich durch ihn von der wahrhaftig sehr cliquenhaften Tyrannei der damaligen gelehrten Aristokratie Berlins (v. Savigny, Schleiermacher etc.) frei zu machen d. h. ihr ein Gegengewicht zu geben, auf welches er sich wissenschaftlich berufen konnte. Hegel hat über diese Stellung kein Bewußtsein gehabt, und kam in naivem Bewußtsein und trat anfangs in naivem Bewußtsein auf — daß er, wo Altenstein seinen Rat suchte, ihn nicht hätte geben sollen, war für ihn gar kein Grund vorhanden — aber in Berlin fühlte sich das Verhältnis sehr rasch durch und so fing die Aristokratie, die ihre wissenschaftliche Herrschaft bedroht sah, sofort an, ihn hämisch zu kritisieren und lächerlich zu machen, wo sie konnte — und auf der anderen Seite, als man sah, wie ihn Altenstein hoch hielt (was er mußte, wenn er ihn sollte so brauchen können, wie er es wünschte) schlängelte sich eine Menge Volks an ihn an, was vorwärts kommen wollte. Allmählich entstanden wütende Gegensätze, von denen sich aber Hegel nie selbst aus dem Gleichgewicht hat bringen lassen und sein einziger Fehler war wirklich, daß er nicht grob genug war, sich Leute wie Gans und Konsorten vom Leibe zu halten. An dem Ärger über einen Teil dieses Anhanges ist er eigentlich gestorben, wenn auch die Cholera die Form war seiner Auflösung.

HEGELS TOD
UND
NACHKLÄNGE

Hegels Tod

Mein Hegel ist so krank, daß ich für sein Leben zittere. Kommen Sie lieber Freund, eh es zu spät ist.

[von Schulzes Hand:] Am 14. November 1831. Nachmittags um 4 ³/₄ Uhr.

Berlin, 14. 11. 1831, abends um 7 Uhr

Ew. Exzellenz melde ich im Auftrage der Frau Professor Hegel den heute Nachmittag um fünf Uhr erfolgten Tod ihres edlen Gatten. Kaum war ich von Ew. Exzellenz nach Hause zurückgekehrt, als ich ein offenes Billet von der Frau Professor Hegel erhalte, worin sie mich von der plötzlichen Krankheit ihres Gatten unterrichtet und mich bittet, zu kommen, denn bald möchte es zu spät sein. Bestürzt eilte ich fort und fand die Mutter und beide Söhne in ruhiger Haltung am Sterbebette ihres Gatten und Vaters, ungewiß, ob er noch lebe oder bereits geendet habe. Bald überzeugte ich mich, daß der Todeskampf schon vorüber sei; gemeinschaftlich schlossen wir die Augen des geliebten Freundes und verweilten still trauernd bei seiner Leiche. Die wenigen Äußerungen der Frau Hegel ließen mich die Natur der Krankheit, woran ihr Gatte gestorben, ahnden, allein ich wagte nicht den Namen auszusprechen. Erst nach der Ankunft der Herren Barez, Horn und Wagner [1] erhielten wir die traurige Gewißheit, daß unser Freund an der intensivsten Cholera gestorben. Er war nur dreißig Stunden krank und bei vollem Bewußtsein bis zum letzten Atemzuge, ohne auch nur im entferntesten seinen nahen Tod zu ahnden. Seine Züge waren unentstellt und glichen denen eines ruhig Schlafenden. Kein Krampf ging seinem Ende vorher. Noch am letzten Freitage des Abends hat er mit ungewöhnlicher Kraft eine Vorlesung gehalten, von welcher alle Anwesenden tief ergriffen waren.[2] Nach der Vorlesung ging er ungeachtet des ungünstigen Wetters zum Buchhändler Duncker, um mit demselben den Vertrag wegen der neuen von ihm beabsichtigten Ausgabe der Phänomenologie abzuschließen.[3] Heute ist der letzte Druckbogen des ersten Bandes der neuen Ausgabe der Logik ihm übergeben worden.

Morgen abend um sechs Uhr werde ich ihn zur letzten Ruhestätte begleiten. Sein Wunsch, auf dem Kirchhofe, wo Fichte und Solger ruhen, auch sein Grab zu finden, wird nun nicht erfüllt. Ew. Exzellenz danken die Universität und die Freunde des Verstorbenen die segensreichen Wirkungen und die edlen Freuden alle, welche er in seiner hiesigen Stellung verbreitet hat. Er war mit inniger Verehrung für Ew. Exzellenz erfüllt und hat dieses Gefühl Hochderselben treu bis zum Tode bewahrt; in meiner letzten Unterredung mit ihm, als ich ihn von der Berücksichtigung vorläufig unterrichtete, deren Ew. Exzellenz ihn gewürdigt hatten, äußerte er sich über Ew. Exzellenz und Hochdero Wirksamkeit auf eine Weise, die Ew. Exzellenz und seiner würdig war. Sein Verlust ist für die Universität unersetzlich; ich verliere mit ihm einen Freund, der sich mir in allen Verhältnissen bewährt hat.

712. *Immanuel Hegel an F. Wilken*

Berlin, 14. 11. 1831

Im Namen meiner tiefgebeugten Mutter übernehme ich die traurige Pflicht, Ihnen das heut um 5 Uhr erfolgte Dahinscheiden meines vielgeliebten Vaters anzuzeigen. Er entschlummerte nach kurzem, kaum zweitägigem Leiden und ohne Todeskampf an der Cholera. Das Begräbnis wird morgen Abend um 6 Uhr erfolgen.

713. Karl Ludwig Michelet

Hegel starb so unerwartet an der Cholera, daß der Schlag uns aufs Äußerste erschütterte. Ich hatte zufällig an dem Abend, den Todesfall nicht ahnend, eine kleine Gesellschaft bei mir eingeladen; darunter David Strauß, der die Logik und Enzyklopädie, sowie die Geschichte der letzten Systeme der Philosophie bei mir hörte, und auch Hegels Geschichte der Philosophie angenommen hatte. Ferner war mein Gast ein Amerikaner A. Brisbane aus New York, Gans und andere. Als wir so traulich miteinander uns unterhielten, und Brisbane gerade seine Reise durch Griechenland auf einem Maulesel beschrieb, stürzte Gans, der noch nicht erschienen war, atemlos ins Zimmer mit den Worten: „Hegel ist tot!" Das Gespräch nahm natürlich eine andere Wendung; und noch nachdem meine Gäste mich verlassen hatten, konnte ich meine Aufregung nicht bewältigen, schritt hastig im Zimmer auf und ab, und gelobte mir im Geiste, dem großen Dahingeschiedenen möglichst nachzueifern, und, soviel in meinen Kräften stände, die Bresche auszufüllen, die das Schicksal in unsere Reihen gerissen hatte.

714. Marie Hegel an Susanne v. Tucher

15. 11. 1831

Du weißt es, welcher Todesstreich mich getroffen hat — ich hoffe, die lieben Geschwister haben Dich vorbereitet, haben Dir's schonend mitgeteilt und so werfe ich mich weinend in Deine Arme, weine mit mir, liebe gute Mutter, weine mit Deinem armen Kinde und flehe mit ihr den Allvater um Kraft [an]. Er hat mir Schweres auferlegt, es muß ertragen werden, er wird es mir ertragen helfen und in der Schwachen mächtig sein. Auch Du hast diese schwerste aller Prüfungen erduldet, und tröstend und stärkend steht mir jetzt Dein Bild und die Erinnerung an Deine fromme standhafte Ergebung vor Augen, Du hast unter Gottes Beistand und mit einem starken frommen Herzen es

überwunden, Ruhe, Heiterkeit und Frieden wieder erlangt
— Du wirst auch starken Herzens diesen gemeinschaftlichen
Verlust, dies gedoppelte Leiden, das Du um Deines armen
Kindes willen und als eigenen Verlust schmerzlich tief emp-
findest, ertragen und Dich auch jetzt wieder als fromme
standhafte Christin bewähren — bete mit mir um Kraft zu
dem ewigen Gott der Liebe, dessen weise Vaterhand uns
nicht mehr auferlegt als wir ertragen können; der besser
weiß, als wir es wissen, was zu unserem Besten dient und
alles herrlich hinausführt, wenn uns auch dunkel und unbegreiflich. Ich murre nicht, ich klage nicht mein Schicksal
an, es war mir in diesem herrlichen Manne viel gegeben.
Das Schicksal hat mich hoch begnadigt, daß es mich diesem
edlen herrlichen Menschen an die Seite gestellt hat. — 20
glückliche fast ungetrübt glückliche Jahre, wie wenig Menschen leben können, so viel Jahre des Glücks zählen, sie
sind vorüber — und noch ist mir, wenn auch die Sonne
meines Lebens — doch nicht alles genommen — in meinen
Kindern, diesen lieben guten Kindern, auf denen der Segen
des Vaters ruht, in meiner treuen herrlichen Mutter, Geschwister, Freunden; ich habe noch viel Trost für mein
armes Herz, noch vieles, was mich aufrecht erhält und mir
das Leben noch lieb macht, wenn ich auch nicht fasse, wie
mein armes verwöhntes Herz leben kann ohne ihn, trotz
allen diesen. — Ich weine nur um mich und um das, was
meine Kinder in ihm verloren haben. — Er ist glücklich
und über alles selig im Anschaun Gottes, den er in sich
getragen und im Geiste und der Wahrheit erkannt hat —
er wandelt unter den Seligen und ist aller Erdennot, allen
Plagen und Beschwerden des Alters enthoben — so mitten
aus heiterem Himmel, so mitten aus seiner vollen Kraft, aus
seinem gesegneten Wirken heraus ist er nach $1\,{}^1/_2$ Tage
langem Kranksein, bei dem er anfangs nur über Magenschmerz und Reiz zum Erbrechen geklagt hat, nach hinzugetretener (o warum muß ich das gräßliche Wort aussprechen) Cholera (die aber ihren Symptomen nur innerlich sein
teueres Leben zerstört und äußerlich uns allen nicht er-
kennbar war) — leicht, schmerzenfrei, sanft und selig ohne
Todeskampf, ohne eine Ahndung seines Todes und mit

hellem Bewußtsein bis zum letzten Entschlafen hinüberge-
schlummert. Solche Cholera ist der seligste Tod, — solche
ist nicht Schauder erregend. Er hatte keines von den Symptomen, an der wir das tödliche Übel hätten erkennen können, keinen Krampf in den Waden, keine Kälte an den
Extremitäten und auf der Brust — er lag erwärmt im
Schweiße, hatte keine Diarrhöe, wenig Erbrechen, und zwar
von Galle — keine Todesangst, er schlummerte ruhig und
sagte an seinem Todestag, er sei ganz schmerzensfrei —
aber in den letzten Stunden war über dem lieben Gesicht
eine eisige Kälte, kalter Schweiß auf der Stirn, die erwärm-
ten Hände wurden blau, und der Urin versagte. — —
Unser Arzt war inzwischen nicht getäuscht, er hat alle Mittel angewendet, die sie kannten — Senfpflaster über den
ganzen Körper, die aber nicht zogen, drüber warme Ka-
millenumschläge Lavement — er zog auch Horn zu Rate,
der alles billigte — aber wo Gott ein Ziel gesetzt, was vermag da menschliche Kunst und Wissenschaft! — Ich danke
Gott, der ihn so sanft und selig allen Todeskampf und aller
Schmerzen enthoben und ihm ein so herrliches Ende berei-
tet hat. Man hat durch Vermittlung unseres treuen Freundes Schulze (den ich zu seinem Ende holen ließ) es bewirkt,
daß er mit allen Ehren, die seiner würdig, morgen als den
dritten Tag nicht auf dem Choleraleichenwagen und Kirchhof, nicht bei Nacht, sondern Nachmittag 3 Uhr mit einem
zahlreichen Gefolge auf den Kirchhof, wo Solger und Fichte
ruhen, Marheineke eine Rede hält, begraben wird. — Welche Teilnahme, welche Bestürzung und Trauer von allen
Seiten — sein Andenken lebt in Segen! — Ich werde von
seinen Söhnen und treuen Freunden mit Liebe, Sorge und
Teilnahme getragen und aufrecht erhalten; meine gute
Schindelmeiser ist ganz bei mir. Morgen bringen sie mich
trotz meines Widerstrebens zu Schlesinger. — Er liegt verschlossen in meinem Wohnzimmer, wo er verschied, mein
seliger Engel wandelt im Lichte. Ich darf ihn nicht mehr
sehen.
   O mein teures Mutterherz, wäre es nicht Winter, hätten
wir nicht die Cholera, ich flehte, komme und tröste Dein
Kind — aber Du mußt Dich für Deine andern Kinder er-

halten — — Gott wird mich trösten und mich Deiner würdig erhalten.

715. *Karl Hegel an Susanne v. Tucher*

Berlin, 15. 11. 1831

Ein fürchterlicher Schlag hat uns getroffen: so hart er aber für uns Kinder sein mag, so überwiegt der Schmerz der Mutter doch alles — sie, die ganz Liebe, ganz Gefühl ist. Wir haben uns so viel mit ihr zu beschäftigen, daß wir kaum noch Zeit haben, unsrem eignen Verlust recht nachzudenken und ihn recht zu begreifen: darüber werde ich mein ganzes Leben zu denken haben — ich, der ich eben erst anfing zu verstehen, was ich an ihm hatte. Sein Geist lebt in seinen Werken, diesen mir zu dem eignen zu machen, sei nun mein Bestreben. Schon hatte der Vater angefangen, seine beiden Vorlesungen zu halten, mit der größten Erwartung und Liebe ging ich daran — und nun ist es aus, alles aus. — ...

Die nächste Beruhigung, welche unsere Mutter findet, ist jetzt die allgemeine Teilnahme an unserem Unglück, und insbesondere die der nähern Freunde: sie alle sind wie vom Donner gerührt; wie viele haben nicht aus seinem Geist geschöpft und darin Beruhigung gefunden! — Soeben höre ich, daß unsere Freunde es durchgesetzt haben, daß unsere geliebte Leiche nicht nach dem Kirchhof der an der Cholera Verstorbenen gebracht werden soll; er wird seine Ruhestätte unweit des Grabes von Fichte und Solger finden, wie er es selbst einmal zufällig als Wunsch geäußert hat: dies war doch gewissermaßen eine Freude, die der Mutter in ihrem Schmerze zuteil wurde.

Sanft und ruhig war das Ende unsres herrlichen Vaters: alle schrecklichen Symptome der Cholera fehlten bei ihm, mit wenigen Schmerzen ging es vorüber. Die letzten zwei Stunden blieben wir ganz an seinem Bette, Manuel an seiner Seite, ich unterstützte sein liebes Haupt. Der Atem wurde in den zwei letzten Stunden beklommen und tönte laut; mit einem Male wurde er schwächer; ein sanfter Schlaf, glaubten wir, käme über ihn — es war aber sein Todesschlaf: lange blieben wir ruhig in derselben Stellung, bis wir plötzlich von der schrecklichen Gewißheit überzeugt wurden. — Er starb am Montag, den 14. November um 5 1/4 Uhr Nachmittag; er sollte schon am Dienstag Abend begraben werden nach Bestimmung des Arztes: durch Vermittlung aber ist es auch zugestanden worden, daß erst morgen Nachmittag um 3 Uhr das Leichenbegängnis erfolgen wird. — Die Krankheit dauerte nicht länger als 30 Stunden. — In seinen herrlichen Vorlesungen der Religionsphilosophie hörte ich ihn einst sagen: „Von dem Größesten, was je gesagt worden, ist der Ausspruch Christi: Selig sind, die da reines Herzens sind, denn *sie werden Gott schauen.* — Mein Vater, dieser edle, große Geist ist nun in der reinen Anschauung dessen, was er schon hier auf Erden als die alleinige und höchste Wahrheit erkannte.

716. *Johannes Schulze an Altenstein*

Berlin, 15. 11. 1831

Ew. Exzellenz verfehle ich nicht, ganz gehorsamst zu melden, daß das Polizeipräsidium gestattet hat, den Leichnam des Professors Hegel auf dem Kirchhofe vor dem Oranienburger Tor und erst morgen Nachmittag um 3 Uhr zu beerdigen. Die Professoren der Universität und die Studierenden werden dem Leichenzuge folgen.

717. *Altenstein an Johannes Schulze*

Schöneberg, 15. 11. 1831

Ew. Hochwohlgeboren erst diesen Morgen erhaltene Zeilen von gestern haben mich tief erschüttert und mit unaussprechlichem Schmerz erfüllt. Kaum vermag ich noch die Wirklichkeit des unendlichen Verlustes zu fassen, welchen die Wissenschaft, der Preußische Staat und alle Verehrer und Freunde des Mannes erlitten haben, der gleich ausgezeichnet war als Gelehrter und in allen dem Höheren zugewandten menschlichen Verhältnissen. Je mehr der Verewigte mit seinem ganzen Wissen dem Höchsten angehörte und auf dieser Welt für solches mit treuer Hingebung und unermüdlicher Anstrengung segensreich wirkte, desto lebendiger drängt sich auch das Gefühl auf, daß er zur Erreichung seines Ziels, zur Vollendung von dem, der höher ist als alles, abgerufen sei, und in diesem Gefühl mildert sich der Schmerz, wenn auch der Verlust nur um so größer hervortritt.

Nur mit der innigsten Wehmut kann ich an die verehrte Gattin des teuren Entschlafenen denken. Sie, die im Gefühl des höhern Wertes des Gatten ihr größtes Glück fand, wird auch darin die Stärke finden, den unersetzlichen Verlust zu ertragen; allein sie muß auch, das irdische Los teilend, umso tiefer den unendlichen Schmerz der Trennung fühlen.

Der Verewigte war mir bei dem schmerzlichsten Ereignisse meines Lebens [1] durch die Äußerung seines so unendlich tiefen, zarten und erhebenden Mitgefühls unendlich wohltätig. Ich wünschte, der tiefgebeugten Gattin in gleicher Art durch den Ausdruck des tiefsten Mitgefühls wohltätig sein zu können, darf aber einen Versuch gar nicht wagen, da meine Äußerung so unendlich gegen das zurückbleiben würde, was mich allein befriedigen und mir einigermaßen eine angemessene Wirkung verbürgen könnte. Inzwischen bitte ich Sie, solches der Leidtragenden, wann und wie Sie es für das Beste und Angemessenste halten, auszudrücken und ihr in meinem Namen über meine herzlichste Teilnahme zu sagen, was für solche nur immer tröstend und beruhigend sein kann. Sie dürfen nicht befürchten, in meinem Namen zu viel zu äußern. Es wird immer gegen das, was ich solcher zu sagen wünschte, zurückbleiben.[2]

Die Nachricht hat mich so sehr ergriffen, daß es Pflicht für mich ist, abzubrechen. Ganz fühle ich mit Ihnen, mein Teuerster, die Größe Ihres eigenen Verlustes! Sie sind ihm als Freund und in der Wissenschaft so nahe gestanden, daß nur wenige, so wie Sie, richtig schätzen können, welcher Stern erster Größe in diesem Augenblick für diese Welt untergegangen ist!

718. *F. L. G. v. Raumer an L. Tieck*

Berlin, 15. 11. 1831

Soeben erhalte ich die sehr traurige Nachricht, daß Hegel gestern den 14. November an der Cholera gestorben ist. Schon immer war seine Gesundheit, besonders seine Verdauungswerkzeuge angegriffen, und Diätfehler sollen hinzugekommen sein. Er ist der erste Mann von wahrer Bedeutung, der in Berlin dieser Pest erliegt. Sein Verlust ist zunächst unersetzlich. Selbst seine Gegner müssen zugestehen, daß er eine ungemeine Kraft des Geistes besaß; er war ein starker Denker und wenn von seinem dogmatischen und dialektischen Standpunkte aus manches minder beleuchtet und klar erschien, so darf man eine solche Beschränkung auch der größten menschlichen Naturen, nicht zu stark hervorheben. Ich habe ihn oft gegen unbillige Angriffe vertreten, ob ich gleich nicht leugne, daß er sich dergleichen auch selbst zuschulden kommen ließ. Unsere Akademie, die ihn immer perhorreskierte, wird sich gegen kleinere Halbphilosophen wahrscheinlich nunmehr sehr nachsichtig erweisen. Es wäre unbillig, Herrn Ritter nicht zum Ordinarius zu machen, wen man auch sonst berufen will. Mich schmerzt Hegels Tod persönlich sehr, stets vertrug ich mich gut mit ihm, immer war sein Gespräch, selbst sein Examinieren (trotz der unbequemen Form) interessant und lehrreich.

Wie vergänglich ist der Mensch, vor vier Tagen saß Hegel drei Stunden abends im Tentamen [1] neben mir, und wir sprachen heiter über sehr viele Gegenstände, und morgen um drei Uhr soll ich mit zu Grabe gehen und um sechs Uhr bei einer Cousine Gevatter stehen!

719. *D. F. Strauß an Ch. Märklin*

Berlin, 15. 11. 1831

An wen ... soll ich es schreiben, daß Hegel tot ist, als an Dich, dessen ich auch am meisten gedachte, solange ich den Lebenden hören und sehen konnte? Zwar die Zeitungen melden es Dir wohl, ehe Dich mein Brief erreicht; aber auch von mir sollst und mußt Du es hören. Ich hoffte, Dir Erfreulicheres von Berlin aus schreiben zu können! Denke Dir, wie ich es erfuhr. Ich hatte Schleiermachern nicht treffen können, bis diesen Morgen. Da fragte er natürlich, ob mich die Cholera nicht abgeschreckt habe, zu kommen, worauf ich erwiderte, daß ja die Nachrichten immer beruhigender geworden, und sie jetzt wirklich auch fast zu Ende sei. Ja, sagte er, aber sie hat noch ein großes Opfer gefordert — Professor Hegel ist gestern Abend an der Cholera gestorben. Denke Dir diesen Eindruck! Der große Schleiermacher, er war mir in diesem Augenblick unbedeutend, wenn ich ihn an diesem Verluste maß. Unsere Unterhaltung war zu Ende, und ich entfernte mich eilig. Mein erster Gedanke war: nun reisest du ab, was tust du ohne Hegel in Berlin? Bald aber besann ich mich und bleibe nun. Hergereist bin ich einmal, — auf eine weitere Reise komme ich nicht mehr, und hier ist Hegel zwar gestorben, aber nicht ausgestorben. Ich freue mich, daß ich den großen Meister noch gehört und gesehen habe vor seinem Ende. Ich hörte beide Vorlesungen bei ihm: über Geschichte der Philosophie und Rechtsphilosophie. Sein Vortrag gab, wenn man von allen Äußerlichkeiten absieht, den Eindruck des reinen Fürsichseins, das sich des Seins für andere nicht bewußt war, d. h. er war weit mehr ein lautes Sinnen, als eine an Zuhörer gerichtete Rede. Daher die nur halblaute Stimme, die unvollendeten Sätze, wie sie so augenblicklich in Gedanken aufsteigen mögen. Zugleich aber war es ein Nachdenken, wie man wohl an einem nicht ganz ungestörten Orte dazu kommen mag, es bewegte sich in den bequemsten, konkretesten Formen und Beispielen, die nur durch die Verbindung und den Zusammenhang, in welchem sie standen, höhere Bedeutung erhielten. Am Freitag hatte er

beide Vorlesungen noch gehalten; Samstag und Sonntag
fielen sie ohnehin weg; am Montag war angeschlagen, daß
Hegel wegen plötzlicher Krankheit seine Vorlesungen aus-
setzen müsse, aber am Donnerstag ihre Fortsetzung anzeigen zu können hoffe, aber noch an eben dem Montag war
ihm das Ziel gesetzt. Vorigen Donnerstag besuchte ich ihn.
Wie ich ihm Namen und Geburtsort nannte, sagte er gleich:
ah, ein Württemberger! und bezeugte eine herzliche Freude. Er fragte mich nach allerlei Württembergischen Verhältnissen, in welchen er noch mit ehrlicher Anhänglichkeit
lebte, z. B. nach Klöstern, nach dem Verhältnis von Alt-
und Neu-Württembergern und dergl. Über Tübingen sagte
er, er höre, daß daselbst üble und zum Teil gehässige Vorstellungen über seine Philosophie herrschen; es treffe auch
hier zu, sagte er lächelnd, daß ein Prophet nichts gilt in
seinem Vaterlande. Von dem wissenschaftlichen Geiste in
Tübingen hatte er die eigene Vorstellung, es werde da zu-
sammengetragen, was dieser und was jener von einer Sache
halte, da habe der das darüber gesagt, ein anderer jenes,
auch lasse sich das noch sagen usf. Es ist dies wohl für
unsere Zeit nicht mehr ganz richtig über Tübingen — der
gesunde Menschenverstand und das orthodoxe System sind
positivere Mittelpunkte seiner Theologie und Philosophie.
Nach Deinem Vater erkundigte sich Hegel mit vieler Teilnahme, die Erwähnung Maulbronns brachte ihn darauf, er
sagte, daß er mit ihm durchs Gymnasium und die Universität gegangen. Er wußte ihn noch in Neuenstadt; als ich
sagte, daß er nun Prälat in Heilbronn sei, sagte der alte
Württemberger: so, jetzt ist auch in Heilbronn ein Prälat?
Wenn man Hegeln auf dem Katheder sah und hörte, so
gab er sich so unendlich alt, gebückt, hustend usw., daß ich
ihn 10 Jahre jünger fand, als ich aufs Zimmer zu ihm kam.
Graue Haare allerdings, bedeckt von jener Mütze, wie sie
das Bild bei Binder zeigte, bleiches, aber nicht verfallenes
Gesicht, helle blaue Augen und besonders zeigten sich beim
Lächeln noch die schönsten weißen Zähne, was einen sehr
angenehmen Eindruck machte. Er gab sich ganz als einen
guten alten Herrn, wie ich bei ihm war, und sagte am Ende,
ich solle öfters bei ihm einsprechen, er wolle mich dann

auch mit seiner Frau bekannt machen. — Nun Morgen
Mittag um 3 Uhr wird er begraben. Die Bestürzung ist ungemein auf der Universität; Henning, Marheineke, selbst
Ritter lesen gar nicht, Michelet kam fast weinend auf den
Katheder. Mein Stundenplan ist nun ganz zerrissen; ich
weiß nicht, ob nicht vielleicht jemand die Hefte der zwei
angefangenen Kollegien abzulesen unternehmen wird. Sonst
höre ich bei Schleiermacher die Enzyklopädie, bei Marheineke den Einfluß der neueren Philosophie auf die Theologie, und jetzt, da Hegels Vorlesung wegfällt, kann ich auch
noch die Geschichte des kirchlichen Dogma bei ihm hören,
welche er zu gleicher Stunde mit Hegel las. Bei Henning
höre ich Logik, bei Michelet Enzyklopädie der philosophischen Wissenschaften. Schleiermacher ist, weil er extempo-
riert, nicht leicht nachzuschreiben — er hat mich überhaupt
bis jetzt — auch das Predigen miteingeschlossen, noch nicht
besonders angezogen, — ich muß ihn zuvor mehr persönlich kennen lernen. Marheinekes Vortrag stellt man falsch
dar, wenn man ihn stolz und affektiert nennt, er ist sehr
würdig und mit unverkennbaren Spuren von Gefühl. Auch
beim Besuch hat er mich ganz befriedigt, und ich denke
wohl in nähere Verbindung mit ihm zu kommen. Henning
ist der aufgelegte Taffel-Taffel, er spricht ebenso hastig
und hat auch äußerlich dieselbe überspannte kahle Stirne.
Doch versteht er seine „Lochik", und ist mir besonders
auch durch ein Conversatorium schätzenswert. Michelet
spricht äußerlich pathetisch und gefühlvoll bis zur Fistel
hinauf, ist aber, bis auf ein gewisses poetisches Bestreben,
das wir ihm gerne schenkten, recht wacker.

P. S. Hegel hat die zweite Auflage seiner objektiven
Logik noch vollendet, und diese ist in kurzem vollends
gedruckt. Von der subjektiven ist die erste Ausgabe noch
nicht vergriffen.

720. *Allgemeine Preußische Staatszeitung*

16. 11. 1831

Berlin, 15. Nov. Die hiesige königl. Universität und mit ihr
die ganze gelehrte Welt haben einen höchst empfindlichen
Verlust erlitten. Der Professor Georg Wilhelm Friedrich
Hegel starb gestern am Schlagflusse im 62sten Jahre seines
Lebens. Mitten unter zahlreichen Arbeiten, die ihn anstren-
gend beschäftigten, und nachdem er wenige Tage vorher
die Vorlesungen des Winter-Semesters begonnen hatte,
wurde er plötzlich der Wissenschaft, der philosophischen
Schule, die er begründet hat, und der großen Zahl seiner
Freunde und Verehrer entrissen. Sein Andenken wird fortleben, solange die deutsche Philosophie genannt werden
wird.

721. *Varnhagen v. Ense an Ludwig Robert*

Berlin, 16. 11. 1831

Beim Empfang dieses Blattes hat die harte Botschaft von
dem unerwartet schnellen Ableben Hegels auch Sie schon
erreicht und gewiß tief getroffen. Die Nachricht in der
Staatszeitung sagt fälschlich, er sei am Schlagflusse gestorben, die Anzeige von seiten der Witwe nennt keine Krankheit; es war aber die Cholera, die ausgebildetste, unbe-
zwingbarste Cholera, welche schon im Abnehmen tückisch
noch dies teure Opfer uns dahingerafft! Hegel hatte von
Anfang her gegen den furchtbaren Unhold eine tiefe Scheu
und Ängstlichkeit, die er später bezwungen zu haben
schien, und dann zu dreist wurde; so versagte er sich am
Tage vor seiner Erkrankung den Genuß von Weintrauben
nicht, die erkältend auf seine Eingeweide wirkten, andre
nachteilige Einflüsse mögen seinen Körper für das Übel
schon vorbereitet haben, es trat mit stärkster Gewalt und
schnellstem Verlaufe ein. Doch hatte er keine Ahndung
seines herannahenden Todes, und entschlummerte, wie die
Anzeige der Witwe sagt, schmerzlos, sanft und selig. Das

ist schön, daß er nicht gelitten hat! So war denn sein Tod so glücklich, als der Tod es irgend sein kann. Ungeschwächten Geistes, in rüstiger Tätigkeit, auf der Höhe des Ruhms und der Wirksamkeit, von großen Erfolgen rings umgeben, mit seiner Lage zufrieden, von dem geselligen Leben heiter angesprochen, an allen Darbietungen der Hauptstadt freundlich teilnehmend, schied er aus der Mitte dieser Befriedigungen ohne Bedauern und Schmerz, denn Bedeutung und Namen seiner Krankheit blieben ihm unbekannt, und das entschlummernde Bewußtsein durfte Genesung träumen. —

Aber uns ist eine entsetzliche Lücke gerissen! Sie klafft unausfüllbar uns immer größer an, je länger man sie ansieht. Er war eigentlich der Eckstein der hiesigen Universität, auf ihm ruhte die Wissenschaftlichkeit des Ganzen, in ihm hatte das Ganze seine Festigkeit, seinen Anhalt; von **allen Seiten** droht jetzt der Einsturz; solche Verbindung des tiefsten allgemeinen Denkens und des ungeheuersten Wissens in allen empirischen Erkenntnisgebieten fehlt nun schlechterdings; was noch da ist, ist einzeln für sich, muß erst die höhere Beziehung aufsuchen, und wird sie selten finden. Auch fühlen es alle, selbst die Widersacher, was mit ihm verloren ist. Die ganze Stadt ist von dem Schlage betäubt, es ist, als klänge die Erschütterung dieses Sturzes in jedem rohesten Bewußtsein an. Die zahlreichen Freunde und Jünger wollen verzweifeln. Gans begegnete mir gestern mit verweinten Augen, und vergoß dann bei mir, mit Rahel in die Wette, heiße Tränen, indem er seinen Jammer nicht zurückhielt. Mich hat der Fall tief ergriffen, ich fühle fortwährend sein Wühlen, und bin fast krank davon; doch entsteht meine Empfindung mehr aus den allgemeinen Umrissen des Geschehenen, als aus einer unmittelbaren persönlichen Beziehung desselben zu mir. Bei größter Verehrung, freundlichstem Vernehmen und vertrautestem Zusammensein, bestand doch die nächste Nähe zwischen uns nicht; wir sahen uns, fühlten uns auch allzu oft als Gegner, und zwar als solche, die durch den Kampf keine Ausgleichung hoffen, ihn also lieber vermeiden. Noch in der letzten Zeit hatte ich wegen Fichtes Andenken einen Zwiespalt mit ihm; die starre Nachhaltigkeit, welche Fichte wider seine Gegner hatte, war auch Hegeln eigen; ich aber werde künftig vielleicht eben so diesen gegen einen Nachfolger verteidigen müssen, wie zuletzt Fichten gegen Hegel. —

Seltsam, Fichte starb hier am Typhus, Hegel an der Cholera, beide auf großen politischen Wetterscheiden [1], deren bedenklichsten Prüfungen sie zu rechter Zeit entrückt wurden. Hegel stand wirklich in Gefahr, mit seiner Zeitgenossenschaft in großen Widerspruch zu geraten, sich gegen die Wendung der Dinge arg zu verbittern, und selbst mit Freunden und Schülern in offne Feindseligkeit zu kommen. —

Ich habe Gans aufgefordert, nun rasch den Schmerz in Tätigkeit überzuleiten, ein Leben Hegels zu schreiben, und eine Sammlung seiner Werke zu veranstalten.[2] Wenn nicht in den ersten sechs Monaten die Sache zustande kommt und sogleich Hand ans Werk gelegt wird, so geschieht wie gewöhnlich nichts. Nachdem der erste Augenblick versäumt worden, sind Fichtes Werke jetzt nach achtzehn Jahren noch nicht gesammelt, und werden es erst künftig, wenn sie schon völlig literarisches Altertum geworden. Von Hegel kämen wohl, wenn man Rezensionen, Briefe und vermischte Aufsätze mitrechnet, gegen sechzehn Bände zusammen.

Wen man an Hegels Stelle berufen wird, das ist jetzt auch eine große Sorge. Einen ihm Gleichen wird es noch lange nicht geben, solche Machtgeister finden sich selten in unmittelbarer Aufeinanderfolge. Schelling zu berufen, wäre doch ein Rückschritt. Ein Naturphilosoph kann das Werk Hegels ebensowenig fortsetzen, als dasselbe, so wie es liegt, auch nur bewahren. — —

722. *Karl Ludwig Michelet*

Schon in der Zwischenzeit, am Begräbnistage Hegels, der nach polizeilicher Anordnung schnell auf den Todestag folgen sollte, begann ich meinen ersten nach dem Trauerfall gehaltenen Morgenvortrag in den Vorlesungen, welche die:

„Letzten Systeme der Philosophie in Deutschland seit
Kant", zum Gegenstande hatten, mit folgender Ansprache
an meine Zuhörer:

„M. H. Seitdem ich das letzte Mal zu Ihnen sprach, hat
die Axt der Zeit uns, das Vaterland, die ganze Menschheit
einmal wieder recht tief an der Wurzel getroffen. Bisher
konnten wir Preußen es ruhig mit ansehen, wie um uns
herum in der Geschichte die Welt zusammenbricht. Unser
Eigentum, die Gedankenwelt der Philosophie, blieb unver-
sehrt und unangetastet. Jetzt ist der Tod in unser Innerstes
eingedrungen. Der späteste der großen Genien, deren Gedanken ich Ihnen in dieser Vorlesung darzustellen be-
zwecke, hat der Zeit das Zeitliche zurückgegeben. Ehren
wir den großen Mann, unser aller Lehrer, und den Lehrer
aller Philosophen für Jahrhunderte und Jahrtausende mit
der letzten Ehre! Bestatten wir ihn heute feierlich! Doch
zurückgekehrt vom stillen Grabe, worein wir sein Irdisches
niedersenken werden, ehren wir ihn auch fortwährend
durch unser Leben, indem wir das Ewige seines Geistes
in uns zur Auferstehung bringen. Jeder muß an seinem
Teile die Arbeit fortsetzen, von welcher er so plötzlich abgerufen wurde. Ich sehe die Verpflichtung, die der Verstorbene übernommen, ganz als die meinige an, und werde
sie nach Kräften zu erfüllen suchen. Diese Vorlesungen insbesondere erhalten für mich einen höheren Wert. Sein
Geist umschwebe uns! und belebe meine Darstellung seiner
Gedanken! Denn die Betrachtung und das Wiederdenken
dessen, was er gedacht hat, ist ja das Einzige, was uns von
ihm übrig geblieben ist, — der letzte Trost, woran wir uns
halten müssen."

Als die Witwe darauf die Zusendung dieser Ansprache
von mir erbat, schickte ich sie ihr mit folgenden Zeilen:
„Wenn die wenigen Worte, die der Schmerz mir auspreßte,
als ich die Jünglinge vor mir versammelt sah, welche die
Lehren des großen Mannes auch aus seinem eigenen Munde
vernommen hatten, Ihren herben Qualen einige Linderung
verschaffen können, so übersende ich sie Ihnen herzlich
gerne, wie ich sie aus der Erinnerung soeben niederschrieb.
Auch mir ist es ein Trost, sie Ihnen zu schicken, indem ich

Ihnen dadurch von neuem zu erkennen gebe, was der Verstorbene mir gewesen ist, und was ich mit ihm zu Grabe getragen habe. Doch auch den Trost werden Sie darin ausgesprochen finden, den er selber mich gelehrt hat, mitten im Sturme der Zeit und bei allem Wechsel irdischer Dinge, unwankend ein Ewiges festzuhalten, das uns vor Verzweiflung schützt, und das er selbst in so hohem Maße an sich selbst zur reifsten Entwicklung gebracht hat."

723. *Philipp Konrad Marheineke, Trauerrede*

Worte der Liebe und Ehre,
vor der Leichenbegleitung
des Herrn

PROFESSOR HEGEL,

im großen Hörsaal der Universität,
am 16. November gesprochen

Geliebte Kollegen und Freunde.

Der harte Schlag, der unersetzliche Verlust, der uns getroffen, läßt kaum zu, uns zu besinnen und zu erholen von diesem tiefen Schmerz, und es wird mir unendlich schwer, den ganzen Reichtum und die Tiefe Ihrer Empfindungen bei diesem außerordentlichen Todesfall in wenigen Worten auszusprechen.

So viele teure Opfer hat unsre junge Universität schon dargebracht: auch dieser große, weltberühmte Mann ist uns nun abgefordert worden und was die tiefgebeugte Witwe, was die zwei hoffnungsvollen Söhne, was wir alle jetzt empfinden, es ist besonders darum so viel, so schwer und tief, weil wir das Leid so vieler mitzutragen haben, die hier nicht gegenwärtig sind.

Geliebte Freunde und Kollegen! was ist das Leben, wenn der Unsterbliche selbst an diesem Leben sterben muß? Wir können dem Tode kein Recht vergönnen über ihn; er hat uns von ihm nur entrissen, was nicht *Er selber* war.

Dies ist vielmehr sein Geist — wie er hindurchblickte durch sein ganzes Wesen, das holde, freundliche, wohlwollende, wie er sich zu erkennen gab in seiner edlen, hohen Gesinnung, wie er sich entfaltete in der Reinheit und Liebenswürdigkeit, in der stillen Größe und kindlichen Einfachheit seines ganzen Charakters, mit welchem auch jedes Vorurteil, wurde er näher erkannt, sich leicht versöhnte; sein Geist, wie er in seinen Schriften, in seinen zahlreichen Verehrern und Schülern lebt und unvergänglich leben wird.

Wer so, wie unser entschlafener Freund, schon mitten in diesem Leben sich von sich, vom Ich und dessen Sucht, vom Schein und aller Eitelkeit zu befreien, sich in die ewige Wahrheit denkend zu vertiefen wußte und aus dem Tode dieses irdischen Lebens geistig wiedergeboren und erstanden war, wer so den Schein des Wissens durchschauend sich stets allein an das wahrhaft Wirkliche zu halten wußte, welches das Wirken des ewigen Geistes ist hinter allen vergänglichen Erscheinungen des Lebens in der Natur und Geschichte, wer so, wie dieser König im Reich des Gedankens, einen neuen Bau des Wissens gegründet hat auf dem unwandelbaren Felsen des Geistes, der hat sich eine Unsterblichkeit errungen, wie wenige, der hat seinen Namen den glänzendsten und unvergeßlichsten unseres Geschlechts hinzugefügt, der hat vollbracht, was er selbst in einem seiner Werke sagt: „Das Leichteste ist, was Gehalt und Gediegenheit hat, zu beurteilen, schwerer, es zu fassen, das schwerste, was beides vereinigt, seine Darstellung hervorzubringen."

Wir sollen ihn nun begleiten zu seiner Ruhestätte neben seinem großen Vorgänger [Fichte]. Aber so ist er doch nicht ganz von uns geschieden, der Teure, Unvergeßliche; so lebt er selbst doch noch unter uns, ja von der irdischen Hülle erlöst reiner, denn zuvor, befreit von allem sinnlichen Erscheinen, der Mißkennung nicht mehr ausgesetzt, verklärt im Herzen und Geist aller, die seinen unvergänglichen Wert erkannten und künftig erst recht erkennen werden.

Unserm Erlöser ähnlich, dessen Namen er stets verherrlicht hat in allem seinem Denken und Tun, in dessen göttlicher Lehre er das tiefste Wesen des menschlichen Geistes

wiedererkannte, und der als der Sohn Gottes sich selbst in
Leiden und Tod begab, um ewig als Geist zu seiner Gemeinde zurückzukehren, ist auch er nun in seine wahre
Heimat zurückgegangen und durch den Tod zur Auferstehung und Herrlichkeit hindurchgedrungen.

Darum geziemet es denn auch uns, die wir im Geiste zu
leben berufen sind, unsern Schmerz um ihn zu reinigen und
zu verklären zum lauteren Schmerz des Geistes, was er
gewollt und nur angedeutet hat, mutig fortzusetzen und es
in das allgemeinste Verständnis zu bringen, und können wir
nicht alle ihn erreichen in der Tiefe seines Wissens, und in
seiner außerordentlichen Gelehrsamkeit, ihm doch ähnlich
zu werden in seiner Liebe, Sanftmut und Geduld, in seiner
Demut und Bescheidenheit, in seiner treuen Nachfolge Jesu
Christi, dessen Jünger zu sein sein höchster Ruhm auf
Erden war.

Selig, selig sind die Toten, die so in dem Herrn sterben;
der Geist ruht aus von seiner Arbeit und ihre Werke folgen
ihnen nach.

724. *Friedrich Förster, Grabrede*

An dem Grabe
unseres Freundes und Lehrers,
des in Gott ruhenden
Königlichen Professors und Doktors der Philosophie
GEORG WILHELM FRIEDRICH HEGEL,
am 16. November
im Namen seiner Schüler und Freunde

Schon durften wir, geliebte leidtragende Freunde, uns der
Hoffnung hingeben, das Gewitter, welches seit Monaten
über unserer Stadt sich drohend lagert, sei vorüber, nur
einzelne Blitze und zerstreutes Wetterleuchten verkündig-
ten uns noch seine Nähe, als plötzlich und unerwartet ein
zuckender Strahl herabfährt und ein gewaltiger Donnerschlag uns ein Unglück fürchten läßt. —

Ja, meine Freunde, der Wetterstrahl hat gezündet und

welch' ein Haupt hat dieser Schlag getroffen! — Unser
Freund, unser Lehrer ist nicht mehr! Diese hohe Zeder des
Libanon, zu der wir staunend hinaufblickten, ist gefällt,
dieser Lorbeer, der die Wissenschaft, die Kunst, der jegliches Heldentum der Geschichte mit seinen Kränzen
schmückte, dieser Baum der Erkenntnis, von dem kein nei-
disches Verbot uns die Früchte zu sammeln wehrte, ist
seines Schmuckes beraubt, und mit bewegtem Herzen stehn
wir an der dunkeln Kammer, wo dem großen Manne die
enge Ruhestätte zugemessen wurde! —

Wie? diese finstre Höhle, dieses schmale Grab sollte *den*
verschließen, der uns durch die Räume des Himmels führte?
Diese Hand voll Staub sollte den bedecken, der uns die
Geheimnisse des Geistes, die Wunder Gottes und der Welt
offenbarte? Nein, meine Freunde, laßt die Toten ihre
Toten begraben, uns gehört der Lebende an, der, die irdi-
schen Banden abwerfend, seine Verklärung feiert und den
gebändigten und besiegten Elementarmächten mit der
Stimme des Meisters zuruft: Tod, wo ist dein Stachel:
Hölle, wo ist dein Sieg? —

So soll denn keine unwürdige Klage an seinem Grabe
laut werden; allein er selbst, der Verewigte, gönnte dem
tiefen Gefühle, der reinen Empfindung ihr Recht; die ihm
näher standen, sahen oft in seinem Auge die Träne der
Wehmut und des Schmerzes glänzen, und wer, der ihn
kannte, der ihn liebte wie wir, könnte bei diesem Abschiede
sich der Tränen erwehren? Wie er aber uns aus der Nacht
der Ahnung zum Morgenrote des Bewußtseins, aus dem
Schlafe der Innerlichkeit zu dem wachen Gedanken, aus
dem Glauben zum Schauen geführt hat, so darf auch die
Trauer über seinen Verlust nicht ein dumpfes Hinbrüten,
auch nicht der Schrei des Schmerzes, oder nur diese Träne
stiller Teilnahme bleiben; solch' ein Verlust will nicht bloß
empfunden, er will ausgesprochen sein und wahrhafte
Beruhigung werden wir erst dann gewinnen, wenn wir für
unser inneres Seelenleid das Wort finden, und uns des Vor-
zuges bewußt werden, daß dies *unser* Schmerz ist, daß *wir*
es sind, die ihn verloren haben, daß *uns* dieser Stern in
dem Sonnensysteme des Weltgeistes geleuchtet hat!

Welcher Name wäre zu gewagt, den wir, seine Schüler, dem geliebten Lehrer nicht zuteilen könnten? War er es nicht, der den Unzufriedenen mit dem bunten Gewirre des Lebens ausglich, indem er uns in der Notwendigkeit die Freiheit zu begreifen anwies? War er es nicht, der den Ungläubigen mit Gott versöhnte, indem er uns Jesum Christum recht erkennen lehrte? War er es nicht, welcher die, an dem Vaterlande Verzweifelnden zum Vertrauen zurückführte, indem er sie überzeugte, daß die großen politischen Bewegungen des Auslandes Deutschland den Ruhm nicht verkümmern werden, die bei weitem erfolgreichere Bewegung in der Kirche und in der Wissenschaft hervorgerufen zu haben? War er es nicht, durch den die Mühseligen und Beladenen selbst im Unglück diese Erde lieb gewannen, indem er auf ihr ein Reich unvergänglicher Wirklichkeit und Wahrheit errichtete? Ja, er war uns ein Helfer, Erretter und Befreier aus jeder Not und Bedrängnis, indem er uns aus den Banden des Wahnes und der Selbstsucht erlöste.

Seine Lehre zu bewahren, zu verkündigen, zu befestigen, sei fortan unser Beruf. Zwar wird kein Petrus aufstehen, welcher die Anmaßung hätte, sich seinen Statthalter zu nennen, aber sein Reich, das Reich des Gedankens, wird sich fort und fort nicht ohne Anfechtung, aber ohne Widerstand ausbreiten; den erledigten Thron Alexanders wird kein Nachfolger besteigen, Satrapen werden sich in die verwaisten Provinzen teilen, aber wie damals die griechische Bildung, so wird diese deutsche Wissenschaft, wie Hegel sie in mancher durchwachten Nacht, bei stiller Lampe ersann und schuf, welterobernd in dem Gebiete der Geister werden.

Sein Name wird somit den anderen gefeierten Namen, welche Preußen berühmt machten, hinzugefügt; er war würdig nach dem Lande berufen zu werden, wo ein großer König die Philosophie auf den Thron setzte; wo Leibniz und Kant mit dem Pflugschar ihres Geistes den vertrockneten Boden aufrissen und den Keim der Wissenschaft pflanzten; wo der vertriebene Fichte Aufnahme und Anerkennung fand. Obschon in dem Süden Deutschlands geboren, hat unser Hegel dennoch erst hier bei uns seine wahre

Heimat und nun auch neben seinem großen Vorgänger
Fichte, wie es sein eigener Wunsch war, sein Grab gefunden.

Fichte und Hegel! das sind die Säulen des Herkules,
welche hier die Grenze bezeichnen und den wollen wir erwarten, welcher an dieser Stätte den Mut haben würde,
das plus ultra auszusprechen!

Heran denn, ihr Stürme des Winters, und bedeckt mit
rauhem Frost und hohem Schneelager dies Grab, unsre Liebe
wird nicht erkalten; heran ihr Pharisäer und Schriftgelehr-
ten, die ihr hochmütig und unwissend ihn verkanntet und
verleumdetet, wir werden seinen Ruhm und seine Ehre zu
vertreten wissen; heran Torheit, Wahnsinn, Feigheit, Ab-
trünnigkeit, Heuchelei, Fanatismus, heran knechtische Gesinnung und Obskurantismus, wir fürchten euch nicht, denn
sein Geist wird unser Führer sein!

Freiheit, Freude, Frieden hat er uns gegeben und diese
drei Schutzgeister werden die Hüter sein, welche dieses
Grab bewachen. Nimm, teurer, entschlafener Lehrer, unsere Tränen, nimm unseren Dank mit dir in die Gruft, aus
welcher du am Tage des Gerichtes eine herrliche Auferstehung feiern wirst! —

725. *K. F. Zelter an Goethe*

Berlin, 16. 11. 1831

Eben sind sie dabei, den guten Hegel unter die Erde zu
schaffen, der vorgestern plötzlich an der Cholera gestorben
ist; denn am Freitag Abend war er noch bei mir im Hause
und hat den Tag darauf noch gelesen.[1] Ich soll der Leiche
folgen, doch habe ich eben Akademie und den Schnupfen
dazu. ... Unsere Universität ist so zersplittert und zerrissen, daß ich auch noch nicht wieder [habe] anfangen können. Nun soll mir Hegels Tod eine Gelegenheit werden,
eine Musik zu seinem Andenken einzuüben und in der
Universität aufzuführen.

Hermbstädt [2] hat angefangen und, weil er nur 7 Zuhörer hatte, wieder aufgehört, welche unter 777 vielleicht die besten gewesen wären. Da wäre denn der abgeschiedene Hegel zu loben, der's nicht lassen können, frisch anzufangen und sich totzulesen. So lernt man den Wert der Männer kennen, wenn sie davon sind. Als Gesellschafter mag Hegel eben keinen Beifall gefunden haben; wir spielten am liebsten ein Whistchen zusammen, das er gut und ruhig spielte. Das ist mir nun für die bevorstehenden langen Abende auch dahin, da wir nicht weit zu laufen hatten, um uns zu sehn. Eine junge Frau sagte vor nicht langer Zeit im Beisein anderer Frauen: sie habe noch nie ein recht bedeutendes Wort aus Hegels Munde gehört. Nach einer Pause antwortete ich: das wäre wohl möglich; denn es war sein Metier, zu Männern zu reden.

726. Johannes Schulze an Altenstein

Berlin, 16. 11. 1831

Ew. Exzellenz gnädiges Schreiben vom 15. d. M. habe ich heute morgen der verwitweten Frau Professor Hegel mitgeteilt; es hat ihr unbeschreiblich wohlgetan, sie wahrhaft gestärkt und erhoben, so daß sie Kraft gewonnen hat, mit würdiger Haltung alle die Schmerzensszenen zu ertragen, welche von der Bestattung ihres heimgegangenen Gatten nicht zu trennen waren. Drei Male mußte ich ihr das Schreiben vorlesen, und immer wohltätiger wirkte dasselbe durch die lautere Wahrheit und edle Einfachheit seines Inhalts auf die tiefgebeugte Gattin. Sie hat mir aufgetragen, Ew. Exzellenz ihres innigsten Danks für den Trost und die Ruhe, welche ihr durch dieses Schreiben in reichem Maße geworden ist, zu versichern; eine von meinem Sohne angefertigte Abschrift habe ich ihr zugleich eingehändigt; die Urschrift werde ich heilig aufbewahren als ein wahrhaftes Zeugnis für die Nachwelt von dem hohen Geiste und dem tiefen, liebevollen Gemüte, mit welchem Ew. Exzellenz alles umfassen und verklären. Darf ich noch des

Gefühls gedenken, welches in mir durch den Inhalt dieses
Schreibens zum klarsten Bewußtsein kam, so war es das
des Dankes gegen Gott, daß dem Preußischen Staate in
dieser Zeit zur Leitung seiner heiligsten Interessen ein Minister verliehen und bisher erhalten worden, der in seinem
Denken und Tun nur dem Höchsten zugewandt ist und
zugleich so menschlich milde, weil er alle Schmerzen des
Daseins ermessen hat, das Leid des Einzelnen würdigt.

727. *Marie Hegel an Christiane Hegel*

Berlin, 17. 11. 1831

O daß Du ihn [Hegel] nicht mehr gesehen hast in dem
schönen heiteren Abend seines Lebens; alles von innen und
außen im schönsten Einklang, glücklich befriedigt in seinem
gesegneten Wirken, geliebt, verehrt und anerkannt, hat er
ein herrliches Erntefest hienieden noch gefeiert. Er hat sein
Tagewerk vollbracht, die herrliche Aussaat hat auf geistigem Boden tausendfache Wurzel geschlagen und sich verherrlicht auf unvergängliche Weise, weit über alles irdische
Dasein hinaus. Nun hat der Herr ihn abberufen, er hat die
irdische Hülle abgestreift, ist den Beschwerden und Schwächen des Alters, die seinen Geist schmerzlich niedergedrückt
hätten, überhoben im seligen Anschauen Gottes, den er
schon hier im Geiste und in der Wahrheit erkannt hat. . . .
Ich will mich fassen und Dir kurz erzählen, wie alles kam.
Mein seliger, geliebter Mann fühlte [sich] von Sonntag vormittag an, nachdem er noch ganz heiter mit uns gefrüh-
stückt hatte, unwohl, klagte über Magenschmerz und Übelkeit, ohne daß ein Diätfehler oder eine Erkältung vorausgegangen war; er hatte mit voller Kraft und Heiterkeit am
Donnerstag vorher seine Vorlesungen begonnen, Sonnabend
Abend noch examiniert und für Sonntagmittag sich einige
liebe Freunde gebeten. — Diesen ließ ich es absagen und
widmete mich ganz seiner Pflege. — Der Arzt kam durch
ein glückliches Begegnen augenblicklich, verordnete, — aber
keines von uns fand etwas Bedenkliches in seinem Zustand.

— Sein Magenschmerz war erträglich, es kam Erbrechen, — erst ohne, dann mit Galle — (er hatte schon öfter ähnliche Zufälle gehabt). Die Nacht hindurch brachte er in der größten Unruhe zu, — ich saß an seinem Bette, hüllte ihn mit Betten ein, wenn er im Bette aufsaß und sich umherwarf, — obgleich er mich wiederholt auf das freundlichste bat, ich sollte mich niederlegen und ihn mit seiner Ungeduld allein lassen: „Sein Magenschmerz wäre nicht sowohl heftig, aber so heillos wie Zahnweh! Man kann dabei nicht ruhig auf einer Stelle liegen bleiben!" — Montagmorgen wollte er aufstehen, wir brachten ihn ins nebenanstoßende Wohnzimmer, aber seine Schwäche war so groß, daß er auf dem Wege nach dem Sopha fast zusammensank. — Ich ließ seine Bettstelle dicht nebenan setzen; wir hoben ihn in durchwärmte Betten hinein; er klagte nur über Schwäche, aller Schmerz, alle Übelkeit war verschwunden, so daß er sagte: „Wollte Gott, ich hätte heute Nacht nur eine so ruhige Stunde gehabt." — Er sagte mir, er sei der Ruhe bedürftig, ich sollte keinen Besuch annehmen, — wollte ich seinen Puls fassen, so faßte er liebevoll meine Hand, als wollte er sagen, laß dies eigene Sorgen. Der Arzt war am frühen Morgen da, verordnete wie tags vorher Senfteig über den Unterleib (Blutegel hatte ich ihm am Abend vorher gesetzt) — Vormittag stellte sich Schluchzen ein und Urinbeschwerden; aber bei alledem ruhte er ganz sanft, immer in gleicher Wärme und Schweiß, immer bei vollem Bewußtsein und, wie mir schien, ohne Besorgnis einer Gefahr. Ein zweiter Arzt, Dr. Horn, wurde herbeigerufen. Senfteig über den ganzen Körper, heiße Flanelltücher in Kamillenabsud getaucht darüber, dies alles störte und beunruhigte ihn nicht. Um 3 Uhr stellte sich Brustkrampf ein, darauf wieder ein sanfter Schlaf, — aber über das liebe Gesicht zog sich eine eisige Kälte, die Hände wurden blau und kühl, — wir knieten an seinem Bette und lauschten seinem Odem. — Es war das Hinüberschlummern eines Verklärten. — ... Und nun sage, hättest Du in diesem allen nur ein Symptom der Cholera erkannt? Mit Schauder mußt ich vernehmen, daß sie die Ärzte, Medizinalrat Barez und Geheimrat Horn, als solche erkannt hatten und zwar

als die, die ohne äußere Symptome das innerste Leben auf
das gewaltsamste zerstört. Wie er im Innern aussah, haben
sie nicht gesehen.[1]

Trotzdem daß Hegel als an hinzugetretener Cholera gestorben der Kommission gemeldet wurde (die mir die geliebte Leiche in mein Wohnzimmer, wo ich verlangte, daß
er bleiben sollte, verschlossen, alles durchräucherten und
desinfizierten), fürchtete sich keiner von unseren Freunden,
selbst die furchtsamsten nicht; alle eilten in ihrem Schmerz
zu mir, — manche darunter, die ihn die Tage vorher noch
im heitersten Wohlsein gesehen, Donnerstag und Freitag
noch gehört hatten (wo er seine Vorlesungen begonnen und
wo er mit besonderer Kraft und Feuer, so daß er mir noch
sagte: „Es ist mir heute besonders leicht geworden", alle
seine Zuhörer entzückt hatte). Viele wußten sich kaum zu
fassen. Während seine[r] Krankheit, die Sonntag von 11
Uhr bis Montag um 5 Uhr dauerte, wußten und ahndeten
seine liebsten Freunde nichts davon. Keiner sah ihn mehr
außer Geheimrat Schulze, den ich in meiner Herzensangst
noch zu seinem Tode berief. Seine himmlische Ruhe und
sein seliges Entschlafen wurde durch keine äußere Unruhe,
durch keine laute Klage gestört. Mit verhaltenen Tränen
und gepreßten Herzen waren wir leis und stille, möglichst
ruhig scheinend, mit ihm beschäftigt, bis wir seinen letzten
Schlaf belauschten, in dem der Übergang zum Tode nicht
zu unterscheiden war. — Es war der Tod eines Heiligen, —
wir konnten nur niederknien und beten. —

Durch die tätigste Vermittlung unserer Freunde wurde
als erste und einzige Ausnahme aus Rücksicht für die Persönlichkeit des Verklärten nach unsäglichen Kämpfen und
erst durch Vermittlung höherer Fürsprecher bewilligt, daß
er nicht auf den Cholera-Leichenwagen, nicht schon nach
24 Stunden bei Nacht und Nebel auf den Cholera-Kirchhof
gebracht wurde. Er ruht nun an der Stätte, die er sich auserwählt — und bei Solgers Begräbnis als die seinige bezeichnet hat, neben Fichte und nahe bei Solger. Gestern,
Mittwoch Nachmittag um 3 Uhr war sein feierliches Leichenbegängnis. Die Professoren und Studierenden aus allen
Fakultäten, seine älteren und jüngeren Schüler, versammel

ten sich erst in der großen Aula der Universität. Hier hielt
sein treuer geistesverwandter Freund, der jetzige Rektor
Marheineke, an die bewegte Versammlung eine Rede. Darauf begab sich der unabsehbar lange Zug der Studenten,
die, weil sie ihn nicht mit brennenden Fackeln begleiten
durften, die Fackeln mit Trauerflor umwunden trugen, —
und eine unzählige Reihe von Wagen nach dem Trauerhaus, wo sie sich dem vierspännigen Trauerwagen anschlossen. Meine armen tief erschütterten Söhne fuhren mit Marheineke und Geheimrat Schulze der geliebten Leiche nach.
Von dem Tore an wurde ein Choral von den Studenten an-
gestimmt, — am Grabe sprach Hofrat Förster eine Rede,
Marheineke als Geistlicher den Segen. — ...

Es hat sich schon jetzt ein Kreis von seinen gelehrten und
eingeweihten Schülern und Freunden vereint, die geistigen
Schätze seiner hinterlassenen Schriften zu ordnen. Das
reiche Material aus seinen Kollegienheften, verglichen und
zusammengestellt mit den besten Heften seiner Schüler
sollen durch sie zu unserem Besten in einer Reihe von Bänden herausgegeben [werden]. Gans hat die Geschichte,
Hotho die Ästhetik, Marheineke die Religionsphilosophie,
Henning die Herausgabe seiner verstreuten Schriften, Michelet ich weiß nicht was — übernommen. Marheineke hat
heute mit ihnen alle seine Manuskripte angesehen und
reiche Schätze vorgefunden, — sie sollen der Welt aufbe-
wahrt werden und nichts davon verloren gehen. Hegels
Witwe und seine Kinder werden keine äußere Not leiden.
Meine Kinder sollen Stipendien bekommen, auch mir wird
eine Pension verheißen, und außerdem hat mein guter
treuer Mann mich in 2 Witwenkassen eingekauft, aus denen
ich, soviel ich weiß, 500 Th. jährlich erhalte; der lieben
Christiane kommt wie billig ein Teil davon zu; den kleinen
Wirtschaftsbeitrag, den Dir Hegel in seinem Leben gegeben hat, gibt er Dir auch nach seinem Tode alle Jahr, darauf darfst Du Dich verlassen. Ich schreibe, sobald mein
armer Kopf kann, an Cotta und schicke ihm eine Anweisung
an Dich. — Mein guter seliger Hegel hat noch wenige
Tage vor seinem Tode Deinen Brief erhalten und sich über
Deine Nachrichten und Dein Wohlbefinden gefreut und

sich so in seinem Geiste mit Deinem Andenken beschäftigt.
Meine lieben guten Kinder, der einzige Lichtpunkt, der mir
noch für mein Leben bleibt, dem die Sonne untergegangen,
sind mein größter Trost und meine wirkliche Stütze. Ich
darf es hoffen, daß sie unter Gottes Beistand des Namens
ihres Vaters wert werden. Sie waren des Vaters größte
Freude. Karl hat noch 3 Kollegien von seinem Vater gehört
und sich tüchtig, wie Er sagte, „hineingebohrt". Möge der
Geist des Vaters dort oben ihm weiterhelfen. — Wir haben
einen glücklichen Sommer in einer freundlichen Gartenwohnung zusammen zugebracht, — meinem Geliebten war
es dort außen so wohl. — Seit Ende Oktober sind wir hier,
— man war so sicher, so ruhig geworden, die Cholera hatte
schon weniger Opfer täglich hinweggerafft. — *Er* war der
Eine von *Vieren!* Genug davon. — Was Gott tut, das ist
wohlgetan, Er weiß warum.

728. D. F. Strauß an Ch. Märklin

Berlin, 17. 11. 1831

Gestern haben wir ihn begraben. Um 3 Uhr hielt Marheineke als Rektor im Universitäts-Saale eine Rede, einfach
und innig, mich ganz befriedigend. Er stellte ihn nicht nur
als König im Reich des Gedankens, sondern auch als echten
Jünger Christi im Leben dar. Er sagte auch, was er bei
einer kirchlichen Feier nicht würde gesagt haben, daß er
wie Jesus Christus durch den leiblichen Tod zur Auferstehung im Geiste, den er den Seinigen gelassen, hindurchgedrungen sei. Hierauf ging der ziemlich tumultarische Zug
vors Trauerhaus und von da zum Gottesacker. Dieser war
mit Schnee bedeckt, rechts stand die Abendröte, links der
aufgehende Mond. Neben Fichte, wie er gewünscht hatte,
wurde Hegel beigesetzt. Ein Hofrat Fr. Förster, ein Poet
und Anhänger Hegels, hielt eine Rede voll leerer Phrasen,
wie das Gewitter, das lange über unseren Häuptern gestanden, und sich schon verziehen zu wollen schien, noch
mit einem zündenden Strahl und harten Donnerschlag ein

hohes Haupt getroffen; und dies mit einem Ton, wie wenn man dem Kerl einen Sechser gegeben hätte, um das Ding geschwind abzulesen. Nachdem dies beendigt war, trat man näher zum Grab und eine von Tränen gedämpfte aber hochfeierliche Stimme sprach: Der Herr segne Dich etc. Es war Marheineke. Dieser Eindruck befriedigte mich wieder ganz. Beim Austritt aus dem Gottesacker sah ich einen jungen Mann weinen und hörte ihn von Hegel sprechen. Ich schloß mich an ihn an; es war ein Jurist, vieljähriger Schüler Hegels. Damit Gott befohlen!

729. *Allgemeine Preußische Staatszeitung*

Berlin, 7. 11. 1831

In den ... Nachmittagsstunden [16. 11.] von 3 bis 5 Uhr fand das feierliche Leichenbegängnis des unter hinzugetretenem Schlagfluß der Cholera erlegenen Professors G. W. F. Hegel statt. Nachdem sich um 3 Uhr in der Aula des Universitätsgebäudes sämtliche Professoren und Studierende der Universität, sowie zahlreiche Freunde und ältere Schüler des Verewigten versammelt hatten, sprach der [der]zeitige Rektor der Universität, Prof. Dr. Marheineke, den die Bande innigster Freundschaft an den Entschlafenen knüpften, einige Worte des Schmerzes und der Liebe, welche einen tief erschütternden Eindruck auf die Versammlung hervorbrachten; er entwarf in wenigen, aber kräftigen Zügen ein Bild von der Persönlichkeit und dem Geiste des tiefsinnigen Denkers, der noch vor wenigen Tagen in der Mitte seiner Kollegen und Schüler freudig und kräftig wirkte, als ihn jene gespenstische Krankheit grausam hinwegraffte, und fügte die tröstende Betrachtung hinzu, daß der Verewigte als Gründer eines unvergänglichen philosophischen Systems ewig fortleben werde. Die Versammlung begab sich hierauf nach dem Trauerhause und ordnete sich hier hinter dem Leichenwagen in einen Zug, den die Studierenden unter Anführung von Marschällen eröffneten, denen eine lange Reihe von Equipagen folgte. Der Trauerzug bewegte sich durch die große Friedrichsstraße zu dem Oranienburger Tore hinaus nach dem evangelischen Kirchhofe, wo der Entschlafene, dem von ihm öfter ausgesprochenen Wunsche gemäß, dicht neben seinem großen Vorgänger Fichte in die Gruft versenkt wurde. An dem Rande derselben trat der Königl. Hofrat Dr. Fr. Förster, der älteste unter den hier anwesenden Schülern des Verstorbenen, auf und schickte im Namen derselben dem zu früh entschwundenen Lehrer einige ergreifende Worte des Dankes und der Bewunderung nach. Nachdem der Prof. Dr. Marheineke das Grab eingesegnet, ging die Versammlung in stummer Trauer auseinander.

730. *Christian Ludwig Neuffer, Tagebuch*

22. 11. 1831

Prof. Hegel in Berlin ist an der Cholera gestorben. Der Mann ist mehr geworden, als er in seiner Jugend versprach [1], und hat zuletzt in Berlin eine große Rolle gespielt.

731. *Der Gesellschafter*

26. 11. 1831

Berlin. Durch den am 14. November nach kurzer Krankheit (Nervenschlag mit dem Übergang zur Cholera) erfolgten Tod des Professor Hegel hat die gelehrte Welt einen Mann verloren, dessen Ruf weit verbreitet ist und dessen Ansichten schon deshalb von bedeutendem Inhalt sein müssen, weil auf der Seite seiner Gegner und seiner Freunde namhafte Gelehrte sich finden. Was eine vieljährige Polemik nicht ins Klare bringen konnte: ob sein System wirklich am besten die Probleme der Schöpfung und des Lebens löse oder ob es nur eine neue rätselhafte Umhüllung des Rätselhaften sei, was der eine aus Selbstliebe zu verstehen glaubt und nicht versteht, was der andre aus entgegengesetzter

Parteinahme bekämpft und doch auch nicht haltungslos macht? — diese Fragen, deren Beantwortung noch in der Zeiten Hintergrund liegt, beseitigen wir in diesem Augenblick, wo eine gerechte Trauer über seinen Verlust uns erfüllt. Einig ist man in dem Urteil: daß Hegel ein Gelehrter war, ausgerüstet mit vielem Wissen, scharfem Verstande und tiefgehender Forschung; einig ist man, daß er in seinem ganzen Tun und Sein auch als Mensch die höchste Achtung erworben: seinem Hinscheiden folgt also mit Recht die allgemeine Anerkennung seiner Verdienste, die allgemeine Klage, daß sein Wirken zu früh endete. — Sein Lehrstuhl ist mit seinem Geist nicht zu besetzen; seine Schüler, die ihm treu folgten, sind meist nur so weit in das Hegelsche Gebiet eingedrungen, als er selbst sie führte; unter jenen Schülern aber, die sich berufen glaubten, an dem Bau des Meisters das Unhaltbare nachzuweisen, hat sich ebenfalls keiner entschieden hervorgetan. Wenn wir nun die übrigen Lehrer der Philosophie betrachten, so fällt unser Blick zuerst auf Schelling; — aber das System Hegels war ja schon ein Trennen, ein Vorwärtsschreiten sogar nach der Entscheidung seiner Anhänger. Steffens wäre ein achtungsvoller Bewerber, aber er ist angeblich ebenfalls noch diesseits der Grenzen, die Hegel schon hinter sich haben soll. Den meisten Ruf unter den neuern Philosophen hat Herbart; aber eine Rückkehr zu Kants System, wenn auch jetzt erweitert, wird schwerlich beliebt. Es ließen sich noch einige andre Namen nennen, die aber weniger Gewicht haben, und so wird die Entscheidung schwer, aber auch interessant. — Über Hegels Ansicht der Zeitereignisse ist viel gesprochen worden; wir haben ihn oft sich unverhohlen äußern hören und wissen, daß er aller wahrhaften Freiheit Bekenner war, ohne bis dahin zu trachten, wo es nicht mehr die echte Glut, den tüchtigen Ernst gilt, sondern nur das Aufsehen und den Gewinn der sogenannten Popularität. Gewiß ist, daß Hegel jede Geistes-Bedrückung abwies, obgleich eine gemäßigte Stimmung, die schon sein vorgerücktes Alter bedingte, ihn bewog, nicht jede Gelegenheit zu ergreifen, wo er sich mit seinen Wünschen laut machen konnte.

732. *H. W. A. Stieglitz an Ch. F. W. Jacobs*

Berlin, 27. 11. 1831

Ein schmerzlicher Verlust hat in den letzten Tagen die hiesige Universität und überhaupt die Wissenschaft getroffen in der Beute, welche die bereits im Scheiden begriffene Krankheit mit sich fortriß. Hegel starb, wie Ihnen wohl schon öffentliche Blätter verkündet haben, an der Cholera; sein Sterben war fast nur ein Hinüberschlummern. Welchen Standpunkt dieser tiefe Denker in der Entwicklung der neuesten Philosophie einnimmt, das müssen, wenngleich unwillig anerkennend, selbst die Feinde seines Systems zugeben; mir ist ein wahrer und treuer Freund in ihm dahingeschieden. [1] In die innern Tiefen des Gedankens hat mich seine Lehre zuerst eingeweiht, und wie ich auch im Einzelnen — besonders in der Kunstansicht — von ihm abzuweichen mich gedrungen fühlte, immer wird sein Andenken mir heilig und aus meiner Seele unvertilgbar sein.

733. *F. A. Trendelenburg an Johannes Schulze*

Frankfurt, 27. 11. 1831

Um Hegels Tod trauern viele, und hier trauert besonders Carové mit mir.

734. *K. Immermann an L. Tieck*

Düsseldorf, 28. 11. 1831

Ein sonderbarer Zufall ist es, daß in jeder Epidemie zu Berlin der Philosoph sterben muß; Fichte am Typhus, Hegel an der Cholera. Ist es wahr, was man sagt, daß eine Indigestion die Sache veranlaßt hat, so liegt in dem Ereignisse eine Ironie, die kein gemachter Ernst hinwegtilgen kann. Da dem Preußischen Staate nunmehr der Begriff fehlt, so möchte man ihm raten, es einmal zur Abwechslung mit der schlichten Natur zu versuchen.

735. Frau v. Haller an Marie Hegel

Stuttgart, 29. 11. 1831

Deinem Auftrag ... konnte ich nur teilweise nachkommen.
Ich mußte es Herrn Göriz überlassen, die arme Christiane
mit der Schreckenspost bekannt zu machen, weil Schelling
es für mich nicht geeignet hielt, da die Arme seit Mitte
dieses Monats in einem Zustand von Geistesabwesenheit
sich befindet und daher der Eindruck nicht zu berechnen
war, den diese furchtbare Nachricht auf sie machen würde.
... So gingen nun einige Tage hin, bis wir mit schmerzlicher Erschütterung die traurige Kunde in der Zeitung fanden. Noch hofften wir, daß es nur ein Gerücht sein könnte,
und auf dieses hin wollte Schelling nichts unternehmen, als
aber Dein lieber herrlicher Brief kam, beschloß er, es der
armen Kranken anzukündigen, vielleicht daß der jähe
Schrecken die verirrten Geister sammeln würde. Zuerst
sagte ihr Göriz, — der immer als Autorität bei ihr galt, —
daß ihr teurer Bruder sehr krank sei. Als sie dies ziemlich
gleichgültig aufnahm, so eröffnete er ihr den andern Morgen seine traurige Mission. Nun wurde sie ganz still, und
erst am Nachmittag brach sie in heftiges Weinen aus.

736. Jeanette Paalzow an F. de la Motte Fouqué

29. 11. 1831

Welche Sterne sind an Preußens Horizont untergegangen!
Gneisenau, Hegel, Clausewitz! — ... Hegels Tod hat mich
zunächst tief bewegt — welch' ein großer Geist, welch' ein
gottgesegneter Geist! — nicht wahr, Sie liebten ihn auch?
— ich tröste die, die sein Werk bejammern, das seiner
Unterstützung noch benötigt scheint und sage ihnen: den,
der Gottes Werk hier zu verbreiten kam, den rief er nicht
früher zurück, als es an der Zeit war!

737. *Johann Gustav Droysen an Ludwig Moser*

Berlin, 10.—29. 11. 1831

Ich bin nie sehr gläubig gewesen bei Hegels Lehre vom doppelten historischen Untergang, aber — —

Eine Störung machte, daß ich vor einigen Tagen bei diesem aber abbrach, und nun muß ich fortfahren: aber Hegel ist jetzt auch tot! Mich hat das erschüttert, nicht weil mein Lehrer, weil ein großer Mann, weil der Stolz unsrer Universität, sondern weil er jetzt gestorben ist. Das ist der zweite Tote, den uns der große Juli kostet; es scheint, als ob die Führer der beiden Parteien, die mit der neuen Freiheit kompromittiert sind, hatten sterben müssen, damit vielleicht — nichts geschieht. Es ist mir wie ein großes Gericht, daß den Werkmeistern großer Gedanken nicht vergönnt sein soll, nachdem sie gelebt haben, auch noch zu repetieren, und daß sie zusammenbrechen mit dem, was sie gegründet. Wo ist da die Freude? Also um solcher Last willen und für solches Ende die schlaflosen Nächte und kummervollen Tage? Und nun sag Dir den schönen Spruch des Edlen von Goethe „leben heißt träumen, weise sein angenehm träumen", und das Elend Deutschlands und noch mehr durchfröstelt Dich. Wir haben es verabredet, daß Niebuhrs und Hegels Weise mit dem Juli zu Ende war [1], aber es scheint fast mehr der Impuls des Juli selbst zu Ende zu sein. Warum sonst die Gewitterschwüle über der Welt? . . .

738. *Eduard Gans, Nekrolog*

Georg Wilhelm Friedrich Hegel wurde den 27. August 1770 zu Stuttgart geboren. Sein Vater, Sekretär bei der Herzoglichen Kammer, ließ ihm jene klassische Erziehung geben, die vor allem damals die Württembergische Jugend auszeichnete, und die noch späterhin als die feste Grundlage aller seiner weiteren Fortschritte zu bemerken war. Im achtzehnten Jahre bezog er die Universität Tübingen, oder vielmehr das theologische Stift derselben, um sich theologischen und in deren Gefolge philosophischen Studien zu widmen. Hier war er mehrere Jahre hindurch der Stubengefährte Schellings, und ein kleiner enger Raum umfaßte denjenigen, der in jugendlicher Begeisterung den großen Wurf zur neuen Philosophie tun sollte, und denjenigen, der berufen war, sie mit männlicher Tiefe einzuarbeiten und mit spätdauernder Tatkraft auszuführen. Niemals ist Hegel dieses frühern jugendlichen Beisammenseins uneingedenk gewesen; wenn er davon sprach, geschah es mit stiller freudiger Wehmut; niemals haben die, welche am vertrautesten mit ihm waren, irgendeinen Tadel Schellings oder seiner überbauten Stufe von ihm hören dürfen. Die frühe Zeit seines Lebens fiel in eine bewegte und kritische Epoche. Im Westen hatten die Ideen des achtzehnten Jahrhunderts den bestehenden Staat zertrümmert; weit im Osten hatte der Schöpfer der neueren Philosophie den leeren, schalen und formalen Dogmatismus geknickt. Von beiden Bewegungen ergriffen, entschied sich Hegels rüstiger Geist nunmehr, im philosophischen Denken allein die ihm entsprechende Tätigkeit zu finden, und als Fichte am Ende des achtzehnten Jahrhunderts schnell leuchtend hervortrat, waren Schelling und Hegel, beide noch vereint, einen Augenblick Anhänger, bald aber weitergehende Kämpfer. Im zwanzigsten Jahre erhielt Hegel zu Tübingen die philosophische Doktorwürde und bekleidete mehrere Jahre darauf eine Hauslehrerstelle in der Schweiz und späterhin in Frankfurt a. M. Hier knüpfte er ein inniges Verhältnis mit seinem Landsmann, dem Dichter Hölderlin, und mit Sinclair, dem Verfasser des Cevennenkrieges, ein Verhältnis, das die Geistesabwesenheit des einen und der frühe Tod des andern unterbrach. Im Anfange des neunzehnten Jahrhunderts ging er nach dem Tode seines Vaters mit einigem ererbten Vermögen nach Jena, das die Bemühungen der damaligen Herzoglichen Regierung oder auch vielleicht der Zufall zum größten philosophischen Sitze von Deutschland erhoben hatten. Hier wirkte er in Gemeinschaft mit Schelling teils durch die Herausgabe der „Differenz der Fichteschen und Schellingschen Philosophie", teils durch mehrere meisterhafte Aufsätze in dem kritischen Journal der Philosophie, teils endlich als Privatdozent durch einen Unterricht, aus dem späterhin bedeutende Männer, wie Gabler in Bayreuth und Troxler in Basel, hervorgingen. Dieser Jenaische Aufenthalt brachte ihn mit Schiller und Goethe in nahe Berührung. Wie scharf ihn Goethe schon damals erkannte, wie sehr er den tiefen Kern in der jetzt noch wenig gastlichen Schale bemerkte, geht aus seinem Briefwechsel mit Schiller hervor, dessen Bekanntmachung in eine Zeit fällt, in der man schon längst den Namen des größten Philosophen dem des größten Dichters beigesellt hatte. Bei dieser Anerkennung fand sich aber die Regierung der bestehenden Verhältnisse wegen außer Stande, etwas für den kühn aufstrebenden Mann zu tun, und als er endlich im Jahre 1806 nach Schellings Abgang[1] zum außerordentlichen Professor der Philosophie ernannt wurde, konnte ihm nur eine sehr kärgliche Besoldung zuteil werden. Unter dem Donner der Schlacht von Jena vollendete Hegel seine Phänomenologie des Geistes und nahm mit ihr einen immerwährenden Abschied von der philosophischen Denkweise Schellings. Daß die Wissenschaft nicht mehr in bloßem Anschauen des Absoluten feststehen, sondern daß sie ein sich aus ihrem Anfange entwickelndes Begreifen sein müsse, dem selbst die Form der Wissenschaftlichkeit zukomme, war jetzt die Grundlage der neueren, von nun an immer in reicheren Strömen sich ausbreitenden, Philosophie. Die trüben Verhältnisse der Zeit, der Verfall, in den nunmehr die Universität Jena geriet, so wie die Unmöglichkeit, jetzt mit einer ihre Gestaltungen noch schwer gebärenden Philosophie durchzudringen, bewogen Hegel, seine Stellung aufzugeben und nach Bamberg zu gehen, wo er zwei Jahre lang, den politischen Begebenheiten zugewandt, die Redaktion der dort erscheinenden Zeitung leitete. In diesen Jahren sollen klare, geistreiche, in die Zeit eindringende Aufsätze in dem von ihm redigierten Blatte gestanden haben, und die durch ihn herausgegebene Zeitung schien in damals seltener Freisinnigkeit und Tiefe den Geist, der sie führte, zu verraten. Im Herbst 1808 zum Rektor des Gymnasiums zu Nürnberg ernannt, konnte er von nun an seine Talente

und seine Kraft in einem neuen Fache bewähren. Die Um-
wandlung und neue Anordnung der Gymnasial-Klassen, die
Einführung der philosophischen Wissenschaften in die höheren Abteilungen, die strenge Zucht und Festhaltung des
Ganzen, die von ihm ausging, haben noch neuerdings den
Gegenstand großer Lobeserhebungen abgegeben, die ihm
bei einer vom Gymnasium gehaltenen Jubelfeier gespendet
wurden. In diese Zeit fällt seine Verheiratung mit dem
Fräulein v. Tucher, seiner jetzt hinterlassenen Witwe. Diese
Ehe, durch Neigung geschlossen, war während ihrer zwan-
zigjährigen Dauer ein Bild des tiefsten und innigsten Verhältnisses, durch keine Störung als nur durch den Tod unterbrochen. — Die Ruhe, welche nunmehr durch die Begebenheiten der Restauration eintrat, schien dem philosophischen Denken einen neuen Nahrungsstoff zu gewähren, und
was bisher sich Hegel nur phänomenologisch gestaltet hatte,
mußte nun in objektiven sich allmählich entlassenden Bil-
dungen hervorgehen. So erschien der erste und bedeutendste Teil der Philosophie, die Logik, die nicht bloß aus den
Formen des subjektiven Denkens bestand, sondern mit
diesem Namen auch die Metaphysik umfaßte. Aber der
größere Schwung, den sich Hegel nunmehr philosophisch
gegeben hatte, die kleinlichen Verhältnisse, in die ihn sein
Schulleben brachte, der Drang, das tief Gehegte jetzt auch
in Schülern wiederleben und neu aufgehen zu lassen,
machte ihm Nürnberg zu einem weniger angemessenen Auf-
enthalte. Die Erinnerung an frühere bedeutende Universi-
täts-Ereignisse, die Hoffnung, daß es jetzt möglich sei, der
Philosophie eine neue Gestaltung und Ausbreitung zu geben, ließen ihn mehr als je an das akademische Leben
zurückdenken, und in dieser Stimmung traf ihn im Jahre
1816 ein Ruf als ordentlicher Professor nach Heidelberg.
Hier beginnen die Flitterwochen und die Blütezeit seiner
philosophisch-akademischen Laufbahn; ein Kreis junger
Schüler aller Fakultäten sammelt sich um ihn, ein Gefühl
der Tiefe und Gediegenheit, die aus seiner noch wenig faß-
lichen Darstellung hervorleuchten, bemächtigt sich sogar
derer, die ihn noch nicht begriffen haben, und der bis jetzt
nur eingeweihten Männern bekannte Name wird von die-

sem Universitätsorte aus ein allgemeiner und Deutscher. Wie angenehm aber auch dieses Beginnen war, wie traulich und belehrend der Umgang mit Daub, Creuzer und dem noch nicht so streitsüchtigen würdigen Voß, wie schön die Natur, der diese noch jugendliche Philosophie entstieg, es war ihm ein größerer Schauplatz vorbehalten, wo seine Lehre sich allmählich ganz entfalten und ausarbeiten, Schüler treiben, zu höchster Ausbildung gedeihen und endlich eine europäische Anerkennung finden sollte. Nachdem Hegel im Jahre 1817 in der ersten Ausgabe seiner Enzyklopädie den ganzen Umfang der philosophischen Wissenschaft bezeichnet hatte, war es die erste Tat des hohen Staatsmannes, dem die Aufsicht über unsere wissenschaftliche Bildung übertragen worden, den nun größten Philosophen für die Universität Berlin zu gewinnen und dieser dadurch einen Ruhm und einen Glanz zu geben, dessen sie sich in dreizehnjährigem Besitz erfreuen durfte. Hegel, auf den größeren Staat und den größeren Wirkungskreis begierig, nahm, trotz allen Bemühungen badischerseits, ihn zurückzubehalten, den Ruf an und kam so im Herbste 1818 nach Berlin, wo er ein Jahr lang noch in Gemeinschaft mit Solger, dann aber zwölf Jahre lang allein und späterhin erst von den zu Lehrern gebildeten Schülern unterstützt, seine Philosophie verbreitete und ihr durch Umfang und Gehalt eine europäische Wirksamkeit verschaffte. Hier in Berlin hat er in Verbindung mit gleichgesinnten und ihn unterstützenden Freunden, immer reicher werdend an Schülern und Verehrern, im Genusse mancher ihm früher versagten Freude, eine zweite kräftigere Jugend durchgemacht. In neun Vorlesungen entwickelte er zu verschiedenen Malen, immer umarbeitend und klarer gestaltend, sämtliche Seiten der Philosophie. Die Logik und Metaphysik, die Natur, die Psychologie und das Recht, die Geschichte, Kunst, Religion und Geschichte der Philosophie gingen ebenso auseinander hervor, wie sie in seiner unendlichen, allumfassenden Gelehrsamkeit eine Grundlage philosophisch zu verarbeitenden Stoffes fanden. Als Schriftsteller reich und tätig, erschienen hier die Rechtsphilosophie, zwei Ausgaben der immer mehr umgearbeiteten und an Inhalt gewinnenden

Enzyklopädie, eine noch zuletzt vollendete zweite Ausgabe des ersten Teiles der Logik, endlich aber verschiedene Aufsätze und Rezensionen, wodurch er die von ihm mitgegründeten Jahrbücher für wissenschaftliche Kritik stets bereicherte und auffrischte. Sein akademischer Vortrag ermangelte jener Behendigkeit, Gewandtheit und Darstellungsfähigkeit, die geringere Männer sich oft zu eigen machen, und die an ihnen zu loben sind; wer sich aber von der Tiefe und dem Kern hatte ergreifen lassen, die unter der Haut jener Auseinandersetzung verborgen lagen und sich immer durchrangen, war durch die Anschaulichkeit, die er jedem Gegenstande zu geben wußte, durch die Energie augenblicklicher Hervorbringung wie in einen magischen Kreis versetzt, dem er sich näher und inniger anschließen mußte, um sich wieder davon befreien zu können. In seinem persönlichen Umgang und in seinen geselligen Kreisen trat die Wissenschaft zurück; er liebte es nicht, mit ihr eine exoterische Buhlerei zu treiben, sie blieb in den Vorlesungen und in dem Studierzimmer. Wer ihn, von kleinen menschlichen Interessen ergriffen, froh und scherzend im heiteren Kreise sah, hätte aus der Einfachheit des Benehmens wohl kaum die großen Taten und Schicksale ahnen können, die diesen Mann in der Gedankenwelt hervorgehoben hatten. Seinen Umgang sah man ihn, namentlich in Berlin, mehr mit unbefangenen Personen, als mit denen des gelehrten Standes nehmen. Das ihm zuteil gewordene Rektorat verwaltete er mit besonderer Rechtlichkeit und Gründlichkeit und es erwarb ihm die freundschaftliche Teilnahme derer, die, früher mit ihm noch in keiner Berührung, ihm feindlich gegenüberstehen zu müssen geglaubt hatten. Im letzten Jahre seines Lebens ward auch höchsten Ortes die Wohltätigkeit seines überall sich verbreitenden Einflusses durch Verleihung des Roten Adler-Ordens dritter Klasse anerkannt. Auch fremde Nationen hatten sich endlich an seine Werke und an seinen Namen gemacht. Die Franzosen ergriff namentlich seine Philosophie der Geschichte. Cousin, Chateaubriand, Lerminier, Michelet, so wie zuletzt die Simonisten, kannten, studierten ihn, zogen ihn aus; die Engländer kauften seine Schriften, um sie in ihre Bibliothek zu setzen; sogar bis in die neue Welt drang sein Name und die Kunde seiner Bedeutung. Nur die Akademie seines Wohnorts verschmähte es, ihn in die philosophische Klasse derselben aufzunehmen, und als ihn diese letztere endlich gewählt hatte, verwarfen ihn die Physiker, um ihn unbelastet von akademischer Würde zu Fichte und Solger zu schicken. Hegel starb am 14. Nov. (1831) am Todestage Leibnizens; er liegt neben Fichte, seinem großen Vorgänger. Bald wird ein von Schülern und Freunden errichtetes Denkmal seine Stätte zieren. Aber Ersatz bieten für ihn kann niemand. Kant sah Fichte in seinem Alter, Fichte erlebte die jugendliche Schärfe Schellings, Schelling fand Hegel neben sich herangewachsen und überlebt ihn jetzt, zwanzig Jahre von der Philosophie zurückgezogen. Hegel hinterläßt eine Menge geistreicher Schüler, aber keinen Nachfolger. Denn die Philosophie hat fürs Erste ihren Kreislauf vollendet; ihr Weiterschreiten ist nur als gedankenvolle Bearbeitung des Stoffes nach der Art und Methode anzunehmen, die der unersetzlich Verblichene ebenso scharf als klar bezeichnet und angegeben hat.

739. *Marie Hegel an Niethammer*

Berlin, 2. 12. 1831

Es ist meinem Herzen Bedürfnis, Sie teurer Freund, aufzusuchen und mit Ihnen und der besten Frau von meinem Verklärten zu reden... Ich kann es noch nicht fassen, wie ich ohne Ihn leben kann und doch muß ich es — muß um Seiner wert zu sein, das Schwerste mit Fassung ertragen, muß dem Leben und meinen Pflichten noch mit Kraft angehören, so lange Gott will. Ich mache diese Anforderung mit aller Strenge an mich selbst — Gott wird mir beistehen, daß ich es kann. — Nun aber von Ihm, der unserer Erden Not und Tränen enthoben ist. Ich höre im Geiste Ihre Fragen. Sie haben so lange nichts mehr von dem geliebten Freund gehört und unvorbereitet erschreckend bringt Ihnen das letzte Wort von Ihm die Zeitung. — So will ich denn

ergänzen und nachholen und das unbeschriebene Blatt ausfüllen. Ach, ich kann so unendlich viel Gutes und Tröst-
liches sagen, womit ich mir und meinen Freunden wohltun
kann. — Die letzten Jahre seines Lebens waren die schönsten und heitersten. Er war, ich möchte sagen, verjüngt,
empfänglich für jede Lebensfreude, innig beglückt durch
eine immer größere Anzahl von Freunden und Anhängern,
von denen er sich so unendlich geliebt sah, belohnt durch
immer allgemeinere Anerkennung, die ihn mit Ehrenbe-
zeugungen aller Art überhäufte. Er bewegte sich immer
freier und befriedigter in seiner wissenschaftlichen Tätigkeit; es war kein Ringen und Kämpfen, keine saure Arbeit
mehr. Nie hörte ich wieder das böse Wort: „Wer von Gott
dazu verdammt ist, ein Philosoph zu sein!" Er erfreute sich
dankbar des Segens! Sein körperliches Wohlsein hatte sich
mit dieser Heiterkeit nach innen und außen immer mehr
bekräftigt. Er machte Ferienreisen, die ihn unendlich erhei-
terten und erfrischten. Die erfreulichsten und ungetrübte-
sten waren eine Reise nach den Niederlanden und zwei
Jahre später nach Wien, wo ihn die reichen Kunstschätze,
besonders aber in Wien die italienische Oper in jugendliche
Begeisterung versetzten. Später war er in Paris, wurde aber
dort unwohl und obgleich er mit Freude und Teilnahme
dort noch alles Schöne gesehen und seine Freunde genossen hatte, so war er doch durch die Anstrengungen der
Reise ermattet. Er war Jahrs darauf zwar noch in Teplitz,
wo er mit meiner Mutter, und in Karlsbad, wo er mit Herrn
Schelling erfreulich zusammentraf; wollte aber von dieser
Zeit an nichts mehr von Reisen wissen, und wenn es ihm
auch wünschenswert war, seinen lieben Freund Niethammer in München und die lieben Nürnberger und Heidelberger wieder einmal zu sehen — so war doch die Furcht
vor den Fatiguen des Reisens das, was ihn davon abhielt.
— Voriges Jahr wurden wir beide, nachdem wir noch seinen Geburtstag recht fröhlich gefeiert hatten, vom kalten
Fieber befallen. Mein guter Hegel litt daran bis Ende Oktober und konnte den Winter hindurch wieder lesen — ich
Arme quälte mich aber damit bis beinahe das Jahr voll
war. — Meines Hegels Kraft war aber seitdem nicht mehr

dieselbe. Er konnte heiter sein, bisweilen auch noch sehr wohl aussehen — aber er hatte das Bedürfnis der Ruhe und Stille — er zog sich von allem gesellschaftlichen Treiben, Musik und Theater, was er sonst so gerne am Abend nach der Arbeit aufsuchte, zurück. Wir hatten diesen Sommer eine freundliche Gartenwohnung gemietet, da war es ihm ganz wohl. Er rühmte den wohltätigen Einfluß der reinen gesunden Luft, der größeren Ruhe und Stille. — Es war ihm zwar erfreulich, wenn uns Freunde besuchten, aber es durften nicht viele zusammen kommen, sonst war es ihm peinlich. Er arbeitete fleißig und anhaltender als sonst an der Umarbeitung des ersten Teils der Logik, dann an der Ausarbeitung einer Vorlesung „Beweise über das Dasein Gottes" für den Druck. Rezensionen über Ohlert und Gans [1] — einen Aufsatz über die Reform-Bill (der halb abgedruckt in der Staatszeitung auf Königl. Befehl nicht fortgesetzt werden durfte). [*] — Er ging dabei täglich spazieren und beschäftigte und unterhielt sich mit unendlicher Liebe und Freundlichkeit mit mir und den Kindern. Karl war seit einem Jahre sein fleißiger Schüler. „Jetzt freuen mich erst meine Vorlesungen", sagte er öfter, „mein Karl bohrt sich tüchtig hinein." Es war ein Aussprechen und Mitteilen zwischen Vater und Söhnen, eine gegenseitige Liebe und Vertraulichkeit, eine Zufriedenheit von Seiten des Vaters, was mich unaussprechlich glücklich machte. — Es war der letzte Glanzpunkt meines Glückes, das ich umso heißer und inniger umfaßte, weil eine bange Ahnung mir sagte, die Sonne meines Glücks steht am Abend. Es sah keiner wie ich, wie das Wohlsein und die Kraft meines Geliebten nicht mehr dieselbe war. — Häufig litt er an Magenbeschwerden, er war nur auf kräftige Suppen und die leichtesten Fleisch-

---

[*]) Seine Majestät hatten an und für sich nichts dagegen, nur die Bedenklichkeit, daß ein Ministerielles Blatt einen Tadel gegen die Engl. Verhältnisse enthielt. — Auf Befehl wurde die Fortsetzung besonders abgedruckt und unter der Hand verteilt und Hegel, der nicht genannt sein wollte, erhielt noch privatim die größten Elogen dafür. In den vermischten Schriften soll er seinen Platz finden.

speisen beschränkt — durch die kleinste körperliche Anstrengung war er ermattet, durch den unmerklichsten Einfluß von Wind und Wetter berührt. Er war im Gefühl
dieser zunehmenden Schwäche oft augenblicklich unaussprechlich unglücklich und verstimmt, konnte sich aber im
Gefühl eines augenblicklichen Wohlseins ebenso wieder erheitern, wohl aussehen und ganz wieder der Alte sein —
voll Laune und Liebenswürdigkeit — konnte hübschen
Frauen die Kur machen, wie einst der besten Frau — so
daß wenige von seinen Freunden eine Veränderung an ihm
merkten.

Die unglückselige Cholera machte meinen Hegel besorgt
und ängstlich, oft sagte er „bei meinem schwachen Magen
gehört nicht viel dazu, die Cholera zu bekommen" — ich
mußte eine Cholera-Apotheke anschaffen, ein Arzt in der
Nähe des Tors war für den Unglücksfall bestellt — doch
pries er sich glücklich, daß wir in so gesunder, reiner Luft
dort außen wohnten, die uns ja hoffentlich bewahren würde.
— Ende Oktober mußten wir indessen nach der Stadt; der
Anfang der Kollegien — die schlechtere Jahreszeit, die
leicht gebaute Wohnung — es war nicht möglich länger
außen zu bleiben. — Mit der Luftveränderung klagte Hegel, es sei ihm wie einem Fisch, der von Quellwasser in
Spülwasser versetzt würde, — inzwischen freute er sich
jeden Abend über die Abnahme der Cholera, alle Besorgnis war verschwunden. Den 10. und 11. November fing er
seine Vorlesungen an und las mit einer Frische und Lebendigkeit, daß alle seine Zuhörer darüber entzückt waren. —
Sonnabend hielt er noch auf der Universität Examen und
machte darauf ein paar Besuche. Am Abend und am Sonntag Morgen beim Frühstück heiter wie sonst, klagte er um
11 Uhr über Magenschmerz und Üblichkeit — augenblicklich bring ich Tee und unsere Erwärmungsmittel, um 2 Uhr
war der Arzt da; den Tag und die Nacht hindurch fortwäh-
render Magenschmerz „der nicht sowohl sehr schmerzlich,
als beunruhigend sei" — Senfteig, Blutegel blieben ohne
Wirkung — am andern Morgen war er schmerzenfrei, nur
matt — der Arzt beruhigt mich — der Puls hatte 90 Schlä-
ge. — Er findet ihn bei einem zweiten Besuch auffallend

verändert — der Puls war bis zur höchsten Ermattung gesunken — es zog sich über das liebe Gesicht eine eisige
Kälte, aber immer volles Bewußtsein, immer die sorgloseste
Ruhe, ein Gefühl einer süßen Mattigkeit. Horn wurde zugerufen, er bewillkommt ihn eine Stunde vor seinem Tode
noch mit lauter, kräftiger Stimme. — Noch eine $1/4$ Stunde
klagt er über Mangel an Luft — verlangt zur Seite gelegt
zu werden — Manuel hielt mit dem Kopfkiß das geliebte
Haupt in seinen Armen — eine unaussprechliche Ruhe lag
auf seinen lieben Zügen — es war der sanfteste, seligste
Schlaf — das Entschlafen eines Heiligen. —

... Wie es vorüber war, nannten die Ärzte seinen Tod
intensive Cholera, eine Cholera ohne alle äußeren Symptome, und machen mit diesem Wort des Schreckens dies
herrliche Ende in der Vorstellung zu etwas Grauenhaftem
— darum schreib' ich zu Ihrer und anderer Freunde Beruhigung so ausführlich wie es war. — Er steht mir in seiner
Vollendung — im Leben und im Tod so rein und so herrlich da... Ich fühle mich gehoben in dem Gedanken an
ihn — glaube, was er erkannte und halte mich daran mit
seliger Gewißheit fest. Ich halte mich an seine Freunde, in
denen er geistig fortlebt — betrachte sie als die Vormünder
meiner Kinder, durch die sie in dem geistigen Vermächtnis
ihres Vaters erzogen werden. Hier wo er gelebt und gewirkt hat, unter seinen treuen Freunden und Schülern, nur
hier fühl ich mich zu Hause ... Meine äußere Lage gestaltet
sich sorgenfrei ...

740. K. F. Zelter an Goethe

Berlin, 3. 12. 1831

Zwei Reden an Hegels Grabe, vom jetzigen Rektor Marheineke und Dr. Förster, erregen viel Aufmerksamkeit. Der
erste hat ihn zum König im Reiche des Gedankens gemacht
und mit dem Heilande verglichen. Förster ruft die Gegner
und Verhetzer des Seligen her ans Grab und verspricht,
solches mit allen frommen Schülern ihres Heiligen zu schützen. Die Reden sind gedruckt.

741. Varnhagen v. Ense an Goethe

Berlin, 5. 12. 1831

Ich sage nichts von dem großen Verluste, den wir hier erlitten haben. Seit Hegel nicht mehr da ist, fühlt man erst recht, welchen Raum er ausfüllte und wie er wirkte. Ohne solche energische Konzentration in dem Haupt und der Hand einzelner Regenten laufen die Wissenschaften verworren auseinander und rebellieren gegen ihre nächsten Vorsteher, die ihre törichte Freude, einer lästigen Aufsicht losgeworden zu sein, alsbald zu büßen haben. Man betreibt mit Eifer das Unternehmen einer Ausgabe der sämtlichen Schriften Hegels, wozu auch noch mancher Entwurf, der bisher bloß zu Vorlesungen gedient, schicklich bearbeitet wird.

742. Eduard Gans an V. Cousin

Berlin, 7. 12. 1831

J'étais sur le point de vous écrire lorsque j'ai reçu votre lettre. La nouvelle de la mort de notre cher et illustre ami nous a frappés, comme elle doit vous avoir étonné; car elle est venue subitement, sans que beaucoup de ses amis sussent qu'il était tombé malade.

Hegel a été malade à peu près deux jours; il est tombé malade dans la nuit du douze au treize novembre, et il est mort lundi, quatorze novembre, à cinq heures après midi. Les deux médecins qui le traitaient ont répondu, qu'il était mort du choléra; mais c'est bien incertain, les symptômes qui accompagnent ordinairement cette maladie, ayant tous manquè. Il est mort tranquillement, on peut même dire philosophiquement, sans douleurs, travaillé et usé par une vie donnéc tout a fait à des pensées qui vivront longtemps, de toute la force de son esprit. Ses ennemis même ont avoué que l'Université de Berlin avait fait la plus grande perte qu'elle pouvait faire. Schleiermacher et Savigny ont assisté à ses obsèques, et à la cérémonie qui se faisait dans

l'Université, le premier s'est très bien comporté dans toute
cette affaire.

La veuve de M. Hegel reçoit de la caisse de l'Université
une pension de veuvage de 640 écus (2,560 fr.). On croit
que le roi y ajoutera quelque chose. Nous, ses amis, nous
publierons tous ses ouvrages, surtout ses cours, pour sa
famille; et le contrat que nous avons fait avec le libraire lui
donnera, j'espère, la somme de 30,000 francs. En outre,
nous pensons à un monument; et je vous remercie de l'offre
gracieuse que vous avez eu la bonté de nous faire. Ne
pourriez-vous pas, mon cher ami, nous procurer des sous-
cripteurs à ses ouvrages en France? M. de Montalivet ne
prendrait-il pas peut-être une vingtaine d'exemplaires pour
les bibliothèques de France? Le nécrologue, que j'ai fait de
M. Hegel, a été travaillé par les censeurs de la Gazette
d'État; je ne le reconnais plus moimême. J'avais parlé de
vous et de votre liaison; tout a été rayé, et il n'est resté, de
tout ce que j'avais dit, que votre nom, ajouté à d'autres qui
n'ont jamais vu et connu M. Hegel; voilà comme on est
imprimé dans ce pays.

Les enfants de Hegel se portent bien; l'aîné etudie la
théologie, et le second se prépare à l'étude du droit. Toute
l'amitié que nous avons eue pour Hegel s'est changée en
tendresse pour ses enfants, qui, j'espère, se montreront un
jour dignes de leur père. M. Hegel est mort sans fortune et
sans dettes; il avait à peu près 14,000 francs de traitement
par an, qu'il a toujours mangés.

743. *Victor Cousin an Marie Hegel*

Paris, 10. 12. 1831

Je n'ai pas osé vous écrire dans les premiers jours; mais je
veux aujourdhui meler ma douleur à la votre. La perte que
vous avez faite est immense; mais il vous reste ses enfants
et son nom. Ce nom vous enfonce de la veneration univer-
selle et je suis sur que ses enfants le soutiendront dignement.

Pour moi, mon affliction ne peut être surpassée que par

la votre. Je l'aimois profondement; je lui dois les meilleures heures de ma vie, et sa perte est un malheur que je ne reparerai jamais.

Je n'ai pas le courage de vous en ecrire davantage aujourdhui. Embrassez tendrement pour moi Charles et Emmanuel, et pensez quelquefois à un ami qui vous est bien attaché.

744. Marie Hegel an Karl Daub

Berlin, 12. 12. 1831

Ich habe schon einmal über Hegels Verlust, Tränen in Ihren Augen gesehen — und damals, wie es noch unentschieden war, ob er dem Ruf [nach Berlin] folgen sollte, sagten Sie mir „es sei Ihnen zu Mute wie am Sterbebette eines Freundes, die Ungewißheit und Angst, ihn zu verlieren, sei peinigender als die Gewißheit seines Todes". Diese Worte habe ich nicht wieder vergessen und vergegenwärtige mir damit das Bild Ihrer tiefen innigen Freundschaft und Ihrer Trauer um den Verklärten. Sie haben ihn nun zum zweitenmal verloren — aber längst gewöhnt, im Geiste nur mit ihm fortzuleben und seine sichtbare Gegenwart zu entbehren — ist Ihnen nun durch den Tod nicht so alles mit einemmal entrissen wie uns. Könnte das arme Herz sich nur selbst vergessen — an Trost fehlt es nicht... Ich kann unter Tränen ausrufen: „Herr, Du hast Großes an mir getan, ich bin es nicht wert!" — Mir war der Segen zuteil, Ihm am nächsten stehen zu dürfen, als die Seinige seinem Herzen anzugehören, ich will ihn mir festhalten und mit Freudigkeit, solang ich lebe, Gott für dies Glück danken. Es ist vorüber — glücklich sein ist so leicht, gebe Gott mir nun auch zu dem Schwereren Kraft, mich aufrecht zu erhalten, wo ich dies Glück entbehren muß — mich seiner wert zu erhalten und in seinem Sinne dem Leben und meinen Pflichten noch anzugehören, solange Gott will! Ich habe noch teuere Verpflichtungen, die mich ans Leben binden, meine Söhne, die nun doppelt verwaist sind, da sie den

geistigen und leiblichen Vater entbehren müssen. Sie waren
seine schönste Hoffnung, möge sie ihm und mir in Erfüllung gehen. Ich betrachte des Vaters Freunde als ihre Vormünder, auch Sie, verehrter Freund, betrachte ich als solchen, und werde den Älteren als Theologen Ihnen, den
Jüngeren als Juristen dem verehrten Freund Thibaut näch-
stes Jahr (Ostern übers Jahr) als Schüler zuschicken. Karl,
18 Jahr, hat den Vater schon seit einem Jahr gehört, Immanuel, 17 Jahr, der erst an Ostern zur Universität abgeht,
hat dieses Glück ganz entbehrt... Möge das geistige Vermächtnis des Vaters, das so viele treue Vormünder ihnen
aufbewahren, für sie nicht verloren gehen!

Eines, woran auch Sie lebhaften Anteil nehmen werden,
erhebt und erfreut mich in meinem Schmerz. Es hat sich
ein Kreis von Freunden und ehemaligen Schülern meines
Mannes vereint, seine sämtlichen Werke herauszugeben.
Die Vorlesungen aus Hegels Heften und den Heften seiner
Schüler sollen zusammengestellt und so vollständig wie
möglich für den Druck geordnet werden... Jeder von den
Freunden hat mit inniger Liebe das ihm zunächst liegende
übernommen, und wollen meinen Dank nicht einmal dafür
annehmen, sie glauben es sich selbst und dem Verklärten
und der Welt schuldig zu sein. Prof. Marheineke hat die
Religions-Philosophie und als Anhang die Beweise über
das Dasein Gottes (davon Hegel selbst noch die größere
Hälfte für den Druck vorigen Sommer bearbeitet hat) —
Prof. Gans die Philosophie der Geschichte — Prof. Hotho
Ästhetik, Prof. v. Henning die Enzyklopädie, Logik, Philosophie der Natur und des Geistes, — Prof. Michelet Geschichte der Philosophie — übernommen. Hofrat Förster
und Geh. R. Schulze werden die vermischten Schriften sammeln; seine Reden, Rezensionen, auch seine Briefe von all-
gemeinerem Interesse sollen darin aufgenommen werden.
Ich und meine Kinder tun, damit wir doch etwas dabei tun,
die Handlangerdienste — ich mache aus dem Schatz seiner
Briefe an mich, worin er sich auf seinen Reisen von den
Niederlanden, Wien und Paris mit dem lebendigsten Interesse über jeden Kunstgenuß, Malerei, Musik oft mit Begeisterung ausspricht, Auszüge für seine Biographie, die den

vermischten Schriften vorangehen soll und die Prof. Gans schreibt. Jede interessante Erinnerung aus seinem Leben soll darin aufgenommen werden, und an alle seine lieben Freunde ergeht die Bitte, aus ihren Erinnerungen uns alles mitzuteilen, was von Interesse wäre. Seine Briefe erbitten wir uns gleichfalls von Ihnen und dem verehrten Freund Herrn Hofrat Creuzer, und wo Sie sonst noch etwas Wertes von ihm zu finden wissen, — vertrauen Sie es uns, es soll Ihnen kein Blatt davon verloren gehen. Ihre Briefe, sowie die von Herrn Hofr. Creuzer überschicken wir Ihnen, wenn Sie uns erlauben, welche davon aufzunehmen, zur Auswahl und Durchsicht. Dieses Interesse beschäftigt mich jetzt so wohltätig, die Freude über das Werk, das mit so viel Liebe und Treue unternommen wird und das seinen Namen erst recht verherrlichen wird, erhebt mich in meinem Schmerz. Gebe Gott dem Werke Gedeihen! Gestern ist der Kontrakt mit Duncker, der mit wahrer Liebe für die Sache die uneigennützigsten Bedingungen gemacht hat (3 Friedrichsdor für den Bogen), abgeschlossen worden. Das Ganze ist auf 20 Bände berechnet, die in ungebundener Reihenfolge erscheinen sollen. Die 2. Auflage der Phänomenologie macht den Anfang. Von Neujahr an soll der Druck der Religions-Philosophie beginnen. Mit der Logik, von der Hegel noch den 1. Band vor seinem Tode vollendet hat und der nun schon gedruckt ist, wollen wir uns suchen mit Cotta abzufinden. Die weiteren Auflagen aller Werke übernimmt in der Folge alle Duncker. So erwächst aus diesen geistigen Vermächtnissen durch die treue Liebe unserer Freunde noch ein Vermögen, das uns, mit dem, was mir durch Hegels treue Fürsorge aus 2 Witwenkassen wird, nebst einer mir verheißenen Pension und Stipendien, aller äußeren Sorge und Not überhebt...

Über meines Hegels Tod lassen Sie mich schweigen. Freund Nägele[1] habe ich das Nähere darüber geschrieben, er wird Ihnen sagen, ob dies schmerzensfreie, sanfte, selige Ende *wirklich* die Cholera war. ....

745. *F. K. v. Savigny an Jakob Grimm*

Berlin, 13. 12. 1831

Versäumen Sie doch ja nicht, die köstlichen Leichenreden auf Hegel (von Marheineke und Förster) zu lesen.

746. *Karl Lachmann an Jakob Grimm*

Berlin, 27. 12. 1831

Hegels Tod hat mich freilich sehr bewegt, aber nicht eigentlich betrübt. Hegel starb über 60 Jahre alt, eh seine Philosophie veraltet war, mit seinen Gegnern persönlich ausgesöhnt, er hatte seine Schüler meist aufgegeben und verachtete sie, namentlich den Gans, über den ein großer Ärger [1], wenigstens nach Hegels eigener Meinung, seinen Tod mit veranlaßt hat. Und am Tage nach Hegels Tode schreibt der freche Jude an die Witwe, er hoffe, daß der letzte Streit die freundschaftlichen Verhältnisse nicht aufheben werde, und macht den unsinnigen Nekrolog in der Staatszeitung [2]. Scheußliche Reden von Marheineke und Förster mußte man auch hören, und sie sind gedruckt: in beiden wird Hegel mit dem Herrn Christus gleichgestellt.

747. *Peter Gabriel van Ghert, Gedächtnisrede*

Het zij mij nu vergund, U de bijzonderheden mede te deelen, welke mij persoonlijk nopens den voortreffelijken man bekend zijn, ter einde daaruit zijn karakter des te beter moge blijken.

De lezing der werken van den Hoogleeraar van Hemert, over Kants wijsgeerig stelsel, deed mij reeds vroeg twijfelen, of de gewone wijze, waarop de Logica, welke ik op de hoogste klasse der Latijnsche school had gehoord, wordt onderwezen, wel de eigenlijke philosophie ware; terwijl er overigens in mijn gemoed, door het lezen van sommige

Fransche werken, eene gaping en ledigheid ontstaan was, die mij kwelde en in mij de dringende behoefte deed geboren worden, om dit ledige door beter inzigt, aan te vullen. De Hoogeschool te Jena werd mij te dier tijd, als de eerste zitplaats der wijsbegeerte in Duitschland bekend, en dit was voldoende om in mij eene onweerstaanbare drift te doen oprijzen, ten einde daar mijne academische loopbaan te gaan beginnen. Geheel onbedreven en onbekend met de Duitsche taal, waarin meest alle voorlezingen gegeven werden, was ik verpligt, te Jena aangekomen, de lessen van den Hoogleeraar Ulrich, over de Logica bij te wonen, wijl die Professor dezelve in de Latijnsche taal gaf. Mijn gemoed echter ondervond daarbij geen voedsel of voldoening en daarover met mijn' vriend Suthmeyer sprekende, raadde hij mij de lessen van den Hoogleeraar Hegel te volgen en ik aarzelde geen oogenblik zulks te doen. Weken achtereen hoorde ik, met alle inspanning en oplettendheid toe, en slechts weinig kon ik van al het voorgedragene vatten, doch dat weinige, was van zoo veel gewigt en belang, dat ik mij reeds daardoor in eene geheel andere wereld verplaatst vond en mijn' moed zag verdubbelen, om in het vlijtig bijwonen der lessen te volharden. Na het afloopen van den halfjarigen Cursus, werd ik door den Hoogleeraar Hegel uitgenoodigd, hem te bezoeken, en met een kloppend hart ging ik te bepaalder tijd, naar zijne woning. „Ik heb opgemerkt", zeide hij, „dat gij nooit mijne lessen verzuimt en dus wel veel zucht voor de beoefening der wijsbegeerte moet hebben. Mag ik ook weten van waar die zucht voortkomt?" Ik maakte hem met de gesteldheid mijns gemoeds bekend, en naauwelijks had ik zulks gedaan of hij voegde mij toe: „Het verheugt mij te bespeuren, dat die beoefening voor U eene behoefte is, want die alleen kan iemand nopen het moeijelijke, of beter gezegd, het ongewone pad der wijsbegeerte te betreden. De verzadigde, of hij die zijne maag door het gebruik van slecht voedsel bedorven heeft, verlangt naar geene degelijke spijzen." Bij deze gelegenheid bekende ik hem echter, dat ik slechts zeer weinig van zijne Voorlezingen begrepen had, welke belijdenis hem zoo wel beviel, dat hij mij vergunde, gedurende den vacantietijd, dagelijks eenige uren, bij hem te komen doorbrengen, ten einde zamen over wijsgeerige onderwerpen te kunnen spreken. Dit aanbod kon mij niet anders dan hoogst welkom zijn en ik maakte daarvan dan ook een dankbaar gebruik, met dien gelukkigen uitslag, dat ik in weinige dagen, de grootste zwarigheden te boven kwam, den Hoogeleeraar kon volgen, en verwonderd stond, dat mij nu alles zoo gemakkelijk en duidelijk was geworden, hetgeen ik eerst voor onverstaanbaar of althans voor mij te hoog verheven, had gehouden. Van nu af aan bleef ik, met den grooten man in voortdurende vriendschapsbetrekking en nam eenige weken vóór den slag van Jena, met een geroerd hart, afscheid van hem, met de verzekering echter van zijnen kant, dat hij mij in mijn Vaderland zou komen bezoeken, hetgeen hij dan ook tot tweemaal toe heeft gedaan.

In het laatste van September van de jare 1822 vereerde de grote man mij, te Brussel, met zijn eerste bezoek, en bragt, tot mijne grootste vreugde, veertien dagen bij mij door. In den beginne was hij zeer ongesteld en daar ik hem bij zijne komst vreesselijk uitgeput en vervallen vond, was ik deerlijk met hem begaan. Door de zorgen en de deelneming, die hij ondervond, werd hij echter al spoedig opgeruimd en beter, en zoodra zijne krachten het toelieten, ging ik met hem uit rijden of wandelen, ten einde hem eerst met de ligging der stad en met hare heerlijke omstreken bekend te maken. Vooral verlangde hij naar het slagveld van Waterloo. Van goede bestekken voorzien, begaven wij ons derwarts, en toen ik hem de plaats aanwees, waar Napoleon . . . de uitroeping deed: la France est perdue! zag ik op Hegels gelaat de bewegingen uitgedrukt, die in zijn gemoed omgingen. Op die plaats staroogende, zeide hij: „Verschrikkelijk lot! zoo eensklaps van zijnen keizerstroon en alle heerlijkheid berooft te worden! En dat voor zulk een man, die alle zwarigheden getrotseerd en niets voor ommogelijk gehouden had! Wat ik steeds het meest in hem heb bewonderd, en eene groote verdienste in hem was, is de kracht, die hij heeft bezeten, het gezag der wetten met onwrikbare vastheid van geest te handhaven en te doen eerbiedigen."

De volgende dagen liet ik hem de verschillende kabinetten en andere merkwaardigheden, zoo te Brussel, als te Gent, en Antwerpen bezigtigen, over wier rijkheid en schoonheid hij de hoogste tevredenheid aan den dag legde. Het was een genoegen de zien, hoe hij, als echte kunstkenner, alle bijzonderheden opmerkte en niets hem ontging. Vooral verhengde hij zich in de schilderijen van Hemling of Memlich (want men weet niet juist de naam), en bewonderde in dezelve de groote zorg aan alle bijzondere deelen ten koste gelegd, zoo als de naauwkeurigheid en netheid der geheele behandeling. Hegels verblijf in de Nederlanden, was hem van te meer belang, omdat hij te dier tijd, zich met de bearbeiding zijner wijsbegeerte der kunst bezig hield, en zoo veel stof daarvoor aantrof. Hij was met Nederland, zoo buitengemeen ingenomen, dat hij de schoonheid van hetzelve, de veelvuldige groote steden, zoo digt bij elkander gelegen, en dan de rijkheid der natuur niet genoeg wist te prijzen. Als men in Duitschland slechts eene stad zoo als Luik heeft aangetroffen, zeide hij, kan men dagen reizen, eer men iets dergelijks ziet, en hier, verlaat men naauwelijks de eene, of is reeds wederom in eene andere groote stad.

In den huisselijken kring was hij even als in de zamenleving, zoo gemeenzaam, zoo eenvoudig en zoo voorkomend, dat men hem voor een zeer gewoon mensch en niet eens voor een geleerde zou hebben gehouden. Met mijne kinderen speelde en vermaakte hij zich, alsof hij ze immer had gekend en zij zijns gelijken waren; terwijl hij in vrolijk gezelschap zoo aardig en geestig was, dat een ieder behagen in hem schepte. Wanneer hij zich met mij alleen bevond, onderhield hij zich bij voorkeur over de wijsgeerige wetenschappen; doch naauwelijks trad mijne vrouw of iemand anders der hiusgenooten of vrienden binnen, of hij begon een ander, gewoon dagelijksch gesprek en dat wel in het Fransch, ten einde zich regt verstaanbaar te maken. Het was bij hem een systema, in gezelschappen nooit over zijn vak te spreken, noch den geleerden te spelen, hoezeer hij in alle vakken van menschelijke kennis, zoo grondig bedreven was.

Evenwel met hem over de praktische bruikbaarheid en

de belangrijkheid van zijn handboek der Philosophie des
Regts sprekende, verhaalde hij mij, met innige zelfvoldoe-
ning, hoe het hem, door de daarin bevatte beginselen van
het staatsregt, gelukt was, eene menigte jonge lieden en
officieren, die uit hoofde van hunne daemagogische gedra-
gingen bij de regeering in onmin waren geraakt, tot volle
overtuiging hunner verkeerde denkwijze de brengen, en
naderhand het Gouvernement te bewegen, hen in genade op
te nemen, met dat gewenschte gevolg, dat zij later in goede
betrekkingen geplaatst werden.

Van Brussel vertrok hij naar Amsterdam en 's Gravenhage, waar hij ook de heerlijke kabinetten heeft bezocht,
en derzelver rijkheid den welverdienden lof toegezwaaid.

Om het onherstelbare verlies te kunnen beseffen, wat de
wereld door zijn afsterven ondergaat, moet men den ge-
heelen omvang en het belang zijner wijsgeerige loopbaan
kennen; men moet weten, welken invloed dezelve, op alle
vakken van wetenschap heeft gehad, en dan kan men zijnen
dood niet genoeg betreuren, vooral als men nagaat, dat hij
nog zoo weinig werken in het licht heeft gegeven, over de
verschillende vakken der wijsbegeerte, die alle bij hem
slechts een geheel uitmaken, en welke wijsbegeerte bij hem
den vorm van wetenschappelijkheid verkregen hebbende,
het volstrekte weten of inzigt tot grondslag heeft; die niets
als vooraf gegeven, voor waar erkent, maar in alles het
wezen, de gedachten, opsport, welke de kern en de zelf-
standigheid van elk vak der wetenschap zijn.

748. *K. F. Zelter an Goethe*

Berlin, 10. 1. 1832

Hegel soll, gegen den Ausspruch dreier Ärzte, nicht an der
Cholera gestorben sein.

749. Niethammer an Marie Hegel

München, 12. 1. 1832

Meinen wärmsten innigsten Dank, teure verehrte Freundin, für Ihre ausführliche Nachricht von den letzten Stunden unseres verewigten Freundes, dessen Verlust, der uns so unerwartet getroffen hat, wir mit Ihnen aufs schmerzlichste fühlen und betrauern. Ihr lieber Brief hat mir und meiner Frau sehr wohl getan. Gewiß zählen Sie uns mit Recht zu den teilnehmendsten Ihrer Freunde. Sind doch gewiß auch außer Ihnen wenige, die den ganzen Wert des so plötzlich von uns genommenen Freundes so von allen Seiten kennen und schätzen gelernt haben, als eben wir, die in den verhängnisvollsten Lagen seines Lebens ihm am nächsten gestanden sind, und von jenen Zeiten her auch wissen, daß sein Herz uns treu geblieben ist. Wurden auch in späteren Zeiten die Mitteilungen zwischen uns seltener, so blieben doch darum nicht weniger unsere Herzen sich treu und nah; wir waren durch die weitere Entfernung uns nicht ferner; wir nahmen von seinem größern öffentlichen Wirken uns unser Teil und lebten darin mit dem fernen Freunde fort, seines wachsenden Ruhmes und seines Glückes fortwährend uns erfreuend. Gegenseitig dann und wann ein unmittelbares Zeichen der unveränderten alten Freundschaft hat die Verbindung der Herzen bis ans Grab fest und lebendig erhalten. Das letzte solcher Zeichen von dem unvergeßlichen Freunde war die Zusendung der Medaille mit seinem Bildnis, die mit einigen Zeilen der Freundschaft — wer hätte damals gedacht, daß es die letzten von dem teuren Freunde seien! — begleitet waren. ...

Zuvörderst noch ganz besonderen Dank für die reiche Schilderung Ihres Familienlebens in den letzten Jahren, die uns das Bild des geliebten Freundes auch von dieser liebenswürdigen Seite im herrlichsten Lichte vor Augen gestellt hat. Wir fühlen mit Ihnen, daß in diesen Erinnerungen, obgleich auch viel Schmerz, doch zugleich eine sehr wohltätige Stärkung und Erhebung für Sie liegt. Ebenso war Ihre umständliche Beschreibung von dem ganzen Verlauf der Krankheit eine wahre Wohltat für uns, nachdem

auch wir, wie alle fernen Freunde und Verehrer des Verstorbenen, durch die unbestimmten und sich widersprechen-
den Gerüchte nicht wenig beunruhigt worden waren. Es
hat etwas wahrhaft Quälendes, bei einem solchen Verlust
auch noch durch übertriebene Schilderungen von vorausge-
gangenen Leiden geängstigt zu werden. Bei Ihrer Erzählung steht man ruhig am Sterbebette des Kranken und sieht
selbst den plötzlichen Tod ohne Erschütterung eintreten.
War ja dieser Tod so sanft, daß Sie ihn dem Entschlafen
eines Heiligen vergleichen konnten. So wohltuend und auf-
richtend hätte mir mein Pate Manuel nicht darüber schreiben können. Darum bin ich Ihnen doppelt dafür dankbar,
daß Sie selbst das schmerzliche Geschäft übernommen haben. ... Mit der höchsten Freude habe ich in Ihrem Briefe
gelesen, daß dieser Verehrer und Freunde Würdigste und
Ausgezeichnetste sich mit Ihnen vereinigt haben, dem Verewigten durch Herausgabe einer vollständigen Sammlung
seiner Werke das glänzendste und dauerndste Denkmal zu
errichten. Meinen Beitrag dazu, wie Sie ihn wünschen,
bringe ich mit der größten Bereitwilligkeit. Ihnen die zwischen mir und dem unvergeßlichen Freunde in einer be-
trächtlichen Reihenfolge gewechselten Briefe zum Gebrauche
für diesen Zweck vollständig auszuhändigen und zu überlassen, kann ich nach der Zusicherung, die Sie mir gegeben
haben, auch nicht das mindeste Bedenken tragen. ...

den 18. Jan.
Es war wie ein Verhängnis, daß dieser Brief nicht fertig
werden sollte! Wohl mehr als sechsmal habe ich angesetzt,
und mehr nicht als einige Zeilen zustand gebracht. Die
letzten Worte oben sind eben jetzt noch ergänzt; sie konnten nicht vollendet werden, weil ich eben das Erwachen
meiner kranken Frau hörte, auf das ich mit ängstlicher
Sehnsucht gelauscht hatte. Ich hoffte, der Schlaf sollte zur
Genesung führen! Aber es war ein Schlaf zum Tode! So
ist diese Antwort auf den Totenbrief — ein Totenbrief
geworden! Eine Antwort nicht minder schmerzlich als der
Brief! Es wird mir sehr schwer, diesen Verlust zu ertragen.
Die Freude meines Lebens geht mit der geliebten Frau zu

Grabe, mit der besten Frau, wie Hegel sie immer genannt.
Jawohl der besten Frau! Den Ehrentitel hat sie ganz verdient!

750. F. Mendelssohn-Bartholdy an seine Eltern

Paris, 14. 1. 1832

... erschreckt ... nicht, wenn Ihr irgendwo meinen Namen
geradebrecht seht, wie im Messager neulich, wo man aus
Berlin den Tod des Professor Flegel anzeigte; es haben es
alle Journale wiederholt.

751. Marie Hegel an P. G. van Ghert

Berlin, 26. 1. 1832

Das letzte Wort, womit er wenige Tage vor seinem Tode
die Vorrede zur Logik mit der Frage schließt, „ob der laute
Lärm des Tages und die Geschwätzigkeit der Einbildung,
die auf denselben sich zu *beschränken* zu *eitel* ist, noch
Raum läßt für die leidenschaftslose Stille der denkenden
Erkenntnis" — soll uns nicht bange machen. — Der Geist,
den er hervorgerufen hat, lebt und wirkt in der Gemeinde
seiner Schüler und Freunde fort und wird nicht untergehen.
— Auf Hegels Lehrstuhl ist Gabler, Bayreuth, einer seiner
ältesten Schüler aus Jena, der Ihnen daher wahrscheinlich
bekannt ist, berufen. Hegel hätte keinen andern als Gabler
erwählt.

Nachklänge

752. *Johann Jacoby*

Ich habe Dich, mein teurer Leser, im Gedränge verloren und ich freue mich, Dich hier unter der Uhr wiederzufinden.[1] Wenn ich Dich bis jetzt des Gegensatzes halber mit dem Manne des gottseligen, apostolischen[2] und dem Manne des geschichtlichbewegten, modernen Zeitalters bekannt gemacht[3]; so will ich Dir jetzt den Mann vorführen, der alles in sich verband und harmonisch versöhnte, was die ausgedehnteste, bis in die fernste Vergangenheit und Zukunft hinüber- und hinausreichende Weltanschauung aufzuhäufen vermag und der in die tiefsten Schachten der Vernunft wie in die höchsten Regionen des übersinnlichen Glaubens hinab- und hinaufgestiegen war. Wollte ich Dir die Stelle bezeichnen, wo er körperlich weilt, so müßte ich Dich nach dem Kirchhofe geleiten; willst Du den Raum kennen lernen, wo sein Wort, seine Schriften und seine Schüler geistig umgestalten und aufbauen werden, so sieh Dir eine Weltkarte an. Hier kann ich Dir nur das Auditorium No. 8 und den Katheder zeigen, wo Hegel jahrelang im Kreise seiner Schüler und Kollegen jene Vorträge gehalten hat, die alles ergründend, erforschend und feststellend, was dem Menschen teuer und heilig ist, in ihrem mächtigen Einfluß wohl ewig bleiben. Nicht lange ist es her, daß er dahingegangen ist, und ich will Dir eine wunderbare Historie erzählen, die sich für mich an seinen Todestag knüpft. ... Nach 5 steige ich [von einem Wochenendaufenthalt in Frankfurt kommend] am Opernplatze ab, eile ins Auditorium und finde es hellerleuchtet, aber leer. Ich stutze und setze mich, ermüdet von der Reise, auf meinen einsamen Platz. Punkt ein Viertel auf 6 öffnet sich die Türe und Hegel tritt herein. Im Nu sind alle Bänke besetzt. Womit? kann ich nicht deutlich sagen. Jünglinge in veralteten Burschentrachten, Männer in verschollenen Kostümen, Perückenköpfe, griechische und römische Profils — Alles luftig und schattenartig durcheinander und emsig lauschend auf die Worte des Vortragenden. Ich sah kein einziges bekanntes Gesicht, außer dem eines Studenten, der vor einem Jahre gestorben war; — aber doch viele Physiognomien, die entfernte Ähnlichkeit mit Portraits und Büsten berühmter Philosophen hatten; Hegel war sehr verändert, noch klarer und milder in seinem Angesichte. Die Sehnsucht war von diesem gewichen und statt ihrer thronte die errungene Seligkeit auf der nicht mehr gefurchten Stirn. Er schien ein Gedanke geworden zu sein; so abgerundet, so untergetaucht hatte sich alles bei ihm in eine Idee, in eine Gewißheit, in einen Kulminationspunkt. Den durch Worte näher zu bezeichnen, bin ich nicht im Stande; Beethoven und Raffael haben ihn durch Töne und Farben wiederzugeben gesucht, und man sagt: es ist ihnen gelungen. — Mund und Auge waren geschlossen; und doch sprach er, las er vom Hefte. Oder besser gesagt — denn er sprach nicht — (dieser Ausdruck ist zu materiell) er dachte seinen Zuhörern etwas vor, die vermöge ihrer ausgebildeten Organe seine Gedanken aufzunehmen verstanden, ohne des Mittelweges der Sprache und des Gehörs zu bedürfen. — — — Ich weiß nicht mehr, wie ich zur Türe hinausgekommen bin. So viel erinnere ich mich, daß ich vor der Universität einen Freund fand, der mich anredete: „Wie siehst Du aus? Bedenke doch, wie der Selige den Tod betrachten lehrte, und zeige Dich jetzt würdig, sein Schüler genannt zu werden. — Dich scheint die Nachricht von Hegels Tod sehr angegriffen zu haben." — „Tot?! Großer Gott! Wann ist er gestorben?" — „Vor etwa einer Stunde." —

753. Arnold Ruge

Als sich in diesem Jahre die Cholera zum ersten Mal zeigte, behauptete Echtermeyer, sie sei eine barbarische Krankheit, und müsse an der deutschen Grenze halt machen. Sie kam aber bald nach Berlin und — sogar Hegel, der deutscheste Deutsche, erlag ihr. Nun wurden seine Werke auf Subskrip-

tion herausgegeben. Ich unterzeichnete sogleich, denn ich
hatte erfahren, was ich an ihm hatte, und was ich an ihm
entbehrte.

754. *Goethe an Varnhagen v. Ense*

Weimar, 5. 1. 1832

Leider muß ich diesen meinen Brief auch mit dem tief
empfundenen Bedauern anfangen, daß wir den hochbegabten bedeutenden Reihenführer, so wohl gegründeten
und mannigfaltig tätigen Mann und Freund, obgleich nicht
ganz unbefürchtet, verloren haben. Das Fundament seiner
Lehre lag außer meinem Gesichtskreise, wo aber sein Tun
an mich heranreichte oder auch wohl in meine Bestrebungen eingriff, habe ich immer davon wahren geistigen Vorteil gehabt.

755. *Arnold Ruge*

Mein Haus war jetzt verödet; ... [ich] ging ... mit den
Meinigen auf unser Landhaus nach Giebichenstein und vertiefte mich ganz und gar in Hegels Werke, die während des
Jahres meiner Abwesenheit von Deutschland erschienen
waren, und die ich in zugebundenen Paketen zufällig unter
einem Haufen alter Akten und Papiere hervorgewühlt
hatte. Dort hatte man den Unsterblichen hingeworfen.

756. *Friedrich Creuzer*

Bei solchem Verzichten auf systematisches Philosophieren
konnte ich denn auch auf die neuesten Richtungen der
Deutschen Philosophie nicht eingehen, selbst wo sie die

Mythologie in ihre Kreise zog ... Mit dem Meister der neuesten Schule, mit dem verewigten Hegel, hatte ich keine Mühe mich über diese meine Stellung und Stimmung zu verständigen. Bei seiner Kenntnis und Achtung der Altertumskunde und bei der großartigen Weise, Menschen und Dinge zu würdigen, entschuldigte er freundschaftlich das Beschränken meiner Studien auf die Philosophie des Altertums und war mir darin förderlich ...

757. *Korrespondenznachrichten aus Berlin*

30. 3. 1835

Auch Metaphysik studiert man jetzt hier weniger eifrig als in frühern Zeiten, wo Hegels wundersame, großartige Persönlichkeit, die keine Persönlichkeit sein wollte, uns tief innerlich affizierte und auf der einen Seite den Haß, auf der andern, wenn nicht Liebe, doch Bewunderung in hellen Flammen erhielt. Hegel wollte keine Person sein, sondern eine Zentralisation für alle wissenschaftlichen Interessen, er war in der Tat eine Zeit lang ein Focus, in dem alle Radien zusammenliefen, feindlich oder freundlich. Hegels System war die großartigste Chimäre der Welt. Seitdem dieser Brennpunkt erloschen, treiben die Fakultäten an unserer Universität ihr Wesen ziemlich friedlich und duldsam nebeneinander weiter. ... Mit der Universalität des Hegelschen Gedankens, mit der Totalität seines Begriffes, der sich als der Vernunftinhalt aller wissenschaftlichen Gebiete betätigt, scheint es aus zu sein. Man fühlt jetzt erst recht, wie das Hegelsche System doch nur Produkt der Subjektivität Hegels war. Dasselbe als den Prozeß des objektiven Lebens, als die in sich selbst entfaltete Manifestation des in den Stoffen der Wirklichkeit webenden Weltgeistes hinzustellen, war der kühnste Entwurf, der großartigste Plan unter allen Taten des Gedankenlebens, an dem nicht er, aber seine Nachfolgerschaft scheiterte. Somit früge sich noch immer, ob es nicht heilsam gewesen wäre, daß eine ganz entschieden dagegen polemisierende Persönlichkeit, wie sie sich in Schelling darbot, der Wissenschaft zu einem neuen

Schwunge, oder nur einer andern Richtung verholfen hätte.
Allein es fragt sich nun nicht mehr, denn Gabler ist berufen, und Gabler ist der älteste Schüler Hegels.

758. Eduard Beurmann

Du bist neugierig, etwas von G[abler] zu erfahren, der von
dem Ministerium des Kultus zum executor testamenti Hegels ernannt worden ist. Es hat einiges Erstaunen erregt,
daß einem Bayreuther Schuldirektor, der nur mit einer
Propädeutik [1], deren zweiter Teil wegen mangelnder Teilnahme des Publikums nicht erscheinen konnte, als Schriftsteller debütierte, der Lehrstuhl Hegels übertragen worden
ist; ja Hegels Jünger in Berlin haben es nicht ohne Neid
vernommen, daß man keinen von ihnen für tüchtig hielt,
zum Apostel Paulus ihres Christus berufen zu werden. In
der Tat mochte man deshalb in Verlegenheit sein; nicht
Herr v. H[enning], nicht M[ichelet] wurden für würdig
erfunden, von Amtswegen Propheten ihres Meisters zu werden.

Herr L. v. H[enning] versteht sich auf ein brillantes
Räsonnement und auf einen imponierenden Vortrag, womit
er die verschiedenartigsten Stoffe zu umkleiden weiß. Hört
man ihn über Ethik, Goethesche Farbenlehre, Strafrechts-
philosophie, Nationalökonomie, preußisches Landrecht usw.
lesen, man wird stets eingestehen müssen, es verstehe keiner so sehr zu blenden, wie Herr v. H[enning]; er ist Meister in der Dialektik und rhetorischen Form, hinreißend in
seiner Suada. Aber zu einer ernsten Disputation möchte er
wenig geeignet sein. Er wird sich immer des Sieges in
seinen Vorlesungen rühmen können, wo kein Widerspruch
und keine Gegenargumente zulässig sind, wo man sich so
gern seinem Redestrome überläßt; jedoch träte ihm eine
gewichtige Aristotelische Logik entgegen, so möchte er bald
hors de combat gesetzt sein.

M[ichelet] hat über Philosophie der Moral geschrieben [2];
aber er ist Schulmann und kein Professor einer Universität,

der durch lebendigen Vortrag zur Überzeugung hinreißen soll. Wer den Glauben nicht mitbringt in seine Vorlesungen, der wird auch keinen aus denselben mit hinwegnehmen; diese einförmige Weise, dieser magisterliche Pedantismus imponieren nicht.

G[ans], der logische Schärfe mit einem Vortrage, der dem H[enning]s nicht nachsteht, verbindet, ist schon von Hegel ein Absalon gescholten worden; die Jurisprudenz hat ihm jedoch nicht sowohl eine andere Richtung gegeben, als die Zeitverhältnisse; er glaubt an die Zukunft mehr als an die Notwendigkeit.

Also man mußte die Blicke nach Bayreuth richten. Da war jener Mann zu finden, von dem Hegel behauptet hatte: er habe ihn *am besten verstanden, aber doch mißverstanden.* Dieser mystische Ausspruch ist in Deutschland von Mund zu Mund gelaufen [3]; man hat darüber viel Kopfzerbrechens gehabt, was es sagen wolle: *verstehen,* aber doch *mißverstehen;* indes das Ministerium des Kultus, das nun einmal die Hegelsche Philosophie zu einer preußischen gemacht hat, begnügte sich damit, daß hier ein verborgener Sinn unterliege, und meinte, G[abler] sei immer noch der beste Paulus Hegels, man setzte sich über den Nachsatz hinweg und hielt sich an den Vordersatz, G[abler] wurde berufen und somit jene gordische Erklärung Hegels auf einen Hieb durchhauen. — Obschon Hegels Berliner Jünger sich bereits in den Mantel ihres Meisters geteilt hatten, obschon sein Professorat und sein Gehalt zersplittert war, so liest man nun doch im Lektionskatalog von G[abler]: *Lectiones ex valvis publicis indicabit.* Wir müssen es erwarten, wie er das Testament seines Lehrers vollziehen wird, ob er die Sonne Hegel, die alle philosophischen Systeme zu einzelnen Strahlen ihres Systems vereinte, am preußischen Himmel erhalten wird oder nicht.

Daß diese Sonne zu einem Einfluß in Preußen gelangte, verdankt sie lediglich dem Herrn Joh. S[chulze], der ihr ein Brennglas unterhielt, groß genug, um alsbald die versengende Dürre ihrer Glut über alle junge Köpfe Preußens zu verbreiten. Dieses Brennglas war das Ministerium des Kultus.

Herr v. K[amptz], der frühere Direktor des Kultus, lei-
stete Hegeln keinen Vorschub; er begnügte sich mit dem
Alten. Als aber S[chulze] an seine Stelle gelangte, gewann
Hegel jenen Einfluß auf den Staat, durch welchen er in
Preußen so mächtig geworden. Seine Philosophie wurde als
die Religion der Monarchie betrachtet, die ihre Selbsterhal-
tung auf die *Notwendigkeit* Hegels stützen zu müssen
glaubte. Hegels Jünger wurden auf die akademischen Lehr-
stühle berufen, wie z. B. jetzt ein Jüngling an Jahren den
alten Sitz Immanuel Kants einnimmt.[4] Hegels Grundsätze
vertrugen sich mit allem Bestehenden und machten jeden
Versuch des Fortschreitens indifferent. Das war eine gefährliche, aber staatsgemäße Philosophie, eine Philosophie,
die nichts verdammte, was einmal gehörig organisiert war.
Ich kann nicht umhin, sie das tragische Leid Preußens zu
nennen, wie denn überhaupt der Fatalismus das größte
Übel für den vernunftgemäßen Zustand ist.

Dazu kommt noch, daß man sogar den Pietismus, der
eigentlich dem Hegelschen Systeme sowohl, wie seiner Person ganz fremd war — denn er war bekanntlich ein sozia-
ler, heiterer Mann, der sich in seinem Samtbarett nichts
weniger als pietistisch ausnahm und endlich an einer Indigestion starb — daß man diesen Pietismus mit dem Hegelschen Systeme in Verbindung gebracht hat. Der verstorbene
Christus war nämlich allerdings nicht ohne mystischen Beisatz; er hielt etwas auf Jakob Böhme und Angelus Silesius;
seine Herleitung der christlichen Dreieinigkeit aus seinem
philosophischen System beweist dieses mystische Wesen in
Hegels Charakter allerdings. Nun kam der ehemalige Ober-
landes-Gerichtsdirektor G[öschel] in Naumburg nach Berlin
und witterte aus diesem Umstand allerlei heraus, was einem
Manne, der gern alle Welt vereinigen möchte, wenn auch
nicht nahe, doch nicht so entfernt liegt, daß er es nicht erhaschen und für seine Zwecke anwenden könne. Goethe
wurde von ihm dem Christentume angepaßt, oder vielmehr
das Christentum Goethe. ... Auch Hegel wird von ihm in
die Presse genommen. Die mystischen Elemente, die ich
oben bezeichnet habe, reichen hin, um ihn für den Pietis-

mus zuzustutzen. Das geschah denn auch; G[öschel] wendete Hegeln eine Partei in der Hauptstadt zu, die viele Anhänger zählt; Hegels Einfluß dehnt sich von dem Staate auf die Kirche aus, freilich ohne sein Zutun.

Es bleibt nur noch die Kunst übrig. Auch sie spürt den Einfluß der Hegelschen Schule. Man gibt alle Subjektivität der Idee preis; nicht die Form, nicht die Schönheit, sondern die Objektivität wird als das Wesen der Kunst betrachtet; ja ich glaube, Herr Professor H[otho] ging einst sogar so weit, zu erklären, es gebe eigentlich gar keine Kunst mehr. Die Nüchternheit und Leere, welche die Anwendung der Philosophie auf die Poesie hervorrief, konnte in der Tat — wollte man konsequent bleiben — kein anderes Resultat zur Folge haben. Was ist die Kunst ohne die Form? Die Form ist ihr Leben, wenn die Idee ihre Lebenskraft ist; aber H[otho] erkannte nur den Gedanken an. Außer Goethes Faust gibt es nach ihm keine Poesie mehr. Wohin führt dies!

Hegel ist nun von dem Schauplatz abgetreten; sein System war so scharfsinnig, wie unhaltbar, will man nicht die Bestimmung von Welt und Menschheit ganz und gar an die Notwendigkeit fesseln und die Freiheit des Willens verwerfen, die Indolenz und Resignation als die Grundbedingungen dieses Lebens annehmen. Aber Hegel war wenigstens ein eifriger, kühner, ja sogar überzeugender Verfechter seiner Ansicht, der Christus seiner Lehre. G[abler] verstand ihn am besten, und doch hat er ihn mißverstanden. Die anderen seiner Jünger sind noch weniger dazu geeignet; die Elemente, die Hegel so mächtig machten, sind in ihnen zersplittert, es ist keiner vorhanden, der das Vermächtnis Hegels sicherstellen konnte. Das Leben verwirft es; die Zeit klopft mit ihren Hammerschlägen an das Bestehende; man behauptet, es sei nichts, als Spiegelfechterei, nichts, als Sophisterei, was Hegel gelehrt habe. Aber in Berlin fühlt man den traurigen und zerrissenen Zustand, den sein Gewebe von Trugschlüssen hervorgerufen hat. Die Philosophie Hegels ist in die Köpfe der jungen Literatoren, die von ihm das Denken lernten, übergegangen; dieser Philosophie steht die Zeit entgegen und ruft: Vorwärts. Sie

schieben sich nun mit dem ganzen Wust ihres Wissens in
das Leben, die Bewegung ergreift sie; aber Hegel läßt sie
nicht los. Es ist zum Erbarmen!

759. *Heinrich Wilhelm August Stieglitz*

. . .

Der edlen Toten denkend, die unsterblich blühn
In ihren Werken, die durch kernig innres Leben
Dem Auseinanderfluten Halt gegeben
Und drum in ihrem Wirken nie verglühn,
Wie nennt' ich Dich nicht, Hegel, Du gewaltiger Meister
In des Gedankens Reich, Du Fürst der Geister,
Auf dessen Grabe dreist und immer dreister
Sich Troer und Achaier tummeln jetzt,
Wer wohl des Leuen abgestreifte Haut erhetzt.
  Gern denk' ich Dich, wie Du in unserm Kreise
Ein kindlich heitrer Mensch voll Lust geweilt,
Wie sich des Scherzes Genien zart und leise
Von Deinen Lippen spielend mitgeteilt,
Wie mit des Großen, mit des Schönen Preise
Du jeden Unmut an der Welt geheilt,
Und wie Du selbst so harmlos froh genossen,
Wenn sich das Wort in heiterm Maß ergossen.
  Doch wenn das große Buch der Weltgeschichte
Ein strenger Wahrheitsforscher Du entrollt,
Da saßen ernste Mächte zu Gerichte
Und wogen, was der Mensch vermocht, gesollt,
Und es erschien vereint in höherm Lichte
Was in dem Tal der Einzelne gewollt,
Und drüberher da rauschten heilge Chöre
Und sangen Hymnen zu des Weltgeists Ehre.
  Nachgrübler mag der matte Zweifel kränken,
Ob Deine Lehr' auch ein posthumisch Sein
Umschließt. Wer aus dem Kelch zum reinen Denken
Geschenkt wie Du des Geistes reinen Wein,
Bedarf nicht des Aufgusses lauer Schenken,

Ihm schenkt am Born des Lichts der Weltgeist ein,
Dem Du verbrüdert schlürfst in selger Klarheit,
Ein Geisterfürst, den Kelch der ewgen Wahrheit.

. . .

760. *Schelling an Dorfmüller*

München, 10. 9. 1841

Ich begreife nicht, was Ihnen in den Worten „die mein Brot essen" unverständlich sein konnte. Zunächst ist natürlich Hegel gemeint, der in allen diesen Leuten eigentlich spricht. Nun können Sie vielleicht nicht so bestimmt wie ich, der ihn von Jugend auf gekannt, wissen, was dieser für sich und ohne mich fähig gewesen wäre, obwohl seine Logik hinlänglich zeigen kann, wohin er, sich selbst überlassen, geraten wäre. Ich kann also wohl von ihm und seinen Nachfolgern sagen, daß sie mein Brot essen; das Mit-Füßen-treten ist ohnedies klar. Ohne mich gab es gewiß keinen Hegel und keine Hegelianer, wie sie sind. Dies ist nicht hochmütige Einbildung, wovon ich weit entfernt bin, es ist Wahrheit.

761. *Varnhagen v. Ense*

Bei Hegels Tod ... war der Anteil für seine wissenschaftliche Schöpfung noch in voller Lebenskraft, konnte sogar durch den Sturm der politischen Vorgänge nicht verdrängt werden, sondern wogte vielmehr in diesen mit. Und so steht es noch heute; unter den geistigen Kämpfen des Tages ist keiner, in welchem der Name Hegel nicht mit aufträte, keiner, der die um diesen Namen geführten an Wichtigkeit überböte. Die Biographie Hegels ist daher einer Kriegsschar zu vergleichen, welche Rosenkranz auf den Wahlplatz führt.[1] Aber wir müssen sogleich hinzusetzen, daß diese Streiter in guter Rüstung und mit scharfen Waffen doch

nur auftreten, um den schon vielfach ausgearteten Kampf
auf gute Kriegsart zurückzuführen, ein höheres Ziel vor
Augen zu stellen, die Feindschaften zu mäßigen, vielleicht
auf einigen Punkten zu versöhnen.

762. *Friedrich Förster*

Auch wird sich keiner der hier gegenwärtigen Zuhörer
Hegels erinnern, in seinen Hörsälen Zeremonien- und Or-
densmeister, Kammerherren und andere Hofbedienstete als
eifrige Schüler bemerkt zu haben. Und welche großen Augen, welche langen Gesichter würden diese bebänderten
und besternten Herren gemacht haben, wenn sie die zyklo-
pischen Blöcke zu Gesicht bekommen hätten, welche nicht
ohne gewaltige Anstrengung mit den Hebebäumen dialektischer Bewegung der Meister aus dem Schachte tiefster
Weisheit, reich an gediegenem Golde, aber oft von noch
grobkörnigem Quarz und ungeschliffenen Kristallen um-
schlossen, zutage förderte. Unter wiederholtem Ansatz und
Hammerschlag sprengte er die Rinde der Umhüllung, in
dem Schmelzofen seines Geistes wurde das edle Metall in
Fluß gebracht; der Strom seiner Rede ergoß sich in die
Form des reinen Gedankens, und wie aus dem Haupte
Jupiters Pallas Athene in voller Rüstung, so trat aus dem
Haupte des tiefsinnigsten Philosophen unserer Zeit das
Kunstgebilde seines Systems in vollendeter Gestaltung und
Gliederung hervor. — Und dies eben war das Fesselnde
seines Vortrages; sobald der logische Inhalt, der Begriff
bewältigt und zu Worte gekommen war, dann folgte eine
leicht faßliche Anwendung und Auslegung der zu Grunde
liegenden Idee, — ein Nachweis ihrer Bewährung und
ihres sich Geltendmachens in der Wirklichkeit.

763. *Immanuel Hegel*

Seine Philosophie erfaßt mit Zuversicht und Energie als
Objekt des vernünftigen Denkens die gesamte gegenständliche Welt in allen Gebieten. Diese Richtung entsprach
durchaus der persönlichen Gesinnung und dem Charakter
meines Vaters; ihm war die Anmaßung und Eitelkeit des
oberflächlichen subjektiven Meinens entschieden zuwider.

764. *Hans Christian Andersen*

Mit Hegels Philosophie der Geschichte

Auf hohem Felsenkamm wir stehn
Es klopft das Herz uns bang zumal;
Ein Weltendrama von Ideen
Rollt sich uns unten auf im Tal.

765. *Ludwig Feuerbach an Wilhelm Bolin*

20. 10. 1860

... das Ich des Denkers ... spielte als Professor auf dem
vom Hof- und Universitätsschreinermeister glatt gehobelten,
von jeder anstößigen, an das Dasein eines anderen schmerzlich erinnernden Unebenheit gereinigten Katheder die Rolle
des absoluten Geistes. In Hegel erreichte diese Rolle ihren
Kulminationspunkt, er ist das realisierte Ideal, das Muster
eines deutschen Professors der Philosophie, eines philosophischen Scholarchen. Der absolute Geist ist nichts anderes
als der absolute Professor, der die Philosophie als Amt be-
treibende, in der Professur seine höchste Seligkeit und
Bestimmung findende, den Katheterstandpunkt zum kos-
mologischen und welthistorischen, alles bestimmenden
Standpunkt machende Professor.

766. *Victor Cousin*

Je suivis à peu près la même conduite avec M. Hegel:
j'essayai de l'entendre plutôt que de le juger. Il venait de
publier son *Encyclopédie des sciences philosophiques à
l'usage de ceux qui fréquentaient ses cours.* Je me jetai
avidement sur ce livre; mais il résista à tous mes efforts,
et je n'y vis d'abord qu'une masse compacte et serrée
d'abstractions et de formules bien autrement difficiles à
pénétrer que les traités les plus hérissés de la philosophie
scolastique. ... Heureusement je rencontrai chez M. Hegel
un étudiant de mon âge, jeune homme instruit et aimable,
M. Carové, ... dans cex automne de 1817 il me rendit le
service de lire avec moi quelques chapitres de la terrible
Encyclopédie. Plusieurs fois par semaine nous nous réunis-
sions le matin, et à travers les ruines du vieux château, ou
par ce sentier charmant que tout le monde connaît à Heidelberg sous le nom de *Sentier des Philosophes,* nous nous
promenions, le manuel de M. Hegel à la main, moi lui
adressant des questions, lui me répondant avec une com-
plaisance infatigable; mais en vérité le jeune maître n'était
guère plus avancé que son écolier: mes questions restaient
souvent sans réponse, et le soir nous allions ensemble pren-
dre le thé chez M. Hegel, à la manière allemande, et interroger l'oracle, qui lui-même ne m'était pas toujours fort
intelligible. Je vis bien que cette visite à Heidelberg, néces-
sairement très rapide, puisque le terme de mes vacances
approchait, ne pouvait qu'être insuffisante, et je me promis
de revenir dans ce beau lieu si près de la France, à la fin
de la tournée que je projetais pour l'année suivante dans le
midi de l'Allemagne. ...

M. Hegel lui-même aimait fort à causer d'art, de religion,
d'historie, de politique. Il m'était ici bien plus accessible,
et nous étions plus aisément d'accord. Ses assertions même
les plus hasardées supposaient des connaissances aussi soli-
des qu'étendues. J'étais ravi de l'entendre me parler de
toutes les grandes choses qu'avait faites l'humanité depuis
son apparition sur la terre jusqu'à son développement
actuel, depuis les pagodes de l'Inde et de la Chine et les

temples gigantesque de l'Égypte jusqu'aux temples har-
monieux d'Athènes et de Rome, jusqu'aux majestueuses
cathédrales du moyen âge, depuis les épopées indiennes et
homériques et les tragédies de Sophocle dont M. Hegel
avait un sentiment exquis jusqu'au poème lyrique de Dante
et au *Paradis perdu* de Milton, aux drames de Shakespeare,
de Corneille, de Racine, de Voltaire, de Schiller et de Goethe, — depuis la guerre médique et les entreprises militai-
res d'Alexandre et de César jusqu'à la guerre de trente ans
et celles de la révolution et de l'empire.

En politique, M. Hegel est le seul homme d'Allemagne
avec lequel je me suis toujours le mieux entendu. Il était,
comme moi, pénétré de l'esprit nouveau: il considérait la
révolution française comme le plus grand pas qu'eût fait le
genre humain depuis le christianisme, et il ne cessait de
m'interroger sur les choses et les hommes de cette grande
époque. Il était profondément libéral sans être le moins du
monde républicain. Ainsi que moi, il regardait la républi-
que comme ayant peut-être été nécessaire pour jeter bas
l'ancienne société, mais incapable de servir à l'établissement
de la nouvelle, et il ne séparait pas la liberté de la royauté.
Il était donc sincèrement constitutionnel et ouvertement
déclaré pour la cause que soutenait et représentait en
France M. Royer-Collard. Il me parlait de nos affaires
comme M. Fries à Iéna, avec moins de vivacité et d'ent-
housiasme sans doute, mais avec un sentiment profond. Je
puis attester qu'ayant souvent revu M. Hegel depuis 1817
jusqu'à sa mort survenue en 1831, je l'ai toujours trouvé
dans les mêmes pensées, à ce point que la révolution de
1830, qu'il ne désapprouvait pas en principe, lui semblait
très dangereuse en ce qu'elle ébranlait trop la base sur
laquelle repose la liberté. Et lorsque, deux mois avant sa
mort, je pris congé de lui à Berlin, il était aussi sombre sur
notre avenir que M. Royer-Collard lui-même et par les
mêmes motifs. Il craignait de jour en jour davantage que
la royauté résistât mal à l'épreuve qu'elle traversait. Je me
souviens très distinctement que je lui fis un sensible plaisir
en lui apprenant que le grand ministre qui tenait alors si
fermement les rênes du gouvernement français avait tout

fait pour sauver l'ancienne dynastie et empêcher jusqu'au dernier moment une révolution, que le général Sébastiani, que M. Hegel avait vu chez moi à Paris en 1827, avait pensé et agi comme M. Casimir Perier, qu'ainsi, tant qu'il verrait ces deux hommes d'état à la tête de nos affaires, il ne devait pas désespérer de la France.

En religion, nos sentimens n'étaient pas fort différens. Nous étions tous les deux convaincus que la religion est absolument indispensable, et qu'il ne faut pas s'abandonner à la funeste chimère de remplacer la religion par la philosophie. Dès lors j'étais fort partisan d'un concordat sincère entre ces deux puissances, l'une qui représente les aspirations légitimes d'un petit nombre d'esprits d'élite, l'autre les besoins permanens de l'humanité. M. Hegel était bien de mon avis. Il poussait même le goût de cette conciliation si désirable jusqu'à faire toute sorte d'efforts pour gagner à la cause de la philosophie des théologiens tels que Daub à Heidelberg et plus tard Marheineke à Berlin. Je possède encore une médaille frappée en son honneur à Berlin, en 1830, sur le revers de laquelle M. Hegel est représenté en philosophe antique, écrivant sous la dictée d'un ange, qui lui-même s'appuie sur la Religion tenant entre ses bras la croix de Jésus-Christ. Mais il ne croyait pas qu'aucune conciliation entre la religion et la philosophie pût s'accomplir ailleurs que dans le cercle du protestantisme; dès qu'il était question du catholicisme, M. Hegel oubliait nos communs principes, et quelquefois il se livrait à des emportemens assez peu dignes d'un philosophe. Un jour, à Cologne, allant ensemble à la cathédrale revoir le premier chef-d'œuvre de Rubens, et trouvant dans le parvis des femmes et des vieillards déguenillés étalant leurs misères et faisant marchandise de petites médailles bénites et autres objets d'une dévotion superstitieuse, il me dit avec colère: „Voilà votre religion catholique et les spectacles qu'elle nous donne! Mourrai-je avant d'avoir vu tomber tout cela?" Je n'étais pas embarrassé pour lui répondre, et il finissait par reconnaître et par convenir que le christianisme, étant la philosophie des masses en même temps qu'il est la religion des philosophes, ne peut pas rester sur les hauteurs où nous élèvent saint Augustin, saint Anselme, saint Thomas et Bossuet, et qu'il lui faut bien aussi se faire peuple avec le peuple. Cependant le vieux luthérien murmurait toujours, et en dépit de toutes ses lumières M. Hegel demeurait une sorte de philosophe du XVIII e siècle.

Il l'était en effet, et ni l'âge ni l'expérience ne l'avaient délivré des préjugés de la philosophie de sa jeunesse. Le temps et des instincts d'une incomparable grandeur ont pu conduire M. Schelling dans la dernière partie de sa vie à des vues nouvelles, plus hautes et selon moi plus philosophiques: jamais ni l'esprit ni l'âme de M. Hegel n'ont un moment changé; il ne dissimulait pas ses sympathies pour les philosophes du dernier siècle, même pour ceux qui avaient le plus combattu la cause du christianisme et celle de la philosophie spiritualiste. Comme Goethe, is défendait jusqu'à Diderot, et il me disait quelquefois: Ne soyez pas si sévère, ce sont les enfans perdus de notre cause. ...

On peut dire que M. Hegel régnait dans ce royaume des abstractions et des généralités qu'on appelle la philosophie de l'histoire. Il se mouvait avec la plus parfaite aisance dans cette espèce de géométrie ou plutôt de scolastique appliquée à l'histoire de l'humanité. Toutes les difficultés qui arrêtent les historiens ordinaires disparaissaient devant lui, et pour vous expliquer les grandes choses et les grands hommes il vous présentait les formules les plus extraordinaires sans le moindre embarras, et comme s'il vous eût tenu les propos les plus simples. Son visage était l'image de sa pensée. Ses traits prononcés et sévères, mais tranquilles et sereins, son parler lent et rare, mais ferme, son regard calme, mais décidé, tout en lui était l'emblème d'une réflexion profonde, d'une conviction parfaitement arrêtée, exempte de toute incertitude et de toute agitation, arrivée à la paix du plus absolu dogmatisme. On n'imaginait pas que, dans quelque condition où le sort l'eût jeté, il eût jamais pu faire autre chose que réfléchir et penser, et M. Hegel était né métaphysicien comme Goethe était né poète et Napoléon général.

767. *Alexander Jung*

Parmenides [d. i. Hegel], der Philosoph, einer der ur-
sprünglichsten, von allem Gangbaren abweichendsten Geister — wir werden ihn persönlich sogleich kennenlernen —,
durch und durch gerade, bieder, redlich, von dem erfüllt,
was und wie er lehrte, hatte damals die Philosophie sogar
zum Tagsgespräche unter allen Ständen und Geschlechtern
gemacht, hatte selbst mit seiner Ausdrucksweise so sehr die
Atmosphäre erfüllt, wie es wohl kaum zur Zeit des Sokrates
in Athen gewesen sein dürfte. Parmenides hatte sozusagen
und ohne es zu beabsichtigen, ein Netz über die Residenz
gespannt, in welches große und kleine Fische hinein-
schwammen. Ich entdeckte auch einige verkommene und
nannte sie in der Stille faule. Einige dieser Fische zappelten
und wollten wieder hinaus; es ging aber nicht. Andere hielten ganz stille, fühlten sich ganz behaglich, oder entließen
vielleicht vor Angst im Netz einen Laich, aus dem wieder
ähnliche Fischchen hervorkamen. Kurz, es heckte nach der
Möglichkeit, und der kundige Liebhaber konnte für die
Naturgeschichte menschlicher Seelen die ergötzlichsten
Wahrnehmungen machen. Beobachter, die außerhalb des
Netzes standen, führten mitunter boshafte Reden, in deren
scharfen Pointen die Residenzer sogar den Parisern nichts
nachgaben. Sie sagten unter andern, jenes Netz habe Lö-
cher; die Gefangenen seien nur zu dumm, sie zu finden; es
sei ein Trugnetz, dessen Maschen, bei Lichte besehen, sehr
grob seien und gar nicht stichhaltig auf die Länge. An dem
viertletzten Stichworte möchte man beinahe den so großen
Abelard [d. i. Schleiermacher] erkennen, der den Ausdruck
„stichhaltig" liebte, und ein eifriger Gegner des Philosophen war, der das Netz seiner Dialektik so erfolgreich und
doch ohne Nebenzwecke zu flechten verstand.

Mich aber drängte es, voll höchster Spannung, ihn selber
zu sehen, zu hören, über den ich schon so vieles vernommen hatte.

Es war ein Abend im Spätherbst. Die eben erst einge-
führten Gasflammen, die eine Menge Neugieriger auf die
Straße zogen, leckten um sich, als verkündeten auch sie mit

ihren Zungen die neue Zeit, die schon im Anrücken begriffen war. Ich trat in den größten der Hörsäle. Alles hell erleuchtet. An 1200 Zuhörer [1] haben sich versammelt. Nicht bloß Studenten, nein, Militär- und Zivilbeamte, Professoren sogar sieht man. Auch katholische Geistliche machen sich an der Tonsur kenntlich. Man vernimmt Franzosen, Polen, Russen, Griechen, Italiener, Engländer, Amerikaner. Noch ist das Katheder unbesetzt. Ich finde glücklicherweise einen leeren Platz an der Ecke der ersten Bank, auch ein Tintenfaß, um etwaige Notizen aufzuschreiben.

Da öffnet sich die Tür. Ein Mann schreitet ins Zimmer, der fast gebückt einhergeht, der sich während des Ganges mit dem Blick in den Boden wie einbohrt, als suche er etwas da unter der Erde. Ob er wohl weiß, strikte darauf reflektiert, daß hier 1200 Menschen seiner harren? Nein. Er weiß es vielleicht aus amtlicher Gewohnheit, aber er weiß von keiner Nummer dieses Auditoriums, von keinem Studiosus der Philologie, Medizin, Hinz, Kunz, von keinem Kollegen, der ihn zu hören für eine Ehre hält, von keinem Hof- und Geheimrat, ja, er wüßte selbst von keinem Prinzen etwas, im Fall einer hier sein sollte. So geht er vertieft, als sei er oben völlig abwesend, und suche das Wesen aller Dinge nur da unten, bei den Untern. Übrigens sollte man den Mann nach seinem Äußern für gar keinen Philosophen halten. Man könnte eher meinen, ein ehrsamer, schlichter Bürgermeister von Nürnberg sei er, so einer der guten, alten Zeit, der eben zu Rathause geht, um heute eine sehr heiklige Sache abzuwickeln. Auch steckt hinten richtig ein langer Aktenstoß aus der Tasche eines schimmelgrünen Leibrocks, der mit seinen Messingknöpfen allenfalls am Anfange des 18. Jahrhunderts Mode gewesen sein könnte. Nicht modischer ist das lange Nankinggehänge, das nachlässig über den Stiefeln mitschlottert.

Da setzt sich derselbe Mann auf das Katheder. Er hustet sehr trocken. Wird er *also* auch sprechen? Indem er aber sitzt, seinen Aktenstoß hervorholt, eine große Silberdose öffnet, und nicht eben zierlich, doch eine um so gewaltigere Prise nimmt, blickt er noch einige Augenblicke vor sich hin, und wir sehen einen Kopf, Himmel, der lohnt schon einem

Bildhauer. Wer dieses Haupt verkennt, der versteht sich
nicht auf Schädellehre. Germanisch-antik ist er jedenfalls,
dieser Kopf, zumal antik dieses — vielleicht im Schweiße
des Denkens — wie naß gewordene Haar. Und doch kaum
im Schweiße. Nein, dieselben Haare mögen einst in der
Jugend des Mannes, wie Schwärmer eines Feuerwerks,
genial in die Höhe gegangen sein (auch sagt man ja: die
Haare stehen ihm zu Berge); jetzt aber hat der Mann im
Wellenschlage des Denkens sich selbst und auch jene wilden
Schwärmer abgekühlt, daß sie meeresfeucht herunterhan-
gen, und auch der gesenkte Kopf und alle seine Teile
stellen sich dar gleich der Draperie, welche die Bildner
ihren Statuen, wie nasse Gewänder, anlegen, damit die
Formen der Muskulatur so deutlicher hervortreten. Dieser
Kopf ist durchaus normal, d. h. der eines ausgeprägten,
geraden Mannes und Charakters. Alles drückt denselben
Totalgeist begrifflicher Klarheit aus, ein Vertieftsein ins
Allgemeine, fast, möchte man sagen, ins Weltall, ohne an
irgendeinem Individuellen zu haften. Dennoch treten Gutmütigkeit, Biederkeit, Ruhe, unter allen Umständen, als
die vorherrschenden Züge an ihm hervor, und wir sind gespannt, welche Töne dies Sprachorgan ausstoßen, diese
Weltsphäre erklingen lassen werde.

Er schickt einen Husten voraus, jetzt in gewaltsamen
Stößen, der eher einen eisigen als warmen Lebensausdruck
hat, der sich anhört, als zerschlage ein Schiff erst die Eis-
schollen, um sich im Polarmeer Bahn zu brechen. Seltsam,
er beginnt in völliger Ungeniertheit mit dem Worte der
Konsequenz, mit dem man sonst einen Vortrag nicht leicht
anzufangen pflegt, mit dem Ausdruck: *Also*. Er drängt sich
mühsam und lavierend immer noch wie durch Eisklumpen
hindurch. —

Also, meine Herren, spricht der wunderbare Mann (ich
erstaunte nicht wenig über diese subjektiv-objektive Höf-
lichkeitsbezeichnung, und hätte sie ihm, dem an das zunächst unpersönliche Weltding Hingegebenen kaum zugetraut), also, meine Herren, das Absolute, also — darf nicht
gefaßt werden als diese bloße Identität von Idealem und
Realem, als wären dies also seine Seiten. So vom Absoluten

sprechen, wäre tädiös; es ist der Ausdruck derer, die heruntergefallen sind in das ordinäre Konstruieren, in Dies und in Das, in das Diese und in das Jene, in das Herüber und Hinüber, und sich dann wieder ebenso willkürlich hinaufgeschwungen haben also in die *Anschauung*, als wäre sie das ohne Prozeß Fix und Fertige, das Absolute wie aus der Faust. Solche Anschauung also ist wieder das Leere, ist reines Nichts, ist also steril. Das Absolute, meine Herren, darf also hier am Anfange noch gar nicht deduziert werden; es ist erst das Ende des Anfangs, und wenn allerdings das Resultierende, doch auch das freilich überall Präsente im System. —

Ein neuer Husten-Eisdrang quetschte den Segler zur Seite; nun aber war er frei, er räusperte sich auch nicht mehr. Es ging jetzt mit seinem Gedankensprachschiff in den unermeßlichen Ozean hinaus, ja es ging dieses Schiff jetzt so schnell, daß man sich schon den Tropen zu nähern meinte. Zwar wurde mir fast unheimlich in der Magengegend — ich dachte an Mr. Johnsons Matrosentaufe unter dem Äquator, oder doch wenigstens in der Taverne; ich merkte oben in meinem Hirn etwas von Strudel und Kreisel — bei diesem ewigen Also, meine Herren, das Negative schlägt um in das Positive, dies zurück also in die Negation, und doch ist jedes von beiden zugleich sein anderes, und bleibt auch beim Übergehen stets bei sich selbst, hebt sich auf in den Komplex, in die Totalität, die mehr ist als jedes ihrer Momente: es ist also in allem die Sache, meine Herren, die sich selbst vollzieht, die Objektivität, ohne welche das Subjekt hohl ist. — Aber auf einmal brachte der Sprecher in diese seine Entdeckungsfahrt, in diesen Wellenschlag ein Leben, eine Abwechslung hinein, daß sich reizende Eilande links und rechts auftaten, so daß der Seefahrer sogar — man hätte es dem so trocken wie Schiffszwieback mundenden Wortlaute kaum wieder zugetraut — eine Phantasie offenbarte, die unter dem Wechsel der Örtlichkeit die frischesten Farben jeder Sache und Gestalt anlegte. Diese Beispiele, die der Redner anführte, diese unerhörten Vergleiche, die er brauchte, diese prächtigen Bilder, die er aufrollte, ließen in der Ferne schon einen

Kontinent sehen, der zwar erst Fata Morgana schien, aber, was so sich wiederholt in der Luft spiegelte, mußte doch auch realen Grund haben. Auch verhieß der Kapitän am Ende der Vorlesung nun bald Land, eine neue Welt, um die es sich lohnen sollte, blätterte in seinen Schiffsakten, packte sie zusammen, klappte die Silberdose zu, und schied für heute von dannen. —

Es blitzte und donnerte in meinem Kopf wie von Äquinoktialgewittern. Fragte ich mich, was der Totaleindruck des Gehörten sei, so mußte ich diesen als *Selbstlosigkeit* bezeichnen, die nur noch Objekte dachte, sich selbst aber losgeworden war. Sollte — fragte ich mich — dir noch nie, wenn auch auf einem andern Gebiete, etwas Ähnliches vorgekommen sein? Mir schwante so etwas. Die Zuhörer standen auf. Einige gingen, andere blieben noch. Es erhob sich ein Sturm von Disputationen. Mich aber trieb es hinaus unter Gottes weiten Sternenhimmel.

768. *Heinrich Laube*

Er hat eine Aristokratie des Geistes gebildet, welche wie ein modernes Rittertum sich absondert, ein Rittertum des Urteils, der Wissenschaft, das alle übrigen literarischen Stände für niedriger, für unreineren Blutes erachtet. Der Sitz dieser neuen Pairie ist Berlin; die Macht derselben wächst von Tage zu Tage, ihr Reichsgrundgesetz ist großartig in weiten stählernen Kreisen geschlossen, hält sich wie jede gewaltige Institution für fertig und beendet, den Gedanken der Welt erschöpfend, und wird auch sicherlich durch nichts Einzelnes besiegt werden.

Nicht der Tadel, sondern eine Schöpfung kann Hegel töten; der gute Tadel wird von ihm zum eignen Besten des Getadelten eingeschlürft, wie der große Strom den frischen kleineren verschlingt. Das wirklich Große hat jene Dosis Ewigkeit, alles Kleinere, auch das gute zu überschwemmen, in sich zu bergen; der triviale Ausdruck sagt: Wo viel Geld ist, da findet sich immer mehr ein. Nur das Kleine kann durch Angriff und Tadel vernichtet werden.

Die Hegelianer lächeln zwar mitleidig, wenn von einer Möglichkeit die Rede ist, dies System zu überbieten, und dies Lächeln ist allerdings eine ganze Straße von Berlin, und trägt viel dazu bei, Berlin denen zu verleiden, welchen der Schlüssel fehlt zu dieser Stadt und zu diesem Lächeln. Aber ist dies anders möglich? Das System ist eben darum so gewaltig, daß es zu einem ringsum verwahrten, gefesteten Palaste ausgebaut ist, der Hegelianer ist systematisch verpflichtet, zu lächeln.

Die Borniertung ist das Los aller menschlichen Erfindung, sie ist die Notwendigkeit derselben; wir sind alle borniert, es handelt sich nur um das Mehr oder Minder. Die Systematischen gehören von vornherein immer zur Abteilung „Mehr", denn sie haben sich selbst der Freiheit begeben, deshalb erschrecken so viel kluge Leute vor dem bloßen Worte Professor, weil sie dahinter sehr viel systematische Gelehrsamkeit, will sagen, einen Mann vermuten, der alles verkehrt angreift. Die Staatsregierung gehört doch zu unserm wichtigsten Interesse, es ist ihr Alles untergeordnet, die Pfarrstelle und die Besoldung des Philosophen, und die Staatsregierung kann einen Professor der systematischen Philosophie nur in sich aufnehmen, wenn er erst das System aufgibt, dann die Philosophie, dann die Professur. ...

Man sagt dem preußischen Kult-Ministerium nach, es sei nicht nur ein preußisches, sondern auch ein Hegelsches, es regiere nicht bloß, sondern es studiere auch; man sagt's ihm nach! Als ob das etwas Unschickliches wäre, systematisch gebildet zu sein! Ja, heißt es, diese Philosophie ist zu ausschließend, und das gibt dann eine einseitige Wirkung; um die Lehre von den Partikeln vortragen zu dürfen, möchte man Hegelscher Philosoph sein. ...

Und wie töricht ist jener Vorwurf der Hegelschen Einseitigkeit! Einmal ist er darin unwahr, daß irgendein Ausschließliches bei diesem Ministerium stattfände, und ferner: wer muß nicht seine Gesichtspunkte beschränken, um ein Urteil zu gewinnen? nur in dieser Begrenzung existiert ein Menschliches — ist's etwas vorteilhafter, wenn nach dieser oder jener Sympathie gewählt, oder nach einer Antipathie verworfen wird? ...

Es ist nicht zu leugnen, daß diese Philosophie in einem Erfolge die kritische Philosophie noch weit übertrifft, welcher oft als Vorwurf genannt worden ist, nämlich darin: die Frische und das Grün des Lebens zu töten, die Poesie, weil sie ein Willkürliches, aufzulösen, die freie Schönheit des Lebens, weil sie nicht systematisch erkannt wird, zu verleiden.

Nichts blasiert schneller als die Altklugheit, und die systematische Philosophie ist eine Cousine derselben, eine Philosophie aber, die streng und kontumazartig aus dem Gedanken entwickelt wird, ist gar eine leibliche Schwester der Jungfer Altklugheit, und es hat deshalb allerdings keine so viel blasierte Zöglinge aufzuweisen als die Hegelsche; Berlin hat natürlich davon einen starken Beigeschmack erhalten.

Ist daran Hegel Schuld? Kann er dafür, daß so viele seiner Schüler blasiert werden?

Er war es gar nicht, er war just in Berlin ein vergnüglicher Lebemann geworden. Leute, die ihn früher gekannt, erstaunten höchlich, wenn sie ihn zu Berlin wiedersahen: er las „die Schnellpost" von Saphir, ja er gab Artikel hinein, und quälte seine Schüler, auch welche zu schreiben, er ging fleißig in's Theater, er machte Schauspielerinnen und Sängerinnen die Cour, es hatte allen Anschein, als ob namentlich Madame Milder seinem Herzen gefährlich sei; es war ein großer Reiz für ihn, bei Hofe zu erscheinen, wie es ihm als kourfähigem Rector magnificus zuteil wurde.

Daß ihn Saphir ergötzte, war doch wirklich ein Zeichen, wie er lustigen Teil an der Tageswelt nahm, an der Tageswelt quand même; umsonst opponierten seine Schüler, umsonst riefen sie: Meister, wir blamieren uns mit diesem Eskamoteur, der an den Worten geschickt herumzuklettern weiß wie Jecko an den Kulissen, hinter dem kein Wert, kein Interesse steckt, als die Beweglichkeit des Ausdrucks, der Skandal des Wortes. Es dauerte lange Zeit, bis Hegel dem damals jungen und frischeren Journalspringer seine Huld und Fürsprache entzog. Folgender Vorfall schloß die Karnevalszeit für immer, wo der Löwe mit dem Böcklein spielte:

Karl Schall, dem meine Leser in meinen Charakteristiken begegnet sind, schwärmte für das Frauenzimmer im Allgemeinen, und damals für Henriette Sonntag speziell; Saphir, der Oppositionsstoff brauchte, denn der Witz ist ein geschworener Feind der Freundschaft, wie der Mensch ein natürlicher Feind des Todes ist, schrieb Tag und Nacht gegen die Sonntag. Daß er auch des Nachts gegen sie schrieb, war natürlich, er schlief unruhig, und wenn er nichts Besseres tun kann, so schreibt der Autor. Schall aber betete Henrietten an, bei Tag und Nacht, und sein Kultus blieb immer unentweiht, deshalb immer leidenschaftlich.

Er hatte Visite bei ihr gemacht, sie hatte über Saphirs Angriffe geklagt — ein Schatten auf diesem Auge! ... Im Café royal, wohin er zornschnaubend kommt, um heftig zu dinieren, begegnete ihm der unglückliche Frevler, dieser will entweichen, Schall aber stellt ihn wie ein Wild mit unausweichbarer Parole, er überschüttet ihn dreifach mit alle dem, was sonst einfach hinreicht, einen Menschen toll zu machen und auf die Mensur zu stellen. Saphir liebte diesen äußersten Ausweg nicht, wozu das ernsthafte Leben riskieren für ein spaßhaftes Leben! Wenn ich Saphir wäre, so dächte ich um kein Haar anders, aber, Gott sei Dank, um Schalls willen vergeb' ich es Saphir nicht, daß er damals zu Hegel-Protektor stürzte, blaß, mit gelösten Locken wie Jaromir, den die Ahnfrau verfolgt, um Schutz, um Hilfe flehend, ich kann es in Ewigkeit nicht vergeben! Um ein solches Tableau hat er die Literaturgeschichte betrogen: der lange Saphir und der dicke Schall auf der Mensur mit Pistolen! Schall so dick und breit wie eine runde Stadtmauer, die man trifft, man mag hinschießen wohin man will, und Saphir, die schmale Wendung, die nirgends feststeht, nirgends zu treffen ist. Herr, Sie riskierten gar nichts, wenn Sie damals ihr Leben riskiert hätten, und die Szene wäre erlebt, und man hätte Schall in dieser Situation gesehen, in der unlösbaren Bestrebung, die schmalste Seite seines Leibes herauszukehren! Zwei Leute, die nur zum Spasse auf der Welt waren — die Sprache tötet hier den Existierenden, nicht ich — auf Tod und Leben gegenübersehn! Dies Drama, es ist im Embryo erstickt worden.

Hegel ließ sich damals wirklich verleiten, nach Hilfe umzuschaun für den Flehenden, aber die Schüler ließen den
Meister im Stiche, und der Meister ließ nun am Ende auch
den Journalisten seinem Schicksale. Das Schicksal aber hält
immer Wort.

Es ist keine Frage, daß die große Stadt auf Hegel den
stärksten Einfluß äußerte, vielleicht nicht durchweg den
günstigsten: viele Resultate seines Systems hätten sich anders gewendet an den Punkten, wo die Theorie in die praktischen Formen mündet, wenn er ein unbefangener fränki-
scher Lehrer oder gar ein schwäbischer Magister geblieben
wäre, ein unbefangener Mann, der nach keinem Gefallen
fragt. Die große Welt, die Welt der Welt, hat ihm sicherlich große Aufschlüsse gegeben über diese und jene sittliche
Schattierung, aber sie hat ihn auch mit jener unsichtbaren,
artig duftenden Fessel gebannt, welcher ein Plebejer nicht
entrinnen mag, weil er die Gefahr verlacht, und welcher ein
vornehm Geborener nicht entrinnen wird, weil er die Gefahr nicht kennt.

Die Atmosphäre dringt bis in die versperrtesten Gemä-
cher, und wirkt auf einen sensiblen Leib; die Konvenienz,
dies gewaltige, ererbte Wort, dringt in die scheinbar rück-
sichtslosesten Geister, und stumpft und wendet, und er-
weicht die Feder. Die Visitenkarte, worauf eine hübsche
Edelmannskrone in goldnem Abdrucke flimmert, und welche die bestürzte Köchin à propos auf den Schreibtisch des
Philosophen legt, hat auf das Staatsrecht einen entscheidenden Einfluß.

Hegel, der stolze Gedankenmensch, der gelesen, studiert
und gedacht hatte, was im Himmel und auf Erden geschrieben und gesagt worden war, der kühl und kräftig Alles in
sich ordnete zur großen, unwiderstehlichen Schlacht des
Systemes, der sich stolz und herrschsüchtig darin fühlte,
eine feste schwäbische Natur, der seinen Wert in Ehren
kannte ganz und gar — Hegel ließ sich von der Formen-
welt imponieren wie irgend einer. Die Kategorien, diese
Himmelssäulen seines Systems, wuchsen selbständig aus
seinem Geiste, aber das Lächeln und Zürnen der Welt fiel
auf sie, Sonne und Regen der Welt ruhten zeugend auf

dem Gipfel dieser Säulen, von wo die Stauden, Blätter und Blüten nach aller Richtung wuchsen und rankten, die Religion, der Staat, die Sitte.

Es sei nicht gesagt, Hegel hätte andere Resultate gegeben, als sein Systemsgang andeutete von Hause aus, er hätte andere gegeben, weil die Rücksicht ihn befing, nein, aber er hat andere gefunden. So grob verführt die Welt nicht leicht einen gefesteten Mann.

Hier in Berlin sind hagelnde Gefechte in stillen Zimmern vorgefallen, wo sich der alte Löwe auf Leben und Tod wehren mußte gegen die andrängenden Freunde und Schüler, welche ihm mit eigenen Waffen vorfochten: Wie kommst Du zu Deiner spielerischen Dreieinigkeit, Deinem kraus gewundenen Staate, was hat Deine Kategorie mit allerlei Arabesken zu schaffen, warum krümmst und windest Du Dich bei der Namensnennung des Resultates, warum glitschest Du auf dem Parkett der vornehmen Welt und verlierst den ursprünglichen, stolzen Gang?

Aber er war ein gedankenharter Kopf, der sich nach allen Seiten verschanzt, und Ballen von Waffen stets zur Hand hatte, und links und rechts schleuderte, wenn man ihm zu Leibe ging.

Es ist viel davon die Rede gewesen, wie tyrannisch er gehaust, wie despotisch neben seinem Gedanken das Betragen aufgetreten sei — der Erfinder einer neuen Welt muß despotisch sein, oder er beherrscht seine Empfindung nicht, oder er hat sie gestohlen oder irgendwo am Wege gefunden. Das erworbene Große macht das Gefäß, den Menschen, auch gewaltig, und für die kleine Welt und die kleinen Maßstäbe ungebührlich.

Dazu hatte Hegel wirklich keine sogenannte Erziehung, die wie ein zweites Naturell immer mildert und beschwichtigt, er war ein Schwabe, er war in Tübingen im Seminar gewesen — wißt Ihr, wie ein Tübinger Seminarist erzogen wird? Er geht schwarz, damit er nach Theologie aussähe, trägt schwarz wollene Strümpfe und ein dreieckig Hütlein, speist schwäbische Knödel in Gesellschaft der übrigen Schwarzen, und trabt in den Freistunden die Bergstraßen des düsteren Tübingen auf und ab nach dem Bierhause, was weiß er von Erziehung! Da gibt's ein paar Professoren, bei denen das Teetrinken für eine Ziererei gilt, die Töchter müssen vor den Schwarzen gehütet werden, guten Tag! und guten Weg! ein ehrlicher Handschlag, ein ehrlich und gescheites Wort, das ist der Umgang, etwas ganz Respektables, wonach man oft unter der sogenannten Erziehung verlangt, aber keine Erziehung.

Bis vor ganz kurzer Zeit war in Schwaben die sogenannte vornehme Gesellschaft nur am Hofe zu finden — die vielen kleinen Höfe hatten nichts mit Schwaben zu tun, die waren aus Frankreich, und wo der dahin gehörige Adel in seine eigne Existenz zurücktrat, da war er wieder Schwabe, nichts von jenen Formen mit sich nehmend. Wie in Österreich geht darum auch die Provinzialmundart bis zu den höchsten Ständen hinauf, und man fand überall alltäglichen, bürgerlichen Gebrauch. Beim Worte Erziehung hielt man sich an das schöne Sprichwort: „Wohl erzogen hat nie gelogen", das ist sehr wacker, aber unter dem Worte Erziehung versteht die übrige Welt noch eine besondere Kulturgattung, nicht bloß ein moralisch Ding, sondern auch eine gesellige Übung und Form, die ihre selbständigen, mannigfachen Beziehungen hat, und dem Tübinger Schwarzen das Leben erschwert, statt zu erleichtern, wenn er aus der rauhen Alp und dem Schwarzwalde heraus in die Welt tritt.

Diese Erziehung gebrach Hegel, und das war ein Hauptgrund, warum ihm Vieles imponierte, wie es ein hoher Rang, ein vornehmer Orden, eine exklusive Gesellschaft tat. Diese Erziehung ist wie die Kenntnis einer fremden Landessprache, in deren Bereich man gerät, Schutz und Waffe, und wenn man geschützt und gewaffnet ist, so ist man ein anderer Mensch. Hegel war nun allerdings ein so stolz und bewußt in sich ruhender Mann, daß die Magister-Verlegenheit ihm nicht zwischen die Beine lief, aber die Unbeholfenheit des Tübinger Magisters hockte an ihm herum, und wenn sie auch vom starken Geiste siegreich links und rechts bei Seite geschleudert wurde, so erkannte man doch, daß eine solche Arbeit stattfand. Dahin gehörte auch eine schreiende Rede, die sich keiner besonderen Fügung unterwarf.

Er war ein Mann von mittler Größe mit einem altmodisch
starkzügigen schwäbischen Gesichte, das in späterer Zeit
tief durchwirkt und zum ehernen Antlitze eines bedeutenden Menschen gefugt und gefaltet war.

Seine Gewohnheiten waren einfach, und trugen nichts
Besonderes an sich; er arbeitete viel, schrieb eine große
Handschrift, und korrigierte in seinem Manuskript durch
Einschaltungen dergestalt, daß die nach allerlei Richtung
auf- und abweisenden Striche und Haken das unerfreu-
lichste Ansehen gaben. Sein Geist war so voll von Wissen
und Beziehung, und deshalb war der Fluß seiner Schrift
durch tausendfache, einschränkende Bezugnahme so gehemmt, daß ein glattes Fortschweifen derselben unmöglich
war. Obwohl er sich beim Vortrage im Kollegium des ausführlichen Heftes bediente, so fügte er doch so viel Augen-
blickliches hinzu, daß ein nachgeschriebenes Heft durchaus
nötig ist, um diesen Vortrag im vollständigen Drucke wiederzugeben. Daraus ist ersichtlich, welch eine Arbeit seine
Schüler mit Herausgabe seiner Werke übernommen haben.
Jegliches Buch, das aus solch herumfliegenden Fahnen zu-
sammengebracht werden muß, erfordert die Arbeit eines
halben, eines ganzen Jahres; diese Papierfahnen, in deren
vergilbter Unscheinbarkeit eine neue Welt ruht, sind's
allein, was er mit seinem Ruhme Weib und Kindern hinterlassen hat. Der Ruhm ist schön, ein Held lebt davon,
aber eine Familie nicht, und die Tat der Schüler, eine so
seltne Tat in unsrer egoistischen und geldbedrängten Zeit,
eine Tat, des Altertums würdig und an die Schüler des
Sokrates erinnernd, sollte hoch gewürdigt werden. Diese
Michelet, Gans, Hotho, Marheineke opfern Zeit und Mühe
unentgeldlich, damit der volle Hegelsche Bau aller Mit- und
Nachwelt vor Augen komme, und das Vermächtnis des
Alten mit fünfzehntausend Talern bezahlt werde.

Fünfzehntausend Taler für eine neue Philosophie! Kein
großes Ganze neuer Wissenschaft ist mit Millionen aufzu-
wiegen, die meisten Leute von guter Erziehung geben nicht
ein Theaterbillet dafür, — und item, die Weisheit verdient
doch schon Geld, und wird schon viel besser bezahlt als
sonst.

Er hat eine Witwe und zwei Söhne hinterlassen; diese studieren Jurisprudenz und historische Wissenschaft und sollen scharfsinnige junge Leute sein. Die Frau, aus Nürnberg, wo Hegel eine Zeitlang Rektor am Gymnasium war, hat sich in seinen damals noch jungen Ruhm verliebt, und als junges Mädchen, die Tochter eines dortigen Patrizierhauses, den schon dreiundvierzigjährigen Herrn geheiratet. Sie hat, ohne Philosophin zu sein, im Ganzen glücklich mit ihm gelebt, wenn auch unter dem Pantoffel, den der Herr Professor, ein gebieterisches Gemüt, zu schwingen beliebte. Nur in Sachen der Eifersucht, welche der Frau in Berlin zweimal nahe getreten ist, hat er klein zugegeben, einmal als plötzlich ein leiblicher junger Hegel im Hause erschien, der aus der Privatdozentschaft in Jena stammte, und zum Zweiten, als Hegel für's Theater so empfänglich wurde, und den Künstlerinnen seine Aufmerksamkeit schenkte.

Der arme Junge, die Pflanze jener üppigen Jenazeit, wo so viel schöpferische Menschen in Jena lebten, hat wohl keinen Vorteil von diesem Verhältnisse und von der Schwäche seines Vaters gehabt, der ihn nicht genügend anerkannte, und ist am Ende in die Welt gelaufen, erst nach Holland, in die kleine Welt, dann ist er nach Batavien in eine neue Welt verschwunden. Gott weiß, ob der Name Hegel dort auch Glück macht.

Hegel war im gewöhnlichen Leben kein schwerer Philosoph, sondern ein ganz vernünftiger Mann, wie die Leute sagen, ja er hatte sogar eine stehende Whistpartie mit rechtschaffenen handfesten Herrn, und er spielte sehr ordentlich — kann man von der Philosophie mehr verlangen? vor einer Gefahr war man indessen nicht sicher, wenn man ihn des Abends besuchte, es war die, daß er leicht einschlief, und insofern die Unterhaltung wenig beförderte.

Daß eine hübsche Geschichte über die andre von seinem Wesen erfunden worden ist, das verwundert billigerweise niemand: große Berge sind reich an Sagen, und die großen Menschen sind zum Teil dafür da, daß die kleinen ihre Geschichten an ihnen aufhängen. Wer nicht selbst groß werden kann, der rächt sich am Großen, diese Malice ist ein altes Erbteil — ...

Eine der komischsten wurde dem alten Hegel auf's schmerzensreiche Sterbebett geworfen, und da ein großer Meister, der ein Werk mit tausend Notwendigkeiten erfunden hat, und das Wichtige jeder kleinsten Notwendigkeit empfindet, niemals einen Schüler erzieht, der ihn befriedigt, denn ein Schüler, welcher völliges Echo des Meisters wäre, müßte ein Papagei sein, so könnte diese Anekdote wirklich statt gefunden haben.

Man erzählt nämlich, Hegel habe sich beschwert: Von all meinen Schülern hat mich nur ein einziger verstanden! und sich auf die andere Seite kehrend habe er hinzugesetzt: ach, und der hat mich mißverstanden.

Er starb bekanntlich an der Cholera; weil nun diesen Opfern der Pest kein öffentliches Begräbnis gestattet werden konnte, so verhehlte man die Todesart, und veranstaltete die berühmte Leichenfeier, leuchtete dem großen Toten mit Fackeln zu Grabe und hielt Reden. An demselben Abende ereignete sich Folgendes, was ich darum nicht verschweige, damit dasjenige, was ich oben über Erziehung gesagt, seine Folie erhalte und nicht mißverstanden werde. Die gute Erziehung nämlich vergißt zuweilen eine Kleinigkeit, und der geistige Fortschritt und besonders die spekulative Philosophie entgeht ihr leichtlich — es war an jenem Abende, wo bei düstrem Himmel der Herr einer neuen Gedankenwelt unter die Erde gescharrt wurde, im Hause des Grafen von der Golz eine zierliche Gesellschaft versammelt. Die Wachslichter brannten, man wußte sehr viel Interessantes vom letzten Balle, man erwartete einen Herrn, der sich mit Literatur beschäftigte, und der versprochen hatte, diesen Abend etwas vorzulesen. Er kam nicht und kam nicht, man erschöpfte sich in Vermutungen, plötzlich rief eine Dame! Ach Gott, er wird bei Hegels Begräbnis sein, Hegel wird heut Abend begraben. —

Hegel, Hegel? Wer ist Hegel? fragte die Hausfrau; wer ist Hegel? fragte der Hausherr; wer ist Hegel? fragte die Gesellschaft im Chore.

Die Dame war verraten, man sah, daß sie Bekanntschaften habe, die nicht in den recherchierten Kreis gehörten;

nicht ohne einige Verlegenheit antwortete sie: Hegel war
ein berühmter Philosoph an der hiesigen Universität.

Ein Philosoph? So?

Man bedauerte, daß deshalb nicht gelesen würde, und
suchte eine andere Unterhaltung.

Diesem Abende waren übrigens die großen Streitfragen
in Berlin vorausgegangen, ob diese Philosophie zu dulden,
ob sie nicht dem Christentume oder dem Staate gefährlich
sei? Schmalz, der Einzige, Schmalz, der scharfsinnige, welcher mit Leichtigkeit durch ein Brett sah, sobald dem gemeinen Wesen eine Gefahr drohte, Schmalz hatte das Wort
schon von sich gegeben, das ihm Nachruhm sicherte, er
hatte die Hegelsche Philosophie für verrückt erklärt.

Es war also einigermaßen erschwert worden, den Namen
Hegels gar nicht zu kennen.

Schließlich sei noch gesagt, daß Hegel und Schelling
gleichzeitig in Tübingen Schwarze gewesen sind, ja auf
einem Zimmer gewohnt haben. Für die Recherchierten die
Erläuterung, daß dieser noch in München existiert, auch ein
Philosoph ist, und seit einiger Zeit von dem Vorwurfe lebt,
Hegel habe ihm seine Gedanken gestohlen.

Hotho hat in seinen „Vorstudien für Kunst und Leben"
das Erschöpfendste über Hegels Persönlichkeit gebracht [1] . . .

Seine Gedanken, die Hegelschen Gedanken, waren übrigens eingefleischt in Hegel, er war durch und durch eine
geschlossene Einheit. Diese Größe hat den witzigen Leuten
viel zu schaffen gemacht, welche eben gewohnt sind, ihre
Nahrung in Einzelheiten zu suchen. Wenn also Hegel über
ein Alltägliches, über einen Berliner Witz sprach, oder über
sonst etwas, was man für ein Aphoristisches hält, und wenn
er auch dies in die Bedeutsamkeit seines ganzen Gedanken-
wesens einfügte und ihm ein wichtiges Ansehn gab, so galt
dies den Leuten des augenblicklichen Beliebens für ein ver-
irrtes Wild, für eine gute Beute, sie griffen es als Witz auf
und hatten Recht und guten Erfolg für ihre Beliebigkeit,
und doch Unrecht gegen Hegel. . . .

Hegel selbst war darüber harmlos, den Widerspruch und
die Neckerei der Schwachen belachte er gutmütig mit, nur
der freche Tadel des Unverstandes erzürnte ihn, und Schel-

lings Art und Weise, welche tat, als ob Hegel nicht existiere, kränkte ihn wirklich, da er sich eines schweren Sieges bewußt war, und den früheren Genossen und großen Geist in Schelling immer hoch verehrte.

Obwohl er in der Religion die Orthodoxie seinem Systeme einfügte, so bestand er doch fest auf größter Freiheit der Forschung; obwohl er die bloß leidenschaftlichen Demagogen über alles haßte, und allem wirklich und fest Bestehenden von vornherein stets das Recht der Existenz einräumte, so war er doch, der stets Forschende und Bildende, nichts weniger als stabil. Bei der Mannigfaltigkeit des jetzt Bestehenden ist ja ohnedies noch gar keine Bezeichnung und nähere Charakteristik gegeben, wenn man sagt: er hielt zu dem Bestehenden. Am meisten neigte er sich mit spezieller Vorliebe zur englischen Verfassung, und die Reformbill erschien ihm als ein höchst gefahrvolles Unternehmen; ein auf bestimmten Körperschaften ruhender Staat war ihm der sicherste; die Rechte der Erstgeburt verteidigte er streng, für den Höhergestellten verlangte und gab er unbedingten Respekt.

Aus alledem ergibt sich, welche Macht das eigentliche Systematische in ihm behauptete. Es wäre ein Mißverständnis, ihn ohne Weiteres mit den dreist Spekulierenden anderer Art zusammenzustellen, welche nicht für ein ausgebildet System erfinden und fordern.

Ebenso hielt er sich bei den moralischen Fragen persönlich streng an das Positive, an die Institute, und verteidigte sie quand même: er verlangte die Ehe der Ehe wegen einzugehen, um einem festen Institute anzugehören, nicht weil sich da eine Seelenharmonie oder so was ähnliches zusammenfinde.

Dabei geschah nun freilich das Meiste des Systems wegen und die Hegelsche Einheit ward auf Kosten Hegels behauptet und durchgesetzt, denn in den moralischen Fragen zum Beispiel interessierte und lockte ihn Goethe mit seiner Freiheit am meisten; er hielt nebenher solche Richtungen für notwendig und groß, damit das Bestehende nicht versumpfe, sie waren seinem alle wahrhaftige Innerlichkeit prüfenden Geschmacke viel zusagender, als die meist unzulängliche Polemik dagegen, aber er mußte sich dem Despotismus des eignen Systems fügen.

In den letzten Jahren ward er darin starrer, als seine eigne Lehre heischt, und es hat, wie schon oben bemerkt, über die Konsequenzen des Systems mit Schülern und Freunden heftige Kämpfe gegeben. ...

Besonders leidenschaftlich war Hegel zuletzt gegen die Entstehung Belgiens, und Kampfesworte dagegen und gegen die Reformbill sind wohl das Wichtigste gewesen, was er zuletzt geschrieben hat.

Bei diesen Sachen der Politik ist nicht zu übersehen, daß Hegel zwei Jahre lang Redakteur einer weniger bekannten politischen Zeitung gewesen ist, der Bamberger Zeitung.

Mit was allem dieser Mann sich beschäftigt, und gründlich beschäftigt hat, ist nicht zu sagen; bei einem Einblick, besonders in die Geschichte der Philosophie, schwindelt dem Zuschauer vor den weit oben und tief unten kriechenden Büchern, welche der Mann gelesen und studiert hat. Wie ein Titan sitzt dieser steinerne Geist unter den Felsblöcken und dem Gerümpel aller Zeiten. Auch in Kunst und Poesie kannte er alles; sein Urteil über Baukunst, Skulptur und Malerei war scharf geübt und begründet; er saß aufmerksam und andächtig in den Opern.

Sein Geschmack neigte durchaus zu den Griechen, vom Mittelalter mochte er nichts leiden als die großen Gebäude. Scherz und Laune liebte er sehr, wenn die Gelegenheit paßte; den eigentlichen Humor verstand er gar nicht, dafür und noch mehr für die Ironie neueren Datums, besaß er gar kein Organ der Auffassung, die Ironie war ihm geradezu unangenehm.

Er hatte sich auch mühsam durch's Leben gearbeitet, mit Freunden Unglück gehabt, langsam erobert. In Frankfurt, wo er eine Zeitlang Hauslehrer war, lebte er intim mit Hölderlin und mit Sinklair, dem Verfasser des Cevennenkrieges. Hölderlin ward verrückt, Sinklair starb früh. Schelling, mit dem er so zusammengewirkt, verhüllte sich ihm später vornehm.

Zwei Jahre in Heidelberg nennt Gans mit Recht Hegels Flitterjahre 1816—18: da blühte sein Ruhm auf, da hatte er Daub und Creuzer, und Voß war noch umgänglich. Seine Schüler von Jena aus, Troxler in Basel, Gabler in Bayreuth waren noch jung und warm und schrieben ihm viel Briefe, Deutschland war überhaupt verjüngt, die schönen Neckarberge um Heidelberg lockten und entzückten. Und auch zum Antritte in Berlin, Herbst 1818, fand er noch an Solger einen Beförderer. Dann aber war er lange, lange allein, und mußte langsam die Schüler heranziehn, die ihn unterstützten.

Er ging in Berlin täglich spazieren, schlaff zog er sich vorwärts, hielt aber tüchtig aus; ging man indessen mit ihm, so stockte die Promenade sehr; er ließ sich mit dem größten Anteil das Alltägliche, die Neuigkeiten erzählen, blieb stehen, lachte, verwunderte sich, widersprach. Dabei und bei allen Lustpartien, die er später eifrig suchte, war ihm das leichte Gespräch das erwünschtere, das stete Debattieren und Suchen in Ernst und Eifer war nicht seine Sache. Auch im Theater war er sehr munter und sehr leicht befriedigt; in Geschäften langsam und peinlich, für alles Leichte war er am schwerfälligsten, weil er sich durchweg für das Schwere mit Leichtigkeit eingerichtet hatte.

Deshalb täuschte er sich vielleicht auch oft über leichte Menschenware, denn die unbedeutendsten waren ihm oft sehr willkommen; oder er brauchte wie schwer reiche Leute solcher kräuselnden Bewegung und sah gern die leichte Ware um sich hüpfen, um zu ruhen, und das Leben in seinem lustigen Zuge zu atmen.

769. *Alexander Jung*

Was ist über Hegel nicht alles schon gedruckt, geschrieben und gesprochen worden! Und doch wie unbekannt ist diese Welt noch für viele, dieser Mann, in dessen erschütternden Wirkungen wir alle leben und die Künftigen noch leben werden! So daß es wohl von außerordentlicher Wichtigkeit sein möchte, wenigstens mit einigen Strichen das Bild des höchst genialen Denkers zu entwerfen. Wir werden dieses

am besten dadurch erreichen, daß wir zunächst die Art her-
ausstellen, wie der Mann sich selber zu geben pflegte. —
Wer Hegeln gehört, der muß wissen, welche magische
Bewandtnis es oft mit dem Fortschritt, mit der Bewegung
hat. Die stetigste, die gewaltigste scheint oft, wie die unter-
brochenste, unbedeutendste, Stillstand zu sein. Die Zeit, die
Erde, die Weltkörper überhaupt, spiegeln sich in wunder-
barer Ruhe und feiern in dieser Ruhe den erhabensten
Rhythmus. Nichts scheint sich zu verändern, aber der ewige
Pendelschlag der Uhr akkompagniert zum Sturmschritt der
Zeit, die Streiflichter der Sonne, welche auf deinem Fuß-
boden zittern, die immer anders figurierten Sternbilder,
welche über deinen Horizont herauffunkeln, sagen dir's,
wie die Zeiten, wie die Welten fliegen. —
Also war's mit Hegels Vortrag, mit jener unverändert aus
sich herauswälzenden und doch so ruhig bleibenden Darstellung. — Wie man einem ungeheuren Berge stundenlang
vorbeifährt, ohne daß er selbst auch nur im Geringsten von
der Stelle zu weichen scheint; ebenso schien durch die ganze
Bewegung des Philosophierenden die träge Massenhaftig-
keit des vorliegenden Objekts, des sinnlichen *Diesen* auch
nicht im mindesten weggerückt werden zu können. Aber
man mußte erst Geduld und Stärke abgewinnen solchem
ewigen Kommen und Gehen, solchem Aufschlagen und Um-
schlagen, Ebben und Fluten der Entwicklung. Man mußte
erst durch Schwindel schwindelfrei werden, weit genug in
See gekommen sein und mitten aus dieser mächtig in sich
zurückschlingenden und dadurch forttreibenden Bewegung
irgendeine eigene, vom festen Lande noch mitgebrachte
Vorstellung, Meinung, Reflexion für sich selbst hinauswer-
fen in die mächtige Flut der Untersuchung, und man sah
solch Merkzeichen pfeilschnell hinweggerissen und hatte
darin einen Maßstab für die Schnelligkeit der Veränderung
der bisherigen Welt, wie für die ungeheure Schnelligkeit
der Bewegung selbst.
Mochten viele dieser Neugriechen und Polen, dieser Engländer und Franzosen, welche zu des kühnen Weltumseg-
lers Häupten und Füßen saßen, schon der fremdländischen
Sprache wegen, wenig oder nichts verstehen und sich blind-

lings dem Vertrauen ergeben, man müsse doch irgendwo
anlangen; so erhielt man doch die Gewißheit, daß in dieser
Versammlung ein Geist walte, welcher die einem solchen
Denken Gewachseneren mächtig ergreife und einer noch nie
dagewesenen Welt entgegenführe, deren subjektiver *Schöpfer* zu sein seine heilige Scheu vor der objektiven Macht
des Gedankens nicht einmal zuließ, deren *Entdecker* er nur
sein wollte.

Es bedurfte aber auch der vollsten Weihe des Denkens,
der unausgesetztesten Vertiefung in das waltende Element,
um hier noch standzuhalten. Der nie rastende Wellenschlag
der Entwicklung, unterbrochen nur von dem häufig zu ver-
nehmenden: *Also* und wieder *Also,* dem Steuerrufe der Bewegung, veranlaßte selbst beim aufmerksamsten Zuhörer
momentan den Eindruck des Tautologischen, des Monoto-
nen, des Öden, des Unfruchtbaren, des Gedankenlosen,
ganz wie es lesenden Gegnern so oft ergangen. — Welch'
ein sprachschöpferischer Geist aber webte über diesen Was-
sern! Ein noch nie vernommener Ausdruck, eine aus der Ur-
tiefe des Genies plötzlich herausgeborene Wendung eröffnete dir die Aussicht in einen Himmel voll neuer Ideen, nie
gesehener Gestirne, und gab dir die Verheißung, dieses
noch dem Geiste unerreichbare *Jenseits* durch eine fortge-
setzte Fahrt und endliche Landung zum *Diesseits,* zu einem
durchaus *Gegenwärtigen* werden zu lassen. Freilich würde
hier im Sinne des Meisters zu berichtigen sein, daß das
letzte Resultat doch eigentlich nie als ein lediglich Kom-
mendes, Zukünftiges gedacht werden dürfe, vielmehr es
bei der rechten Entwicklung als ein schon jedem Moment
Einverleibtes betrachtet werden müsse.

Man braucht wahrlich nicht Hegelianer zu sein, sondern
nur mit unbefangener Einsicht der Gedankenarbeit jenes
Denkers aufmerksam zu folgen, von da ab, wo er aus dem
Hochgebirg der Schellingschen Weltanschauung herkommt,
wo er aus den Quellen der Naturphilosophie stattlich hervorgeht und bald auf stolzer, mächtig anbrandender Woge
seine *Differenz des Fichteschen und Schellingschen Systems*
einherträgt, bis dahin, wo er sich in sich zusammennimmt
und sich wieder aus sich entläßt, ohne sich doch je zu ver-

lieren, und sein eigener Ozean wird, — um Hegeln als
einen der originellsten und umfassendsten, aus eigenster
Kraft schaffenden und damit die Welt umgestaltenden
Denker zu bezeichnen.

Geister erster Größe haben das ganz Eigene, daß, ob sie
in jüngster oder in frühester Zeit gelebt, sie auch darin das
Räumliche und Zeitliche vernichten, daß sie stets in der
Gegenwart zu stehen scheinen, wie das an Shakespeare so
reichlich zu erfahren ist. Die Ferne eben hat ihnen nicht
das Geringste mehr an. Sie sind weder *da* noch *dort*, sie
sind weder *dann* noch *dann*, sie sind eigentlich *nirgend*
(ausschließlich), sie sind aber eben deshalb *überall*, denn —
sie *sind*. — Sie feiern eine göttliche *Allgegenwart*. — Hegel
lebte noch sogar bis in die neueste Zeit hinein, und wir
müssen, wie wir ihn als ein *prinzipielles Element* der *modernen* Weltzeit hervorgehoben haben, seinen nächsten Einfluß auf die Gegenwart noch mit einigen Worten motivie-
ren, um so mehr, als er, durch die oft das Gegenteil beab-
sichtigenden Vorgänge in unserem *jetzigen* staatlichen und
kirchlichen *Leben*, immer mehr an *Popularität* gewinnt; so
wie ja auch Dr. Mager[1] es unternommen hat, in einem
Briefe an eine Dame die Philosophie jenes Denkers sogar
dem weiblichen Geschlechte zugänglicher zu machen, in
einer Schrift, in der freilich mehr *Galanterie* als *Beruf* zu
erkennen ist. —

Dasjenige Werk, durch welches Hegel sich gleich in seiner
grandiosen Individualität und Ganzheit zu erkennen gab,
welches aber, weil es in seinem organischen Bau Wissenschaft und Kunstwerk zugleich, anfangs nur wenigen verständlich sein konnte, war ohne Zweifel die *Phänomenologie des Geistes*. Durch dieses Werk schnitt sich Hegel scharf
und erhaben von allem demjenigen ab, was glatt und leicht,
geheimnisvoll und doch von mäßigem Verstand so leicht zu
ergründen, für Philosophie genommen werden konnte. An
dem Baue jener Pyramide indessen waren gefährlichere
Stufen zu erklimmen und andere Hieroglyphen zu entziffern, als in so manchem von den Büchern, welche gar bequem Paragraph an Paragraph reihen und schon durch die
bloße Skala der Nummern den Schein einer fortgehenden

Entwicklung hervorzubringen pflegen. Aber es sollte freilich
jener Bau auch zu nichts Geringerem als *zur Spitze der
Vernunft,* des *Absoluten* selber führen. Und wirklich erhob
Hegel durch diese Arbeit die bisherige *Sage* von einer *organischen* Entwicklung alles Geisteslebens aus dem Gebiete
der *Fabel* in das Reich der Wirklichkeit. Von diesem Werke
an hört die oft so zufällige *Überlieferung* tiefsinniger, immer aber wieder und mit Recht bezweifelter Mythen, Hy-
pothesen, Experimente für den Geist auf, das Reich der
eigentlichen Historie, der Geschichte des Geistes fängt an;
die *Tradition* hat ihr Ende, die philosophische Schreibe-
kunst wird verallgemeint. — Hegel gab in der *Phänomenologie des Geistes* dasselbe für die Wissenschaft in bezug
auf die Natur des Bewußtseins, was Goethe für die Kunst
in bezug auf die Natur der Pflanze in der *Metamorphose
der Pflanzen* gegeben. ...
Aber es war auch freilich diese Hegelsche *Phänomenologie* gleich viel zu *praktisch,* das heißt praktisch im genial-
sten Sinne des Wortes, im Sinne Hegels. Sie übte schon *aus*
die Methode alles geistigen Werdens, nicht als Methode,
vielmehr als dieses Werden selbst, gleichsam als Drama des
philosophischen Bewußtseins. Hegel sagte nicht: *jetzt* geht
dieses und *dann jenes* im Geiste vor, er sprach nicht von
diesen und dann wieder von *jenen Merkmalen, Wirkungen*
des Geistes, sondern er führte alles Bewußtsein in Phäno-
menen, in bestimmten Gestalten auf, in Gestalten, welche
die notwendigen Taten des Geistes sind, und somit seine
Geschichte, *er selbst.* Solche *Praxis* in abweichendster Bedeutung aber war unmöglich zu verstehen ohne die *Theorie,* ohne die *Urstätte der Idee.* Daher auch eben verstand
man damals Hegeln noch gar nicht. Ungeachtet nun er
selbst ganz gegen diese lächerliche Differenz von Theorie
und Praxis im Denken sich setzte, und gerade von ihm die
Zeit das *Unzureichende* solcher Trennung lernen sollte; so
kann man dennoch behaupten, daß unser Denker in einem
neuen, großen Werke sozusagen auch die *Theorie der Idee*
ans Licht brachte, in seiner *Logik* nämlich. Freilich traute
die *Logik* in der Zumutung des Verständnisses dem Leser
erst recht ein Äußerstes zu. Wirklich aber schien man sich

auch mit allen Kräften des Studiums in diese Logik geworfen zu haben, denn man konnte nach einigen Jahren aufs deutlichste wahrnehmen, wie das Eroberte *nachträglich erst* auch dem Verständnisse der *Phänomenologie* zustatten gekommen war.

Von demjenigen Standpunkt aus, von welchem allein eine zu unserm Zweck führende Betrachtung möglich ist, glauben wir nun nicht zu viel zu behaupten, wenn wir sagen: Hegel wollte in seiner *Logik* eine der Wirklichkeit entsprechende *Gesetzgebung des Weltalls* entwerfen, wonach nämlich diese Kategorien in der Anwendung auf das dem Denken Gegenständliche ebenso unfehlbar für die Wissenschaft im *Allgemeinen* sein sollten, wie etwa im *Einzelnen* die Astronomie überzeugt ist, daß alle himmlischen Körper sich nach mathematischen, also der irdischen Intelligenz faßbaren Gesetzen bewegen. Und in der Tat enthalten diese drei Bände Logik, ohne daß hier natürlich auch nur entfernt eine *Denklehre,* eine *Logik* im *althergebrachten* Sinne gegeben wäre, die *Moses-Tafeln der philosophischen Spekulation* ...

Hatte aber Hegel in den beiden letztgenannten Werken *die Geschichte des Geistes* und die *Entwicklung der Idee* in der von ihm selbst geschaffenen Methode eines dialektischen Verlaufs mitgeteilt, so gab er *fünf Jahre später* das *Ganze der philosophischen Wissenschaft* in derselben strengen Systematik in seiner *Enzyklopädie.*

Nachdem nämlich Schelling in jener herrlichen Schrift: über die *Methode des akademischen Studiums* jeder Fakultät mehr auf konstruktiv-geniale, intuitiv-dichterische Weise den Spiegel der wissenschaftlichen Ineinsbildung vorgehalten hatte, um darnach die Weite des Abstandes der vereinzelten Brotwissenschaft von der Idee zu messen; so warf jetzt Hegel in seiner Enzyklopädie den beseelten Leib der ganzen philosophischen Wissenschaft kühn wie eine fertige Minerva heraus, freilich auch nicht ohne die kriegerische Lanze, um fernzuhalten den profanen Pöbel. Und wen dieses Werk nicht in *Erstaunen* gesetzt, der *ahnt* es *nicht!* Es hat diese Schrift, ungeachtet sie teilweise wie unter der Lupe geschrieben, und eben daher auch mit der

Lupe gelesen werden muß, eine *außerordentliche Umwälzung* hervorgebracht in all dem Schlendrian, den man oft schon für Wissenschaft ausgeben mochte, und dessen Leistung doch nicht selten ein abgestorbenes, höchstens fruchtbares Gerülle einzelner Ansichten war.

In der Hegelschen Schrift nun ist die Gesamtaufgabe der philosophischen Wissenschaft, die Arbeit des noch anderweitig Auszubauenden der Welt vor Augen gelegt, und wenn oft die ins Kleinste, ins Unsichtbarste gezogenen Aussprüche dem ersten Blicke *sinnlos* zu sein scheinen, so nehme man nur schärfere Gläser zu Hilfe, und man wird sich überzeugen, wie nichts beweisend und doppelsinnig das Wort: *augenscheinlich* ist. Hegels Werk rief denn auch bald andere Arbeiten der Art hervor, indem es zum ersten Male das Wesen des *echten Enzyklopädismus* zum Bewußtsein brachte. Hegel hat in seiner *Enzyklopädie die General-Karte* der philosophischen Wissenschaft in großem Stil, wenn auch oft nur mit dem feinsten Schraffierstrich gezeichnet, entworfen und ausgeführt, deren *spezielle* Durchführung er selbst zum Teil anderswo schon gegeben, zum Teil seinen Schülern als Erbe hinterlassen hat.

Wir können hier leider nicht weiter auf die anderen Schriften des genialen Denkers uns einlassen und erwähnen in dieser Hinsicht nur noch, wie es Hegeln, während er überall die *Wirklichkeit* für die Philosophie in Anspruch genommen, darum zu tun sein mußte, solchen Weg auch *vorzugsweise* vermittelst der *Wissenschaft* zurückzulegen. Er tat es in seinen *Grundlinien der Philosophie des Rechtes,* welche daher auch ebensosehr in die wichtigsten Begriffe und Institutionen der *Politik,* des *Staates* eingehen, als die später herausgegebenen *Vorlesungen über Religionsphilosophie* in die *Dogmen* und *Ansichten der Theologie* und *der Kirche.*

Nichts aber kann in dieses Mannes Wesen und Wirken anfangs unerwarteter erscheinen, als daß er in *Schwaben* geboren. Hegel gehörte mit seiner vollendet *intellektuellen* Begabung, mit seiner ganz an die *Objektivität* des Gedankens entäußerten Natur nirgend weniger hin als in das so glücklich und dichterisch eingefriedigte Land *harmloser*

Poeten, wo vollends der genießende Bürger, auf die gewerbliche und politische Rührigkeit stolz, dennoch bald wieder mit all solchen Interessen in das häusliche Wohlsein zurückkehrt und die Welt eben Welt sein läßt. Hegel dagegen war in einer Weise *selbstlos* und mit seinen Interessen nur der *Wahrheit der Objekte* zugekehrt, daß man an ihm zu erkennen vermochte, wie schon die Wissenschaft dazu beitrage, *den Menschen von seinem Ich unabhängig zu machen.* — Das aber, worin dennoch Hegel nirgend das *Schwäbische* verleugnet und was ihm schon von vornherein den geräuschlosen, stillbehäbigen Charakter seltener Größe zuteilt, ist jener Nationalzug *südlicher Unmittelbarkeit,* den bei ihm sowohl der *philosophische Anfang* als der *sprachliche Ausdruck* wie der ganze *Typus seiner Persönlichkeit* hat. *Unmittelbarkeit* aber ist Natur, Natur in stärkster Bedeutung des Wortes, dies gerade und völlige Einssein mit allem, was uns umgibt, was uns beschäftigt; so daß wir es selbst zu sein meinen. Diesen Zug der *Unmittelbarkeit* halte man fest, erwäge dazu die in Hegel früh schon hervortretende *Macht des Denkens,* und man hat den Mann, der mit solcher *Stärke des Unmittelbaren* und *des Denkens* das Leben bewegen sollte, in langen, nicht abzusehenden Strömungen bewegen sollte, eben weil er nirgend es weniger aushielt, als bei der *bloßen Reflexion,* die alles *andere* sein mag, nur nicht *Leben* ist.

Gerade *weil* Hegel alles so *unmittelbar* nimmt, weil er alles so als seinen *Leib weiß* und *hat,* so gelangt er auch am ehesten als Denker zur *Vermittlung,* und zwar ohne allen Sprung, indem das Zwischenglied, die Reflexion, in der sich das Leben so vieler Gebildeten heutzutage abquält, bei ihm zwar *vorhanden* ist, stets aber als *Verschwindendes.* Deshalb gerade fängt Hegel seine Untersuchungen so befriedigend an, weil er einen solchen *Respekt vor der Unmittelbarkeit hat,* weil er dieselbe *niemals zu gering achtet.* Und dieser starke Zug *unmittelbarster Existenz,* ungeachtet der allseitigsten Bildungsmomente, diese *Kühnheit,* die *Natur walten, sich aussprechen zu lassen,* der *Sache* in ihrer *Beschaffenheit* ihr *Recht zu gewähren,* womit bei unserem Denker auch sein großer Sinn für *Öffentlichkeit* zusammen-

hängt; das ist der Segen, welchen Hegel durch seine eigene
Natur über die Wissenschaft, über die Kunst, über die
gegenwärtige Zeit gebracht hat, bis zur *Vollendung der
Objektivität* gebracht hat oder doch wenigstens bis zu unserer heutigen Forderung, es solle alles *ideell*, durch die *Natur der Vernunft* gerechtfertigt werden. — So daß die durch
ihn so Geweihten sich allerdings *geschieden* sehen müssen
von dem *Egoismus des Zeitalters;* ein Segen, welchen übrigens auch diejenigen von ihm empfangen haben, welche,
ohne selbst Philosophen zu sein, die Bildung der Gegenwart, — in welcher Weise es auch sein mag — darstellen
helfen. —

So sind denn auch die *meisten* jener *großen Lebensfragen*
in betreff des *Staates* und der *Kirche* allerdings eben durch
die *Philosophie* Hegels, und zwar auf methoderechtem
Wege, zuerst auch für die *Deutschen*, man muß sagen,
endlich gestellt worden, und mußten da allerdings die
tiefste Bewegung und heilsame Unruhe der Beantwortung
veranlassen, bis zur stärksten Opposition in der *Gegenwart*,
wo zugleich *andere* Ereignisse der neuesten Geschichte un-
berechnet mit der *Philosophie* zusammentrafen.

Man muß auf Hegels Wesen eingehen, man muß vor
allem seine *Methode* sich vergegenwärtigen, um seine Stellung zum Jahrhundert zu begreifen, um sich in dem Gewirre von Lobeserhebungen und Beschuldigungen, denen
er fortwährend ausgesetzt ist, endlich zurechtzufinden. Einzig in der *Methode* Hegels liegt der Grund, weshalb er
bald für *liberal*, bald für *servil* ausgegeben, einmal als *frei-
geistig*, dann wieder als *strenggläubig* bezeichnet worden
ist, ja weshalb ihn einige sogar des unentschiedensten *In-
differentismus*, des *Juste Milieus* beschuldigt haben. Man
kann sagen: Hegels *Methode* enthält die bisherige und die
künftige Geschichte des Systems selbst; so daß sich in der
fortgehenden Entfernung jede Einseitigkeit als notwendig
zu erkennen gibt, daß Hegel *nach* seinem Tode auch *den*
Einfluß haben mußte, daß seine Schule in *zwei Seiten* aus-
einanderging, die man mit politischer Färbung die *linke*
und die *rechte* Seite genannt hat; eben wie ja auch Hegels
Methode zwei Seiten hat, die der *Verneinung* und die der

Bejahung. — Die *linke* und die *rechte* Seite der Hegelschen Schule sind daher nur die auseinandergerissenen Glieder der *vollständigen* Methode, indem die Auslegung und Fortarbeitung, in den Schülern wirksam, sich bald der *einen,* bald der *anderen* Seite zuwendet, oft auch ins *Zentrum* übergeht. — Eben durch jene *Methode* steht aber auch Hegel selbst in *seiner* Weltbetrachtung *über* jeder Seite und deshalb *über jeder* politischen und kirchlichen *Partei,* und muß daher gleich sehr von der *einen,* wie von der *anderen* als den ihren *angesehen* oder *angefochten* werden.

Man vergesse nur ja bei Hegel nicht, daß es ihm als Denker keineswegs darum zu tun sein konnte, einer *einzelnen* Wissenschaft, einer *einzelnen* Staats- oder Kirchenverfassung zuliebe ein *System* hervorzubringen. Diese Absicht hat man erst in unsern, so selbstsüchtigen Tagen in Hegel hineingeschwärzt. Man legt diesen Maßstab nur zu oft in gutem und in bösem Sinne an Hegels Wissenschaft an. Hegel aber sah sich vielmehr *unmittelbar* dazu berufen, *das Wesen der Welt als Universum,* abgesehen von jeder menschlich-individuellen Ansicht, *an sich selbst darzustellen,* und wie man die Bewegung der Himmelskörper durch das einfache Gesetz eines Gegensatzes veranschaulichen kann, also ließ Hegeln der Genius in dem einfachen Gegensatze der *Verneinung* und *Bejahung* das *Wesen* und den *Lauf des Universums* begreifen. Hegel dachte dabei an *nichts Einzelnes,* am wenigsten an *sich selbst;* aber er dachte fortwährend das *All,* indem es sich ihm so erst als *Allgemeines, Besonderes* und *Einzelnes, aber in Einem Blick* auseinanderlegte. Dieses Totalstandpunktes wegen übte auch Hegel auf die verschiedensten Richtungen des Lebens, auf die abweichendsten Individualitäten *zugleich* seinen Einfluß aus, und zwar so mächtig, daß wir allerdings glauben, daß die *Eigentümlichkeit* der Begabung, wenn sie nicht *sehr* hervorragend ist, sobald sie in die Nähe seines Systems kommt, dermaßen angezogen werden kann, daß sie in ihm völlig verschwindet, indem eine solche Natur dann vortrefflich in Hegelscher Weise philosophieren kann, ohne noch *je sich selbst als Genius zu produzieren.* Bei Hegel ist das, was man *geistreich* nennt, als Prädikat schon ein Überfluß der Bemerkung; so daß *bloß* geistreiche Menschen gegen die unendliche Substanz seines Geistes oft gar nicht mehr aufkommen, wenn sie nicht noch durch andere Strömungen des Jahrhunderts und vor allem durch eigenes *Natursein,* als *ihrer* Unmittelbarkeit, zugleich *andere* Richtungen einschlagen und so sich selbst Hegeln gegenüber noch behaupten. —

Demgemäß hat denn auch die *Sprache* Hegels jene ursprüngliche *Frische* und *Allmacht.* — Ungeachtet man über Härte und Schwerfälligkeit des Ausdrucks bei ihm geklagt, so verrät auch die jetzt in Deutschland vorhandene Durchschnittsbildung, welche ungewöhnliche Bereicherung sie in ihrem Ausdruck durch Hegel empfangen. — Und was wird erst die Zukunft in diesem Punkte zur Erfahrung bringen! Es hat eine wunderbare Bewandtnis mit Hegels Stil. Man sollte meinen, wenn man ihn liest, es sei noch gar nicht Sprache vorhanden, sondern *er* schaffe sie gerade *jetzt,* indem er denke. *Sein* Denken ist Sprechen und umgekehrt. *Alles entsteht soeben.* Es zeigt sich in Hegels Ausdruck, besonders in der späteren Periode, die größte Unabhängigkeit von anderen Geistern, ungeachtet der genauesten Kenntnis derselben. Es bringt diese Sprache das abstrakteste Seelenleben und die sinnlichste Leiblichkeit in einen Organismus geistiger Reife und glücklicher Wahl des Ausdrucks, daß man durch solche Neuheit überrascht wird, nachdem bereits so viele bedeutende Schriftsteller dem stilistischen Element ihre bestimmten Charaktere aufgedrückt haben. Hegel steht, was die *schöne Sinnlichkeit des Ausdrucks* betrifft, in wirklicher Verwandtschaft mit Heine, der ... *darin* ebenfalls Meister ist. Auch Hegels Sprache ist das unmittelbarste Empfangen des Moments, der aber, indem er Wort wird, aufhört Moment zu sein. Mag man immerhin hie und da mit der Richtigkeit des Ausdrucks rechten. Er spricht nur eine *höhere* Richtigkeit aus. Das Ganze ist meistens *ein* Guß und trägt *nirgend* die Spuren der Künstelei. Sehr merkwürdig ist bei Hegel die *Naivität* der *Wortstellung,* die gerade *das* wiedergibt, was auch seinem persönlichen Erscheinen in so hohem Grade eigen war, etwas *Unberechnetes, Schlichtes* und *Frankes;* wie denn gewiß ¡Hegel nichts von dem auch nur von fern *ahnte,* was man Verlegenheit durch die Umgebung nennt. *Die Welt imponierte ihm nicht, weil er nicht wußte, daß er der Welt imposant wäre,* und in diesem Zuge liegt eigentlich immer die *wahre Größe* des Menschen, seine *Göttlichkeit.* — Im *Schaffen* des Wortes, des Satzes, ist Hegel kühn und glücklich über alles Erwarten, beides eben wieder aus Tiefsinn der Naivität. Wie man wohl sinnreich von einem vollendeten *Baue* des Universums sprechen hört, so treten bei Hegel die spekulativen Ideen in eine plastisch-transzendentale Architektur zusammen.

Der Einfluß Hegels auf Deutschland erstreckt sich zunächst von der *Phänomenologie* aus bis zur *Julirevolution,* wo denn mit *dieser* eigentlich schon ein zweites Stadium für das Moderne hervortritt; ähnlich wie Kants Einfluß von der *Kritik der reinen Vernunft* ausgeht und eine Ergänzung in der Außenwelt empfängt durch *die erste französische Revolution.* —

Die Hegelsche Philosophie rief, besonders in der letzten Hälfte der zwanziger Jahre, eine weit verbreitete Begeisterung hervor, welche bis jetzt die letzte *der* Art in Deutschland gewesen. Man muß solche Liebe und Ausdauer um so stärker anerkennen, als beide gegenwärtig in betreff der Philosophie beinahe völlig verschwunden sind, indem die Politik, die Industrie, der Journalismus seit dem Jahre 30 leider fast alle Interessen für sich absorbieren. — Die zweite Ausgabe der Hegelschen *Enzyklopädie* wurde am Ende der zwanziger Jahre in *Berlin* mit einer so glühenden Hast verschlungen, daß die eben gedruckten Bogen einzeln zirkulieren mußten, wie Bulletins eines glänzenden Sieges, einer zu Ende geführten Welteroberung, die man noch dazu von dem Eroberer selbst aufgesetzt zu lesen bekam. Auch die deutsche *Kritik* begann damals mit den *Berliner Jahrbüchern* eine *neue Laufbahn,* und es ist nicht zu leugnen, daß hier die Hegelsche Lehre, ungeachtet des schwer beweglichen Kalibers jenes Journals, in fester Geschlossenheit und gewaffneter Haltung rüstig heranrückte, was eine Reihe ruhmvoller Feldzüge erwarten ließ. Auch ist wirklich Ausgezeichnetes geleistet worden. Nach Hegels Tode machte jenes Blatt jedoch manche bedeutende Rückschritte durch zu heterogene Bestandteile, die es in sich aufnahm.

Ungeachtet des leidenschaftlichen Widerstandes, den Hegel schon zu Lebzeiten gefunden, hat dennoch sein System Deutschland und anderen Ländern, besonders Frankreich, ja sogar den slavischen Völkern und Griechenland eine Unzahl Ideen zugeführt, die im Stillen keimen, und aufs Deutlichste eine außerordentliche Zukunft verheißen. Bei dieser Gelegenheit müssen wir freilich bekennen, daß die Hegelsche Philosophie wohl nicht ohne allen nachteiligen Einfluß geblieben ist auf die an sich schon bedenkliche Richtung, die man *Doktrinarismus* genannt hat, welches der *Dogmatismus* unseres Jahrhunderts ist.

Die *größte Tat* Hegels aber ist und bleibt die *Vollständigkeit,* der *Umfang* seines Systems, die *kühne, unermeßliche* Weite, in die er das Netz desselben nach allen Richtungen zugleich ausgeworfen hat; so daß dieses System, sobald man seinen Ausgangspunkt gelten läßt, in Wahrheit mit der Welt als Tat Gottes zusammenfällt. Ein Hegelianer als solcher, solang er bloß innerhalb des Systems verweilt, kann *streng genommen* in der Welt nichts mehr vermissen. Und dieser Charakter des Systems, statt daß er Gleichgültigkeit, Erschlaffung, nach einiger Erwarten, hätte bewirken sollen, hat im Gegenteil die Kräfte gestählt und zum Handeln ermutigt. Nichts schwächt auf die Länge mehr als bloße *Unzufriedenheit* mit der Erde, mit der Zeit, sogenannte Aussichten in die Zukunft, in die Ewigkeit, die ohne unser Zutun kommen soll. Hegel betrachtet die *Geschichte selbst* unter dem *Gesichtspunkte der Ewigkeit.* Sein *System* ist eine *Theodizee der Vernunft.* Geben wir Hegeln den Anfang zu, so hat er bereits den Punkt, von dem aus er all unsere irdischen Meinungen, Vermutungen, über die Ursache und den Zweck, über das Woher und Wohin des Menschenlebens aus ihren Angeln hebt. Für Wünsche, für Unzufriedenheit, für Möglichkeiten, für Furcht, für Hoffnung ist in dem Systeme selbst kein Raum mehr, sondern nur noch für göttliche Gesinnung, fürs Denken und demgemäßes Handeln, kurz: für die *Gegenwart,* welche nie aufhört. — Jede Reflexion auf die Zeit und den Raum ist

Zeit- und Raum-Verlust. — Diese großartig männliche Gesinnung ist in der Tat auch außer der Theorie des Systems auf viele in *unsern Tagen* übergegangen und hat allerdings eine Freiheit der sittlichen Kräfte erzeugt, von deren weiteren *Folgen* wir mit Recht *Außerordentliches* erwarten. Es gibt gegenwärtig eine *Freiheit des Individuums,* die sich nicht, wie viele Deutsche gutmütig meinen, um auch hier wieder dem *Auslande* die Ehre zu geben, von den *Julitagen Frankreichs* herdatiert, sondern allerdings einzig von demjenigen, *was* Hegel *gelehrt und geschrieben hat.* —

Wie Gutzkow unter andern einmal auch die vortreffliche Bemerkung macht, daß er sagt, der Hauptirrtum Menzels sei *der* gewesen, daß er eine Literaturgeschichte *ohne* Goethe habe schreiben wollen; so könnten wir, indem wir so ausführlich über Hegeln gewesen, bemerken, es sei unmöglich, den Geist, den eigentlichen Lebensnerv des Modernen zu erfassen ohne — Hegel.

ANMERKUNGEN

1.

Christiane Hegel an Marie Hegel, 7. 1. 1832. - Nach der Hs. (Staatsbibliothek, Preußischer Kulturbesitz, Berlin).

Verfasserin: Christiane Luise Hegel (1773-1832), Hegels Schwester; 1807 Gouvernante im Hause des Grafen von Berlichingen, seit 1814 wegen eines Nervenleidens im Ruhestand, bei verschiedenen Verwandten lebend; nahm sich 1832 in Bad Teinach das Leben.

Empfängerin: Marie Helena Susanna Hegel, geb. von Tucher (1791-1855), älteste Tochter von Jobst Wilhelm von Tucher und Simmelsdorf; seit 1811 mit Hegel verheiratet.

1) Johann Jakob Löffler (1750-1785), Präzeptor am Untergymnasium in Stuttgart; zwei Jahre Hegels Klassenlehrer.

2) Vermutlich die Ausgabe: *Wilhelm Shakespears Schauspiele.* Von J. J. Eschenburg. Neue verb. Aufl. Bd 1-18. Straßburg 1778-79. Vgl. hierzu *Hegel: Gesammelte Werke.* Hamburg 1968 ff. Bd 1: *Jugendschriften I.* Hrsg. von F. Nicolin und G. Schüler. Anm. zu Seite 8, Zeile 13-14.

3) Vgl. unten Nr 550.

4) Karl August Friedrich Duttenhofer (1758-1836), studierte Cameralwissenschaft und Mathematik an der hohen Karlsschule; 1782 Dr. der Philosophie; später Prof. der Mathematik und Artilleriewissenschaften; Wasserbaudirektor.

5) Georg Friedrich Griesinger (1734-1828), seit 1766 an mehreren Stuttgarter Kirchen tätig; 1786 Konsistorialrat.

6) Vgl. dazu Hegels Tagebuch, Eintragung 9. 12. 1785. - *Hegel: Gesammelte Werke.* Bd 1. 17.

7) Philipp Heinrich Hopf (1747-1804), seit 1783 Prof. der Mathematik und Physik am Stuttgarter Gymnasium.

8) Jakob Friedrich Abel (1751-1829), seit 1772 Prof. der Philosophie an der Karlsschule in Stuttgart.

2.

Notizzettel Christiane Hegels. - Beilage zu dem Brief Christiane Hegels an Marie Hegel, 7. 1. 1832. - (Vgl. oben Nr 1.)

1) Christian Friedrich Göriz (1738-1793), Onkel Hegels mütterlicherseits; seit 1760 Lehrer am Untergymnasium in Stuttgart.

2) Heinrich David Cless (1741-1829), seit 1773 Prof. am Stuttgarter Gymnasium.

2 a.

Friedrich Theodor Vischer: Mein Lebensgang. In: *Altes und Neues.* Heft 3. Stuttgart 1882. 278.

Verfasser: Friedrich Theodor Vischer (1807-1887), Ästhetiker; sein Vater Christian Friedrich Benjamin Vischer besuchte gleichzeitig mit Hegel das Stuttgarter Gymnasium.

1) Christiane Vischer, geb. Stäudlin, Schwester des Dichters Gotthold Friedrich Stäudlin; lebte in Stuttgart. Diese Tatsache und die Bemerkung Christiane Hegels „beim Tanzmeister ganz linkisch" (vgl. oben Nr 2) legen es nahe, das Dokument an dieser Stelle einzuordnen.

3.

Eduard Zeller: Über Hegels theologische Entwicklung. Mit Beziehung auf Rosenkranz' Leben Hegels. In: *Theologische Jahrbücher.* Hrsg. von E. Zeller. Bd 4. Tübingen 1845. 205.
Verfasser: Eduard Zeller (1814-1908), Theologe und Philosophiehistoriker.

1) Jonathan Heinrich Faber (1771-1835), Mitschüler Hegels in Stuttgart, Kompromotionale im Tübinger Stift. Ab 1800 Pfarrer in Nordheim, 1821 in Oberstenfeld (Bottwartal).

2) Gaisburg: Ort nahe bei Stuttgart (heute eingemeindet), in dem J. H. Faber beheimatet war.

4.

Schwäbische Chronik. Jg. 1788, Nr 118 (1. Oktober). 237.

1) Balthasar Haug (1731-1792), Prof. am Gymnasium in Stuttgart, 1776 auch Prof. an der Stuttgarter Akademie; bei festlichen Gelegenheiten häufig als Redner tätig.

2) Jakob Friedrich Märklin (1771-1841), Mitschüler Hegels in Stuttgart, Kompromotionale in Tübingen; seit 1801 Prof. in Tübingen, 1802 in Bebenhausen, 1807 in Maulbronn, 1821 Prälat in Heilbronn. - Vgl. unten Nr 5.

3) Johann Christian Friedrich Autenrieth (1770-1792), Mitschüler Hegels in Stuttgart, Kompromotionale in Tübingen.

4) Karl August Braun, Mitschüler Hegels, ging nicht mit ins Tübinger Stift.

5) Ein Teil dieser Rede wurde von *Rosenkranz (Hegels Leben.* 19-21) überliefert; s. jetzt auch *Hegel: Gesammelte Werke.* Bd 1. 49 f.

5.

David Friedrich Strauß: Christian Märklin. Ein Lebens- und Charakterbild aus der Gegenwart. Mannheim 1851. 5 f.
Verfasser: David Friedrich Strauß (1808-1874), Theologe und Philosoph; 1831 Hörer Hegels in Berlin. - Vgl. unten Nr 719.

6.

Hölderlin an seine Mutter, [Frühjahr 1790]. - *Friedrich Hölderlin: Sämtliche Werke.* Hrsg. von F. Beißner. (Große Stuttgarter Ausgabe.) Bd 6, Halbband 1. 53.

1) Lokation: Platz oder Rang der Schüler, entsprechend ihren Kenntnissen.

7.

Hölderlin an seine Schwester, [Mitte November 1790]. - *Hölderlin: Sämtliche Werke* (vgl. oben Nr 6). 57 f.
1) Es handelt sich um den Herbstmarkt, der alljährlich am Dienstag nach Martini seinen Anfang nahm.
2) Wurmlinger Kapelle: Ausflugsziel zwischen dem Spitzberg und Wurmlingen.
3) Wahrscheinlich die sog. Augustinerstube (nach W. *Betzendörfer: Hölderlins Studienjahre im Tübinger Stift*. Heilbronn 1922. 11.)
4) Karl Friedrich Wilhelm Breyer (1771-1818), Tübinger Stiftler, später Prof. der Geschichte.
5) Friedrich Wilhelm Josef Schelling (1775-1854), war im Herbst 1790, fünfzehnjährig, ins Tübinger Stift eingetreten.

8.

Ch. P. F. Leutwein an Th. E. F. Ch. Pressel. - *Dieter Henrich: Leutwein über Hegel*. In: *Hegel-Studien*. Hrsg. von F. Nicolin und O. Pöggeler. Bd 3. Bonn 1965. 53-57. Vgl. im ganzen die Anmerkungen Henrichs.
Verfasser: Christian Philipp Friedrich Leutwein (1768-1838), Tübinger Stiftler, in der Promotion ein Jahr vor Hegel; zunächst Vikar, dann bis 1809 Pfarrer; wegen Trunksucht entlassen, lebte er in Pfullingen, zeitweise als Privatlehrer tätig; veröffentlichte mehrere theologische Werke.
Empfänger: Theodor E. F. Ch. Pressel (1819-1877), Tübinger Stiftler, später Dekan in Schorndorf.
1) Promotion: Altersklasse bei Studierenden der evang. Theologie.
2) Die Jahrgänge (Promotionen) wurden vielfach nach ihrem Primus benannt; hier handelt es sich um Karl Christoph Renz (1770-1829; 1797 Repetent am Tübinger Stift, dann Diakon in Lauffen, Stadtpfarrer in Weilheim), der schon in Maulbronn Erster seines Jahrgangs war und dies auch in Tübingen blieb.
3) Entgegen der Erinnerung von Leutwein kamen im Herbst 1788 vom Stuttgarter Gymnasium nicht fünf, sondern vier Absolventen, nämlich: Hegel, Märklin, Autenrieth und Faber.
4) Wohl eine Anspielung auf das *Konversationslexikon* von Brockhaus. Vgl. unten Nr 550.
5) Von den hier genannten Personen in den bisherigen Anmerkungen noch nicht erwähnt: Karl Christian Flatt (1772-1843), 1803 Diakon in Cannstatt, 1804 Prof. der Theologie in Tübingen; später Stiftsprediger und Konsistorialrat in Stuttgart. - Johann Karl Friedrich Hauff (1769-1846), später Prof. der Physik. - Jakob Friedrich Duttenhofer (1768-1823), Schulfreund Hegels in Stuttgart, 1785 Student in Tübingen, 1787 Magister, 1793 Repetent. - Karl Immanuel Diez (1766-1796), 1790-1792 Repetent in Tübin-

gen; später Arzt. - Karl Friedrich Hauber (1775-1851), Tübinger Stiftler; Prof. der Mathematik; 1824 Ephorus in Maulbronn.

9.

Albert Schwegler: Erinnerungen an Hegel. In: *Zeitung für die elegante Welt.* 1839, Nr 35-37. Teilweise abgedruckt bei *Dieter Henrich* (vgl. oben Nr 8). 57-61.

Verfasser: Albert Schwegler (1819-1857), Philosophiehistoriker und Philologe; bei seinen Erinnerungen hat Schwegler vorwiegend den Brief Leutweins (vgl. oben Nr 8), aber auch andere Quellen benutzt.

1) Vgl. auch *Hegel: Werke.* Bd 13: *Vorlesungen über die Geschichte der Philosophie.* Berlin 1833. XIV f. (Vorwort des Herausgebers K. L. Michelet): Hegel „pflegte zu sagen, daß andern das Studium des Aristoteles leichter gemacht worden sei als ihm; er habe es sich sauer werden lassen, habe aus der unleserlichen Baseler Ausgabe, ohne lateinische Übersetzung, sich den tiefen Sinn des Aristoteles herauslesen müssen". - In Frage kommen die Basler Ausgaben des Aristoteles von 1531 oder 1550.

10.

K. F. A. Schelling: Schellings Leben. In: *Aus Schellings Leben. In Briefen.* (Hrsg. von G. L. Plitt.) Bd 1. Leipzig 1869. 31, 69 f. - Nach einer anderen Darstellung fand der Tanz um den Freiheitsbaum, von dem hier berichtet wird, zu einer späteren Zeit statt, als Hegel und Schelling nicht mehr im Stift weilten; vgl. *Aus Schellings Leben.* Bd 3. 251 f.

1) Karl Eugen (1728-1793), seit 1737 Herzog von Württemberg und Teck; Begründer der Karlsschule.

11.

Karl Rosenkranz: Georg Wilhelm Friedrich Hegels Leben. Berlin 1844. 40.

Verfasser: Johann Karl Friedrich Rosenkranz (1805-1879), Student in Berlin, Halle und Heidelberg, Hörer Hegels; 1828 habil. in Halle, 1833 Prof. der Philosophie in Königsberg; versuchte in vielen Schriften die Philosophie Hegels auf die verschiedensten Wissens- und Lebensbereiche anzuwenden. R. schrieb als Anhangsband zur Gesamtausgabe der *Werke Hegels* 1832 ff. Hegels Biographie.

1) Johann Christoph Friedrich Fink (1770-1844), Kompromotionale Hegels in Tübingen; 1806 Pfarrer in Söhnstetten.

2) *[Friedrich Heinrich Jacobi:] Woldemar.* Eine Seltenheit aus der Naturgeschichte. Bd 1. Flensburg, Leipzig 1779. - *F. H. Jacobi: Über die Lehre des Spinoza in Briefen an den Herrn Moses Mendelssohn.* 2. verm. Ausg. Breslau, Jena 1789. - *Eduard*

Allwills Briefsammlung. Hrsg. von F. H. Jacobi. Bd 1. Königsberg 1792.

3)   *[Theodor Gottlieb v. Hippel:] Lebensläufe nach aufsteigender Linie nebst Beilagen A, B, C.* 3 Teile. 4 Bde. Berlin 1778-1781.

12.

Christiane Hegel an Marie Hegel, 7. 1. 1832. - (Vgl. oben Nr 1.)

1)   Gottlob Christian Storr (1746-1805), Prof. der Theologie in Tübingen.

2)   Johann Friedrich Flatt (1759-1821), Prof. der Philosophie; 1792 Prof. der Theologie.

3)   Christian Friedrich Schnurrer (1742-1822), Prof. der Theologie; seit 1777 Ephorus des Tübinger Stifts; vgl. unten Nr 25.

13.

Christoph Theodor Schwab: Hölderlins Leben. In: *Friedrich Hölderlins Sämtliche Werke.* Hrsg. von Ch. Th. Schwab. Tübingen 1846. Bd 2. 275 f., 279.

Verfasser: Christoph Theodor Schwab (1821-1883), Sohn Gustav Schwabs; Literaturhistoriker.

1)   Vgl. dazu: *Martin Brecht und Jörg Sandberger: Hegels Begegnung mit der Theologie im Tübinger Stift.* In: *Hegel-Studien.* Bd 5. Bonn 1969. 47-81.

14.

Johann Eduard Erdmann: Hegel. In: *Allgemeine Deutsche Biographie.* Bd 11. Leipzig 1880. 257.

Verfasser: Johann Eduard Erdmann (1805-1892), Philosophiehistoriker; Hörer Hegels in Berlin (vgl. unten Nr 534, 548).

15.

Notizzettel Christiane Hegels. - Beilage zu dem Brief Christiane Hegels an Marie Hegel, 7. 1. 1832. - (Vgl. oben Nr 1.)

16.

Zitat aus Gustav Binders ungedruckten Lebenserinnerungen. - *Th. Ziegler: Zu Hegels Jugendgeschichte.* In: *Kant-Studien.* Bd 14 (1909). 343.

17.

Karl Rosenkranz (vgl. oben Nr 11). 31 f.

18.

Eduard Zeller (vgl. oben Nr 3). 205.

19.

Erste Anekdote: *Dokumente zu Hegels Entwicklung.* Hrsg. von J. Hoffmeister. Stuttgart 1936. 433. - Zweite Anekdote: *Briefe von und an Hegel.* Bd 4. Hrsg. von R. Flechsig. Hamburg 1960. 165 f.

20.

Karl Klüpfel: Geschichte und Beschreibung der Universität Tübingen. Tübingen 1849. 277.

Verfasser: Karl August Klüpfel (1810-1894), Bibliothekar und Historiker in Tübingen; sein Vater August Friedrich Klüpfel war Mitschüler Hegels in Stuttgart und Kompromotionale in Tübingen.

21.

Friedrich v. Sinner an K. F. v. Steiger, [Juli 1793]. - *Hans Strahm: Aus Hegels Berner Zeit.* Nach bisher unbekannten Dokumenten. In: *Archiv für Geschichte der Philosophie.* Bd XLI. Berlin 1932. 517 f.

Empfänger: Karl Friedrich v. Steiger (1754-1841), Dragonerhauptmann in Bern, 1785 Mitglied des Berner Großen Rates; in seinem Hause Hegel als Hauslehrer tätig.

1) Schwindrazheim, Tübinger Stiftler, Magister; als Hauslehrer im Hause v. Steiger zunächst vorgesehen.

22.

Hauff an F. v. Sinner, 10. 7. 1793. - *Hans Strahm* (vgl. oben Nr 21). 518.

Verfasser: Möglicherweise Johann Karl Friedrich Hauff (vgl. oben Nr 8, Anm. 5).

23.

J. Brodhag an v. Rütte, 28. 7. 1793. - *Hans Strahm* (vgl. oben Nr 21). 519. - Dieser und der nächste Brief wurden nicht normalisiert, da sonst ihre charakteristische Eigenart verloren ginge.

Verfasser: Johannes Brodhag, Gastwirt in Stuttgart.

Empfänger: v. Rütte, Schulmeister oder Schreiber in Bern.

24.

J. Brodhag an v. Rütte, 25. 8. 1793. - *Hans Strahm* (vgl. oben Nr 21). 520.

1) Um wen es sich handelt, konnte bisher nicht ermittelt werden.

25.

Ch. F. v. Schnurrer an J. E. H. Scholl, 10. 9. 1793. - Nach der Hs. (Württembergische Landesbibliothek Stuttgart).

Empfänger: J. E. H. Scholl (1761-1820), Schüler Schnurrers, z. Z. der Abfassung des Briefes Hofmeister in Amsterdam.
1) Hegel legte das Konsistorialexamen vorzeitig am 20. 9. 1793 in Stuttgart ab.

26.

G. F. Stäudlin an Schiller, 20. 9. 1793. - *Hölderlin: Sämtliche Werke.* Bd 7: *Dokumente.* Teil 1. 467.
Verfasser: Gotthold Friedrich Stäudlin (1758-1796), Dichter, Förderer Hölderlins.
1) Es handelt sich um eine Hofmeisterstelle im Hause der Charlotte v. Kalb in Waltershausen. Über Hegels Verbindung zu Frau v. Kalb ist nichts Näheres zu ermitteln. Vgl. Brief Hölderlins an Hegel vom 10. 7. 1794. *Briefe von und an Hegel.* Bd 1. 9 f.

27.

Franz Karl Hiemer an Philipp Hiemer, 29. 3. 1794. - *Rudolf Krauß: Aus Franz Karl Hiemers Leben.* In: *Württembergische Vierteljahrshefte für Landesgeschichte.* N. F. Jg. XV (1906). 584.
Verfasser: Franz Karl Hiemer (1768-1822), Porträtmaler, Schauspieler und volkstümlicher Dichter; Hegel lernte ihn 1793 in Tübingen kennen; vgl. Hiemers Eintragung in Hegels Stammbuch *(Briefe von und an Hegel.* Bd 4. 46).
Empfänger: Philipp Jakob Hiemer (1770-1813), Bruder des vorigen; Tübinger Stiftler, Kompromotionale Hegels; später Prediger der deutschen Kolonie in russisch Asien.
1) Friedrich Heinrich Wolfgang Mögling (1771-1813), Kompromotionale Hegels im Tübinger Stift; später machte er politische Karriere.

28.

Hölderlin an Johann Gottfried Ebel, 2. 9. 1795. - *Hölderlin: Sämtliche Werke* (vgl. oben Nr 6). 180.
Empfänger: Johann Gottfried Ebel (1764-1830), Arzt und Naturforscher; Freund Sinclairs und Hölderlins, dem er die Hofmeisterstelle im Hause Gontard vermittelte; 1796-1802 in Paris; persönliche Bekanntschaft mit Hegel nicht nachweisbar (vgl. aber *Briefe von und an Hegel.* Bd 1. 74, 323).

29.

Hölderlin an seine Mutter, 20. 11. 1796. - *Hölderlin: Sämtliche Werke* (vgl. oben Nr 6). 226.
1) Gemeint ist die Kaufmannsfamilie Gogel, bei der Hegel Anfang 1797 Hofmeister wurde.

30.

Notizzettel Christiane Hegels. - (Vgl. oben Nr 2.)

31.

Nanette Endel: Zum 57. Geburtstag Hegels. - Nach der Hs. (Staatsbibliothek, Preußischer Kulturbesitz, Berlin).

Verfasserin: Nanette Endel (ca 1775-1840/41), Freundin Christiane Hegels; weilte bei Hegels Rückkehr aus der Schweiz in dessen elterlichem Hause; später Putzmacherin. Vgl. Hegels Briefe an sie aus Frankfurt. *Briefe von und an Hegel.* Bd 1. 49-58.

1) Vgl. Hegels Brief an Nanette Endel vom 9. 2. 1797.
2) Vgl. ebd.
3) *[Karoline v. Wolzogen:] Agnes von Lilien.* - Der Roman erschien seit 1796 zunächst in Fortsetzungen in *Schillers: Die Horen,* die Hegel abonniert hatte.
4) Der Roman wurde im 2. Stück des Jahrgangs 1797 der *Horen* fortgesetzt.

32.

Hölderlin an Johann Gottfried Ebel, 10. 1. 1797. - *Hölderlin: Sämtliche Werke* (vgl. oben Nr 6). 230.

33.

Hölderlin an Ch. L. Neuffer, 16. 2. 1797. - *Hölderlin: Sämtliche Werke* (vgl. oben Nr 6). 236.

Empfänger: Christian Ludwig Neuffer (1769-1839), Dichter und Theologe; Freund Hölderlins; bis 1791 im Tübinger Stift (vgl. seine Eintragung in Hegels Stammbuch, *Briefe von und an Hegel.* Bd 4. 53); Neuffers Verhältnis zu Hegel scheint nicht sonderlich herzlich gewesen zu sein; vgl. unten Nr 730.

34.

Schwab: Hölderlins Leben (vgl. oben Nr 13). 289.

1) Karl Christoph Friedrich Gok (1776-1849), Stiefbruder Hölderlins; Schreiber in Nürtingen und Markgröningen, später Hof- und Domänenrat in Stuttgart.

35.

Ch. L. Neuffer an Hölderlin, 18. 4. 1797. - *Hölderlin: Sämtliche Werke* (vgl. oben Nr 26). 48.

36.

Henry Gontard an Hölderlin, 27. 9. 1798. - *Hölderlin: Sämtliche Werke* (vgl. oben Nr 26). 57.

Verfasser: Henry Gontard (1787-1816), Hölderlins Zögling.

1) Hänisch, Hofmeister in der Familie Franz Gontard, einem Schwager Susette Gontards.

2) *Europäische Annalen.* Hrsg. von E. L. Posselt. Stuttgart 1795 ff.

37.

Susette Gontard an Hölderlin, 28. 9. - 5. 10. 1798. - *Hölderlin: Sämtliche Werke* (vgl. oben Nr 26). 60.

Verfasserin: Susette Gontard, geb. Borkenstein (1769-1802), Frau des Bankiers Jakob Friedrich Gontard; dem Dichter Hölderlin, Hauslehrer ihrer Kinder, in tiefer Zuneigung verbunden.

38.

Susette Gontard an Hölderlin, Anfang 1799. - *Hölderlin: Sämtliche Werke* (vgl. oben Nr 26). 66.

39.

Karl Rosenkranz (vgl. oben Nr 11). 34.

39 a.

Christoph Theodor Schwab: Tagebuch über seine ersten Besuche bei Hölderlin (14. 1. 1841). In: *Hölderlin-Jahrbuch* 1948/49. 16.

40.

Wilhelm Stricker: Hufnagels Leben. In: *Erinnerungsblätter an Wilhelm Friedrich Hufnagel.* Gesammelt und hrsg. von seinem Enkel W. Stricker. Frankfurt a. M. 1851. 39.

1) Wilhelm Friedrich Hufnagel (1754-1830), seit 1791 Senior des geistlichen Ministeriums in Frankfurt a. M.; besondere Verdienste erwarb er sich um das Frankfurter Schulwesen.

2) Karl Ritter (1779-1859), Geograph; 1820 Prof. in Berlin.

41.

Schelling an G. E. A. Mehmel, 4. 7. 1801. - *F. W. J. Schelling: Briefe und Dokumente.* Bd 1 (1775-1809). Hrsg. von H. Fuhrmanns. Bonn 1962. 249.

Empfänger: Gottlob Ernst August Mehmel (1761-1840), seit 1792 Prof. der Philosophie in Erlangen; redigierte seit 1800 die Erlanger Literaturzeitung.

1) *F. Bouterwek: Anfangsgründe der spekulativen Philosophie.* Versuch eines Lehrbuchs. Göttingen 1800. - Die Rezension, die Hegel für die *Erlanger Literaturzeitung* 1801, Nr 181 und 182 schrieb, neuerdings abgedruckt in: *Hegel: Gesammelte Werke.* Bd 4: *Jenaer kritische Schriften.* Hrsg. von H. Buchner und O. Pöggeler. 95-104.

42.

Schelling an Fichte, 3. 10. 1801. - *J. G. Fichte: Briefwechsel.* Kritische Gesamtausgabe. Gesammelt und hrsg. von H. Schulz. 2. Aufl. Bd 2. Leipzig 1930. 340.

1) *Hegel: Differenz des Fichteschen und Schellingschen Systems der Philosophie in Beziehung auf Reinholds Beiträge zur leichtern Übersicht des Zustands der Philosophie zu Anfang des neunzehnten Jahrhunderts.* Jena 1801.

43.

Goethe an Schelling, 20. 10. 1801. - *Johann Wolfgang Goethe: Werke.* Hrsg. im Auftrag der Großherzogin Sophie von Sachsen (Sophien-Ausgabe). Weimar 1887-1919. Abt. 4, Bd 15. 269.

44.

Goethe, Tagebuch, 21. 10. 1801. - *Goethe: Werke* (vgl. oben Nr 43). Abt. 3, Bd 3. 39.

45.

Intelligenzblatt der Allgemeinen Literatur-Zeitung. Nr 227 (25. 11. 1801). Sp 1848.

1) Johann Ludwig v. Eckardt (1732-1800), Jurist.

46.

Caroline an A. W. Schlegel, 23. 11. 1801. - *Caroline - Briefe aus der Frühromantik.* Nach G. Waitz vermehrt hrsg. von E. Schmidt. Bd 2. Leipzig 1913. 216.

Verfasserin: Caroline Schelling, geb. Michaelis, verw. Böhmer, gesch. Schlegel (1763-1809), eine der geistreichsten Frauen der Romantik; 1796 Gattin A. W. Schlegels, 1803 nach der Scheidung Eheschließung mit Schelling.

Empfänger: August Wilhelm Schlegel (1767-1845), Kritiker, Sprachforscher und Dichter.

1) *Kritisches Journal der Philosophie.* Hrsg. von F. W. J. Schelling und G. W. F. Hegel. Tübingen 1802 f.

47.

[Elise Campe:] Aus dem Leben von Johann Diederich Gries. Nach seinen eigenen und den Briefen seiner Zeitgenossen. (Als Handschrift gedruckt.) [Leipzig] 1855. 49.

Johann Diederich Gries (1775-1842), Jurist und bekannter Übersetzer; in Jena 1800-1804 Mittelpunkt eines geselligen Kreises von Gelehrten.

1) Wahrscheinlich im Klipsteinischen Garten (vgl. oben Nr 41).

48.

Bernhard Rudolf Abeken: Goethe in meinem Leben. Erinnerungen und Betrachtungen. Nebst weiteren Mitteilungen über Goethe, Schiller, Wieland und ihre Zeit aus Abekens Nachlaß. hrsg. von A. Heuermann. Weimar 1904. 43, 50 f.

Verfasser: Bernhard Rudolf Abeken (1780-1866), Pädagoge; Hörer Hegels in Jena 1801/02; später Rektor am Gymnasium in Osnabrück. Auf der Rückreise von Holland (1822) besuchte Hegel ihn in Osnabrück (vgl. *Briefe von und an Hegel.* Bd 2. 365).

1) Hegel las im WS 1801/02 über Logik und Metaphysik.

2) „Laßt, die ihr eingeht, alle Hoffnung schwinden!" - *Dante: Göttliche Komödie.* I. Die Hölle. 3. Gesang, 3. Terzine.

3) Hegel und Schelling hielten gemeinsam im WS 1801/02 ein Disputatorium: Einleitung über die Idee und Grenzen der wahren Philosophie. Vgl. *Dokumente zu Hegels Jenaer Dozententätigkeit (1801-1807).* Hrsg. von H. Kimmerle. In: *Hegel-Studien.* Bd 4 (Bonn 1967). 53.

4) Es kommen in Frage Christian Bernhard Pagenstecher oder Dietrich Block, beide aus Osnabrück. Beide tauchen in Hegels Zuhörerliste des WS 1801/02 auf (vgl. *Kimmerle.* 59).

49.

Ignaz Paul Vital Troxler: Lebensbericht. In: *Der Briefwechsel zwischen Ignaz Paul Vital Troxler und Karl August Varnhagen v. Ense 1815-1858.* Veröffentlicht und eingeleitet durch J. Belke. Aarau 1953. 21.

Verfasser: I. P. V. Troxler (1780-1866), Mediziner und Philosoph; 1799-1803 als Student in Jena, Schüler Schellings, Hörer Hegels.

50.

I. P. V. Troxler an Varnhagen v. Ense, 12. 3. 1853. - Nach einer von J. Hoffmeister angefertigten Abschrift der heute verschollenen Hs. aus der Preuß. Staatsbibliothek.

Empfänger: Karl August Varnhagen v. Ense (1785-1858), Diplomat und Schriftsteller; lebte seit 1819 in Berlin, wo sein Haus durch ihn und vor allem durch seine Frau Rahel zu einem Zentrum geistigen und gesellschaftlichen Lebens wurde; mit Hegel dort in vielfältigem Kontakt; Mitbegründer der *Jahrbücher für wissenschaftliche Kritik.*

1) Johann Friedrich Heinrich Schlosser (1780-1851), Jurist; Hörer Hegels in Jena (WS 1801/02). - Bemerkenswert die Nachricht, daß sich Hegels Kolleg aufgelöst haben soll.

51.

Schelling an A. W. Schlegel, 4. 1. 1802. - *Aus Schellings Leben* (vgl. oben Nr 10). 354.

52.

Caroline an A. W. Schlegel, 14. 1. 1802. - *Caroline* (vgl. oben Nr 46) 269. - Der Inhalt des Dokuments ist dahingehend zu verstehen, daß Fichte durch eine Indiskretion von Paulus der Meinung war, Schelling habe einen Artikel gegen ihn in die *ALZ* einrücken lassen. Vgl. dazu Fichte an Schelling (15. 1. 1802) in: *J. G. Fichtes Leben und literarischer Briefwechsel.* Hrsg. von I. H. Fichte. Sulzbach 1830. 113. - Die Rolle Hegels in diesem Zusammenhang ist unklar.

1) Heinrich Eberhard Gottlob Paulus (1761-1851), Theologe; 1793 Prof. in Jena, 1803 in Würzburg, 1807 bayr. Kreisschulrat in Bamberg, 1808 in Nürnberg; dort Vorgesetzter Hegels; 1810 Prof. in Heidelberg. Verhalf Hegel zur Professur in Heidelberg; die enge Freundschaft zerbrach wegen politischer Meinungsverschiedenheiten.

2) Friedrich Immanuel Niethammer (1766-1848), 1793 Prof. der Philosophie in Jena, 1795 Prof. der Theologie, 1803 in Würzburg; 1808 Zentralschulrat und Oberkirchenrat in München. Seit 1801 mit Hegel in herzlicher Freundschaft verbunden.

53.

Fichte an Schelling, 15. 1. 1802. - *Fichte: Briefwechsel* (vgl. oben Nr 42). 352.

54.

Caroline an A. W. Schlegel, 8. 2. 1802. - *Caroline* (vgl. oben Nr 46). 294.

1) Vgl. *Hegel: Gesammelte Werke.* Bd 4. 189 f.

55.

Henrich Steffens: Was ich erlebte. Aus der Erinnerung niedergeschrieben. Bd 4. Breslau 1841. 436.

Verfasser: Henrich Steffens (1773-1845), Philosoph und Naturforscher; Schüler Schellings in Jena; weilte im Februar 1802 zu einem kurzen Besuch in Jena; 1804-06 und 1808-11 Prof. in Halle, 1811 in Breslau, seit 1832 in Berlin.

56.

Caroline an A. W. Schlegel, 22. 2. 1802. - *Caroline* (vgl. oben Nr 46). 304.

1) Sophie Bulla, später verh. Koberwein (1783-1842), betrat schon als Kind die Bühne; seit 1803 Mitglied des Wiener Burgtheaters. Hegel kannte sie wahrscheinlich aus seiner Frankfurter Hauslehrerzeit.

2) *A. W. Schlegel: Jon ein Schauspiel.* - Gedruckt: Hamburg 1803.

57.

Caroline Schlegel an Julie Gotter, 11(?). 3. 1802. - *Caroline* (vgl. oben Nr 46). 321.
Empfängerin: Julie Gotter (1783-1863).

58.

F. H. Jacobi an Friedrich Bouterwek, 22. 3. 1802. - *Friedrich Heinrich Jacobis Briefe an Friedrich Bouterwek aus den Jahren 1800 bis 1819.* Mit Erl. hrsg. von W. Mejer. Göttingen 1868. 18.
Verfasser: Friedrich Heinrich Jacobi (1743-1819), Schriftsteller und Philosoph; 1807-12 Präsident der Akademie der Wissenschaften in München; Gegner der idealistischen Philosophie.
Empfänger: Friedrich Bouterwek (1766-1828), seit 1797 Prof. der Philosophie in Göttingen; Anhänger Jacobis.
1) Friedrich Köppen (1775-1858), Student in Jena, seit 1804 Prediger in Bremen, 1807 Prof. der Philosophie in Landshut, 1826 in Erlangen; Anhänger Jacobis.

59.

J. J. Wagner an A. Adam, 15. 4. 1802. - *Philipp Ludwig Adam und August Koelle: Johann Jakob Wagner.* Lebensnachrichten und Briefe. Ulm 1849. 191 f.
Verfasser: Johann Jakob Wagner (1775-1841), Schüler Fichtes in Jena bis 1798; seit 1801 Mitarbeiter der *Salzburger Literaturzeitung;* 1803 Prof. der Philosophie in Würzburg.
Empfänger: Andreas Adam, Freund J. J. Wagners; Prof. am Gymnasium, dann Diakonus am Münster und Garnisonsprediger in Ulm.
1) Gemeint ist Hegels: *Differenz des Fichteschen und Schellingschen Systems der Philosophie.* Jena 1801.

60.

Goethe, Tagebuch, 30. 5. 1802. - *Goethe: Werke* (vgl. oben Nr 43). Abt. 3, Bd 3. 57.
1) Johann Friedrich Reichardt (1752-1814), Komponist und Musikschriftsteller.

61.

[Elise Campe:] Gries (vgl. oben Nr 47). 50.
1) Am 26. 6. 1802 wurde das neue Theater in Lauchstädt mit *Goethes* Vorspiel: *Was wir bringen* und *Mozarts: Titus* eröffnet. - Außer den im Dokument Genannten waren noch F. A. Wolff und Reichardt anwesend.

62.

Schelling an A. W. Schlegel, 16. 7. 1802. - *Aus Schellings Leben* (vgl. oben Nr 10). 374 f.

1) Es handelt sich um *Hegels: Glauben und Wissen oder die Reflexionsphilosophie der Subjektivität, in der Vollständigkeit ihrer Formen, als Kantische, Jacobische und Fichtesche Philosophie.* In: *Kritisches Journal der Philosophie.* Bd 2, Stück 1.

2) *[Friedrich Schleiermacher:] Über die Religion.* Reden an die Gebildeten unter ihren Verächtern. Berlin 1799.

63.

Caroline Schlegel an Gebr. Ramann, 18. 7. 1802. - Nach der Hs. (Freies Deutsches Hochstift, Frankfurter Goethemuseum).

Empfänger: Gebr. Ramann, Inhaber einer Erfurter Weinhandlung.

64.

Schelling an A. W. Schlegel, 6. 8. 1802. - *Schelling: Briefe und Dokumente* (vgl. oben Nr 41). 259.

65.

F. H. Jacobi an K. L. Reinhold, 10. 8. 1802. - *Aus F. H. Jacobis Nachlaß. Ungedruckte Briefe von und an Jacobi und andere.* Hrsg. von R. Zoeppritz. Bd 1. Leipzig 1869. 311 f.

Empfänger: Karl Leonhard Reinhold (1758-1823), Philosoph; 1787 Prof. in Jena, 1794 in Kiel.

1) Es handelt sich um *Hegels* Aufsatz: *Glauben und Wissen.*

2) In dem Kapitel über die Jacobische Philosophie kommen die genannten Namen direkt oder indirekt vor.

66.

Schelling an A. W. Schlegel, 19. 8. 1802. - *Aus Schellings Leben* (vgl. oben Nr 10). 384.

1) *Hegel: Glauben und Wissen.*

67.

J. J. Wagner an A. Adam, 24. 8. 1802. - *Adam und Koelle: Wagner* (vgl. oben Nr 59). 197.

1) Die Rezension ist in der *Salzburger Literaturzeitung* erschienen.

68.

Schelling an A. W. Schlegel, 3. 9. 1802. - *Aus Schellings Leben* (vgl. oben Nr 10). 396 f.

1) *Schelling: Benehmen des Obscurantismus gegen die Natur-philosophie.* In: *Neue Zeitschrift für spekulative Physik.* Bd 1, Stück 1. 1802.

69.

Caroline Schlegel an Julie Gotter, 29. 11. 1802. - *Caroline* (vgl. oben Nr 46). 347.

70.

J. J. Wagner an A. Adam, 17. 12. 1802. - *Adam und Koelle: Wagner* (vgl. oben Nr 59). 207.

1) Hans Christian Oersted (1777-1851), dänischer Naturforscher; seit 1806 Prof. der Physik in Kopenhagen; Entdecker des Elektromagnetismus.

71.

Caroline Schlegel an Julie Gotter, 18. 2. 1803. - *Caroline* (vgl. oben Nr 46). 358.

1) Cicisbeo: Cavaliere servente - „diensttuender Kavalier", Begleiter und Gesellschafter einer verheirateten Frau (gesellschaftliche Mode in Italien); um 1800 herabsetzend und ins Lächerliche gezogen.

72.

Schelling an Ch. Assall, 21. 5. 1803. - *Schelling: Briefe und Dokumente* (vgl. oben Nr 41). 277 f.

Empfänger: Ch. Assall, Rechtsanwalt in Jena; vertrat Schelling in einem Rechtsstreit mit dem Jenaer Verleger Gabler. Vgl. *Briefe von und an Hegel.* Bd 4. 6 f.

73.

Schiller an Wilhelm v. Humboldt, 18. 8. 1803. - *Briefwechsel zwischen Schiller und Wilhelm v. Humboldt.* 3. verm. Ausgabe von A. Leitzmann. Stuttgart 1900. 299.

Zur Vorgeschichte des Briefes: W. v. Humboldt hatte Schiller um Vermittlung eines neuen Hauslehrers für seine Kinder gebeten, da F. W. Riemer ausgeschieden war. „Welches Fach er eigentlich für sich getrieben habe, ist nur gewissermaßen gleichgültig. Nur muß ich wünschen, daß es eins von beiden sei, entweder alte Sprachen und klassische Literatur, oder Physik und Naturwissenschaft. ... Einen bloßen Metaphysiker oder Naturphilosophen schicken Sie mir wohl von selbst nicht." (Vgl. *Neue Briefe W. v. Humboldts an Schiller 1796-1803.* Hrsg. von F. C. Ebrard. Berlin 1911. 332.)

74.

Schleiermacher an K. G. v. Brinkmann, 19. 10. 1803 - *Aus Schleiermachers Leben. In Briefen.* Hrsg. von W. Dilthey. Bd 4. Berlin 1863. 80.

1) *Friedrich Köppen: Schellings Lehre oder das Ganze der Philosophie des absoluten Nichts, nebst drei Briefen verwandten Inhalts von F. H. Jacobi.* Hamburg 1803.
2) Im Schlußabschnitt des Jacobikapitels von *Glauben und Wissen* spricht Hegel von *Schleiermachers: Über die Religion.*

75.

Schiller an Goethe, 9. 11. 1803. - *Der Briefwechsel zwischen Schiller und Goethe.* Hrsg. von H. G. Gräf und A. Leitzmann. Bd 2. o. O. 1955. 461.

76.

Goethe, Tagebuch, 26. 11. 1803. - *Goethe: Werke* (vgl. oben Nr 43). Abt. 3, Bd 3. 88.
1) Franz Josef Schelver (1778-1832), Botaniker und Mediziner; 1803 Prof. der Botanik in Jena, 1807 Prof. der Medizin in Heidelberg. In Jena Freund Hegels; suchte in Heidelberg eine Berufung Hegels als Prof. der Philosophie zu erreichen. - Johann Christian Stark (1769-1837), 1805 Prof. der Medizin in Jena. - Karl Ludwig Fernow (1763-1808), Archäologe und Philologe; 1802 Prof. in Jena, 1804 Bibliothekar in Weimar. Vgl. unten Nr 78 ff.

77.

Schleiermacher an K. G. v. Brinkmann, 26. 11. 1803. - *Aus Schleiermachers Leben* (vgl. oben Nr 74). 83 f.

78.

Goethe an Schiller, 27. 11. 1803. - *Goethe: Werke* (vgl. oben Nr 43). Abt. 4, Bd 16. 356.

79.

Schiller an Goethe, 30. 11. 1803. - *Briefwechsel zwischen Schiller und Goethe* (vgl. oben Nr 75). 463 f.

80.

Goethe an Schiller, 2. 12. 1803. - *Goethe: Werke* (vgl. oben Nr 43). Abt. 4, Bd 16. 370 f.

81.

Goethe, Tagebuch, 3. 12. 1803. - *Goethe: Werke* (vgl. oben Nr 43). Abt. 3, Bd 3. 90.
1) Von den hier genannten Personen in den bisherigen Anmerkungen noch nicht erwähnt: Heinrich Karl Abraham Eichstädt (1772-1848), Philologe; 1797 Prof. der Poesie und Rhetorik in Jena; 1804 Oberbibliothekar. Herausgeber der *Jenaischen Allgemeinen Literatur-Zeitung.* - Karl Friedrich Ernst Frommann

(1765-1837), Buchhändler und Verleger in Jena; mit Hegel eng befreundet. - Franz Ludwig Albrecht v. Hendrich (gest. 1828), 1802 Major und Kommandant von Jena. - Anton Friedrich Justus Thibaut (1772-1840), Jurist und bedeutender Musikkenner; 1802 Prof. der Rechte in Jena, 1806 in Heidelberg. Vgl. unten Nr 231. - Thomas Johann Seebeck (1770-1831), Naturwissenschaftler und Mediziner; als Privatgelehrter in Jena mit Hegel befreundet; 1810 in Bayreuth, 1812 in Nürnberg, wo er mit Hegel in regem Umgang war; später Bruch der Freundschaft. - Johann Georg Lenz (1748-1832), Mineraloge und Zoologe; 1794 Prof. in Jena, 1796 Begründer der „Jenaer Mineralogischen Sozietät", in der Hegel 1804 Assessor wurde. Vgl. *Zwei unbekannte Briefe Hegels aus dem Jahre 1807.* Mitgeteilt und erl. von G. Nicolin. In: *Hegel-Studien.* Bd 4. 101-107. - Johann Karl Wesselhöft, Besitzer einer Buchdruckerei, seit 1799 in Jena. - Johann Friedrich August Göttling (1755-1809), Apotheker und Chemiker, Prof. in Jena. - Christian Georg Karl Vogel (1760-1819), Sekretär Goethes, 1789 Geh. Kanzlist, 1815 Kanzleirat in Weimar.

82.

Charlotte Schiller an Goethe, 14. 12. 1803. - *Goethe-Jahrbuch.* Hrsg. von L. Geiger. Bd 4. Frankfurt a. M. 1883. 246.

Verfasserin: Charlotte Schiller, geb. v. Lengefeld (1766-1826), Gattin Schillers.

1) Anne Louise Germaine Baronne de Staël-Holstein (1766 bis 1817) weilte von Dezember 1803 bis Ende Februar 1804 in Weimar.

83.

Goethe, Tagebuch, 20. 12. 1803. - *Goethe: Werke* (vgl. oben Nr 43). Abt. 3, Bd 3. 92.

83 a.

Friedrich Schlegel an A. W. Schlegel, 20. 3. 1804. - *Krisenjahre der Frühromantik.* Briefe aus dem Schlegelkreis. Hrsg. von J. Körner. Brünn 1936 f, Bern 1958. Bd 1. 67 f.

84.

Ch. F. Lange an K. Ch. F. Krause, 30. 10. 1804. - *Der Briefwechsel Karl Christian Friedrich Krauses zur Würdigung seines Lebens und Wirkens.* Hrsg. von P. Hohlfeld und A. Wünsche. Bd 1. Leipzig 1903. 82.

Verfasser: Christian Friedrich Lange, evang. Theologe; seit 1807 Pfarrer in Baden; Hörer Hegels im SS 1805.

Empfänger: Karl Christian Friedrich Krause (1781-1832), Philosoph und Mathematiker; 1802-03 Privatdozent der Philosophie in Jena, seit 1805 in Dresden lebend, 1814 in Berlin, 1823 in Göttingen, 1831 in München.

1) Jakob Friedrich Fries (1773-1843), Philosoph; 1801 Privatdozent in Jena, 1805 Prof. in Heidelberg, dort Vorgänger Hegels; 1816 in Jena. - Fries kündigte wie Hegel im WS 1804/05 Logik und Metaphysik an; Hegel las dann mit Sicherheit in diesem Semester über das ganze System der Philosophie.

85.

K. Ch. F. Krause an seinen Vater, 3. 11. 1804. - *Briefwechsel Krauses* (vgl. oben Nr 84). 85.
Empfänger: J. Ch. F. Krause, Stadtschullehrer in Eisenberg.

86.

Meusel, Das gelehrte Teutschland, 1805. - *Das gelehrte Teutschland oder Lexikon der jetzt lebenden teutschen Schriftsteller.* Angefangen von G. Ch. Hamberger, fortgesetzt von J. G. Meusel. Bd 11. Lemgo 1805. 328 f. - Es handelt sich hier um die früheste lexikalische Erwähnung Hegels.

87.

Ch. F. Lange an K. Ch. F. Krause, 18. 1. 1805. - *Briefwechsel Krauses* (vgl. oben Nr 84). 101.
1) Johann August Heinrich Ulrich (1746-1813), Philosoph; 1767 Privatdozent in Jena, 1783 Prof. der Moral und Politik; als Mitglied der philos. Fakultät bei Hegels Habilitation mitwirkend.

88.

K. F. E. Frommann an Unbekannt, 25. 1. 1805. - *Autographenkatalog der Firma Meyer und Ernst (Berlin)* 29 (Auktion 16./17. 12. 1932). Nr 185.

89.

W. Griesbach an J. Ch. F. Krause, 2. 3. 1805. - *Briefwechsel Krauses* (vgl. oben Nr 84). 105.

90.

Ch. F. Lange an K. Ch. F. Krause, 26. 5. 1805. - *Briefwechsel Krauses* (vgl. oben Nr 84). 132 f.
1) Hegel las im SS 1805 über die Logik, allerdings vor 12 Zuhörern, wie aus der Zuhörerliste hervorgeht (vgl. *Kimmerle. Hegel-Studien. Bd 4.* 62).

91.

Niethammer an Christian Gottfried Schütz, 29. 11. 1805. - *Christian Gottfried Schütz. Darstellung seines Lebens, Charakters und Verdienstes; nebst einer Auswahl aus seinem literarischen Brief-*

wechsel mit den berühmtesten Gelehrten und Dichtern seiner Zeit.
Hrsg. von F. K. J. Schütz. Bd 2. Halle 1835. 278.
Empfänger: Christian Gottfried Schütz (1747-1832), Philologe
und Literaturwissenschaftler; 1779 Prof. in Jena; Mithrsg. der
Allg. Literatur-Zeitung; 1804 Prof. in Halle, dort weitere Herausgabe der *Allg. Literatur-Zeitung.* Während Hegels Habilitation in Jena Mitglied der philosophischen Fakultät.

92.

Bericht Georg Andreas Gablers über Hegel in Jena. - Nach einer
von J. Hoffmeister angefertigten Abschrift der heute verschollenen
Hs. aus der Preuß. Staatsbibliothek. Neuerdings gedruckt in:
Kimmerle (vgl. oben Nr 48, Anm. 3). 65-73.
Verfasser: Georg Andreas Gabler (1786-1853), Philosoph und
Jurist; Hörer Hegels in Jena; 1810 Gymnasiallehrer in Ansbach,
Prof. in Bayreuth, 1821 dort Rektor; 1835 Nachfolger Hegels als
Prof. der Philosophie in Berlin.
   1) Hegel wurde erst Anfang 1805 a. o. Prof. in Jena.
   2) Jakob Fidelis Ackermann (1765-1815), Mediziner; 1804
Prof. der Anatomie in Jena, 1805 in Heidelberg. Hegel hörte bei
ihm Physiologie.
   3) Hermann Suthmeyer (1784-1824), evang. Theologe; 1810
Pfarrer; begeisterter Hörer Hegels 1805-06. - Christian Gotthilf
Zellmann (1785/86-1808), Hörer Hegels 1805-06; von großem
Eifer und besonderer philosophischer Begabung. Vgl. *G. Nicolin*
in: *Hegel-Studien.* Bd 4. 101-104. - Peter Gabriel van Ghert
(1782-1852), Philosoph und Beamter; 1805-06 Hörer Hegels in
Jena; 1808 im holländischen Kultusministerium; seit der Jenaer
Zeit mit Hegel befreundet (lebhafter Briefwechsel), wirkte in Holland für Hegels Philosophie; Hegel bei ihm zu Besuch im Herbst
1822.
   4) Vgl. *Kimmerle.* 66, Anm. 6.
   5) Justus Christian Loder (1753-1832), Mediziner; 1778 Prof.
in Jena, 1803 in Halle. - Friedrich August Wolf (1759-1824), Philologe; 1783 Prof. in Halle; 1810 in Berlin; mit Hegel befreundet.
   6) Die Zahlenangabe der Zuhörer ist übertrieben; es waren
nach anderer Quelle 17.
   7) Text an dieser Stelle korrupt.
   8) Vgl. Hegel an Niethammer (6. 8. 1806): „Der Druck ist im
Februar angefangen worden..." *(Briefe von und an Hegel.*
Bd 1. 113).
   9) Anscheinend bezieht sich Gabler hier auf eine zum Zeitpunkt seiner Niederschrift bereits vorliegende Darstellung der
Begebenheit. Wir konnten sie bisher nicht ermitteln. - Johann
Christian Wilhelm Augusti (1771-1841), evang. Theologe und
Orientalist.
   10) Vgl. unten Nr 151.

11) Christiane Hegel vermerkt auf einem Notizzettel (vgl. oben Nr 2) dieses Ereignis mit den Worten: „Der einzige, der Vivat bei Gelegenheit der Prorektors-Wahl bekam."

93.

K. W. G. Kastner an Schelling, 25. 3. 1806. - *Schelling: Briefe und Dokumente* (vgl. oben Nr 41). 518 Fußnote.

Verfasser: Karl Wilhelm Gottlob Kastner (1783-1857), Chemiker und Physiker; Hörer Hegels in Jena, 1805 dort Privatdozent, dann Prof. der Chemie in Heidelberg; 1812 in Halle, 1818 in Bonn, 1820 Prof. der Physik und Chemie in Erlangen. Mit Hegel befreundet (vgl. unten Nr 97).

94.

Caroline an Schelling, 9. 5. 1806. - *Caroline* (vgl. oben Nr 46). 455.

95.

Adam Oehlenschläger: Selbstbiographie. In: *A. Oehlenschlägers Schriften.* Zum erstenmal gesammelt als Ausgabe letzter Hand. Bd 2, Teil 2. Breslau 1829. 31 ff.

Verfasser: Adam Gottlob Oehlenschläger (1779-1850), dänischer Dichter der Romantik; 1809 Prof. der Ästhetik in Kopenhagen; unternahm mehrfach große Reisen durch Europa, besuchte Goethe 1805, 1806 und 1809 in Weimar.

1) Vgl. unten Nr 96.
2) Karl Ludwig v. Knebel (1744-1834), Jurist und Philologe; Prinzenerzieher in Weimar; als Privatgelehrter in Jena tätig. Mit Hegel freundschaftlich verbunden.

96.

Friedrich Hebbel an Elise Lensing, 4. 12. 1842. - *Friedrich Hebbel: Sämtliche Werke.* Besorgt von R. M. Werner. Abt. 3, Bd 2. Berlin 1905. 143 f.

Empfängerin: Elise Lensing (1804-1854), Geliebte Friedrich Hebbels.

97.

Clemens Brentano an Savigny, 9. 6. 1806. - *Das unsterbliche Leben. Unbekannte Briefe von Clemens Brentano.* Hrsg. von W. Schellberg und F. Fuchs. Jena 1939. 359 f.

Empfänger: Friedrich Karl v. Savigny (1779-1861), bedeutender Jurist; 1800-04 Prof. in Marburg, 1808-10 in Landshut, danach bis 1842 in Berlin. Begründer der Historischen Schule; Gegner Hegels.

98.

Goethe, Tagebuch, 20. 8. 1806. - *Goethe: Werke* (vgl. oben Nr 43).
Abt. 3, Bd 3. 161.

99.

Goethe, Tagebuch, 27. 8. 1806. - *Goethe: Werke* (vgl. oben Nr 43).
Abt. 3, Bd 3. 165.

100.

Goethe, Tagebuch, 28. 8. 1806. - *Goethe: Werke* (vgl. oben Nr 43).
Abt. 3, Bd 3. **166**.

101.

Goethe, Tagebuch, 29. 8. 1806. - *Goethe: Werke* (vgl. oben Nr 43).
Abt. 3, Bd 3. 166.

102.

Johanna Frommann an Friedrich Frommann, 29. 8. 1806. -
F. J. Frommann: Das Frommannsche Haus und seine Freunde.
2. verm. Aufl. Jena 1872. 75.
Verfasserin: Johanna Charlotte Frommann, geb. Wesselhöft
(1765-1830), Gattin von K. F. E. Frommann.
1) Friedrich Wilhelm Riemer (1774-1845), Philologe; 1801
Hauslehrer bei W. v. Humboldt, 1803-12 Erzieher August v.
Goethes und Sekretär Goethes; danach Gymnasialprof. in Weimar.

103.

Goethe, Tagebuch, 1. 10. 1806. - *Goethe: Werke* (vgl. oben
Nr 43). Abt. 3, Bd 3. 172.

104.

Goethe, Tagebuch, 3. 10. 1806. - *Goethe: Werke* (vgl. oben
Nr 43). Abt. 3, Bd 3. 172.

105.

Goethe, Tag- und Jahreshefte, Oktober 1806. - *Goethe: Werke*
(vgl. oben Nr 43). Bd 35. 270.
1) Gemeint ist der drohende Ausbruch der Feindseligkeiten
zwischen Napoleon und Preußen.

106.

Friedrich Johannes Frommann (vgl. oben Nr 102). 83.

107.

Karl Ludwig Michelet: Geschichte der letzten Systeme der Philosophie in Deutschland von Kant bis Hegel. Teil 2. Berlin 1838.
615 f.

Verfasser: Karl Ludwig Michelet (1801-1893), Schüler Hegels in Berlin, bei dem er 1824 promovierte, 1826 Privatdozent, 1829 Prof. der Philosophie in Berlin; Mitarbeiter an den *Jahrbüchern für wissenschaftliche Kritik;* an der Gesamtausgabe der *Werke Hegels* 1832 ff. als Herausgeber beteiligt.
1) Vgl. unten Nr 738.

108.

K. F. E. Frommann an Goethe, 19. 10. 1806. - *Goethe, Weimar und Jena im Jahre 1806.* Nach Goethes Privatakten. Hrsg. von R. und R. Keil. Leipzig 1882. 74.

109.

K. L. v. Knebel an Goethe, 20. 10. 1806. - *Goethe, Weimar und Jena* (vgl. oben Nr 108). 86 f.

110.

K. L. v. Knebel an Goethe, 24. 10. 1806. - *Goethe, Weimar und Jena* (vgl. oben Nr 108). 107.

111.

Goethe an K. L. v. Knebel, 24. 10. 1806. - *Goethe: Werke* (vgl. oben Nr 43). Abt. 4, Bd 19. 217.

112.

Goethe zu F. W. Riemer, November 1806. - *Goethes Gespräche.* Gesamtausgabe. Neu hrsg. von F. v. Biedermann. Leipzig 1909 ff. Bd 1. 457.

113.

Caroline Schelling an Luise Wiedemann, 30. 11. 1806. - *Caroline* (vgl. oben Nr 46). 479.
Empfängerin: Luise Wiedemann, geb. Michaelis (1770-1846), Schwester Carolines.

114.

Schelling an H. K. A. Eichstädt, 6. 12. 1806. - *Schelling: Briefe und Dokumente* (vgl. oben Nr 41). 375.

115.

Goethe, Tagebuch, 31. 1. 1807. - *Goethe: Werke* (vgl. oben Nr 43). Abt. 3, Bd 3. 190.

116.

Heinrich Laube: Moderne Charakteristiken. Bd 1. Mannheim 1835. 380.

Verfasser: Heinrich Laube (1806-1884), Schriftsteller und Theaterleiter. - Es ist nicht festzustellen, ob das abgedruckte Gespräch historisch oder fiktiv ist.

117.

H. E. G. Paulus: Erinnerungen aus Goethes Umgang. In: *Karl Alexander v. Reichlin-Meldegg: Heinrich Eberhard Gottlob Paulus und seine Zeit.* Bd 2. Stuttgart 1853. 295.

118.

Karl Ludwig Michelet: Schelling und Hegel. Berlin 1839. 35 f.
   1) *Platonis Philosophi quae extant, graece, ad editionem Henrici Stephani accurate expressa cum Mars. Finici interpretatione.* Praemittitur libri III. Laertii de rita et dogmatibus Platonis cum notitia literaria. . . . Biponti XI Bde. MDCCLXXXVI.

119.

Friedrich Johannes Frommann (vgl. oben Nr 102). 41.
   1) Vgl. unten Nr 282-286.

120.

Karl Friedrich Bachmann: Über Hegels System und die Notwendigkeit einer nochmaligen Umgestaltung der Philosophie. Leipzig 1833. 127.
   Verfasser: Karl Friedrich Bachmann (1785-1855), Philosoph und Naturwissenschaftler; Hörer Hegels in Jena; dort 1810 Privatdozent der Philosophie, 1812 Prof.; zunächst bis etwa 1820 Anhänger, dann Gegner der Hegelschen Philosophie.

121.

Wilhelm Herbst: Johann Heinrich Voss. Bd 2, Abt. 2. Leipzig 1876. 10.
   1) Johann Heinrich Voss (1751-1826), Dichter und Philologe, Homerübersetzer; 1802 Prof. der Philologie in Jena, 1807 in Heidelberg.

122.

Die Universität Jena. In: *Hallische Jahrbücher für deutsche Wissenschaft und Kunst.* Nr 101 (17. 4. 1839). Sp. 803.

123.

Henry Crabb Robinson: Ein Engländer über deutsches Geistesleben im ersten Drittel dieses Jahrhunderts. Weimar 1871. 217.

124.

K. L. v. Knebel an Goethe, 13. 3. 1807. - *Briefwechsel zwischen Goethe und Knebel.* Hrsg. von G. E. Guhrauer. Teil 1. Leipzig 1851. 299.
  1) Hegels Brief an Goethe [März 1807]; *Briefe von und an Hegel.* Bd 1. 156.
  2) *Hegel: Phänomenologie des Geistes.* Bamberg 1807.

125.

Niethammer an Schelling, 13. 3. 1807. - *Schelling: Briefe und Dokumente* (vgl. oben Nr 41). 378 f.
  1) Der Brief Schellings an Hegel ist nicht bekannt.

126.

Goethe an K. L. v. Knebel, 14. 3. 1807. - *Goethe: Werke* (vgl. oben Nr 43). Abt. 4, Bd 19. 283.

127.

Niethammer an Christian Gottfried Schütz, 23. 3. 1807. - *Christian Gottfried Schütz* (vgl. oben Nr 91). 278 f.
  Vgl. zum Ganzen: *Briefe von und an Hegel.* Bd 1. 459 f. (Anm. 1 zum Brief vom 17. 5. 1806).

128.

A. F. Marcus an Schelling, 27. 4. 1807. - *Schelling: Briefe und Dokumente* (vgl. oben Nr 41). 533 Fußnote.
  Verfasser: Adalbert Friedrich Marcus (1753-1816), Mediziner; 1778 Direktor des Krankenhauses in Bamberg, 1803 Direktor der Medizinal- und Krankenanstalten in Franken.

128 a.

Karl Ludwig v. Knebel, Mitte Mai 1807. - *Goethes Gespräche* (vgl. oben Nr 112). Bd 5. 67.

129.

Jean Paul an J. G. Langermann, Juli 1807. - *Jean Pauls Sämtliche Werke.* Hrsg. von der Deutschen Akademie der Wissenschaften zu Berlin. Abt. 3: *Briefe.* Hrsg. von E. Berend. Berlin 1952 ff. Bd 5. 155.
  Empfänger: Johann Gottfried Langermann (1768-1832), Medizinalrat in Bayreuth und Berlin.

130.

Jean Paul an F. H. Jacobi, 6. 9. 1807. - *Jean Pauls Sämtliche Werke* (vgl. oben Nr 129). Bd 5. 164.
1) Bezieht sich auf das Jacobi gewidmete Kapitel in *Hegels: Glauben und Wissen.*
2) *Hegel: Phänomenologie des Geistes.* Bamberg 1807.

131.

F. H. Jacobi an J. F. Fries, 27. 11. 1807. - *Jakob Friedrich Fries.* Aus seinem handschriftlichen Nachlasse dargestellt von E. L. Th. Henke. Leipzig 1867. 314.
1) *Hegel: Phänomenologie des Geistes.* Bamberg 1807.
2) In der *Allgemeinen Literatur-Zeitung* (Halle) erschien 1809 (24. und 25. 4.) Nr 115 f. eine anonyme Rezension von *Hegels: Phänomenologie;* vermutlich stammt sie von Friedrich Köppen.

132.

J. F. Fries an F. H. Jacobi, 20. 12. 1807. - *Aus Jacobis Nachlaß* (vgl. oben Nr 65). Bd 2. 20 f.

133.

Schelling an K. J. H. Windischmann, 30. 7. 1808. - *Aus Schellings Leben* (vgl. oben Nr 10). Bd 2. Leipzig 1870. 128.
Empfänger: Karl Josef Hieronymus Windischmann (1775-1839), Philosoph und Mediziner; 1803 Prof. der Philosophie und Geschichte in Aschaffenburg, 1818 Prof. der Philosophie in Bonn. Zunächst der Schellingschen Philosophie folgend, wandte er sich später mehr der Hegelschen zu.
1) Windischmann rezensierte *Hegels: Phänomenologie des Geistes* in der *Jenaischen Allg. Literatur-Zeitung.* Jg. 1809 (7.-10. Februar). Nr 31-34.

134.

Dorothea Schlegel an Sulpiz Boisserée, 20. 8. 1808. - *Sulpiz Boisserée.* Hrsg. von M. Boisserée. Bd 1. Stuttgart 1862. 58.
Verfasserin: Dorothea Schlegel (1763-1839), seit 1804 Gattin Friedrich Schlegels.
Empfänger: Sulpiz Boisserée (1783-1854), Kunstgelehrter; Besitzer einer großen Kunstsammlung; mit Hegel befreundet.

135.

Friedrich Immanuel Niethammer, Vortrag, 26. 8. 1808. - Nach der Hs. (Bayrisches Staatsarchiv München).
1) Gemeint ist *Hegels: Phänomenologie des Geistes.*

136.

Schelling an G. H. Schubert, 27. 10. 1808. - *Aus Schellings Leben* (vgl. oben Nr 10). Bd 2. 132.

Empfänger: Gotthilf Heinrich Schubert (1780-1860), Naturforscher und Arzt; Schüler Schellings; seit 1809 Gymnasiallehrer und später Rektor in Nürnberg, Kollege Hegels; 1819 Prof. der Naturgeschichte in Erlangen, 1827 in München.

1) Johann Arnold Kanne (1773-1824), Privatgelehrter, 1809 Prof. der Geschichte am Realinstitut in Nürnberg, 1817 Prof. der Philologie am Gymnasium, 1819 Prof. für orientalische Sprachen in Erlangen.

137.

[Elise Campe:] Gries (vgl. oben Nr 47). 90.

138.

Caroline Schelling an Johanna Frommann, November 1808. - *Caroline* (vgl. oben Nr 46). 540.

139.

Clemens Brentano an Savigny, 11. 11. 1808. - *Das unsterbliche Leben* (vgl. oben Nr 97). 388.

1) Philipp Franz Walther (1782-1849), Prof. der Chirurgie in Landshut, Bonn und München. - Die Aussage Walthers, die Brentano hier wiedergibt, ist irrig; nicht Schelling, sondern Niethammer hat Hegel zum Rektorat am Nürnberger Gymnasium verholfen.

140.

National-Zeitung der Deutschen. Jg. 1809. Gotha. Sp. 213 f.

1) Ludwig Heller (1775-1826), 1806 Lehrer am Gymnasium in Ansbach, 1808 Prof. der Philologie am Gymnasium in Nürnberg, Kollege Hegels; 1817 Prof. in Erlangen.

2) Friedrich Graf v. Thürheim (1763-1832), 1808 Generalkommissar in Nürnberg.

3) Bernhard Schenk (1724-1814), 1759-1808 Rektor am Nürnberger Gymnasium, Vorgänger Hegels.

4) Gottlieb Andreas Rehberger (1768-1817), 1797 Prof. der Philologie am Nürnberger Gymnasium; Kollege Hegels, mit dem er persönlichen Umgang pflegte.

5) Christoph Büchner (1761-1844), begründete 1790 in Nürnberg eine Privatschule, 1808 Lehrer der Mathematik unter Hegel am Nürnberger Gymnasium.

141.

P. W. Merkel an K. L. v. Knebel, 4. 3. 1809. - *Zur deutschen Literatur und Geschichte. Ungedruckte Briefe aus Knebels Nachlaß.* Hrsg. von H. Düntzer. Bd 2. Nürnberg 1858. 114.

Verfasser: Paul Wolfgang Merkel (1756-1820), Nürnberger Kaufmann; Marktvorsteher; 1818 Landtagsabgeordneter; mit Hegel in herzlicher Freundschaft verbunden.

142.

G. H. Schubert an August Koethe, Karfreitag 1809. - *D. G. Nathanael Bonwetsch: Gotthilf Heinrich Schubert in seinen Briefen. Ein Lebensbild.* Stuttgart 1918. 154.
Empfänger: Friedrich August Koethe (1781-1850), Theologe und Dichter geistlicher Lieder.

143.

Schelling an G. H. Schubert, 27. 5. 1809. - *Aus Schellings Leben* (vgl. oben Nr 10). Bd 2. 161 f.

144.

National-Zeitung der Deutschen. Jg. 1809. Gotha. Sp. 727-730.
1) Vielleicht: Chr. Wilhelm Friedrich v. Scheurl, kgl. Oberpostamtsoffizial.
2) Johann Christoph Held (1791-1873), hervorragender Gymnasialschüler Hegels in Nürnberg; 1815 Lehrer, 1835 Rektor am Gymnasium in Bayreuth.
3) Die vollständige Rede Hegels auf seinen Amtsvorgänger Rektor Schenk ist abgedruckt in: *Hegel: Nürnberger Schriften.* Hrsg. von J. Hoffmeister. Leipzig 1938. 297-303.
4) Johann Karl Sigmund Kiefhaber (1762-1837), Registrator und Bibliothekar; 1815 Assistent der Ministerialarchivskommission, 1826 Prof. für Diplomatik und historische Hilfswissenschaften in München.

145.

Gotthilf Heinrich Schubert: Der Erwerb aus einem vergangenen und die Erwartungen von einem zukünftigen Leben. Bd 2. Erlangen 1855. 299, 314-17, 346 f.
1) Johann Wilhelm Andreas Pfaff (1774-1835), Tübinger Stiftler; 1803 Prof. der Mathematik in Dorpat, 1809 am Nürnberger Gymnasium; dort freundschaftliche Verbundenheit mit Hegel; 1817 Prof. in Würzburg, 1818 in Erlangen.
2) Friedrich Gottlob Wetzel (1779-1819), politischer Schriftsteller; übernahm 1809 die Redaktion der Bamberger Zeitung, eigentlicher Nachfolger Hegels.

146.

Clemens Brentano an Joseph v. Görres, Anfang 1810. - *Joseph v. Görres: Gesammelte Schriften.* Abt. 2, Bd 2: *Freundesbriefe 1802 bis 1821.* München 1874. 75 f.

Empfänger: Joseph v. Görres (1776-1848), Publizist.
1) G. H. Schubert berichtet, Kanne sei von J. J. Wagner in
Würzburg aufgehalten worden und dann reumütig zurückgekehrt.
Vgl. *Schubert: Der Erwerb* (vgl. oben Nr 145). 300.

147.

G. H. Schubert an August Koethe, 30. 10. 1810. - *Bonwetsch* (vgl.
oben Nr 142). 162.
1) Die geplante Umorganisation fand nicht statt; vgl. Hegel
an Niethammer (27. 9. 1810 und Anm. 2).

148.

K. L. v. Knebel an Goethe, 23. 12. 1810. - *Briefwechsel zwischen
Goethe und Knebel* (vgl. oben Nr 124). Bd 2. 29.
1) Es handelt sich um den Brief vom 14. 12. 1810. *Briefe von
und an Hegel.* Bd 1. 339 ff.

149.

Schelling an G. H. Schubert, 31. 12. 1810. - *Aus Schellings Leben*
(vgl. oben Nr 10). 243.
1) Niethammer hatte keinen Erfolg mit seinen Bemühungen.

150.

Jobst Wilhelm Karl v. Tucher. - Nach der Hs. (Frh. v. Tuchersches
Familienarchiv).
Verfasser: Jobst Wilhelm Karl v. Tucher (1762-1813), Vater von
Marie Hegel; Senator und Bürgermeister von Nürnberg.
1) Sophia Maria Friederika Grundherr v. Altenthann, geb.
Haller v. Hallerstein (1771-1832), Schwester von Hegels Schwie-
germutter.

151.

Georg Andreas Gabler: Hochzeitsgedicht, 16. 11. 1811. - Nach
dem Privatdruck (Privatbesitz).

152.

Th. J. Seebeck an Goethe, 25. 4. 1812. - *Goethes naturwissenschaftliche Korrespondenz (1812-1832).* Hrsg. von F. Th. Bratra-
nek. Bd 2. Leipzig 1874. 321.
1) Der erste Teil von *Hegel: Wissenschaft der Logik* erschien
1812.

153.

Goethe an Th. J. Seebeck, 29. 4. 1812. - *Goethe: Werke* (vgl. oben
Nr 43). Abt. 4, Bd 22. 378.

154.

F. H. Jacobi an F. Bouterwek, 23. 5. 1812. - *Jacobis Briefe an Bouterwek* (vgl. oben Nr 58). 143.

155.

Jean Paul an Ch. Otto und E. Osmund, 6. 6. 1812. - *Jean Pauls Sämtliche Werke* (vgl. oben Nr 129). Bd 6. 270.

156.

Jean Paul an Ch. Otto, 13. 6. 1812. - *Jean Pauls Sämtliche Werke* (vgl. oben Nr 129). Bd 6. 273.

1) August Hermann Niemeier (1754-1828), Theologe und Pädagoge in Halle.

2) Johann Salomo Christoph Schweigger (1779-1857), 1803 Gymnasialprof. der Mathematik und Physik in Bayreuth, 1811 am Realinstitut in Nürnberg; dort Umgang mit Hegel; 1818 Prof. der Physik und Chemie in Erlangen, 1819 in Halle.

157.

F. H. Jacobi an J. F. Fries, 29. 10. 1812. - *Jakob Friedrich Fries* (vgl. oben Nr 131). 324.

158.

Goethe an H. K. A. Eichstädt, 22. 11. 1812. - *Goethe: Werke* (vgl. oben Nr 43). Abt. 4, Bd 23. 159.

159.

Goethe an Th. J. Seebeck, 28. 11. 1812. - *Goethe: Werke* (vgl. oben Nr 43). Abt. 4, Bd 23. 180 f.

160.

Th. J. Seebeck an Goethe, 11. 12. 1812. - *Goethes naturwissenschaftliche Korrespondenz* (vgl. oben Nr 152). 322 f.

161.

Th. J. Seebeck an Goethe, 13. 12. 1812. - *Goethes naturwissenschaftliche Korrespondenz* (vgl. oben Nr 152). 325 f.

162.

P. W. Merkel an K. L. v. Knebel, 14. 12. 1812. - *Zur deutschen Literatur und Geschichte* (vgl. oben Nr 141). 130 f.

163.

Goethe an Th. J. Seebeck, 15. 1. 1813. - *Goethe: Werke* (vgl. oben Nr 43). Abt. 4, Bd 23. 246 f.

164.

Schopenhauer an K. F. E. Frommann, 4. 11. 1813. - *Arthur Schopenhauers sämtliche Werke.* Hrsg. von P. Deussen. München 1911 ff. Darin: *Der Briefwechsel.* Bd 1. Hrsg. von C. Gebhardt. München 1929. 157.

1) *Schopenhauer: Über die vierfache Wurzel des Satzes vom zureichenden Grunde.* Rudolstadt 1813.

165.

L. Döderlein an seine Mutter, 14. 6. 1814. - Nach einer Abschrift von J. Hoffmeister (Hs. in Privatbesitz).

Verfasser: Ludwig Döderlein (1791-1863), Stiefsohn Niethammers; 1815 Prof. der Philologie in Bern, 1819 in Erlangen.

1) *Feodor Eggo: Der Untergang der Naturstaaten, dargestellt in Briefen über Niebuhrs römische Geschichte.* Berlin 1812.

166.

Johann Georg August Wirth: Denkwürdigkeiten aus meinem Leben. Emmishofen 1844. 23 ff., 29 f.

Verfasser: Johann Georg August Wirth (1798-1848), Politiker und Schriftsteller; Schüler Hegels am Nürnberger Gymnasium.

167.

W. M. L. de Wette an J. F. Fries, 4. 3. 1815. - *Jakob Friedrich Fries* (vgl. oben Nr 131). 353.

Verfasser: Wilhelm Martin Leberecht de Wette (1780-1849), 1805 Dozent der Philosophie in Jena, 1807 Prof. in Heidelberg, 1809 auch Prof. der Theologie, 1810 als solcher in Berlin. Im Zuge der Demagogenverfolgung abgesetzt; 1822 Prof. in Basel. Zu Hegel in einem gespannten Verhältnis.

1) Georg Heinrich Ludwig Nicolovius (1767-1839), seit 1808 Staatsrat im preußischen Innenministerium; mit Altenstein befreundet.

2) Philipp Konrad Marheineke (1780-1846), 1805 Prof. der Theologie in Erlangen, 1807 in Heidelberg, 1811 in Berlin; 1835 Konsistorialrat. Mit Hegel in Berlin eng befreundet; suchte Hegels Philosophie in der Theologie zu verwerten. M. hielt die Trauerrede bei Hegels Tod; vgl. unten Nr 723.

3) Karl Wilhelm Ferdinand Solger (1780-1819), 1811 Prof. der Philosophie in Berlin; stand Hegel sehr freundlich gegenüber.

168.

A. D. C. Twesten an Schleiermacher, 26. 6. 1815. - *C. F. Georg Heinrici: D. August Twesten nach Tagebüchern und Briefen.* Berlin 1889. 261.

Verfasser: August Detlev Christian Twesten (1789-1876), 1813 Gymnasiallehrer in Berlin, 1814 Prof. der Philosophie und Theologie in Kiel; mit Schleiermacher befreundet, 1835 dessen Nachfolger in Berlin.

1) D. i. der 1. und 2. Teil von *Hegels: Wissenschaft der Logik,* 1812 und 1813 erschienen.

169.

Schleiermacher an A. D. C. Twesten, 5. 7. 1815. - *Heinrici* (vgl. oben Nr 168). 264.

170.

F. H. Jacobi an J. F. Fries, 7. 8. 1815. - *Jakob Friedrich Fries* (vgl. oben Nr 131). 330.

171.

K. J. F. Roth an F. H. Jacobi, 24.-29. 9. 1815. - *Autographenkatalog 339 der Firma Stargardt,* Berlin. Nr 65.

Verfasser: Karl Johann Friedrich Roth (1780-1852), 1802 Konsulent der Reichsstadt Nürnberg, 1808 Finanzrat im Pegnitzkreis, 1810 Oberfinanzrat in München, 1817 Ministerialrat; 1828 Präsident des Oberkonsistoriums; Freund Niethammers.

1) Joseph Frh. von Hammer-Purgstall (1774-1856), Orientalist und österreichischer Diplomat; Goethe ließ sich durch seine Hafis-Übersetzung anregen.

172.

F. H. Jacobi an G. H. L. Nicolovius, 21. 10. 1815. - *Aus Jacobis Nachlaß* (vgl. oben Nr 65). Bd 2. 125.

1) Hegel weilte vor dem 20. 9. 1815 in München. Vgl. seinen Dankbrief an Niethammer. *Briefe von und an Hegel.* Bd 2. 56 f.

173.

Gotthilf Heinrich Schubert (vgl. oben Nr 145). 514.

174.

W. M. L. de Wette an J. F. Fries, Ende März 1816. - *Jakob Friedrich Fries* (vgl. oben Nr 131). 355 ff.

1) David Theodor August Suabedissen (1773-1835), 1800 Prof. der Philosophie in Hanau, 1805 Lehrer in Lübeck, 1812 in Kassel, dort Erzieher des Kurprinzen; 1822 Prof. der Philosophie in Marburg.

2) August Boeckh (1785-1867), bekannter Altphilologe; 1807 Prof. in Heidelberg, 1811 in Berlin. In einem loyalen Verhältnis zu Hegel, dessen Philosophie ihm fremd blieb.

3) Johann Friedrich Ferdinand Delbrück (1772-1848), 1809 Prof. in Königsberg, 1818 Prof. der Theologie in Bonn; Freund Schleiermachers.

4) Christian Friedrich Rühs (1781-1820), Historiker; seit 1810 in Berlin.

175.

Rektor und Senat der Universität Berlin an Schuckmann, 1. 4. 1816. - *Max Lenz: Geschichte der königlichen Friedrich-Wilhelms-Universität zu Berlin.* Bd 4: *Urkunden, Akten und Briefe.* Halle a. d. S. 1910. 323 f.

Empfänger: Kaspar Friedrich Frh. v. Schuckmann (1755-1834), preußischer Staatsmann; 1810 Chef des Ministeriums für Kultus und Unterricht; an der Gründung der Berliner Universität beteiligt; 1814 Innenminister.

176.

W. M. L. de Wette an J. F. Fries, 3. 4. 1816. - *Jakob Friedrich Fries* (vgl. oben Nr 131). 358.

1) August Neander (1789-1850), 1812 Prof. der Theologie in Heidelberg, 1813 in Berlin.

177.

Sulpiz Boisserée an Melchior Boisserée, 11. 6. 1816. - *Sulpiz Boisserée* (vgl. oben Nr 134). 306 f.

Empfänger: Melchior Boisserée (1786-1851), Bruder Sulpiz Boisserées; ebenfalls Kunstgelehrter und -sammler.

1) Karl Daub (1765-1836), Theologe; seit 1795 Prof. in Heidelberg, 1805 Kirchenrat; wesentlich an der Berufung Hegels nach Heidelberg beteiligt; enge Freundschaft mit Hegel; suchte seine Theologie ganz im Hegelschen Geiste auszurichten.

178.

B. G. Niebuhr an G. H. L. Nicolovius, 4. 8. 1816. - Nach einer von J. Hoffmeister angefertigten Abschrift der Hs. aus der Preuß. Staatsbibliothek. - Von *Max Lenz: Geschichte der Universität Berlin.* Bd 1. 579 im Regest abgedruckt. Das Billett ist in den Lebensnachrichten über Niebuhr, obwohl in dessen Brief an Nicolovius vom 16. 8. 1816 erwähnt, nicht abgedruckt, weil Nicolovius es im Original an Schuckmann mit folgender Marginalie weitergab: „Da der Beschluß über die Besetzung der hiesigen Professur der Philosophie und Herrn Hegels Berufung noch aufgeschoben ist, so halte ich es für Pflicht, die obige Nachricht gehorsamst vorzulegen."

Verfasser: Barthold Georg Niebuhr (1776-1831), Staatsmann und Historiker; 1816 preuß. Gesandter in Rom, 1823 Prof. der Geschichte in Bonn.

179.

Friedrich v. Raumer an Schuckmann, 10. 8. 1816. - *Max Lenz* (vgl. oben Nr 175). 326 f.

Verfasser: Friedrich Ludwig Georg v. Raumer (1781-1873), Staatsmann und Historiker; 1811 Prof. der Geschichte in Breslau, 1819 Prof. der Staatswissenschaften und Geschichte in Berlin.

1) Hegel an v. Raumer (2. 8. 1816). *Briefe von und an Hegel.* Bd 2. 96-102.

180.

B. G. Niebuhr an Dora Hensler, 13. 8. 1816. - *Lebensnachrichten über Barthold Georg Niebuhr aus Briefen desselben und aus Erinnerungen einiger seiner nächsten Freunde.* Bd 2. Hamburg 1838. 224.

Empfängerin: Dorothea Hensler, Jugendfreundin und Schwägerin Niebuhrs.

181.

Johann Friedrich v. Eichrodt: Über die Wiederbesetzung der erledigten Lehrstelle der Philosophie zu Heidelberg. Denkschrift vom 14. 8. 1816. - Nach der Hs. (Badisches Staatsarchiv Karlsruhe).

Verfasser: Johann Friedrich v. Eichrodt (1757-1844), seit 1779 im badischen Staatsdienst, 1807 Vizedirektor und Geheimrat der Studienkommission in Karlsruhe.

1) Der vollständige Text der Denkschrift ist abgedruckt in Anm. 1 zum Brief Daubs an Hegel (16. 8. 1816). *Briefe von und an Hegel.* Bd 2. 405 ff. - Eichrodt spricht in dem von uns ausgelassenen Stück über Suabedissen, Brandis, Weiße, Wendt und Köppen als mögliche Kandidaten.

2) Johann Ludwig Ewald (1747-1822), Theologe; 1805 Prof. in Heidelberg, später Kirchen- und Ministerialrat im badischen Staatsdienst.

3) Möglicherweise handelt es sich um Sulpiz Boisserée.

182.

F. v. Raumer an K. W. F. Solger, 24. 8. 1816. - *Friedrich v. Raumer: Lebenserinnerungen und Briefwechsel.* Teil 2. Leipzig 1861. 2.

1) Heinrich Friedrich Link (1767-1851), seit 1815 Prof., außerdem Direktor des Botanischen Gartens in Berlin.

183.

Karl Hegel an Marie Hegel, 14. 3. 1845. - Nach einer von J. Hoffmeister angefertigten Abschrift der heute verschollenen Hs. aus der Preuß. Staatsbibliothek.

184.

Karl Rosenkranz (vgl. oben Nr 11). 249 ff.

1) *Johann Gottfried Herder: Der Cid.* Nach spanischen Romanzen besungen. Tübingen 1805. - *Sakontala,* das Drama des indischen Dichters *Kalidasa* war in Deutschland zuerst durch Forsters Übersetzung 1791 bekannt geworden.

2) Christian Wolff (1679-1754), Philosoph. - Eine Zusammenfassung seiner Metaphysik bietet das Werk: *Vernünftige Gedanken von Gott, der Welt und der Seele des Menschen, auch allen Dingen überhaupt.* 1719.

185.

Georg Wolfgang Karl Lochner. - Nach *Hugo Steiger: Hegel als Rektor des Melanchthongymnasiums in Nürnberg.* In: *Zeitwende* 1931. 543.

Verfasser: Georg Wolfgang Karl Lochner (1798-1882), Schüler Hegels in Nürnberg; seit 1825 Lehrer, später als Rektor in Nürnberg tätig.

186.

G. W. K. Lochner an R. Haym. - *Rudolf Haym: Hegel und seine Zeit.* Berlin 1857. 505 f.

Empfänger: Rudolf Haym (1821-1901), Literarhistoriker.

187.

Georg Wolfgang Karl Lochner. - Nach *Christian Geyer: Hegel in Nürnberg.* In: *Noris.* Jahrbuch für protestantische Kultur. 1910. 33 f.

188.

Zimmermann: Erinnerungen an Hegels Wirksamkeit als Lehrer der Philosophie an der Studienanstalt zu Nürnberg. In: *Blätter für das Bayerische Gymnasialschulwesen.* Bd 7 (München 1871). 25 f., 29 f.

188 a.

Wilhelm Konrad Schultheiß: Geschichte der Schulen in Nürnberg. Heft 4. Nürnberg 1856. 58 f., 59 (Fußnote).

189.

L. v. J. in: *Münchener Gelehrte Anzeigen.* Bd 5. Sp. 453 f. gelegentlich der Besprechung von *F. Kapp: G. W. F. Hegel als Gymnasial-Rektor. Oder die Höhe der Gymnasialbildung unserer Zeit.* Minden 1835.

190.

Georg Friedrich Puchta: Kleine zivilistische Schriften. Hrsg. von Rudorff. 1851. XXI.

Verfasser: Georg Friedrich Puchta (1798-1846), Jurist; Schüler Hegels in Nürnberg; 1823 Prof. in München.

191.

Schleiermacher an F. H. C. Schwarz, 15. 10. 1816. - *Adolf Stoll: Friedrich Karl v. Savigny.* Professorenjahre in Berlin 1810-1842. Berlin 1929. 169.

Empfänger: Friedrich Heinrich Christian Schwarz (1766-1837), seit 1804 Prof. der Pädagogik und Theologie in Heidelberg.

192.

Susanne v. Tucher an Marie Hegel, 1. 12. 1816. - Nach der Hs. (Frh. v. Tuchersches Familienarchiv).

Verfasserin: Susanna Maria v. Tucher, geb. Haller v. Hallerstein (1769-1832), Mutter von Marie Hegel.

1) Gemeint ist: Sophie Marie Friederike v. Tucher (1800 bis 1863), Schwester Marie Hegels; sie lebte seit Hegels Übersiedlung nach Heidelberg ein Jahr in dessen Familie.

193.

Friedrich Wilken an Unbekannt (23. 12. 1816 von fremder Hand). - Nach der Hs. (Staatsbibliothek, Preußischer Kulturbesitz, Berlin).

Verfasser: Friedrich Wilken (1777-1840), 1805 Prof. der Geschichte in Heidelberg, 1807 Oberbibliothekar; 1817 als solcher nach Berlin berufen; mit Hegel befreundet.

194.

Wilhelm Herbst (vgl. oben Nr 121). 139.

195.

H. Willy an J. F. Fries, Ende 1816. - *Jakob Friedrich Fries* (vgl. oben Nr 131). 192.

Verfasser: H. Willy, Schüler von Fries aus der Brüdergemeine.

196.

Ch. Wagemann an J. F. Fries, Ende 1816. - *Jakob Friedrich Fries* (vgl. oben Nr 131). 192.

197.

K. Th. Welcker an F. Ch. Dahlmann, 19. 1. 1817. - *Anton Springer: Friedrich Christoph Dahlmann.* Teil 1. Leipzig 1870. 105.

Verfasser: Karl Theodor Welcker (1790-1869), Staatsrechtler und Politiker; 1814 Prof. der Rechte in Kiel, 1817 in Heidelberg, 1819 in Bonn, 1823 in Freiburg/Br.

Empfänger: Friedrich Christoph Dahlmann (1785-1860), Historiker und Politiker; 1813 Prof. in Kiel, seit 1829 in Göttingen.

1) Hegel war gerufen nach Erlangen als Prof. der Philologie, nach Berlin und Heidelberg als Prof. der Philosophie.

198.

Susanne v. Tucher an Marie Hegel, 9. 3. 1817. - Nach der Hs. (Frh. v. Tuchersches Familienarchiv).

1) Adloff, Schüler Hegels in Nürnberg.

199.

Susanne v. Tucher an Marie Hegel, 12. 3. 1817. - Nach der Hs. (Frh. v. Tuchersches Familienarchiv).

200.

Mohr und Winter an A. W. Schlegel, 13. 4. 1817. - *August Wilhelm Schlegels Briefwechsel mit seinen Heidelberger Verlegern.* Hrsg. von E. Jenisch. Festschrift zur Jahrhundert-Feier des Verlags Carl Winter, Universitätsbuchhandlung in Heidelberg 1822 bis 1922. 140.

Verfasser: Mohr und Winter, Verlag in Heidelberg, der die Heidelberger Jahrbücher der Literatur herausgab.

1) Vgl. Hegel an Niethammer (19. 4. 1817). *Briefe von und an Hegel.* Bd 2. 152.

201.

Susanne v. Tucher an Marie Hegel, 15. 4. 1817. - Nach der Hs. (Frh. v. Tuchersches Familienarchiv).

202.

F. H. Jacobi an Jean Paul, 11. 5. 1817. - *Friedrich Heinrich Jacobis auserlesener Briefwechsel.* [Hrsg. von F. Roth.] Bd 2. Leipzig 1827. 464.

1) Hegels Rezension von *Friedrich Heinrich Jacobis Werken.* Bd 3. Leipzig 1816 erschien in Jg. 1817 der *Heidelberger Jahrbücher der Literatur,* Nr 1 (1-16) und Nr 2 (17-32).

203.

Susanne v. Tucher an Marie Hegel, 18. 5. 1817. - Nach der Hs. (Frh. v. Tuchersches Familienarchiv).

1) *P. G. van Ghert: Mnemosyne of aanteekeningen van merk-waardige verschijnsels van het animalisch magnetismus.* Amsterdam 1815.

2) Karl Felßecker, Buchhändler und Verleger in Nürnberg.

204.

F. H. Jacobi an Johann Neeb, 30. 5. 1817. - *Jacobis auserlesener Briefwechsel* (vgl. oben Nr 202). 466 ff.

Empfänger: Johann Neeb (1767-1843), Philosoph; Anhänger Reinholds und Jacobis.

1) Abraham Gotthelf Kästner (1719-1800), Mathematiker und Epigrammatiker.

205.

Richard Rothe an seinen Vater, 1. 6. 1817. - *Richard Rothe. Ein christliches Lebensbild* auf Grund der Briefe Rothes entworfen von F. Nippold. Bd 1. Wittenberg 1873. 45.

Verfasser: Richard Rothe (1799-1867), Theologe; Schüler Hegels in Heidelberg und Berlin.

1) Hegel las im SS 1817: 1. Logik und Metaphysik, 2. Anthropologie und Psychologie, 3. Ästhetik.

206.

Susanne v. Tucher an Marie Hegel, 3. 6. 1817. - Nach der Hs. (Frh. v. Tuchersches Familienarchiv).

1) Wahrscheinlich handelt es sich um die Bibliothek des Vaters von Marie Hegel, der 1813 gestorben war.

2) Das Verzeichnis ist nicht erhalten.

3) Christoph Karl Gottlieb Siegmund v. Tucher (1798-1877), ein Bruder Marie Hegels; Schüler Hegels am Nürnberger Gymnasium, studierte 1817-19 in Heidelberg, wo er Hegel hörte und bei ihm wohnte; 1819-21 ebenfalls in Berlin. 1825 Assessor am Stadt- und Kreisgericht in Nürnberg, später Appellationsgerichtsrat.

207.

Heinrich Voß an Jean Paul, 14. 6. 1817. - *Autographenkatalog LXXV* der Firma Henrici, Berlin (13.-15. 3. 1922 Auktion). Nr 1217.

Verfasser: Heinrich Voß (1779-1822), Sohn von J. H. Voß; 1804-06 Gymnasiallehrer in Jena; dort mit Hegel bekannt; 1806 Prof. der Philologie in Heidelberg.

1) Friedrich Tiedemann (1781-1861), seit 1816 Prof. der Anatomie, Zoologie und Physiologie in Heidelberg.

208.

Sulpiz Boisserée an Goethe, 23. 6. 1817. - *Sulpiz Boisserée* (vgl. oben Nr 134). Bd 2. 175.

1) *Hegel: Enzyklopädie der philosophischen Wissenschaften im Grundrisse.* Heidelberg 1817.

209.

Susanne v. Tucher an Marie Hegel, 24. 6. 1817. - Nach der Hs. (Frh. v. Tuchersches Familienarchiv).

1) Karl Eberhard Schelling (1783-1855), Mediziner; Bruder des Philosophen Schelling; 1801 bei Hegels Habilitation Repondent; danach Hörer Hegels; 1805 praktischer Arzt in Stuttgart.

2) Das Verzeichnis ist nicht erhalten.

210.

Sulpiz Boisserée an Goethe, 27. 6. 1817. - *Sulpiz Boisserée* (vgl. oben Nr 134). Bd 2. 177.

1) Es handelt sich um die §§ 219-224.

211.

Goethe an Sulpiz Boisserée, 1. 7. 1817. - *Goethe: Werke* (vgl. oben Nr 43). Abt. 4, Bd 28. 155 ff.

1) Etienne Louis Malus (1775-1812), franz. Physiker.

2) J. F. Fries hatte in den *Heidelberger Jahrbüchern der Literatur* (Jg. 1815, Nr 25. 385-393) *Hegels Wissenschaft der Logik,* Teil 1 und 2 rezensiert. Darin heißt es (392 f.): „Lächerlich, wie unermüdet Pedanterei und fade Anmaßlichkeit Goethes Fehler immer wiederholt nachschwätzen - aber traurig zugleich, daß ein Mann von dem Scharfsinn und der Gelehrsamkeit unseres Verf. sich auf einer so niedrigen Stufe der wissenschaftlichen Ausbildung festhalten läßt."

212.

Heinrich Voß an Fräulein Boje, 3. 7. 1817. - *Willkommen und Abschied.* Zwei ungedruckte Briefe von Heinrich Voß über Jean Paul. Mitg. von L. Bäte. In: *Jean-Paul-Jahrbuch.* Hrsg. von E. Berend. Bd 1 (Berlin 1925). 213.

1) Henriette v. Ende, geb. v. Globig (1770-1848), Freundin Jean Pauls.

213.

Sulpiz Boisserée an Goethe, 10. 7. 1817. - *Sulpiz Boisserée* (vgl. oben Nr 134). Bd 2. 181.

1) Gemeint ist *Goethes: Zur Naturwissenschaft überhaupt.* Bd 1, Heft 1 (1817).

214.

Sulpiz Boisserée, Tagebuch, 13. 7. 1817. - *Hans-J. Weitz: Jean Paul in Heidelberg und Stuttgart 1817-1819.* Aus Tagebüchern

Sulpiz Boisserées. In: *Festgabe für Eduard Berend zum 75. Geburtstag.* Weimar 1959. 185.
1) Hirschhorn: Städtchen mit Burg; östlich Heidelberg am rechten Neckarufer.
2) Friedrich Kropp (1790-1832), Jurist; seit 1813 in Heidelberg.
3) Johann Kaspar Gensler (1767-1821), Jurist; seit 1816 in Heidelberg.
4) Gustav, Kronprinz von Schweden (1799-1877), Sohn des 1809 durch eine Offiziersmeuterei abgesetzten Königs Gustav IV.

215.

Jean Paul an Henriette v. Ende, 15. 7. 1817. - *Jean Pauls Sämtliche Werke* (vgl. oben Nr 129). Bd 7. 118.

216.

Sulpiz Boisserée, Tagebuch, 15. 7. 1817. - *Hans-J. Weitz* (vgl. oben Nr 214). 185 f.
1) Vgl. Anm. 1 zu Nr 213.
2) Vgl. oben Nr 208 und 210.
3) Vgl. Anm. 6 bei *Weitz.*
4) Vgl. Hegel an Niethammer (4. 7. 1813): „ . . . wie werde ich mit Entzücken (da im allgemeinen das Entzücken nicht meine Sache ist) Ihnen . . . danken." *Briefe von und an Hegel.* Bd 2. 12.
5) Marcus Atilius Regulus (gest. 255 v. Chr.), sein Schicksal wurde von der Legende ausgesponnen: er soll als karthagischer Gefangener mit einem Friedensvorschlag nach Rom gekommen sein, dort für die Ablehnung des Vorschlags gesprochen haben und dafür nach seiner Rückkehr in Karthago den Tod erlitten haben.

217.

Sitzungsprotokoll der philosophischen Fakultät, Heidelberg, 16. 7. 1817. - *Friedhelm Nicolin: Hegel als Professor in Heidelberg.* In: *Hegel-Studien.* Bd 2 (Bonn 1963). 76.

218.

Susanne v. Tucher an Marie Hegel, 17. 7. 1817. - Nach der Hs. (Frh. v. Tuchersches Familienarchiv).

219.

Heinrich Voß an Ch. Truchseß, 18. 7. 1817. - *Jean Pauls Persönlichkeit in Berichten der Zeitgenossen.* Gesammelt und hrsg. von E. Berend. Berlin, Weimar 1956. 166 ff.
Empfänger: Christian Truchseß, Frh. v. Welthausen auf Bettenburg (1755-1826), bedeutender Kunstfreund.

1) Berend (s. o. 419) vermutet, daß es sich um Pfarrer Dittenberger (gest. 1843) aus Heidelberg handelt.
2) Ferdinand Schweins (1780-1856), Prof. der Mathematik in Heidelberg.
3) Georg Wilhelm Muncke (1772-1847), 1810 Prof. der Physik in Marburg, 1817 in Heidelberg.
4) Karl Christian v. Langsdorf (1757-1834), seit 1806 Prof. der Mathematik und Technologie in Heidelberg.

220.

Jean Paul an seine Frau Karoline, 18. 7. 1817. - *Jean Pauls Sämtliche Werke* (vgl. oben Nr 129). Bd 7. 121-123.

221.

Sulpiz Boisserée, Tagebuch, 23. 7. 1817. - *Hans-J. Weitz* (vgl. oben Nr 214). 186.
1) Schwetzingen: Stadt mit bekanntem Schloß und Park, in der Nähe Heidelbergs.
2) Johann Friedrich Abegg (1765-1840), Philologe; später Pfarrer in Heidelberg.
3) Johann Wilhelm Heinrich Conradi (1780-1861), Mediziner; seit 1814 Prof. in Heidelberg, 1823 in Göttingen.

222.

Goethe an Sulpiz Boisserée, 29. 7. 1817. - *Goethe: Werke* (vgl. oben Nr 43). Abt. 4, Bd 28. 200.

223.

Heinrich Voß an Abraham Voß, 31. 7. 1817. - *Jean Pauls Persönlichkeit* (vgl. oben Nr 219). 182 ff.
Empfänger: Abraham Voß (1785-1847), Sohn von J. H. Voß; Philologe und Schulmann.
1) Sophie Caroline Eleutheria Paulus (1791-1847), Tochter von H. E. G. Paulus; 1818 nur wenige Wochen mit A. W. Schlegel verheiratet.
2) Albert Ludwig Grimm (1786-1872), Rektor in Weinheim.
3) Jettchen Schwarz, Tochter des Theologen F. H. Ch. Schwarz.
4) Rätin Falk: Frau des Satirikers Joh. Daniel Falk (1768 bis 1828).

224.

Goethe, Tag- und Jahreshefte, Sommer 1817. - *Goethe: Werke* (vgl. oben Nr 43). Bd 36. 123 f.

1) Christoph Ludwig Friedrich Schultz (1781-1853), seit 1809 Staatsrat im preuß. Finanzministerium, 1814 im Innenministerium; 1819 Regierungsbevollmächtigter der Universität Berlin; 1824 entlassen. Vgl. unten Nr 359.

225.

Karl Rosenkranz (vgl. oben Nr 11). 301.

226.

Jean Paul an seine Frau Karoline, 3. 8. 1817. - *Jean Pauls Sämtliche Werke* (vgl. oben Nr 129). Bd 7. 133.
1) Wilhelm Kaspar Ferdinand v. Dörnberg (1768-1850), General; Freiheitskämpfer.

227.

Susanne v. Tucher an Marie Hegel, 4. 8. 1817. - Nach der Hs. (Frh. v. Tuchersches Familienarchiv).

228.

Sulpiz Boisserée, Tagebuch, 9. 8. 1817. - *Hans-J. Weitz* (vgl. oben Nr 214). 186.
1) Ziegelhausen: Ort in der Nähe Heidelbergs am rechten Neckarufer.

229.

Heinrich Voß an Abraham Voß, 24. 8. 1817. - *Jean Pauls Persönlichkeit* (vgl. oben Nr 219). 197. - Der hier erwähnte Besuch Jean Pauls bei Hegel fand am 22. 8. 1817 statt.

230.

Jean Paul an F. H. Jacobi, 3. 9. 1817. - *Jean Pauls Sämtliche Werke* (vgl. oben Nr 129). Bd 7. 142.

231.

Ferdinand Walter: Aus meinem Leben. Bonn 1865. 94, 98.
Verfasser: Ferdinand Walter (1794-1879), Heidelberger Burschenschaftler; seit 1819 Prof. der Rechte in Bonn.
1) Friedrich Wilhelm Carové (1789-1852), führender Burschenschaftler in Heidelberg; dort Hegels Schüler und Repetitor; später Privatgelehrter.
2) *F. Walter: Naturrecht und Politik im Lichte der Gegenwart.* Bonn 1863.

232.

Goethe an Sulpiz Boisserée, 5. 9. 1817. - *Goethe: Werke* (vgl. oben Nr 43). Abt. 4, Bd 28. 241.

1) Hegels Brief vom 20. 7. 1817. *Briefe von und an Hegel.* Bd 2. 160-164.

233.

Susanne v. Tucher an Marie Hegel, 22. 9. 1817. - Nach der Hs. (Frh. v. Tuchersches Familienarchiv).

1) Am 18. 10. 1817 fand das Wartburgfest zum Gedenken des Reformationsjahres (1517) und der Leipziger Völkerschlacht (1813) statt; es wurde in erster Linie von Burschenschaftlern besucht.

234.

Victor Cousin über französische und deutsche Philosophie. Aus dem Frz. von Hubert Beckers. Nebst einer beurteilenden Vorrede des Herrn Geheimrats v. Schelling. Stuttgart u. Tübingen 1834. 36 ff.

Verfasser: Victor Cousin (1792-1867), frz. Philosoph und Staatsbeamter; 1815 Lehrer an der Normalschule in Paris; 1817 erste Studienreise nach Deutschland, während der er Hegel in Heidelberg kennenlernt; zweite Studienreise, auf der er Schelling und Jacobi in München besucht; 1820-1828 ohne Lehramt; 1824 wegen angeblich revolutionärer Gesinnung in Dresden verhaftet; während der Untersuchung in Berlin genaueres Studium der Hegelschen Philosophie; nach seiner Freilassung persönlicher Umgang mit Hegel; 1828 rehabilitiert; 1830 im frz. Staatsdienst, an der Neuorganisation des frz. Schulwesens maßgeblich beteiligt.

1) Diese Aussage zeugt von nur oberflächlicher Kenntnis.

2) Die in diesem Bande abgedruckten Berichte (z. B. Nr 214, 216, 219, 221, 231 etc.) widerlegen diese Äußerung.

235.

Victor Cousin, 1817. - *Jules Barthélemy-Saint Hilaire: M. Victor Cousin, sa vie et sa correspondance.* Tome 1. Paris 1895. 68 f.

236.

Susanne v. Tucher an Marie Hegel, 3. 10. 1817. - Nach der Hs. (Frh. v. Tuchersches Familienarchiv).

237.

F. Ch. Schlosser an Katharina Schmidt, 24. 10. 1817. - *Georg Weber: Friedrich Christoph Schlosser der Historiker.* Erinnerungsblätter aus seinem Leben und Wirken. Eine Festschrift zu

seiner hundertjährigen Geburtstagsfeier am 17. November 1876.
Leipzig 1876. 99.
Verfasser: Friedrich Christoph Schlosser (1776-1861), Historiker; 1817 Prof. in Heidelberg.
Empfängerin: Katharina Schmidt, geb. Müller (1787-1848), seit 1811 mit Schlosser befreundet.

238.

Susanne v. Tucher an Marie Hegel, 28. 10. 1817. - Nach der Hs. (Frh. v. Tuchersches Familienarchiv).

239.

F. Ch. Schlosser an Katharina Schmidt, 29. 10. 1817. - *Georg Weber* (vgl. oben Nr 237). 106.

240.

F. Ch. Schlosser an Katharina Schmidt, 8. 11. 1817. - *Georg Weber* (vgl. oben Nr 237). 108 f.
1) Johann Christian Felix Bähr (1798-1872), Philologe; seit 1819 Prof. in Heidelberg.

241.

Richard Rothe an seinen Vater, 18. 11. 1817. - *Richard Rothe* (vgl. oben Nr 205). 69.

242.

Susanne v. Tucher an Marie Hegel, 4. 12. 1817. - Nach der Hs. (Frh. v. Tuchersches Familienarchiv).

243.

Richard Rothe an seinen Vater, 7. 12. 1817. - *Richard Rothe* (vgl. oben Nr 205). 65.

244.

F. Ch. Schlosser an Katharina Schmidt, 28. 12. 1817. - *Georg Weber* (vgl. oben Nr 237). 118.

245.

Schelling an Niethammer, Ende 1817. - *Ein unbekannter Brief Schellings an Niethammer,* mitgeteilt von J. L. Döderlein. In: *Natur und Geschichte.* Karl Löwith zum 70. Geburtstag. Stuttgart 1967. 454. - Der Gegenstand des Briefes sind die ersten Fortsetzungen von *Hegels: Beurteilung der im Druck erschienenen Verhandlungen in der Versammlung der Landstände des König-*

reichs Württemberg in den Jahren 1815 und 16. I-XXXIII. Abt.
In: *Heidelberger Jahrbücher der Literatur.* Nr 66-77. Heidelberg
1817.

246.

Boris v. Üxküll, 1817. - *Karl Rosenkranz* (vgl. oben Nr 11). 302 f.
Verfasser: Boris v. Üxküll (1793-1870), estländischer Groß-
grundbesitzer und Rittmeister der russischen Armee; studierte bei
Hegel in Heidelberg; stand auch später mit Hegel in freundschaftlicher Verbindung.
1) Hegel las im SS 1817: Logik und Metaphysik; Anthropologie und Psychologie; Ästhetik. - Im WS 1817/18: Geschichte der
Philosophie; Naturrecht und Staatswissenschaft.

247.

Ch. F. Winter an J. F. Fries, 1817. - *Jakob Friedrich Fries* (vgl.
oben Nr 131). 192 f.
Verfasser: Christian Friedrich Winter (1773-1858), Buchhändler und Verleger; seit 1815 in Heidelberg.

248.

F. Ch. Schlosser an Katharina Schmidt, 5. 1. 1818. - *Georg Weber*
(vgl. oben Nr 237). 121. - Es geht um die Frage der Mitarbeit an
den *Heidelberger Jahrbüchern der Literatur.*

249.

P. D. A. Atterbom an E. G. Geijer, 24. 1. 1818. - *Aufzeichnungen
des schwedischen Dichters P. D. A. Atterbom über berühmte
deutsche Männer und Frauen nebst Reiseerinnerungen aus
Deutschland und Italien aus den Jahren 1817-1819.* Aus dem
Schwedischen übersetzt von F. Maurer. Berlin 1867. 149 ff.
Verfasser: Pehr Daniel Amadeus Atterbom (1790-1855), schwedischer Dichter und Literaturhistoriker.
1) Benjamin Carl Henrik Höijer (1767-1812), Prof. der Logik
und Metaphysik in Upsala.

250.

Friedrich Roth an Karl Roth, 1. 2. 1818. - *Der Briefwechsel der
Brüder Roth in der ersten Hälfte des 19. Jahrhunderts.* Aus dem
Nachlaß veröffentlicht von E. Teufel. In: *Zeitschrift für bayerische
Kirchengeschichte.* Hrsg. von K. Schornbaum. Jg. 21 (Nürnberg
1952). 189.
Empfänger: Karl Ludwig Roth (1790-1868), Bruder von K. J. F.
Roth; 1813 Gymnasiallehrer in Stuttgart, seit 1822 Gymnasial-
rektor in Nürnberg.

251.

Jean Paul an Heinrich Voß, 2. 2. 1818. - *Jean Pauls Sämtliche Werke* (vgl. oben Nr 129). Bd 7. 171.

252.

Richard Rothe an seinen Vater, 13. 2. 1818. - *Richard Rothe* (vgl. oben Nr 205). 73 f.

253.

Altenstein an den preußischen König, 20. 2. 1818. - *Max Lenz* (vgl. oben Nr 175). 334 f.
Verfasser: Karl Siegmund Franz Frh. v. Stein zum Altenstein (1770-1840), preuß. Staatsmann; 1808-10 Finanzminister, 1817 Kultusminister; stand Hegel und seiner Philosophie sehr freundlich und aufgeschlossen gegenüber.
1) Altenstein hatte im Herbst 1816 auf der Rückreise von Paris - wahrscheinlich um die Boisseréesche Kunstsammlung kennenzulernen - Heidelberg besucht und war dort erstmalig mit Hegel persönlich zusammengetroffen.

254.

Susanne v. Tucher an Marie Hegel, 12. 3. 1818. - Nach der Hs. (Frh. v. Tuchersches Familienarchiv). - Die Anspielung betrifft ein Geschenk zu Marie Hegels Geburtstag.

255.

F. Ch. Schlosser an Katharina Schmidt, 23. 3. 1818. - *Georg Weber* (vgl. oben Nr 237). 137.

256.

Schleiermacher an L. G. Blanc, 23. 3. 1818. - *Briefe von und an Hegel.* Bd 2. 424.
Empfänger: Ludwig Gottfried Blanc (1781-1866), Romanist und Theologe.

257.

F. Ch. Schlosser an Katharina Schmidt, 30. 3. 1818. - *Georg Weber* (vgl. oben Nr 237). 142.
1) Aus dem Kontext geht hervor, daß es sich um eine Diskussion über Staat und Kirche gehandelt hat.

258.

Susanne v. Tucher an Marie Hegel, 30. 3. 1818. - Nach der Hs. (Frh. v. Tuchersches Familienarchiv).

259.

Susanne v. Tucher an Marie Hegel, 4. 4. 1818. - Nach der Hs.
(Frh. v. Tuchersches Familienarchiv).
1) Es geht für Hegel um die Frage, ob er den Ruf nach Berlin annimmt.

260.

K. W. F. Solger an L. Tieck, 11. 4. 1818. - *Tieck and Solger. The
complete correspondence*. By P. Matenko. New York, Berlin 1933.
420.

261.

Julius Niethammer an Ludwig Döderlein, 21. 4. 1818. - Nach
einer Abschrift von J. Hoffmeister (Hs. in Privatbesitz).
Verfasser: Adolf Julius Niethammer (1798-1882), einziger Sohn
F. I. Niethammers; 1817 Hörer Hegels in Heidelberg; später im
bayr. Staatsdienst tätig und Prof. der Staatswissenschaften in
München.

262.

W. M. L. de Wette an J. F. Fries, 22. 4. 1818. - *Jakob Friedrich
Fries* (vgl. oben Nr 131). 360.

263.

K. W. F. Solger an L. Tieck, 26. 4. 1818. - *Solgers nachgelassene
Schriften und Briefwechsel*. Hrsg. von L. Tieck und F. v. Raumer.
Bd 1. Leipzig 1826. 619 f.

264.

Goethe an Sulpiz Boisserée, 1. 5. 1818. - *Goethe: Werke* (vgl.
oben Nr 43). Abt. 4, Bd 29. 160.

265.

Richard Rothe an seinen Vater, 10. 5. 1818. - *Richard Rothe* (vgl.
oben Nr 205). 83.

266.

Jean Paul an seine Frau Karoline, 6. 6. 1818. - *Jean Pauls Sämtliche Werke* (vgl. oben Nr 129). Bd 7. 196.

267.

Richard Rothe an seinen Vater, 7. 6. 1818. - *Richard Rothe* (vgl.
oben Nr 205). 84 f.
1) Hegel scheint also offen von seinen schlechten Erfahrungen, die er als Gymnasialrektor in Nürnberg mit den bayr. Behörden gemacht hatte, gesprochen zu haben.

268.

Jean Paul an seine Frau Karoline, 23. 6. 1818. - *Jean Pauls Sämtliche Werke* (vgl. oben Nr 129). Bd 7. 212.

269.

F. L. G. v. Raumer an K. W. F. Solger, 12. 7. 1818. - *Solgers nachgelassene Schriften* (vgl. oben Nr 263). 644 f.

270.

F. K. v. Savigny an F. Perthes, 24. 7. 1818. - *Adolf Stoll* (vgl. oben Nr 191). 247.
Empfänger: Friedrich Christoph Perthes (1772-1843), bekannter Buchhändler in Hamburg, später in Gotha.

271.

Victor Cousin an Schelling, Mitte August 1818. - *Barthélemy-Saint Hilaire* (vgl. oben Nr 235). 84.

272.

Susanne v. Tucher an Marie Hegel, 16. 8. 1818. - Nach der Hs. (Frh. v. Tuchersches Familienarchiv).

273.

Richard Rothe an seinen Vater, 16. 8. 1818. - *Richard Rothe* (vgl. oben Nr 205). 91 f.

274.

F. Ch. Schlosser an Katharina Schmidt, 21. 9. 1818. - *Georg Weber* (vgl. oben Nr 237). 152.

275.

Friedrich Creuzer: Aus dem Leben eines alten Professors. Leipzig u. Darmstadt 1848. 124, Anm. 1.

276.

Adolf Stahr: Hegel als Politiker. Bericht über Hegels Leben von Rosenkranz. In: *Jahrbücher der Gegenwart.* Hrsg. von A. Schwegler. Tübingen 1844. 961.
Verfasser: Adolf Wilhelm Theodor Stahr (1805-1876), Schriftsteller und Gymnasiallehrer.

277.

Varnhagen v. Ense, Tagebuch, 14. 7. 1845. - *Tagebücher von K. A. Varnhagen v. Ense.* (Hrsg. von L. Assing.) Bd 3. Leipzig 1862. 120.

1) Isaak Rust (1796-1862), Theologe; Hörer Hegels in Heidelberg; 1820 Pfarrer in Ungstein, 1827 reformierter Prediger in Erlangen; 1831 Prof. der Philosophie, 1833 Konsistorialrat in Speyer.

278.

Varnhagen v. Ense, Tagebuch, 16. 7. 1845. - *Tagebücher von Varnhagen* (vgl. oben Nr 277). 123 f.

279.

Ludwig Rellstab: Aus meinem Leben. Bd 2. Berlin 1861. 166.
Verfasser: Ludwig Rellstab (1799-1860), Schriftsteller.
1) Leopold Karl Heinrich Frh. v. Thüngen (geb. 1800).

280.

Theodor v. Kobbe: Humoristische Erinnerungen aus meinem akademischen Leben in Heidelberg und Kiel in den Jahren 1817 bis 1819. Bd 1. Bremen 1840. 33, 36 f., 40 f., 63, 90, 92 f., 100 f.
Verfasser: Theodor Christoph August v. Kobbe (1798-1845), Schriftsteller und Jurist; Hörer Hegels in Heidelberg; führender Burschenschaftler; später Assessor in Holstein und Jagdjunker.
1) *Karl Daub: Judas Ischarioth oder das Böse im Verhältnisse zum Guten.* Abt. 1 und 2. Heidelberg 1818 f.
2) Leopold Gmelin (1788-1853), seit 1817 Prof. der Chemie und Medizin in Heidelberg.
3) Karl Cäsar Leonhard (1779-1862), Mineraloge und Geognost; seit 1818 Prof. der Mineralogie in Heidelberg.

281.

Karl Rosenkranz: Erinnerungen an Karl Daub. Berlin 1837. 14.

282.

Goethe, Tagebuch, 23. 9. 1818. - *Goethe: Werke* (vgl. oben Nr 43). Abt. 3, Bd 6. 245.

283.

Goethe an C. F. E. Frommann, 24. 9. 1818. - *Goethe: Werke* (vgl. oben Nr 43). Abt. 4, Bd 29. 293 f.

284.

Immanuel Hegel: Erinnerungen aus meinem Leben. Berlin 1891.
5 f.

285.

Goethe an Sulpiz Boisserée, 26. 9. 1818. - *Goethe: Werke* (vgl.
oben Nr 43). Abt. 4, Bd 29. 295.

286.

K. L. v. Knebel an Charlotte Schiller, 30. 9. 1818. - *Charlotte
v. Schiller und ihre Freunde.* Bd 3. Stuttgart 1865. 397 f.

287.

Karl Daub an einen unbekannten Berliner, 14. 10. 1818. - Nach
einer von J. Hoffmeister angefertigten Abschrift der Hs. aus der
Preuß. Staatsbibliothek.

288.

K. W. F. Solger an F. L. G. v. Raumer, 22. 10. 1818. - *Solgers
nachgelassene Schriften* (vgl. oben Nr 263). 681 f.

289.

Friedrich Ludwig Jahn, 13. 11. 1818. - *[Dorow:] Denkschriften
und Briefe zur Charakteristik der Welt und Literatur.* Berlin
1838 ff. Bd 2. 89.
  Verfasser: Friedrich Ludwig Jahn (1778-1852), der berühmte
Turnvater; hielt 1817 in Berlin Vorlesungen über „deutsches
Volkstum"; mehrere Jahre wegen seiner Verbindung mit der
Burschenschaft in Haft.
  1) *Henrich Steffens: Turnziel.* Sendschreiben an den Herrn
Professor Kayßler und die Turnfreunde. Breslau 1818.

290.

K. W. F. Solger an L. Tieck, 22. 11. 1818. - *Solgers nachgelassene
Schriften* (vgl. oben Nr 263). 686 f.

291.

W. M. L. de Wette an J. F. Fries, 15. 12. 1818. - *Jakob Friedrich
Fries* (vgl. oben Nr 131). 361.

292.

K. W. F. Solger an L. Tieck, 1. 1. 1819. - *Solgers nachgelassene
Schriften* (vgl. oben Nr 263). 702.

293.

Richard Rothe an seinen Vater, 24. 1. 1819. - *Richard Rothe* (vgl. oben Nr 205). 117 f.

1) Vgl. *Hegel: Phänomenologie des Geistes.* Hrsg. von J. Hoffmeister. 6. Aufl. Hamburg 1952 (Phil. Bibl. Bd 114.) 473 ff.

294.

Susanne v. Tucher an Marie Hegel, 6. 4. 1819. - Nach der Hs. (Frh. v. Tuchersches Familienarchiv).

1) Karl Heinrich Fuchs, 1806 Konsistorialrat in Bamberg, 1809 Kirchenrat im Mainkreis, dann in Regensburg.

295.

B. v. Lindenberg an H. F. Maßmann, 3. 5. 1819. - *Max Lenz* (vgl. oben Nr 175). 357.

Verfasser: B. v. Lindenberg, Student in Berlin.

Empfänger: Hans Ferdinand Maßmann (1797-1874), Burschenschaftler; später Turnlehrer und Gymnasialprof.

1) Pichelsberg: Ausflugsziel in der Umgebung Berlins.

2) Johann Christian Hasse (1779-1830), Jurist; 1818 Prof. in Berlin, 1821 in Bonn.

3) Am 2. 5. 1813 schlug Napoleon die Preußen bei Großgörschen; Scharnhorst wurde tödlich verletzt.

4) Friedrich Christoph Förster (1791-1868), Schriftsteller und Historiker; gehörte zum Freundeskreis Hegels; 1829 Kustos am Berliner Museum. Hielt die Grabrede für Hegel (vgl. unten Nr 724); Mitherausgeber der Gesamtausgabe der *Werke Hegels* 1832 ff.

5) August Friedrich Ferdinand v. Kotzebue (1761-1819), Dichter und Politiker; am 23. 3. 1819 von dem Studenten Sand ermordet, was zum Anlaß für die Demagogenverfolgung wurde.

296.

B. v. Lindenberg an seinen Vater, 3.(?) 5. 1819. - *Max Lenz* (vgl. oben Nr 175). 412.

1) Karl Ulrich, Jurastudent und Burschenschaftler; später Justizbeamter; stand in näherer Verbindung mit Hegel; vgl. den Brief Ulrichs an Hegel. *Briefe von und an Hegel.* Bd 2. 330 ff.

297.

G. Asverus an seine Eltern, 11. 5. 1819. - *Briefe von und an Hegel.* Bd 2. 435 f.

Verfasser: Gustav Asverus (1798-1843), Sohn des mit Hegel bekannten Justizrats L. Ch. F. Asverus in Jena; studierte 1818

Jura in Heidelberg, danach in Berlin; Hegel bemühte sich sehr um ihn, als er wegen seiner Zugehörigkeit zur Burschenschaft inhaftiert wurde; 1821 Promotion in Berlin, dann Rechtsanwalt in Jena.

298.

P. D. A. Atterbom an E. G. Geijer, 20. 5. 1819. - *Aufzeichnungen Atterboms* (vgl. oben Nr 249). 274.

299.

P. D. A. Atterbom an E. G. Geijer, 21. 5. 1819. - *Aufzeichnungen Atterboms* (vgl. oben Nr 249). 275.

300.

P. D. A. Atterbom an Gumaelius und Schröder, 25. 5. 1819. - *Aufzeichnungen Atterboms* (vgl. oben Nr 249). 284.

301.

Richard Rothe an seinen Vater, 11. 6. 1819. - *Richard Rothe* (vgl. oben Nr 205). 145.
1) Es handelt sich um den Stich von F. W. Bollinger nach einem Bild von Ch. Xeller.

302.

G. Asverus an Bollbrugge, 30. 6. 1819. - *Briefe von und an Hegel.* Bd 2. 436.
Empfänger: Bollbrugge, Burschenschaftler, Freund von G. Asverus.
1) Treptow: Vorort Berlins links der Spree; heute Stadtteil Berlins.

303.

G. Asverus an K. L. Loholm, 30. 6. 1819. - *Briefe von und an Hegel.* Bd 2. 436.
Empfänger: Karl Ludwig Loholm, führender Burschenschaftler.
1) In den Jenaer Zuhörerlisten Hegels findet sich im WS 1804/05 ein Michael Andreas Heinrich Müller aus Eisenach (vgl. *Kimmerle. Hegel-Studien.* Bd 4. 61); wahrscheinlich der spätere Hofrat in Neubrandenburg.
2) Karl Müller (1775-1847), Bruder des vorigen.

304.

F. Förster an E. Förster, 4. 7. 1819. - Nach einer Abschrift von J. Hoffmeister.

Empfänger: Ernst Joachim Förster (1800-1885), Bruder F. Ch. Försters; als stud. phil. Hörer Hegels in Berlin; später Maler und Kunstschriftsteller. Vgl. unten Nr 315.

305.

G. F. Creuzer an S. Boisserée, 5. 7. 1819. - *Sulpiz Boisserée* (vgl. unten Nr 134). 366.

1) Hermann Friedrich Wilhelm Hinrichs (1794-1861), Schüler Hegels in Heidelberg, habilitierte sich dort 1819 in Philosophie; 1822 Prof. in Breslau, 1824 in Halle; mit Hegel freundschaftlich verbunden; als Philosoph Epigone Hegels.

306.

A. D. Ch. Twesten an Schleiermacher, 20. 7. 1819. - *Heinrici* (vgl. oben Nr 168). 346 f.

1) Twesten hat 1825 eine *Logik* veröffentlicht.

2) *Ch. G. Bardili: Grundriß der ersten Logik, gereinigt von den Irrtümern bisheriger Logiken überhaupt, der Kantischen insbesondere . . .* Stuttgart 1800.

3) Johann Erich v. Berger (1772-1833), privatisierte bis 1814, dann Prof. der Astronomie in Kiel, 1823 Nachfolger Reinholds auf dem philosophischen Lehrstuhl in Kiel.

307.

Karl Rosenkranz (vgl. oben Nr 11). 338 f.

1) Gemeint ist Leopold Dorotheus v. Henning (1791-1866), seit 1818 Studium in Berlin; mit der Burschenschaft in Verbindung; Repetent der Vorlesungen Hegels, 1821 in Berlin habilitiert; Vorlesungen über Goethes Farbenlehre und Hegels Logik; 1825 Prof.; Generalsekretär der *Jahrbücher für wissenschaftliche Kritik;* an der Gesamtausgabe der *Werke Hegels* 1832 ff. als Herausgeber beteiligt.

307 a.

Karl Hegel: Leben und Erinnerungen. Leipzig 1900. 8.

1) Vgl. *Briefe von und an Hegel.* Bd 2. 219 f.

307 b.

Varnhagen v. Ense, 17. 5. 1827. - *K. A. Varnhagen v. Ense: Blätter aus der preußischen Geschichte.* Bd 4. Leipzig 1869. 235. - De Wette wurde Ende September 1819 entlassen; vgl. *Max Lenz* (vgl. oben Nr 175). Bd 2, 1. Hälfte. 76 ff.

308.

Richard Rothe an seinen Vater, 3. 11. 1819. - *Richard Rothe* (vgl. oben Nr 205). 155.

309.

Richard Rothe an seinen Vater, 29. 11. 1819. - *Richard Rothe* (vgl. oben Nr 205). 162 f.
1) Vgl. dazu *Briefe von und an Hegel.* Bd 2. 221.

310.

L. Rödiger an J. F. Fries, November 1819. - *Jakob Friedrich Fries* (vgl. oben Nr 131). 206.
Verfasser: Georg Ludwig Julius Konrad Rödiger (1798-1866), Burschenschaftler; als Privatdozent 1820 aus Preußen ausgewiesen.
1) Die Promotion Immanuel Hermann Fichtes (1796-1879) fand am 31. 10. 1818 statt.
2) Porphyrios (232-304 n. Chr.), Philosoph; Neuplatoniker.

311.

M. H. K. Lichtenstein an Schopenhauer, 8. 12. 1819. - *Schopenhauers Sämtliche Werke* (vgl. oben Nr 164). 272.
Verfasser: Martin Heinrich Karl Lichtenstein (1780-1857), Naturforscher und Mediziner; 1811 Prof. der Medizin und Mitglied der Berliner Akademie der Wisssenschaften.

312.

Richard Rothe an seinen Vater, 21. 12. 1819. - *Richard Rothe* (vgl. oben Nr 205). 163 f.
1) Hegel las im WS 1819/20 fünfstündig Naturrecht und Staatswissenschaft oder Philosophie des Rechts.
2) Vgl. *Hegel: Grundlinien der Philosophie des Rechts.* Hrsg. von J. Hoffmeister. 4. Aufl. Hamburg 1955. (Phil. Bibl. Bd 124 a.) §§ 161 ff.

313.

Schopenhauer an August Boeckh, 31. 12. 1819. - *Schopenhauers Sämtliche Werke* (vgl. oben Nr 164). 295.
1) Schopenhauer will seine Vorlesung zwischen 16 und 17 Uhr halten.

314.

Die Universität Berlin. In: *Hallische Jahrbücher für deutsche Wissenschaft und Kunst.* Jg. 1841, Nr 6 (7. Januar). Sp. 22.

315.

Ernst Förster: Aus der Jugendzeit. Hrsg. von K. v. Binzer. Berlin u. Stuttgart. 1887. 168-174.

1) Im SS 1819 las Hegel Logik und Metaphysik und im WS 1819/20 Naturphilosophie.

2) Karl Christoph Albert Heinrich v. Kamptz (1769-1849), seit 1817 Direktor des Polizeiministeriums und Mitglied des preuß. Staatsrates; 1819 mit der Verfolgung demagogischer Umtriebe in Preußen beauftragt.

3) Vgl. unten Nr 323.

316.

Heinrich Leo: Der Hegelianismus in Preußen. In: *Zeitschrift für Religions- und Geistesgeschichte.* Bd 10 (1958), Heft 1. 54 ff.

Verfasser: Heinrich Leo (1799-1878), Historiker; studierte u. a. bei Hegel, 1820 in Erlangen habilitiert, 1825 Prof. in Berlin; 1827 aus persönlichen Gründen Aufgabe der Professur; 1828 Prof. in Halle.

1) De Wette wurde im Zuge der Demagogenverfolgung als Professor abgesetzt; vgl. *Briefe von und an Hegel.* Bd 2. 444-447.

2) Staatsrat Schultz war wegen seiner reaktionären Haltung besonders verhaßt.

3) Johann Wilhelm Süwern (1775-1829), seit 1809 Staatsrat und ständiger Referent in der Unterrichtsabt. des preuß. Innenministeriums; seit 1817 im Kultusministerium Geh. Staatsrat.

317.

Johannes Schulze. - In: *C. Varrentrapp: Johannes Schulze und das höhere preußische Unterrichtswesen in seiner Zeit.* Leipzig 1889. 432 f.

318.

Richard Rothe an seinen Vater, 5. 1. 1820. - *Richard Rothe* (vgl. oben Nr 205). 167.

319.

J. G. Langermann an Jean Paul, 23. 1. 1820. - *Denkwürdigkeiten aus dem Leben von Jean Paul Friedrich Richter.* Hrsg. von E. Förster. Bd 3. München 1863. 309.

320.

Schopenhauer an August Boeckh, 18. 3. 1820. - *Schopenhauers Sämtliche Werke* (vgl. oben Nr 164). 312 f.

321.

Karl Bähr. - *Arthur Schopenhauers Gespräche.* Hrsg. von A. Hübscher. In: *Zwanzigstes Jahrbuch der Schopenhauer-Gesellschaft.* Heidelberg 1933. 38 f.

322.

K. Ch. F. Krause an seinen Vater, 2. 5. 1820. - *Briefwechsel Krauses* (vgl. oben Nr 84). 545.
1) Die hier erwähnten Arbeiten scheinen zunächst nicht herausgekommen zu sein. Vgl. aber: *K. Ch. F. Krause: Vorlesungen über die Grundwahrheiten der Wissenschaft. Nebst einer kurzen Darstellung und Würdigung der bisherigen Systeme der Philosophie, vornehmlich der neuesten von Kant, Fichte, Schelling und Hegel und der Lehre Jacobis.* Göttingen 1829.

323.

Friedrich Förster. - 7. *Sitzungsbericht der Philosophischen Gesellschaft (25. 5. 1861).* In: *Der Gedanke.* Philosophische Zeitschrift. Organ der Philosophischen Gesellschaft zu Berlin. Hrsg. von K. L. Michelet. Bd 2, Heft 1. 76 f.
1) Vgl. oben Nr 315.

324.

Karl Förster, Tagebuch, 24. 7. 1820. - *Biographische und literarische Skizzen aus dem Leben und der Zeit Karl Försters.* Hrsg. von L. Förster. Dresden 1846. 170.
Verfasser: Karl August Förster (1784-1841), seit 1807 Prof. beim Kadettencorps in Dresden; bekannt als Übersetzer.
1) Vielleicht: Ernst Leopold Großheim (1799-1844), Arzt; seit 1815 Studium in Berlin, 1821 dort promoviert.

325.

Karl Ludwig Michelet: Wahrheit aus meinem Leben. Berlin 1884. 41 f.
1) Jean Pierre Friedrich Ancillon (1767-1837), seit 1809 Staatsrat im Kultusministerium, 1813 Legationsrat im preuß. Außenministerium, 1832 Außenminister.
2) Ludwig Boumann (1801-1871), Schüler Hegels in Berlin, bei dem er 1828 promovierte; dann Privatgelehrter; Kritiker und Verfasser ästhetischer Aufsätze; an der Gesamtausgabe der *Werke Hegels* 1832 ff. als Herausgeber beteiligt.
3) Heinrich Gustav Hotho (1802-1873), Schüler Hegels in Berlin, bei dem er 1826 promovierte; 1827 Habilitation; 1829 Prof. der Ästhetik in Berlin; 1858 Direktor des Kupferstichkabinetts im kgl. Museum zu Berlin. Mit Hegel in freundschaftlicher Verbindung; an der Gesamtausgabe der *Werke Hegels* 1832 ff. beteiligt. - Vgl. unten Nr 385.
4) Wahrscheinlich Karl v. Bodelschwingh (1800-1873), seit 1832 preuß. Regierungsbeamter, später Finanzminister.
5) Boumanns endgültige Dissertation trug den Titel: *Expositio Spinozismi* (vgl. *Hegel: Berliner Schriften* 1818-1831. Hrsg. von J. Hoffmeister. Hamburg 1956. 659-664).

326.

Karl Förster, Tagebuch, Ende August 1820. - *Biographische und literarische Skizzen* (vgl. oben Nr 324). 176 f.

1) Heinrich Hase (1789-1842), seit 1820 Unterinspektor an der Antikensammlung in Dresden, 1835 Oberinspektor; veröffentlichte Fragmente des *Aspasios* zur *Nikomachischen Ethik*.

2) Vgl. oben Nr 54.

3) Adolf Friedrich Karl Streckfuß (1778-1844), Dichter und Übersetzer; seit 1819 Beamter in Berlin; 1840 Staatsrat.

4) Maximilian v. Schreibershofen (1785-1881), kgl. sächsischer Offizier.

5) Heinrich Siegismund v. Zeschau (1785-1821), bekannt unter dem Pseudonym: Wilibald; Kreishauptmann in Dohna.

326 a.

Varnhagen v. Ense. - Nach einer von J. Hoffmeister angefertigten Abschrift der heute verschollenen Hs. aus der Preuß. Staatsbibliothek. - Denselben Vorgang berichten Friedrich Hebbel (vgl. *Sämtliche Werke*. Hrsg. von R. M. Werner. Bd 10. 190) und *Rudolf Köpke (Ludwig Tieck*. Erinnerungen aus dem Leben des Dichters. Teil 2. Leipzig 1855. 69 f.).

327.

Karl Förster, Tagebuch, September 1820. - *Biographische und literarische Skizzen* (vgl. oben Nr 324). 177 f.

328.

Gustav Parthey: Jugenderinnerungen. Handschrift für Freunde. Neu hrsg. von E. Friedel. Teil 2. Berlin 1907. 405 f.

Verfasser: Gustav Friedrich Konstantin Parthey (1798-1872), Buchhändler und Philologe; 1818 Student in Berlin und Heidelberg; 1820 Promotion.

1) Bernhard Klein (1793-1832), Komponist und Musikdirektor; Schwager Gustav Partheys; mit Hegel seit Heidelberg bekannt; 1818 an das Institut für Kirchenmusik in Berlin berufen.

2) Johann Ludwig Klüber (1762-1837), Staatsrechtslehrer; seit 1817 im preuß. Staatsdienst.

3) Karl Ritter wurde 1820 als Prof. für Geographie nach Berlin berufen.

4) Wilhelm Schadow (1788-1862), Maler; 1810-26 Prof. an der Berliner Akademie.

5) Christian Daniel Rauch (1777-1857), Bildhauer; Prof. in Berlin.

6) Johann Heinrich Meyer (1760-1832), Maler und Kunstgelehrter; Freund Goethes.

7) Gemeint ist *Mozarts: Don Giovanni*.

329.

Eine unbekannte Dame an Goethe, Herbst 1820. - *Bericht an Goethe: Über die Kunstausstellung in Berlin, im Herbste 1820.* In: *Neue Berliner Monatsschrift für Philosophie, Geschichte, Literatur und Kunst.* Bd 1. Berlin 1821. 33 f.

330.

Susanne v. Tucher an Marie Hegel, 16. 11. 1820. - Nach der Hs. (Frh. v. Tuchersches Familienarchiv).

331.

Ernst Förster (vgl. oben Nr 315). 202 f.
1) Benedikt Franz Xaver v. Baader (1765-1841), Philosoph. Vgl. unten Nr 397.

332.

W. M. L. de Wette an Schleiermacher, 30. 12. 1820. - *Aus Schleiermachers Leben* (vgl. oben Nr 74). 266 f.
1) Vgl. *Hegel: Grundlinien der Philosophie des Rechts* (vgl. oben Anm. 2 zu Nr 312). 8 f.

333.

Schleiermacher an G. Ch. F. Lücke, 5. 1. 1821. - *Aus Schleiermachers Leben* (vgl. oben Nr 74). 272.
Empfänger: Gottfried Christian Friedrich Lücke (1791-1855), seit 1818 Prof. der Theologie in Bonn, 1827 in Göttingen.

334.

J. F. Fries an L. Rödiger, 6. 1. 1821. - *Jakob Friedrich Fries* (vgl. oben Nr 131). 224.

335.

F. v. Baader an F. Schlegel, 6. 2. 1821. - *Eugène Susini: Lettres inédites de Franz v. Baader.* Bd 1. Paris 1942. 348.
1) Vgl. *Hegel: Phänomenologie* (vgl. oben Anm. 1 zu Nr 293). 239.

336.

F. K. v. Savigny an G. F. Creuzer, 6. 2. 1821. - *Adolf Stoll* (vgl. oben Nr 191). 273.
1) Vgl. *Hegel: Berliner Schriften.* 598-607.

337.

J. F. L. Göschen an M. H. K. Lichtenstein, 8. 2. 1821. - *Max Lenz* (vgl. oben Nr 175). Bd 2, 1. Hälfte. 114.

Verfasser: Johann Friedrich Ludwig Göschen (1778-1837), Jurist; Prof. in Berlin.

1) Es handelt sich um die Einladung zum Bewaffnungsfest am 9. Februar, das seit 1815 alljährlich von den Studenten in Erinnerung an die Erhebung von 1813 gefeiert wurde. 1820 ergaben sich Schwierigkeiten für die Abhaltung wegen burschenschaftlicher Beteiligung.

338.

Jean Paul an seinen Sohn Max, 20. 2. 1821. - *Jean Pauls Sämtliche Werke* (vgl. oben Nr 129). Bd 8. 96.

339.

A. D. Ch. Twesten an Schleiermacher, 25. 2. 1821. - *Heinrici* (vgl. oben Nr 168). 364 f.

340.

Jean Paul an G. A. Gabler, 3. 3. 1821. - *Jean Pauls Sämtliche Werke* (vgl. oben Nr 129). Bd 8. 102.

341.

Goethe an K. F. Reinhard, 5. 3. 1821. - *Goethe und Reinhard. Briefwechsel in den Jahren 1807-1832.* Hrsg. von O. Heuschele. Wiesbaden 1957. 260 f.

Empfänger: Karl Friedrich Reinhard (1761-1837), Diplomat; Freund Goethes.

1) Vgl. den Briefwechsel zwischen Goethe und Hegel seit 1817.

2) Aus Hegels Brief vom 24. 2. 1821. *Briefe von und an Hegel.* Bd 2. 247-252. Vgl. auch unten Nr 343.

342.

Goethe an Ch. L. F. Schultz, 10. 3. 1821. - *Goethe: Werke* (vgl. oben Nr 43). Abt. 4, Bd 34. 159.

1) Gemeint ist Hegels Brief an Goethe vom 24. 2. 1821.

343.

Goethe an K. F. Reinhard, 29. 3. 1821. - *Goethe und Reinhard* (vgl. oben Nr 341). 262.

344.

K. F. Reinhard an Goethe, 9. 4. 1821. - *Goethe und Reinhard* (vgl. oben Nr 341). 267 f.

1) Karl August v. Wangenheim (1773-1850), württembergischer Politiker.

345.

Jean Paul an seinen Sohn Max, 10. 5. 1821. - *Jean Pauls Sämtliche Werke* (vgl. oben Nr 129). Bd 8. 113.

346.

F. Bopp an K. J. H. Windischmann, 15. 5. 1821. - *S. Lefmann: Franz Bopp, sein Leben und seine Wissenschaft.* 1. Hälfte Berlin 1891, 2. Hälfte Berlin 1895. Anhang 69*.

Verfasser: Franz Bopp (1791-1867), bedeutender Sprachforscher; seit 1821 Prof. der orientalischen Literatur und der allg. Sprachkunde in Berlin.

1) Bezieht sich auf: *Bericht über die indische Bibliothek. Eine Zeitschrift von A. W. v. Schlegel. Bd 1, Heft 1. Bonn 1820.* In: *Neue Berliner Monatsschrift für Philosophie, Geschichte, Literatur und Kunst.* Bd 1. Berlin 1821. 81-124.

347.

Goethe, Tagebuch, 24. 6. 1821. - *Goethe: Werke* (vgl. oben Nr 43). Abt. 3, Bd 8. 71.

348.

K. F. Zelter an Goethe, 8. 7. 1821. - *Der Briefwechsel zwischen Goethe und Zelter.* Hrsg. von M. Hecker. Leipzig 1913 ff. Bd 2. 121.

Verfasser: Karl Friedrich Zelter (1758-1832), Komponist und Chormeister; seit 1800 Leiter der Berliner Singakademie. Einer der wenigen Duzfreunde Goethes; mit Hegel in einem nachbarlich freundlichen Verhältnis.

1) Vgl. oben Nr 347 und Hegels Dankbrief an Goethe vom 2. 8. 1821. *Briefe von und an Hegel.* Bd 2. 275-278.

349.

F. Schlegel an F. v. Baader, 29. 8. 1821. - *Eugène Susini* (vgl. oben Nr 335). Bd 4 (Paris 1967). 172 f.

350.

Karl Förster, Tagebuch, 15. 9. 1821. - *Biographische und literarische Skizzen* (vgl. oben Nr 324). 220 f.

1) Bastei: berühmter Aussichtspunkt in der Sächsischen Schweiz auf dem rechten Elbufer zwischen Rathen und Wehlen.

2) Pillnitz: Schloßanlage am rechten Elbufer südöstlich von Dresden; von Pöppelmann erbaut.

351.

Friedrich v. Müller, 22. 9. 1821. - *Goethes Gespräche* (vgl. oben Nr 112). Bd 2. 554.

Verfasser: Friedrich v. Müller (1779-1849), Weimarer Beamter; Freund Goethes.

1) Gemeint ist Hegels Brief vom 2. 8. 1821.

352.

Varnhagen v. Ense, Tagebuch, 3. 10. 1821. - *K. A. Varnhagen v. Ense: Blätter aus der preußischen Geschichte.* Leipzig 1868 f. Bd 1. 351.

1) Aus dem Zusammenhang geht nicht hervor, ob Varnhagen Hegel in Gesellschaft der Genannten oder allein getroffen hat.

353.

Susanne v. Tucher an Marie Hegel, 18. 10. 1821. - Nach der Hs. (Frh. v. Tuchersches Familienarchiv).

354.

Goethe an K. F. Zelter, 19. 10. 1821. - *Briefwechsel zwischen Goethe und Zelter* (vgl. oben Nr 348). 132.

355.

A. Wendt an L. Tieck, 30. 10. 1821. - *Briefe an Ludwig Tieck.* Ausgewählt und hrsg. von K. v. Holtei. Bd 4. Breslau 1864. 281 f.

Verfasser: Amadeus Wendt (1783-1836), 1810 Prof. der Philosophie in Leipzig, 1829 in Göttingen.

1) Wendt hatte eine Anzeige von *Solgers: Erwin* in der Leipziger Zeitung veröffentlicht.

356.

Ch. A. Brandis an V. Cousin, 20. 11. 1821. - *Barthélemy-Saint Hilaire* (vgl. oben Nr 235). 334.

Verfasser: Christian August Brandis (1790-1867), 1815 in Berlin habilitiert, seit 1823 Prof. der Philosophie in Bonn.

357.

F. K. v. Savigny an Ch. A. L. Creuzer, 26. 11. 1821. - *Adolf Stoll* (vgl. oben Nr 191). 278.

Empfänger: Christoph Andreas Leonhard Creuzer (1768-1844), 1803 Prof. der praktischen Philosophie in Marburg, 1822 Mitglied des Oberkonsistoriums.

358.

Karl Ludwig Michelet (vgl. oben Nr 325). 63.

1) Tollin, Freund Michelets.

359.

Ch. L. F. Schultz an Goethe, 31. 12. 1821. - *Briefwechsel zwischen Goethe und Staatsrat Schultz.* Hrsg. und eingel. von H. Düntzer. Leipzig 1853. 246 f.

1) Karl Ernst Schubarth (1796-1861), philosophischer Schriftsteller; seit 1820 mit Goethe bekannt; bemühte sich lange um eine Anstellung in Berlin; 1826 Erzieher in Hirschberg, 1830 dort Lehrer der Geschichte und Literatur; in späteren Jahren Gegner Hegels (vgl. *Hegel: Berliner Schriften.* 374-402).

2) Alhazen d. i. Ibn al-Haitham (um 965-1039), bedeutendster islam. Naturforscher; schrieb ein Lehrbuch der Optik.

360.

Karl Cäsar v. Leonhard: Aus unserer Zeit in meinem Leben. Bd 2. Stuttgart 1856. 12.

1) Aloys Hirt (1759-1839), 1810 Prof. der Archäologie in Berlin; von Hegel als Kunsthistoriker sehr geschätzt.

2) Leonhard berichtet in seiner Selbstbiographie sonst nicht über persönliche Beziehungen zu Hegel; ob er wirklich mit Hegel in München zusammengetroffen ist, erscheint fraglich. Hegel weilte nur einmal für wenige Tage in München.

361.

Anonymus, Sonett an Hegel, 1821. - In: *Neue Berliner Monatsschrift* (vgl. oben Nr 329). 32. - *Max Lenz* (vgl. oben Nr 175) Bd 2, 1. Hälfte. 306 vermutet als Verfasser des Sonetts Friedrich Förster, der zunächst Redakteur der Neuen Berliner Monatsschrift war.

362.

Heinrich Heine: Geständnisse. In: *Heines Werke* in 10 Bden. Hrsg. von O. Walzel. Leipzig 1910 ff. Bd 10. 171 ff.

363.

Heinrich Heine: Briefe über Deutschland. In: *Heines Werke* (vgl. oben Nr 362). Bd 9. 484.

1) Gemeint ist Hegel.

364.

Ferdinand Lassalle. - In: *Der Gedanke* (vgl. oben Nr 323). 77.
Verfasser: Ferdinand Lasalle (1825-1864), Jurist und Politiker.

365.

Heinrich Heine: Lutezia. Teil 2. In: *Heines Werke* (vgl. oben Nr 362). Bd 9. 348.

366.

Heinrich Heine: Ludwig Börne. Eine Denkschrift. 4. Buch. In: *Heines Werke* (vgl. oben Nr 362). Bd 8. 488 f.

367.

Karl Ludwig Michelet (vgl. oben Nr 118). 26 f.

368.

Hoffmann v. Fallersleben: Mein Leben. Aufzeichnungen und Erinnerungen. Bd 1. Hannover 1868. 311 f.

Verfasser: Hoffmann v. Fallersleben (1798-1874), Germanist und Dichter.

1) Karl Hartwig Gregor v. Meusebach (1781-1847), Germanist, Sammler und Kenner der deutschen Literatur des 16. und 17. Jhs.

2) Johann Gottlob Samuel Rösel (1768-1843), Landschaftsmaler und Zeichner; mit Hegel befreundet.

3) Sigismond Jean Baptiste Dehn (1774-1837), 1818-27 schwedischer Generalkonsul in Berlin.

369.

A. Wagner an F. v. Uechtritz, 4. 3. 1822. - *Erinnerungen an Friedrich v. Uechtritz und seine Zeit in Briefen von ihm und an ihn.* Mit einem Vorwort von H. v. Sybel. Leipzig 1884. 378.

Verfasser: Wahrscheinlich handelt es sich um: Gottlob Heinrich Adolf Wagner (1774-1835), Schriftsteller und Übersetzer.

Empfänger: Friedrich v. Uechtritz (1800-1875), Dichter.

370.

G. F. Creuzer an J. v. Görres, 6. 4. 1822. - *Görres: Gesammelte Schriften* (vgl. oben Nr 146). Abt. 2, Bd 3. 14.

371.

F. K. v. Savigny an G. F. Creuzer, 6. 4. 1822. - *Adolf Stoll* (vgl. oben Nr 191). 288.

1) Gustav Hugo (1764-1844), Jurist; 1792 Prof. des röm. Rechts in Göttingen, 1819 Geh. Justizrat; entschiedener Gegner der Hegelschen Rechtsphilosophie.

372.

K. F. Zelter an Goethe, 9. 4. 1822. - *Briefwechsel zwischen Goethe und Zelter* (vgl. oben Nr 348). 169.

1) Isegrimm: Gemeint ist der bekannte Philologe Friedrich August Wolf (1759-1824), der mit Goethe, Zelter und Hegel befreundet war.

373.

K. Ch. F. Krause an seinen Vater, 20. 4. 1822. - *Briefwechsel Krauses* (vgl. oben Nr 84). 580.
1) Vgl. oben Nr 355.

374.

Goethe an H. F. W. Hinrichs, 10. 6. 1822. - *Goethe: Werke* (vgl. oben Nr 43). Abt. 4, Bd 36. 62.
1) *Hinrichs: Die Religion im inneren Verhältnisse zur Wissenschaft.* Heidelberg 1822. - Hegels Vorrede in: *Berliner Schriften.* 57-82.

375.

Goethe an K. F. Reinhard, 10. 6. 1822. - *Goethe und Reinhard* (vgl. oben Nr 341). 282.
1) Gemeint ist L. v. Henning, der in Berlin Vorlesungen über Goethes Farbenlehre hielt.

376.

Altenstein an v. Hardenberg, 10. 6. 1822. - Nach einer Abschrift von J. Hoffmeister. - Vgl. hierzu *Hegel: Berliner Schriften.* 750 f.

377.

Goethe, Tagebuch, 16. 6. 1822. - *Goethe: Werke* (vgl. oben Nr 43). Abt. 3, Bd 8. 207.
1) *Goethe: Zur Naturwissenschaft überhaupt.* Bd 1, Heft 4. Stuttgart und Tübingen 1822.

378.

Susanne v. Tucher an Marie Hegel, 28. 7. 1822. - Nach der Hs. (Frh. v. Tuchersches Familienarchiv).
1) Krause, Justizrat in Berlin; mit Hegel befreundet.

379.

Goethe, Tagebuch, 5. 8. 1822. - *Goethe: Werke* (vgl. oben Nr 43). Abt. 3, Bd 8. Anhang 287.
1) Leutnant Eichler; über ihn war nichts zu ermitteln.
2) Jöns Jakob v. Berzelius (1779-1848), Arzt und Chemiker; Prof. in Stockholm; weilte 1822 bei Goethe.

380.

L. v. Henning an F. Förster, 17./20. 9. 1822. - *Goethes Gespräche* (vgl. oben Nr 112). Bd 2. 606.

381.

Karl Förster, Tagebuch, 31. 10. 1822. - *Biographische und literarische Skizzen* (vgl. oben Nr 324). 290.

382.

F. K. v. Savigny an Ch. A. L. Creuzer, 16. 12. 1822. - *Adolf Stoll* (vgl. oben Nr 191). 297 f.

1) Allerdings aus entgegengesetzten Gründen; Savigny wäre froh gewesen, wenn Hegel Berlin verlassen hätte.

2) Vgl. unten Nr 390.

383.

Schleiermacher an K. H. Sack, 28. 12. 1822. - *Aus Schleiermachers Leben* (vgl. oben Nr 74). 306.

Empfänger: Karl Heinrich Sack (1789-1875), seit 1818 Prof. der Theologie in Bonn; Freund Schleiermachers.

1) Vgl. *Hegel: Berliner Schriften.* 74.

384.

J. Purkinje an J. Schulze, 17. 12. 1849. - In: *Mikuláš Teich: Hegel a Purkyně. In: Filosoficky Časopis.* 4 (Praha 1964). 592 f.

Verfasser: Johannes Purkinje (1781-1869), 1823 Prof. der Physiologie und Pathologie in Breslau, 1850 in Prag.

385.

Heinrich Gustav Hotho: Vorstudien für Leben und Kunst. Stuttgart und Tübingen 1835. 383-399.

1) Hegel unternahm von Mitte September bis Mitte Oktober 1822 eine Reise in die Niederlanden. Vgl. *Briefe von und an Hegel.* Bd 2. 339-366.

2) Beginn der Vorlesungen des WS 1822/23: Natur- und Staatsrecht am 30. 10. 1822; Philosophie der Weltgeschichte am 31. 10. 1822.

386.

K. F. Zelter an Goethe, 14. 1. 1823. - *Briefwechsel zwischen Goethe und Zelter* (vgl. oben Nr 348). 194.

1) Goethe hatte Zelter einige Fasane zum Geschenk gemacht.

387.

K. Ch. F. Krause an seinen Vater, 4. 3. 1823. - *Briefwechsel Krauses* (vgl. oben Nr 84). 597.

388.

Varnhagen v. Ense, Tagebuch, 6. 3. 1823. - *Varnhagen: Blätter* (vgl. oben Nr 352). Bd 2. 320.
1) Thersites: nach *Homer* der häßlichste der Griechen vor Troja (vgl. *Ilias*, Buch 2. Vers 212-277).

389.

F. G. Osann an Schopenhauer, 8. 3. 1823. - *Schopenhauers Sämtliche Werke* (vgl. oben Nr 164). 356 f.
Verfasser: Friedrich Gotthilf Osann (1794-1858), Jugendfreund Schopenhauers; Philologe; 1819-21 in Berlin, 1821-25 in Jena.
1) Hinrichs war 1822 a. o. Prof. der Philosophie in Breslau geworden.
2) Hinrichs hatte in Wirklichkeit eine Religionsphilosophie geschrieben, die Hegel bevorwortete.

390.

Schleiermacher an Ch. A. Brandis, 27. 3. 1823. - *Aus Schleiermachers Leben* (vgl. oben Nr 74). 308.
1) Es handelt sich um den Philosophiehistoriker Heinrich Julius Ritter (1791-1869); vgl. *Hegel: Berliner Schriften.* 626-629.

391.

Schleiermacher an W. M. L. de Wette, Sommer 1823. - *Aus Schleiermachers Leben* (vgl. oben Nr 74). 309.
1) Vgl. oben Nr 383.

392.

F. Bopp an K. J. H. Windischmann, 16. 7. 1823. - *Lefmann: Bopp* (vgl. oben Nr 346). Anhang 75*.

393.

Karl Ludwig Michelet (vgl. oben Nr 325). 76.
1) *J. L. Heim: Geologische Beschreibung des Thüringer Waldgebirgs.* Meiningen 1796 ff.
2) In der *Enzyklopädie der philosophischen Wissenschaften.* §§ 219-224.
3) Vgl. *Hegel: Berliner Schriften.* 635-638.

394.

Jean Paul an seine Frau Karoline, 2. 9. 1823. - *Jean Pauls Sämtliche Werke* (vgl. oben Nr 129). Bd 8. 235.

395.

Friedrich Wilhelm III. an Altenstein, 29. 9. 1823. - Nach einer Abschrift von J. Hoffmeister.

396.

Anonymus über Christian Kapp. - *Dr. Christian Kapp und seine literarischen Leistungen. Ein Beitrag zur Literaturgeschichte des neunzehnten Jahrhunderts.* Leipzig und Mannheim 1839. 19 f.

Christian Kapp (1790-1874), Hörer Hegels in Berlin 1818/19; 1823 in Erlangen für Philosophie habilitiert; 1824 Prof. - Kapp versucht in seiner Philosophie eine Synthese zwischen Fichte und Hegel zu schaffen.

1) Wahrscheinlich der Historiker Heinrich Leo.

397.

Franz v. Baader. - *Aus Gesprächen Franz Baaders mit einigen jüngeren Freunden in den letzten sechs Monaten seines Lebens.* In: *Franz Hoffmann: Franz v. Baaders Biographie und Briefwechsel.* Leipzig 1857. 159.

1) Diese Aussage Baaders erscheint fraglich, denn „schon am Ausgang der Schweizerperiode finden sich unter Hegels Papieren Exzerpte von Stellen aus Meister Eckart . . ." *(Rosenkranz: Hegels Leben.* 102.)

398.

Varnhagen v. Ense: Franz v. Baader. In: *K. A. Varnhagen v. Ense: Denkwürdigkeiten und vermischte Schriften.* Bd 6 (NF: Bd 2). Leipzig 1842. 306.

1) Vgl. Vorrede zur 2. Ausgabe der *Enzyklopädie der philosophischen Wissenschaften.* Heidelberg 1827.

399.

Varnhagen v. Ense, Tagebuch, 16. 2. 1824. - *Varnhagen: Blätter* (vgl. oben Nr 352). Bd 3. 27.

400.

K. J. H. Windischmann an F. Bopp, 3. 3. 1824. - *Lefmann: Bopp* (vgl. oben Nr 346). Anhang 76*.

401.

Franz v. Baader an K. J. H. Windischmann, 6. 4. 1824. - *Eugène Susini* (vgl. oben Nr 335). 373 f.

1) *Franz v. Baader: Fermenta Cognitionis.* 5. Heft. Berlin 1824. - Die Hefte 1-4 waren seit 1822 erschienen.

402.

Ludwig Feuerbach an seinen Vater, 21. 4. 1824. - *Ausgewählte Briefe von und an Ludwig Feuerbach.* Hrsg. und biographisch eingeleitet von W. Bolin. Bd 1. Leipzig 1904. 230.

Verfasser: Ludwig Feuerbach (1804-1872), Philosoph; 1824-26 Hörer Hegels in Berlin. Er gehörte später zur Hegelschen Linken.

Empfänger: Paul Johann Anselm Feuerbach (1775-1833), Jurist; 1801 Prof. in Jena, 1802 in Kiel, 1804 in Landshut; seit 1814 bekleidete er hohe Richterämter in Bamberg und Ansbach.

1) Hegels Vorlesungen des SS 1824 begannen am 26. 4.

403.

H. W. A. Stieglitz an seine Braut, 28. 4. 1824. - *Briefe von Heinrich Stieglitz an seine Braut Charlotte.* In einer Auswahl aus dem Nachlaß des Dichters hrsg. von L. Curtze. Leipzig 1859. Teil 1. 107 f.

Verfasser: Heinrich Wilhelm August Stieglitz (1801-1849), Dichter und Schriftsteller; begeisterter Schüler Hegels in Berlin; 1828 Kustos an der kgl. Bibliothek in Berlin.

Empfängerin: Charlotte Willhöft (1806-1834), seit 1822 Braut, 1828 Gattin von H. W. A. Stieglitz.

1) Stieglitz weilte seit dem Frühjahr 1824 zum Studium in Berlin, nachdem er vorher in Göttingen und Leipzig studiert hatte.

2) Hegel hatte am 26. 4. seine Vorlesungen über Religionsphilosophie und Logik und Metaphysik begonnen.

404.

H. W. A. Stieglitz an seine Braut, 5. 5. 1824. - *Briefe von Stieglitz* (vgl. oben Nr 403). 117.

405.

Ludwig Feuerbach an seinen Vater, 24. 5. 1824. - *Briefe von und an Feuerbach* (vgl. oben Nr 402). 231 f.

406.

H. W. A. Stieglitz an seine Eltern, 27(?). 5. 1824. - *Briefe von Stieglitz* (vgl. oben Nr 403). 148.

407.

H. W. A. Stieglitz an J. P. Eckermann, 15(?). 6. 1824. - *Briefe von Stieglitz* (vgl. oben Nr 403). 174 f.

Empfänger: Johann Peter Eckermann (1792-1854), seit 1823 Goethes Sekretär; Hofrat und Bibliothekar in Weimar.

408.

H. W. A. Stieglitz an seine Braut, 19. 6. 1824. - *Briefe von Stieglitz* (vgl. oben Nr 403). 182.
1) Am 19. 6. war Charlotte Willhöfts Geburtstag.
2) Heinrich Theodor Rötscher (1803-1871), Dramaturg, Kritiker und Ästhetiker; langjähriger Hörer Hegels in Berlin; seit 1825 Privatdozent (vgl. *Hegel: Berliner Schriften.* 633 ff.), später Gymnasialprof. in Bromberg. - „Seine erste größere wissenschaftliche Arbeit war ‚Aristophanes und sein Zeitalter‘, auf deren Bedeutung Hegel die Studenten aufmerksam machte" (*ADB* Bd 29. 380 f.).

409.

H. W. A. Stieglitz an seine Braut, 25. 6. 1824. - *Briefe von Stieglitz* (vgl. oben Nr 403). 191.

410.

Franz v. Baader an Johannes Schulze, 1. 7. 1824. - *Eugène Susini* (vgl. oben Nr 335). 376.
1) Gemeint ist die bayrische Akademie in München.

411.

H. W. A. Stieglitz an Ch. F. W. Jacobs, 15. 8. 1824. - *Kurzer Briefwechsel zwischen Friedrich Jacobs und Heinrich Stieglitz.* Hrsg. von L. Curtze. Leipzig 1863. 62 f.
Empfänger: Christian Friedrich Wilhelm Jacobs (1764-1847), Lehrer und Bibliothekar in Gotha; Lehrer von H. Stieglitz; Hegel lernte Jacobs 1810 in Nürnberg kennen (vgl. *Briefe von und an Hegel.* Bd 1. 344).

412.

Eduard Gans an Varnhagen v. Ense, Oktober 1824. - *[Dorow:] Denkschriften und Briefe* (vgl. oben Nr 289). 44, 46.
Verfasser: Eduard Gans (1798-1839), Jurist; Schüler und Freund Hegels in Berlin; 1825 Prof. der Rechte; als Gegner der historischen Rechtsschule suchte er die Hegelsche Philosophie für die Jurisprudenz fruchtbar zu machen; entscheidender Mitbegründer der *Jahrbücher für wissenschaftliche Kritik.*
1) Vgl. *Hegel: Berliner Schriften.* 635-638.

413.

Ludwig Feuerbach an K. Daub, September 1824. - *Carlo Ascheri: Ein unbekannter Brief von Ludwig Feuerbach an Karl Daub.* In: *Natur und Geschichte.* Karl Löwith zum 70. Geburtstag. Stuttgart 1967. 450 ff.
1) Gemeint ist Hegels Wienreise im September und Oktober 1824.

414.

Karl Förster, Tagebuch. - *Biographische und literarische Skizzen* (vgl. oben Nr 324). 307 f.
1) Georg Andreas Reimer (1776-1842), Buchhändler und Verleger in Berlin.
2) Vgl. *Briefe von und an Hegel.* Bd 3. 48.
3) Johann Jakob Schlesinger (1792-1855), Maler und Restaurator; seit Heidelberg mit Hegel bekannt, schuf in Berlin, wo er ab 1823 arbeitete, ein bekanntes Porträt Hegels.
4) Johann Anton Theodor Pelisier (1794-1863), Maler.
5) Ludwig v. Holberg (1684-1754), norwegisch-dänischer Dichter und Historiker.

415.

Heinrich Gustav Hotho (vgl. oben Nr 385). 150.
1) Vgl. *Briefe von und an Hegel.* Bd 3. 74.
2) Vgl. Hegels begeisterte Briefe aus Wien an seine Frau. *Briefe von und an Hegel.* Bd 3. 53 ff.

416.

F. L. G. v. Raumer an L. Tieck, 22. 10. 1824. - *Friedrich v. Raumer* (vgl. oben Nr 182). 168.

417.

Varnhagen v. Ense, Tagebuch, 30. 10. 1824. - *Varnhagen: Blätter* (vgl. oben Nr 352). Bd 3. 157.

418.

F. Bouterwek an H. W. A. Stieglitz, 2. 11. 1824. - *Briefe von Stieglitz* (vgl. oben Nr 403). 304.

419.

Varnhagen v. Ense, Tagebuch, 11. 11. 1824. - *Varnhagen: Blätter* (vgl. oben Nr 352). Bd 3. 162.

420.

Friedrich Wilhelm Riemer, 1824/25. - *Goethes Gespräche* (vgl. oben Nr 112). Bd 4. 479.

421.

Karl Rosenkranz: Von Magdeburg bis Königsberg. Berlin 1873. 170, 185 ff.
1) Hegel las im WS 1824/25 Natur- und Staatsrecht.
2) Vgl. *Hegel: Enzyklopädie der philosophischen Wissenschaften im Grundrisse.* Heidelberg 1817. §§ 219-224.

422.

Karl Rosenkranz (vgl. oben Nr 421). 157.

423.

Varnhagen v. Ense an K. E. Oelsner, 12. 2. 1825. - *Briefwechsel zwischen Varnhagen v. Ense und Oelsner nebst Briefen von Rahel.* Hrsg. von L. Assing. Stuttgart 1865. Bd 3. 269.
Empfänger: Konrad Engelbert Oelsner (1764-1828), Diplomat und Publizist.

424.

Varnhagen v. Ense, Tagebuch, 16. 2. 1825. - *Varnhagen: Blätter* (vgl. oben Nr 352). Bd 3. 236 f.
1) August Immanuel Bekker (1785-1871), bekannter Altphilologe.

425.

Varnhagen v. Ense, Tagebuch, 1. 3. 1825. - *Varnhagen: Blätter* (vgl. oben Nr 352). Bd 3. 244.
1) Anna Pauline Milder-Hauptmann (1785-1838), berühmte Sopranistin; 1816-29 am kgl. Opernhaus in Berlin; als Künstlerin von Hegel bewundert, in dessen Haus sie häufig zu Gast war.
2) Jean B. S. Joseph Villèle (1773-1854), 1822-27 Ministerpräsident Frankreichs; im Januar 1828 von Martignac abgelöst.

426.

B. G. Niebuhr an seine Frau, 18. 3. 1825. - *Lebensnachrichten über Niebuhr* (vgl. oben Nr 180). Bd 3 (Hamburg 1839). 136.

427.

K. F. Zelter an Goethe, 19. 4. 1825. - *Briefwechsel zwischen Goethe und Zelter* (vgl. oben Nr 348). 328.
1) *Goethe: Zur Naturwissenschaft überhaupt.* Bd 2, Heft 2 (1824).

428.

Goethe an K. F. Zelter, 26. 4. 1825. - *Briefwechsel zwischen Goethe und Zelter* (vgl. oben Nr 348). 329.

429.

K. F. Zelter an Goethe, 2. 5. 1825. - *Briefwechsel zwischen Goethe und Zelter* (vgl. oben Nr 348). 332.
1) Das Beiliegende ist Hegels für Goethe bestimmter Brief an Zelter vom 1. 5. 1825. *Briefe von und an Hegel.* Bd 3. 84 ff.

430.

Karl Gustav Carus, Tagebuch, 26. 8. 1825. - *Karl Gustav Carus: Lebenserinnerungen und Denkwürdigkeiten*. Teil 2. Leipzig 1865. 235 f.

Verfasser: Karl Gustav Carus (1789-1869), Naturwissenschaftler und Naturphilosoph; als Freund Krauses war Carus gegen Hegel voreingenommen.

431.

Karl Förster, Tagebuch, 7. 10. 1825. - *Biographische und literarische Skizzen* (vgl. oben Nr 324). 322.

1) Jens Immanuel Baggesen (1764-1826), dänisch-deutscher Dichter; *Der vollendete Faust* erschien erst 1836 im Druck.

2) *Ludwig Tieck: Der gestiefelte Kater.* Ein Kindermärchen in drei Akten mit Zwischenspielen, einem Prologe und Epiloge. Bergamo 1797.

432.

Varnhagen v. Ense, Tagebuch, 25. 11. 1825. - *Varnhagen: Blätter* (vgl. oben Nr 352). 409 f.

433.

F. A. Rosen an F. Bopp, 7. 12. 1825. - *Lefmann: Bopp* (vgl. oben Nr 346). 183*.

Verfasser: Friedrich August Rosen (1805-1837), in Berlin Hörer Hegels; 1827-31 Prof. der Orientalistik in London.

1) Eilhard Mitscherlich (1794-1863), Chemiker; seit 1822 Prof. in Berlin.

434.

H. W. A. Stieglitz an seine Braut, 20. 12. 1825. - *Briefe von Stieglitz* (vgl. oben Nr 403). **450.**

1) Hegel las im WS 1825/26 fünfstündig: Geschichte der Philosophie und vierstündig: Philosophie der Natur.

435.

R. J.: Biographische Erinnerungen. In: *Jahrbücher der Gegenwart.* Hrsg. von A. Schwegler. Tübingen 1847. 739 ff., 744-748, 753 ff.

1) „Denn, was man schwarz auf weiß besitzt,
Kann man getrost nach Hause tragen."
(Goethe: Faust. Teil 1. Vers 1966 f.)

2) Friedrich Adolf Trendelenburg (1802-1872), Hörer Hegels in Berlin, Promotion (vgl. *Hegel: Berliner Schriften.* 656 f.); 1826 Hauslehrer, 1837 Prof. der Philosophie in Berlin; wurde zum heftigen Gegner der Philosophie Hegels.

3) *Einhard: Vita Caroli Magni.*

4) Eduard Devrient (1801-1877), seit 1819 in Berlin als Schauspieler gefeiert.

5) Hegel an Knebel (30. 8. 1807). *Briefe von und an Hegel.* Bd 1. 186.

436.

Otto Friedrich Gruppe: Antäus. Ein Briefwechsel über spekulative Philosophie in ihrem Konflikt mit Wissenschaft und Sprache. Berlin 1831. 3 f.

Verfasser: Otto Friedrich Gruppe (1804-1876), Journalist und Schriftsteller; Hörer Hegels; stand in starkem Gegensatz zu ihm.

437.

Karl Lachmann an Jakob Grimm, 18. 1. 1826. - *Briefwechsel der Brüder Jakob und Wilhelm Grimm mit Karl Lachmann.* Hrsg. von A. Leitzmann. Bd 2. Jena 1927. 482.

Verfasser: Karl Lachmann (1793-1851), Germanist; seit 1825 Prof. in Berlin.

Empfänger: Jakob Grimm (1785-1863), Germanist; Begründer der german. Philologie; 1816 Bibliothekar in Kassel, 1830 Prof. in Göttingen.

1) Eberhard Gottlieb Graff (1780-1841), 1824 Prof. der deutschen Sprache in Königsberg, 1830 in Berlin.

438.

E. Gans an V. Cousin, Januar 1826. - *Barthélemy-Saint Hilaire* (vgl. oben Nr 235). 161, 163.

439.

Leopold Witte: Das Leben D. Friedrich August Gottreu Tholucks. Bd 1. Bielefeld und Leipzig 1884. 449, 451.

440.

Varnhagen v. Ense, Tagebuch, 25. 3. 1826. - *Varnhagen: Blätter* (vgl. oben Nr 352). Bd 4. 39.

1) Vgl. *Hegel: Berliner Schriften.* 572-575.

441.

V. Cousin an E. Gans, 28. 3. 1826. - *[Dorow:] Denkschriften und Briefe* (vgl. oben Nr 289). Bd 4. 186 f.

442.

H. G. Hotho an V. Cousin, 1. 4. 1826. - *Barthélemy-Saint Hilaire* (vgl. oben Nr 235). Tome 3. 373 f.

443.

F. K. v. Savigny an Ch. A. L. Creuzer, 6. 4. 1826. - *Adolf Stoll* (vgl. oben Nr 191). 326.

1) Gemeint sind der Minister Altenstein und Johannes Schulze.

444.

Heinrich Beneke: Erinnerungen an Ludwig Feuerbach. In: *Briefe von und an Feuerbach* (vgl. oben Nr 402). 176.

445.

Ludwig Feuerbach [Mitte April 1826]. - *Karl Grün: Ludwig Feuerbach in seinem Briefwechsel und Nachlaß sowie in seiner philosophischen Charakterentwicklung.* Bd 1. Leipzig und Heidelberg 1874. 16.

446.

Ludwig Feuerbach. - *Karl Grün* (vgl. oben Nr 445). 387 f.

447.

Ludwig Robert an Cotta, 16. 4. 1826. - *Briefe an Cotta. Das Zeitalter der Restauration 1815-1832.* Hrsg. von H. Schiller. Stuttgart und Berlin 1927. 318 f.

Verfasser: Ernst Friedrich Ludwig Robert (1778-1832), Diplomat und Schriftsteller; Bruder Rahel Varnhagens.

Empfänger: Johann Friedrich Cotta (1764-1832), Verleger in Stuttgart; in seinem Verlag erschienen die *Jahrbücher für wissenschaftliche Kritik.*

448.

F. K. v. Savigny an J. H. Ch. Bang, 23. 4. 1826. - *Adolf Stoll* (vgl. oben Nr 191). 328.

449.

Ernst Bratuschek: Adolf Trendelenburg. Berlin 1873. 50, 52.

1) Vgl. *Hegel: Berliner Schriften.* 656 f.

450.

H. W. A. Stieglitz an seine Braut, 27. 5. 1826. - *Briefe von Stieglitz* (vgl. oben Nr 403). Teil 2. 39 ff.

1) Es handelt sich um Stieglitz' Promotion.

2) Christian Ludwig Ideler (1766-1846), Mathematiker und Orientalist; Prof. in Berlin.

3) Es handelt sich um: *Henricus Stieglitz: De M. Pacuvii Duloreste.* Lips. MDCCCXXVI.

451.

Varnhagen v. Ense, Tagebuch, 29. 5. 1826. - *Varnhagen: Blätter* (vgl. oben Nr 352). Bd 4. 67.

452.

Karl v. Holtei: Vierzig Jahre. Bd 4. Berlin 1844. 284, 289 f., 301 f.
Verfasser: Karl v. Holtei (1798-1880), Schriftsteller und Schauspieler; 1824-33 in Berlin.

1) Karl Schall (1780-1833), Dichter und Mitherausgeber mehrerer Zeitschriften; mit Holtei befreundet; lebte mehrere Jahre in Berlin.

2) Moritz Gottlieb Saphir (1795-1858), Kritiker und Satiriker; begründete 1826 die *Berliner Schnellpost für Literatur, Theater und Geselligkeit,* 1827 den *Berliner Courier;* ging 1829 nach München. Saphir pflegte mit Hegel freundschaftlichen Umgang.

3) Am Abend vor der Abreise der Sopranistin Henriette Sontag zu ihrem ersten Gastspiel in Paris hatten sich ihre Freunde und Verehrer zusammengefunden. Als Saphir sich über die Huldigungsgedichte mokierte und drohte, „in dieses Wirbeldrehen poetischer Narrheit ein von ihm verfaßtes, an eine übel berufene Choristin gerichtetes Gedicht" zu mengen, erhob sich Schall und hielt eine Schimpfrede auf Saphir, den er damit empfindlich beleidigte - vgl. *Holtei* 286 ff.

4) *Jean François Casimir Delavigne: L'école des vieillards.* 1823.

5) Christian Friedrich Tieck (1776-1851), Bruder des Dichters Ludwig Tieck; Bildhauer; seit 1820 Prof. an der preuß. Akademie in Berlin.

6) Ernst Benjamin Salomo Raupach (1784-1852), Dichter; mit Hegel bekannt; vgl. *Hegel: Berliner Schriften.* 449-460.

453.

Varnhagen v. Ense, Tagebuch, 19. 6. 1826. - *Varnhagen: Blätter* (vgl. oben Nr 352). Bd 4. 80.

1) Am 18. 6. 1815 hatte der preußische General Blücher (1742-1819) wesentlich zum Sieg über Napoleon bei Belle-Alliance (Waterloo) beigetragen.

454.

K. O. Müller an A. Boeckh, 23. 6. 1826. - *Briefwechsel zwischen August Boeckh und Karl Otfried Müller.* Leipzig 1883. 192.

Verfasser: Karl Otfried Müller (1797-1840), Altphilologe und Archäologe; seit 1819 Prof. in Göttingen.

455.

L. Robert an seine Schwester Rahel Varnhagen, 29. 6. 1826. - *[Dorow:] Denkschriften und Briefe* (vgl. oben Nr 289). Bd 1. 109.

456.

A. Boeckh an B. G. Niebuhr, 9. 7. 1826. - *Max Hoffmann: August Boeckh. Lebensbeschreibung und Auswahl aus seinem wissenschaftlichen Briefwechsel.* Leipzig 1901. 222.

1) Wie aus dem Zusammenhang des Briefes hervorgeht, handelt es sich um den Epilog zu *Boeckhs: Über die Logisten und Enthynen der Athener.* In: *Rheinisches Museum.* Hrsg. von B. G. Niebuhr. Bd 1. 1827. Dieser Aufsatz Boeckhs stellt eine Entgegnung auf die Hermannsche Rezension dar, die *Boeckhs: Corpus inscriptionum graecarum* zum Gegenstand hatte.

457.

Varnhagen v. Ense, Tagebuch, 16. 7. 1826. - *Varnhagen: Blätter* (vgl. oben Nr 352). Bd 4. 88 f.

458.

H. W. A. Stieglitz an seine Braut, 28. 7. 1826. - *Briefe von Stieglitz* (vgl. oben Nr 403). Teil 2. 54.

1) Vgl. Hegels Brief an seine Frau (29. 8. 1826), in dem er ganz selbstverständlich von „D. Stieglitz" spricht *(Briefe von und an Hegel.* Bd 3. 136).

459.

Varnhagen v. Ense, Tagebuch, 31. 7. 1826. - *Varnhagen: Blätter* (vgl. oben Nr 352). Bd 4. 92 f.

460.

Theodor Mundt: Heine, Börne und das sogenannte junge Deutschland. Bruchstücke. In: *Der Freihafen.* Jg. 3, Heft 4 (1840). 188 ff.

Verfasser: Theodor Mundt (1808-1861), Schriftsteller und Herausgeber verschiedener Zeitschriften; während seines Studiums in Berlin Hörer Hegels.

1) Hegel las im SS 1826 vierstündig Ästhetik.

2) Henriette Sontag (1803-1854), gefeierte Sopranistin; 1825 bis 1827 am Königstädter Theater in Berlin tätig.

461.

Willibald Alexis: Erinnerungen. Hrsg. von M. Ewert. Berlin 1905. 382 f.

Verfasser: Willibald Alexis, Pseudonym für Heinrich Georg Wilhelm Häring (1798-1871), Schriftsteller.
1) Vgl. *Hegel: Berliner Schriften.* 449-460.

462.

A. Boeckh an M. H. E. Meier, 20. 8. 1826. - *Hoffmann: Boeckh* (vgl. oben Nr 456). 309.
Empfänger: Moritz Hermann Eduard Meier (1796-1855), Altphilologe; Prof. in Greifswald, 1825 in Halle.

463.

Vossische Zeitung - *Zusammenfeier des Geburtsfestes von Hegel und Goethe.* - *Königlich privilegierte Berlinische Zeitung von Staats und gelehrten Sachen.* Im Verlage Vossischer Erben (Vossische Zeitungs-Expedition). 202. Stück, 30. 8. 1826. - Das Gedicht Försters wurde vervollständigt nach dem Abdruck bei *Rosenkranz, Hegels Leben.* 560 ff.
1) Nach *Rosenkranz (Hegels Leben.* 387.) sagte Hegel etwa, „daß man im Weiterleben auch notwendig erlebe, sich nicht mehr mit oder an der Spitze der Jüngeren zu sehen, sondern ihnen gegenüber ein Verhältnis des Alters zur Jugend wahrzunehmen; dieser Zeitpunkt sei für ihn jetzt gekommen."
2) Es handelt sich um Eduard Gans. Vgl. *Rede gehalten in der Nacht 27. und 28. August 1826.* In: *Eduard Gans: Vermischte Schriften, juristischen, historischen, staatswissenschaftlichen und ästhetischen Inhalts.* Bd 2. Berlin 1834. 239-241.

464.

Varnhagen v. Ense an Karl Rosenkranz, 24. 4. 1840. - *Briefwechsel zwischen Karl Rosenkranz und Varnhagen v. Ense.* Hrsg. von A. Warda. Königsberg 1926. 90.

465.

Karl Ludwig Michelet (vgl. oben Nr 325). 83 f.

466.

Varnhagen v. Ense, Tagebuch, 28. 8. 1826. - *Varnhagen: Blätter* (vgl. oben Nr 352). 103.

467.

M. H. E. Meier an A. Boeckh, 11. 9. 1826. - *Hoffmann: Boeckh* (vgl. oben Nr 456). 310.

468.

K. J. H. Windischmann an F. Bopp, 30. 9. 1826. - *Lefmann: Bopp* (vgl. oben Nr 346). 77*.

469.

Franz Grillparzer: Selbstbiographie. In: *Franz Grillparzer: Sämtliche Werke.* Hrsg. von A. Sauer. Bd 16: *Prosaschriften 4.* Wien 1925. 187 f.

1) *Grillparzer: Das goldene Vließ.* Dramatisches Gedicht in drei Abteilungen (Der Gastfreund - Die Argonauten - Medea). Wien 1822.

470.

Varnhagen v. Ense, Tagebuch, 4. 10. 1826. - *Varnhagen: Blätter* (vgl. oben Nr 352). Bd 4. 117.

1) Vgl. *Briefe von und an Hegel.* Bd 4. 67.

471.

Niethammer an L. Döderlein, 10. 10. 1826. - Nach einer Abschrift von J. Hoffmeister (Hs. in Privatbesitz).

1) Damit ist Eduard Gans gemeint.

2) Vgl. dazu Gans an Hegel (26. 9. 1826). *Briefe von und an Hegel.* Bd 3. 140 f.

472.

Varnhagen v. Ense, Tagebuch, 19. 10. 1826. - *Varnhagen: Blätter* (vgl. oben Nr 352). Bd 4. 127.

473.

A. Boeckh an K. O. Müller, 22. 10. 1826. - *Briefwechsel zwischen Boeckh und Müller* (vgl. oben Nr 454). 202 f.

474.

A. Boeckh an B. G. Niebuhr, 24. 10. 1826. - *Hoffmann: Boeckh* (vgl. oben Nr 456). 224 f.

1) Vgl. *Hegel: Berliner Schriften.* 584-587.

475.

K. O. Müller an A. Boeckh, 14. 11. 1826. - *Briefwechsel zwischen Boeckh und Müller* (vgl. oben Nr 454). 206.

476.

Varnhagen v. Ense, Tagebuch, 18. 11. 1826. - *Varnhagen: Blätter* (vgl. oben Nr 352). Bd 4. 137 f., 140.

477.

A. Boeckh an B. G. Niebuhr, 29. 11. 1826. - *Hoffmann: Boeckh* (vgl. oben Nr 456). 226 f.

1) Vgl. unten Nr 486.

478.

A. Boeckh an K. O. Müller, 30. 11. 1826. - *Briefwechsel zwischen Boeckh und Müller* (vgl. oben Nr 454). 209.

1) Clemens August Karl Klenze (1795-1838), Schüler Savignys; 1826 Prof. der Rechte in Berlin.

479.

Varnhagen v. Ense, Tagebuch, 7. 12. 1826. - *Varnhagen: Blätter* (vgl. oben Nr 352). Bd 4. 150.

480.

Friedrich v. Uechtritz an seine Eltern, 7. 12. 1826. - *Erinnerungen an Friedrich v. Uechtritz* (vgl. oben Nr 369). 61.

Verfasser: Friedrich v. Uechtritz (1800-1875), Dichter.

1) *Friedrich v. Uechtritz: Das Ehrenschwert.* 1827.

2) Es handelt sich wahrscheinlich um Eduard Gans, mit dem Uechtritz befreundet war.

3) Auguste Stich (1795-1865), bekannte Schauspielerin; in Berlin tätig; Hegel war mit ihr persönlich bekannt.

481.

Varnhagen v. Ense, Tagebuch, 26. 12. 1826. - *Varnhagen: Blätter* (vgl. oben Nr 352). Bd 4. 160.

482.

H. W. A. Stieglitz an seine Braut, 31. 12. 1826. - *Briefe von Stieglitz* (vgl. oben Nr 403). Teil 2. 65.

1) Karl Friedrich Werder (1806-1893), Philosoph und Dichter; 1825 ff. Student in Berlin, Schüler Hegels.

2) Hegel las im WS 1826/27 Enzyklopädie der philosophischen Wissenschaften und Philosophie der Weltgeschichte. - Daß Hegel in diesem Zusammenhang gemeint ist, geht aus Stieglitz' Brief an seine Braut vom 2. 1. 1827 hervor.

483.

Solgers nachgelassene Schriften und Briefwechsel. Hrsg. von L. Tieck und F. v. Raumer. Bd 1. Leipzig 1826. XVI.

1) Im Text heißt es Hagel, es wird im Druckfehlerverzeichnis zum 1. Bd verbessert.

484.

Walter Kühne: Die Polen und die Philosophie Hegels. In: *Hegel bei den Slaven.* Hrsg. von D. Tschižewskij. 2. Aufl. Darmstadt 1961. 90 f.

1) Karol Libelt (1807-1875), polnischer Pädagoge und philosophischer Schriftsteller; Schüler Hegels in Berlin (vgl. *Hegel: Berliner Schriften.* 664 f.).

485.

Heinrich Wilhelm August Stieglitz: Eine Selbstbiographie. Vollendet und mit Anm. hrsg. von L. Curtze. Gotha 1865. 76 f.

1) Hegel las im WS 1825/26 Geschichte der Philosophie und Philosophie der Natur.

2) Vgl. z. B. das Gedicht „Bewährung - An Hegel" abgedruckt bei *Rosenkranz: Hegels Leben.* 385.

486.

Eduard Gans: Die Stiftung der Jahrbücher für wissenschaftliche Kritik. In: *E. Gans: Rückblicke auf Personen und Zustände.* Berlin 1836. 228-234; 249-252.

1) Vgl. *Hegel: Berliner Schriften.* 509-530.

2) Jakob Salat (1766-1851) und Andreas Florian Meilinger (1763-1837) waren bayrische Schulphilosophen, die in starkem Gegensatz zur idealistischen Philosophie standen.

3) Die Erzählung dieser Begebenheit findet sich häufiger in der zeitgenössischen Literatur, u. a. bei *Stieglitz: Gruß an Berlin.* 1838. Ob Eduard Gans jeweils die Quelle ist, läßt sich nicht entscheiden.

487.

Karl Ludwig Michelet (vgl. oben Nr 325). 89 f.

1) *Hegel: Grundlinien der Philosophie des Rechts* (vgl. oben Anm. 2 zu Nr 312). 17 (Vorrede).

488.

Karl Ludwig Michelet (vgl. oben Nr 118). 21.

489.

Varnhagen v. Ense an K. Rosenkranz, 24. 4. 1840. - *Briefwechsel zwischen Rosenkranz und Varnhagen* (vgl. oben Nr 464). 88 ff.

490.

Varnhagen v. Ense an K. E. Oelsner, 1. 1. 1827. - *Briefwechsel zwischen Varnhagen und Oelsner* (vgl. oben Nr 423). 387 f.

491.

H. W. A. Stieglitz an seine Braut, 18. 1. 1827. - *Briefe von Stieglitz* (vgl. oben Nr 403). Teil 2. 91 f.

1) Es war bisher nicht möglich, die zitierte Strophe nachzuweisen.

2) Daß Hegel eine 2. Auflage seiner *Logik* plante, findet hier seinen ersten Niederschlag. Es ist unbekannt, ob Stieglitz die gewünschte Rezension für Hegel geschrieben hat. Hegel hat die Bearbeitung der Neuauflage bis zu seinem Tod nicht beendet. Der 1. Bd erschien erst 1832 (vgl. *Briefe von und an Hegel*. Bd 3. 463).

492.

Varnhagen v. Ense, Tagebuch, 19. 1. 1827. - *Varnhagen: Blätter* (vgl. oben Nr 352). Bd 4. 175.

493.

Ludwig Döderlein an Niethammer, 25. 1. 1827. - Nach einer Abschrift von J. Hoffmeister (Hs. in Privatbesitz).

1) Hegels Rezension ging *Über die unter dem Namen Bhagavad-Gita bekannte Episode des Mahabharata von Wilhelm v. Humboldt.* Berlin 1826. Vgl. *Hegel: Berliner Schriften.* 85-154; darin 90.

2) Im 1. Bd der *Jahrbücher für wissenschaftliche Kritik* rezensierte Johannes Schulze von *Friedrich Thiersch: Über gelehrte Schulen mit besonderer Rücksicht auf Bayern.* Stuttgart 1826.

3) Vgl. Hegel an Niethammer (11. 9. 1826). *Briefe von und an Hegel.* Bd 3. 116.

4) Gemeint ist Eduard Gans.

494.

Varnhagen v. Ense, Tagebuch, 25. 1. 1827. - *Varnhagen: Blätter* (vgl. oben Nr 352). Bd 4. 179.

1) Inwieweit Altenstein bei der Planung der Jahrbücher herangezogen wurde, ist nicht näher feststellbar; bei *Gans* (vgl. oben Nr 486) findet sich kein Anhaltspunkt.

2) *Ludwig Börne: Einige Worte über die angekündigten Jahrbücher für wissenschaftliche Kritik, hrsg. von der Sozietät für wissenschaftliche Kritik zu Berlin.* Heidelberg 1827.

495.

Varnhagen v. Ense, Tagebuch, 4. 2. 1827. - *Varnhagen: Blätter* (vgl. oben Nr 352). Bd 4. 182.

496.

H. W. A. Stieglitz an seine Braut, 9. 2. 1827. - *Briefe von Stieglitz* (vgl. oben Nr 403). Teil 2. 107 f.

1) Eine Veröffentlichung dieses Gedichts ist bisher nicht nachweisbar.

2) Vgl. zu den zitierten Stellen: *Hegel: Vorlesungen über die Philosophie der Weltgeschichte.* Hrsg. von G. Lasson. 2. Hälfte. Neudruck Hamburg 1968 (Phil. Bibl. 171). 392, 400 ff.

497.

H. W. A. Stieglitz an seine Braut, 24. 2. 1827. - *Briefe von Stieglitz* (vgl. oben Nr 403). Teil 2. 122 f.

1) Karl Friedrich Werder und Moritz Veit waren Freunde von Stieglitz.

2) Stieglitz hatte am 22. 2. Geburtstag.

3) Dieser Brief ist unvollständig abgedruckt in: *Briefe von und an Hegel.* Bd 3. 153.

4) Es handelt sich um Gedichte, die stark von der Hegelschen Philosophie geprägt sind; zu „Bewährung" vgl. oben Anm. 2 zu Nr 485.

498.

F. L. G. v. Raumer an L. Tieck, 25. 2. 1827. - *Friedrich v. Raumer* (vgl. oben Nr 182). 211.

499.

Karl Lachmann an Jakob Grimm, 11. 4. 1827. - *Briefwechsel der Brüder Grimm mit Lachmann* (vgl. oben Nr 437). 506.

1) Karl Frh. v. Müffling (1775-1851), Generalstabschef in Berlin.

2) Beide Rezensionen sind nicht erschienen.

3) Boeckh rezensierte *P. O. Bröndsted: Reisen und Untersuchungen in Griechenland.* 1. Buch. Paris 1826. In: *Jahrbücher für wissenschaftliche Kritik.* Jg. 1827. Sp. 3-36. - Diese Rezension war die erste der Jahrbücher überhaupt.

4) Von Hirt erschienen Rezensionen über: 1. *F. Thiersch: Über die Epochen der bildenden Kunst unter den Griechen.* In drei Abhandlungen 1816, 1819, 1825. (*Jahrbücher.* Jg. 1827. Sp. 228-251.) - 2. *Konrad Levezow: Jupiter Imperator.* Berlin 1826. (*Jahrbücher.* Jg. 1827. Sp. 317-319.)

5) Hegels erster Beitrag war die Humboldt-Rezension (vgl. oben Anm. 1 zu Nr 493), deren erster Teil im Januarheft 1827 erschien.

6) Hiermit ist Hegel gemeint.

7) Lachmanns Name findet sich nicht im Verzeichnis der „Mitglieder und Mitarbeiter der Sozietät für wissenschaftliche Kritik".

500.

J. G. Langermann an K. L. v. Knebel, 12. 4. 1827. - *Zur deutschen Literatur und Geschichte* (vgl. oben Nr 141). 214 f.

501.

Karl Rosenkranz: Erinnerungen an Karl Daub. Berlin 1837. 20 f.
1) Vgl. etwa Hegels Brief an Daub (19. 12. 1826). *Briefe von und an Hegel.* Bd 3. 149-152.

502.

J. L. Heiberg an L. Tieck, 5. 5. 1827. - *Briefe an Tieck* (vgl. oben Nr 355). Bd 1. 339.
Verfasser: Johann Ludwig Heiberg (1791-1860), dänischer Dichter und Ästhetiker; persönliche Bekanntschaft mit Hegel; machte die Hegelsche Philosophie in Dänemark bekannt.

503.

H. W. A. Stieglitz an seine Braut, 12. 5. 1827. - *Briefe von Stieglitz* (vgl. oben Nr 403). Teil 2. 156.
1) Gemeint ist hier wahrscheinlich die Bankiersfamilie Mendelssohn.
2) Mit Lotte ist Stieglitz' Braut Charlotte Willhöft gemeint.

504.

Karl Lachmann an Jakob Grimm, 30. 5. 1827. - *Briefwechsel der Brüder Grimm mit Lachmann* (vgl. oben Nr 437). 515 f.

505.

A. W. Schlegel an Ch. Lassen, 6. 6. 1827. - *Briefwechsel A. W. v. Schlegel - Christian Lassen.* Hrsg. von W. Kirfel. Bonn 1914. 199.
Empfänger: Christian Lassen (1800-1876), Indologe; seit 1830 Prof. in Bonn.

506.

J. J. Ampère an V. Cousin, 9. 7. 1827. - *Barthélemy-Saint Hilaire* (vgl. oben Nr 235). Tome 3. 384.
Verfasser: Jean Jacques Antoine Ampère (1800-1864), Philologe; 1829 Prof. in Marseille, 1831 an der Normalschule in Paris.

507.

Goethe zu F. v. Müller, 16. 7. 1827. - *Goethes Gespräche* (vgl. oben Nr 112). Bd 3. 414.

508.

F. L. G. v. Raumer an L. Tieck, 16. 7. 1827. - *Friedrich v. Raumer* (vgl. oben Nr 182). 216.

509.

K. O. Müller an A. Boeckh, 17. 7. 1827. - *Briefwechsel zwischen Boeckh und Müller* (vgl. oben Nr 454). 229.

510.

Varnhagen v. Ense, Tagebuch, 26. 7. 1827. - *Varnhagen: Blätter* (vgl. oben Nr 352). Bd 4. 271.

511.

A. D. Ch. Twesten und seine Frau an Dora Hensler, Juli/August 1827. - *Heinrici* (vgl. oben Nr 168). 404.
1) Vgl. hierzu A. W. Schlegels Gedicht: Erster Entwurf des Werkes. In: *A. W. v. Schlegels Sämtliche Werke.* Hrsg. von E. Böcking. Bd 2. Leipzig 1846. 244.
2) Tine: Katharina Twesten, geb. Behrens; Gattin A. D. Ch. Twestens.

512.

Karl v. Holtei: Vierzig Jahre. Bd 5. Breslau 1845. 30 f.
1) Sophie Müller (1803-1830), Schauspielerin. - Angelika Catalani (1780-1849), bekannte ital. Sopranistin.

513.

A. Boeckh an K. O. Müller, 5. 8. 1827. - *Briefwechsel zwischen Boeckh und Müller* (vgl. oben Nr 454). 234.
1) Von Heinrich Leo erschienen bis August 1827 Rezensionen zu folgenden Werken: 1. *Heinrich Luden: Geschichte des teutschen Volkes.* 2 Bde. Gotha 1825 f. (*Jahrbücher.* Jg. 1827. Sp. 136 bis 159) - 2. *F. Ch. Schlosser: Universalhistorische Übersicht der Geschichte der alten Welt und ihrer Kultur.* Frankfurt a. M. 1826 (*Jahrbücher.* Jg. 1827. Sp. 345-383) - 3. *M. Daru: Histoire de Bretagne.* 3 Bde. Paris 1826 (*Jahrbücher.* Jg. 1827. Sp. 955-959; 961-969).
2) Von Philipp Konrad Marheineke erschienen bis August 1827 Rezensionen zu folgenden Büchern: 1. *Ferdinand Delbrück: Philipp Melanchton, der Glaubenslehrer.* Eine Streitschrift. Bonn 1826. - *K. H. Sack, C. J. Nitzsch und F. Lücke: Über das Ansehen der heiligen Schrift und ihr Verhältnis zur Glaubensregel in der protestantischen und in der alten Kirche.* Bonn 1827 (*Jahrbücher.* Jg. 1827. Sp. 475-503). - 2. *F. M. Carové: Über alleinseligmachende Kirche.* Frankfurt a. M. 1826 (*Jahrbücher.* Jg. 1827. Sp. 1087-1099).

514.

Varnhagen v. Ense, Tagebuch, 14. 8. 1827. - *Varnhagen: Blätter* (vgl. oben Nr 352). Bd 4. 278 f.

1) Paul Ferdinand Friedrich Buchholz (1768-1843), Publizist; lebte seit 1800 als Privatgelehrter in Berlin; hinterließ zahlreiche Schriften philologischen, ethischen, politischen und historischen Inhalts.

515.

Rahel Varnhagen an Ludwig Robert, 16. 8. 1827. - *Rahel Varnhagen und ihre Zeit (Briefe 1800-1833)*. Hrsg. von F. Kemp. München 1968. 304 f.
1) Vgl. Hegels Brief an Rahel Varnhagen (30. 7. 1827). *Briefe von und an Hegel*. Bd 3. 174.

516.

H. W. A. Stieglitz an seine Braut, 24. 8. 1827. - *Briefe von Stieglitz* (vgl. oben Nr 403). Teil 2. 212.
1) Hegel verbrachte seinen Geburtstag auf der Reise nach Paris in Trier (vgl. *Briefe von und an Hegel*. Bd 3. 180 f.).

517.

Eduard Gans: Goethe an seinem Geburtstage. In: *Gans* (vgl. oben Nr 486). 306 f.

518.

Eduard Gans (vgl. oben Nr 517). 310 f.

519.

Gustav Parthey, 28. 8. 1827. - *Goethes Gespräche* (vgl. oben Nr 112). Bd 3. 427 f.

520.

Varnhagen v. Ense, Tagebuch, 2. 9. 1827. - *Varnhagen: Blätter* (vgl. oben Nr 352). Bd 4. 297.

521.

Friedrich v. Raumer, September 1827. - *Friedrich v. Raumer* (vgl. oben Nr 182). 109 f.

522.

Varnhagen v. Ense an Franz v. Baader, 12. 10. 1827. - *Eugène Susini* (vgl. oben Nr 335). Tome 4. 200.

523.

Goethe, Tagebuch, 16. 10. 1827. - *Goethe: Werke* (vgl. oben Nr 43). Abt. 3, Bd 11. 125.

524.

Goethe, Tagebuch, 17. 10. 1827. - *Goethe: Werke* (vgl. oben Nr 43). Abt. 3, Bd 11. 126.

525.

Ottilie v. Goethe, 17. 10. 1827. - *Goethes Gespräche* (vgl. oben Nr 112). Bd 3. 476 f.

526.

Goethe, Tagebuch, 18. 10. 1827. - *Goethe: Werke* (vgl. oben Nr 43). Abt. 3, Bd 11. 126.

1) Ettersburg: Erbgroßherzogl. Jagd- und Lustschloß nördlich von Weimar; Hottelstedter Ecke: höchste Erhebung (481 m) des Ettersberges.

527.

Johann Peter Eckermann, 18. 10. 1827. - *Goethes Gespräche* (vgl. oben Nr 112). Bd 3. 477.

1) Die hohe Meinung von Hamann, die Goethe und Hegel teilten, zeigt sich auch bei Goethes späterer Beurteilung der Hegelschen Hamann-Rezension (vgl. unten Nr 590).

528.

K. F. Zelter an Goethe, 22. 10. 1827. - *Briefwechsel zwischen Goethe und Zelter* (vgl. oben Nr 348). 591.

1) Anspielung auf die Ouvertüre zu *Rossinis: Die diebische Elster.*

529.

Goethe an Ch. D. v. Buttel, 23. 10. 1827. - *Goethe: Werke* (vgl. oben Nr 43). Abt. 4, Bd 43. 118 f.

Empfänger: Christian Dietrich v. Buttel (geb. 1801), Jurist; Hörer Hegels in Heidelberg; Sekretär am Landgericht in Jever; beschäftigte sich auf Anregung Hegels mit der Goetheschen Farbenlehre.

530.

Goethe an K. F. Zelter, 24. 10. 1827. - *Briefwechsel zwischen Goethe und Zelter* (vgl. oben Nr 348). 592.

1) Reinhard war, von Kristiana (Oslo) kommend, am 20. 10. in Weimar eingetroffen.

2) Es handelt sich um Arbeiten von Ch. D. v. Buttel (vgl. oben Nr 529).

531.

Varnhagen v. Ense an Goethe, 25. 10. 1827. - *Briefe Varnhagens an Goethe.* In: *Goethe-Jahrbuch.* Hrsg. von L. Geiger. Bd 14 (1893). 73.

532.

Goethe an K. F. Zelter, 27. 10. 1827. - *Briefwechsel zwischen Goethe und Zelter* (vgl. oben Nr 348). 592 f.
1)   Vgl. oben Nr 528.

533.

Goethe an Friedrich v. Müller, 27. 10. 1827. - *Goethe: Werke* (vgl. oben Nr 43). Abt. 4, Bd 43. 129.

534.

Johann Eduard Erdmann (vgl. oben Nr 14). 271.

535.

Varnhagen v. Ense, Tagebuch, 30. 10. 1827. - *Varnhagen: Blätter* (vgl. oben Nr 352). Bd 4. 327.

536.

K. F. Zelter an Goethe, 30. 10. 1827. - *Briefwechsel zwischen Goethe und Zelter* (vgl. oben Nr 348). 597.
1)   Bezieht sich auf Hegel und die Botaniker Schulze und Link.
2)   Damit ist Hegels Frau gemeint.

537.

K. F. Zelter an Goethe, 3. 11. 1827. - *Briefwechsel zwischen Goethe und Zelter* (vgl. oben Nr 348). 598.

538.

Goethe an Varnhagen v. Ense, 8. 11. 1827. - *Goethe: Werke* (vgl. oben Nr 43). Abt. 4, Bd 43. 157.

539.

H. W. A. Stieglitz an seine Braut, 11. 11. 1827. - *Briefe von Stieglitz* (vgl. oben Nr 403). Teil 2. 260.
1)   „Arabien" in: *Stieglitz: Bilder des Orients.* Bd 1. Leipzig 1831.

540.

K. L. v. Knebel an Goethe, 11. 11. 1827. - *Briefwechsel zwischen Goethe und Knebel* (vgl. oben Nr 124). Teil 2. 372.

541.

Goethe an K. L. v. Knebel, 14. 11. 1827. - *Goethe: Werke* (vgl. oben Nr 43). Abt. 4, Bd 43. 168 f.

1) Vgl. die positive Bewertung der Goetheschen Farbenlehre in *Hegels Enzyklopädie.*
2) v. Henning hielt seit 1822 Vorlesungen über Goethes Farbenlehre in Berlin.

542.

Goethe an Adele Schopenhauer, 16. 11. 1827. - *Goethe: Werke* (vgl. oben Nr 43). Abt. 4, Bd 43. 172.
Empfängerin: Adele Schopenhauer (1797-1849), Schwester Arthur Schopenhauers; Freundin der Ottilie v. Goethe.

543.

H. W. A. Stieglitz an seine Braut, 16. 11. 1827. - *Briefe von Stieglitz* (vgl. oben Nr 403). Teil 2. 265.
1) Moritz Eduard Pinder (1807-1871), Bibliothekar in Berlin.

544.

F. L. G. v. Raumer an L. Tieck, 27. 11. 1827. - *Friedrich v. Raumer* (vgl. oben Nr 182). 245.

545.

Goethe an L. v. Henning, 27. 11. 1827. - *Goethe: Werke* (vgl. oben Nr 43). Abt. 4, Bd 43. 191 ff.

546.

Friedrich v. Uechtritz an seine Eltern, 29. 11. 1827. - *Erinnerungen an Uechtritz* (vgl. oben Nr 480). 63 f.
1) Vgl. oben Anm. 1 zu Nr 480.

547.

H. W. A. Stieglitz an seine Braut, 10. 12. 1827. - *Briefe von Stieglitz* (vgl. oben Nr 403). Teil 2. 279.
1) Eduard Heinrich Gehe (1793-1850), Jurist; als Dichter von geringer Bedeutung.
2) Wilhelm Traugott Krug (1770-1842), seit 1809 Prof. der Philosophie in Leipzig; scharfer Gegner Hegels.

548.

Johann Eduard Erdmann (vgl. oben Nr 14). 256.

549.

Rahel Varnhagen. - *Otto Berdrow: Rahel Varnhagen.* Ein Lebens- und Zeitbild. Stuttgart 1900. 434.

549 a.

August Wilhelm v. Schlegel: Friedrich Schlegel und Hegel, 1827. - *A. W. v. Schlegels Sämtliche Werke.* Hrsg. von E. Böcking. Bd 2. Leipzig 1846. 232.

550.

Allgemeine deutsche Real-Enzyklopädie für die gebildeten Stände. (Konversations-Lexikon.) Bd 5 (H bis Jod). 7. Originalaufl. Leipzig 1827. 140-144.

551.

Leopold v. Ranke an Heinrich Ritter, 4. 1. 1828. - *Leopold v. Ranke: Das Briefwerk.* Hrsg. von W. P. Fuchs. Hamburg 1949. 135.

Empfänger: Heinrich Julius Ritter (1791-1869), seit 1824 Prof. der Philosophie in Berlin (vgl. *Hegel: Berliner Schriften.* 626-629).

1) Die Auseinandersetzung Baaders mit Hegel wurde immer heftiger; besonders kennzeichnend hierfür die Notiz *Baaders: Hegel über meine Lehre in der zweiten Ausgabe der Enzyklopädie der philosophischen Wissenschaften. Vorrede.* - *Baader: Sämtliche Werke.* Hrsg. von F. Hoffmann. Leipzig 1851-1860. Abt. 1, Bd 10. 306-309.

552.

Sulpiz Boisserée an Goethe, 16. 1. 1828. - *Sulpiz Boisserée* (vgl. oben Nr 134). Bd 2. 499 f.

553.

Varnhagen v. Ense, Tagebuch, 26. 1. 1828. - *Varnhagen: Blätter* (vgl. oben Nr 352). Bd 5. 16 f.

554.

H. W. A. Stieglitz an seine Braut, 4. 2. 1828. - *Briefe von Stieglitz* (vgl. oben Nr 403). Teil 2. 321.

1) Stieglitz hatte einen Brief seiner Braut erhalten.

555.

Schleiermacher an J. Ch. Gaß, 7. 2. 1828. - Nach einer von J. Hoffmeister angefertigten Abschrift der Hs. aus der Preuß. Staatsbibliothek.

1) Bezieht sich auf eine Rezension, die *Gans* in den *Jahrbüchern für wissenschaftliche Kritik* Jg. 1827. Sp. 321-344 über *Savignys: Geschichte des Römischen Rechts im Mittelalter.* Bd 4. Heidelberg 1826 geschrieben hatte.

556.

Varnhagen v. Ense, Tagebuch, 18. 2. 1828. - *Varnhagen: Blätter* (vgl. oben Nr 352). Bd 5. 33.
1) Vgl. oben Nr 553.
2) Hegel weilte im September 1827 in Paris.

557.

Varnhagen v. Ense an Goethe, 29. 2. 1828. - *Briefe Varnhagens* (vgl. oben Nr 531). 75 f.

558.

Józef Kremer: Erinnerungen an Hegel. In: *Hegel bei den Slaven* (vgl. oben Nr 484). 105-108.

559.

Wilhelm v. Humboldt an Friedrich v. Gentz, 1. 3. 1828. - *Friedrich v. Gentz: Ungedruckte Denkschriften, Tagebücher und Briefe.* Hrsg. von G. Schlesier. In: *Schriften von F. v. Gentz. Ein Denkmal.* Teil 5. Mannheim 1840. 297 ff.
Empfänger: Friedrich v. Gentz (1764-1832), politischer Schriftsteller; seit 1809 Mitarbeiter Metternichs.
1) Vgl. *Hegel: Berliner Schriften.* 85-154.

560.

Ludwig Börne an Jeanette Wohl, 7. 3. 1828. - *Ludwig Börnes Berliner Briefe 1828.* Hrsg. von L. Geiger. Berlin 1905. 51.
Empfängerin: Jeanette Wohl (1783-1861), seit 1816 vertraute Freundin Börnes.
1) Vgl. oben Anm. 2 zu Nr 494.

561.

Varnhagen v. Ense, Tagebuch, 10. 3. 1828. - *Varnhagen: Blätter* (vgl. oben Nr 352). Bd 5. 48.

562.

Ludwig Börne an Jeanette Wohl, 10. 3. 1828. - *Börnes Berliner Briefe* (vgl. oben Nr 560). 63 f.

563.

Leopold v. Ranke an Varnhagen v. Ense, 10. 3. 1828. - *Ranke: Briefwerk* (vgl. oben Nr 551). 146, 148.

564.

H. W. A. Stieglitz an seine Braut, 15. 3. 1828. - *Briefe von Stieglitz* (vgl. oben Nr 403). Teil 2. 340 f.

1) Stieglitz bezieht sich hier wohl auf Hegels Vorlesung im WS 1827/28 über Psychologie und Anthropologie.

2) „Seelenjubel" lautet auch der Titel eines Gedichtes von Stieglitz, das sich im Hegel-Nachlaß der Preuß. Staatsbibl. handschriftlich befand.

565.

G. F. Creuzer an Schopenhauer, März 1828. - *Schopenhauers Sämtliche Werke* (vgl. oben Nr 164). 390.

566.

Ludwig Börne an Jeanette Wohl, 4. 4. 1828. - *Börnes Berliner Briefe* (vgl. oben Nr 560). 100.

567.

Ludwig Börne an Jeanette Wohl, 10. 4. 1828. - *Börnes Berliner Briefe* (vgl. oben Nr 560). 107.

568.

Ludwig Börne an Jeanette Wohl, 16. 4. 1828. - *Börnes Berliner Briefe* (vgl. oben Nr 560). 111.

569.

Varnhagen v. Ense, Tagebuch, 18. 4. 1828. - *Varnhagen: Blätter* (vgl. oben Nr 352). Bd. 5. 68.

1) Vgl. *Hegel: Berliner Schriften*. 155-220.

570.

Friedrich August Gottreu Tholuck, Ende August 1828. - *Leopold Witte* (vgl. oben Nr 439). Bd 2. 110.

571.

J. W. Loebell an L. Tieck, 9. 5. 1828. - *Briefe an Tieck* (vgl. oben Nr 355). Bd 2. 245.

Verfasser: Johann Wilhelm Loebell (1786-1863), Historiker.

1) Adolf Müllner (1774-1829), zunächst Rechtsanwalt, dann freier Schriftsteller; gab 1826-29 das *Mitternachtsblatt für gebildete Stände* heraus; rücksichtsloser und streitsüchtiger Kritiker.

572.

Wilhelm Vatke an seinen Bruder Georg, 22. 5. 1828. - *Heinrich Benecke: Wilhelm Vatke in seinem Leben und seinen Schriften*. Bonn 1883. 37.

Verfasser: Johann Karl Wilhelm Vatke (1806-1882), studierte seit 1828 in Berlin; Hörer Hegels; 1830 Privatdozent, 1837 Prof. der Theologie in Berlin.
Empfänger: Georg Vatke (1791-1864).

573.

K. F. Zelter an Goethe, 27. 5. 1828. - *Briefwechsel zwischen Goethe und Zelter* (vgl. oben Nr 348). Bd 3. 36.

574.

Varnhagen v. Ense, Tagebuch, 28. 5. 1828. - *Varnhagen: Blätter* (vgl. oben Nr 352). Bd 5. 84.

575.

Karl Förster an seine Frau, 30. 5. 1828. - *Biographische und literarische Skizzen* (vgl. oben Nr 324). 348.

576.

August Kuhn, 5. 6. 1828. - Fußnote zu: *Auch ein Wort über Herrn M. G. Saphirs Kampf mit den 13 Bühnen-Dichtern(?).* In: *Der Freimütige.* 25. Jg. (Hrsg. von A. Kuhn.) Nr 112. 448.
1) M. G. Saphir war wegen eines von ihm verfaßten Artikels in seiner *Schnellpost* von 13 Schriftstellern und Bühnendichtern (u. a. Gubitz, Häring, v. Holtei und F. Förster) angegriffen worden. In einem neuen Artikel, auf den sich unser Dokument bezieht, setzte er sich zur Wehr.

577.

K. F. Zelter an Goethe, 24. 6. 1828. - *Briefwechsel zwischen Goethe und Zelter* (vgl. oben Nr 348). Bd 3. 46.
1) Es handelt sich um die Lithographie des Braunschweiger Malers Julius Ludwig Sebbers, die 1828 entstand.

578.

Wilhelm Vatke an Göttinger Bekannte, Sommer 1828. - *Benecke: Vatke* (vgl. oben Nr 572). 38.

579.

Goethe an K. F. Zelter, 26. 8. 1828. - *Briefwechsel zwischen Goethe und Zelter* (vgl. oben Nr 348). Bd 3. 66.

580.

K. F. Zelter an Goethe, 29. 8. 1828. - *Briefwechsel zwischen Goethe und Zelter* (vgl. oben Nr 348). Bd 3. 68 f.

581.

F. Thiersch an A. Boeckh, 20. 9. 1828. - *Hoffmann: Boeckh* (vgl. oben Nr 456). 251.

582.

J. Purkinje an seine Frau. - *Vladislav Kruta: G. W. F. Hegel a J. E. Purkinje.* In: *Filosofický Časopis.* Praha. 13 (1965), 284.

583.

Karl Rosenkranz (vgl. oben Nr 421). 388.

584.

Wilhelm Vatke an seinen Bruder Georg, September 1828. - *Benecke: Vatke* (vgl. oben Nr 572). 39 ff.
1) Otto v. Gerlach (1801-1849). Vgl. *Max Lenz* (vgl. oben Nr 175). Bd 2, 1. Hälfte. 350 ff.
2) Ernst Wilhelm Hengstenberg (1802-1869), 1826 Prof. der Theologie in Berlin, gründete 1827 die konservative „Evangelische Kirchenzeitung".
3) Gemeint ist die Lithographie von Sebbers.

585.

Schelling an Victor Cousin, 27. 11. 1828. - *Aus Schellings Leben* (vgl. oben Nr 10). Bd 3. 39 f.

586.

Varnhagen v. Ense, Tagebuch, 31. 12. 1828. - *Varnhagen: Blätter* (vgl. oben Nr 352). Bd 5. 153.

587.

K. J. H. Windischmann an F. Bopp, 2. 1. 1829. - *Lefmann: Bopp* (vgl. oben Nr 346). 79°.
1) *Windischmann: Die Philosophie im Fortgang der Weltgeschichte.* Teil 1: *Die Grundlagen der Philosophie im Morgenlande.* Abt. 1, Buch 2 (Indien). Bonn 1829.

588.

Rahel Varnhagen an Friederike Robert, 16. 1. 1829. - *Rahel. Ein Buch des Andenkens für ihre Freunde.* (Hrsg. von Varnhagen v. Ense.) Teil 3. Berlin 1834. 319 f. - Der Brief ist veröffentlicht unter dem 16. 1. 1828; dieses Datum kann nicht stimmen, da Hegels Hamann-Rezension erst im Laufe des Jahres 1828 erschien; außerdem vgl. unten Anm. 2.
Empfängerin: Friederike Robert, geb. Braun (1795-1832), seit 1822 mit E. F. L. Robert verheiratet.

1) Vgl. *Hegel: Berliner Schriften.* 221-294.
2) Friedrich Schlegel starb am 12. 1. 1829.

589.

Goethe, Tagebuch, 27. 1. 1829. - *Goethe: Werke* (vgl. oben Nr 43). Abt. 3, Bd 12. 13.
1) *K. E. Schubarth und L. Carganico: Über Philosophie überhaupt und Hegels Enzyklopädie der philosophischen Wissenschaften insbesondere.* Berlin 1829. - Vgl. dazu: *Hegel: Berliner Schriften.* 374-402.

590.

J. P. Eckermann, Tagebuch, 17. 2. 1829. - *Goethes Gespräche* (vgl. oben Nr 112). Bd 4. 72.

591.

K. F. Zelter an Goethe, Mitte März 1829. - *Briefwechsel zwischen Goethe und Zelter* (vgl. oben Nr 348). 131.
1) Gemeint ist *J. S. Bach: Matthäus-Passion.*
2) Hegel las im WS 1828/29 über Ästhetik oder Philosophie der Kunst.
3) Gemeint ist Felix Mendelssohn-Bartholdy.

592.

Karl Halling an Ludwig Tieck, 21. 3. 1829. - *Briefe an Tieck* (vgl. oben Nr 355). 294 f., 298.
Verfasser: Karl Halling, Student in Berlin.

593.

Therese Devrient: Jugenderinnerungen. Stuttgart 1905. 308 f.
Verfasserin: Therese Devrient, geb. Schlesinger (1803-1882), seit 1824 Gattin des Schauspielers und Schriftstellers Eduard Devrient.
1) Gemeint ist Eduard Devrient.
2) Doris: K. F. Zelters Tochter.

594.

K. J. H. Windischmann an F. Bopp, 29. 3. 1829. - *Lefmann: Bopp* (vgl. oben Nr 346). 79*.

595.

Varnhagen v. Ense, Tagebuch, 7. 4. 1829. - *Varnhagen: Blätter* (vgl. oben Nr 352). Bd 5. 200.

595 a.

Alexander Jung: Charaktere, Charakteristiken und vermischte Schriften. Bd 1. Königsberg 1848. 128.

1) Der Philosoph und Pädagoge Johann Friedrich Herbart (1776-1841) weilte im April 1829 in Berlin.

596.

Marie Hegel an Christiane Hegel, 21. 5. 1829. - Nach der Hs. (Staatsbibliothek, Preuß. Kulturbesitz, Berlin).

1) Christiane Hegel wurde schon längere Zeit von ihrem Bruder finanziell unterstützt.

597.

Marie Hegel an Christiane Hegel, 24. 6. 1829. - Nach der Hs. (Staatsbibliothek, Preußischer Kulturbesitz, Berlin).

1) Vgl. *Hegel: Berliner Schriften.* 330-402.

2) *Karl Friedrich Göschel: Aphorismen über Nichtwissen und absolutes Wissen im Verhältnisse zur christlichen Glaubenserkenntnis.* Ein Beitrag zum Verständnis der Philosophie unserer Zeit. Berlin 1829.

598.

K. Ch. F. Krause an H. v. Leonhardi, 28. 6. 1829. - *Briefwechsel Krauses* (vgl. oben Nr 84). Bd 2. 18.

599.

Marie Hegel an ihre Söhne, 29. 7. 1829. - *Briefe von und an Hegel.* Bd 3. 444 f.

1) Der junge v. Wahl wurde in der Tat für einige Zeit der Pflegesohn der Familie Hegel.

600.

Adalbert Cybulski. - In: *Hegel bei den Slaven* (vgl. oben Nr 484). 17 f.

Verfasser: Adalbert Cybulsky (1808-1867), polnischer Philologe; Hörer Hegels in Berlin.

1) Adam Mickiewicz (1798-1855), polnischer Dichter.

2) Vgl. oben Anm. 1 zu Nr 484.

601.

Wilhelm Vatke an seinen Bruder Georg, 6. 8. 1829. - *Benecke: Vatke* (vgl. oben Nr 572). 44 f.

602.

K. F. Zelter an Goethe, 8. 8. 1829. - *Briefwechsel zwischen Goethe und Zelter* (vgl. oben Nr 348). Bd 3. 180.

1) Frau v. Wahl, Bekannte der Familie Hegel, ihr Sohn lebte zeitweise in Hegels Familie (vgl. oben Nr 599).

603.

Susanne v. Tucher an Marie Hegel, 26. 8. 1829. - Nach der Hs. (Frh. v. Tuchersches Familienarchiv).

604.

Friedrich Förster, August 1829. - *Briefe eines Lebenden*. Hrsg. von F. F. Bd 1. Berlin 1831. 73 f.

605.

Wilhelm Grimm an K. H. Scheidler, 29. 8. 1829. - *Briefe der Brüder Grimm*. Gesammelt von H. Gürtler - nach dessen Tod hrsg. von A. Leitzmann. Jena 1923. (Jenaer Germanistische Forschungen 1.) 225 f.

Empfänger: Karl Hermann Scheidler (1795-1866), seit 1825 Prof. der Mathematik in Jena.

1) Rosenkranz versuchte in zahlreichen Schriften, die Gedanken Hegels auf die verschiedensten Wissens- und Lebensbereiche anzuwenden. - *Karl Rosenkranz: Das Heldenbuch und die Nibelungen*. Grundriß zu Vorlesungen. Halle 1829.

2) Karl Friedrich Ferdinand Sietze (1771-1830), Schüler Hegels, Prof. der Rechte in Königsberg.

606.

F. L. G. v. Raumer an L. Tieck, 30. 8. 1829. - *Friedrich v. Raumer* (vgl. oben Nr 182). 299.

607.

J. P. Eckermann, Tagebuch, 1. 9. 1829. - *Goethes Gespräche* (vgl. oben Nr 112). Bd 4. 163.

1) Hegel las im SS 1829 über die Beweise vom Dasein Gottes.

608.

Susanne v. Tucher an Marie Hegel, 3. 9. 1829. - Nach der Hs. (Frh. v. Tuchersches Familienarchiv).

1) Gemeint sind Johann Georg von Haller von Hallerstein (1773-1852) und seine Frau. - Vgl. *Briefe von und an Hegel*. Bd 3. 269.

609.

Schelling an seine Frau, Anfang September 1829. - *Aus Schellings Leben* (vgl. oben Nr 10). Bd 3. 47.

610.

Goethe, Tagebuch, 11. 9. 1829. - *Goethe: Werke* (vgl. oben Nr 43). Abt. 3, Bd 12. 124.

611.

Varnhagen v. Ense, Tagebuch, 15. 9. 1829. - *Varnhagen: Blätter* (vgl. oben Nr 352). Bd 5. 230.

612.

Varnhagen v. Ense, Tagebuch, 2. 10. 1829. - *Varnhagen: Blätter* (vgl. oben Nr 352). Bd 5. 235.

613.

Varnhagen v. Ense, Tagebuch, 20. 10. 1829. - *Varnhagen: Blätter* (vgl. oben Nr 352). Bd 5. 241.
1) Vgl. *Hegel: Berliner Schriften.* 25-29.

614.

Victor Cousin an Schelling, 30. 10. 1829. - *Barthélemy-Saint Hilaire* (vgl. oben Nr 235). Tome 1. 267 ff.
1) Bezieht sich auf eine Stelle im Brief Schellings an Cousin vom 27. 11. 1828: „Vous vous sentez peut-être un embarras particulier à vous prononcer sur le dernier temps. Vous êtes entré dans la territoire de la philosophie allemande du côté de Heidelberg; vous n'avez commencé à connaître le système dérivant de moi que dans le sens que lui donnaient quelques personnes mal endoctrinées, ou faibles de jugement, et dans la forme qu'il avait reçue en passent dans la tête étroite d'un homme qui a cru s'emparer de mes idées, comme l'insecte rampant peut croire s'approprier la feuille d'une plante qu'il a entortillée de son filage." *(Barthélemy-Saint Hilaire.* 258.)

615.

Susanne v. Tucher an Marie Hegel, 7. 11. 1829. - Nach der Hs. (Frh. v. Tuchersches Familienarchiv).

616.

K. F. Zelter an Goethe, 10. 11. 1829. - *Briefwechsel zwischen Goethe und Zelter* (vgl. oben Nr 348). Bd 3. 204.
1) Bezieht sich auf die in Anm. 1 zu Brief 540 *(Briefe von und an Hegel.* Bd 3. 407-410) geschilderte Auseinandersetzung.

617.

Johann Gustav Droysen an Albert Heydemann, 19. 11. 1829. - *Johann Gustav Droysen - Briefwechsel.* Hrsg. von R. Hübner. Bd 1. Stuttgart 1929. 15 f.

Verfasser: Johann Gustav Droysen (1808-1884), berühmter Historiker; Hörer Hegels in Berlin.

Empfänger: Albert Heydemann (1808-1877), Studienfreund Droysens; 1830 Lehrer am Friedrich-Wilhelms-Gymnasium in Berlin.

618.

F. Bopp an K. J. H. Windischmann, 21. 11. 1829. - *Lefmann: Bopp* (vgl. oben Nr 346). 82*.

1) Bezieht sich auf Windischmanns Brief an Hegel vom 1. 8. 1829 (vgl. *Briefe von und an Hegel.* Bd 3. 265 ff.).

619.

K. J. H. Windischmann an F. Bopp, 2. 12. 1829. - *Lefmann: Bopp* (vgl. oben Nr 346). 83*.

1) Vgl. *Briefe von und an Hegel.* Bd 3. 265 ff.

620.

Marie Hegel an Christiane Hegel, 7. 12. 1829. - Nach einer von J. Hoffmeister angefertigten Abschrift der heute verschollenen Hs. aus der Preuß. Staatsbibliothek.

1) Bezieht sich auf Susanne v. Tucher, die Mutter Marie Hegels, und Frau v. Rosenhayn, die Tante Marie Hegels.

621.

Schopenhauer an Francis Haywood, 21. 12. 1829. - *Schopenhauers sämtliche Werke* (vgl. oben Nr 164). 408.

622.

Karl Rosenkranz (vgl. oben Nr 421). 406 f.

623.

V. Cousin an E. Gans, 14. 1. 1830. - *[Dorow:] Denkschriften und Briefe* (vgl. oben Nr 289). Bd 4. 187 f.

1) Schlesinger, Buchhändler in Berlin.

624.

Varnhagen v. Ense, Tagebuch, 19. 1. 1830. - *Varnhagen: Blätter* (vgl. oben Nr 352). Bd 5. 263.

625.

Varnhagen v. Ense an Goethe, 23. 2. 1830. - *Briefe Varnhagens* (vgl. oben Nr 531). 82.

1) *Justinus Kerner: Die Seherin von Prevorst.* Eröffnungen über das innere Leben des Menschen und über das Hereinragen einer Geisterwelt in die unsere. 2 Bde. Stuttgart, Tübingen 1829. - Hegel hat keine Rezension dieses Werks geschrieben.

626.

Varnhagen v. Ense, Tagebuch, 23. 4. 1830. - *Varnhagen: Blätter* (vgl. oben Nr 352). Bd 5. 286.

1) Vgl. Anm. 2 zu Hegels Brief an Göschel (13. 12. 1830). *Briefe von und an Hegel.* Bd 3. 460 f.

627.

Susanne v. Tucher an Marie Hegel, 8. 5. 1830. - Nach der Hs. (Frh. v. Tuchersches Familienarchiv).

628.

F. Mendelssohn-Bartholdy an seine Familie, 21. 5. 1830. - *Reisebriefe von Felix Mendelssohn-Bartholdy aus den Jahren 1830 bis 1832.* Hrsg. von P. Mendelssohn-Bartholdy. Bd 1. Leipzig 1861. 5 f.

1) Mendelssohn hatte im Mai 1830 seine Reise nach Italien für etwa 10 Tage in Weimar unterbrochen, wo er Goethe mehrmals besuchte.

2) Mendelssohn hatte Hegels Ästhetikvorlesung im WS 1828/29 gehört.

629.

Wilhelm v. Humboldt an F. Bopp, 27. 5. 1830. - *Lefmann: Bopp* (vgl. oben Nr 346). Nachtrag 73.

1) Hegel wurde am 16. 12. 1830 abermals nicht in die Akademie gewählt.

630.

H. v. Leonhardi an K. Ch. F. Krause, 1. 7. 1830. - *Briefwechsel Krauses* (vgl. oben Nr 84). Bd 2. 157.

631.

Alexander v. Humboldt an Varnhagen v. Ense, 9. 7. 1830. - *Briefe von Alexander v. Humboldt an Varnhagen v. Ense aus den Jahren 1827 bis 1858.* (Hrsg. von L. Assing.) 3. Aufl. Leipzig 1860. 9.

1) Der Plan Varnhagens, eine Biographie Hardenbergs zu schreiben, ist nicht verwirklicht worden.

632.

K. F. Zelter an Goethe, 11. 7. 1830. - *Briefwechsel zwischen Goethe und Zelter* (vgl. oben Nr 348). Bd 3. 300.

1) Vgl. dazu die nähere Schilderung Zelters in seinem Brief an Goethe vom 13. 8. 1830.

633.

K. G. Zumpt an Ch. A. Lobeck, 12. 7. 1830. - *Ausgewählte Briefe von und an Chr. A. Lobeck und K. Lehrs nebst Tagebuchnotizen.* Hrsg. von A. Ludwich. Teil 1 (1802-1849). Leipzig 1894. 106.

Verfasser: Karl Gottlob Zumpt (1792-1849), Philologe; 1827 Prof. in Berlin.

Empfänger: Christian August Lobeck (1781-1860), Philologe; seit 1814 Prof. in Königsberg.

1) Vgl. *Hegel: Berliner Schriften.* 30-55.

634.

K. Ch. F. Krause an H. v. Leonhardi, 18./19. 7. 1830. - *Briefwechsel Krauses* (vgl. oben Nr 84). Bd 2. 154.

1) Karl Thorbecke (geb. 1786), Dichter und Privatgelehrter.

635.

Schleiermacher an J. Ch. Gaß, 23. 7. 1830. - Nach einer von J. Hoffmeister angefertigten Abschrift der Hs. aus der Preuß. Staatsbibliothek.

1) Vgl. Anm. 3 zu Göschels Brief an Hegel (31. 12. 1830). *Briefe von und an Hegel.* Bd 3. 461.

636.

Wilhelm Vatke an seinen Bruder Georg, Juli 1830. - *Benecke: Vatke* (vgl. oben Nr 572). 59 ff.

637.

Karl Hegel: Leben und Erinnerungen. Leipzig 1900. 15 f.

638.

Karl Ludwig Michelet (vgl. oben Nr 325). 502 f.

639.

Karl Gutzkow: Vergangenheit und Gegenwart. In: *Karl Gutzkows ausgewählte Werke.* Hrsg. von H. H. Houben. Bd 12. Leipzig o. J. 54 f.

Verfasser: Karl Gutzkow (1811-1878), Schriftsteller; Hörer Hegels in Berlin. Vgl. *Hegel: Berliner Schriften.* 672 f.

640.

A. v. Platen an L. v. Ranke, 19. 8. 1830. - Nach einer von J. Hoffmeister angefertigten Abschrift der Hs. aus der Preuß. Staatsbibliothek.

1) Gemeint ist Friedrich Förster.

641.

K. F. Zelter an Goethe, 27. 8. 1830. - *Briefwechsel zwischen Goethe und Zelter* (vgl. oben Nr 348). Bd 3. 308.

642.

H. v. Leonhardi an K. Ch. F. Krause, 2. 9. 1830. - *Briefwechsel Krauses* (vgl. oben Nr 84). Bd 2. 179.

643.

K. F. Zelter an Goethe, 4. 9. 1830. - *Briefwechsel zwischen Goethe und Zelter* (vgl. oben Nr 348). Bd 3. 310.

1) Es handelt sich um die Feier am 28. August, dem Geburtstag Goethes.

644.

Susanne v. Tucher an Marie Hegel, 5. 9. 1830. - Nach der Hs. (Frh. v. Tuchersches Familienarchiv).

645.

K. F. Zelter an Goethe, 7. 9. 1830. - *Briefwechsel zwischen Goethe und Zelter* (vgl. oben Nr 348). Bd 3. 312.

646.

Varnhagen v. Ense an Goethe, 25. 9. 1830. - *Briefe Varnhagens* (vgl. oben Nr 531). 89.

647.

Karl Hegel, Herbst 1830. - *Karl Hegel* (vgl. oben Nr 637). 5.

648.

K. F. Zelter an Goethe, 1. 11. 1830. - *Briefwechsel zwischen Goethe und Zelter* (vgl. oben Nr 348). Bd 3. 326.

649.

K. F. Zelter an Goethe, 13. 11. 1830. - *Briefwechsel zwischen Goethe und Zelter* (vgl. oben Nr 348). Bd 3. 334.

1) Hegel begann seine Vorlesung über Philosophie der Weltgeschichte am 8. 11. 1830.

650.

Varnhagen v. Ense an Goethe, 16. 11. 1830. - *Briefe Varnhagens* (vgl. oben Nr 531). 91.

1) Bezieht sich auf die Nachricht vom Tode August v. Goethes am 27. 10. 1830.

651.

K. F. Zelter an Goethe, 4. 12. 1830. - *Briefwechsel zwischen Goethe und Zelter* (vgl. oben Nr 348). Bd 3. 345.

1) Die in den folgenden Briefen noch häufiger erwähnte Medaille stammt von der Hand des jungen Bildhauers August Ludwig Held (1805-1839).

652.

K. F. Zelter an Goethe, 14. 12. 1830. - *Briefwechsel zwischen Goethe und Zelter* (vgl. oben Nr 348). Bd 3. 351.

653.

Altenstein an Johannes Schulze, 17. 12. 1830. - Nach einer von J. Hoffmeister angefertigten Abschrift der Hs. aus der Preuß. Staatsbibliothek.

654.

Karl Gutzkow: Das Kastanienwäldchen in Berlin. In: *Gutzkows ausgewählte Werke* (vgl. oben Nr 639). 16 f., 31, 39 f., 42 f.

1) Vorher werden in ähnlicher Weise Schleiermacher, Neander, von der Hagen, Lachmann, Boeckh, Marheineke, v. Raumer, Gans, Ranke und H. Ritter abgehandelt, später noch Michelet und v. Henning.

2) Vgl. *Gutzkow: Nero.* Tragikomödie, 4. Bild. 1834. In: *Gutzkows Werke.* Hrsg. von R. Gensel. Berlin o. J. Teil 1. 54.

3) Ottilie Wildermuth (1817-1877), schwäbische Schriftstellerin; in ihren Erzählungen entwirft sie Bilder schwäbischen Lebens.

4) Wolfgang Menzel (1798-1873), Schriftsteller.

5) Gutzkow hörte Hegels Vorlesung über Philosophie der Weltgeschichte im WS 1830/31.

655.

Arnold Ruge: Aus früherer Zeit. Bd 3. Berlin 1863. 296 f.

656.

Berlin, wie es ist. Ein Gemälde des Lebens dieser Residenzstadt und ihrer Bewohner, dargestellt in genauer Verbindung mit Geschichte und Topographie. Berlin 1831. 131. - Die Einordnung des Dokuments erfolgt an dieser Stelle, da es 1830 verfaßt ist; das Vorwort ist mit 1830 unterzeichnet.

657.

Marie Hegel an Christiane Hegel, 18. 1. 1831. - Nach einer von J. Hoffmeister angefertigten Abschrift der heute verschollenen Hs. aus der Preuß. Staatsbibliothek.

1) Vgl. Anm. 1 zu Hegels Brief an Cotta (22. 1. 1831). *Briefe von und an Hegel.* Bd 3. 463.

2) Vgl. *Briefe von und an Hegel.* Bd 3. 329.

658.

Marie Hegel an Christiane Hegel, 28. 1. 1831. - Nach der Hs. (Staatsbibliothek, Preuß. Kulturbesitz, Berlin).

1) Vgl. oben Nr 577, Anm. 1.

659.

Susanne v. Tucher an Marie Hegel, 30. 1. 1831. - Nach der Hs. (Frh. v. Tuchersches Familienarchiv).

660.

Karl Hegel (vgl. oben Nr 637). 17.

661.

Christiane Hegel an Marie Hegel, 6. 2. 1831. - Nach einer von J. Hoffmeister angefertigten Abschrift der heute verschollenen Hs. aus der Preuß. Staatsbibliothek.

1) Vgl. oben Nr 12.

662.

Christiane Hegel an Marie Hegel, 1./9. 3. 1831. - Nach einer von J. Hoffmeister angefertigten Abschrift der heute verschollenen Hs. aus der Preuß. Staatsbibliothek.

1) Gemeint ist der Medizinalrat Karl Eberhard Schelling.

663.

K. F. Zelter an Goethe, 13. 3. 1831. - *Briefwechsel zwischen Goethe und Zelter* (vgl. oben Nr 348). Bd 3. 400.

1) Karl Friedrich Graf v. Beyme (1765-1838), preuß. Staatsmann, seit 1808 als Nachfolger Steins Großkanzler, 1810 Rücktritt

664.

Susanne v. Tucher an Karl Hegel, 14. 3. 1831. - Nach der Hs.
(Frh. v. Tuchersches Familienarchiv).

665.

D. F. Strauß an G. Binder, 18. 3. 1831. - *Theobald Ziegler: Zur
Biographie von David Friedrich Strauß.* In: *Deutsche Revue.*
Jg. 30 (Mai 1905). 199.
1) Gemeint ist die 3. Ausgabe der *Enzyklopädie der philosophischen Wissenschaften im Grundrisse.* Heidelberg 1830.

666.

Ernst v. Lasaulx an Joseph v. Görres, 15. 5. 1831. - *Remigius
Stölzle: Ernst v. Lasaulx (1805-1861), ein Lebensbild.* Münster
i. W. 1904. 30.
Verfasser: Ernst v. Lasaulx (1805-1861), Kulturphilosoph; 1835
Prof. der Philologie in Würzburg, 1844 in München.

667.

K. F. Zelter an Goethe, 20. 5. 1831. - *Briefwechsel zwischen
Goethe und Zelter* (vgl. oben Nr 348). Bd 3. 414.
1) *O. F. Gruppe: Die Winde oder ganz absolute Konstruktion
der neueren Weltgeschichte durch Oberons Horn, gedichtet von
Absolutus von Hegelingen.* Leipzig 1831.
2) Anspielung auf *Wielands* Verserzählung *Oberon,* die 1780
erschienen war.

668.

Joseph v. Görres an Ernst v. Lasaulx, 27. 5. 1831. - *Görres: Gesammelte Schriften* (vgl. oben Nr 146). Abt. 2, Bd 3. 395.

669.

F. Mendelssohn-Bartholdy an seine Schwestern, 28. 5. 1831.
Reisebriefe (vgl. oben Nr 628). 155.
Empfängerinnen: Fanny Hensel und Rebecka Dirichlet.

670.

Goethe an K. F. Zelter, 1. 6. 1831. - *Briefwechsel zwischen Goethe
und Zelter* (vgl. oben Nr 348). Bd 3. 415.

671.

J. G. Droysen an W. A. A. Arendt, 31. 7. 1831. - *Droysen: Briefwechsel* (vgl. oben Nr 617). 38.

Empfänger: Wilhelm Amadeus August Arendt (1808-1865), Theologe; habilitierte sich 1831 in Bonn, 1835 Prof. in Löwen.

1) Bei dem Plan handelt es sich um die Herausgabe eines Journals.

2) Von Cherbourg aus hatte Karl X. am 16. 8. 1830 Frankreich in Richtung England verlassen.

672.

Leopold v. Ranke an Heinrich Ranke, Ende April 1832. - *Leopold v. Ranke: Neue Briefe.* Gesammelt und bearb. von B. Hoeft; nach seinem Tod hrsg. von H. Herzfeld. Hamburg 1949. 171.

Empfänger: Heinrich Ranke, ältester Bruder L. v. Rankes; Theologe.

1) Diese Tatsache verwundert, da Ranke schon seit 1825 als Dozent an der Berliner Universität wirkte; 1827-31 unternahm er eine große Studienreise.

673.

Goethe an K. F. Zelter, 13. 8. 1831. - *Briefwechsel zwischen Goethe und Zelter* (vgl. oben Nr 348). Bd 3. 453.

674.

F. Mendelssohn-Bartholdy an seine Schwestern, 13. 8. 1831. - *Reisebriefe* (vgl. oben Nr 628). 233.

675.

F. Mendelssohn-Bartholdy an W. Taubert, 27. 8. 1831. - *Reise-briefe* (vgl. oben Nr 628). 256 f.

Empfänger: Wilhelm Taubert (1811-1891), Komponist; Freund und Verehrer Mendelssohns.

676.

Karl Rosenkranz (vgl. oben Nr 11). 419.

1) Von der Pariser Julirevolution 1830 gingen starke Impulse auf die freiheitlich-nationalen Bestrebungen in Deutschland (vor allem in Braunschweig, Hannover, Sachsen und Kurhessen) aus.

677.

Karl Rosenkranz (vgl. oben Nr 11). XII f.

678.

Heinrich Wilhelm August Stieglitz (vgl. oben Nr 485). 127-131.

1) Abgedruckt in: *Briefe von und an Hegel.* Bd 3. 345 f. - Die Deutung, die *Rosenkranz (Hegels Leben.* 420.) dem Gedicht gibt, ist also falsch.

2) *Briefe von und an Hegel.* Bd 3. 346 f.

3) *Briefe von und an Hegel.* Bd 1. 352 f. und 355 f.

4) Gemeint ist Hegels Gedicht an Hölderlin „Eleusis", August 1796. Vgl. *Briefe von und an Hegel.* Bd 1. 38 ff.

5) Diese Aussage ist nur bedingt richtig; Hegel hat sich häufiger poetisch versucht.

6) Es ist nicht zu sagen, ob Stieglitz selbst die Hegelschen Gedichte veröffentlichen wollte.

679.

Karl Rosenkranz (vgl. oben Nr 11). 419.

680.

K. F. Zelter an Goethe, 28. 8. 1831. - *Briefwechsel zwischen Goethe und Zelter* (vgl. oben Nr 348). Bd 3. 463.

1) Diese Aussage Zelters steht in einem gewissen Widerspruch zu dem, was *Rosenkranz* (Nr 677, 679) berichtet. Danach soll Hegels Geburtstag am 27. August schon im Tivoli gefeiert worden sein, und zwar im Beisein Zelters.

681.

K. F. Zelter an Goethe, 1. 9. 1831. - *Briefwechsel zwischen Goethe und Zelter* (vgl. oben Nr 348). Bd 3. 465 f.

682.

Arnold Ruge: Aus früherer Zeit. Bd 4. Berlin 1867. 431 ff.

1) Vgl. Anm. 1 zu Hegels Brief an Gans (12. 11. 1831). *Briefe von und an Hegel.* Bd 3. 472.

2) *Briefe von und an Hegel.* Bd 3. 355 f.

683.

Johann Jacoby: Bilder und Zustände aus Berlin. Bd 1. Altenberg 1833. 268 f.

Verfasser: Johann Jacoby (1805-1877), Politiker und politischer Schriftsteller.

1) Im Text Jacobys heißt es fälschlicherweise 1830.

684.

Karl Ludwig Michelet (vgl. oben Nr 107). 624 f.

685.

Karl Rosenkranz (vgl. oben Nr 11). 397.

686.

Karl Ludwig Michelet (vgl. oben Nr 325). 499.

687.

Karl Rosenkranz (vgl. oben Nr 11). 362. - Dazu: Varnhagen v. Ense an Rosenkranz, 25. 6. 1844. In: *Briefwechsel zwischen Rosenkranz und Varnhagen* (vgl. oben Nr 464). 130.

688.

Johann Eduard Erdmann: Versuch einer wissenschaftlichen Darstellung der Geschichte der neuern Philosophie. Bd 3, Abt. 2: *Die Entwicklung der deutschen Spekulation seit Kant.* Leipzig 1853. 702, 704.

689.

Heinrich Gustav Hotho. - *Hegel: Werke.* Bd 10, Abt. 1. Hrsg. von H. G. Hotho. Berlin 1835. XII (Vorrede).

690.

Gustav Thaulow: Hegels Ansichten über Erziehung und Unterricht. Teil 3. Kiel 1854. 303 Fußnote.
Verfasser: Gustav Ferdinand Thaulow (1817-1883), Prof. der Philosophie und Pädagogik in Kiel.

691.

Karl Rosenkranz: Hegel als deutscher Nationalphilosoph. Leipzig 1870. 300.

692.

Karl Friedrich Ferdinand Sietze. - *Karl Rosenkranz* (vgl. oben Nr 11). 361.

693.

Gustav Parthey (vgl. oben Nr 328). 238 f.

694.

Karl Ludwig Michelet (vgl. oben Nr 325). 500.

695.

Karl Grün (vgl. oben Nr 445). 26 f.
Verfasser: Karl Theodor Ferdinand Grün (1817-1887), politischer Schriftsteller; Freund Ludwig Feuerbachs.

696.

Eduard Zeller: Erinnerungen eines Neunzigjährigen. Stuttgart 1908. 117.

697.

Gustav Thaulow (vgl. oben Nr 690). 296 Fußnote.
1)   Math. Kap. 5, Vers 8.

698.

Ernst Ludwig v. Gerlach, Tagebuch, 28. 2. 1852. - *Ernst Ludwig v. Gerlach: Aufzeichnungen aus seinem Leben und Wirken 1795 bis 1877.* Hrsg. von J. v. Gerlach. Bd 2 (1848-1877). Schwerin i. M. 1903. 140 f.
1)   Gemeint ist Alexander v. Humboldt.

699.

Friedrich Rückert an Cotta, 23. 12. 1831. - *Helmut Prang: Friedrich Rückert. Geist und Form der Sprache.* Schweinfurt 1963. 141.
1)   *Schi King.* Chinesisches Liederbuch, gesammelt von Confucius, dem Deutschen zugeeignet von Friedrich Rückert. Altona 1833.

700.

Karl Ludwig Michelet (nach W. Reymond). - In: *Der Gedanke.* Bd 3, Heft 2 (Berlin 1862). 136 f.

701.

Eine unbekannte Berliner Dame. - *Karl Rosenkranz* (vgl. oben Nr 11). 359 ff.

702.

Varnhagen v. Ense an K. Rosenkranz, 24. 4. 1840. - *Briefwechsel zwischen Rosenkranz und Varnhagen* (vgl. oben Nr 464). 92.
1)   Vgl. Hegel an Mde Robert. *Briefe von und an Hegel.* Bd 3. 361.

703.

Ludwig Rellstab (vgl. oben Nr 279). 200.

704.

Johanna Kinkel. - *Paul Kaufmann: Aus rheinischen Jugendtagen.* 2. verm. Aufl. Berlin 1920. 164.
Verfasserin: Johanna Kinkel (1810-1858), Frau Gottfried Kinkels; Pianistin und Musiklehrerin.

705.

D. F. Strauß an F. Th. Vischer, 1. 5. 1838. - *Ausgewählte Briefe von David Friedrich Strauß*. Hrsg. und erl. von E. Zeller. Bonn 1895. 65.
1) *G. Rossini: Der Barbier von Sevilla.*
2) *W. A. Mozart: Die Hochzeit des Figaro.*

706.

Varnhagen v. Ense. - *Georg Lasson: Aus Hegels Berliner Zeit. 1. Hegels Besuche in Dresden.* In: *Beiträge zur Hegel-Forschung.* Hrsg. von G. Lasson. Heft 2. Berlin 1910. 41.

707.

Karl Rosenkranz (vgl. oben Nr 691). IX (Vorwort).

708.

Karl Hegel (vgl. oben Nr 637). 4 ff., 9-13, 15.
1) Hier spielt wohl das Interesse Hegels für Alexander d. Gr. wesentlich mit; vgl. *Hegel: Vorlesungen über die Philosophie der Weltgeschichte.*
2) Jean B. Gage de Martignac (1776-1832), 1828 frz. Innenminister. - Jules Armand Polignac (1780-1847), 1829 frz. Ministerpräsident und Außenminister; für den Ausbruch der Julirevolution verantwortlich.
3) Christian Philipp Köster (1784-1851), Maler; seit 1824 in Berlin.
4) Vgl. *Hegel: Berliner Schriften.* 449-460.
5) Karl Friedrich Rumohr (1785-1843), Kunsthistoriker und Schriftsteller; sein *Geist der Kochkunst* erschien 1823.

709.

Heinrich Leo an Wolfgang Menzel, 31. 12. 1857. - *Briefe an Wolfgang Menzel.* Für die Literaturarchiv-Gesellschaft hrsg. von H. Meisner und E. Schmidt. Berlin 1908. 185.

710.

Marie Hegel an Johannes Schulze, 14. 11. 1831. - Nach einer von J. Hoffmeister angefertigten Abschrift der heute verschollenen Hs. aus der Preuß. Staatsbibliothek.

711.

Johannes Schulze an Altenstein, 14. 11. 1831. - *Max Lenz* (vgl. oben Nr 175). **522.**

1) Die Genannten sind Berliner Ärzte: Dr. Barez war Hegels Hausarzt. - Anton Ludwig Ernst Horn (1774-1848), prakt. Arzt; 1819 zum Prof. der medizinischen Klinik ernannt. - Vielleicht: Wilhelm Wagner, Prof. der gerichtlichen Medizin und Staatsarzneikunde.

2) Hegel hatte für das WS 1831/32 Natur- und Staatsrecht und Geschichte der Philosophie angekündigt.

3) Vgl. dazu schon 1829 Hegels Brief an seinen Schwager v. Meyer (9. 8. 1829). *Briefe von und an Hegel.* Bd 4. 30 ff.

712.

Immanuel Hegel an F. Wilken, 14. 11. 1831. - *Adolf Stoll: Der Historiker Friedrich Wilken.* Kassel 1896. 190. - Ein Brief mit fast demselben Wortlaut hat I. Hegel auch an K. F. Zelter gerichtet.

713.

Karl Ludwig Michelet (vgl. oben Nr 325). 142 f.

714.

Marie Hegel an Susanne v. Tucher, 15. 11. 1831. - Nach der Hs. (Frh. v. Tuchersches Familienarchiv).

715.

Karl Hegel an Susanne v. Tucher, 15. 11. 1831. - Nach der Hs. (Frh. v. Tuchersches Familienarchiv).

716.

Johannes Schulze an Altenstein, 15. 11. 1831. - Nach einer Abschrift von J. Hoffmeister.

717.

Altenstein an Johannes Schulze, 15. 11. 1831. - *[Dorow:] Denkschriften und Briefe* (vgl. oben Nr 289). Bd 5. 7 ff.

1) Im Mai 1830 war Altensteins Schwester gestorben. Vgl. Hegels Beileidsbrief an Altenstein (27. 5. 1830). *Briefe von und an Hegel.* Bd 3. 303 f.

2) Marie Hegel dankte Altenstein am 21. 11. 1831 für die durch Schulze ausgerichtete Beileidsbezeugung. - Im übrigen sorgte Altenstein für Hegels Familie, indem er z. B. mehrfach Ausbildungsbeihilfen für die Hegelschen Söhne beim König erwirkte.

718.

F. L. G. v. Raumer an L. Tieck, 15. 11. 1831. - *Friedrich v. Raumer* (vgl. oben Nr 182). 349 f.

1) Hegel hatte noch am 12. 11. Prüfungen abgenommen.

719.

D. F. Strauß an Ch. Märklin, 15. 11. 1831. - *Briefe von Strauß* (vgl. oben Nr 705). 7-11.

720.

Allgemeine Preußische Staatszeitung. Nr 318 (16. 11. 1831).

721.

Varnhagen v. Ense an Ludwig Robert, 16. 11. 1831. - *[Dorow:] Denkschriften und Briefe* (vgl. oben Nr 289). Bd 5. 10-13.

1) 1814 im Todesjahr Fichtes wurde die Macht Napoleons gebrochen; seit der Julirevolution 1830 herrschte in Europa Umsturzstimmung.

2) Gans hat keine Biographie Hegels verfaßt; wohl war er an der Herausgabe der *Werke Hegels* durch einen Verein von Freunden des Verewigten beteiligt.

722.

Karl Ludwig Michelet (vgl. oben Nr 325). 143 f.

723.

Philipp Konrad Marheineke, Trauerrede. - *Zwei Reden bei der feierlichen Bestattung des kgl. Professors Dr. Georg Wilh. Fr. Hegel am 16. November gesprochen.* Berlin 1831.

724.

Friedrich Förster, Grabrede. - *Zwei Reden* (vgl. oben Nr 723).

725.

K. F. Zelter an Goethe, 16. 11. 1831. - *Briefwechsel zwischen Goethe und Zelter* (vgl. oben Nr 348). Bd 3. 511 f.

1) Gemeint sind Hegels Vorlesungen.

2) Sigismund Friedrich Hermbstädt (1760-1833), Chemiker; Prof. in Berlin.

726.

Johannes Schulze an Altenstein, 16. 11. 1831. - Nach einer Abschrift von J. Hoffmeister.

727.

Marie Hegel an Christiane Hegel, 17. 11. 1831. - Nach der Hs. (Staatsbibliothek, Preußischer Kulturbesitz, Berlin).

1) Hegels Leiche wurde nicht seziert.

728.

D. F. Strauß an Ch. Märklin, 17. 11. 1831. - *Briefe von Strauß* (vgl. oben Nr 705). 11.

729.

Allgemeine Preußische Staatszeitung. Nr 319 (17. 11. 1831).

730.

Christian Ludwig Neuffer, Tagebuch, 22. 11. 1831. - Nach der Hs. (Württemberg. Landesbibliothek Stuttgart).
1) Neuffer stand Hegel schon während der gemeinsamen Studienjahre mit einer gewissen Reserviertheit gegenüber.

731.

Fwl, Nekrolog. - In: *Der Gesellschafter oder Blätter für Geist und Herz.* Hrsg. von F. W. Gubitz. Jg. 15, Blatt 189 (26. 11. 1831). - Verfasser des Nekrologs könnte der im Mitarbeiterverzeichnis genannte Friedrich Wendel sein.

732.

H. W. A. Stieglitz an Ch. F. W. Jacobs, 27. 11. 1831. - *Briefwechsel zwischen Jacobs und Stieglitz* (vgl. oben Nr 411). 86 f.
1) Vgl. oben z. B. Nr 678.

733.

F. A. Trendelenburg an Johannes Schulze, 27. 11. 1831. - *Erich Feldmann: Der preußische Neuhumanismus.* Studien zur Geschichte der Erziehung und Erziehungswissenschaft im 19. Jahrhundert. Bd 1. Bonn 1930. 14 Anm. 1.

734.

K. Immermann an L. Tieck, 28. 11. 1831. - *Briefe an Tieck* (vgl. oben Nr 355). Bd 2. 57.
Verfasser: Karl Immermann (1796-1840), Dichter.

735.

Frau v. Haller an Marie Hegel, 29. 11. 1831. - Nach der Hs. (Staatsbibliothek, Preußischer Kulturbesitz, Berlin).

736.

Jeanette Paalzow an F. de la Motte Fouqué, 29. 11. 1831. - *Briefe an F. Baron de la Motte Fouqué.* Hrsg. von A. Baronin de la Motte Fouqué. Abt. 2. Berlin 1848. 285.

Verfasserin: Henriette Paalzow, geb. Wach (1788-1847), Schriftstellerin; seit 1821 in Berlin lebend.
Empfänger: Friedrich de la Motte Fouqué (1777-1843), Dichter.

737.

Johann Gustav Droysen an Ludwig Moser, 10.-29. 11. 1831. - *Droysen: Briefwechsel* (vgl. oben Nr 617). 43 f.

1) Bezieht sich auf die Julirevolution von 1830.

738.

Eduard Gans, Nekrolog. - Zunächst in: *Allgemeine Preußische Staatszeitung.* Nr 333 (1. 12. 1831). Hier abgedruckt nach: *Eduard Gans: Vermischte Schriften, juristischen, historischen, staatswissenschaftlichen und ästhetischen Inhalts.* Bd 2. Berlin 1834. 242 bis 252.

1) Schelling verließ Jena bereits im Jahre 1803.

739.

Marie Hegel an Niethammer, 2. 12. 1831. - *Briefe von und an Hegel.* Hrsg. von K. Hegel. Leipzig 1887. Teil 2. 377-380.

1) Vgl. *Hegel: Berliner Schriften.* 403-421. - Eine Rezension über Gans ist nicht erschienen.

740.

K. F. Zelter an Goethe, 3. 12. 1831. - *Briefwechsel zwischen Goethe und Zelter* (vgl. oben Nr 348). Bd 3. 516.

741.

Varnhagen v. Ense an Goethe, 5. 12. 1831. - *Briefe Varnhagens* (vgl. oben Nr 531). 94.

742.

Eduard Gans an V. Cousin, 7. 12. 1831. - *Barthélemy-Sain Hilaire* (vgl. oben Nr 235). Tome 3. 45 f.

743.

Victor Cousin an Marie Hegel, 10. 12. 1831. - Nach einer von J. Hoffmeister angefertigten Abschrift der heute verschollenen Hs. aus der Preuß. Staatsbibliothek.

744.

Marie Hegel an Karl Daub, 12. 12. 1831. - Nach der Hs. (Stadtarchiv Stuttgart).

1) Franz Karl Nägele (1777-1851), Mediziner; seit 1807 Prof. in Heidelberg.

745.

F. K. v. Savigny an Jakob Grimm, 13. 12. 1831. - *Adolf Stoll* (vgl. oben Nr 191). 440.

746.

Karl Lachmann an Jakob Grimm, 27. 12. 1831. - *Briefwechsel der Brüder Grimm mit Lachmann* (vgl. oben Nr 437). 580.
1) Vgl. Anm. 1 zu Hegels Brief an Gans (12. 11. 1831). *Briefe von und an Hegel.* Bd 3. 472.
2) Vgl. oben Nr 738.

747.

Peter Gabriel van Ghert, Gedächtnisrede. - *P. G. v. Ghert: Redevoering over het leven en de Wijsbegeerte van den hoogleeraer G. W. F. Hegel te Berlijn.* Uitgesproken in het Genootschap Diligentia. In: *De Recensent.* Amsterdam 1832. 19 ff.

748.

K. F. Zelter an Goethe, 10. 1. 1832. - *Briefwechsel zwischen Goethe und Zelter* (vgl. oben Nr 348). Bd 3. 530.

749.

Niethammer an Marie Hegel, 12. 1. 1832. - *Johann Ludwig Döderlein: Neue Hegel-Dokumente.* In: *Zeitschrift für Religions- und Geistesgeschichte.* Hrsg. von H.-J. Schöps. Jg. 1 (1948), Heft 1. 15-18.

750.

F. Mendelssohn-Bartholdy an seine Eltern, 14. 1. 1832. - *Reisebriefe* (vgl. oben Nr 628). 310.

751.

Marie Hegel an P. G. van Ghert, 26. 1. 1832. - Nach einer Abschrift von J. Hoffmeister (Hs. im Gemeentearchief 's Gravenhage).

752.

Johann Jacoby (vgl. oben Nr 683). 266-271.
1) Der Verfasser führt den Leser durch die Berliner Universität.
2) Vorher war von dem Theologen August Neander die Rede.
3) Vorher war von Eduard Gans die Rede.

753.

Arnold Ruge (vgl. oben Nr 655). 352 f.

754.

Goethe an Varnhagen v. Ense, 5. 1. 1832. - *Goethe: Werke* (vgl. oben Nr 43). Abt. 4, Bd 49. 193.

755.

Arnold Ruge (vgl. oben Nr 655). 468.

756.

Friedrich Creuzer: Symbolik und Mythologie der alten Völker, besonders der Griechen. Teil 1. 3. verb. Ausgabe. Leipzig und Darmstadt 1837. XV f. (Vorrede).

757.

Korrespondenznachrichten aus Berlin, 30. 3. 1835. - In: *Blätter für literarische Unterhaltung.* Jg. 1835, Nr 101 (11. 4.). 415.

758.

[Eduard Beurmann:] Vertraute Briefe über Preußens Hauptstadt. Stuttgart und Leipzig 1837. Teil 1. 96-102.
 1) Georg Andreas Gabler war Nachfolger Hegels in Berlin geworden.
 2) *K. L. Michelet: Das System der philosophischen Moral.* Berlin 1828.
 3) Er findet sich in vielen zeitgenössischen Dokumenten.
 4) Gemeint ist Karl Rosenkranz in Königsberg.

759.

Heinrich Wilhelm August Stieglitz: Gruß an Berlin. Ein Zukunftstraum. Leipzig 1838. 85 f.

760.

Schelling an Dorfmüller, 10. 9. 1841. - *Aus Schellings Leben* (vgl. oben Nr 10). Bd 3. 165 f.

761.

Varnhagen v. Ense: Denkwürdigkeiten und Vermischte Schriften. Bd 7. Leipzig 1846. 465.
 1) Bezieht sich auf *Rosenkranz: Hegels Leben.* Berlin 1844.

762.

Friedrich Förster: Hegel als Hofphilosoph. In: *Der Gedanke.*
Bd 4, Heft 1 (Berlin 1863). 59.

763.

Immanuel Hegel (vgl. oben Nr 284). 25.

764.

Hans Christian Andersen. - Nach der Hs. (Hegel-Archiv der Universität Bochum).

765.

Ludwig Feuerbach an Wilhelm Bolin, 20. 10. 1860. - *Briefe von
und an Feuerbach* (vgl. oben Nr 402). 246 f.

766.

Victor Cousin: Souvenirs d'Allemagne. In: *Revue des Mondes.*
Jg. 36 (Paris 1866). 612 f., 616-619.

767.

Alexander Jung: Rosmarin oder die Schule des Lebens. Roman in
5 Teilen. Teil 4. Leipzig 1862. 35-41.
    Verfasser: Jakob Friedrich Alexander Jung (1799-1884), Publizist, Dichter, Literaturhistoriker und Kritiker; lebte seit 1826 in
Berlin, dort 1827 Abitur und dann Studium der Philosophie und
Theologie; Hörer Hegels; seit 1828 in Königsberg.
    1) Die höchste bekannte Zuhörerzahl in Hegels Vorlesungen
belief sich auf 200.

768.

Heinrich Laube: Hegel in Berlin. In: *Reisenovellen.* Teil 8.
2. Aufl. Mannheim 1847. 1-15, 22-26.
    1) Vgl. oben Nr 385.

769.

*Alexander Jung: Vorlesungen über die moderne Literatur der
Deutschen.* Danzig 1842. 22-52.
    1) *Karl W. E. Mager: Brief an eine Dame über die Hegelsche
Philosophie.* Berlin 1837.

REGISTER

Verfasserregister

Die Zahlen beziehen sich auf die Nummern der Berichte.

Zeitungsberichte:

Personenregister

Aufgenommen sind Briefempfänger und in den Texten vorkommende Personen. — Die Zahlen beziehen sich auf die Nummern der Berichte.